主　编：赵　金
副主编：罗　杰　何祖坤　杨正权

Yunnan's 70 Years of
Brilliance

辉煌云南
70年

中共云南省委宣传部 编著

人民出版社

目录 CONTENTS

政治建设篇

社会建设篇

生态文明建设篇

引　言

　　1949 年 10 月 1 日，中华人民共和国成立，中国人民经过艰苦卓绝的斗争，推翻了"三座大山"，获得了翻身解放，由此开启了中国历史发展的新纪元。在波澜壮阔的社会主义革命、建设、改革历程中，云南各族人民共同谱写了团结奋斗、繁荣发展的壮丽诗篇。

　　新中国成立后，党中央高度重视和关心云南的发展，按照"团结第一，工作第二"的方针，云南省委切实担负起领导建设新云南的历史使命。在迅速建立各级人民政权的基础上，通过安抚人心、稳定秩序、恢复生产，巩固和扩大了人民民主统一战线，建立和维护了社会主义新型民族关系。随着云南社会主义改造基本完成，社会主义制度初步确立，各民族完成了有史以来最为深刻的历史性变革，从根本上改变了云南各族人民的命运，为云南的发展进步提供了根本政治前提和制度基础。

　　党的十八大以来，云南坚持以习近平新时代中国特色社会主义思想为指导，认真贯彻落实以习近平同志为核心的党中央的决策部署，把贯彻落实习近平总书记考察云南重要讲话和对云南工作的重要批示指示精神作为最重大的政治任务和长期工作主题来抓，奋力闯出一条跨越式发展的路子来，推动各方面工作取得新的历史性成就。综合经济实力实现大提升、人民生活水平实现大改善、脱贫攻坚取得决定性进展、民族团结进步实现大跨越、生态文明建设实现大转变、面向南亚东南亚辐射中心建设实现大突破、党的建设质量实现大提高，云南焕发出前所未有的生机与活力。

　　党的光辉照边疆，边疆人民心向党。经过 70 年的发展，云南省委团结带领全省各族人民艰辛探索，进行了社会主义在边疆民族地区的成功实践。云南实现了从黑暗走向光明、从贫穷走向富裕、从专制走向民主、从隔阂走向团结、从落后走向进步、从末梢走向前沿的历史性跨越，在经济建设、政治建设、文化建设、社会建设、生态文明建设、党的建设各个方面都取得了举世瞩目的辉煌成就，完成了各族人民千百年来梦寐以求的夙愿，迎来了高质量跨越式发展的新时代。今天的云南呈现出经济平稳健康发展、民族团结进步、边疆巩固安宁、人民安居乐业、社会和谐稳定、政治生态风清气正的崭新局面。

70年来云南经济社会发展的历史性成就和历史性变革深刻昭示着，中国共产党对边疆民族地区的领导是伟大而正确的，70年发展取得的巨大成就使云南各族人民的获得感、幸福感、安全感得到极大提升，云岭大地唱响了一曲曲心向党、听党话、跟党走、感党恩的颂歌。

历史照亮未来，征程未有穷期。在庆祝中华人民共和国成立70周年大会上，习近平总书记发表了重要讲话，深情礼赞新中国70年取得的伟大成就，豪迈宣示继续把我们的人民共和国巩固好、发展好的坚定信心，为中国人民和中华民族继续前进指明了方向。云南各族人民欢欣鼓舞、信心满怀、昂首阔步，在新长征路上，将更加紧密地团结在以习近平同志为核心的党中央周围，高举习近平新时代中国特色社会主义思想伟大旗帜，增强"四个意识"、坚定"四个自信"、做到"两个维护"，继往开来、接续奋斗、砥砺奋进、勇往直前，为实现中华民族伟大复兴的中国梦而努力奋斗。

总 论

ZONG LUN

新中国成立后，亿万中国人民成为国家、社会和自己命运的主人，从此满怀豪情开启了实现国家富强、民族振兴、人民幸福的伟大征程。1950 年 2 月 24 日，云南宣布全境解放，翻开了历史的新篇章。在中国共产党的领导下，省委省政府团结带领全省各族人民踏上了建设新云南的伟大征程。70 年砥砺奋进，70 年翻天覆地，70 年感天动地。云南各族人民积极投身于社会主义的伟大实践，战胜了发展中的各种困难和挫折，取得了社会主义革命、建设和改革的历史性成就，谱写了自强不息、波澜壮阔、惊天动地的壮丽凯歌，从根本上改变了自身的前途和命运，闯出了一条具有边疆民族特色的辉煌发展之路。

一、新中国成立 70 年云南发展的光辉历程

70 年来，在党中央的坚强领导下，云南各族人民历尽艰辛、上下求索，在边疆民族地区建立社会主义制度，实践社会主义道路。随着中国特色社会主义进入新时代，云南经济社会驶入了高质量跨越式发展的快车道。

（一）社会主义革命和建设在云南的艰辛探索（1949—1978 年）

新中国成立后，党中央高度重视和关心云南建设与发展，毛泽东同志多次在北京接见云南少数民族代表。周恩来同志从 1955 年到 1972 年多次到云南，代表党中央表达对各族群众的关心。邓小平同志曾于 1958 年 10 月、1962 年 2 月、1965 年 12 月 3 次莅临云南，对云南经济社会发展作出了很多重要指示，鼓舞云南各族人民努力推进社会主义建设。在党中央的关怀下，省委省政府团结带领各族人民建立并巩固了新生政权，人民真正实现了当家作主，走上了社会主义道路，开启了边疆民族地区社会主义建设的光辉历程。

围绕确立社会主义制度，在党中央的坚强领导下，省委省政府从实际出发，团结带领各族人民实现了从新民主主义向社会主义的过渡。认真贯彻"团结第一，工作第二"的方针，通过军事接管，巩固和扩大人民民主统一战线，进行剿匪斗

争、镇压反革命、抗美援朝、援助西藏，建立并巩固了新生的人民政权；通过接收和改造官僚资本、征收公粮、统一财经工作，建立了新的经济秩序；通过有步骤有计划地完成土地改革，废除了封建土地所有制；通过全社会的民主改革，初步恢复和发展国民经济和社会事业。从 1953 年开始，云南以过渡时期总路线为指针，开始编制和实施第一个五年计划，实行有计划的经济建设和对生产资料私有制的社会主义改造；加强民主政治建设，建立并实行社会主义民主政治制度。认真贯彻"慎重稳进"的民族工作方针，通过疏通民族关系，实行民族区域自治，大力培养和选拔使用少数民族干部，采取特殊政策措施促进民族地区发展，建立起社会主义新型民族关系，推动了全省民族工作取得良好开端，为云南进行社会主义建设奠定了广泛的社会基础。通过加强边境管理，开展边境贸易，援越抗法，建立中缅"胞波"关系，形成了与周边国家的睦邻友好关系，有力维护了边疆地区的稳定，为云南进行社会主义建设奠定了安全稳定的内外环境。通过开展大规模的建党工作，实现了党对各个系统、各条战线直接和全面的领导，围绕党的思想建设、组织建设、作风建设、制度建设、廉洁建设，进行了执政党建设的初步探索，确立和巩固了党在边疆地区的执政基础。1956 年，全省社会主义改造基本完成，社会主义制度在云南初步确立，实现了云南各民族有史以来最为广泛而深刻的社会变革，这是当代云南一切发展进步的根本政治前提和制度基础，从而扭转了云南从近代以来在英法等列强的侵略下不断衰落的根本命运，各族人民真正实现了平等、团结，走上了繁荣富强的发展道路。

围绕全面建设社会主义的艰巨任务，省委省政府团结带领各族人民进行了实践探索，社会主义建设取得了明显成效。1956 年党的八大召开，标志着党探索适合中国国情的社会主义建设道路取得初步成果。云南由此转入全面大规模的社会主义建设，掀起了社会主义建设的高潮。为了巩固社会主义制度，加快经济建设步伐，云南开展了整风运动、反右派斗争、"大跃进"和人民公社化运动，但由于对经济规律的认识和对社会主义建设经验不足，走了弯路。在觉察失误后，按照中央"调整、巩固、充实、提高"的八字方针，对国民经济实行全面调整，并逐步建立起比较完整的国民经济体系。这一时期，虽然经历曲折，但由于云南各族人民上下求索、追求真理的初心不改，广大党员干部群众克服种种困难，发扬艰苦奋斗精神，大力发展生产，进行了大规模的农田水利建设，大力发展工商业，为社会主义现代化建设奠定了坚实的物质基础。

"文化大革命"期间，云南和全国各地一样，社会主义建设遭受严重的挫折。1976 年 10 月，党中央粉碎了"四人帮"反革命集团。1977 年初，中央召开会议讨论并确立了解决云南问题的工作方针。在党中央的关心下，云南通过调整各级领导班子，为拨乱反正提供组织保障；通过揭发批判"四人帮"罪行，清查云南帮派体系，平反了大量冤假错案，初步落实了党的政策；通过做好边疆民族工作，建设民主政治制度，使国民经济和社会事业得到发展。云南安定团结的政治局面开始形成，为工作重点转移和实行改革开放创造了条件。

（二）中国特色社会主义事业在云南的生动实践（1978—2012 年）

1978 年党的十一届三中全会开启了中国改革开放和社会主义现代化建设的新局面。云南各族人民在党的领导下，高举改革开放旗帜，通过艰苦努力，逐步摆脱贫困、走向富裕，摆脱封闭、走向开放，摆脱落后、走向进步。

以党的十一届三中全会精神为指引，以真理标准问题大讨论为先导，云南冲破"两个凡是"的束缚，恢复了党的实事求是的思想路线，完成了拨乱反正的任务，实现了把工作重点转移到社会主义现代化建设上来，开启了改革开放的伟大征程。在农村逐步推行家庭联产承包责任制，极大地解放了农村社会生产力。在城市进行经济体制改革，把计划经济时期对企业的直接调控逐步转变为国家调节市场、市场引导企业的间接调控，通过国有企业、商业流通、财政金融和经济工作等领域的改革，极大地解放和发展了生产力。

1982 年 9 月邓小平同志在党的十二大开幕词中指出："走自己的道路，建设有中国特色的社会主义"。云南由此开启了建设中国特色社会主义的伟大实践。

1987 年党的十三大提出了社会主义初级阶段的理论，省委经过全面深入调研，作出了"云南处于社会主义初级阶段低层次"的判断，这既是对省情的明确定义，也是认识上的一次大突破。在科学认识省情的基础上，省委提出了云南改革开放初期的发展战略思路，认为要从实际出发，调整产业结构，选准起步产业，发挥云南优势，走出一条以农业为基础，发展农业促轻工，依靠轻工积累资金，集中财力保证重点建设的路子。云南充分利用光热条件和热区优势，发展烟、糖、茶、胶四大支柱产业，通过发展周期短、投入少、税利高、见效快的轻工业，积累一定的财力物力，用于发展能源、交通、农田水利、教育和科技等事业，改善极为薄弱的发展条件，为全省发展奠定了良好的基础。

1992 年党的十四大明确提出建立社会主义市场经济体制，为云南改革发展注入了新的活力。云南通过开展一系列解放思想大讨论，加深了对社会主义市场经济体制的理解和认识，切实把"三个有利于"作为判断一切工作是非得失的标准，树立了发展才是硬道理的观念。积极探索边疆民族地区建立社会主义市场经济体制的有效途径，通过调查总结干部群众创造的成功经验，在全国率先提出实行城乡结合、科技与经济结合、开放与开发结合、农工商一体化的"三结合一体化"的经营体制，促进了边疆民族地区生产方式和经营体制向社会化、现代化的转变；积极探索基础薄弱地区加快工业化的道路，提出了"以经济建设为中心，打基础、兴科教、调结构、建支柱、促进经济社会协调发展"的思路，着力培育支柱产业群体，进行了全省第二次经济结构调整，加快了工业化进程；不断探索适合边疆多民族地区的对外开放战略，作出了以东南亚为重点、面向全世界、外引内联、国际贸易和边境贸易相结合、实行全方位开放的决策，加强国内区域合作，加强与珠三角、长三角合作，在西南五省区七方合作基础上搭建起昆交会对外开放平台，积极参与中国—东盟自由贸易区建设，构建起全面对外开放的格局。

1997年党的十五大提出社会主义初级阶段的基本纲领，规划了跨世纪发展的战略部署，把建设有中国特色社会主义事业全面推向21世纪。云南深入贯彻党的十五大精神，紧紧抓住西部大开发的重大历史机遇，从更广的发展视野、更高的发展定位，对自身的比较优势和特色发展道路进行全面总结和概括，提出了"建设绿色经济强省、民族文化大省、中国连接东南亚南亚国际大通道"的三大目标战略，确定了跨世纪发展的宏伟蓝图，使云南经济社会发展进入提速增量的时期。1999年，江泽民同志在出席"中国'99昆明世界园艺博览会"开幕式活动期间，对云南改革和建设取得的成绩给予充分肯定。

2002年党的十六大提出新世纪新阶段党和国家的奋斗目标和行动纲领，明确了建成完善的社会主义市场经济体制和更具活力、更加开放的经济体系。2007年党的十七大提出深入贯彻落实科学发展观，描绘了在新的时代条件下继续全面建设小康社会、加快推进社会主义现代化的宏伟蓝图，为继续推动党和国家事业发展指明了前进方向。云南通过认真学习贯彻落实"三个代表"重要思想和科学发展观，开展"解放思想、深化改革、扩大开放、科学发展"大讨论，确立了与全国同步实现全面建设小康社会的奋斗目标，实现了改革开放整体推进。通过进行综合性体制改革，深化以国有企业为中心的经济体制改革，进一步完善了社会主义市场经济体制，加快政府职能的转变，推进社会事业各项改革，深化教育体制改革和文化体制改革，加强公共文化设施和服务体系建设；积极促进经济结构调整和经济增长方式转变，持续加快支柱产业转型发展，实施大项目带动战略和大企业大集团战略，改造传统产业，培育新兴产业，促进经济结构优化调整，转变经济发展方式，推进新型工业化进程；统筹城乡协调发展，加快社会主义新农村建设，稳定完善农村基本经营制度，深化集体林权制度改革，切实保障农民的土地权益，推动农民专业合作组织发展，推进新农村现代流通网络建设，实施"兴边富民工程""云南边疆解'五难'惠民工程"，推动全面协调可持续发展。2009 年，胡锦涛同志考察云南时提出把云南建设成为中国面向西南开放的重要桥头堡。云南抓住机遇，充分发挥区位优势，积极融入区域经济发展潮流，进一步扩大开放，在澜沧江—湄公河次区域经济合作中发挥重要作用，积极推进孟中印缅地区经济合作迈上新台阶，对外开放空间不断拓展，使云南成为中国面向东南亚、南亚开放的重要前沿。

（三）谱写新时代云南高质量跨越式发展新篇章（2012—2019 年）

党的十八大以来，中国特色社会主义进入新时代，这是我国发展新的历史方位。在习近平新时代中国特色社会主义思想的指引下，云南坚决贯彻习近平总书记考察云南重要讲话精神，坚决落实党中央提出的一系列新理念新思想新战略、出台的一系列重大方针政策，各项事业焕发出强大生机活力，奋力谱写高质量跨越式发展新篇章。

2012 年党的十八大召开后，省委把深入学习贯彻党的十八大精神作为首要政治任务，把党的十八大精神转化为推动云南科学发展、和谐发展、跨越发展的强大动力。以科学发展为主题，以加快转变经济发展方式为主线，以提高经济增长质量和效益为中心，坚持稳中求进的总基调，千方百计推动云南经济社会发展。把产业作为经济发展的重中之重，提升产业发展水平和壮大实体经济；推进全方位对外开放，积极融入国家"一带一路"建设，创新区域合作机制；走云南特色的城镇化道路，推动城乡、区域协调发展；加强基础设施建设，加快综合交通体系和水利、能源、信息设施建设；推动创新型云南建设，全力推进全省科教事业进步；实施人才强省战略，尽最大努力把专业人才、管理人才、党政人才以及其他人才凝聚到云南的发展大业中来；加快民族文化强省建设，不断满足各族人民的文化需求；推进生态文明建设，加快形成节约能源资源和保护生态环境的产业结构、增长方式和消费模式；推动民族团结进步示范区建设，不断推进民族、边疆工作理论创新和实践创新；大力加强保障和改善民生，千方百计让各族人民尽快富起来；提高党的建设科学化水平，加强理论武装，抓好干部队伍建设，学习弘扬杨善洲精神，深入开展"四群"教育活动，扎实开展党的群众路线教育实践活动，推进反腐倡廉建设，不断提高党的执政能力。

2015 年 1 月 19 日至 21 日，习近平总书记到云南考察并发表重要讲话，深刻阐述了事关云南全局和长远发展的一系列重大问题，殷切希望云南用全面建成小康社会、全面深化改革、全面依法治国、全面从严治党引领各项工作，主动服务和融入国家发展战略，闯出一条跨越式发展路子来，努力成为我国民族团结进步示范区、生态文明建设排头兵、面向南亚东南亚辐射中心，谱写好中国梦的云南篇章。省委以习近平总书记系列重要讲话精神和考察云南重要讲话精神为指引，进一步深化省情认识，创新发展思路，完善发展路径，在更高起点上谋划和推动云南跨越式发展。进一步加快基础设施建设，通过实施一批强基础、惠民生、利长远的重大项目工程，破解跨越式发展瓶颈；进一步推动产业优化升级，加快传统产业升级改造，培育壮大新兴产业，推进服务业提速发展，提升产业园区建设质量，使产业结构由中低端向中高端迈进；进一步加强创新驱动，营造创新驱动的政策环境和制度环境，推动科技创新与经济社会发展深度融合，统筹科技创新、制度创新、开放创新的有机结合与协同发展，激发民营经济创新创业活力，形成大众创业、万众创新的良好局面；进一步全面深化改革，推进国资国企、投融资、财税金融、电力体制和资源性产品价格等重要领域改革，改革收入分配制度，加大脱贫攻坚精准扶贫力度，推进基本公共服务均等化，社会体制改革重点领域得到突破，为高质量跨越式发展提供强大动力；进一步扩大开放，围绕建设经济贸易中心、科技创新中心、金融服务中心和人文交流中心，推动面向南亚东南亚辐射中心建设；进一步加强全面从严治党，建设忠诚干净担当的高素质干部队伍，重构云南风清气正的政治生态。

2017年党的十九大召开后，云南掀起了深入学习贯彻习近平新时代中国特色社会主义思想和党的十九大精神的热潮，坚定自觉用习近平新时代中国特色社会主义思想武装头脑、指导实践、推动工作，不断增强"四个意识"，始终坚定"四个自信"，坚决做到"两个维护"，引领边疆各族人民心向党、听党话、跟党走、感党恩。省委科学把握新时代新要求，对标对表分两步走全面建设社会主义现代化国家的新目标，深刻认识决胜全面建成小康社会面临的形势任务，开创高质量跨越式发展新局面。统筹推进"五位一体"总体布局，协调推进"四个全面"战略布局，落实高质量发展的要求，抓重点补短板强弱项，全力打好防范化解重大风险、精准脱贫、污染防治攻坚战，决胜全面建成小康社会。深化供给侧改革，在适度扩大需求的同时加快推进结构调整，提高要素生产率；完善企业治理模式和经营机制，推动国有企业改革进入新阶段，确立企业市场主体地位；深化财税改革，完善产权配置和要素市场化配置机制，使市场在资源配置中起决定性作用。加快构建现代化经济体系，推动新型工业化、信息化、城镇化、农业现代化同步发展，以制造业为重点，聚焦传统产业转型升级、八大重点产业发展，打好"三张牌",初步形成特色产业集群。推进乡村振兴战略,以土地制度改革为牵引推进农村各项改革,开展农村人居环境整治三年行动,增强发展农业农村新动力。加快对外开放步伐,深度融入"一带一路"建设,以"五通"为抓手,推进与周边国家互联互通,复制推广自由贸易区改革试点经验,建设开放型经济新体制。推进社会主义民主政治建设,创新推进新形势下宣传思想工作,在发展中提高保障和改善民生,推进平安云南、法治云南建设,推进生态文明建设排头兵和中国最美丽省份建设,推进全面从严治党向纵深发展。2014 年元旦前夕,云南省贡山独龙族怒族自治县干部群众致信习近平总书记,汇报了当地经济社会发展和人民生活改善的情况,重点报告了多年期盼的高黎贡山独龙江公路隧道即将贯通的喜讯。收到来信后,习近平总书记作出了重要批示,勉励独龙族人民早日实现与全国其他兄弟民族一道过上小康生活的美好梦想。2015 年 1 月,习近平总书记在云南考察时特地抽出时间与独龙族代表见面,鼓励他们立足自身优势,努力实现新的发展。2018 年,贡山独龙族怒族自治县独龙江乡 6 个行政村整体脱贫,独龙族从整体贫困实现了整族脱贫,当地群众委托乡党委给习近平总书记写信,汇报独龙族实现整族脱贫的喜讯,表达了继续坚定信心跟党走、为建设好家乡同心奋斗的决心。2019 年 4 月 10 日,习近平总书记给独龙江乡群众回信,祝贺独龙族实现整族脱贫,勉励乡亲们再接再厉、奋发图强,同心协力建设好家乡、守护好边疆,努力创造独龙族更加美好的明天。习近平总书记回信重要精神进一步坚定了边疆各族人民永远心向党、听党话、跟党走、感党恩的思想自觉和行动自觉,进一步坚定了云南各族人民打赢脱贫攻坚战、实现高质量跨越式发展、与全国同步建成小康社会、谱写好中国梦云南篇章的信心和决心。

70 年风雨征程,70 年艰辛求索,70 年砥砺奋进,70 年春风化雨。在中国共产党的领导下,云南高举中国特色社会主义伟大旗帜,把贫穷落后的旧云南建设成为日益繁荣富强的新云南,云南各族人民迎来了从站起来、富起来到强起来的历史飞跃,以生动具体的实践丰富和发展了中国特色社会主义的伟大事业。

二、新中国成立 70 年云南取得的辉煌成就

新中国成立 70 年来,社会主义道路越走越宽广,中华民族伟大复兴呈现出无比光明的前景。在党中央的正确领导下,省委省政府团结带领各族人民立足边疆、锐意进取、共同奋斗,实现从新民主主义向社会主义过渡、建立起社会主义基本制度,到改革开放破除高度集中的计划经济体制、建立起充满生机和活力的

社会主义市场经济体制，再到新时代实践中国特色社会主义的道路、理论、制度和文化，社会主义事业让边疆民族地区焕发出勃勃生机，结出了丰硕成果，经济社会发展实现了伟大的历史性跨越。

（一）各族人民心向党听党话跟党走感党恩的 70 年

70 年来，云南各族人民齐心协力、守正创新、苦干实干，经济社会发生了历史性变革，取得了历史性成就。曾经习惯于弯腰爬山的云南人，从来没有像今天这样昂首挺胸。新中国成立后历经的重大时代变革给云南各族人民带来了巨大动力和创造回报。吃水不忘挖井人，致富不忘共产党。云南各族人民始终铭记，是伟大的中国共产党让饱受压迫的各族人民翻身做了主人，是伟大的中国共产党让人背马驮的边远山乡走上了社会主义康庄大道，是伟大的中国共产党让贫困饥寒的深山群众过上了幸福安康的美好生活。边疆各族人民手足相亲、守望相助，爱党、爱国、爱社会主义的意志坚不可摧，心向党、听党话、跟党走、感党恩的信念历久弥坚。

真情真意心向党听党话。解放初期的云南，山间铃响马帮来，民族工作队员们带着党中央的关怀走村入户、遍访慰问、团结上层、消除隔阂，"交朋友，做好事"，为各族群众带来了衣服、盐巴、药品等急需用品，生动诠释了"民族团结一家亲"的好政策。社会主义基本制度全面建立，完成了云南有史以来最为广泛而深刻的社会变革，实现了经济社会发展的历史性跨越。一些"直过民族"也告别苦难，迎来光明；告别封闭，走向开放；告别原始落后，拥抱现代文明，实现了"一步跨千年"。波澜壮阔的改革开放大潮，开启了现代化建设的伟大征程，云南也在改革开放的伟大实践中发生了翻天覆地的历史巨变，绽放出日新月异的时代风采。一曲《阿佤人民唱新歌》传唱祖国大江南北，代表了云南各族人民对党最深情的歌颂，谱写出党心民心交相辉映的历史乐章。党的十八大以来，彩云之南呈现出愈加夺目的光彩，各族人民幸福感获得感安全感不断增强，全省综合经济实力实现了历史性飞跃，云南经济正迈向高质量跨越式发展和全面振兴。回顾 70 年云南的发展历史，是中国共产党同边疆各族人民同呼吸、共命运、心连心的历史，是中国共产党团结带领边疆各族人民走中国特色社会主义道路、兴边富民奔小康不懈奋斗的历史。党和政府无微不至的关怀和温暖，如同金色阳光普照着云岭大地，如同涓涓细流浸润着人民心田。"自强、诚信、感恩"主题实践活动当下正在云岭大地深入开展，各族人民为幸福生活由衷点赞，为身边发生的变化由衷自豪，对未来前程充满信心。坚定不移心向党，成为云南各族人民始于

值 2498.86 亿元，同比增长 6.3%，比全国高 2.8 个百分点；第二产业完成增加值 6957.44 亿元，同比增长 11.3%，比全国高 5.5 个百分点；第三产业完成增加值 8424.82 亿元，同比增长 7.6%，增速与全国持平。

基础设施建设成就辉煌。新中国成立以前，云南山川阻隔，交通设施建设非常落后，运输几乎全靠马帮。70 年来，云南持续加大对基础设施建设的投入，出行条件不断改善，道路越走越宽广，立体化交通网络不断完善。"八出省五出境"铁路、"七出省五出境"高速公路、"两出省三出境"水运建设全面推进。截至 2018 年底，云南公路通车里程达 25.3 万公里，高速公路从零发展到 5198 公里，129 个县（市、区）有 82 个通高速公路，铁路从米轨迈向高铁时代，铁路运营里程达 3856 公里，其中高铁运营里程 1026 公里。城市交通迈入了地铁时代。航空网快速发展，已搭建起中国与周边互联互通的空中桥梁，昆明长水国家门户枢纽机场逐渐形成，已建成运营 15 个民航运输机场，形成了以昆明机场枢纽为中心，定位清晰、协同密切、互为补充的机场群。全省航线数量达 524 条，其中国内航线 441 条、国际航线 78 条、地区航线 5 条。昆明机场至南亚东南亚通航点达 34 个，位列全国首位。云南机场旅客吞吐量、货邮吞吐量均排名全国前十位。能源保障网全国领先，形成了以电力为优势，煤、油、气品种齐全的能源供应保障体系，建成了支撑云南、内联广东等东部省区、外接部分周边国家电网的互联互通能源保障网络。水网建设稳步推进，滇中引水工程进入实施阶段，水运通道大力推进，航运能力大大增强。互联网完成"全光网省"建设，面向南亚东南亚的通信枢纽和区域信息汇集中心正在崛起。云南"面向三亚、肩挑两洋、通江达海"的区位优势进一步释放。

区域协调发展成绩斐然。由于历史自然条件及社会因素的制约，新中国成立初期，云南不同区域经济发展水平存在明显的差距。70 年来，云南不断探索城镇体系建设思路，逐步形成各具特色的区域发展格局，区域经济一体化成为云南经济关系中最引人瞩目的趋势之一，以城市群为主体构建大中小城市（镇）协调发展的城镇化格局初步形成。从现代新昆明，玉溪、曲靖、大理、蒙自区域中心城市，州（市）所在地和设市城市、县城、中心集镇、边境口岸城镇 6 个层次的全省城镇体系建设，到"一核、多中心、网络化、开放型"新型城镇化体系，区域之间围绕基础设施、产业发展、市场体系、基本公共服务和社会管理、城乡建设、生态环保等方面的"六个一体化"逐步形成，在更高层次上推动了区域协调发展。把握开发开放节奏和次序，沿边地区开发开放空间新格局不断拓展，分步推进了重点开放实验区、边境经济合作区、跨境经济合作区、综合保税区等开发开放平台建设。云南区域新格局的不断发展和完善，为内外区域的联动发展、共同发展勾画了美好的蓝图。

（三）人民生活水平显著提高的 70 年

70 年来，省委省政府始终坚持以人民为中心，坚持在发展中保障和改善民生，不断增投入、建机制、保基本、补短板、兜底线、促公平，不断提高公共服务共建能力和共享水平，织密民生"保障网"，使人口结构持续优化，就业收入稳步增长，贫困人口不断减少，健康和教育水平不断提高，科技人才全面提升，人民的获得感、幸福感、安全感不断增强，进入了"幼有所育、学有所教、劳有所得、病有所医、老有所养、住有所居、弱有所扶"的新时代。

城乡居民收入显著提高。云南始终把增收作为民生之要，努力提高人民的收入水平，完善更加公正合理有序的收入分配格局，提高人民的生活质量。通过建立与经济增长相适应的收入增长机制，加大再分配调节力度，落实强农惠农政策，加大农民直接补贴力度，建立农民工工资支付保障机制等一系列综合措施，大幅提高了城乡居民收入水平，特别是中低收入群体收入水平。云南城镇居民人均收入从 1950 年的 117.6 元增至 2018 年的 3.35 万元，增长 283.7 倍，农村居民人均收入从 1952 年的 47.5 元增至 2018 年的 1.08 万元，增长 225.7 倍。

脱贫攻坚取得决定性胜利。70 年来，云南减贫事业成效明显，交出了一份满意的"成绩单"。2017 年，云南有 15 个贫困县（市、区）经过国家严格评估批准实现脱贫摘帽，这是云南历史上首次实现贫困县数量减少。2018 年又有 33 个贫困县（市、区）达到脱贫标准，成功退出贫困序列。2013 年至 2018 年，全省有 707 万贫困人口实现脱贫、5068 个贫困村出列、48 个贫困县脱贫"摘帽"，贫困发生率从 2012 年底的 21.7% 下降到 2018 年的 5.39%，2020 年将如期全面完成脱贫任务，云南各族人民将与全国一道迈入全面小康社会。

人民教育事业蓬勃发展。1950 年，云南只有 2 所高等学校，11 所中等专业学校，115 所普通中学，11559 所小学。全部在校学生只占总人口的 3.7%，适龄儿童入学率仅为 23.9%，85% 的人口是文盲或半文盲。70 年来，云南的教育事业迅猛发展，截至 2018 年底，云南有高等学校 81 所，中等职业学校 413 所，义务教育阶段学校 12579 所，幼儿园 10156 所。实现县域义务教育基本均衡发展，九年义务教育巩固率 94.18% 左右。高等教育普及水平不断提高，在校生人数 116.69 万人。中等职业教育加快发展，在校生人数 65.01 万人。加快推进学前教育普及，学前教育在园（班）幼儿 143.10 万人。教育经费保障不断强化，城乡统一、重在农村的义务教育经费保障机制已经建立。

社会保障体系不断完善。云南城镇基本养老保险、失业保险、工伤保险、医疗保险、最低生活保障等社会保障制度从无到有，逐步完善，城乡居民基本养老保险制度全面覆盖，社会福利水平整体提升。党的十八大以来，以惠民共享为着力点，云南推动建设多层次社会保障体系。按照全覆盖、保基本、多层次的要求，打破城乡二元结构，建立健全了更加公平、更可持续的社会保险制度。实施统一的社会保险公共服务清单和业务流程，基本建成统一的社会保险公共服务平台。全面统筹城乡社会救助，强化基本民生保障，不断提升保障水平，确保动态管理下的应保尽保。加大保障性住房供给力度。大力发展公共租赁住房，为城镇低收入和中等偏下收入及住房困难的家庭提供公共租赁住房。社会保障实现全覆盖，实现了从城镇职工"单位保障"到统筹城乡"社会保障"的根本性转变。

卫生保健事业迅速发展。城乡卫生状况明显改善，覆盖城乡的全民医保体系基本建成，逐年提高了基本公共卫生服务补贴标准，规范基层服务，增加基层卫生服务机构和卫生技术人员，极大地提升了卫生服务能力以及群众寻医问药的便捷程度，大幅提高了群众健康水平。云南在解放初期就陆续消灭了各类严重危害人民健康的疫病，卫生防疫系统逐步建立，全社会的卫生条件大大改善。到 2018 年底，全省医疗卫生机构有 24958 个，实现了乡镇（街道）、村（社区）全覆盖。县级综合医院全部达到二级以上医疗机构标准，专业卫生技术人员从 1949 年的 991 人增加到了 2018 年的 30.20 万人。截至 2018 年底，云南基本医疗保险参保人数达 4520.34 万人，基本实现各类群体全覆盖，群众没钱"小病拖、大病扛"已经成为历史。农村三级医疗网络日趋完善，新中国成立前缺医少药的状况彻底改变，2018 年云南人均预期寿命达 74.7 岁。

（四）民族团结进步伟大跨越的 70 年

70 年来，省委省政府从多民族和各民族发展不平衡的省情出发，因地制宜，团结带领各族干部群众创造性地贯彻落实中央关于民族工作的决策部署，围绕促进民族团结、支持民族发展、繁荣民族文化，加强和改进民族工作，各族人民同呼吸、共命运、心连心的理念深入人心，不断巩固和发展了各民族共同团结奋斗、共同繁荣发展的良好局面，创造了民族工作的"云南经验"，形成了民族团结和谐的"云南现象"，成为中国特色解决民族问题成功实践的生动典范。尤其是党的十八大以来，云南积极贯彻落实习近平总书记考察云南重要讲话精神，牢牢把握民族团结生命线，紧扣"中华民族一家亲，同心共筑中国梦"总目标，以全面小康同步、公共服务同质、法治保障同权、精神家园同建、社会和谐同创为抓手，全力推进民族团结进步示范区建设，持续巩固了民族团结、宗教和顺、社会和谐的良好局面，为丰富中国特色解决民族问题正确道路的理论与实践作出了贡献。

民族团结实现大发展。新中国成立初期，省委坚持"团结第一，工作第二""慎重稳进"的方针，在平等互助的基础上团结各民族，民族关系得到根本改善，民族隔阂基本消除。1951年，云南普洱专区各族人民立碑盟誓："从此我们一心一德、团结到底，在中国共产党的领导下，誓为建设平等自由幸福的大家庭而奋斗。"这个誓词，代表了全省各族人民的共同心愿，成为全省民族工作的根本目的、根本方法和各族群众共同团结奋斗的思想基础。党的十一届三中全会以后，省委省政府始终把做好民族工作作为事关全局的大事，把加强民族团结、巩固和发展社会主义民族关系作为长期重要工作。各民族和睦相处，平等相待，真正形成了"同呼吸，共命运，心连心"和"汉族离不开少数民族，少数民族离不开汉族，各少数民族之间也相互离不开"的关系。通过建立民族团结目标管理责任制，层层签订民族团结目标管理责任书，大力宣传党的民族理论、政策和宗教工作方针政策，宣传少数民族地区社会经济发展，有力地维护了边疆稳定和国家安全。始终坚持抓好"两支队伍"建设，加大少数民族干部的培养、选拔、任用工作力度，一大批忠诚于党的优秀少数民族干部成为推进云南民族团结进步事业发展的重要力量，打牢了民族团结的干部基础。民族立法走在全国前列，形成了一个以《宪法》为基础，以实施《民族区域自治法》为核心，由地方性法规、行政规章、自治条例、单行条例、补充或变通规定组成的，具有鲜明地方特点和民族特色的民族法律法规体系框架，打牢了民族团结的法治基础。率先在全国实施建设民族文化大省战略，增强了少数民族群众的自信心和自豪感，培育了各民族"各美其美"的文化自觉、文化自信和文化自强意识，各民族文化繁荣发展的过程成为各民族相知、相亲、相惜的过程，打牢了民族团结的文化基础。在交流交往交融过程中，各族群众交得了知心朋友、做得了和睦邻居、结得了美满姻缘，涌现出"全国文明村镇"大理州洱源县郑家庄、普洱市孟连县创新"宾弄赛嗨"传统活动等先进典型。通过加强民族团结，增强了中华民族的凝聚力和向心力，各个民族间互相尊重、互相关心、互相帮助，像石榴籽一样紧紧抱在一起。

民族进步实现大跨越。"各民族都是一家人，一家人都要过上好日子"。民族地区贫困面大、贫困程度深、发展不平衡等问题十分突出，基础设施和公共服务相对滞后，脱贫攻坚任务艰巨。云南紧扣"减贫""民族"两大要素，走出了一条符合省情的扶贫开发道路，极大地改善了边疆各族人民的生活，成为"中国式扶贫"的典范。深入实施一系列针对边境地区、人口较少民族、"直过民族"的专项措施和规划。独龙族、德昂族、基诺族 3 个从原始社会直接过渡到社会主义社会的少数民族,已经率先实现整族脱贫,历史性告别绝对贫困。随着脱贫攻坚工作的不断推进,2019 年,阿昌族、布朗族、普米族、景颇族等"直过民族"和人口较少民族也将实现整体脱贫,刀耕火种、窝棚茅屋、缺衣少食这些几千年来困扰"直过民族"和人口较少民族的问题将一去不复返。党的十八大以来精准扶贫的英明决策,让云南"直过民族"和人口较少民族实现了第二次千年跨越。边境民族地区建成了国家级口岸、省级口岸和边民互市通道,昔日封闭的边疆变成了改革开放的前沿。以丰富多彩的民族文化和独特的自然山水为重点的旅游业以及生物资源开发产业、矿产业和水电工业等支柱产业得到了扶持,市场开发不断加强,区位优势不断显现。民族地区各项主要经济指标增幅均高于全省平均水平,缩小了民族地区贫富差距。少数民族和民族地区特色产业增长迅猛,基础设施得到全面改善,社会事业长足进步,民生大幅改善,真正兑现了"全面建成小康社会,一个民族都不能少","现代化进程中,决不让一个兄弟民族掉队,决不让一个民族地区落伍"的庄严承诺,实现了"一步跨千年"的发展奇迹,有力地维护了云南民族团结进步、宗教和谐和顺、边疆繁荣稳定的社会环境。

(五)文化大发展大繁荣的 70 年

70 年来,云南始终把满足人民群众日益增长的精神文化需求作为文化工作的出发点和落脚点,不断提升各族人民的思想道德素质和科学文化素质,切实筑牢各族人民团结奋斗的共同思想基础,为社会主义在边疆民族地区的实践提供了有力的思想保证、舆论支持、精神动力和文化条件。在"民族文化大省"向"民族文化强省"目标迈进的过程中,实现了云南文化建设由"数量"到"质量"的提升和转变,为建设民族文化强省注入了强大的精神力量。云南文化建设突飞猛进,面貌焕然一新,在中国文化长卷中书写了璀璨夺目的篇章。

文化建设硕果累累。云南始终坚持社会主义文化发展道路,坚定文化自信,不断加快文化改革发展步伐,发展面向现代化、面向世界、面向未来的,民族的科学的大众的社会主义文化,促进云南民族文化的大发展大繁荣,在实践和探索过程中取得了突出成绩,为建设民族文化强省和全面建成小康社会奠定了坚实的文化基础。通过不断加强理想信念教育,积极培育和践行社会主义核心价值观,加强思想道德建设,组织开展群众性精神文明创建活动,弘扬时代新风,推动了社会主义精神文明建设。坚持推进文化体制改革,繁荣文化事业,发展文化产业，激发了各民族文化的创造力，开创了云南文化建设的新局面。创作了大批优秀的文艺作品，社会影响力不断扩大。通过文化资源优势转化为文艺创作优势，重点打造了"七彩云南""香格里拉""茶马古道""西南联大""聂耳音乐""郑和下西洋"等文化品牌，推出了一批具有中国风格、云南特点、时代精神，接地气、扬正气、有人气的优秀文艺作品，在"五个一工程"奖、电影"华表奖""金鸡奖"、鲁迅文学奖、全国少数民族文学创作"骏马奖"等全国重大文艺赛事评奖中频频获奖，提高了云南文化建设的整体实力。熠熠生辉的文化遗产通过发掘、保护和开发，重见天日，谱写了云南保护和弘扬文化遗产的辉煌赞歌。非物质文化遗产保护工作走在全国前列，为推进非物质文化遗产保护工作提供了宝贵经验。世界文化遗产申报领域取得突破性进展，世界遗产位列全国第二。少数民族聚居村寨列为省级民族传统文化生态保护区数量居全国之首，中国传统村落位居全国第一。古籍保护工作成效显著，保护力度不断加大，保护工作迈出重要步伐。

文化事业全面发展。文化基础设施建设不断推进，云南国有文艺院团"一院（团）一场"排练演出场所建设不断加快，文艺单位发展的设施条件得到改善。公共文化服务体系标准化均等化不断推进，对边境地区、藏区、贫困县的公共文化服务体系建设支持力度进一步加大，公共文化服务体系建设有了明显改善。公共文化服务方式更加多元，文化志愿服务活动形成浓厚氛围，成为全省公共文化服务的生力军。以公共图书馆、文化馆、博物馆、乡镇（街道）综合文化站、村（社区）综合性文化服务中心为重点，以流动文化设施和数字文化设施为补充，统筹规划、均衡配置，省、州（市）、县（市、区）、乡镇（街道）、村（社区）五级网络不断完善，县级公共图书馆、文化馆达到国家建设标准。以"千里边疆文化长廊建设"为载体，点线面结合，上下联动，城乡统筹，覆盖城乡的公共文化服务网络正在形成，有效地保障和改善文化民生，实现文化乐民、文化育民、文化富民。组织开展了形式多样的文化活动，推动文化热在基层、亮在基层、暖在民心。

文化产业蓬勃发展。新中国成立初期，云南开启了社会主义文化建设的初步探索。进入新世纪后，不断深化的文化体制改革给云南文化产业发展带来了繁荣，释放了文化生产力和社会活力，走出了一条具有边疆民族地区特色的文化产业发展之路。制定了一系列文化产业政策措施，支持文化企业发展，推进一批历史文化旅游建设项目，文化产业成为云南经济社会发展的新亮点。随着文化体制改革的全面深化，云南立足资源，突出特色，加强人才培养和品牌打造，推动文化产业与旅游、科技、金融融合，构建现代文化产业体系，文化产业集约化专业化规模化水平不断提升。逐步形成了以大企业带动、大项目引领、大园区承载的文化产业发展新格局。重点发展了新闻出版发行、广播影视、印刷包装、会展服务、珠宝首饰、民族民间工艺品、游览娱乐、歌舞演艺、创意设计、文化信息传输等10个重点主导产业，在财政、税收、土地、金融等方面，推出了一系列政策措施，云南文化产业发展呈现勃勃生机。以"金木土石布"为主的特色文化企业遍地开花，走向海内外，成为云南文化创意产业的生力军，文化产业的特色魅力显著提升。文化产业园区、基地规模效应不断增强，充分发挥了集聚效应和孵化功能。省级文化创意产业园形成了覆盖会展、影视、演艺、出版等15个门类的全文化产业链。演艺、影视、新闻出版蓬勃发展。《五朵金花》《阿诗玛》《杨善洲》《花腰恋歌》《爨碑残梦》《情比山高》《独龙之子高德荣》《杜鹃花红》《生命中的好日子》《边城》《茶颂》《舞乐传奇》《锻刀》《铁血英雄路》等优秀影视作品屡屡获奖，塑造和传播了云南的美好形象，极大彰显了"影视滇军"的综合实力和影响力。云南题材、云南制作、云南出品的电视剧《锻刀》创下央视2018年电视剧收视新纪录，收视率创同期全国第一，成为央视"收视王"。

民族文化异彩纷呈。云南紧紧围绕中华文化"多元一体"的特征，努力推动把云南民族文化的"多元"体现在中华文化的"一体"之中，既呈现"百花齐放"，又体现"百鸟朝凤"。抢救保护各民族文字文献古籍，数十部少数民族文字文献古籍先后入选《国家珍贵古籍名录》，纳西族东巴古籍文献2003年被评为"世界记忆遗产"，云南省少数民族古籍整理出版规划办公室已建成西南地区收藏各民族古籍种类最多、原件最多的民族古籍资料馆。彝族撒尼人叙事长诗《阿诗玛》、彝族史诗《梅葛》《阿细的先基》《查姆》、傣族叙事长诗《召树屯》、纳西族史诗《创世纪》、拉祜族史诗《牡帕密帕》等一批史诗、叙事长诗等民间文学作品纷纷面世；《白族文学史》和《纳西族文学史》的出版打破了《中国文学史》仅以汉族文学史为主的局面，具有重要的政治意义和科学价值。全省各地深入实施世居少数民族文化精品工程，加大民族传统文化保护传承力度，推动了云南少数民族传统文化的繁荣发展。科学编制民族传统文化保护区和区域性文化生态区建设规划，"大理文化生态保护实验区"和"迪庆民族文化生态保护区"被列为国家级文化生态保护实验区。云南建立了阿诗玛创世史诗、彝族海菜腔、傣族制陶、藏族锅庄、彝族刺绣、白族扎染、傈僳族民歌等以少数民族传统文化为内容的传承基地，开展整体保护传承工作。组织实施少数民族特色村寨建设，使每个世居民族都有了本民族的特色村寨。1996年，云南正式确定了建设"民族文化大省"

的发展定位，2008 年，基于"民族文化大省"的成功实践，提出向"民族文化强省"迈进的战略目标，成为云南发展的三大战略之一。围绕这一目标，形成了"政府主导、民族文化主打、旅游助推、龙头带动、民资撬动、文化事业产业互动"的发展路径，推出了基层文化事业建设的"文化惠民、文化乐民、文化育民、文化富民"的"云南经验"，探索出了一条符合云南实际的民族文化超常规发展之路，为全省经济发展培育了新的增长点，造福了云岭大地各族人民。

对外文化交流亮点频现。70 年来，随着对外文化交流的不断深入，云南积极实施文化"走出去"行动计划，大力发展对外文化交流，利用"艺术节""文化周""博览会""文化论坛""学术研讨会"等形式和渠道，努力创造新的交流形式，更广泛地向世界宣介云南丰富多彩的文化艺术。注重以文化交流为载体，与南亚东南亚国家的文化交流合作不断深化，对周边国家文化辐射力影响力不断提升。成功在泰国、老挝、柬埔寨、尼泊尔、缅甸举行"跨国春晚"，并将"跨国春晚"活动上升为国家级品牌。金边中国文化之家、缅甸仰光中国文化中心先后揭牌成立，云南成为全国唯一拥有两个部省合作共建海外中国文化中心的省份。投资打造的大型歌舞史诗《吴哥的微笑》实现本土化，成为柬埔寨文化精品。滇缅首部合拍电视剧《舞乐传奇》上映后深受两国人民欢迎。云南主办的缅文《吉祥》、柬文《高棉》、老挝文《占芭》、泰文《湄公河》4 种外宣期刊成功进入对象国主流社会。云南日报报业集团推出 14 份 6 种文字《中国·云南》新闻专刊，基本形成了对南亚东南亚主要国家的覆盖。以"香格里拉之声"命名的云南广播国际频率以多种语言播出，有效覆盖中越、中老、中缅边境县和以河内、曼谷为中心的 7 个南亚东南亚国家和地区。中国地面数字电视传输标准境外首个示范点在老挝建成，云南广播电视台国际频道直接入网入户老挝、泰国、柬埔寨，并成为泰国政府批准合法入网的唯一中国省级电视频道及老挝境内第一个使用老挝语播出的外国频道。

（六）生态文明建设不断取得新成效的 70 年

建设生态文明是关系人民福祉、关系民族未来的大计。70 年来，云南坚决贯彻落实党中央在各个时期关于生态环境保护的决策部署，深化省情认识，确立了"生态立省、环境优先"的发展战略，正确处理发展与保护的关系，谱写了人与自然和谐共生的美好篇章。进入新时代，云南认真贯彻落实习近平生态文明思想和习近平总书记考察云南重要讲话精神，立足努力成为我国生态文明建设排头兵的发展定位，在保护生态环境、建设生态文明方面取得明显成效。绿色发展和生态文明理念深植云岭大地，筑牢国家西南生态安全屏障的责任深入人心，走出了一条边疆民族地区生态文明建设的特色之路，正向着建设成为中国最美丽省份的目标昂首奋进。

污染防治工作成效明显。70年来，污染防治从单项、局部、被动治理到综合、全面、积极治理，污染治理格局发生深刻转变，治理力度更加有力，治理范围更加全面，治理举措更加有效，治理成效更加显著。20世纪70年代初，云南积极响应党中央关于工业污染"三废"治理和回收利用的号召，专门成立"三废"治理机构，严格督促引导新旧工矿企业做到"三废"的综合利用，取得了显著成效。改革开放以来，云南加大污染治理力度，建立污染限期治理、污染达标排放等环境管理制度体系，出台若干有针对性的政策法规，重点工业污染、重点流域污染、九大高原湖泊治理的力度不断加大。党的十八大以来，为进一步加强生态环境保护与治理工作，云南制定措施和行动计划，全力打好蓝天、碧水、净土"三大保卫战"和"八个标志性战役"，进一步加大工作力度，以革命性措施抓好九大高原湖泊保护治理，全面落实河（湖）长制，确保九湖水质稳定好转、以长江为重点的六大水系水质持续改善。启动城镇污水处理提质增效行动，加强公共治污设施建设。坚决打赢污染防治攻坚战。协同推动高质量跨越式发展与生态文明建设。

绿色发展之路更加坚定。70年来，从以解决温饱问题为目的开展的单一性生态建设，到确立生态立省、发展循环经济、加大节能减排力度，再到构建绿色产业体系下生态富民的发展道路，绿色发展之路更加宽广，发展新动能更加强劲，发展步伐更加坚定。新中国成立初期，云南在水利建设和林业建设取得的成就，为经济社会发展奠定了宝贵的生态基础。改革开放以来，云南注重经济与自然环境协调发展，实施绿色发展战略，坚持绿色发展，较早提出和实践了"产业发展生态化、生态发展产业化"的发展思路。根据自身生态多样性、民族文化多样性、资源丰富的特点，结合建设环境友好型社会，走"两型三化"的产业发展路子，推动经济绿色、循环、低碳发展，提升绿色发展水平，构建绿色产业体系下生态富民的发展道路。优化国土空间和生态安全格局，严守生态红线。依托丰富的水利资源和气候优势，大力发展以水电、光伏为主的绿色能源产业，打造好"绿色能源牌"，着力发挥能源支柱产业的优势。依托生态多样性资源大力发展高原特色农业，打造好"绿色食品牌"，做大做强绿色产业规模和延长产业链，千方百计促进各族人民增收。融合生态、气候、民族文化优势资源，大力发展生态观光和民族文化旅游，彩云之南成为享誉中外的旅游胜地。打造好"健康生活目的地牌"，把云南的蓝天白云、青山绿水、少数民族特色文化转化为发展优势、经济优势。通过全力打造"三张牌"，"绿色"成为产业转型升级、经济高质量发展的基本底色，成为经济社会高质量发展的方向，云南正努力实现绿色崛起，人与自然更加和谐。

西南生态安全屏障日益稳固。70 年来，从早期不完善的自然保护区建设探索到形成体系性的自然保护区建设与管理，再到系统性、全局性的西南生态安全屏障建设，云南实现了生态建设的伟大跨越，山川更加壮丽，江河湖泊更加清澜，土地更加肥沃，中国生态安全的西南门户坚如磐石。早在 20 世纪 50 年代末 60 年代初，云南就开展了自然保护区建设工作。在滇中、滇南、滇西北和滇西南建立了多个自然保护区。改革开放后，自然保护区建设工作逐渐展开。20 世纪 80 年代初，云南在全省范围内建立了 22 个自然保护区和 12 个自然保护点。20 世纪 90 年代中后期以来，共建立自然保护区 166 个。形成了各种级别、多种类型的自然保护区网络，有效地保护了云南的生态系统和物种资源。进入 21 世纪，云南稳步推进国家公园建设。最早在全国开展国家公园建设试点——普达措国家公园。创新国家公园管理方式，先行先试，出台了地方性国家公园管理法规《云南省国家公园管理条例》。围绕成为生态文明建设排头兵总目标，以更具全局性的部署、更加有力的举措全面实施"七彩云南保护行动"，生态文明建设迈上新台阶。加快推进"森林云南"建设，把"森林云南"建设作为统筹林业改革发展各项工作的总抓手和生态文明建设的重要载体，在各方面均取得显著成效。全面推进生物多样性保护，在全国率先出台生物多样性保护地方性法规，保护好国家生物多样性战略资源。严守生态红线，保护好水生态、加强湿地建设，加大生态修复力度，着力构建"三屏两带一区多点"生态安全格局，推动西南生态安全屏障建设，维护好大江大河清流安澜，提升区域生态安全水平，打造祖国南疆的美丽花园。

生态文明制度体系不断完善。70 年来，云南生态文明制度经历了从碎片化、被动式，到系统性、完备性，再到预见性、指导性、全局性的历程，形成了产权清晰、多元参与、激励约束并重、系统完整的生态文明制度体系。先后出台《关于争当全国生态文明建设排头兵的决定》《关于贯彻落实生态文明体制改革总体方案的实施意见》《云南省生态文明建设排头兵规划（2016—2020 年）》等一系列文件与规划，为云南生态文明建设指明了方向，明确了目标，提供了坚强保障。率先推出河（湖）长制，率先建立县域生态环境质量监测评价与考核办法。不断完善生态补偿机制、生态环境评价和考核制度，大力开展国家公园体制试点、低碳城市、海绵城市、高原湖泊治理等各类试点的制度探索，构建了自然资源资产产权制度、国土空间开发保护制度、空间规划体系、资源总量管理和全面节约制度、资源有偿使用和生态补偿制度、环境治理体系、生态环境保护市场体系、生态文明绩效评价考核和责任追究制度等，生态文明建设法治化道路越走越宽。

（七）对外开放末梢变前沿的 70 年

地处祖国西南边陲的云南一度偏远封闭、贫穷落后。峥嵘岁月，云岭巨变。70 年来，云南发挥对外开放优势，抓住中央提升沿边开放水平的有利条件，把握中国加入 WTO、国家实施西部大开发战略和建设中国—东盟自由贸易区、长江经济带、"一带一路"的历史机遇，积极开展与周边国家的交流，努力拓展国家交往渠道，创新国际区域合作机制，服务国家总体外交及地方经济社会发展，从封闭半封闭状态迈向全方位、多层次、宽领域的对外开放格局，从建设中国连接东南亚、南亚国际大通道，到建设成为中国面向西南开放的重要"桥头堡"。特别是党的十八大以来，云南认真贯彻习近平外交思想和习近平总书记考察云南重要讲话精神，努力建设面向南亚东南亚辐射中心，对外开放取得了显著成就。

主动构建开发开放新格局，互联互通不断提速。重点推进"两廊六道，一中心、多节点"的综合交通网络空间格局建设，昆曼公路和清水河—缅甸登尼、腾冲—缅甸密支那公路建成通车，越南河内至老街高速公路建成通车，越南海防港已经成为最便捷的出海口，连接越、老、缅的国际运输大通道初步形成。边境干线公路贯通工程基本实现边境县、市间的连接。昆明开通了到仰光、曼德勒、达卡、加尔各答等地的航线。滇中与沿边地区优势互补、资源共享、产业对接，逐步形成了以滇中城市群为核心，以昆保芒瑞、昆磨、昆河 3 条大通道为主线，滇缅、滇老、滇越 3 个国际经济合作圈为支持的"一核三线三圈"沿边地区开发开放空间新格局。着力构建昆明、大理两个铁路枢纽，打造王家营、山腰、瑞丽、磨憨"四个口岸"，打通中老、中缅、中越"三条国际通道"。2018 年 9 月 23 日，昆明与香港直通高铁列车通车，拉近了西南边陲与香港的时空距离。"两廊三带"建设为云南打通了中老、中泰铁路的丝路中线，沿边开放经济带、澜沧江开发开放经济带、金沙江对内开放合作经济带的"三带"规划已全部完成。在推动中国与南亚东南亚国家的合作交流中云南发挥了内联外引的开放门户和引领带动作用，与周边国家市场联系日趋紧密、合作交往日益密切、利益融合不断深化，开放合作的天地愈加宽广，走向世界的脚步更加坚实、姿态更加昂扬。

开放合作能力不断提升，从对外开放的"末梢"变"前沿"。加快开放载体和平台建设，充分发挥沿边开放优势，在交通、贸易、能源、金融、旅游及文化等重点领域达成广泛共识，形成了宽领域覆盖、多层次参与、全方位推进的对外交流新机制。积极复制推广自贸区改革经验，滇中新区、勐腊（磨憨）重点开发开放试验区建设扎实推进，昆明、红河综合保税区获批运行。滇缅国际经济合作圈形成了四方联合工作组会议、中缅边交会、孟中印缅合作论坛、中国—南亚商务论坛等成熟的合作机制。滇越合作圈形成了中国云南与越南河内、海防、老街、广宁5省市经济走廊合作会议和中国云南与越南河江、老街、莱州、奠边5省联合工作组会议等合作机制。滇老合作成为澜沧江—湄公河流域和谐共赢的典范，国家级赛色塔综合开发区已有老中东岩石化、新希望老挝公司等30户企业进驻。中国（昆明）跨境电子商务综合试验区获批实施。中国—南亚博览会连续举办5届。口岸基础设施条件不断改善，通关便利化水平不断提高。推进关检合作"三个一"、海关通关一体化、边检查验信息化等改革。中国（云南）国际贸易"单一窗口"标准版和跨境物流大数据平台、跨境电商公共服务平台等正式上线运行，实施跨境动物疫病区域化管理试点。截至2018年底，云南共有国家级边境经济合作区4个，省级边境经济合作区5个，与9个国家建立11个多边、双边地方合作机制，已建成7大类18个开放合作功能区以及中国—南亚博览会等重点开放平台，拥有19个一类口岸、6个二类口岸，贸易伙伴拓展至206个国家和地区。2018年云南外贸进出口总额完成1973.02亿元，2019年1—5月，云南进出口总额完成871.55亿元，排全国第8位，对云南经济社会发展起到了重要的推动作用。2019年8月26日，国务院批复成立中国（云南）自由贸易试验区，云南发展潜力更加凸显、发展前景更加光明。

辐射中心建设成效显著。抓好区域性国际经济贸易中心建设，主动服务和融入国家发展战略，积极参与"一带一路"建设，以开放型经济为引领，打造多元合作新平台，完善对外交流新机制，培育产业竞争新优势。设立云南驻外商务代表处30个，实现南亚东南亚全覆盖，打通了云南联通世界的商务桥梁。推进中国—中南半岛经济走廊、中缅经济走廊、中老经济走廊建设，推动中老磨憨—磨丁经济合作区建设，中越河口—老街、中缅瑞丽—木姐跨境经合区建设顺利进行，仰光产业新城、皎漂经济特区、中缅铁路等重大合作项目取得重要阶段性进展，形成了"陆海内外联动、南北双向开放"的新格局。区域合作机制建设取得新的突破，先后与南亚地区和国家推动创立了多个高端合作平台，建立多个合作机制，助力中国与南亚经贸合作驶入发展的快车道。云南与长三角、泛珠三角、京津冀、成渝经济区等重点区域的经济交流合作持续深化。突出建设区域性科技创新中心，大力实施创新驱动发展战略、科教兴滇战略、人才强省战略，通过对内促进跨区域协同创新、对外强化与南亚东南亚各国科技创新等一系列新举措，与南亚东南亚国家协力打造发展理念相通、要素流动畅通、科技设施联通、人员交流顺通的创新共同体，推动创新型云南和区域性科技创新中心建设取得了良好成效。"中国—东盟科技产业合作论坛"已成为区域性、有影响力的国际科技合作与技术转移的重要平台，"中国—南亚技术转移中心""中国—东盟区域发展协同创新中心""中国—南太平洋岛屿国家技术转移中心"等多个国家级对外科技合作的重要平台先后落户云南。统筹建设区域性金融服务中心，全面统筹金融发展与经济发展的关系，坚持金融服务实体经济原则，着力培育多层次宽领域开放合作的金融市场格局，积极推动沿边金融综合改革试验区建设，开展了一批在全国具有创新意义的试点工作，大力推进跨境人民币业务创新，增强人民币在南亚东南亚国家的影响力和辐射力，不断完善区域性货币交易的"云南模式"，积极扩大金融机构跨境合作，对外金融合作取得了历史性成就。全面建设区域性人文交流中心，把人文交流作为一项长期性、基础性、战略性的工作来抓，以人文交流促进民心相通，以民心相通促进经贸发展，不断完善人文交流机制，创新人文交流方式，与南亚东南亚各国在旅游、教育、文化、媒体、智库等方面进行了深度交流合作，区域性人文交流中心建设取得了一系列喜人成绩。

（八）党的建设质量全面提高的70年

新中国成立后，中国共产党成为执政党，领导全国各族人民取得了举世瞩目的伟大成就。为巩固党在边疆民族地区的领导地位，云南党的建设围绕党的各项中心工作而展开，取得了巨大进展，成绩可圈可点。尤其是党的十八大以来，云南党的建设呈现出新气象，开创出新局面。紧跟党中央全面从严治党步伐，全面推进政治建设、思想建设、组织建设、作风建设、纪律建设，把制度建设贯穿其中，深入推进反腐败斗争，切实解决长期困扰云南党的建设关键性全局性问题，不断提高党的建设质量，为云南决战脱贫攻坚、决胜全面小康、实现高质量跨越式发展提供了坚强政治保证和组织保证。

坚定维护核心，坚决听从党中央。坚决维护核心，保证政令畅通，是党和国家前途命运所系，人民群众福祉所在。70年来，云南始终坚持把党的政治建设摆在首位，站稳政治立场，把准政治方向，坚定政治信念，提升政治能力，切实担负起维护边疆团结统一的历史重任。新中国成立初期，面对复杂形势，省委坚决贯彻党中央制定的"团结第一，工作第二"指导方针，在平等互助的基础上依靠民族干部、民族上层人士团结各族人民，领导少数民族地区加快经济社会发展，圆满完成了民主建政和保卫政权的历史使命，各族人民在中国共产党领导下踏上了社会主义建设的新征程。党的十八大以来，省委认真贯彻落实以习近平同志为核心的党中央提出的"把党的政治建设摆在首位"的战略部署，旗帜鲜明加强党的政治建设，以党的政治建设统领党的各项建设，坚决维护习近平总书记党中央核心、全党的核心地位、坚决维护党中央权威和集中统一领导。把坚定理想信念作为开展党内政治生活的首要任务，坚持用习近平新时代中国特色社会主义思想武装头脑、指导实践、推动工作。全省各级党组织增强"四个意识"，坚定"四个自信"，做到"两个维护"，严守党的政治纪律和政治规矩，确保党中央政令畅通、令行禁止。始终牢记习近平总书记对云南工作作出的重要指示，强化政治担当，压实政治责任，在坚持民族团结同心、科学发展同步、民族文化同彩、社会和谐同创、美丽家园同建、边疆安全同担、奋斗目标同向中不负重托不辱使命，坚决夺取脱贫攻坚、全面小康的新胜利，把谱写好中国梦云南新篇章的丰硕成果书写在云岭大地上。

党员队伍结构不断优化、整体素质不断提升、先锋模范作用充分发挥。加强党员队伍建设一以贯之于云南70年党建历程中。经过努力，云南党员人数由少到多，队伍由小到大，组织由弱到强，党员队伍面貌焕然一新，党的组织体系不断健全，党员结构日益优化，党员干部素质明显提升。党的十八大以来，围绕建设一支有信念、有思路、有激情、有办法，忠诚干净担当的"云岭铁军"，云南以高素质专业化为导向，突出思想教育和能力提升，突出精准化、专业化，大规模开展干部培训，把树立先进典型、弘扬英雄主义、传承革命传统作为党性教育的重要方式，推出了杨善洲、高德荣等一批先进典型，为加强干部理想信念教育找到了榜样。研究出台一系列干部选拔任用制度，把好干部标准落到实处，注重在基层一线和艰难困苦的地方锻炼选拔干部，为想干事、能干事、干成事的干部撑腰鼓劲，激发干事创业热情，增强干部队伍活力，提高为人民办事能力，激励广大干部撸起袖子加油干，在建功立业新时代中书写奋斗新篇章。

基层党组织全面进步全面过硬，党的执政根基得到夯实。70年来，云南坚持从边疆民族地区党的建设特殊性出发，坚持以构建和谐边疆为目的，推进和深化"边疆党建长廊建设"，突出重点强班子，持之以恒固基础，团结稳定促和谐，科学发展兴边疆，努力实现党员发展规范化、组织设置科学化、阵地建设正规化、服务方式多样化、制度建设合理化，全面提升边疆党建工作的科学化水平，把基层党组织建设成为宣传党的主张、贯彻党的决定、领导基层治理、团结动员群众、推动改革发展的坚强战斗堡垒。充分发挥基层首创精神，深化"国门党建"，开展"云岭先锋"创建活动，推进"红旗飘飘"工程，实施党建脱贫"双推进"。先后实施基层党建推进年、提升年、巩固年、创新提质年，全面提升基层党组织组织力，推进基层党组织全面进步全面过硬。结合民族文化创新推动基层党建工作，用民族干部、民族语言、民族文字、民族节庆、民族文化宣传党的政策法规，实现"组织强、边民富、边疆兴、边防固、边关美"的目标要求，不断筑牢固边兴边的执政根基。

持之以恒正风肃纪，党群干群关系更加和谐。70年来，云南始终坚持以人民为中心的基本政治立场，坚持以密切党群关系为重点驰而不息加强作风建设。新中国成立初期，为稳定社会秩序加强民族团结，各级党员领导干部深入边疆贫困地区和少数民族群众交朋友、做好事，以真诚以待、求真务实、踏实勤奋的工作作风赢得了各族人民的信任和支持，在广阔的实践天地中锤炼过硬作风，使党的光辉形象在边疆民族地区深入人心。改革开放后，云南着力培养党组织和党员干部廉洁高效、勇于担当的执政新风，在领导云南改革开放各项事业中展示新形象，创造新业绩。党的十八大以来，云南认真贯彻落实中央八项规定和实施细则精神，制定实施办法，坚持以上率下，以"关键少数"的自我革新，形成"头雁效应"。坚决整治"四风"问题，广泛开展党的群众路线教育实践活动，扎实开展"三严三实"和"忠诚干净担当"专题教育，推动"两学一做"学习教育常态化制度化，认真开展"不忘初心、牢记使命"主题教育。深入开展全省扶贫领域作风问题专项治理工作。充分运用监督执纪"四种形态"，加强纪律教育，强化纪律执行，让党员干部知敬畏、存戒惧、守底线，从源头上预防和治理各种不良作风，以永远在路上的决心和韧劲推进作风建设常态化、长效化。

反腐败斗争已经取得压倒性胜利。70年来，云南始终牢记"两个务必"，坚决惩治腐败。解放初期，设立纪检监察机构，打击贪污腐败，查处了一批党内违纪案件。改革开放以后，持续开展反腐倡廉建设，不断完善党风廉政建设体制机制。党的十八大以来，云南不折不扣贯彻落实以习近平同志为核心的党中央决策部署，始终保持惩治腐败高压态势，坚定重构云南风清气正政治生态的决心，正本清源、匡正风气，提振精神、树立信心。重点查处党的十八大以来不收敛、不收手，问题线索反映集中、群众反映强烈，政治问题和经济问题交织的腐败案件，违反中央八项规定精神的问题；坚决肃清白恩培、仇和余毒和秦光荣流毒影响；着力解决选人用人、行政审批、工程项目、矿产资源、土地出让等重点领域和关键环节的腐败问题；开展扶贫民生领域专项整治，严厉打击"村霸"和宗族恶势力，开展扫黑除恶专项斗争，坚决打击"蝇贪"和"微腐败"；聚焦环境治理、生态修复领域重点工程，深挖严查污染防治、环境保护问题背后的腐败行为。以全面从严治党新成效推动云南高质量跨越式发展，使云南的政治生态风清气正，从政环境清明干净。

三、新中国成立 70 年云南发展的重要启示

70 年来，云南各族人民在党的光辉照耀下，共同团结奋斗、共同繁荣发展，战胜各种艰难曲折和风险考验，迎来了从站起来、富起来到强起来的伟大飞跃，实现了一次次自我超越，描绘出一幅幅波澜壮阔、气象万千的历史画卷，为新时代在更高起点、更高层次、更高目标上推进云南经济社会各项事业的高质量跨越式发展提供了很好借鉴。

（一）必须坚持党对一切工作的领导，确保党始终成为各项事业的领导核心

70 年来，云南毫不动摇坚持党的领导，坚定自觉在思想上政治上行动上同党中央保持高度一致，把党的领导贯彻和体现到工作的各个领域、各个环节当中，不断提高把方向、谋大局、定政策、促改革的能力和定力，持续完善领导方式和执政方式，切实提高执政能力和领导水平，确保党始终总揽全局、协调各方，确保党的各项大政方针不折不扣落到实处。特别是党的十八大以来，省委牢牢把握正确政治方向，制定出台了《中共云南省委常委会关于坚定维护以习近平同志为核心的党中央集中统一领导的若干具体规定》，把坚决维护习近平总书记党中央的核心、全党的核心地位作为根本的政治纪律和政治规矩，把坚决维护党中央权威和集中统一领导作为明确的政治准则和根本的政治要求。云南 70 年发展的辉煌成就充分证明，只有在党的坚强有力领导下，才能为社会主义事业创造一个安定团结的政治局面和社会环境，实现各个时期的工作目标和工作任务，让各族人民过上美好幸福的生活。

（二）必须坚持走中国特色社会主义道路，牢牢把握边疆民族地区发展的正确方向

70 年来，云南不断深化对社会主义建设规律的认识，将社会主义事业不断推向前进。经过艰辛努力，确立了社会主义基本制度，取得了社会主义建设的巨

大成就，为探索建设中国特色社会主义道路积累了经验、提供了条件。特别是党的十八大以来，云南牢记习近平总书记的深切嘱托，回应习近平总书记的殷切期待，立足云南社会主义现代化建设面临的新特点、新任务、新要求，统筹推进"五位一体"总体布局，协调推进"四个全面"战略布局，带领全省各族人民排除万难、破浪前行，中国特色社会主义道路在云南的实践取得了新成就。云南70年发展的辉煌成就充分证明，中国特色社会主义道路是实现社会主义现代化的必由之路，是创造人民美好生活的必由之路。只有坚定不移走中国特色社会主义道路，既不走封闭僵化的老路，也不走改旗易帜的邪路，不为任何风险所惧，不被任何干扰所惑，才能够抓住机遇，加快发展，不断创造新的奇迹。

（三）必须坚持马克思主义的指导地位，让真理光芒照耀云岭大地

70年来，云南始终坚持马克思主义的指导地位不动摇，不断研究和解决随着时代前进和实践发展所提出的新情况、新问题，团结带领各族人民进行社会主义革命、建设和改革伟大事业。特别是党的十八大以来，云南把深入学习贯彻习近平新时代中国特色社会主义思想作为首要政治任务和长期工作主题。持续不断加强学习教育、加大宣传力度、深化研究阐释，推动学习宣传贯彻工作往深里走、往实里走、往心里走。同时注重学懂弄通做实，做到学思用贯通，知信行统一。把学习贯彻习近平新时代中国特色社会主义思想的成果转化为指导实践、推动工作、改造客观世界的行动自觉，转化为推进新时代云南改革开放和现代化建设的精神动力和实践成果，开创了高质量跨越式发展的新局面，使得马克思主义的真理光芒始终在云岭大地不断照耀。云南70年发展的辉煌成就充分证明，只有始终坚持马克思主义的指导地位，始终保持政治定力，团结一心、砥砺奋进，脚踏实地、埋头苦干，才能成功实现从"站起来"到"富起来"的伟大跨越，向着"强起来"的目标昂首奋进。

（四）必须坚持以人民为中心，不断实现各族人民对美好生活的向往

70年来，云南各级党组织和广大党员干部始终坚持人民利益高于一切，始终把全省各族人民对美好生活的向往作为奋斗目标，把增进人民福祉、促进人的全面发展作为一切工作的出发点和落脚点，忠实践行党的根本宗旨，与各族人民心心相印、与各族人民同甘共苦、与各族人民团结奋斗，努力破解发展过程中遇到的难题，实现好、维护好、发展好最广大人民的根本利益。充分调动全省各族人民的积极性、主动性、创造性，既通过提出并贯彻正确的理论和路线方针政策

带领人民前进，又从人民实践创造和发展要求中获得前进动力，让人民共享改革开放成果，激励人民更加自觉地投身改革开放和社会主义现代化建设事业，完成了从贫穷落后向富裕文明的伟大转变。云南 70 年发展的辉煌成就充分证明，只有始终坚持人民利益高于一切，把人民拥护不拥护、赞成不赞成、高兴不高兴、答应不答应作为衡量一切工作是非得失的根本标准，才能形成广泛共识，凝聚起上下同心、团结奋斗的磅礴力量，更好地推动经济社会各项事业的顺利发展，不断增进各族人民的民生福祉。

（五）必须坚持发展是第一要务，不断推进跨越式发展

70 年来，云南坚持发展是第一要务，牢牢把握发展这个解决民族地区各种问题的总钥匙，带领各族人民从落后走向进步，从贫困走向富裕，从封闭走向开放，实现了一次次自我超越，走出了一条具有中国特色、时代特征、云南特点的边疆民族地区跨越式发展之路。经济社会发展取得了令人瞩目的成就，城镇化飞速发展，农业农村稳步发展，工业从弱到强，产业结构日趋协调，综合实力日益增强，城乡面貌日新月异，基础设施建设突飞猛进，实现了更高质量、更有效率、更加公平、更可持续的发展。云南 70 年发展的辉煌成就充分证明，只有坚定不移把发展作为第一要务，着力推动高质量跨越式发展，高起点谋划，强措施推进，高标准落实，才能够更好地应对各种风险和挑战，不断开创经济社会各项事业发展的新局面。

（六）必须坚持改革创新，激发干事创业的热情和激情

70 年来，云南应声而动、顺势而为，积极落实党中央改革创新部署，坚决破除一切不合时宜的思想观念和体制机制弊端，突破利益固化的藩篱，在全社会努力营造鼓励大胆创新、勇于创新、包容创新的良好氛围。深入把握改革创新的规律和特点，坚持问题导向，聚焦阻碍云南发展的突出矛盾问题和短板弱项，统筹推进各领域各方面改革，系统谋划改革创新的科学路径和有效方法，用改革创新的方法解决前进中遇到的问题，逢山开路，遇水架桥，改革的系统性、整体性、协同性不断增强，在一些重要领域和关键环节改革取得突破。通过改革创新，解放和发展了社会生产力，激发和凝聚了社会创造力，国家确定的各项改革任务在云南落地生根，开花结果。云南 70 年发展的辉煌成就充分证明，只有锐意改革、支持创新，才能激发干事创业不竭动力，不断寻求新增长点和驱动力，推进治理体系和治理能力现代化，提升发展的质量和效益，推动各项事业始终走

在时代前列，更好地满足各族群众对美好生活的需要。

（七）必须坚持扩大开放，构建全方位对外开放新格局

70 年来，云南立足区位优势，结合实际积极探索对外开放新路子，突出以南亚东南亚及印度洋沿岸国家为重点的对外开放，相继出台各种扩大开放的政策措施，加快对接周边国家发展，不断拓展对外开放的广度和深度。以建设中国面向南亚东南亚辐射中心为目标，区域性国际经济贸易中心、科技创新中心、金融服务中心、人文交流中心建设步伐加快，与南亚东南亚国家经贸关系更加多元和紧密，与周边国家交流合作政治基础和民意基础更加稳固务实，服务国家经略周边的外交大局的能力和水平显著提升，在我国全面开放新格局中的地位和作用日益凸显，为云南的发展创造出了良好的条件和机遇，有力促进了全省经济社会发展。云南 70 年发展的辉煌成就充分证明，只有充分发挥独特区位优势，推动全方位高水平对外开放，才能充分拓展发展的空间，使云南站在更高、更远、更广的发展平台上。

（八）必须坚持高举民族团结大旗，大力推进民族团结进步事业

70 年来，云南全面贯彻党的民族政策，牢牢把握"共同团结奋斗、共同繁荣发展"的民族工作主题，始终坚持"在云南，不谋民族工作就不足以谋全局"的思想，"各民族都是一家人，一家人都要过上好日子"的理念，"绝不让一个民族掉队，绝不让一个民族地区落伍"的承诺，把党的路线方针政策与云南实际紧密结合，创造性地开展工作。不断巩固和发展平等团结互助和谐的社会主义民族关系，不断铸牢中华民族共同体意识，引导各族人民增强对伟大祖国、中华民族、中华文化、中国共产党、中国特色社会主义的认同。特别是党的十八大以来，云南把习近平总书记对云南提出的"努力成为我国民族团结进步示范区"作为重大政治任务，把民族工作融入全省发展大局，以全面小康同步、公共服务同质、法治保障同权、精神家园同建、社会和谐同创为抓手促进民族地区发展进步，扎实推进民族团结进步示范区"六大工程"，深入实施少数民族脱贫攻坚和"兴边富民"工程，推动边疆民族地区全面建成小康社会进程，全面促进民族文化繁荣发展，云南少数民族和民族地区经济社会发展日新月异，民族团结良好局面进一步巩固。云南 70 年发展的辉煌成就充分证明，只有始终坚持和全面贯彻执行党的民族政策，持续推进云南民族团结进步事业，铸牢中华民族共同体意识，才能创造民族团结进步的良好局面。

（九）必须坚持生态优先绿色发展，促进人与自然和谐共生

70年来，云南认真贯彻落实党中央关于生态文明的决策部署，从战略和全局高度推进生态文明建设，不断深化认识和处理好经济发展与环境保护的关系，不断满足人民日益增长的优美生态环境需要，坚持生态优先绿色发展，制定出台绿色经济强省建设纲要和生态文明建设排头兵实施意见，构建生态文明建设"四梁八柱"，加强生态环境保护和污染防治，努力实现生态惠民、生态利民、生态为民，全省生态环境质量和城乡居民生活环境有了明显改善。落实习近平总书记考察云南重要讲话和指示批示精神，云南生态文明排头兵建设迈出了坚实步伐，正向着生态美、环境美、城市美、乡村美、山水美的"中国最美丽省份"目标昂首奋进。云南70年发展的辉煌成就充分证明，只有坚持环境保护和资源节约理念，像保护眼睛一样保护生态环境，像对待生命一样对待生态环境，坚决摒弃损害甚至破坏生态环境的发展模式，坚决摒弃以牺牲生态环境换取一时一地经济增长的做法，才能真正实现人与自然的和谐共生，让云岭大地天更蓝、山更绿、水更清、环境更优美。

（十）必须坚持加强党的自身建设，筑牢党在边疆的执政基础

70年来，云南各级党组织着眼于推进社会主义革命、建设和改革伟大事业，围绕不同时期全党的工作中心和全省的工作大局，高度重视和大力加强党的建设，坚持党和人民事业发展到什么阶段，党的建设就要推进到什么阶段，使各级党组织不断自我净化、自我完善、自我革新、自我提高，不断增强党的政治领导力、思想引领力、群众组织力、社会号召力，探索出了一条边疆民族地区党的建设的新路径。特别是党的十八大以后，按照习近平总书记"着力发挥党组织作用，从组织上落实从严治党"的要求，全面加强党的建设，党的建设质量和水平不断提高，为推动云南实现高质量跨越式发展提供了坚强政治保证和组织保证。云南70年发展的辉煌成就充分证明，只有不断加强和改善党的自身建设，把各级党组织建设成为推动发展的坚强堡垒、维护稳定的坚固基石、抵御渗透的钢铁长城，才能筑牢党在边疆民族地区的执政基础，保持经济发展、社会进步、边疆稳定、民族团结的良好态势。

喜逢盛世庆华诞，继往开来谱新篇。新中国成立以来的70年，是云南凝心聚力、砥砺奋进的70年，是综合实力由小到大、由弱到强的70年，是紧跟时代、不断跨越的70年，是摆脱落后、铸就辉煌的70年，是封闭保守到全方位开放的

70 年。70 年来，云南各族人民在党的坚强领导下，坚持以马克思主义引路指向，完成了历史性的跨越，为新时代实现"两个一百年"奋斗目标、谱写中国梦云南新篇章奠定了最为坚实的基础。站在新的历史起点上，云南各族人民将继续紧密团结在以习近平同志为核心的党中央周围，坚持以习近平新时代中国特色社会主义思想为指导，坚定不移沿着中国特色社会主义道路，以永不懈怠的精神状态和一往无前的奋斗姿态，全力以赴决战脱贫攻坚，决胜全面小康，奋力开创云南高质量跨越式发展的新局面，谱写好中国梦云南新篇章。

经济建设篇

JINGJI JIANSHE PIAN

发展是解决我国一切问题的关键。只有推动经济持续健康发展，才能筑牢国家繁荣富强、人民幸福安康、社会和谐稳定的物质基础。70 年来，中国共产党领导全国人民开启工业化、现代化进程，国民经济快速发展，用数十年的时间走过了资本主义国家几百年的发展历程，在中国乃至世界经济发展史上书写了辉煌的一页。70 年来，在中国共产党的坚强领导下，云南紧跟国家发展步伐，坚持把经济建设放在突出位置，最大限度调动各族人民的积极性，经历了波澜壮阔、攻坚克难的发展历程，取得了特色鲜明、全面开花的辉煌成就，实现了从贫弱到富裕，从百废待兴到产业兴旺，从物资高度短缺到产品极大丰富，从封闭落后到开放前沿的巨变。云南经济总量实现历史性跨越，地区生产总值从 1949 年的 8.93 亿元增长到 2018 年的 17881.12 亿元，人均生产总值从 56 元增加到 37136 元。产业结构转型升级持续推进，农业基础地位稳固，农村经济焕发出前所未有的生机和活力；工业发展迅速，不断填补产业空白，对经济形成强大支撑；服务业贡献不断提升，成为经济增长的"主引擎"。国民经济体系更加完善，建立起以大型国有企业为骨干的多种所有制并存的工业体系，以高原特色农业为主体的现代化农业体系，以旅游文化产业为代表的现代服务业体系，实现了产业结构从"一二三"向"三二一"的转变。基础设施发生了翻天覆地的变化，城镇化水平大幅度提高，辐射中心建设成效显著，人民生活实现总体小康，正向全面小康稳步迈进。特别是党的十八大以来，云南认真贯彻落实党中央的决策部署和习近平总书记考察云南的殷殷嘱托，主动适应经济发展新常态，牢牢把握稳中求进工作总基调，深入贯彻落实新发展理念，保持了经济持续健康发展，奋力谱写了新时代云南经济发展的新篇章。

一、社会主义革命和建设时期的云南经济建设（1949—1978 年）

这一时期，云南经济建设先后经历了"三年恢复""'一五'计划""三年困难""五年调整"、十年"文革"等阶段，呈现出曲折发展的特征。但从总体看，经济建设仍然取得了巨大成绩，确立了以生产资料公有制为基础的社会主义经济制度，国民经济体系不断健全，经济实力显著增强，基础设施日益完善，农业基础得到加强，工业经济不断崛起，城乡人民生活得到改善，为改革开放后的发展奠定了基础。

（一）确立社会主义公有制经济

云南各族人民在中国共产党和中央人民政府的领导下，用三年时间完成了恢复国民经济的任务，开展了土地制度改革，完成了"一化三改造"，彻底摧毁了两千多年来的封建制度，确立了以生产资料公有制为基础的社会主义经济制度，并通过实施"一五"计划，建立了以计划经济为主导的国民经济管理体制，集中社会资源发展经济，解放和发展了生产力，推动了经济迅速恢复和发展。

1. 恢复和重建国民经济

恢复生产，稳定民心。面对中华人民共和国成立之初一穷二白、粮食短缺、财政困难、通货膨胀、民不聊生的严峻经济形势，迅速恢复国民经济成为最重要的任务。省委指示党、政、军各界大力支持财经工作，加快恢复和发展工农业生产和交通运输，开展贸易，把"征粮征税、制止通货膨胀、平抑市场物价、稳定市场、稳定民心"作为头等大事来抓，通过接管工厂、矿山、银行、邮电、铁路、航运、金库以及对内对外贸易机构，迅速恢复生产，巩固政权，稳定民心。1950年 3 月，中国人民解放军西南军区昆明军事管制委员会成立并开始接管工作。至 4 月上旬，省级机关和昆明市的接管工作顺利结束，共接收单位 139 个，经过民主改革，使之成为社会主义性质的国营企业或半社会主义性质的公私合营企业，形成了恢复生产的基础条件。积极成立新的宏观管理机构，设立金融组领导云南金融工作，建立社会主义金融机构。1950 年组建了政企合一的云南贸易总公司、云南省粮食公司等专业公司，打击粮食投机，平抑粮价，开展粮食购销业务，调剂地区粮食余缺，掌握粮食市场动态，调节市场供求。1952 年云南地区生产总值达到 11.78 亿元，比 1949 年增长 31.9%。工业总产值增长 95.4%，农业总产值增长 15.7%。钢铁、有色金属、机械工业的主要产品产量增长 1.5 倍至 7.8 倍；能源、建材、化工、轻工、食品工业等产品也有较大幅度的增长。①

---

① 云南省地方志编纂委员会总纂，《云南省志·经济综合志》编委会编撰：《云南省志·卷八·经济综合志》，云南人民出版社 1995 年版，第 9 页。

统一财经，稳定物价。为了控制财政赤字、纸币发行过量、物资高度短缺、物价飞涨等问题，按照国家《关于统一国家财政经济工作的决定》精神，以国家力量作为后盾，采取行政措施和经济手段并举的方法，加强市场管理和现金管理，打击投机商人，增加粮棉调运，适时抛售物资。在云南范围内实行统一财政收支，统一货币和现金管理，统一国营贸易和重要物资的调度，加强国营商业对市场的调控，强化对市场和税收的管理，发行人民胜利折实公债，开展清仓利库，并派出大批干部和人民解放军下乡征收 1949 年公粮，坚决打击土匪恶霸破坏征粮的活动，以保证军需民食和发展生产的需要。到 1950 年底，经过一系列紧缩财政开支、稳定金融、保障供应、打击投机等措施，云南物价基本回落到年初涨价前的水平，并持续保持稳定，结束了恶性通货膨胀的局面。根据全国统一的税收制度和法规，从实际出发，本着"农村轻于城市、边疆轻于内地"的原则，对不同地区实行了不同的政策，合并了一部分货物税的税目，降低了部分税目的税率。通过整顿财经制度、开辟财源、节约支出，财经状况迅速好转，财政收入每年都有结余。1950 年至 1952 年，财政收入累计为 40792 万元，财政支出累计为 14435 万元，盈余 26357 万元，财政收支状况得到巨大改变，并为建设型财政的确立创造了条件①。

扶持工商，发展贸易。为了恢复生产、发展经济、减少财政赤字、增加就业，积极引导各种社会主义经济成分有计划按比例地发展生产，改善经营，活跃市场，保障供给，1950 年 6 月 23 日，省委统战部举行工商业代表人士茶话会，会议指出，要公私兼顾，国营工商业是社会主义性质的，必须大发展，但发展是有一个限度的，即不能击垮私营工商业。对一切正当的私营工商业，政府要加以扶持，协助其逐步恢复和发展。这是国家的既定政策，一定坚决执行，希望私营工商业者打消顾虑，拿出资金，发展生产②。同时，按照"调整公私关系，适当发放信贷，沟通城乡内外交流，促进工农业生产发展"的方针，积极调整公私关系、劳资关系和产销关系，调整税收负担。金融部门积极开展了贷款和押汇业务，大力组织存款，支持国营贸易部门扩大对私营工业的加工订货，统购包销，从资金、原材料、燃料及产品销售方面全面扶持私营工业的正当生产。对私营商业采取了经销、代销等措施扶持其发展经营业务，活跃市

---

① 云南省地方志编纂委员会总纂，《云南省志·经济综合志》编委会编撰：《云南省志·卷八·经济综合志》，云南人民出版社 1995 年版，第 263 页。

② 当代云南编辑部编：《当代云南大事纪要（1949—2006）》（增订本），当代中国出版社 2007 年版，第 15—16 页。

场。鼓励私营商业经营除粮食、纱布、食用油、食盐等重要物资以外的其他商品，发展城乡贸易。这些措施对扶持工商、发展生产与贸易发挥了重要作用，电力、建材、机械、冶金等工业得到迅速发展。1951 年云南工业产值比上年增长 12.6%，手工业产值增长 19.2%，私营商业的社会商品零售额增长 5%。1952 年国营贸易部门向私营工业加工订货产值占云南私营工业总产值的 65% 以上。

发展交通，沟通城乡。面对匪患严重、交通受阻、城乡物资交流不畅、人民生活十分困难的状况，省委省政府在人民解放军驻云南部队的大力支持配合下，抢修公路桥梁，修筑国防公路，加强维修养护，使 1950 年因匪患中断的交通迅速恢复，沟通了城乡物资交流，促进了生产发展，改善了人民生活。云南公路通车里程由 1949 年的 2783 公里增至 1952 年的 5339 公里。①

1950 年至 1952 年，省委省政府带领云南各族人民，闯过了市场混乱、通货膨胀、厂矿停工、普遍失业、人心不稳等难关，胜利完成了恢复国民经济的任务。1952 年耕地面积比 1949 年扩大了 7.4%，净增 251 万亩，粮食产量增长了 14.7%，净增 57.7 万吨；就业面扩大、人民生活水平明显改善，城乡居民的年消费水平不断提高，主要工业产品产量大幅度增加。

恢复国民经济任务的顺利完成，不仅扭转了财政困难、粮食短缺、通货膨胀、民不聊生的被动局面，而且促进了生产的发展，提高了人民生活水平，凝聚了民心，为以后的土地制度改革、生产资料所有制的社会主义改造以及"一五"计划的顺利实施创造了条件。

2. 开展土地制度改革

从 1951 年 9 月开始，省委省政府坚持"慎重稳进"的方针和分类指导的原则，针对内地和边疆民族地区的实际，按照先内地、后边疆的原则，把云南分为内地汉族坝区、内地少数民族坝区、内地山区、"缓冲地区"②、边疆地区五种类型，采取五种不同的改革方式有计划、有步骤、分阶段地开展土地制度改革。

内地三种类型的土地制度改革。内地汉族坝区土地制度改革，采取以斗争和剥夺为主的方式，解决地主与农民之间的阶级矛盾，彻底消灭封建土地所有制，实现农民土地所有制。内地少数民族坝区土地制度改革，采取了同类汉族地区土

① 云南省地方志编纂委员会总纂，《云南省志·经济综合志》编委会编撰：《云南省志·卷八·经济综合志》，云南人民出版社 1995 年版，第 9 页。

② 这里的"缓冲地区"特指云南内地农村与边疆不进行土地改革的少数民族地区之间的"中间地带"的部分县。这类地区虽然农村经济发展状况类似内地农村，但多是少数民族居住区，在开始时不能采取边疆民族地区或内地农村的改革政策。

1951 年 9 月，云南开始进行内地坝区的土地改革工作。图为大姚县给农民发《土地房屋所有权证》现场

地改革一样的政策，但在政策界限的掌握上和斗争方式上，比汉族地区要稍宽一些，灵活一些，从而保证了内地民族聚居地区土地改革的顺利进行。内地山区土地制度改革，从发动群众，解决基层政权入手，并在土地改革的整个过程中，反复强调要增强民族团结，充分发挥少数民族干部的作用，在基本解决基层政权问题的基础上，把土地改革和发展山区生产紧密结合起来，解决广大贫苦农民的实际问题。1952 年 7 月，内地坝区土地改革结束，共涉及 44 个整县和 22 个县的部分地区，4000 多个乡，700 多万人口。1952 年 7 月至 12 月全省 25 个整县和 25 个县的部分地区，共 3800 多个乡，约 500 万人口的内地多民族杂居山区完成土地改革。

"缓冲地区"土地制度改革。虽然"缓冲地区"农村经济状况类似内地农村，却多是少数民族居住区，但又不同于边疆民族地区，而且多属国防要地，容易受到境外敌对势力的侵扰和威胁。在这类地区进行土地改革，采取每一个步骤，实施每一项政策，不仅对边疆少数民族地区，而且对国外都会产生很大的影响。针对其特殊性，1952 年 5 月，省委作出了《关于边疆缓冲地区土地改革问题的决议（草案）》。从 1952 年开始到 1956 年底结束，历经 4 年时间，消灭了封建土地所有制，增强了民族团结，促进了边疆民族地区的稳定，发展了生产，基本达到了预期目的。

边疆民族地区土地制度改革。该类地区从 1954 年 12 月开始试点。由于各民族的历史发展进程不一样，边疆民族地区经济发展也很不平衡，省委省政府经过对边疆民族地区大量调查材料分析后，决定在已经进入封建领主制社会的傣族、拉祜族、哈尼族、阿昌族、普米族等边疆民族地区，采取"和平协商"的土地改革方式。对于历史进程更加缓慢，基本上还处于氏族制度农业，阶级分化不明显，土地占有不集中的景颇族、佤族、傈僳族、怒族、独龙族、布朗族、德昂族、基诺族等少数民族聚居的地区，采取"直接过渡"的土地改革方式。通过艰苦的工作，这些地区不同程度地改变了原始的生产方式，普遍增产，初步改善了群众的生活，加强了民族团结，基本消除了对人民政府的怀疑和恐惧。

云南土改工作从 1951 年试点开始，到 1953 年完成内地土改工作，1954 年完成缓冲区土改工作，到 1956 年完成了云南土改工作。这期间，共征收土地 1182 万亩，没收房屋 169 万余间、耕牛 27 万头、农具 116 万余件、粮食 13694 万斤。① 所有无地或少地的农民，都分到了属于自己的土地。土地制度改革彻底废除了延续数千年的封建剥削土地制度，广大农民成了土地的主人，不仅使农民在政治经济上翻了身，进一步巩固了政权，而且极大调动了广大农民的生产积极性，农业生产效率迅速提高，为工业化提供了积累。1956 年云南农业总产值达 30.35 亿元（按 1980 年不变价格计算），粮食总产量达 120.27 亿斤，分别比 1950 年增长了 174.53% 和 149.31%。②

3. 开展"一化三改造"

"一化三改造"是中国共产党创造的对生产资料私有制及生产关系改造的一项伟大变革，省委省政府根据中央过渡时期总路线 ③ 的要求，遵循"积极稳妥、稳步前进，典型示范、逐步推开，先内（地）后边（疆）、先汉（族）后民（少数民族）"的方针开展"一化三改造"。从 1952 年开始试点，到 1956 年基本完成了对农业、手工业和资本主义工商业的社会主义改造，建立起了以生产资料公有制为基础的社会主义经济制度，解放和发展了生产力，促进了工农业生产发展。

完成对农业的社会主义改造，基本实现农业合作化。对农业的社会主义改造通过各种互助合作的形式，将生产资料由农民个体所有变为合作社集体所有。省

---

① 中共云南省委政策研究室主编：《云南省情 1949—1984》，云南人民出版社 1986 年版，第 121 页。

② 中共云南省委政策研究室主编：《云南省情 1949—1984》，云南人民出版社 1986 年版，第 237—249 页。

③ 过渡时期的总路线和总任务：要在一个相当长的时期内，逐步实现国家的社会主义工业化，并逐步实现国家对农业、手工业和资本主义工商业的社会主义改造。

委省政府从云南的实际出发，坚决贯彻党中央的路线、方针、政策，遵循自愿互利、典型示范和国家帮助的原则，先从临时互助组和常年互助组发展到半社会主义性质的初级农业生产合作社，再发展到社会主义性质的农业生产合作社，采取先内地后边疆、先坝区后山区、先汉族地区后少数民族地区的步骤，分期分批与土地改革交叉进行。1952 年 7 月第一批土改结束后，分别在昆明、曲靖两地区试办了 9 个互助组，年底，在互助组的基础上，试办了 9 个初级农业生产合作社。1953 年，云南遵照党中央《关于发展农业生产合作社的决议》，决定在 9 个初级农业生产合作社的基础上继续推广，云南互助组有了很大发展，参加互助组的农户占云南农户总数的 40% 以上。1954 年，选择条件较好的地县继续开展互助组，全年共办了 334 个初级农业生产合作社。通过互助合作组织起来的农户占云南总农户的 73.2%，初级农业生产合作社累计发展到 5399 个，遍及云南已进行土改的地区。1955 年 7 月，根据毛泽东主席"关于农业合作化问题"的讲话，省委重新规划了云南提前实现农业合作化的步骤，并报经中央批准执行。由于云南发展农业合作化的积极性很高，云南农业合作化不断推进。特别是 1955 年秋冬时节发展十分迅猛，使当年农业合作社骤增到 3.57 万个。1956 年夏，又掀起了初级社转高级社的热潮，到年底，云南已有高级社 1.41 万个，初级社 1.1 万个，入社农户占总农户的 85.1%，内地基本实现了农业合作化。1957 年农业合作社继续升级和并社，高级社增至 1.86 万个，初级社减为 3015 个，入社农户占总农户的 88.9%。农业社的规模越办越大，百户以上的大社占的比重由 1956 年的 19% 上升到 1957 年的 49.1%，其中 500 户以上的大社占 4.3%。1953 年至 1955 年办合作社的两年中，粮食产量稳步提高，85% 以上的合作社增产，85% 以上的农户增加了收入 [1]。

完成对个体手工业的社会主义改造，促进了手工业生产的发展。云南按照"积极领导、稳步前进"的方针，采用合作化的主要方式，对个体手工业开展社会主义改造，逐步引导个体手工业在自愿互助的基础上联合起来，采取从手工业生产小组、手工业供销合作社到生产合作社由低级向高级的合作化道路，逐步变个体私有制为集体所有制。1954 年，根据中央关于"统筹兼顾，全面安排，积极领导，稳步发展"的方针，大力推动手工业合作组织大发展。1955 年底，共建立了手工业合作社 437 个，手工业供销社 23 个，按行业组织的手工业生产小组 1217 个，从业人员达 2.78 万人，占手工业从业人员的 16.3%。1956 年在农业

① 云南省地方志编纂委员会总纂，《云南省志·经济综合志》编委会编撰：《云南省志·卷八·经济综合志》，云南人民出版社 1995 年版，第 10 页。

合作化高潮的推动下，手工业的改造步伐进一步加快，到年底，手工业合作社发展到 1968 个，手工业生产小组为 248 个，从业人员达 11.75 万人，占手工业从业人员的 81.8%。1957 年底，手工业合作社又进一步发展到 2209 个，手工业生产小组 339 个，手工业从业人员占比进一步上升到 87.7%，云南实现了手工业合作化。

完成对资本主义工商业的社会主义改造，改变了生产资料私有制企业的性质。对资本主义工商业的社会主义改造是"一化三改造"的重要内容，主要采取国家资本主义的形式。1953 年国家过渡时期总路线颁布后，云南开始了有计划、有步骤地对资本主义工商业的改造。按照国家的政策规定，采取和平改造（即采用赎买）的办法、国家资本主义的过渡形式，通过接受国家的加工订货、经销代销以及公私合营等方式，把其纳入各种不同形式的国家资本主义轨道。1954 年 1 月 1 日，《云南日报》发表的《在总路线照耀下，团结一致，迎接 1954 年的新胜利》社论指出，私营工商业资本家应遵循国家过渡时期总路线，在工人阶级领导下，积极地走向国家资本主义的轨道，接受社会主义的改造。1954 年 1 月，云南最大的私营纺织企业——云茂纺织厂率先实行公私合营，接着成立了云南省工商联合会，对推动工商业的改造起到了重要的协助和桥梁作用。1 月 14 日至 27 日，云南省工商联合会会员代表大会在昆明召开，进一步明确了通过国家资本主义逐步实现私营工商业的社会主义改造的方向与任务。云南对私营工商业采取了全面规划、统筹安排、积极改造的方针，通过委托加工、计划订货、统购包销、委托经销代销、公私合营、全行业公私合营等一系列由低级到高级的国家资本主义过渡形式，逐步进行社会主义改造，并逐步纳入了国家计划。到 1957 年，云南对资本主义工商业的社会主义改造基本完成，全民所有制和劳动群众集体所有制这两种形式的社会主义公有制经济已居于绝对统治地位。1957 年与 1952 年相比，云南工业总产值中，国营经济的比重由 36.7% 上升到 50.6%，公私合营经济由 8.3% 上升到 11.9%，合作社经济由 0.5% 上升到 20.4%，个体经济由 42.2% 下降到 17.1%，资本主义经济由 12.3% 下降到接近于零；在云南社会商品零售总额中，国营经济的比重由 19.5% 上升到 35.3%，合作社经济由 3.2% 上升到 27.7%，国家资本主义和合作化经济由 0.5% 上升到 25.2%，私营经济由 70.7% 下降到 5.7%。这标志着云南经济实现了由新民主主义向社会主义经济过渡的历史任务 ①。

---

① 云南省地方志编纂委员会总纂，《云南省志·经济综合志》编委会编撰：《云南省志·卷八·经济综合志》，云南人民出版社 1995 年版，第 11 页。

"一化三改造"的完成，确立了社会主义公有制的主体地位，实现了从新民主主义到社会主义的转变，激发了云南各族人民走社会主义道路的热情，有力地推动了经济全面发展。

（二）建立社会主义计划经济体制

1953 年在借鉴和学习苏联模式和经验的基础上，实施了国民经济第一个五年计划。通过对重点建设项目实行统一管理，对粮食实行计划收购和供应，对工业、物资、交通运输等部门的国营企业和部分公私合营企业实行直接计划和实物调拨，同时对财政、信贷和劳动工资等实行统收统支、统存统放和统分统配，形成了以计划体制为中心、集中统一的国民经济管理体制。由于"一五"计划政策措施得当，建设重点突出，极大地激发了云南各族人民的建设热情，国民经济获得了快速发展。

1. 开展社会主义经济建设

云南采取加强农业生产、发展地方工业、完善交通基础设施等措施，推进国民经济建设，促进经济发展，提高人民生活水平，在曲折发展中取得了较好成绩。

1953 年至 1957 年实施的国民经济"一五"计划，是在恢复国民经济的基础

1957 年底，经过五年大规模的经济社会建设，云南提前或超额完成国民经济第一个五年计划指标，取得辉煌成就。图为当时昆明纺织厂的生产车间

上，按照过渡时期的总路线，与"一化三改造"同时进行的。通过重点发展农业生产，大力开垦荒地，兴修小型水利，改进耕作技术，改善生产条件，开展多种经营；大力支持国家重点建设特别是有色金属工业建设，发展地方工业，坚持在国家统一计划下就地生产，就地供应，就地平衡；特别重视发展专县工业，积极扶持手工业发展；努力发展以公路为主的交通运输业和邮电通信事业；不断调整国营和合作社商业的经营分工，在内地农村实行粮食统购统销，积极发展民族经济，开展民族贸易，建立国营商品的牌价体系等有力措施，极大地激发了各族人民的建设热情，云南国民经济保持了快速发展态势，第一个五年计划提前一年完成。1957 年地区生产总值达 22.53 亿元，比 1952 年增长 91.3%。基本建设投资达 10.21 亿元，新增固定资产 8.54 亿元。[①] 财政收入达 2.92 亿元，比 1952 年增长 55.83%；财政支出为 2.28 亿元，比 1952 年增长 152.14%；财政盈余为 6335 万元。粮食产量达 583.2 万吨，比 1952 年增长 29.36%。城镇居民就业面扩大，收入增加。人民生活有了显著改善，1957 年农民平均消费比 1950 年提高 183%。[②] "一五"计划的完成，极大地促进了各族人民群众拥护社会主义、建设社会主义的热情，并从制度上建立了以计划经济为中心的国民经济管理体制，为后来的国民经济计划制定提供了成功范例。

1958 年后，云南开始了社会主义经济建设道路的艰辛探索。历经了"大跃进"、人民公社的急躁冒进以及十年"文革"的经济动荡。尽管三年"大跃进"和人民公社化运动打乱了正常生产秩序，造成国民经济各部门之间、积累与消费之间比例严重失调，但由于工作重点是经济建设，也取得了一些成绩。三年"大跃进"期间，新增固定资产 18.18 亿元，年均 6.06 亿元，相当于"一五"期间每年新增固定资产的 3.5 倍。建立了钢铁、有色、煤炭、电力、机械等一批骨干企业，工业总产值由 11.19 亿元上升到 27.77 亿元，占工农业总产值的比重从 40.3% 上升到 67.6%，实现了以农业为主导的经济结构向以工农业为主的转变。新建了一大批大中小型水利工程，共新增水库库容 34 亿立方米，增加灌溉面积 510 万亩。兴修公路 8621 公里，改建公路 3887 公里，云南公路通车里程达 2.36 万公里[③]。

① 《云南省情》编委会编：《云南省情（2008 年版）》，云南人民出版社 2009 年版，第 46 页。

② 当代云南编辑部编：《当代云南大事纪要（1949—2006）》（增订本），当代中国出版社 2007 年版，第 136 页。

③ 云南省地方志编纂委员会总纂，《云南省志·经济综合志》编委会编撰：《云南省志·卷八·经济综合志》，云南人民出版社 1995 年版，第 13—14 页。

　　为解决国民经济比例失调问题，1961年，云南认真贯彻执行中央制定的"调整、巩固、充实、提高"方针，从纠正"五风"①入手，以农村为重点，逐步开展对国民经济的调整工作。通过调整农村生产关系，恢复农业生产活力；压缩基本建设战线，调整投资结构；对工矿企业进行整编定点，对"大跃进"中盲目建起的企业实行关停并转，降低生产指标、压缩生产规模，调整国民经济比例关系。工业企业数量从1958年的2.3万户，减少到1962年的4800户，重工业企业仅剩五分之一。轻重工业比调整为44.2：55.8②；稳定市场，改善供给；调整边疆地区财贸政策；加强山区的商业工作等。这使国民经济结构逐步协调，财政状况逐步好转，市场日趋活跃。1965年云南地区生产总值33.62亿元，比1957年增长49.22%，其中，第一产业增长15.2%，第二产业增长94.4%，第三产业增长14.5%。人均国民收入142元，比1957年增长14.7%。农、轻、重基本建设投资额占全社会投资额的43.4%，其中农业占6.9%、轻工业占3.1%、重工业占33.4%，重工业投资占比大幅度下降，国民经济重新出现全面发展的新形势。1964年云南农业总产值已恢复并超过历史最高水平的1957年，粮食总产量达606.7万吨。五年调整期间，新增固定资产13.19亿元，其中工业新增7.22亿元，

1956年4月11日，昆明—缅甸曼德勒—仰光民用航空线开通。图为在昆明机场举行的开航典礼

---

　　①　"共产风"、浮夸风、强迫命令风、生产瞎指挥风和干部特殊化风。

　　②　中共云南省委党史研究室：《中国共产党云南历史第二卷（1950—1978）》，云南人民出版社2018年版，第332—334页。

一批重点建设项目建成投产。铁路正线铺轨 273.8 公里，新建公路 1527 公里。市场商品增多，物价稳定，除粮食和棉布外，猪肉和其余数十种商品，从 1964 年 9 月起全部敞开供应，人民生活逐步改善①。

尽管"文化大革命"十年动乱导致经济发展遭遇严重挫折，但由于广大干部群众的努力，通过"工业学大庆，农业学大寨，全国学人民解放军"，经济建设在不断起伏中仍取得一些成绩。1976 年地区生产总值 49.27 亿元，比 1965 年的 33.62 亿元增长了 46.5%，工业总产值增长了 72.4%，农业总产值增长了 35.8%。基建投资完成 93.81 亿元，新增固定资产 60.81 亿元，建成投产项目 5000 多个，铁路营运里程由 1261 公里增加到 1682 公里，公路通车里程由 2.37 万公里增加到 4.09 万公里②。

"文化大革命"结束后，省委从实际出发，采取有效措施，积极恢复被"文化大革命"严重破坏的国民经济和社会事业。在农业领域，加强农田基本建设，加快农机和化肥等支农工业的建设，制定农业和农村经济政策，发展蔗糖和烤烟生产，加快农场建设，积极探索农业生产责任制，开展生态环境保护，促进了农业生产的恢复发展。在工业领域，整顿工业企业和交通运输业，整顿财经和商贸工作，恢复了工业生产和交通运输。经过努力，国民经济逐步得到恢复和发展。1977 年云南地区生产总值、国民收入和工农业产值都已恢复并超过 1975 年历史最高水平。1978 年地区生产总值、国民收入、工农业总产值和财政收入较上年分别增长 17.5%、17.4%、19.5% 和 52.1%。③

2. 建立以计划经济为中心的国民经济管理体制

通过恢复国民经济任务，完成社会主义改造，实施"一五"计划，确定了以生产资料公有制为主体的社会主义经济制度，建立了以计划经济为中心的国民经济管理体制，实现了从新民主主义到社会主义的转变，有力地推动了云南经济全面发展。逐步完善了以高度集中为特征、以行政管理为主要机制、以公有制占绝对优势的计划经济体制。国营工业掌握了云南经济命脉，私营经济纳入了计划生产的轨道，整个经济发展高度集中统一。

---

① 云南省地方志编纂委员会总纂，《云南省志·经济综合志》编委会编撰：《云南省志·卷八·经济综合志》，云南人民出版社 1995 年版，第 14—15 页。
② 云南省地方志编纂委员会总纂，《云南省志·经济综合志》编委会编撰：《云南省志·卷八·经济综合志》，云南人民出版社 1995 年版，第 18 页。
③ 云南省地方志编纂委员会总纂，《云南省志·经济综合志》编委会编撰：《云南省志·卷八·经济综合志》，云南人民出版社 1995 年版，第 444 页。

计划经济体制在恢复国民经济、保证重点建设和保障人民生活等方面作用突出，特别是在物资极其匮乏的情况下，对于调动有限的人力、物力、财力，集中进行大规模的经济建设，完善工业和国民经济体系，从而建立起社会主义经济制度，发挥了重要作用。经济得到"有计划按比例"的发展，工业、农业得到了较大发展，加速构建了具有云南特色的地方工业体系，奠定了云南工业化的基础。

（三）强化农业的国民经济基础地位

省委省政府始终把农业特别是粮食生产放在突出位置，坚持"农业是国民经济的基础，粮食是基础的基础""以粮为纲、全面发展"的方针，在"吃饭是第一件大事""民以食为天"的思想指导下，不断增加农业投入，积极改善水利条件，推行机械化生产、良种化种植，增加化肥、农药使用量，使粮食产量增加，农业生产得到发展。

1. 发展农业生产

土地改革使农民成为土地的主人，大大满足了农民获得土地的迫切愿望。从1952年开始，云南根据中央过渡时期总路线的要求，在继续推进"土改"工作的同时，开展了从农业互助组、初级农业生产合作社到高级农业生产合作社，由低级向高级发展。1955年政府加快了农业合作化的步伐，基本完成了对农业的社会主义改造。农业合作化的发展，进一步提高了农业生产力，稳定了农业的基础地位。

1958年的人民公社化实行土地大集体所有制，统一经营，产品平均分配，农民积极性受挫。为此，省委贯彻中共中央《关于农村人民公社当前政策问题的紧急指示信》《农村人民公社工作条例》，结合云南实际，制定了"关于内地高山分散地区执行中央指示信"和"关于内地一般地区执行中央指示信"的两个补充规定。1961年8月，省委颁发《农村人民公社工作条例》六十条，制定了若干恢复农业生产的政策。云南实行了农村公共食堂自愿参加原则；拨专款用于解决社员生活困难和恢复生产，提高粮食收购价格；抽调800名技术干部，加强农业和支农生产部门。一系列政策措施实施后，农业生产活力不断增强，1963年农业生产率先恢复，国民经济逐渐好转。到1965年，主要农产品有较大幅度增长。

"文化大革命"期间，云南积极开展"农业学大寨"运动，调动了广大干部、群众的积极性，农业生产从1969年开始缓慢回升。1978年，云南农业总产值由1957年的16.56亿元上升到40.02亿元，粮食总产量由1957年的450.70万吨上升到 864.05 万吨。即使在"四五"计划期间，云南国民经济增速下滑的情况下，农业仍然保持较高增长速度。①

2. 调整农业结构

在"发展经济、保障供给""以粮为纲、全面发展"的方针指导下，省委省政府非常重视农业的多种经营，以促进农业结构的调整。"一五"计划开始，提出了要在保证粮食持续增产的同时扩大经济作物的种植面积，积极开展多种经营，以满足国民经济发展的客观需要。"一五"计划期间，在粮食总产量不断提高的同时，经济作物种植面积扩大了 309 万亩，同期油料增长 1.4 倍，甘蔗增长 1.2 倍，烤烟增长 3.95 倍，茶叶增长 1.3 倍。

国民经济调整时期，为鼓励和支持农村积极开展多种经营，省委省政府除了在人力、财力上大力支援农业外，还提高了部分农副产品的收购价格，实行与粮食、化肥挂钩的奖励政策。对集体从事的多种经营从税收和资金等方面给予扶持；适时制定和调整农副产品采购政策。对于以生产林木、特产和畜牧业为主的地区，实行了林木、特产抵交公余粮的政策；加强山区商业工作，帮助农村开展多种经营，活跃农村市场。"文化大革命"期间，农产品奖售品种和奖售标准有所减少和降低。1968 年，省军管会要求，云南农副产品的奖售品种和奖售标准，除外贸和中药材外，仍然实行与粮食、布票挂钩的奖售政策。1971 年 4 月 28 日，省革委会发布了《关于发展经济作物的补充规定》，经济作物集中产区社员口粮水平低于临近产粮区的口粮水平，相应减公余粮或公粮折征代金，困难农户实行国家回销，扩大并提高了奖售品种和奖售标准，鼓励农村积极发展多种经营。1978 年 1 月，省革委会召开了云南蔗糖、烤烟生产会议，确定从 1978 年起在收购甘蔗、烤烟的时候奖售一定量的化肥。

针对热区资源丰富②现状，中央作出自力更生发展天然橡胶事业、建立橡胶生产基地的战略决定，推动了云南热带农业资源的开发。按照政务院《关于扩大培植橡胶树的决定》，采取建立机构、调集干部、进行土地勘察等措施，从 1953 年 10 月开始试验研究，在盈江、景洪、橄榄坝、河口设立实验场。1955 年，云南试种巴西橡胶树成功，打破了被国外学者认为不能种植巴西橡胶树的"禁区"。1956 年，国家决定正式在云南有计划地发展天然橡胶生产，1957 年成立了云南农垦局。由此，云南橡胶产业走向良性发展的轨道。1956 年以前，云南仅有试

---

① 当代云南编辑部编：《当代云南大事纪要（1949—2006）》（增订本），当代中国出版社 2007 年版，第 343 页。

② 云南热带、亚热带地区总面积达 7.8 万多平方公里，占云南国土总面积的 19.8%。

验种植的橡胶种植面积 0.44 万亩，到 1965 年橡胶种植面积发展到 25.2 万亩，1978 年发展到 65.45 万亩。在橡胶发展的带动下，咖啡、胡椒等热带经济作物也迅速发展起来，成为热区资源开发中的主力品种，其中橡胶和咖啡产业的发展，为改革开放后云南特色产业发展奠定了基础。

经过努力，云南农业的多种经营取得了丰硕的成果，经济作物产值占种植业产值的比例越来越高，农业经济结构得到优化。1949 年，经济作物产值仅为 0.54 亿元（按 1980 年不变价格计算），占种植业产值的 4.27%，到 1978 年经济作物产值 8.35 亿元，占种植业产值的 24.25%[①]。多种经营的发展，改善了农业的种植结构，增加了农民收入，而且为工业的发展提供了充沛的生产原料，促进了云南工业的发展。特别是烤烟、甘蔗、茶叶、橡胶、咖啡、中药材等产业逐渐成长为高原特色农业的主导产业。

3. 加强农田水利建设

改善农业生产条件是农业发展的基础，保障耕地面积，增加有效灌溉，推广良种良法，实施科学种田是农业可持续发展的重要保障。三年国民经济恢复时期，云南主要通过鼓励开荒、扩大种植面积的方式来促进农业发展，其主要目的是解决当时的粮食短缺问题。经过三年的努力，1952 年耕地面积比 1949 年扩大了 7.4%，净增 251 万亩，粮食产量增长了 14.7%，净增 57.7 万吨，基本解决了粮食短缺问题。

国民经济恢复任务顺利完成之后，从"一五"计划开始，云南采取多种措施增加粮食产量，促进农业发展。一是有计划地开垦荒地，改造沼泽地，积极扩大耕种面积；二是增加投入，实施以小型、社队自办为主，兴建见效快的水利工程，扩大耕地灌溉面积；三是总结经验，推广传统的增产技术。为适应组织起来的农民发展生产的需要，各级人民政府领导农民评选鉴定地方良种，建立良种繁育基地，提倡自选、自繁、自留、自用并辅之以必要调剂的"四自一辅"方针，大力推广经过评选鉴定后的良种，省地县三级分别组建农业技术推广队伍，在总结当地行之有效的传统生产经验和典型示范的基础上，大力普及各项增产技术。通过以上措施，云南粮食产量大幅增加。1957 年国家投资兴修的水利工程增加水库库容 1.28 亿立方米，新增有效灌溉面积 92.6 万亩，连同原有的和农民群众兴办的水利设施，使云南农业有效灌溉面积达 667 万亩，有效灌溉面积占云南耕

---

① 云南省地方志编纂委员会总纂，《云南省志·农业志》编委会编撰：《云南省志·卷二十二·农业志》，云南人民出版社 1996 年版，第 443—444 页。

地面积的比重达 15.6%。"一五"计划期间，云南扩大耕地面积 612 万亩；粮食产量 1957 年达 583.2 万吨，比 1952 年的 450.70 万吨增长了 29.4%。

1958 年到 1965 年，由于"大跃进"的急躁冒进，导致农业连续三年下滑，粮食减产。但在此期间，新建了一大批大中小型水利工程，共新增水库库容 34 亿立方米，为推进云南农田水利化奠定了基础。经过国民经济调整时期的巩固、续修、配套，有效灌溉面积由 1957 年的 667 万亩增加到 1965 年的 1280 万亩。1963 年，云南农业率先恢复，带动国民经济逐渐好转，到 1964 年，云南农业总产值已恢复并超过历史最高水平，粮食总产量达 606.7 万吨，不断提高农田水利化水平发挥了重要作用。

1966 年 1 月，省委在保山召开了样板田现场扩大会议，云南广大农村掀起了以"三改一固定"（即改低产田为高产田，改坡地为梯地，改旱地为水田，逐步固定轮歇地）为主要内容的农田基本建设高潮。同时，提倡科学种田，加快农业机械化进程，加强优良品种选育和改进耕作技术，注意发展经济作物和社队企业，以满足国家和人民生活需要。另外，通过开展"农业学大寨"运动，大搞以改土造田为中心的农田水利基本建设，云南农业得到了进一步发展。到 1978 年，云南有效灌溉面积由 1957 年的 667 万亩增加到 1357 万亩，有效灌溉面积占耕地面积的 33.0%，是 1957 年的两倍多；云南粮食总产量 172.81 亿斤，比 1957 年增长了 48.17%；农业总产值由 1957 年的 29.75 亿元增加到 53.45 亿元，增长了 79.66%；农民人均纯收入由 1957 年的 44 元增加到 106 元，增长了 140.91%[①]。

1950 年到 1978 年，云南在农业生产上坚持大搞农田基本建设，兴修水利，扩大耕地，改土造田，推广良种良法，不断改善农业生产基础条件，从根本上保证了农业的持续发展，为改革开放后的农业蓬勃发展打好了根基。

4. 提高农业机械化水平

农业机械化是提高劳动生产率、减轻劳动强度的重要途径。云南积极采取措施推进农业机械化进程，根据毛泽东主席"农业的根本出路在于机械化"的指示精神和中央关于农业机械化的部署，省委于 1966 年 6 月批转了省委农业机械化领导小组提出的 1966 年至 1975 年逐步实现农业机械化的规划，提出了具体的机械化建设目标，并建立了发展农机工业的"三级制"修造网（即省、地、县

---

① 云南省地方志编纂委员会总纂，《云南省志·农业志》编委会编撰：《云南省志·卷二十二·农业志》，云南人民出版社 1996 年版，第 433 页。

三级制造网和县、社、队三级修造网）。随后十多年间，农业机械化取得显著进展，续建和扩建了金马中型拖拉机厂、云南大型拖拉机厂和金马手扶拖拉机厂、沾益柴油机厂，发展了陆良、昆明、红河、大理、云南五大拖内配件厂，建设了昆明、嵩明、大板桥、楚雄四个机引农具厂，并将其作为云南农机制造的骨干厂。其中云南拖拉机的生产发展很快，1975 年为 5108 台，1977 年猛增到 10297 台。云南拖拉机和手扶拖拉机的拥有量 1976 年只有 2.4 万台，1978 年猛增到 3.96 万台。1975 年地方小电站装机达到 40 万—50 万千瓦，加上大电网供电，50%—60% 的生产队能用上电。农业机器设备增加，技术装备增强，为提高农村生产力、建设现代农业准备了条件。

（四）推进社会主义工业化

省委省政府非常重视地方工业的发展，通过率先发展有色金属工业，配套发展相关产业，带动发展地方工业，逐步建立起具有自身特色的地方工业体系，极大地激发了各族人民发展工业的热情，推动了经济发展。

1. 大力发展有色金属产业

云南素有"有色金属王国"的美誉。根据中央关于云南一定要抓好个旧、东川等地的锡、铜采矿业，支援国家经济建设的要求，省委省政府制定了发挥资源优势，以开发有色金属为重点，加快推进工业建设，促进工业生产"综合、平衡、协调"的发展方针。1950 年 5 月，中央重工业部派出考察团，到云南锡业公司指导编制 1950 年至 1952 年发展规划，确定开远火力发电厂、老厂至大屯架空索道、大屯选厂等三大新建工程及其他改造项目。8 月中央重工业部又抽调地质、采矿、冶炼、机电等方面的技术干部 10 余人，到东川铜矿进行全面考察，在此基础上提出了《东川铜矿开发意见书》。1951 年，中央财经委员会及重工业部将东川铜矿列为全国重点建设项目。1952 年，组建了西南地质调查所东川队及个旧队，全面开展对云南有色金属矿藏的勘探。1953 年省委与国家有关部委协商后，分别从东北地区及省内有关单位抽调了大批技术人员和行政干部，充实云南地质部门。重工业部有色金属管理局西南有色分局成立了地质勘探公司，东川矿务局和云南锡业公司也分别成立了地质处，易门铜矿和会泽铅锌矿成立了勘探队。到 1953 年底，云南从事有色金属矿业地质勘探人员达 1559 人。另外，还聘请了数十名苏联专家到东川和个旧矿区帮助工作。1956 年 8 月 10 日，国务院批准了东川矿务局的基本建设，并下达了《东川矿务局设计任务书》。同月，冶金部下达了《易门铜矿第一期建设任务书》。与东川铜矿配套的云南冶炼厂，被列为当时国家推进的 156 项重点工程之一。

与此同时，积极推进与有色金属矿产开发配套的电力、公路、建材等建设。扩建了昆明、个旧、东川三个地区的电网，新建了以礼河梯级水电厂；修建了寻甸县羊街至东川汤丹矿区的公路，雨过铺至大屯矿区的铁路支线，以及矿区内部公路建设等。建材工业也迅速发展起来，其中被列为国家重点建设工程的昆明水泥厂仅用两年时间就建成投产。

1958 年至 1962 年，进一步加大了对有色金属工业的投资和建设，投资总额达 6.1 亿元，为"一五"计划的 2.15 倍，不仅对原有企业进行了扩建，而且云南新建成的地方国营小有色厂矿 96 个。到 1965 年，新增铜采矿 102.04 万吨 / 年，铜选矿 18.15 万吨 / 年，铅锌选矿 8.58 万吨 / 年，铅锌冶炼 5051 吨 / 年，锡选矿 94.74 万吨 / 年，锡冶炼 1200 吨 / 年，煤炭开采 58.7 万吨 / 年，发电装机容量 9.29 万千瓦。

经过近 30 年的建设和发展，到 1978 年，以有色金属为代表的冶金工业已逐渐发展成为云南的支柱骨干产业，10 种有色金属产量达 74769 吨，是 1949 年的 62.25 倍，钢产量是 1949 年的 987 倍，为我国的经济建设和云南的经济发展提供了源源不断的原材料保障。

轻工业方面，省委省政府把烤烟和蔗糖生产作为发挥资源优势、促进农业与轻工业发展相结合的优势产业扶持发展，制定并出台了鼓励农村发展甘蔗和烤烟生产的奖励措施，投资扩建、新建了一批烟厂、糖厂，把烤烟和甘蔗产业打造成为农村最重要的经济支柱产业，把卷烟工业和蔗糖工业打造成为轻工业的重要支柱和典型代表，为改革开放后的产业发展奠定了基础。

2. 全面开展"三线"建设

根据中央建设国家"大三线"和各省建设"小三线"的指示，1964 年 9 月和 12 月，省计划委员会结合云南既是后方又是前线的特殊地理位置以及东南亚的形势发展，提出了关于云南"三线"建设规划和调整工业布局的设想，并对省内一二三线的具体划分提出了意见和建议。提出了修建一批一线公路、军用机场、邮电工程、战略公路、国防迂回线、支前运输线、疏散线等工程。1965 年 3 月，成立"云南省国防工业委员会"，编制了"三线"建设规划，并立即展开了"三线"建设。

开启以国防工业为重点的工业建设。1965 年云南大小"三线"建设以国防工业为重点，配套建设冶金、有色、机械、煤炭、电力、化工、森工、建材等产业。先后动工新建了一批国防科技工业企业、事业单位，改建和扩建一大批军用和民用企事业单位，从省外迁入云南，其中地方军工常规兵器企业、军用通信设备电子企业以及核工业企业 25 个。到 20 世纪 70 年代末，云南共有 164 个"三线"企事业单位，其中军工 38 个，民用 126 个（不包括铁路、公路和邮电）。国家先后用于云南"三线"建设的资金达 150.95 亿元，占全国"三线"建设总投资 2052 亿元的 7.35%。① 在这些项目中，有许多是填补空白或增加产能的关键项目。1965 年，中央决定将昆钢的二期扩建工程列入"三线"建设重点项目。1973 年，国家把金沙江林区列为三线建设的重点项目，以及东川矿务局、云南冶炼厂、云南锡业公司、会泽铅锌矿、羊场煤矿、绿水河电站、以礼河电站、普坪村电厂、阳宗海电厂、开远电厂、解放军化肥厂、昆阳磷矿、云南仪表厂等新建、扩建、改建项目也被纳入"三线"建设项目。这些项目的建成，既增强了云南经济的实力，又加快了国防工业的发展。1970 年，成立了云南省"三电"（电力、电信、广播电视）领导小组办公室；1972 年 12 月，建立云南电子工业局，并采取"部队、地方一起上"的方针，加快电子工业发展。云南已有 53 个厂点能生产无线电军用通信设备、计算机、有线通信设备、广播电视发射与接收设备、无线电测量仪器、电子管、半导体器件、无线电元件及专用设备等。

初步形成西南交通大动脉。"三线"建设以铁路为先导、公路为重点，1964 年 8 月，中共中央决定加快修建成昆、川黔、贵昆三条铁路。成昆铁路投资 33 亿元，全长 1090 公里，云南境内 293 公里。贵昆铁路全长 620.7 公里，是云贵川与内地联系的重要纽带。铁路、公路建设改变了云南交通闭塞的局面。②

"三线"建设是云南社会主义建设和经济建设的一个重要内容，其建设规模大，项目多，涉及面广，成效显著，影响深远，不仅在全国"三线"建设中占有重要地位，而且在云南工业发展史和社会经济发展史上都是空前的。一大批"三线"建设项目的建成投产，极大地改善了云南的发展条件，增强了云南的经济实力，一批"三线"建设企业成为云南经济发展的重要支撑，为云南的改革开放和经济发展奠定了重要基础。

3. 不断优化工业结构和布局

"三五""四五"两个五年计划期间，云南确立了以开发有色金属为重点，逐步把发展重点转移到原料加工和成品的制造上，调整工业布局，促进工业生产"综合、平衡、协调"发展的方针。在"以战备为中心"的工业建设指导思想和"三

① 中共云南省委党史研究室：《中国共产党云南历史第二卷（1950—1978）》，云南人民出版社 2018 年版，第 516—522 页。
② 中共云南省委党史研究室：《中国共产党云南历史第二卷（1950—1978）》，云南人民出版社 2018 年版，第 516—522 页。

线"建设带动下，建设"小而全"的地方工业体系以适应云南后方基地建设的需要。根据这一方针，首先把昆明、玉溪，曲靖、昭通（包括东川），大理、楚雄三大片区建成部门比较齐全、相对独立的小而全的地方工业体系；其次是将云南其他专、州、市划分为六个小片，即丽江、保山、临沧、思茅、红河、文山六个边防前沿片，按照吃、穿、用、打的需要和当地资源特点，发展地方"五小"工业以适应战时需要。1969 年至 1973 年全部国防工业、国防科研、钢铁工业、石油工业，大部分有色金属、煤炭工业、电力工业、化学工业、机械工业、建材工业等的投资主要集中在三大片区，投资比重不少于 80%。

1973 年，云南用于机械、化工、建材、轻工等的基本建设投资达 2.11 亿元，占云南工业基建投资的 37.8%，比 1965 年增长 1.7 倍。1969 年至 1973 年，主要建设项目有昆钢的中薄板车间和无缝钢管车间、开远水泥厂、昆明平板玻璃厂、云南轮胎厂、大理造纸厂、曲靖卷烟厂、昭通卷烟厂。通过工业内部产业结构的调整，逐步改变了以原料换成品的产业状况，1973 年，云南机械、化工、建材和食品等工业的产值达 20.03 亿元，占工业总产值的比重由 1965 年的 47.2%提高到 1973 年的 50.4%。

通过扩大工业建设规模，加快工业发展速度，提高工业自给水平，以及对企业生产的产品实行统购包销，保护地方工业发展等措施，云南工业取得了较快的发展，形成了初具云南特色的工业体系。到 1978 年，云南工业体系建设已经形成了以火电、水电和煤炭为主体的能源工业体系，以有色和黑色为主体的冶金工业体系，以磷化工和煤化工为主体的化学工业体系，以机床、铣床为代表的机械制造工业体系，以 53 个电子产品企业及其系列产品为重点的电子工业体系，以轮胎生产为主产品系列的橡胶工业生产体系，以卷烟、制糖、纺织、印染、造纸、合成洗涤剂为代表的轻纺工业体系，以水泥、平板玻璃等为主的系列产品的建材工业体系，以云南天然气化工厂、解放军化肥厂为代表的化肥工业体系。1978 年工业总产值达 55647 万元，是 1957 年的 4.97 倍，主要工业品产量比 1957 年大幅增加。

4. 扶持民族工商业

云南是边疆多民族省份，发展民族经济，对于繁荣边疆经济、稳定边疆地区的社会秩序、增强民族团结、巩固国防、维护社会稳定具有十分重要的作用。新中国成立后，省委省政府非常重视发展民族经济，遵循党的民族政策，从民族地区实际情况出发，采取慎重稳进的方针，以发展民族贸易为重点，采取了一系列扶持措施，促进了具有民族特色的民族产业发展，极大推动了民族地区经济，维护了民族团结和边疆稳定。

云南民族地区不少传统的农副土特产品，属于外地紧缺，或者无法用其他产品取代，主要依靠内地或境外商贩收购，数量少而且多是以物易物，价格极不公道。从 20 世纪 50 年代开始，为帮助各族群众销售农副土特产品，国营商业部门采取了很多措施，活跃购销业务。在税收方面，采取了少列征税项目，并在农业、畜牧业及其他一些行业采取了减税、免税、降税率等措施。在财政上，增加对民族地区的投入。同时，积极开展民贸活动、发展民族商业，低价供应少数民族需要的食盐、红糖、茶叶及其他生活用品，以公道的价格或者是较高的价格收购各族群众生产、采集的土特产品，使少数民族摆脱了过去长期遭受重重盘剥之害，赢得了各族群众的信赖。云南还以流动贸易小组的形式，赶着马帮，深入到边远山区村寨，千方百计开展购销活动，供应、指导少数民族使用新式铁制农具，帮助各族群众发展农业生产。通过这些工作，极大地促进了民族地区经济发展，不少民族地区土特产品身价倍增，成了走俏各方的商品，有力推动了各级地方党委和政府中心工作的顺利开展。

随着边疆民族地区农业生产的发展，国营商业部门为帮助各族群众销售农副土特产品，活跃购销业务，采取了很多措施进行扶持和指导，以帮助群众改进加工方法，提高产品质量。过去怒江州的木香，因加工技术不过关，质量不好，影响销路，在国营商业部门的指导下，改进了加工技术，质量大为提高，在西南物资交流会上被定名为"云木香"，行销全国。

5. 积极发展地方工业和手工业

本着"为农村经济服务，并与农业相结合"的方针，在大力发展国营工业经济的同时加快地方工业和手工业发展。在地方工业和手工业中，既统筹兼顾，全面安排，积极增加生产，又提高管理水平，大力降低成本，增加产品品种，改善产品质量，以更好满足城乡人民生产生活需要和支援国家经济建设。大力生产农机、农械、农村交通工具、化肥及手工工具，为农村经济发展服务；尽力扩大煤炭、建筑材料、生铁的生产，支援国营工矿业建设；努力增加棉布、食盐、火柴、食糖、面粉、卷烟、机制纸的生产；积极扶持手工业生产满足人民生活需求。地方工业和手工业发展迅速，成为推动云南工业发展的重要力量。

（五）恢复和发展交通邮电事业

为适应经济建设发展的需要，省委省政府十分重视交通运输和邮电通信的建设，以公路建设为重点推动了云南交通运输、邮电通信事业的快速发展。

1.改善交通运输条件

云南的交通经历了恢复和发展两个阶段，通过"一五"计划和"三线"建设，通车里程成倍增长，交通条件明显改善。

"一五"计划建设期间，云南公路交通建设按照"中央投资，专业队伍进行重点建设；地方投资，民工建勤，进行普遍恢复，改建与新建相结合"的方针，因地制宜，就地取材，加快云南公路建设以适应经济发展需要。五年中，完成交通建设投资2.18亿元，占全部基建投资的21.4%，其中公路建设投资占交通建设总投资的82.3%。交通运输条件有了很大改善，经营效益显著提高，到1957年，滇藏、昆洛等干线公路，以及碧色寨到河口、南涧至下关、个旧至金平、保山至腾冲等8条公路先后通车，云南公路通车里程由1952年的0.53万公里增加到1957年的1.2万公里，翻了一番多。交通系统的货物运输达706万吨，增长3.6倍；旅客发运量199万人，增长11.4倍。铁路运输在没有增加营业里程的情况下，1957年货物运输达234万吨，比1952年增长3.3倍，旅客发运量380万人，增长1.4倍[①]。1956年4月11日中国民用航空局开辟的昆明—曼德勒—仰光民用航空线在昆明机场举行开航典礼。

"三线"建设中，铁路和公路都取得了重要突破。铁路方面，成昆铁路是"三线"建设的重点工程之一，从1958年开始建设，到1970年7月1日全线竣工运营。线路全长1096公里，有桥梁991座、隧道427座。贵昆铁路于1966年7月1日正式交付运营；从1972年到1978年，随着东川支线、羊场支线、盘西支线、昆阳支线等建成并通车运营，1978年云南铁路里程达1705公里，是1957年的2.6倍。公路方面，国防、边防公路作为"三线"建设的重点，从1966年开始，先后新修了楚雄到墨江、元谋到永仁、石屏到建水、漾濞到永平等8条国防、边防公路和经济干线，并对昆畹公路、昆明至勐腊铺筑沥青路面（全长849公里）进行整修。1966年起整治了下关至畹町段500公里的公路。滇藏公路于1973年10月全线贯通。1972年云南实现了县县通汽车。1978年云南公路通车里程达41816公里，将近1957年的3.5倍。

这一时期修建的铁路和公路是云南交通的主要动脉，使云南名副其实地成为全国统一市场中的有机组成部分，加强了云南与内地的联系，为经济社会的发展以及改革开放提供了坚实的交通基础设施保障。

---

① 云南省地方志编纂委员会总纂，《云南省志·经济综合志》编委会编撰：《云南省志·卷八·经济综合志》，云南人民出版社1995年版，第295、297页。

058 | 辉煌云南70年

2. 发展邮电通信事业

邮电通信是重要的国民经济部门。新中国成立前，云南邮电通信事业发展很慢，通信设备、通信方式和通信手段十分落后。新中国成立后，省委省政府非常重视邮电通信的发展，加大邮电通信事业的投资力度，邮电业务量和通信里程大幅度增加。到1957年，云南新辟邮路9万多公里，新建长途电话线路1.8万公里。截至1978年，通过国家通信网和边防通信的建设，架通了昆明至北京的微波线路，边防通信能力有所增强。邮路长度达26.08万公里，比1957年增长94.55%；邮电业务总量达3016万元，是1957年的2.81倍。

经过近30年的经济建设，云南落后闭塞的交通运输和邮电通信面貌发生了巨大变化，促进了地区、城乡的人员、物资交流和信息沟通，促进了生产发展，改善了人民生活，有力推动了云南经济发展水平的提高。

改革开放以前30年的云南经济建设，既是不断探索和取得经验的30年，也是取得一定成绩和奠定发展基础的30年。这一时期，确立了以生产资料公有制为基础的社会主义经济制度，农业基础地位得以确立，一批工业项目相继建成投产，初步建立起了具有云南特色的经济体系，基础设施建设得到加强，城乡人民生活获得很大改善。与1949年相比，1978年云南工农业总产值从11.11亿元（按1952年不变价计算）增长到95.45亿元；粮食总产量从393万吨增加到864万吨；铁路总里程从656公里增加到1705公里；公路通车里程从2783公里增加到41816公里。

二、改革开放以来的云南经济建设（1978—2012年）

1978年党的十一届三中全会顺利召开，开启了改革开放的伟大征程，云南经济建设迎来了崭新的发展阶段。省委省政府认真贯彻落实十一届三中全会精神，迅速实现了拨乱反正和工作重点的战略转移，明确了改革开放是"利国、富民、安邦"之举，围绕以经济建设为中心，制定了对外开放的方针政策，解放思想、锐意进取、勇于实践、敢于突破，不断推动经济体制改革，云南经济建设迈入持续、快速、健康的发展轨道。

（一）探索适应省情的经济发展之路

深化对省情的认识，积极探索适合省情的发展之路，是加快经济社会建设的关键。改革开放之初，云南把自觉探索和认识省情特殊性放到重要位置，深入开展调查研究，不断深化对省情的认识，在经济发展阶段问题上作出了"云南处于社会主义初级阶段低层次"的论断，这对集中精力发展经济发挥了重要作用。

1987年，党的十三大提出了社会主义初级阶段理论，省委对云南再次进行全面深入的调研，1990年云南第五次代表大会的报告中明确提出"云南处于社会主义初级阶段低层次"的论述。这是社会主义初级阶段中的一个特殊阶段或分级发展过程，是云南现代化建设进程中必须经历的阶段。在此基础上，云南的发展思路确定为："从云南的实际出发，调整产业结构，选准起步产业，发挥云南优势。走出一条以农业为基础，发展农业促轻工，依靠轻工积累资金，集中财力保证重点建设的路子。"

1997年，在云南省委六届六次全会上，将省情概括为"四低四高"。即社会发育程度低，地区发展不平衡程度高；生产力发展水平低，自然、半自然经济比重高；劳动者科学文化素质低，文盲半文盲比重高；人民生活总体水平低，贫困人口比重高。同发达省区市相比，同全国平均水平相比，云南还处于社会主义初级阶段的低层次。1999年，云南从独特的生物资源、丰富的民族文化资源和中国陆路连接东南亚、南亚国家重要交通要道的区位优势三个方面，提出把云南建设成为"绿色经济强省、民族文化大省、中国连接东南亚南亚国际大通道"。

认识省情、发挥优势，为云南带来广阔的发展空间。2009年7月，党中央提出把云南建设成为我国面向西南开放的重要桥头堡。2011年，国务院对云南的战略定位做了进一步明确。云南第九次党代会提出，云南的基本省情是边疆、民族、山区、贫困四位一体，要紧紧围绕建设绿色经济强省、民族文化强省和中国面向西南开放重要桥头堡战略目标，坚持科学发展、和谐发展、跨越发展，以加快转变经济发展方式为主线，以改善民生为根本，以奋力跨越为关键，解放思想、开拓创新，夯实基础、强化保障，拓展空间、壮大实力，加力提速全面建设小康社会步伐，建设开放富裕文明幸福新云南。

（二）深化经济体制改革

云南经济体制改革走过了从农村改革到城市改革、从局部改革到全方位改革、从微观改革到宏观调控的历程，着力清除经济发展的体制机制障碍，不断将改革推向纵深，不仅推动了社会主义市场经济体制的建立，而且促进了经济发展，使经济显示出蓬勃生机。

1. 持续推进农村改革

云南改革首先从农村开始，从开展改革试点，积累经验，到逐步推广并向城市推进。1977 年冬天，元谋县大塘子生产队突破"左"倾思想的禁区，在云南第一个推行了定工到组、联产计酬、超产奖励的生产责任制，并得到省委的肯定，大塘子生产队的经验逐渐在云南推广。农村家庭联产承包责任制的改革势如破竹，改革使农村经济激发出了无限生机和活力，突出了农民的主体地位，明确了农民的经营自主权。农村逐步确立了以家庭承包经营为基础、统分结合的双层经营体制，调动了广大农民的生产积极性，推动了农村经济快速发展，促进了农业产业结构的调整，促进粮食生产的稳步增长。到 1983 年，云南已有农村专业户和重点户 57 万户，占总农户的 10.5%，经营范围由农、林、牧、副、渔的生产性经营发展到开发性经营，大多数两户的商品率已达 80% 以上。[1] 1984 年以后，国家对国营农场的体制也由计划经济改为市场经济，实施家庭承包、作价转让等改革措施，发展个私经济，试办职工家庭农场。1982 年，云南开展林业"三定两山"工作，解决了山林权属问题；1983 年开展"三山一地"到户工作，共划定自留山、责任山、草山、轮歇地 2.1 亿亩[2]，建立了以家庭承包为主的林业责任制。1985 年云南开展以调整农业内部结构为重点的"增百致富计划"，加快农村改革步伐，并因势利导。加快发展城镇集体经济和个体经济，城乡集体企业和各种专业户、重点户、联合体、个体工商户如雨后春笋般涌现出来，云南农业实现连续丰收，农业生产总产值快速增长，是新中国成立以来发展最快的时期。从1978 年到 1992 年，云南粮食总产量从 864.05 万吨增加到 1070.4 万吨[3]，农民人均纯收入从 130.6 元增加到 617.98 元[4]。

党的十四大确定了建立社会主义市场经济体制的目标，中国改革开放进入了新阶段。云南进一步深化农村改革，稳定完善家庭承包经营责任制，按照中央精神，明确规定耕地承包期在原有基础上再延长 30 年，允许有偿转包，大力推进农业产业化经营。1995 年召开的省第六次党代会提出，"把大力推进农业产业化经营作为深化农村各项改革的突破口，突破所有制、隶属关系和行政区域界限，加快农业产业化经营步伐。调整和优化农村产业结构，发挥云南多物种和多气候带优势，大力改进粮油作物的品种质量，走'人无我有、人有我优、人优我特'的路子，发展特色农业，做大做强畜牧业。"到 2000 年底，云南建成有一定规模

---

① 当代云南编辑部编：《当代云南大事纪要 (1949—2006)》(增订本)，当代中国出版社 2007 年版，第 437—440 页。

② 本刊评论员：《抓紧处理三定两山遗留工作》，《云南林业》1986 年第 1 期。

③ 云南省统计局编：《云南统计年鉴 1996》，中国统计出版社 1996 年版，第 305 页。

④ 云南省统计局编：《云南统计年鉴 1994》，中国统计出版社 1994 年版，第 258 页。

的农产品商品基地 600 多个。畜牧业产值占农业产值的 30%，收入占农民人均纯收入的 40% 左右，成为农业中的支柱产业。[①]

党的十六大后，云南以科学发展观为指导，全面推进农村综合改革。从 2001 年试点到 2003 年全面推开，改革的主要内容是"四取消、两调整、一改革、一建立"，即取消乡统筹费；取消专门面向农民征收的行政事业性收费和政府性基金、集资；取消屠宰税；从 2003 年起，3 年内逐步取消农村劳动积累工和义务工制度。调整农业税和农业特产税政策，改革村提留征收和使用办法，建立村内公益事业筹资投劳"一事一议"制度。2004 年进入以"两取消、三改革"为主要内容的第二步改革，全面取消除烟叶外的农业特产税，逐步降低并最终取消农业税；改革乡镇机构，精减人员，进一步转变乡镇政府职能；改革农村教育体制，有效配置教育资源，提高农村教育质量；改革县乡财政体制，规范财政转移支付，增加对农村的公共财政投入。2007 年 4 月开始，全面推进社会主义新农村建设，推进城乡经济社会一体化进程。2008 年，云南开展村级公益事业建设一事一议财政奖补试点，将乡村债务的化解纳入良性循环轨道。与此同时，全面推进粮食购销市场化改革和林业体制改革，农村综合改革取得明显成效。在一系列改革措施引领下，各级政府进一步加大"三农"工作力度，农村改革向深度和广度统筹推进。

2. 逐步深化国有企业改革

国有企业改革可划分为改革的初步探索、制度创新以及纵深推进三个阶段。这一时期，国有企业改革始终是经济体制改革的中心环节，从确立市场主体地位到产权改革，亮点频现，成效显著，为云南经济社会发展作出了重要贡献。

在高度集中的计划经济模式下，云南着力改变政府对企业生产经营活动及其收益分配的控制，对国有企业进行放权、让利、扩权试点，调整政府与企业的利益分配关系。1978 年 6 月，云南对 4 个亏损企业开展亏损包干试点。1979 年 2 月，云南提出扩大企业自主权的 13 条意见，首先在 50 个国营大中型企业进行试点。1980 年 4 月，试点工业企业扩大到 195 个，商业企业扩大到 200 户，大型骨干企业几乎全部参与了扩权试点。从 1980 年末开始，在工业企业中推行以利润包干为核心的经济责任制。首先在昆明钢铁公司等 10 家骨干企业试行，后不断推广和完善。到 1983 年，云南大中型企业都推行了上缴利润包干或递增包干、一定几年不变的办法，有一些企业还进行了以税代利的试点；利润在 10 万元以下

---

① 中共云南省委党史研究室编：《辉煌中国·云南六十年》，云南民族出版社 2010 年版，第 147 页。

的国营小型企业，试行了自负盈亏、增征所得税的办法①。在企业内部，恢复和改进企业的奖金、工资发放制度，推行多种分配形式，试行工资总额同经济效益挂钩的办法。1983 年，进行"利改税"的改革，企业上缴的财政收入由税利并存改为以税代利。推行厂长（经理）负责制和企业承包经营责任制。

党的十二届三中全会后，云南国有企业改革全面展开。改革紧紧围绕增强企业活力这个中心环节，对国营小型工商企业实行"全民所有，集体经营，照章纳税，自负盈亏"以及转让、租赁等政策；对大中型企业推行承包经营责任制。转变过去对企业直接调控为"国家调节市场、市场引导企业"的间接调控，在自愿互利的原则下，发展横向联合，组建企业集团。同时，采取了简政放权措施，推行厂长（经理）负责制和企业承包经营责任制，改变过去管得过多、统得过死的状况。从 1987 年开始，企业承包经营按照"包死基数、确保上缴、超收多留、欠收自补"的原则，采取了许多灵活的包干形式，增强了企业活力。通过改革，一批企业在改革中发展壮大，实现了企业所有权与经营权的适当分离，基本确立了企业的市场主体地位。

20 世纪 90 年代，云南国有企业改革向市场化迈出了三大步。第一步，在企业经营层面，初步建立现代企业制度。第二步，调整国有企业战略布局，抓大放小。确定一批大企业、大集团作为重点培育对象，在扶持政策及资金上给予重点倾斜。按照"多种形式并举、股份合作制为主"和"一厂一策"的方针，搞好"放小"。第三步，国有企业扭亏增盈改革，实现整体脱困。1992 年，根据《全民所有制工业企业转换经营机制条例》，要求国营企业，特别是大中型企业打破"铁交椅、铁饭碗、铁工资"的"三铁"和大锅饭，尽快扭亏。国企转换经营机制分三步走：一是对已进行自主经营试点企业落实转变经营机制；二是再扩大 150 户重点工交企业进行试点；三是在云南各类国有企业全面推广。1993 年，117 户国有企业完成转换经营机制的试点。19 个企业开展了企业自主经营的试点，实行政企分开，政府只管一个法人代表、一个试点方案，根据《云南省 1994 年经济体制改革工作要点》和《现代企业制度试点办法》，云南确定分国家、省和地州市"三个层次"所属企业，做好 100 户企业现代企业制度试点工作、完成"三个步骤"（即现代企业的建立要经过准备、试点和全面推进推广阶段），通过 3 年至 5 年努力，基本建立现代企业制度的框架。1995 年，云南在 122 户企业中进行了

① 中共云南省委宣传部、中共云南省委党史研究室编：《中国改革开放全景录·云南卷》，云南人民出版社 2018 年版，第 53 页。

以产权清晰、权责明确、政企分开、管理科学为特征的现代企业制度试点，有限责任公司达 166 户，股份有限公司达 37 户，股本总额近 50 亿元。1997 年又增加了 80 户试点企业。1998 年后，现代企业制度在云南逐步推开。①

从 1995 年开始，国有企业实行抓大放小工作，按照"优胜劣汰"的市场竞争原则，采取强强联合、优势企业兼并弱势企业等多种形式，积极推进建立以资产为纽带、优势企业或优势产品为龙头、母子公司为特征的新型股份制企业集团，加快国有资产有序流动，实现规模化经营。1995 年，实行大企业、大集团战略，云南确定 40 户作为重点培育对象，在技术更新立项、技术改造和资金安排等方面实行倾斜政策。从 1999 年起，连续 4 年每年安排 1 亿元，专项用于国有企业技术改造贷款贴息。云南重新核定企业生产经营资金定额，并制定了保障措施。对企业国有资产收益，规定从 1996 年起 5 年内全部归还企业，作为国家对企业的投入。企业使用各级财政的有偿资金，可通过贷改投、债转股等形式，转增为国家资本金或转为国有法人的投资等。到 2000 年，云南已登记成立的各种企业集团有 70 多户。在"抓大"的同时，按照"多种形式并举、股份合作制为主"和"一厂一策"的方针，搞好"放小"。从 1998 年开始，对国有小型企业进行放开搞活试点，到 2000 年末云南国有小型企业的改革面已超过 70%。②

1998 年 1 月，云南开始实施国有企业扭亏增盈改革。省政府制定了《云南省国有企业三年改革与脱困纲要》，提出 3 年内，在抓好试点国有企业扭亏增盈的同时，重点抓好云南 85 户大中型企业的扭亏和减亏工作。进一步对 105 户国家重点脱困企业，64 户省重点脱困企业进行改革。建立责任制，层层签订扭亏目标责任书，分解指标，落实到企业。财政和银行从资金上给予了大力支持。对盲目投资和重复建设项目进行了清理整治。2000 年末，基本完成了云南企业脱困目标。2001 年末，云南国有企业在现代企业制度改革和企业债转股、借改投、兼并破产、集团组建等方面取得新成绩，有 32 户企业改制为股份有限公司，12 户列入国家计划的企业签订了债转股协议。③

---

① 中共云南省委宣传部、中共云南省委党史研究室编：《中国改革开放全景录·云南卷》，云南人民出版社 2018 年版，第 63 页。

② 中共云南省委宣传部、中共云南省委党史研究室编：《中国改革开放全景录·云南卷》，云南人民出版社 2018 年版，第 64 页。

③ 中共云南省委宣传部、中共云南省委党史研究室编：《中国改革开放全景录·云南卷》，云南人民出版社 2018 年版，第 65 页。

2002 年 3 月，云南出台了《中共云南省委云南省人民政府关于深化国有企业改革的若干意见》，以产权制度改革为突破口，全面有序地深化国有企业改革，针对不同企业的不同情况，重组、改造、培育壮大一批，有序退出、转让一批，破产、关闭淘汰一批，退二进三转产一批。加快国有特别是国有大中型企业的股份制改革，鼓励非公有制企业参与国有企业的改制和改组。2004 年 2 月，云南省国资委成立。为巩固、扩大和深化国企改革取得的成果，云南于 2005 年 5 月作出决定，再用 3 年时间进一步深化国有企业改革，印发了《关于进一步深化国有企业改革的意见》，引进央企、实施战略重组，全面推进国有企业产权制度改革，以增强国有企业市场竞争力和增强国有经济整体实力为目标，大力发展混合所有制经济。产权制度改革推动了产权多元化进程，实现了资本和资源的优化组合，推动了国有大型企业做大做强。通过改革，企业的产权结构发生重大变化，为建立现代企业制度奠定了基础，使有经济布局继续优化。截至 2012 年，云南超百亿省属企业达 7 户，[①] 规模经济和整体实力显著提升，企业市场竞争力和内在发展动力、活力得到加强，在经济社会发展中发挥了不可替代的重要作用。

3. 大力发展非公有制经济

随着农村家庭联产承包责任制的实施和城镇居民自主就业的扩大，非公有制经济悄然兴起。在省委省政府的支持下，从"个体经济"到"私营经济"，再到"非公有制经济"，从"有限发展"到"鼓励发展"，再到"加快发展"，直至打好"民营经济战役"，云南非公经济从无到有、从小到大、从弱到强，不断发展壮大。

随着市场化改革的推进，非公有制经济作为公有经济的有益"补充"，得到了恢复和发展。1983 年，在《关于进一步发展和加强管理农村个体工商业的意见》的政策推动下，城乡居民逐步开始兴办个体工商企业。贯彻"松绑""减压"政策后，截至 1985 年底，云南个体工商户增至 35.3 万户 52.6 万人，[②] 改变了 1978 年只有全民和集体两种所有制成分的局面，形成了以公有制为主体、多种经济成分共同发展的格局。1988 年 6 月，国务院颁布了《中华人民共和国私营企业暂行条例》，促进云南非公经济加快发展。1991 年底，云南个体工商户发展到 38 万户，私营企业达 982 户，全年上交国家税收 3.3 亿元；云南非公有制经济实现

① 彭波：《庆祝改革开放 40 周年系列报道之十五——云南国企改革 40 年：创新不止亮点频现》，《云南经济日报》2018 年 10 月 25 日。

② 张珂：《庆祝改革开放 40 周年系列报道之十七——云南民营经济 40 年：从萌芽起步到发展壮大》，《云南经济日报》2018 年 11 月 8 日。

增加值 54.85 亿元，占 GDP 的比重突破两位数，达到 10.6%。[①] 云南多种经济成分并存与共同发展，扩大了劳动就业渠道，活跃了城乡市场，方便了人民生活，促进了国民经济发展。特别是外商投资经济，不仅为云南经济建设引进了资金，同时也带来了新观念、新技术、新产品和新的管理经验。

20 世纪 90 年代初，非公有制经济发展步入快车道，1992 年至 1996 年省政府连续下发《关于继续鼓励个体、私营经济发展若干意见》《关于促进个体私营经济发展若干意见的通知》《云南省个体工商户条例》《云南省私营企业条例》《关于加快发展个体私营经济的决定》等相关政策文件，规范非公有制经济的发展，强化了制度保障。根据党的十五大报告明确指出的"非公有制经济是我国社会主义市场经济的重要组成部分"，云南加大了对个体、私营等非公有制经济的扶持力度，并于 1998 年召开第一次个私经济工作会议，出台了《关于大力发展个体私营经济的决定》。一系列重大政策的出台，加强了对非公有制经济的扶持，建立了目标责任制，为云南非公有制经济实现快速发展指明了方向，创造了良好的政策环境，云南范围内掀起了非公有制经济发展的热潮，使非公有制经济的发展进入一个全新的阶段。2000 年，又制定补充规定，从财政、税收等方面给予非公有制经济大力支持，非公有制经济逐步成为社会主义市场经济中的最活跃部分。

党的十六大后，云南非公有制经济发展步伐加快，活力明显增强。2003 年，根据国家出台的《关于加快非公有制经济发展的若干意见》，省级 34 个部门配套出台了 33 个有利于非公有制经济发展的配套政策。2006 年，云南出台了《中共云南省委云南省人民政府关于贯彻〈国务院关于鼓励支持和引导个体私营等非公有制经济发展的若干意见〉的实施意见》《云南省中小企业暨非公有制经济"十一五"发展规划纲要》和《云南省人民政府关于实施中小企业成长工程的意见》等政策性文件，把加快非公有制经济的发展作为关系云南能否与全国同步实现小康社会的大事来抓，逐步形成了大力培育、扶持非公有制经济发展的良好氛围，推进公平准入，破除体制障碍，实施融资服务创新、市场开拓推进、集群发展促进、信息化服务推进等工程，支持民间资本进入资源开发、基础产业、基础设施、公用事业、政策性住房建设、商贸流通、国防科技工业和金融服务等领域，创新和落实对非公有制经济发展的扶持政策，完善中小企业服务体系，大力培育成长型中小企业。一系列政策使云南非公有制经济迎来了历史上发展最好最

---

① 张珂：《庆祝改革开放 40 周年系列报道之十七——云南民营经济 40 年：从萌芽起步到发展壮大》，《云南经济日报》2018 年 11 月 8 日。

快的时期。到 2012 年，云南非公有制经济已增长到 160.3 万户（包括个体工商户），全年非公有制经济完成增加值 4546.48 亿元，占云南 GDP 比重为 44.1%。[①] 非公有制经济的快速发展，成为推动云南经济繁荣和发展的重要力量，在促进经济发展、增加财政税收和扩大就业等方面作出了重要贡献。

4. 大力推进流通体制改革

云南流通体制改革经历了起步、有计划的商品经济、向社会主义市场经济转变和深化改革四个阶段，流通体制逐渐从封闭式、分配型转变为符合现代市场经济的开放式、经营型。

1978 年以后，商品流通改革的重点是放开部分农副产品市场和对原国有商业企业进行扩权让利。恢复、发展农村集市贸易，开放城市农副产品市场。允许城市郊区社员进城出售自己的产品，允许长途贩运。放宽了农副产品的购销政策，同时对农副产品的价格进行调整。1982 年开放集中产区的水产品、干鲜果品、零星小土特产等农产品的经营。1984 年又放开小杂粮、小油料经营。1985 年国家除个别农产品外，不再向农民下达统派任务，实现合同定购。1993 年云南将属于国家定价的农产品缩减为国家定购粮和烤烟两个品种。1985 年至 1993 年开展的家庭联产承包责任制、农产品价格"双轨制"和统购统销体制改革，促进了农产品产量尤其是粮食产量增加。2004 年贯彻《国务院办公厅转发商务部等部门关于进一步做好农村商品流通工作意见的通知》和《国务院关于做好 2004 年深化农村税费改革试点工作的通知》，农产品流通体制改革进入新的发展时期。多种经济成分、多种市场主体、多条流通渠道、多种经营方式的农产品流通体制逐渐形成；以农村新型合作组织为主，"公司＋基地＋农户""专业协会＋农户"等现代农产品流通形式蓬勃发展；农产品专业批发市场网络化、信息化、规范化建设步伐加快，农产品流通效率大大提高；农产品外销出口数量不断增加，尤其是鲜切花、食用菌和特色蔬菜出口量逐年增加，一批农产品出口企业得到发展；农产品物流业发展步伐加快。2002 年，省政府出台了《关于加快供销合作社改革的意见》，加强对供销社体制改革，提出通过"三转"（转身份、转机制、转职能）、"三减"（减人、减债、减包袱），到 2004 年实现彻底扭转连续 11 年的亏损局面的目标。[②]

从 1993 年起，围绕建立社会主义市场经济体制目标，云南加快了商品市场

---

① 云南省统计局编：《云南统计年鉴 2013》，中国统计出版社 2013 年版，第 35 页。

② 《云南省情》编委会编：《云南省情（2008 年版）》，云南人民出版社 2009 年版，第 658—662 页。

和要素市场建设步伐，商业经营主体更为多元化，商品流通渠道不断多样化，商业企业经营管理制度日益现代化、科学化，产品价格逐步市场化，出现了许多新型商业业态。到"九五"末，社会商品零售总额中已有95%实现了市场定价，商品市场得到大发展。各种要素市场逐渐成形，土地使用权开始流转，城市土地资源日益盘活；资本市场从无到有迅速发展，产权市场逐步形成。到2003年，云南已有产权交易机构5家，共完成交易额10.8亿元人民币①。1993年，住房制度改革在云南全面铺开，省政府批准了15个地州市、78个县（市）的房改方案，其中53个县（市）进入全面实施阶段。商品市场与要素市场的完善为经济发展注入了强大动力。②

进入21世纪后，商贸流通体制改革加快。2000年成立了云南商业集团有限公司，下设20户国有商业企业，6户国有控股企业，5户参股企业，职工4300人。2001年按照国家竞争性行业国有资产逐步退出的改革要求，云南商业集团有限公司以产权制度改革和调整结构为突破口开始深化改革。到2007年，云南商贸流通体制改革基本完成。20户老国有企业除省农机公司和省饮食服务公司继续改革外，均实现产权制度改革。这使云南成功探索出一条商贸国有企业改革的新路子。③

2001年中国加入世界贸易组织，尤其是党的十六届三中全会之后，云南流通体制改革主要围绕建设流通网络、规范商品流通秩序展开。通过改革形成了国有、集体、个人及私营、外资多种所有制结构，大型百货商店、超市、专业店、专卖店、便利店等多种业态，连锁代理等多种经营方式共同发展的新型商业流通格局。在商品市场方面，螺蛳湾商品交易市场成为辐射国内外，规模较大，功能齐全，在国内有较高知名度和较大影响力的商品交易市场；在要素市场方面，土地市场已实行以招拍挂为主的多种土地出让形式；在金融方面，已初步形成以昆明为中心，辐射各州市和周边国家的金融市场；证券市场业务迅速发展，至2012年，已有28家上市公司。商品市场及劳动力、人才、技术、金融、信息、房地产、产权交易等要素市场逐步健全，推动了市场定价机制的形成，促进了市场经济的发展。

5.不断完善宏观经济调控体系

云南通过改革财政、税收、价格、金融、投资、计划等体制，逐步建立起以市场为导向的、直接调控与间接调控相结合的宏观经济调控体系。

---

① 中共云南省委党史研究室编：《辉煌中国·云南六十年》，云南民族出版社2010年版，第148页。
② 中共云南省委党史研究室编：《云南改革开放二十年》，云南民族出版社1998年版，第580页。
③ 《云南省情》编委会编：《云南省情（2008年版）》，云南人民出版社2009年版，第676—677页。

改革开放初期，计划经济体制是改革的主要内容，取消了对农业生产的指令性计划，实行指导性计划和市场调节结合；工业生产缩小了指令性计划指标，扩大了指导性计划指标和市场调节的范围。改革基本建设投资体制，简政放权，将基本建设投资由原来主要靠国家财政拨款改为银行贷款，由无偿使用变为有偿使用，同时积极推行了建设项目投资包干责任制和招标承包制。改革财政税收体制，省对地（州、市）的财政体制进行了改革，大多数地区实行"划分收支超收分成"的办法；对民族自治州实行补贴包干的办法。1985 年以后，对各地（州、市）实行"划分税种、分级包干、一定五年"的办法。同时，根据不同情况，对各地（州、市）实行不同形式的财政包干制。税收方面，采取分类指导原则，初步形成了基本适应商品经济发展的以流转税、所得税为主体，其他税种相配合的多税种、多环节、多层次的工商税制体系。积极开展了金融体制、物价体制和劳动人事制度改革，转变政府经济管理职能，简政放权。

在财政体制改革上，改革财政资金无偿供应和集中统一分配的办法，建立地方财政信用体系；建立中央对地方的收支挂钩、分级包干的财政预算管理体制；改进财务制度，推进企业减税让利，不断扩大企业财务自主权与利润分配权。在税收体制改革上，通过建立健全涉外税制、企业所得税制、流转税、工商税等措施，完成了"利改税"改革，完善了税收征管系统。在金融体制改革上，开展了健全机构、改革信贷资金管理体制、推进金融企业市场化、完善资金市场等改革，为云南经济建设筹集了大量资金。1988 年城乡储蓄余额达 63.7 亿元，融通拆借资金 113 亿元。[①] 在计划体制改革上，转变政府职能，不断缩小指令性计划范围，下放固定资产投资项目审批权，减少行政性管理，加强资金调度。在物价体制改革上，逐步建立以市场形成价格为主的价格机制。推进农产品价格逐步实行市场调节；主要生产资料价格管理实行"双轨制"；调放结合，改革消费品价格管理；下放物价管理权限。通过这些改革，云南有计划的商品经济得到快速发展。

从 1994 年开始，云南加快财税金融制度改革。财政分税制改革按照中央与地方政府的事权划分，合理确定各级财政的支出范围，将税种统一划分为中央税、地方税和中央地方共享税，建立中央税收和地方税收体系，分设中央和地方两套税务机构分别征管。云南确定了"稳定优先，巩固基层，逐步调节"的原则，

---

① 云南省地方志编纂委员会总纂，《云南省志·经济综合志》编委会编撰：《云南省志·卷八·经济综合志》，云南人民出版社 1995 年版，第 500 页。

建立健全分税制财政管理体制，逐步形成财政监督管理模式。同时，加强投资体制改革，用法律和经济手段管理和经营国有固定资产投资和省基本建设资金，国有资产管理逐步走上规范化、制度化轨道。加强金融体制改革，建立了适应国际和国内金融市场的运行机制，确立强有力的中央银行调控体系，把国有专业银行逐步办成真正的国有商业银行，建立统一开放、有序竞争、严格管理的金融市场体系。改革外汇管理体制，健全汇率机制，确保汇率稳定，促进外向型经济发展。深化保险体制改革，实行社会保险与商业保险分开经营和政企分开，为城乡居民和市场主体提供可靠的风险保障。

（三）加快农村经济发展

党的十一届三中全会后，云南农村普遍推行了以家庭承包经营为基础、统分结合的双层经营体制。在此基础上，云南大力调整农业生产结构，发展多种经营，发展乡镇企业，使农业经济逐步由自然经济向商品经济转化，单一的粮食生产向农、林、牧、渔、工、商全面发展转化。

1. 提升农业生产力

家庭联产承包责任制普遍实行使云南农村经济显示出强大的生命力。1980年后，云南连续 3 年遭受各种自然灾害，特别是 1983 年遇到了百年罕见的旱灾。但是，大灾之年仍然获得了好收成，粮食收购量翻了一番，甘蔗、茶叶、蚕桑、橡胶、水产等产量都有较大幅度增长。生猪存栏率、出栏率、商品率逐步上升，结束了从省外调进猪肉的历史。在严峻的自然灾害面前，家庭联产承包责任制经受住了考验，显示出强大的生命力。

粮食生产方面，1985 年至 1988 年间，因农业结构调整以及农民种粮积极性不足，粮食供给难以满足人民生活需要的增长，云南省有 113 个县需要调入粮食。在实施治理整顿中，云南进一步完善粮食合同订购制度，不断扩大议购量，调高粮食收购价格，加大资金投入力度，设立各级农业科技推广基金，给农业部门安排技术改造经费，安排干部和科技人员在农村参加科技承包和开展科技服务。1985 年，云南建立了 26 个农业技术综合试验示范区、16 个商品粮基地县。1990 年，粮食产量达 1061.21 万吨，达到新中国成立以来的最高水平。①

为了维护农民的切身利益，在粮食购销价全部放开后，1993 年 3 月，云南对国家粮食定购任务采取最低保护价措施，规定的最低保护价略高于全国平均水

---

① 云南省统计局编：《云南统计年鉴 1996》，中国统计出版社 1996 年版，第 305 页。

平，由粮食经营部门与农户签订购销合同。1998 年 4 月，根据国家规定，省政府成立了粮食改革协调领导小组和办公室，坚决按照保护价公开挂牌收购农民余粮，不拒收、不限收、不停收、不打白条、不代收公粮以外的一切税费，按质论价，长年敞开收购。同时，国有粮食购销企业积极改善服务，千方百计促销粮食。

为进一步调动农民的生产积极性，从 1993 年开始，云南根据国家规定，持续清理涉及农民负担的政策，制止各种乱收费、乱摊派、乱罚款行为，逐步建立健全有关的管理和监督制度。到 1999 年末，云南有 100 个县推行了农民负担卡制度，近四分之一的地区建立了涉农集资项目申报审批制度和负担费统一票据制度，云南普遍推行了农民承担提留统筹三年不变的管理办法。1997 年，省政府还决定将过去由农民负担报酬的行政村干部、民办教师及农技员、水利员、司法员、护林员等 16 万人的工资转由地方财政负担。少数集体经济较好的地方，还把大部分村提留、乡统筹任务转由集体经济承担。从 1993 年起，云南农民承担的村提留、乡统筹的劳务均低于国务院规定标准。

党的十六大后，中央不断加大对"三农"的支持力度，云南出台了一系列农村配套改革政策，实施了多个影响重大的农业、农村改革措施，实施了十大建设工程即产业支撑打造工程、农民增收促进工程、扶贫开发攻坚工程、基础设施夯实工程、生态环境保护工程、社会事业发展工程、乡风文明建设工程、村容村貌整治工程、管理民主推进工程和平安和谐创建工程。完善了六大支撑体系即农业科技创新和推广体系、农村社会化服务体系、农村现代流通体系、农业现代经营体系、农村新型社会保障体系、农村基层组织保障体系。强化了六大统筹措施即统筹城乡建设规划、统筹国民收入再分配、统筹城乡发展措施、统筹农村各项改革、统筹城乡区域布局、统筹城乡工作机制，推进了社会主义新农村建设，促进了农民增收，开创了农村和谐发展的局面。

改革开放来，云南农业农村经济发生了翻天覆地的巨大变化，农业经济总量和主要农产品生产能力跃上新台阶，实现了主要农产品供给由长期短缺向总量平衡转变；特色农产品生产由零星种养与加工向规模化高质量转变；乡镇企业由无足轻重向国民经济重要支撑转变；农村劳动力转移由基本停滞向加快推进转变；农民生活由温饱不足向总体小康迈进，这些重大的历史性跨越为云南解决"三农"问题提供了重要保障。

2. 优化农业产业结构

党的十一届三中全会后，云南在国民经济调整中强调重点发展农业，在保证粮食增产的同时，积极发展经济作物、林业和畜牧业，着力发展制糖等食品加工工业。随着农业投入加大，云南粮食产量增加，吃饭问题得以解决，为农村产业结构调整创造了有利条件。1984年10月，云南召开云南农业翻番座谈会，提出了"一业变八业"①的号召和措施，在发展种植业，扩大茶叶、甘蔗、橡胶等经济作物和经济林木的种植面积的同时，还发展养殖业和采矿业、加工业、商业、运输业、服务业、能源工业、建筑材料业等非农产业。这是云南全面调整农村产业结构的开端。此后，云南坚持把发挥优势、形成群体经济支柱作为战略方针，在云南开展"增百致富"活动，促进云南传统农业优势产业——烟、糖、茶、胶产业的培育和发展，发展壮大乡镇企业。

党的十四大后，云南着力变革农村经营体制和生产经营方式。云南推广实行城乡结合、科技与经济结合、开放与开发结合，农工商一体化的"三结合、一体化"经营体制和社会化大生产方式。1995年8月，省第六次党代会明确提出云南农业产业化的发展思路，以市场为导向，以效益为中心，突出资源优势，优化组合生产要素，围绕主导产业和重点产品，实行区域化布局、专业化生产、科学化管理、社会化服务。通过市场牵龙头，龙头带基地，基地连农户的发展模式，实现产供销、贸工农等多种形式的一体化经营，促进农业产业化体系的形成和发展。到2000年末，云南农村出现了龙头企业带动型、专业市场辐射型、商品基地推动型、中介组织联结型等多种产业化形式，云南农业产业化经营出现了迅速发展的良好势头。

20世纪90年代后期，云南加大力度发展特色农业，陆续开发出花卉、冬早蔬菜、咖啡、热带水果、香料作物等特色农业并形成了一定规模，特别是把畜牧业培育成了重要产业。1995年，省政府提出将畜牧业培育成为重要产业的设想，云南集中资金、技术、物资，进行大规模畜禽商品基地县和畜牧业现代化示范县建设，加强推广实用畜牧科技。1997年开始实施畜牧扶贫工程，到1999年末扩展到82个县、158个乡镇。2000年末，云南已建成各类畜、禽、蜂良种场65个，建成各类畜禽商品基地县105个，云南畜牧业产值达201.49亿元，占云南农业产值的29.6%，畜牧业成为农业的支柱产业。

2002年以来，围绕建设绿色经济强省的战略目标，云南作出了稳定提高烤烟、蔗糖、茶叶、林业、畜牧业等传统优势产业，创新开发天然药物、花卉及绿

---

① 见1993年2月5日云南省人民政府出台的《云南省人民政府关于一九九三年农业和农村工作的指导意见》。

化苗木、绿色食品及保健品、生物化工等新兴产业的决定。"念好山字经，做好林文章"成为农业发展的重要组成部分，农业发展呈现新的特点：一是特色农业发展取得显著成效。瞄准市场培育新兴优势产业，打好"绿色牌""季节牌"，蔬菜、西瓜、烟叶、药材等地方特色农产品稳定发展，已经成为主产区农民增收的新亮点。二是休闲农业和体验农业日益壮大。以元阳梯田、弥勒葡萄园、罗平油菜花、昆明团结乡农家乐等为代表的新型休闲农业和体验农业每年都吸引了大量的游客，为农民增收开创了新的来源。三是生态农业受到关注。形成了以保护生态来促进农业发展的思路，通过加快发展以沼气为主的农村新能源、推广良种、鼓励生态种养等手段和措施，促使农业发展向生态、可持续方向前进。四是外向型农业迅速发展。花卉、烟草、松茸、蔬菜、香料油、咖啡、茶叶和蘑菇等八类优势农产品，成功依靠区位优势和过硬产品质量走出了一条外向型发展道路。

3. 加强农田水利建设

改革开放以来，云南着力支持农业发展，不断强化农业基础地位，逐步改善农业基础设施条件，在农田水利设施建设上不断推进。"七五"时期，为解决缺水问题，云南启动了"引洱入宾"工程，解决了宾川的农业灌溉问题，修建了昭通渔洞水库和宜良柴石滩水库等大型水利工程。

20世纪90年代，云南进一步加大了农业基础设施建设力度。1990年，省第五次党代会提出，云南上下动员起来，打破常规，知难而进，每年冬春大搞农田水利建设，持之以恒。从1990年到2000年，云南每年冬春都有几百万农民战斗在农田水利建设工地上，掀起农田水利建设高潮。投入农田建设资金49.48亿元，建成不同层次、不同要求的高产稳产农田2511万亩。[①] 同时，还启动实施了滇西南农业综合开发工程、金沙江流域农业综合开发工程、滇中现代化农业示范工程等改善农业生产条件的重大工程。对山、水、林、田、路进行综合治理，把治坝与治山、治理下游同治理上游、建设农田水利设施同发展林草业结合起来，切实保护和扩大植被，防止水土流失。

"八五"和"九五"期间，云南各级财政用于农田水利建设的投资达347.28亿元，占云南同期农业总投资406亿元的85.54%。农业总投资、农田水利建设投资总量和占比均居全国前列。持续10年的农田水利建设，改善了云南农业生产条件，粮食短缺的局面基本缓解。

---

① 中共云南省委宣传部、中共云南省委党史研究室编：《中国改革开放全景录·云南卷》，云南人民出版社2018年版，第70页。

进入 21 世纪后，云南继续加强农村基础设施建设，实施"兴水强滇"战略，加快"五小水利"工程等水利设施建设，实施农村饮水安全工程，着力解决农村人口饮水安全问题。实施"润滇工程"，开工建设一批骨干水源工程。实施"兴地睦边"农田整治重大工程，持续建设高稳产农田和基本农田，推进中低产田地改造，推进中低产桑园和茶园建设。农村公路建设步伐加快，乡镇公路、建制村公路通达率大幅度提升。截至 2010 年，云南已建成大中小型水库 5555 座，总库容 111 亿立方米，引水工程 19.02 万条，设计供水能力 91.38 亿立方米，有效灌溉面积达 2383 万亩。①

4. 促进乡镇企业发展

随着农村经济体制改革的成功与农村经济的不断发展，乡镇企业蓬勃兴起。1985 年，云南把发展乡镇企业作为调整农村产业结构的突破口，积极扶持、大力发展，以当地资源开发利用和加工升值为主，以户办、联户办为主，自力更生办好起步产业，逐步发展壮大乡镇企业。在"七五"期间，云南已初步形成乡办、村办、社办、联户办和户办"五轮"齐驱动，第一、第二、第三产业齐头并进的乡镇企业发展格局。在此基础上，大力发展城乡集体企业和各种专业户、重点户、联合体、个体工商户，实行多种经济成分、多种经营形式和多条流通渠道并存。到 1991 年底，云南城乡集体经济和个体经济都有了相当大的发展，特别是乡镇企业异军突起，吸纳农村劳动力 156.86 万人，发挥了乡镇企业的就业带动作用。

1999 年，云南明确以农副产品加工作为乡镇企业的主攻方向，发展一批能带动农业产业化的龙头企业。与此同时，关停了一些污染严重、无力治理的企业，新上了一些科技含量和附加值较高、市场前景好的项目。积极推进多制并举的改革，采取股份合作制、股份制、企业兼并、租赁、出售、承包、组建集团等多种形式，促进生产要素的合理流动和重组，放手发展非公有制企业。积极推动乡镇企业在制度上、管理上、技术上创新。2000 年，云南共有乡镇企业 65.5 万户，营业收入 1675 亿元。② 乡镇企业的发展，增强了云南农村集体经济的实力，推动了农业规模化经营以及茶叶、橡胶、热带水果等基地建设与发展，完善了农村社会化服务体系，增加了农民收入，成为农村经济发展的重要支柱。

① 张珂：《庆祝改革开放 40 周年系列报道之十九——云南水利建设 40 年：乘改革东风 扬发展风帆》，《云南经济日报》2018 年 11 月 22 日。

② 中共云南省委宣传部、中共云南省委党史研究室编：《中国改革开放全景录·云南卷》，云南人民出版社 2018 年版，第 72 页。

5. 提升农民生活水平

1978 年云南农民人均纯收入只有 130.6 元，平均每人全年只消费食用油 1.35 千克，肉类 7.6 千克。部分农民的温饱问题没有得到解决。随着农村产业结构的调整，农民收入渠道不断拓宽，转移就业收入、经营性收入成为农村居民增收的重要渠道。

云南致力于建立农民增收长效机制，千方百计增加农民收入。2003 年中央在关于农业农村工作意见中，要求对农业实行"工业反哺农业、城市支持农村"和"多予、少取、放活"的方针；2004 年中央一号文件以促进农民增收为主题，推出了一系列惠农政策。以农业税改革为主的改革切实减轻了农民负担，使其能够专心发展生产。随着农业投入，尤其是财政支农投入逐年增加，粮食连年增产，农民收入有了恢复性提高。云南自 2000 年开始农村税费改革试点工作，到 2003 年全面推行农村税费改革时，共减轻农民负担 11.3 亿元，人均减负 32.7 元；到 2004 年，农民减负达 10.04 亿。同时推进了乡镇机构改革，云南撤并减少乡镇 50 个，合并乡镇机构 1788 个、村民委员会 114 个，精简乡镇村组干部 17710 人，农村生产力布局和资源配置进一步优化，经费开支压缩，财政和农民负担减轻 ①。2002 年至 2012 年，云南农民人均纯收入从 1231.9 元增加到 5416.54 元，年均递增 17.9%，稍快于全国同期平均 17.5% 的增长速度。②2000 年，云南农民恩格尔系数首次降到 59.0% 以下，为 58.96%，标志着农村居民生活基本实现了温饱；到 2006 年，农村居民的恩格尔系数首次降到 50% 以下，为 48.78%，标志着农村居民的生活仅仅用了 6 年就基本实现了从温饱到小康的转变。③ 这一进程比全国、云南城镇居民都大为缩短，全国用了 15 年且直到 2000 年才实现了温饱到小康的转变，云南城镇居民则用了 12 年。

（四）加速支柱产业建设

云南认真贯彻落实党中央、国务院各项产业规划政策，结合自身资源优势，全面调整产业结构，大力发展烟、糖、茶、胶等传统优势产业，着力培育以食品和医药为重点的生物资源开发产业，以磷化工和有色金属为重点的矿产资源开发

---

① 当代云南编辑部编：《当代云南大事纪要（1949—2006）》（增订本），当代中国出版社 2007 年版，第 814 页。

② 云南省人民政府：《2003 年云南省政府工作报告》和《2013 年云南省人民政府工作报告》。

③ 云南省统计局、国家统计局云南调查总队编：《云南统计年鉴 2009》，中国统计出版社 2009 年版，第 190 页。

产业，以自然风光、民族风情为特色的旅游产业和以水电为主的电力产业，形成五大支柱产业集群，推动云南经济持续快速发展，总量位居西部省区前列。

1. 打造"烟草王国"

烟草产业在云南经济建设中占有重要的地位。经过多年的艰苦努力，"八五"期间，云南建成了全国最大的优质烟生产基地，烟草产业成为第一大支柱产业，为国家和云南省的经济发展作出了突出贡献。"九五"期间，烟草产业仍是云南重要的支柱产业，肩负着增加财政收入和出口创汇，带动经济持续、快速、健康发展的重任。1986年云南提出了"合理布局、猛攻质量、提高效益、稳步发展"的烤烟工作方针。1987年，在云南各烟区推广玉溪卷烟厂把烟叶生产基地当作第一车间、工厂作为第二车间，用第一车间保第二车间的经验，在产烟区广泛开展科学试验，举办综合试验示范区，推行科学种植方法，成为提升烟农组织化程度和提高烤烟科技含量的样板。烟草工业出现了高速度、高质量持续发展的局面，逐步形成支柱产业。卷烟产量由1978年的63.33万箱增加到1988年的354.92万箱，居全国第1位。卷烟实现利税从1978年的2.37亿元上升到1992年的127.89亿元。① 玉溪卷烟厂成为中国及亚洲最大卷烟厂，产品畅销国内外。随着卷烟工业的发展，一批为"两烟"配套的相关产业不断发展，吸纳了大批农村剩余劳动力，促进了经济快速发展。

党的十四大后，云南在贯彻国家"双控"政策中，不断巩固和提升"两烟"产业，以科技兴烟为重点，提高云南卷烟质量，培育优势品牌，创建起以"云烟""红塔山""阿诗玛"等为标志的系列化产品，品牌效应凸显，在全国13种名优烟中云南烟占有9席，云南成为享誉国内外的"烟草王国"，卷烟质量和税利位居全国第一，成为云南财政的第一支柱。1995年云南卷烟出口27.18万件，占全国出口的26.2%，创汇3.1亿美元，出口量和创汇量均位居全国第一。1998年，"两烟"实现税利超过380亿元，对当年财政收入的贡献率高达80%②。

党的十六大后，云南加快现代烟草农业建设，优化卷烟结构，做大骨干产品规模，推进减害降焦和综合利用，推动绿色发展。现代烟草农业基地建设和绿色、有机烟叶品种的种植进一步推广，生物、物理病虫害防治技术和有机专用肥料得到全面推广。在确保质量的基础上，科学规划，合理扩大"两烟"生产规模，烟叶生产继续保持全国领先地位。

---

① 《云南省情》编委会编：《云南省情（2008年版）》，云南人民出版社2009年版，第154页。
② 中共云南省委党史研究室编：《辉煌中国·云南六十年》，云南民族出版社2010年版，第185页。

2. 推进生物资源开发

1986 年，省政府成立了开发热带亚热带经济作物领导小组，制定了"因地制宜、合理布局、扬长避短、突出重点、依靠科技、持之以恒"的方针，积极扶持甘蔗、茶叶、橡胶、咖啡、水果、香料、南药、紫胶、冬早蔬菜等热区作物的发展。特别是蔗糖、茶叶产业快速发展，成为云南的优势产业。1998 年，云南蔗糖产量达到 163.8 万吨，位居全国第二①。2005 年以来，云南省茶叶种植面积持续稳居全国第一。1995 年 4 月，根据省八届一次会议关于实施"18 生物资源开发工程"的决定和省政府实施生物资源开发工程专题会议的精神，云南成立了隶属于省政府的"18 生物资源开发工程"办公室，选择了技术含量高、效益好的 18 项生物工程实行产业化开发。"18 生物资源开发工程"，是对云南具有优势的现代生物技术产品、天然药物、保健药物、农化产品、微生物产品、特种水产养殖产品、香料产品、花卉、无公害蔬菜、食用菌、果类软饮料系列、硬饮料系列、特种经济植物产品、特种经济动物产品、畜产品、林木系列产品、传统农产品等 18 大类生物资源进行产业化综合开发。截至 1996 年底，省、地、县已启动实施"18 生物资源开发工程"项目 56 个，涉及 17 个大类的生物资源开发，覆盖 16 个地州市，银行承贷资金 8.62 亿元，加上企业自筹、省扶持创汇农业基金会投入及其他金融机构的投资，累计完成投资近 12 亿元。② 在"18 生物资源开发工程"中，花卉产业发展迅速。1994 年以后，云南加大力度扶持花卉业发展，花卉业年均增长速度保持在 20% 左右，鲜切花产量从 1994 年的 2.1 亿枝增加到 2001 年的 16 亿枝，增长了近 8 倍，产量连续 8 年位居全国第一，90% 以上的产品销往全国 37 个大中城市，并开始规模化进入东南亚、东亚市场，鲜花产业已形成以温带鲜切花生产为龙头，以昆明为中心，向各地扩散的发展态势。2001 年，云南鲜花种植面积已达 6000 多公顷，在国内市场的占有率为 50%，产业总值约 30 亿元，出口额达 1600 万美元。此外，云南小粒咖啡的研究与开发、云南螺旋藻的研究与开发、云南 BR—120 高效植物生长调节剂的研究与开发、云南滇橄榄的研究与开发四个项目还获得"云南 18 生物资源开发工程科技成果产业化特种奖"。③

---

① 《云南省人民政府关于进一步加快我省企业技术进步和重点产品结构调整步伐的实施意见》，云南省人民政府网 2000 年 7 月 11 日发布。

② 中共云南省委党史研究室编：《云南改革开放二十年》，云南民族出版社 1998 年版，第 723 页。

③ 中共云南省委党史研究室编：《云南改革开放二十年》，云南民族出版社 1998 年版，第 731—732 页。

3. 加快矿产业发展

云南有丰富的矿产资源，开发矿产资源是经济发展中的重要战略步骤。1986年，云南提出如何把富饶的资源同贫困经济这一对大矛盾解决好，走出一条在多民族的山区较快地发展和利用资源，有效地发展经济的路子，把新平鲁奎山铁矿作为矿业改革的试点。坚持国家开发资源与发展当地民族经济相结合，城市加工工业与农村原料生产基地建设相结合，经济发展与智力开发相结合，创造了"鲁奎山之路"的矿业开发经验。

在推进现代企业制度改革过程中，云南国有矿山经过重组、改制，形成了云南铜业集团、云南冶金集团、云南锡业集团、云南煤化集团和云天化集团等矿产业龙头企业。经过多年发展，云南矿产资源开发产业形成了地勘、采矿、选矿、冶炼、加工、设备制造、设计、科研、教育、销售基本配套、门类齐全的综合体系。有色金属采选冶能力在全国处于较先进水平，磷化工、有色金属、贵金属的科研开发能力在全国也居前列，其中锡选冶技术、湿法磷酸技术、贵金属加工技术在全国领先。以"西南三江铜银金多种金属成矿系统与勘查评价"为代表的地质找矿成果和其他科研成果迅速转化为生产力。截至2012年，云南共有矿业国家级实验中心5家，省级7家；矿业材料高新技术企业10家，上市企业6家，重点企业25家。"九五"以来，共完成国家级科技攻关项目32项，省级12项。在证券市场上，云铜股份、驰宏锌锗、云锡股份、云铝股份等矿产资源开发产业中的上市公司业绩显著，具有较高的成长性。矿产业已毫无争议地成为云南的支柱产业之一。

4. 建设旅游大省

1995年8月，云南省第六次党代会提出，着力培育以自然风光和民族风情为特色的旅游产业，力争到20世纪末形成新支柱产业。云南是全国第一个提出把旅游业作为支柱产业的省份，并积极为旅游业的快速、健康发展营造优越环境。1995年昆明举行中国旅游购物节，这次购物节由国家旅游局、国内贸易部、中国轻工总会和中国纺织总会联合主办，旨在吸引更多的中外游客到云南购物，进一步提高云南以及西南地区旅游商品创汇能力，拓展旅游商品市场。1999年，昆明成功举行世界园艺博览会，大大提高了旅游大省的地位。云南旅游业发展势头迅猛，接待游客数量、旅游业总收入年均增长30%以上，旅游产业综合发展水平在全国每年攀升一个位次。[①] 旅游支柱产业迅速崛起，有力地推动了经济社

---

① 当代云南编辑部编：《当代云南大事纪要（1949—2006）》（增订本），当代中国出版社2007年版，第648页。

会发展。"九五"末期，以旅游业为"龙头"的第三产业占云南国内生产总值的比重达到 34.7%，居中西部省区之首，逼近沿海发达地区水平。

2002 年以后，云南实施旅游发展倍增计划，继续推进旅游"二次创业"，打造国内一流、国际知名旅游目的地。通过开拓旅游市场、塑造旅游品牌和整顿规范旅游市场秩序，推动旅游产业提质增效。实施旅游重点工程，打造名牌旅游产品和跨国跨省黄金旅游线路，培育一批年接待游客超过 150 万人次的精品旅游景区景点；加强国内重点旅游市场及国外旅游市场的促销；改革重大会展节庆的工作机制；推进旅游行业标准化建设和诚信等级评定工作；引进战略合作伙伴，实现各类旅游企业股份化、集团化和旅游饭店业连锁化。积极引进国际知名企业建设一批国际品牌的休闲度假酒店和旅游景区，有序推进国家公园、旅游小镇、民族文化旅游示范县和会展商务旅游基地建设。推动腾冲、抚仙湖—星云湖片区、苍洱片区和世博新区旅游改革发展综合试点。实施了西双版纳热带雨林、丽江老君山国家公园和元阳哈尼梯田景区建设。推出 60 个旅游小镇①、200 个特色旅游村建设工程。办好中国昆明国际文化旅游节和中国国际旅游交易会。2012 年全年接待海外入境旅客 886.4 万人次，接待国内游客 1.96 亿人次。

5. 推动电力成为支柱产业

云南是全国电力产业起步较早的省份。"六五"期间，云南把水电作为重点建设来抓，提出了开发澜沧江水能资源的计划，投资在能源建设上的资金达 13.6 亿多元，装机容量新增 44 万千瓦。②20 世纪 80 年代以前，建设电站都是由国家投资，尤其是百万千瓦级以上的电站，还没有过省里投资建设的先例。云南在全国率先与水利电力部共同投资建设 150 万千瓦的漫湾水电站，1986 年 5 月漫湾水电站主体工程正式开工建设③。"七五"时期，提出"优先发展水电，协调发展火电，同步建设电网""基建和生产并重"的电力工业发展思路，先后建成全国第一个通过国际招标施工的鲁布革水电站，云南发电装机容量增加 118 万千瓦。

党的十四大后，云南着重开展澜沧江中下游河段梯级电站的建设。1995 年漫湾水电站建成，实现滇、黔、桂、粤四省（区）联网，并向广东输送丰水季电

① 中共云南省委宣传部、中共云南省委党史研究室编：《中国改革开放全景录·云南卷》，云南人民出版社 2018 年版，第 88 页。
② 中共云南省委宣传部、中共云南省委党史研究室编：《中国改革开放全景录·云南卷》，云南人民出版社 2018 年版，第 56 页。
③ 中共云南省委宣传部、中共云南省委党史研究室编：《中国改革开放全景录·云南卷》，云南人民出版社 2018 年版，第 56 页。

漫湾水电站首台机组并网发电

能。同期建成大朝山水电站，这是中国第一座跨行业直接引进大企业集团投资建设的大型水电站，也是第一个实行厂网分开、建管结合、独立经营、自负盈亏、严格按照现代企业制度规范运作的百万千瓦级发电厂。建设了曲靖电厂、阳宗海电厂两个大中型火力发电厂。积极发展地方小水电，形成了"上游建库、中游发电、下游灌溉"的综合开发利用方式。到 2000 年，云南的发电装机总容量达749.36 万千瓦。[①]2000 年 11 月，云南省六届十一次全会作出了把以水电为主的电力产业作为新的支柱产业来培育的决定。

党的十六大后，云南加快"三江"干流水电开发，建设国家西电东送清洁能源基地、新能源示范基地。推进矿电结合，引导能源、密集型工业向水电资源富集区域集中。

6. 壮大新兴产业

在加快优势产业发展的同时，云南不断加大新兴产业培育力度，着力构建完善的产业发展体系。改革开放初期，云南已经具备一定的制造业发展基础。20 世纪 80 年代，从计划经济向市场经济转型过程中，山茶电视机、白玫洗衣机、春花自行车、兰花电冰箱、茶花汽车迅速崛起，被喻为云南工业的"五朵金花"。

---

① 中共云南省委宣传部、中共云南省委党史研究室编：《中国改革开放全景录·云南卷》，云南人民出版社 2018 年版，第 69 页。

从20世纪70年代末期起，云南电视机厂也就是山茶牌电视机即已开始生产黑白电视机，投放市场后获得普遍好评。80年代初，该厂引进了日本JVC公司彩色电视机生产技术和关键设备，形成了年产15万台彩色电视机的生产线，产量逐渐形成规模，产品性能迅速达到国内先进水平。云南洗衣机厂曾是一家以洗衣机、抽油烟机整机生产为主的老牌国有企业，创建于1981年。该厂生产的白玫牌单桶洗衣机一度是"部优"产品；双桶洗衣机为"省优"产品。国营三五六厂生产的春花牌自行车曾为"省优"产品，在省内外市场上创造了良好的营销业绩与声誉。昆明兰花电冰箱厂是一家以生产家用电冰箱和卧式电冰柜为主的大型国有企业，始建于1968年，以良好的性能连获国家A级产品称号，并取得国家出口产品许可证，一度形成年产20万台的生产能力，曾获"省优""部优"荣誉称号。茶花汽车制造厂当时生产的茶花中巴车、130中型卡车等轻型系列汽车也曾畅销一时。这5个工业产品曾经深受省内外以及缅甸、越南、老挝等周边国家消费市场的赞誉和喜爱。

进入"八五"以后，为建设更为合理的支柱产业群，云南对产业发展进行了积极探索，继续发挥烟、糖、茶产业的优势，加快发展磷化工、橡胶加工业、钢铁和有色金属工业、林纸加工业等四大产业。同时为机械制造、光学仪器、电子、仪表、旅游、香料、医药等产业的开发创造条件，打下基础。

2002年以后，云南加快实施新型工业化战略，产业规模不断扩大。在改造

云南电视机厂生产流水线

传统产业的同时，发展战略性新兴产业，提升以汽车、电工、机床、五金等机械工业为重点的装备制造业，积极发展以光电子为重点的高新技术产业，大力培育以现代生物、新材料、节能环保、新能源等为代表的新兴产业。组织实施了一批战略性新兴产业重大科技项目，天然药物和生物疫苗研发水平以及大型铁路养护机械、乘用车柴油机技术国内领先，高端数控机床研发制造、自动化物流、烟草柔性制丝设备技术达到国际先进水平。打造出烟草及配套、能源、医药、冶金、信息、建材、化工、装备制造、农特产品加工、造纸等十大产业，形成了诸多的工业经济增长点。2012 年云南工业实现增加值 3450.72 亿元，规模以上工业企业累计实现利税 1640.24 亿元，工业增加值和规模以上工业企业实现利税年均增长率接近 14%，保持两位数增长，助推经济总量突破万亿元大关，① 实现了经济发展的新跨越。

（五）加强基础设施建设

　　基础设施特别是交通发展滞后，是长期以来制约云南经济发展的重要因素。20 世纪 80 年代，"要想富，先修路"已成共识。云南始终把基础设施建设工作作为带动云南经济发展的重要抓手，把有限的资金投入到交通、电力、水利、通信等基础设施建设上，逐步改善了基础设施条件。党的十四大以后，随着社会主义市场经济体制的初步建立，云南结合以东南亚为重点的对外开放战略和突出农业、农村工作，主动抢抓中央提出的西部大开发战略机遇，提出了"把云南建成中国连接东南亚、南亚国际大通道"的发展目标，决定建成以通信为先导、公路为基础、铁路为骨干、水运为补充、航空为辅助，集多种运输方式和信息于一体的综合运输传导体系，持续加大基础设施建设的投入，云南的路网、航空网、通讯网和电网建设更上一层楼，综合交通运输网络初具规模，"出省出境"骨干综合交通网初步形成。

1. 推动公路建设上台阶

　　1983 年，云南决定把公路建设作为整个经济发展战略的重要任务来抓，提出了"要想富，先修路"的口号，掀起了修路的热潮。1984 年 4 月 25 日，省六届人大二次会议强调，能源、交通等重点建设，既是当前生产发展的迫切问题，又是关系到长远发展有无后劲的战略问题，要采取得力措施，集中财力、物力，加快建设速度。1984 年，参加修路的劳动力人数最多时达到 87 万人，共修乡村

---

① 云南省人民政府：《2013 年政府工作报告》，《云南日报》2013 年 1 月 30 日。

公路 1.1 万公里。① 在交通建设的实践中，云南逐步形成并推广"地方包干、省地结合"的改革措施。这为克服建设资金不足、加快干线公路建设探索了一条有效的路径。"六五"期间，修建农村公路 2.3 万多公里。② 在此期间，云南高等级公路修建开始起步。1986 年 8 月 10 日，石（林）安（宁）高等级公路正式开工，走出了修建高等级公路的第一步。1989 年，第一条高等级公路石林—昆明—安宁公路建成通车。

1990 年，省第五次党代会提出了"打开南门，走向亚太"的发展战略，要求进一步加快公路建设步伐，改善通往东南亚邻国和邻近省区的交通设施和路面行车条件，保证云南改革开放、经济建设和社会发展的顺利进行。1992 年，对昆明至景洪、瑞丽、曲靖、水富、罗村口和河口的 6 条"通边、出省、达江"主要公路干线进行高标准、高质量改造和建设，3 年内基本完成以昆明为中心的 200 公里范围内主要干线的高等级化。1992 年至 1995 年，先后建成了昆明至玉溪和安宁至楚雄的二级专用公路，完成易隆至曲靖、石林至新哨、平远街至罗村口、芒市至瑞丽等重要路段的改造。"八五"期间共完成公路建设投资 70.7 亿元，新建和改建公路 1.7 万公里。1995 年底，云南纳入国家统计范围的公路通车里程达 6.82 万公里，居全国第 3 位。③

"九五"期间，云南共投入公路建设资金 358 亿元，建设的重点是修建高等级公路特别是高速公路。1996 年昆（明）曲（靖）高等级公路全部建成，其中昆明至嵩明的 45 公里为云南第一条高速公路。1999 年又先后建成楚（雄）大（理）、玉（溪）元（江）、曲（靖）陆（良）高速公路。昆明至玉溪在"八五"期间已修建了二级专用公路，1997 年改建为 6 车道高速公路。1998 年和 2000 年先后动工兴建大（理）保（山）和元（江）磨（黑）高速公路。"九五"期间共建成高速公路 517 公里，一级公路 133 公里，二级公路 2015 公里。2000 年末，云南公路通车里程为 16.36 万公里，居全国第 1 位，98.03% 的行政村通了公路。④

党的十六大以后，云南初步形成"七出省、四出境"公路通道的格局。"七

---

① 中共云南省委宣传部、中共云南省委党史研究室编：《中国改革开放全景录·云南卷》，云南人民出版社 2018 年版，第 55 页。

② 中共云南省委宣传部、中共云南省委党史研究室编：《中国改革开放全景录·云南卷》，云南人民出版社 2018 年版，第 55 页。

③ 中共云南省委宣传部、中共云南省委党史研究室编：《中国改革开放全景录·云南卷》，云南人民出版社 2018 年版，第 67 页。

④ 中共云南省委宣传部、中共云南省委党史研究室编：《中国改革开放全景录·云南卷》，云南人民出版社 2018 年版，第 67 页。

昆曲高速公路通车

出省"通道是指衡阳—昆明、汕头—昆明、上海—瑞丽、杭州—瑞丽、二连浩特—河口、北京—昆明、西宁—景洪，7 条通向邻省的干线公路中除了滇藏公路外基本实现了高等级化；"四出境"通道分别是昆明至泰国曼谷、昆明至越南河内、昆明经瑞丽至缅甸皎漂、昆明至印度雷多公路通道，境内段基本实现高等级化。2012 年，云南公路货运周转量达到 702.51 亿吨公里，旅客周转量达到 470.2 亿人公里。云南高速公路通车里程 2943 公里，公路通车里程 21.9 万公里，居全国第 5 位。①

2. 加快铁路建设

云南地形地势复杂，山高谷深，铁路建设难度极大。由于落差大，火车动力有限，车速较慢。改革开放以来，云南铁路建设不断提速。1970 年 7 月 1 日，全长 1096 公里的成昆铁路正式通车。1980 年，贵昆铁路进行了电气化改造，列车速度提升至 70 公里/小时。1989 年，云南利用烟草积累的资金，完全由地方投资兴建昆明至玉溪的铁路。昆（明）玉（溪）铁路是全国第一条以地方集资为主修建的铁路，全程 64 公里，1993 年建成并投入运营，运输吞吐能力

---

① 中共云南省委宣传部、中共云南省委党史研究室编:《中国改革开放全景录·云南卷》，云南人民出版社 2018 年版，第 81 页。

533.6 万吨。

党的十四大后，云南加快了铁路建设步伐。先后建成了南（宁）昆（明）、昆（明）玉（溪）、内（江）昆（明）、广（通）大（理）铁路。2001 年 12 月，内（江）昆（明）铁路建成通车。贵昆、成昆铁路经过电气化改造，提高了运力。到 2000 年末，云南铁路营运里程为 2015 公里。[1]

党的十六大后，云南铁路通道骨架网初具规模。投资建设力度不断加大，加速推进贵昆、成昆、南昆、内昆、沪昆客专、云桂、渝昆、滇藏"八出省"铁路和中越、中老泰、中缅（双通道）、中缅孟印"五出境"铁路规划，掀起大规模建设铁路的高潮，铁路建设逐渐向境外方向延伸。"十二五"时期，云南铁路建设完成投资 900 多亿元，是"十一五"时期的 2.5 倍，铁路营业里程达到近 3000 公里，有效提升了路网规模和质量。至 2012 年，铁路货运周转量达到 379.75 亿吨公里。2012 年旅客发送量为 3012.3 万人，达到历史最高纪录。[2] 火车以其低廉的价格和高运力成为老百姓常用的出行方式，为旅游产业发展提供了强有力支持。铁路通道网络的完善，也对服务国家战略、强化东中西部互联互通、完善区

广大铁路广楚段通车庆典

---

[1]　中共云南省委宣传部、中共云南省委党史研究室编：《中国改革开放全景录·云南卷》，云南人民出版社 2018 年版，第 68 页。

[2]　云南省统计局编：《云南统计年鉴 2013》，中国统计出版社 2013 年版，第 284 页。

域路网和开辟国际大通道发挥了重要作用。

3. 促进水运发展

改革开放后，云南积极开展以"两江三湖"（澜沧江、金沙江，滇池、洱海、抚仙湖）为重点的水运建设。20 世纪 80 年代初，云南千吨级船队第一次驶出高原，由水富沿长江经重庆、湖北、江西、安徽、江苏等省市，驶向上海，开辟了水富至上海 2840 余公里全国内河最长航线，第一次打通了水运出省通道，实现了水运从短航到长航的重大突破①。

1989 年后，着力开发利用澜沧江—湄公河国际航运，并提出"以贸促运、以运促建、先通后畅、逐步发展、先把国内事情办好"的开发方针。20 世纪 90 年代初，云南水运紧紧抓住国家进一步实施改革开放政策的历史机遇，解放思想、勇于开拓，以澜沧江—湄公河国际航运开发为突破口，努力打通出海水运大通道，1994 年 11 月，中老两国政府正式签订了《关于澜沧江—湄公河客货运输协定》，澜沧江—湄公河航运首先在中老间正式开通。云南航运船队第一次走出国门，从澜沧江思茅港顺江而下，直达老挝、缅甸和泰国，实现水运从国内到国外的又一次重大突破。以洱海、抚仙湖、泸沽湖为代表的高原湖泊水上旅游蓬勃发展，大理洱海出现了全国高原湖泊最大的旅游客船，年接待中外游客 150 万人次。1999 年，对绥江和水富两个从金沙江到长江的航运港口进行改扩建，航运规模进一步扩大。洱海、抚仙湖、滇池的水路旅游迅速兴起。2000 年末，云南内河航运里程达 1580 公里。②

进入 21 世纪，云南水运紧紧抓住我国实施西部大开发战略和实施国际大通道建设战略及国家推进长江、珠江黄金水道开发建设的有利时机，围绕云南水运发展思路，以"两出省、三出境"水运大通道建设为龙头，以澜沧江、金沙江、珠江等梯级库群航运及高原湖区航运开发为重点，充分发挥水运优势，以实现北进长江，东入珠江，南下湄公河，连接长三角、珠三角，沟通太平洋、印度洋，建设通往沿海及东南亚、南亚国际大通道，形成公路、铁路、水路有机结合、协调发展的综合交通运输体系为目标，大力发展澜沧江—湄公河国际航运，全力推进长江黄金水道建设，积极开发右江—珠江水运通道，努力发展库湖区旅游航运，云南水运建设取得了较为显著的成绩。

"十一五"末，水运已成为云南综合交通运输体系中不可缺少的重要组成部

---

① 刘书含：《云南水运三十年实现新跨越》，《珠江水运》2008 年第 9 期。

② 中共云南省委宣传部、中共云南省委党史研究室编：《中国改革开放全景录·云南卷》，云南人民出版社 2018 年版，第 69 页。

分。2012 年，水运货运周转量达到 8.71 亿吨公里，旅客周转量达到 2.02 亿人公里。[①] 澜沧江—湄公河国际航运正式开通，船舶通航能力由过去的 100 吨提高到 300 吨，通航时间由过去的半年提高到 11 个月以上，澜沧江—湄公河冷藏集装箱大件运输和云南景洪—泰国清盛国际旅游客运开通，运量不断攀升。

4. 大力发展航空运输

改革开放以前，昆明巫家坝机场只有 2 架安-24 和 2 架伊尔-14 小型飞机。党的十一届三中全会以后，民航于 1980 年改变领导体制，开始走上企业化道路，按国营企业规范进行管理。在省委省政府支持下，民航云南省局不依外力，自筹资金，先后于 1985 年、1986 年、1991 年从国外引进 3 架波音 737-300 型客机，昆明地区航空运力的布局逐渐改善[②]。新建了芒市机场、景洪机场，扩建了昆明巫家坝机场，促进了航空事业的发展。

截至 1991 年底，从昆明机场出发的航线已达 26 条，航线里程 2 万多公里，连接国内外 26 个城市和地区，包括昆明至曼谷、仰光、万象等 3 条国际航线和昆明至香港的地区航线。[③] 一个以昆明机场为中心的航空运输网络初步形成。20 世纪 90 年代，云南新建了大理、丽江、迪庆和临沧机场，并对保山、普洱(思茅)、昭通机场进行了改扩建。昆明国际机场新建了候机楼。2000 年末，云南共有 10 个机场，是全国民用机场最多的省份。截至 2001 年底，云南航空公司已拥有 20 架波音系列的飞机从昆明飞往全国各大机场，飞往曼谷、万象、新加坡、大阪、首尔等东南亚大中城市。[④]

进入 21 世纪，云南着力搭建空中国际大通道。2012 年 6 月，昆明长水国际机场正式运营，这是继北京、上海和广州之后的第四大国家门户枢纽机场，被定位为中国面向东南亚、南亚和连接欧亚的国家门户枢纽机场，成为云南建设中国面向西南开放桥头堡搭建的空中国际大通道，使云南从内陆边疆变成前沿阵地。2012 年末，云南共有 12 个民用机场近 300 条航线，覆盖了国内外 100 多个城市，连接东南亚、南亚国家的航空网络已经基本形成。[⑤] 建成以昆明区域性枢纽机场为主的机场群，初步形成以昆明为中心，覆盖了国内外 100 多个城市，连接

---

① 云南省统计局编：《云南统计年鉴 2013》，中国统计出版社 2013 年版，第 282—284 页。

② 《改革开放 40 年：昆明机场走进长水新时代》，民航资源网 2018 年 12 月 12 日发布。

③ 《砥砺奋进四十载 逐梦蓝天谱华章》，《昆明日报》2018 年 7 月 18 日。

④ 中共云南省委宣传部、中共云南省委党史研究室编：《中国改革开放全景录·云南卷》，云南人民出版社 2018 年版，第 69 页。

⑤ 中共云南省委宣传部、中共云南省委党史研究室编：《中国改革开放全景录·云南卷》，云南人民出版社 2018 年版，第 82 页。

东南亚、南亚国家的航空网络。自昆明始发的航线已达 200 多条，其中国际、地区航线 29 条。空运货运周转量达到 1.12 亿吨公里，旅客周转量达到 106.01 亿人公里。①

5. 推动通信设施建设跨越式发展

伴随着改革开放，云南通信的发展壮大经历了一个从无到有、从弱到强的过程。1982 年，建成了云南电力第一条微波通信电路——昆宣微波。这条电路的开通，标志着云南电力通信进入微波时代。之后，开通了由昆明到景洪、思茅、曲靖、保山、玉溪、楚雄等地的程控电话，加快了邮电通信建设。

"八五"时期，云南加大对通信设施建设的投入，积极引进先进通信设施技术，仅 1995 年就投入资金 20 多亿元。②1991 年 8 月颁布的《云南省保护和发展邮电通信条例》，促进了云南通邮、通电话水平的提高。云南民族自治地方的邮电局（所）数达 990 个，邮路总长度达 12.6 万公里。③21 世纪初，云南先后建成 4 条出省光缆通道，省内骨干传输光缆环网和 16 个地（州、市）光缆本地网。数字数据网和分组交换网已覆盖云南，农村电话实现了乡镇交换程控化和乡镇光缆化，行政村实现了电话基本覆盖。进一步调整和优化了邮运网络结构，云南成为电子邮政建设全国示范省之一。④

截至 2012 年底，云南电信业务总量达到 344.34 亿元，移动短信业务量达到 367.44 亿条，移动电话达到 2895.78 万户，3G 移动电话达到 571.79 万户，互联网宽带接入用户达到 375.52 万户（固定），固定电话达到 524.29 万户，位居全国前列。⑤昆明区域性国际通信出入口初步建成，开通了中老、中缅国际光缆，使昆明市向现代化信息城市迈进。

（六）促进区域经济协调发展

云南推动以城镇化战略为核心，明确不同区域的功能定位，进一步完善城镇体系布局，有重点、分层次地加快城镇建设，逐步形成各具特色的区域发展格局，促进区域经济协调发展。

① 云南省统计局编：《云南统计年鉴 2013》，中国统计出版社 2013 年版，第 282—284 页。
② 中共云南省委宣传部、中共云南省委党史研究室编：《中国改革开放全景录·云南卷》，云南人民出版社 2018 年版，第 70 页。
③ 云南省统计局编：《云南统计年鉴 2013》，中国统计出版社 2013 年版，第 290 页。
④ 中共云南省委宣传部、中共云南省委党史研究室编：《中国改革开放全景录·云南卷》，云南人民出版社 2018 年版，第 70 页。
⑤ 云南省统计局编：《云南统计年鉴 2013》，中国统计出版社 2013 年版，第 288 页。

1. 加快城镇化步伐

云南具有集边疆、民族、山区、贫困于一体的基本省情，城镇化发展滞后，地区发展不平衡程度较高。改革开放初期，云南城镇化发展缓慢，1978年城镇化率为12.2%，直到1998年也仅有20.6%，比全国平均水平低11个百分点，位列全国倒数第二。[①] 城镇发展滞后导致农产品消费市场需求不足，是农民收入长期增长缓慢、贫困人口比重高的重要原因之一。1999年，云南把发展小城镇列为云南四大发展战略之一，召开了云南城镇建设工作会议，制定了"统一规划、科学布局、量力而行、分类指导"的方针和"以地生财、以财建镇、以镇招商、以商带农"的发展路子，提出了包括现代新昆明，玉溪、曲靖、大理、蒙自区域中心城市，州（市）所在地和设市城市、县城、中心集镇、边境口岸城镇6个层次的云南城镇体系建设构架的思路。加强小城镇建设，把小城镇建设和乡镇企业发展结合起来，集中连片开发，建设乡镇企业小区和适度规模的农产品生产基地。从1999年开始，省政府每年安排专项资金3000万元，用于100个乡镇所在地的文明卫生街和规范集贸市场的建设。一些地区出台了有关户籍改革措施，加速农村剩余劳动力向城镇集中。2000年末，云南共有小城镇1452个，共吸纳农村剩余劳动力480万人，建成各类集贸市场841个。[②]

2003年，云南对云南城镇体系建设做出了安排部署。开展"一湖四环"（"一湖"即滇池，"四环"即环湖公路、环湖截污、环湖生态、环湖新城）和"一湖四片"以滇池为中心，建设北城（主城片区）、东城（呈贡片区）、南城（晋城—新街片区）、西城（昆明—海口片区）的现代新昆明建设；重点建设大理、曲靖、蒙自、玉溪等区域中心城市。2004年，成立省级城乡规划建设领导小组，提出"强化规划先导、规划带动、规划是法"的观念，狠抓规划编制、实施、监督管理3个环节，强化对昆明滇池治理、"一湖四环"和"一湖四片"规划管理工作。2005年，云南发挥民族文化和自然资源优势，以旅游业推进城镇化，以旅游小镇促进旅游业提质增效，为农村加快发展和群众脱贫致富探索出新路，更好地保护历史文化和生态环境，重点打造60个旅游小镇。

党的十七大明确提出了走中国特色城镇化道路，按照统筹城乡、布局合理、节约土地、功能完善、以大带小的原则，培育以各区域特大城市为依托的城市

---

① 中共云南省委宣传部、中共云南省委党史研究室编：《中国改革开放全景录·云南卷》，云南人民出版社2018年版，第75页。

② 中共云南省委宣传部、中共云南省委党史研究室编：《中国改革开放全景录·云南卷》，云南人民出版社2018年版，第75页。

群，形成各区域新的经济增长极。2008 年，云南提出"做强大城市、做优中小城市、做特乡镇、做美农村"，抓好现代新昆明等 6 个层次的城镇化发展。强化城镇产业支撑，努力形成一批工业强市、旅游强市、贸易强市等特色城市。强化城市基础设施和服务功能，努力解决好中心城市交通拥堵、公共设施短缺等问题。强化城市规划、建设和管理，努力形成云南城镇规模结构合理化、布局集群化、土地利用集约化、面貌特色化，大中小城市和小城镇协调发展的良好格局。

2011 年，云南做出"保护坝区农田、建设山地城镇"的部署，按照"守住红线、统筹城乡、城镇上山、农民进城"的总体要求，探索具有云南特色的城镇化道路。省政府结合云南乡镇发展的潜力和优势，印发了《云南省人民政府关于加快推进特色小镇建设的意见》，在 60 个旅游小镇的基础上，新增了 150 个特色小镇，包括现代农业型、工业型、商贸型、边境口岸型、生态园林型，形成了 6 种类型的 210 个特色小镇。全面启动了滇中、滇西、滇东北、滇东南、滇西南 5 个城镇群规划和滇西北城镇群规划编制报批工作，打造具有云南特色的城镇群。2012 年末云南城镇人口 1831.5 万人，城镇化率达 39.3%，比 2002 年末城镇人口 1127 万人增加了 704.5 万人，城镇化率提高 13.3 个百分点，年均提高 1.3 个百分点，城镇化进入快速发展期。①

2. 不断优化区域发展布局

由于历史与地理因素影响，云南地区之间的经济发展极不平衡。边疆与内地、山区与坝区存在较大差距，城市发展相比较全国仍然较为落后。改革开放后，云南 11 座建制市中，仅昆明为 100 万人口以上的大城市。为加强城市间经济协作发展，1986 年 12 月，在省委省政府支持下，由昆明、曲靖、玉溪、大理、楚雄、东川六个州市组成的"滇中六地州协作区"正式成立，思茅和文山也相继加入。1988 年云南的 11 个建制市在昆明成立 11 城市市长联席会。这一时期，随着地区协作的发展，省内各地州互相开放，排除了各种形式的关卡壁垒，地区封锁和市场分割的情况有所改善。

党的十四大后，云南进行了以中心城市规划为导向的城乡建设，形成了大中小城市和小城镇协调发展、空间布局合理、功能完善、特色鲜明的网状城镇发展体系。进入新世纪以来，云南加大城市群建设力度，加快建设社会主义新农村，推动城乡、区域协调发展。2006 年，云南以国土资源分类为标准，优化经济布局，促进区域协调发展，努力形成合理的空间布局。根据各地资源环境承载能力

---

① 云南省统计局编：《云南统计年鉴 2013》，中国统计出版社 2013 年版，第 86—96 页。

和发展潜力，按照优化开发、重点开发、限制开发和禁止开发的不同要求，明确不同区域的功能定位，逐步形成各具特色的区域发展格局。把以昆明为重点的滇中地区发展成为云南经济的核心区和对内对外开放的中心；依托连接广西、贵州、重庆、四川和西藏的交通干线，形成对内开放经济带；依托昆河、昆曼、昆仰国际大通道，形成对外开放经济走廊，促进云南经济布局优化和区域经济协调发展。鼓励和支持各地区打破行政区划，广泛开展多种形式的区域经济协作和技术、人才合作，积极开展地区间对口帮扶，形成区域协调互动机制。

推动县域经济加快发展。认真研究制定了云南县域经济发展战略和规划。通过以市场为导向、非公有制经济为主体、特色产业为支撑、城镇化为载体，打响园区经济、县域经济、民营经济"三大战役"，用创新的思路和办法努力培植壮大县域经济。通过加快县乡交通等基础设施建设，切实改善县域经济发展条件。通过加快县域经济发展的各项政策，按照农民增收、工业增效、财政增长、后劲增强的要求，结合各地实际，积极发展特色产业，形成县域经济的比较优势。通过开展 47 个县域经济发展试点县工作，增强县级政府经济管理权。通过严格实行省对县考核奖励办法，鼓励县级培植财源、节约开支，探索促进县域经济增长的长效机制。同时全面实施兴边富民工程，推进了 25 个边境县较快发展。通过发挥县域经济试点县和边境县的示范作用，建成了一批农业产业化经营、工业经济、旅游经济、口岸经济、劳务经济和其他特色经济的大县、强县，促进了云南县域经济和边境经济的发展。

鼓励和支持城市之间开展分工协作，带动区域经济发展。坚持城市建设与产业发展良性互动，促进城镇建设与新型工业化和现代服务业发展有机结合。加快现代新昆明建设。重点抓好了呈贡新区、空港经济区建设。2009 年云南发布《滇中城市经济圈发展规划》，推动滇中城市一体化发展，充分发挥滇中地区在我国提升沿边开放战略中的重要作用，积极构建功能定位准确、空间结构优良、发展环境良好、引领作用显著的滇中城市经济圈。通过推进大理、曲靖、玉溪、蒙自4 个区域中心城市、州市政府所在地城市和县城建设，以滇中四州市为区域性交通枢纽和产业基地，带动云南协同发展的格局逐步显现。

（七）推动形成多层次内外开放格局

改革开放以来，云南充分发挥区位优势，利用背靠大西南、面向东南亚南亚的地缘优势，对内对外开放相互促进，开放格局不断扩大，从末端走到开放前沿，在国家开放格局中占有重要战略地位，取得了有目共睹的发展成就。

1. 持续加强省际交流合作

省际的交流与合作是云南对内开放的主要形式。1979 年云南和上海市正式开展对口支援活动。1980 年 6 月，云南成立"云南经济协作领导小组"，下设经济协作办公室，统一办理与外省的经济协作事宜。1982 年 5 月，省政府在昆明举办云南经济技术协作邀请会，有 18 个省区市和国务院 11 个部委的代表参加。1983 年 5 月，进一步提出云南对外开放要有一个突破，云南向全国开放，昆明向云南开放，各地互相开放，欢迎外省到云南各地开店办厂，鼓励云南商品打到省外市场。在实践中逐步形成"东联沿海、面向西中，优势互补，积极竞争"的对内开放格局。1999 年，省委省政府制定了《关于进一步扩大对内开放的决定》，遵循优势互补、互惠互利、共同繁荣的指导方针，以西南六省区市七方区域合作为基础、以东西部合作为重点，以企业为主体，大力推进跨地区、跨行业的经济、科技、教育、文化、卫生、人才等方面的联合协作，形成全方位、多层次的对内开放格局。进入 21 世纪，云南对内开放不断巩固，不断加大与国内省区市的经济联系，促进了云南产业结构、所有制结构和城乡结构的调整和优化。

参与"9+2"泛珠三角区域合作，加深与发达省（自治区、直辖市）的联系。区域内各省区市遵循"整合资源、优势互补、互利双赢、协调发展"的原则，采取多形式稳步推进双边与多边合作和交流。加强省院、省校合作，加强与国家有关部委合作。在省内加强地区间、企业间的合作，形成国内和省内密切合作的良好格局。

积极发展西南六省区市七方区域的经济合作，加速西南经济区域一体化进程，共同走向东南亚、南亚。其中，滇川合作的重点是以双方优势产业为依托，发展专业化区域市场，进而拓展西北市场；滇桂、滇黔合作的重点是营造"南昆经济带"，共同建设南下出海通道，形成新的区域合力，形成新的经济增长点；滇渝合作的重点是积极寻求两地的经济技术协作和人才合作，使云南经济发展与长江经济带相连。滇、川、藏合作重点是共同推进"香格里拉生态旅游区"建设。

积极开展沪滇对口帮扶与合作。按照两省市政府的统一部署，紧紧围绕帮扶与合作，充分依托云南资源、区位等优势，圆满完成了《上海—云南对口帮扶与全面合作"十五"计划纲要》的各项任务。建成了一批上档次、上规模、上水平的帮扶和联合协作项目，并切实加强两地在贸易、金融、信息、人才等方面的合作，共同开拓国内外市场。

加强滇浙合作。云南认真贯彻落实滇浙《关于进一步加强全面合作的会谈纪要》，对口部门及企业间合作交流日益频繁。两省组织、人事、科技、旅游等部门确立了对口合作工作机制，各州市代表团开展了互访考察和项目对接洽谈，推动了双方在能源开发、机械制造、生物制药、商贸物流等领域的进一步合作。

加强滇港合作。云南充分利用香港国际金融中心、贸易中心、信息中心、航运中心和海外华侨、华人把香港作为对国内投资"桥头堡"的作用，大力加强两地在金融、技术、贸易、旅游、信息等方面的合作，广泛吸纳海外资本；充分发挥各级侨办、台办、各民主党派、群众组织和中介组织的作用，通过不同层次的交往，深入做好香港大财团、大企业家、社团领袖、知名人士的工作，促成香港与云南开展更多的合作，并借助其实力和影响，带动更多的海外投资者与云南开展多领域合作。

2. 大力推进对外开放

扩大对外开放是云南展现特色，创造优势，加快发展的必由之路。改革开放之初，云南积极探索对外开放的路子，大力发展边境贸易。1978年12月，瑞丽经国务院批准对外开放，1990年12月正式建立口岸，与缅甸木姐口岸对接，是国家一类陆路口岸和向第三国旅游开放口岸，成为云南第一个经国家批准的经贸、旅游型经济开发试验区，被誉为"口岸明珠"。1985年，省政府发布《云南省关于边境贸易的暂行规定》，取消边民互市在边境沿线20公里内进行的限制。同年6月，经国务院批准，玉溪市通海县、楚雄市、曲靖市、景洪县、勐海县和丽江县被列为对外国人开放的地区。云南的对外开放尤其是边境贸易逐步恢复发展起来。

20世纪90年代以后，中国与周边国家的友好睦邻关系进入了最好时期。与云南相邻的越南、老挝、缅甸等国家也开始了改革开放的历程，共同的经济需要使双方日益加强合作。老挝首先同我国实现了双边关系正常化，双边经贸关系随之发展。缅甸1988年首先向中国开放，滇缅边贸在此种形势下获

边境集贸市场一派繁荣景象

得空前的发展。1991年中越实现了双边关系正常化，促进了滇越经济交流，同时，泰、新、马等东南亚国家也逐步开展了与云南的经济技术合作。

1990年，云南提出对外开放要以东南亚为重点的方针，1991年提出"打开南门，走向亚太"的战略思路。1992年，在邓小平南方谈话和党的十四大精神指引下，中国加快了改革开放步伐，扩大沿边开放已成为中国对外开放的重要战略部署和重要组成部分。6月，国务院决定在昆明市实行沿海开放城市政策，畹町、瑞丽、河口实行沿海经济开放地区的一些政策措施。为充分利用中央沿边开放的优惠政策，云南确定了"面向东南亚开放"的发展战略。1995年，省第六次党代会提出，在继续面向东南亚开放的同时，扩大对欧、美、澳等世界发达国家和我国港澳台地区的开放，"三外"（外贸、外资、外经）一齐抓，"三资"（合资、合作、独资）一齐上，真正形成以昆明为中心，以州（市）中心城市为依托，沿线（铁路线、公路线、边境线）沿江展开的多层次、全方位的对外开放格局，"把边境一线真正建设成为繁荣、稳定、文明的对外开放的前沿地带"。1999年，云南提出建设成为中国连接东南亚、南亚国际大通道的战略目标。

党的十六大以来，省委省政府按照发挥沿边优势、突出"两亚"（东南亚、南亚）重点、活跃对外交往、实现双赢的基本思路，坚持把扩大沿边开放作为带动云南发展的大战略来抓，稳步推进区域性国际合作，加快建设国际大通道和面向西南开放的重要桥头堡，深入实施"引进来"与"走出去"相结合的沿边开放战略，初步形成了全方位、多层次、宽领域的对外开放格局。2009年12月，省委八届八次全会作出云南对外开放新部署，决定把云南建设成为中国面向西南开放的重要桥头堡。

3.稳步推进国际区域合作

云南在对外开放中始终坚持和突出互利共赢的思想，立足于服务国家整体外交战略、服务于中国—东盟自由贸易区建设、服务于云南经济社会发展的指导思想，全面推进与东南亚、南亚国家的合作与交流，积极参与和推动区域经济合作，进一步完善和利用好已建立的各种合作机制，不断提高合作层次和水平。党的十四大后，云南积极参与澜沧江—湄公河次区域经济合作，优势互补，在交通、能源、贸易和投资、农业、通信、人力资源、旅游和环境保护等领域开展合作，贸易便利化水平不断提高，进出口贸易、相互投资以及经济技术合作不断提升，交通基础设施、跨境经济合作和口岸、通道建设取得新发展。

在中国—东盟自由贸易区建设和澜沧江—湄公河次区域合作框架下，云南先后与周边国家合作构建了云南—老北、云南—泰北合作工作组和中国云南—越南北部五省市经济协商会议等合作机制，积极倡议并致力推进孟中印缅地区经济合作，初步形成了以周边为基础，大湄公河次区域为核心，涵盖东盟和南亚的区域性国际合作新格局。

与东盟各国长期友好的合作与交流，为云南在中国—东盟自由贸易区建设、推动与南亚合作方面奠定了坚实基础。澜沧江—湄公河国际航运，中越、中老陆路运输合作，以及水能资源、生物资源、人力资源等领域的合作开发，澜沧江—湄公河次区域合作取得实质进展，在中国—东盟自由贸易区的建立中具有先行实践的意义。云南与东盟各国经贸往来日益扩大，东盟成为云南的第一大贸易伙伴，云南95%以上的对外经济技术承包工程业务在东盟国家。云南与东盟各国产业合作步伐加快，东盟国家在云南的投资也不断增加。政府间交往不断扩大，企业间交流不断发展。

积极推进孟中印缅地区经济合作。云南重视与孟中印缅地区的高层互访，与之建立战略合作伙伴关系，加强文化、教育交流，加强旅游和交通合作，积极推进经贸合作。为积极推动区域性国际经济合作，成立了省政府口岸工作领导小组，加快了口岸建设，加强"通关"服务。2012年云南一类口岸总数达到16个，形成集公路、铁路、水路、航空为一体的立体型、多层次、多元化口岸开放体系。

澜沧江—湄公河商船通航

4. 不断深化对外经济交流

改革开放后，云南发挥边境贸易的先导作用，带动沿边开放，提升对外贸易水平和层次，初步形成了地方政府间贸易、边境民间贸易、边民互市等多层次、多渠道的边境贸易发展格局。1979年，云南利用边民互市的传统，恢复与缅甸的边境小额贸易。同时，国务院批准瑞丽实行对外开放，并把云南26个县全部划为边境贸易区。针对贸易限额，批准只要属于边境贸易地区的边境贸易，不限金额。针对小额贸易的关税，同意对边境邻国自己生产的161种农业原料初级产品进口免征关税，结算可以在国家指定银行、营业所兑换缅币等外币，用人民币结算。

随着边贸的恢复和发展，云南与周边国家的交往日趋密切。国务院在云南先后设置了96个边民互市点，确定瑞丽、畹町为国家一类口岸，还确定开放了61个出入境通道。在发展边境贸易中，瑞丽口岸与缅甸木姐相对接，发挥了龙头作用。至1991年，瑞丽边境贸易总额达到7.5亿多元，货物吞吐量超过80万吨，占云南边境贸易总额的70%，占全国边境贸易总额的34%，成为全国最大的边贸口岸，也是中缅边境贸易的最大口岸。1980年至1990年，云南对外贸易每年以21.2%的速度增长，边境贸易进出口额从4462万美元增长到2.03亿美元，年均增长率为35.3%。边境贸易成为云南特色经济的重要组成部分。1992年，云南边境贸易进出口总额占云南外贸进出口总额的43.2%。[①]

进一步推动沿边开放与边境贸易，边境经济合作区成为新的边境贸易增长点。1992年，国务院批准设立14个边境经济合作区，云南有中越边境的河口、中缅边境的瑞丽和畹町边境经济合作区。3个国家级边境经济合作区设立后，积极推动了与次区域合作国家的边境贸易。围绕边境口岸与通道建设，云南积极发展南北经济走廊建设，以"三横两纵"经济走廊为重点，拓展边境贸易的辐射范围，边境贸易从最初的商品往来，拓展到投资、旅游、大规模基础设施建设、人力资源等各方面的交流和合作。同时，云南先后出台一系列扩大开放、鼓励外商投资的优惠政策，进一步改善投资软环境。

党的十六大以来，云南紧紧围绕扩大贸易规模、调整完善贸易结构、培育外贸重点产业和重点企业三个方面开展工作，贸易总额逐步增长，出口商品结构进一步优化，基本实现出口商品由初级产品为主向工业制成品为主的转变，矿业、

---

① 云南省统计局编：《云南统计年鉴1981》《云南统计年鉴1991》《云南统计年鉴1993》，中国统计出版社。

电力等支柱产业和云铜、昆钢等重点企业的对外贸易快速发展，与云南产业结构调整优化的良性互动得到加强。2012年虽然受到国际经济增长趋缓的影响，进出口额仍达到210.05亿美元。①

"走出去"步伐不断加快，对外工程承包和劳务合作成效明显。云南加快外经融资担保机制建设，切实帮助企业解决好贷款、融资难问题；深化企业改革，整合优势资源，切实增强企业承揽国际工程项目的能力。缅甸、老挝、越南是云南工程承包的最主要市场，多年来，云南外经企业承接了周边三国很多公路、桥梁、电站、工业及民用建筑工程的建设。云南机械设备进出口公司在缅甸建设了19个水电站，在缅甸的水电行业享有很高的声誉。云南建工集团在老挝承建的东昌酒店，成为万象的标志性建筑。

对外投资不断扩大。进一步完善政策，鼓励和支持企业到海外进行投资。企业通过建立海外销售网络、生产体系和融资渠道，促进企业在更大范围内进行专业化、集约化和规模化的跨国经营。云南对外投资对象主要是越南、老挝、缅甸三国，投资的领域，包括资源开发、境外加工贸易、农业及农产品开发、餐饮、旅游、商业零售、咨询服务等。

以罂粟替代种植为基础的周边农业合作成为云南企业"走出去"的新亮点。在国家有关支持境外罂粟替代种植，发展替代产业的政策支持下，云南企业根据国内市场的需求，加快了在缅甸、老挝北部开展农业种植合作的步伐。以罂粟替代种植为目的的农作物种植不仅带动了当地经济社会的发展，促进了当地老百姓弃种罂粟，也拓宽了我国农业发展的空间，和周边国家实现了互利共赢的发展，为贯彻我国富邻、安邻、睦邻的外交政策作出了积极贡献。

这一时期，是改革开放的全面启动与深入推进阶段。云南坚决贯彻落实党中央作出的改革开放重大决策部署，带领各族人民开拓创新，锐意进取，团结奋进，探索出一条适合省情特点的发展路径，经济建设取得了辉煌成就。地区生产总值由1978年的69.05亿元增加到2012年的10309亿元，跨越了万亿元的大台阶。财政总收入从1978年的11.76亿元增加到2012年的2624.20亿元，增长了200多倍。优势产业迅速发展，三次产业结构由42.67：39.94：17.39调整为16.0：42.9：41.1。城镇发展明显加快，城镇化率由12.2%提高到39.3%。对外开放日益扩大，云南进出口总额由1978年的1.04亿美元上升到2012年的210.05亿美元。

---

① 云南省统计局编：《云南统计年鉴2013》，中国统计出版社2013年版，第120页。

三、进入新时代的云南经济建设（2012—2019 年）

进入新时代，云南深入贯彻习近平新时代中国特色社会主义思想和党的十八大、十九大精神，认真落实习近平总书记考察云南重要讲话精神，统筹推进"五位一体"总体布局，协调推进"四个全面"战略布局，主动适应经济发展新常态，牢固树立和贯彻落实新发展理念，深化供给侧结构性改革，决战脱贫攻坚、决胜全面小康，经济建设取得了巨大成就。综合实力不断增强，基础设施建设、产业结构调整、新型城镇化建设、区域协调发展、辐射中心建设等方面亮点纷呈，谱写了七彩云南经济建设的新篇章。

（一）加速"五网"基础设施建设

云南重点加快"五网"建设，互联互通取得了巨大成就。填补了三项空白：中缅油气管道建成投产、油气主干输送网络基本建成，中石油云南石化炼油项目填补了云南油气产业的空白；沪昆、云桂高铁建成通车标志着云南迈入"高铁时代"，填补了云南没有高铁的空白；以昆明为主的城市轨道交通，填补了地铁运输的空白。高速公路里程和航空吞吐量实现了两个翻番。对外辐射能力不断提高，能源供应向外延伸拓展东南亚市场，水网建设步入快车道，互联网完成"全光网省"建设，昆明国际通信枢纽加快建设。

1. 推动路网建设迈上新台阶

云南综合交通运输体系实现长足发展，"八出省五出境"铁路、"七出省五出境"公路、"两出省三出境"水运、"两网络一枢纽"航空网加快推进。交通网建设已经成为云南经济社会发展的三大支撑：乡村公路提质增效支撑乡村振兴战略实施；"两高"建设支撑云南高质量发展；路网、航空网、航运、管道支撑云南面向南亚东南亚辐射中心建设。

高速公路从干线建设到县域"能通全通"，实现了新跨越。2013 年，出台《云南省人民政府关于进一步加快高速公路建设的实施意见》，开启了综合交通三年攻坚，推动公路"七出省四出境"通道建设，确保南北大通道全线贯通，连接内外、通江达海。2015 年启动了包括综合交通在内的基础设施"五网"建设 5 年大会战。2016 年，云南出台了《中共云南省委云南省人民政府关于加快高速公路建设的意见》，完成了《云南省路网规划（2016—2030 年）》《云南省加快"十三五"高速公路建设行动方案》，省委、省政府决定在云南打一场县域高速公路"能通全通"攻坚战。截至 2018 年，云南公路通车里程达 25.3 万公里。① 2018 年，82 个县通高速公路、通车里程达 5198 公里，新建和改造提升高速公路服务区 271 个。实施了 199 座"溜索改桥"工程，结束了云南贫困边远山区人民群众溜索过江的历史。②"智慧交通"发展取得新成果，从 2012 年 8 月第 100 条 ETC 高速车道开通到 2018 年 76 条高速公路"ETC＋无感支付"正式上线运行，高速公路服务智能化水平不断提升。③

公路质量全面提升，交通质量发生了巨大转变。制定了《关于加快高速公路前期工作的实施意见》和《关于加强高速公路建设工程质量和安全管理的若干意见》，5022 公里高速公路质量全面提升；干线公路高等级化率不断提高，其中：一级公路 1354 公里、二级公路 11941 公里，云南 129 个县（市）区有 125 个通二级及以上公路；实现村村通公路，农村公路达 19.58 万公里。14077 个建制村实现了 100% 路面硬化。2017 年启动建设"直过民族"、人口较少民族地区和沿边地区公路 4800 公里，2018 年，完成改建农村公路 1.5 万公里、新建成 1 万公

昆石高速

① 《共和国发展成就巡礼——云南》，《人民日报》2019 年 8 月 1 日。
② 《云南省交通运输厅"十三五"规划的执行情况》，云南省交通和运输厅网 2018 年 11 月 16 日发布。
③ 《云南：智能交通建设提速　高速公路 ETC 车道开通 100 条》，中国公路网 2012 年 8 月 24 日发布。

里。①2018 年，云南积极构建全域旅游交通体系，开通主要景区的旅游专线，打通景区之间连接公路和旅游环线。②

交通运输改革进一步深化，推进运输产业转型升级。根据《国务院办公厅关于转发发展改革委交通运输部财政部逐步有序取消政府还贷二级公路收费实施方案的通知》精神，自 2012 年取消云南 116 条共 10016 公里政府还贷二级公路收费，有效降低客货运输物流成本。进行道路货运体制改革，培育和规范道路货运市场，加快道路货运结构调整。货运公共信息平台建设，以及道路货运业的装备水平和整体服务能力持续提高，"互联网＋物流"信息化建设不断加速，实现了货运产业转型升级，较好地满足了经济社会发展需求。③2016 年通过了《云南省人民政府办公厅关于推进旅游客运转型发展的实施意见》，努力打造道路客运升级版，让人民群众共享更安全、更便捷、更经济、更舒适的出行服务。2018 年 11 月 5 日，省交通运输厅正式加挂"云南省地方民航发展局""云南省地方铁路发展局"两块牌子，云南综合交通运输改革发展由此步入新征程。

城市交通从"公交优先"到"轨道"建设。按照《国务院关于优先发展城市公共交通的指导意见》精神，出台了《云南省人民政府关于城市优先发展公共交通的指导意见》等文件，制定"公交优先"发展战略。2012 年，昆明市被交通运输部列为全国第二批争创国家"公交都市"示范城市。2017 年，保山、玉溪两城市被交通部列为全国第三批争创国家"公交都市"。到 2017 年底，云南城市客运运输能力稳步提高，车辆装备不断改善，城市公交运营车辆为 15744 辆。新能源清洁能源车 5811 辆，占车辆数 36.91%。公交专用道里程达 93.4 公里。公交进场率达 90%。云南城市公交运输量达 16.74 亿人次，城市出租汽车客运量达 8.37 亿人次。公共汽电车运营线路网总长度 46258 公里。智能化信息采集与处理技术、公共交通 IC 卡系统技术、卫星定位技术（GPS）、智能公共交通调度与信号控制技术、应急救援技术等新技术和科技创新成果在城市公共交通领域得到应用。2017 年，云南 16 个州（市）政府所在地城市公交卡已形成互联互通。城市公共交通服务质量和可持续发展水平得到有力提升。④2017 年，昆明地铁

---

① 《云南交通增强"直过民族"发展内生动力　到 2020 年，完成 2.5 万公里通自然村硬化路建设》，中国交通新闻网 2018 年 4 月 3 日发布。

② 《改革开放 40 年云南道路运输跨越发展》，云南省交通运输厅网 2018 年 12 月 21 日发布。

③ 《改革开放 40 年云南交通运输谱写跨越发展新篇章》，云南省人民政府网 2018 年 12 月 3 日发布。

④ 《改革开放 40 年云南交通运输谱写跨越发展新篇章》，云南省人民政府网 2018 年 12 月 3 日发布。

"十"字骨干路网初步形成，轨道交通成功迈出组网运营的第一步。截至 2018 年 11 月 25 日，线网累计运送乘客 5.3 亿乘次，运行图兑现率 99.99%，列车正点率 99.99%。作为云南乃至中国西部边疆民族地区第一条有轨电车，也是国家发改委 PPP 项目库中唯一一个有轨电车项目，蒙自滇南中心城市现代有轨电车示范项目创造了 9 项全国"第一"。云南切实解决群众出行"最后一公里"问题，截至 2018 年 4 月 30 日，昆明市累计建设自行车服务站点 590 个，自行车投放 15000 辆，累计租用人次达 356 万余次。①2018 年 6 月 26 日，云南第一家本土网约车平台"途途行"正式上线，云南市民及游客可通过手机享受到出租车、快车及城际快车预约、汽车客票购买等一站式服务，实现云南 174 个三级以上客运站联网售票，城际出行业务覆盖云南 129 个县（市、区），有力推进"互联网＋交通运输"模式全新探索。② 构建了以轨道交通为骨干、常规公交为主体、出租车为补充、自行车慢行交通为延伸的"四位一体"都市公交体系。

基础设施互联互通明显加强，对外"通道"提速发展。2013 年 10 月，锁（龙寺）蒙（自）高速公路通车，云南首条出境高速公路昆明至河口的高速公路全线

龙江特大桥

---

① 《5 条在建地铁线路施工顺利　新一轮地铁规划同步开展》，《云南日报》2018 年 7 月 31 日。
② 《云南首家本土网约车平台正式上线》，云南网 2018 年 6 月 26 日发布。

贯通。①2015 年，以昆明为中心，广州、上海、西宁等通往昆明的国内辐射线基本形成。通往越南、缅甸、老挝的路网国内云南段已经建成。中老双方共开通了 14 条国际道路运输线，最长的线路达 1700 公里。同年开通的昆明至占巴色（柬埔寨边境）公路里程达 2300 公里。②2016 年 4 月 20 日龙江特大桥通车，保腾高速最后一个节点打通，由保山通往缅甸的重要通道实现了中国面向南亚陆上通道与周边国家的高速连接，提升了区域运输系统整体通行效率。③2017 年 3 月 8 日，国家发展改革委、交通运输部联合下发了《面向南亚东南亚辐射中心综合交通运输发展规划（2017—2030 年）》，云南重点推进两条互联互通国际运输走廊、六条国内运大通道、昆明国际性综合交通枢纽，曲靖、大理、红河三个全国性综合交通枢纽，多点支撑的地区性综合交通枢纽，形成"两廊六道，一中心、多节点"的综合交通网络空间格局。截至 2017 年，云南与周边国家完成国际道路旅客运输量 252.60 万人次，周转量 1.86 亿人公里；货物运输量 733.63 万吨，周转量 6.42 亿吨公里。根据国家《"十三五"现代综合交通运输体系发展规划》，昆明被列入国家建设的 12 个国际性综合交通枢纽，大理、曲靖列为全国性综合交通枢纽，瑞丽、磨憨、河口列为沿边重要口岸枢纽，④ 为云南建成面向南亚东南亚辐射中心奠定了基础。

铁路进入高铁时代，"八出省五出境"铁路网不断完善和延伸。截至 2018 年，铁路运营里程达到 3856 公里，是 2012 年的 2.25 倍。新开通动车线路 3 条，高铁运营里程达 1026 公里。新增铁路复线运营里程比 2012 年增长 812 公里，16 个重大项目纳入国家中长期铁路网规划。⑤ 为主动融入和服务"一带一路"建设，云南着力构建昆明、大理两个铁路枢纽，打造王家营、山腰、瑞丽、磨憨"四个口岸"，打通中老、中缅、中越"三条国际通道"。2014 年昆河铁路客运正式开通，标志着中越国际铁路国内段全面贯通，云南成为整个东南亚的重要门户。⑥2015 年，通过引入战略合作伙伴、设立铁路建设基金、组建港航投资公司等方式，多渠道筹措资金，综合交通建设投资超过 1000 亿元。⑦ 2016 年 12 月 28 日，沪昆

① 《"一带一路"战略下的云南国际大通道建设》，国务院新闻办公室网 2015 年 9 月 15 日发布。

② 《云南构建互联互通国际大通道助推"一带一路"建设》，人民网 2015 年 8 月 28 日发布。

③ 《云南龙江特大桥建成通车》，《云南日报》2016 年 4 月 26 日。

④ 《"面向南亚东南亚辐射中心综合交通运输发展规划(2017—2030 年）等国家系列交通规划解读"新闻发布会》，云南省网上新闻发布厅 2017 年 4 月 18 日发布。

⑤ 云南省人民政府：《2019 年政府工作报告》，《云南日报》2019 年 2 月 2 日。

⑥ 《"一带一路"战略下的云南国际大通道建设》，国务院新闻办公室网 2015 年 9 月 15 日发布。

⑦ 云南省人民政府：《2015 年政府工作报告》，《云南日报》2015 年 2 月 2 日。

云南进入高铁时代

客专昆明南至贵阳北段、云桂铁路昆明南至百色段正式通车，标志着云南高铁从无到有，并入全国高铁路网，云南驶入高铁时代。2018年7月1日，作为中缅国际通道和滇藏铁路的重要组成部分，昆楚大铁路顺利建成通车，大理正式接入全国高铁网。2018年9月19日，中国昆明—越南海防国际道路客运线路试运行，标志着两地国际道路客运线路正式开通，客运全程780公里，覆盖了滇越边境线上的主要城市，为两国人员往来和跨境贸易创造了便利条件，有力地推动了双方区域经济的发展。2018年9月23日，昆明与香港直通高铁列车通车，作为中国高速铁路网的重要组成部分——广深港高铁香港段正式开通运营，拉近了西南边陲与香港的时空距离。① 云南铁路建设发生了质的飞跃，提升了参与省际和国际经济大循环的能力。

2. 推动航空网络四通八达

云南实现了民航大省向民航强省的跨越，为融入和服务国家"一带一路"倡议、构建面向南亚东南亚辐射中心夯实基石。随着航空网的快速发展，已搭建起中国与周边互联互通的空中桥梁，昆明长水国家门户枢纽机场逐渐形成。

机场建设蓬勃发展，数量跃居全国前列。昆明长水国际机场"一夜转场、一

---

① 《"一带一路"战略下的云南国际大通道建设》，国务院新闻办公室网2015年9月15日发布。

次成功"，打破了长期以来制约民航发展的基础设施限制，实现了旅客吞吐总量翻番。并以一年通航一个机场的速度，顺利迎来了宁蒗泸沽湖、沧源佤山、澜沧景迈3个民用支线机场的正式通航，缔造了民航发展的"云南奇迹"。至2018年已建成运营15个民航运输机场，建成了以昆明机场枢纽建设为中心，定位清晰、协同密切、互为补充的机场群。等级均在4C以上（可起降A320、波音737系列），共16条跑道，70.41万平方米航站楼，264个机位。机场密度达到平均每10万平方公里3.9个，远高于全国2.38个的平均水平，云南成为全国拥有机场数量较多、等级较高、航空资源富集、机场管理一体化的省份。①2018年12月28日，云南15个机场全面正式启用"人脸识别"智慧乘机服务，成为全国首个在所有民用机场开通"人脸识别"智慧乘机服务的省份。②

航线大幅度增加，覆盖全球主要国家和地区。至2018年，云南机场集团航线数量达到524条，其中国内航线441条、国际航线78条、港澳台地区航线5条，③航线总数比2012年增加了211条，其中国内航线增加了171条，国际航线增加了40条。④实现了多个"首次"，2014年12月首条昆明到巴黎洲际直飞航线开通，巴黎、温哥华2条洲际航线，打破了云南多年来没有洲际航线的历史。2015年5月27日，云南始发的首条定期国际货运航线——昆明至孟加拉国首都达卡国际货运航线首航，达卡国际全货运航线和印度首都新德里客运航线为打通云南面向孟中印缅经济走廊的空中货运大通道奠定了基础。2015年6月26日，云南昆明—上海浦东—加拿大温哥华航线开通，成为云南首条通往北美的洲际远程航线。2016年云南拓展国际三个层级航空网络，打造以精品旅游航空网为龙头，以商务快线航空网、空港物流航空网为两翼，以低成本航空网为基础，以公务通用航空网为补充的"五位一体"航空网络，全方位促进航线开发、拓展覆盖范围、增强辐射能力。⑤2018年底，昆明机场开通的国际航线已经全面覆盖南亚、东南亚国家首都，成为国内面向南亚、东南亚区域国际航线较多的机场之一，昆明长水机场已开通连接东盟10国、南亚5国首都及重点旅游城市航班，南亚东南亚通航点达34个，位列全国首位，⑥大大促进了云南国际交往能力。

① 《昆明航空枢纽战略规划出炉，2030年建成空港新城》，《昆明日报》2017年11月15日。
② 《云南机场"一体化"发展结硕果》，《云南日报》2018年5月8日。
③ 《昆明长水机场南亚东南亚通航点达34个》，《云南日报》2019年1月22日。
④ 《云南省2012年国民经济和社会发展统计公报》，云南省人民政府网2015年11月29日发布。
⑤ 《云南：航空网提速区域经济发展》，《云南日报》2017年10月13日。
⑥ 《昆明长水机场南亚东南亚通航点达34个》，《云南日报》2019年1月22日。

昆明长水国际机场

航空服务能力显著增强。截至 2018 年，云南民航机场轮回保障航班运输起降 53.29 万架次，旅客吞吐量 6758.56 万人次，货邮吞吐量 47.50 万吨，分别比 2011 年增长 2.09 倍、2.35 倍和 1.64 倍。① 保障航班运输起降架次、旅客吞吐量、货邮吞吐量均以每年两位数的速度保持增长。昆明机场航班运输起降架次、旅客吞吐量、货邮吞吐量均占云南 90% 以上。逐步缩短与国内大型机场的差距。② 云南航空服务能力实现了三级跳，2015 年机场旅客吞吐量实现了吞吐量总量翻番，努力建成全国第四大机场。丽江机场、西双版纳机场双双跨入中国干线机场行列。旅客吞吐量规模 100 万人以上的机场达到 5 个，成为全国百万机场最多的省份。③ 2016 年，昆明长水国际机场旅客吞吐量提前 5 年突破机场 3800 万人次的设计容量，成为继北京首都、上海浦东、广州白云、成都双流等机场之后，又一个迈入 4000 万人次级的机场。④ 50 家国内外航空公司在昆明机场运营，初步形成面向南亚东南亚的航线网络。⑤ 2017 年，云南机场旅客吞吐量西南地

---

① 《云南省 2012 年国民经济和社会发展统计公报》，云南省人民政府网 2015 年 11 月 29 日发布。

② 《云南省 2013 年国民经济和社会发展统计公报》，云南省人民政府网 2015 年 11 月 29 日发布。

③ 《"航空 +"模式创新民航发展：一路向南·云南国际大通道建设特别报道》，《人民日报海外版》2015 年 11 月 24 日。

④ 《昆明长水机场年旅客吞吐量逾 4000 万人》，中国政府网 2016 年 12 月 15 日发布。

⑤ 《云南：航空网提速区域经济发展》，《云南日报》2017 年 10 月 13 日。

区位列第一，全国以省为单位排名第四。昆明机场放行正常率远远领先北京首都、上海浦东、虹桥、广州白云、深圳宝安等大型枢纽机场。2018 年，昆明机场旅客吞吐量跻身全球排名第 35 位。澜沧景迈机场、宁蒗泸沽湖机场、沧源佤山机场的起降架次、旅客吞吐量、货邮吞吐量 3 项指标增速均超过 40%；腾冲机场、保山机场年旅客吞吐量首次突破百万人次。百万级机场从 5 个增加至 7 个。[①] 国际市场保持高速增长，2018 年，昆明长水机场国际地区旅客吞吐量占比达 10.34%，同比增长 17.36%，国际地区货邮占比达 15.92%，国内国际全货机航线达到 10 条。《2018 年民航机场生产统计公报》显示，云南机场旅客吞吐量、货邮吞吐量均排名全国前十位。云南机场实施跨航空公司中转业务，实现"一票到底、行李直挂"，推动昆明 144 小时过境免签获批；开发"航空＋铁路""航空＋公路"系列产品，打造便捷高效的空地一体化综合交通联运体系，提高换乘效率。2018 年 4 月 13 日，七彩云南通用航空有限公司正式成为通用航空短途运输试点单位，推出省内短途运输及公务包机产品，为云南通用航空旅游融合发展注入活力。

3. 推动能源保障网全国领先

从能源大省向能源强省建设不断推进，跻身全国前列。与 2012 年相比，2018 年，云南电力装机容量增长 1.8 倍，新能源装机增长 28 倍，清洁能源装机占总量的 84%，远高于全国平均水平，发电量占比超过 92%，为国际一流水平，实现了中央"建成为国家清洁能源基地"的要求；电网形成了高、中、低配电网络，"西电东送"送电负荷、电量增长 3 倍多；中缅油气管道贯通，由石油天然气终端市场转变为全国油气四大能源战略通道之一；炼油项目投产刷新了云南无原油炼化能力的历史。能源保障水平显著提高，形成了以电力为优势，煤、油、气品种齐全的能源供应保障体系，建成了支撑本省、内联广东等东部省区市、外接部分周边国家电网的互联互通能源保障网络。

电源建设进入投产高峰，清洁能源占比全国领先。以水电为特色的清洁能源优势凸显，相继建成 12 座巨型、特大型水电站，一批中小型水电投产发电。2018 年，云南水电装机容量达到 6666 万千瓦，较 2012 年增长近 1 倍。澜沧江、金沙江下游世界顶级的巨型水电站投产，为电力向广东输送打下基础。以风电、光伏发电为主的新能源实现飞跃，装机从 2012 年的 42 万千瓦增长到 2018 年的 1186 万千瓦，增长了 27 倍。发电量由 2012 年的 1745.5 亿千瓦时，增长到 2018

---

① 《开启高质量发展新征程》，《云南日报》2019 年 1 月 25 日。

澜沧江水电站

年的 3244 亿千瓦时，增长 85.85%；用电量由 2012 年的 2090 亿千瓦时 ① 增长到 2017 年的 2265.75 亿千瓦时。电力产业增加值从 2012 年的 332.49 亿元 ② 增长到 2018 年的 830 亿元以上，占云南工业经济的 20%。世界首座最高 300 米级小湾电站双曲拱坝、中国第一高糯扎渡电站心墙堆石坝成为新技术、新材料、新工艺应用标志性建筑，云南水力发电技术居国内先进水平；富宁换流站、鲁布革电站、小湾电站、糯扎渡电站等一大批工程荣获"鲁班奖""国优奖""詹天佑奖""国际里程碑工程奖"等荣誉。③

电网保障能力不断增强，进入特高压时代。电力主网网架不断完善，形成了 500 千伏电网覆盖滇中城市经济圈，与滇西、滇东北、滇西南电源群连接，同时与越南、缅甸、老挝等境外电力部分联网，220 千伏电网覆盖州（市）并延伸到主要县市区和重要园区，110 千伏电网向主要乡镇和重点企业供电的输电网格局。高压配电网网架结构得到完善，可转供电能力大大加强，电网安全稳定、供电可

---

① 云南省统计局：《2013 年云南统计年鉴——主要国民经济行业电力消费量和构成》，云南省统计局网。

② 云南省统计局：《2013 年云南统计年鉴——主要国民经济行业电力消费量和构成》，云南省统计局网。

③ 《云南电力改革发展 40 年新闻发布会》，云南省人民政府门户网 2018 年 12 月 14 日发布。

靠性和经济指标明显提高。① 2018 年末，云南电网 35 千伏及以上输电线路总长近 10 万千米；35 千伏变电容量达到 1.515 亿千伏安。②"西电东送"规模进一步扩大，年最大送电负荷由 2012 年的 955 万千瓦升至 2018 年的 3127 万千瓦，年送电量由 2012 年的 418 亿千瓦时升至 2018 年的 1380 亿千瓦时，负荷、电量均增长 3 倍以上。③

大数据、云计算、移动互联网等前沿技术的运用为云南电力高质量发展，融入绿色、低碳、智能及数据信息新技术领域建立了通道。异步运行控制技术、OS2 智能控制技术、安全稳定控制系统、交直流大容量远距离送电技术的应用，确保了世界上结构复杂、驾驭难度大、运行风险高的复杂电网的安全稳定，标志着云南电力正朝着低碳化、信息化和智能化方向迈进。④

电力体制改革为全国提供"云南经验"。2016 年，云南被列为全国第一批电力体制改革综合试点省和输配电价改革试点省，根据《云南省进一步深化电力体制改革试点方案》，以市场化改革为核心，开展汛期富余水电市场化消纳、大用户直购电试点的全国第一批电力体制改革再次起航，创造了"一个唯一、六个率先"模式。⑤ 企业减负取得实效，节约了企业用电成本。西电东送效益倍增，截至 2018 年外送通道能力达到 3240 万千瓦。年送电量从 5.4 亿千瓦时增长到 1380 亿千瓦时，"西电东送"电量已接近省内用电量，⑥ 为一大批高载能产业，水电铝材、水电硅材、纯电动汽车项目落地开工提供了能源保障。⑦

中缅油气管道投产，改写云南缺气少油的历史。2013 年 10 月中缅油气管道建成投产，与国家西气东输二线贯通，开启了云南天然气利用的新时代。年输送能力 100 亿立方米；其中，一期年输送 40 亿立方米。随着管道建设和天然气市场培育，天然气覆盖面扩大至沿线州市。⑧ 2014 年，新增石油天然气干支管道 2200 公里，五个州（市）开始通气用气。2016 年，云南已建成天然气管道 1480

① 中共云南省委宣传部编：《谱写中国梦云南篇章——砥砺奋进的五年》，人民出版社、云南人民出版社 2017 年版，第 8—9 页。

② 《云南电力改革发展 40 年新闻发布会》，云南省人民政府门户网 2018 年 12 月 14 日发布。

③ 《改革开放 40 年云南电力装机翻了 71 倍绿色能源成"新宠"》，云南网 2018 年 12 月 3 日发布。

④ 《改革开放 40 年云南电力装机翻了 71 倍绿色能源成"新宠"》，云南网 2018 年 12 月 3 日发布。

⑤ 《云南电力改革发展 40 年新闻发布会》，云南省人民政府门户网 2018 年 12 月 14 日发布。

⑥ 《云南电力改革发展 40 年新闻发布会》，云南省人民政府门户网 2018 年 12 月 14 日发布。

⑦ 云南省人民政府：《2019 年政府工作报告》，《云南日报》2019 年 2 月 2 日。

⑧ 中共云南省委宣传部编：《谱写中国梦云南篇章——砥砺奋进的五年》，人民出版社、云南人民出版社 2017 年版，第 9 页。

中缅天然气管道

公里，建成安宁、嵩明、曲靖等 3 座压缩天然气母站。①2017 年 4 月，中缅原油管道建成投产，管线设计运输量 2300 万吨 / 年，年输送能力达 1300 万吨。2017 年 8 月，中石油云南炼厂建成投产，云南结束了没有成品油生产线的历史，缓解了成品油供应紧张的状况。形成以中国石油云南炼厂 1300 万吨 / 年炼油项目为中心，辐射滇西、滇东、滇南的省内成品油输送管网；建成了广西连接滇南方向的中石化西南成品油南线，从外省管道调入成品油能力达到 750 万吨 / 年，具备向贵州、四川西南部输送成品油的能力。②成品油管道输送能力超 1000 万吨 / 年，建成成品油管道 2211 公里，输送能力极大提升，建有 3768 座加油站，与东南亚以及西南相邻省区互联互通的油气网络已初具雏形。

煤炭工业焕发活力，火电与水电共保能源安全。云南认真贯彻落实党中央、国务院关于供给侧结构性改革的决策部署，扎实推进煤炭化解过剩产能和防范化解煤电产能过剩风险各项工作，对煤炭产业进行了巨大调整。2016 年 9 万吨以下煤矿全部停产整顿，关闭退出煤矿 128 个、去产能 1896 万吨，39 个保留煤

---

① 中共云南省委宣传部编：《谱写中国梦云南篇章——砥砺奋进的五年》，人民出版社、云南人民出版社 2017 年版，第 9—10 页。

② 中共云南省委宣传部编：《谱写中国梦云南篇章——砥砺奋进的五年》，人民出版社、云南人民出版社 2017 年版，第 9 页。

矿完成转型升级。曲靖、昭通、大理3个州（市）分别关闭退出煤矿占云南的60%。① 原煤产量从2012年的7610.37万吨下降到2017年的4392.91万吨，去产能幅度达到42.27%。② 随着落后产能出清，煤炭产业效能提高，火电保枯供电作用确保了云南能源供应安全。

4. 加快水网建设步伐

大规模的水网建设投资，拉动了经济增长，带动了上下游产业发展，扩大了就业，为云南稳增长、促改革、调结构、惠民生作出了积极的贡献。跨越70年梦想的滇中引水工程进入实施阶段，这是国务院确定的172项节水供水重大水利工程中的标志性工程，也是中国西南地区规模最大、投资最多的水资源配置工程，③ 为云南加快水网建设，深化水利改革，为全面小康提供坚强的支撑和保障。党的十八大以来，云南省加快推进水网工程建设，城乡供水安全保障能力显著提升。五年累计完成水利投资1962.3亿元，是上一个五年的2.5倍；滇中引水工程等5项重大水利工程和49座中型水库、180座小水库工程相继开工建设；麻栗坝、青山嘴、小中甸等3座大型水库、46座中型水库、61座小型水库建成投入运行；新增蓄水库容12.15亿立方米，新增供水能力18亿立方米。④

引水工程编织浩大水网，水资源配置进一步优化。云南积极践行"节水优先、空间均衡、系统治理、两手发力"的治水方针，按照"水利工程补短板、水利行业强监管"的总基调，紧紧抓住用好中央和省加快水利改革发展重大机遇。2016年6月，水利部批复了《云南省供水安全保障网规划》，水利基础设施网络建设五年大会战拉开序幕，以滇中城市经济圈、州（市）所在地和重点县城、九大高原湖泊以及水资源紧缺、水生态脆弱、水环境恶化、水危机突显地区为重点，加快水利设施建设。截至2018年，已累计完成水利投资2497.29亿元，重点水源工程项目333件，建成山区"五小"水利工程244.8万件。⑤2018年12月28日牛栏江—滇池补水工程通过竣工验收，5年累计向滇池补水约28亿立方米，成为云南已建成的水利工程中投资最大、中央补助资金最多、工程建设最快的单项水利工程。⑥

① 《云南省通报煤炭行业及非煤矿山转型升级进度、亮点及问题全力推进矿山转型升级》，云南网2017年3月24日发布。
② 云南省统计局编：《云南统计年鉴2013》《云南统计年鉴2018》。
③ 《2017年云南省水网建设投资创历史新高》，中国日报网2017年11月30日发布。
④ 《改革开放40年：云南超额完成各项水利目标任务》，人民网2018年11月21日发布。
⑤ 《改革开放40年：云南超额完成各项水利目标任务》，人民网2018年11月21日发布。
⑥ 《牛栏江—滇池补水工程通过竣工验收》，《云南日报》2018年12月29日。

"两出省三出境"水运通道大力推进，航运能力大大增强。云南水运累计完成投资 35.07 亿元，航道里程新增 919 公里，总里程达到 4294 公里。内河通航里程比 2012 年的 1263.5 公里增长 3.4 倍。综合周转量较"十一五"时期翻了近一番。[①]重点建成了金沙江高等级航道、澜沧江国际航道和众多湖(库)区航道。至 2018 年，码头泊位增长到 198 个，港口增长到 12 个，建成了水富港、大理港、富宁港等内河港口和景洪港、思茅港、关累港等对外开放港口；运输船舶增长到 1240 艘，载重量增长到 156576 吨，载客量增长到 28778 客位，船舶总功率增长到 125038 千瓦；年货运量增长到 666.5 万吨，货运周转量增长到 162118 万吨公里；年客运量增长到 1299 万人，年客运周转量增长到 28753 万人公里。水路运输企业发展到 360 家民营企业。船舶大型化发展迅速，水富港进港船舶达4000 吨—7000 吨等级。水运通道的快速发展，为云南水运物流、客运服务提供了便利。

水利改革取得新成效，农业抗灾能力大大提高。云南加快推进以滇中引水工程为骨干、大中型水电站水资源综合利用工程为依托、大中型水资源工程为支撑、农田灌溉渠系工程为基础的水源工程网，形成了干支流水资源开发利用并重，大水电、大型水库与中型水库联合调度的供水保障新模式。[②]截至 2018 年，共完成 13 座中型、251 座小（1）型和 3990 座小（2）型病险水库除险加固任务，实施 277 项重点中小河流河段治理。12 个大型灌区续建配套节水改造和一批中型灌区建设加快推进。小农水重点县 6 个批次涉及 119 个县；加快高效节水灌溉建设，改善农田灌溉面积 600 多万亩，新增节水灌溉面积 448 万亩，云南有效灌溉面积达 2777 万亩。农田有效灌溉率达到 43.8%，农田灌溉水有效利用系数提高至 0.468，高于全国平均水平。[③]

山区"小水网"改革试点初显成效，农业水价综合改革深入推进，出台了《云南省人民政府办公厅关于加快推进农业水价综合改革的实施意见》《2017 年度农业水价综合改革实施计划》，制定了《云南省农业水价综合改革工作绩效考评办法（试行）》《云南省农业水价综合改革节水奖励和精准补贴办法（试行）》，截至2017 年 11 月 20 日，已完成农业水价综合改革面积 649 万亩。[④]极大地提高农业

---

① 《牛栏江—滇池补水工程通过竣工验收》，《云南日报》2018 年 12 月 29 日。

② 中共云南省委宣传部编：《谱写中国梦云南篇章——砥砺奋进的五年》，人民出版社、云南人民出版社 2017 年版，第 10 页。

③ 《改革开放 40 年：云南超额完成各项水利目标任务》，人民网 2018 年 11 月 21 日发布。

④ 《2017 年水网建设新闻发布会》，云南省网上新闻发布厅 2017 年 12 月 4 日发布。

抗灾能力，确保农业发展后劲。①

　　安全水网服务能力持续增强。出台了《云南省重大规划水资源论证评估管理办法（试行）》和《水资源"三条红线"控制指标红、黄、绿分区管理办法（试行）》，有序推进普洱、丽江、玉溪等3个国家水生态文明城市试点建设，曲靖、玉溪被水利部评为全国节水型社会示范区，昆明、玉溪、楚雄、曲靖及丽江等城市率先开展"水效领跑者"引领行动，实现了省级水功能区监测全覆盖。② 为构建云南供水安全保障网建设，昆明清水海引水、砚山县差黑海引蓄水、蒙自市杨柳河引水、双江县南等水库干渠、思茅大中河引水、保山西水东调等一批引调水项目相继建成，成功启动了滇中引水工程建设。输配水管网长度超过4100公里，为城市供水提供了保障，③ 城镇供水能力基本满足居民用水需求。④ 以农村饮水保障为兜底的水利行业扶贫顺利推进，云南完成了286.5万农村人口饮水安全巩固提升任务，解决了784万农村人口和农村学校师生的饮水安全问题，巩固提升了718万农村人口的饮水保障水平，农村集中供水率达到85%，自来水普及率达到

掌鸠河引水工程

---

① 《2017年水网建设新闻发布会》，云南省网上新闻发布厅2017年12月4日发布。
② 中共云南省委宣传部编：《谱写中国梦云南篇章——砥砺奋进的五年》，人民出版社、云南人民出版社2017年版，第11页。
③ 《2017年水网建设新闻发布会》，云南省网上新闻发布厅2017年12月4日发布。
④ 中共云南省委宣传部编：《谱写中国梦云南篇章——砥砺奋进的五年》，人民出版社、云南人民出版社2017年版，第11页。

80%，① 切实解决了人民群众饮水问题。

5.促进互联网实现新突破

互联网建设成为提升人民生活品质，加快国际互联互通，推进开放型经济发展的重要支撑。云南面向南亚东南亚的通信枢纽和区域信息汇集中心正在崛起。通过打造工业互联网产业体系，带动三次产业融通发展，成为云南新的经济增长点。

信息化基础不断增强，互联互通向国际化迈进。云南国际通信枢纽和信息汇集中心建设提速，截至2018年新增光缆线路75.9万公里，②5条出省光缆汇入国家光缆网。国际通信业务服务范围扩增到8个国家（越南、老挝、缅甸、泰国、柬埔寨、印度、斯里兰卡、孟加拉国）。出省带宽扩容至5Tb，省内带宽扩容至7.2Tb，100%的行政村实现光纤到村，光纤宽带覆盖户数超过700万户。信息化基础逐年改善，2013年，云南推动区域信息支撑中心、门户网站等平台建设，昆明区域性国际通信出入口初步建成，开通中老、中缅国际光缆。实施"宽带云南"工程，加快沿边、沿线、沿口岸通信网建设。积极引进以云计算为基础的大数据技术，建设面向东南亚、南亚的国际光缆中转基地。建设成为面向东南亚、南亚的国际通信枢纽和区域信息汇集中心。2014年，4G无线通信工程建设全面启动，网络信息安全不断加强。2015年，智慧城市试点进展顺利，积极开展省级互联网直联点建设工作，宽带网络普及提速。政务数据中心、区域信息汇集中心和宽带乡村、智慧城市、信息惠民试点城市建设取得成效。2016年，呈贡信息产业园等项目建设加快推进，保山市、大理市成为国家第二批促进信息消费试点城市。昆明市加快建设共享高效的互联网，构建覆盖城乡、服务便捷、高速畅通、安全可控的新一代互联网，建成面向南亚东南亚的区域性国际信息交汇中心。实现了4G无线网络对云南城区、乡镇、行政村、风景区、公共交通干线全覆盖。③截至2017年末，云南98%以上行政村实现光缆通达、移动4G网络实现城区和行政村全覆盖。④2018年，新建4G基站3万个。2019年1月23日，云南移动率先在丽江大研古城开通了云南首个5G试验基站，标志着云南移动5G技术及业务应用探索进入新的阶段，开启5G时代。⑤

---

① 《改革开放40年：云南超额完成各项水利目标任务》，人民网2018年11月21日发布。
② 云南省人民政府：《2018年政府工作报告》，《云南日报》2018年2月2日。
③ 《五网建设再发力》，《云南日报》2019年1月22日。
④ 《五网建设再发力 云南打响县域高速"能通全通"工程大会战》，云南网2018年1月24日发布。
⑤ 《5G丽江，快人一步——云南移动在丽江率先开通首个5G试验基站》，云南网2019年1月23日发布。

（二）培育发展新动能转变经济发展方式

围绕培育发展新动能，持续深化供给侧结构性改革，深入实施"建设创新型云南行动计划"，大力支持非公有制经济加快发展，多措并举，推动经济发展质量变革、效率变革、动力变革，取得了良好发展成效。

1.坚持供给侧结构性改革推动高质量发展

根据国家统一部署，2016年，出台《中共云南省委云南省人民政府关于推进供给侧结构性改革的总体意见》等组合性政策文件，针对发展中产能过剩、库存过大、杠杆上升、成本偏高等结构性失衡问题，积极"去"、主动"降"、全力"补"，为云南经济持续快速健康发展扫清障碍。

云南稳步推进"三去一降一补"，取得阶段性显著成效。去产能措施得力，截至2018年，累计退出煤炭产能5151万吨，淘汰炼铁落后产能263万吨，取缔"地条钢"600万吨，压减粗钢产能453万吨。黑色金属冶炼和压延加工业下降11.0%，有色金属冶炼和压延加工业增长12.4%，石油、煤炭及其他燃料加工增长1.46倍。① 依法处置"僵尸企业"118户。去库存效果明显，云南坚持因城施策、分类施策，区别调整房地产供给结构，云南商品房待售面积持续下降，消化周期处于合理区间，重点城市房价基本保持稳定。去杠杆稳妥有序，着力推动市场化债转股，降低国有企业杠杆率，累计达成1100亿元的市场化债转股框架协议，债转股企业杠杆率平均下降2个百分点。降成本持续发力，企业减负成效显著。截至2017年累计为实体经济减负1700亿元。补短板力度加大，2017年，云南综合交通、水利、教育等重点补短板领域投资分别增长44.9%、39.2%、33.3%，增幅均高于云南固定资产投资增速。通过供给侧结构性改革各项政策措施的实施，要素资源配置进一步改善，企业盈利水平、民间投资增速等均逐步回升。

2017年，中央提出深化供给侧结构性改革，云南紧扣中央精神，坚决"破"，全力"立"，主动"降"，推进经济高质量发展。坚决做到应去尽去，彻底关闭13类落后小煤矿。以"立"为中心，把产业发展作为建设现代化经济体系、发展壮大新动能的重要抓手，加快构建"传统产业、支柱产业、新兴产业"迭代产业体系。进一步降低实体经济成本，下大气力解决涉企收费较多问题，通过大力降低非税收入占财政收入比重，切实减轻企业和社会负担。在各项政策措施综合作用下，2018年，实现降低企业成本952.3亿元。全力打造世界一流的绿色能

---

① 《云南省2018年国民经济和社会发展统计公报》，《云南日报》2019年6月14日。

源、绿色食品、健康生活目的地"三张牌"。云南已经建成全国绿色能源基地，并积极推进水电铝材、水电硅材一体化发展，培育和引进行业领军企业，着力发展新材料、改性材料和材料深加工，延长产业链；建设铝工业工程研究中心、硅工业工程研究中心，占领行业制高点。加快发展新能源汽车产业，大力引进新能源汽车整车和电池、电机、电控等零配件企业，逐步形成完整的产业链，把云南绿色清洁能源优势转化为经济优势、发展优势；形成一批具有云南特色、高品质、有口碑的"云南名品"；积极发展从"现代中药、疫苗、干细胞应用"到"医学科研、诊疗"，再到"康养、休闲"全产业链的"大健康产业"，支持中国昆明大健康产业示范区加快发展。打造"智慧旅游"，开发精品自驾旅游线路，加快汽车营地等基础设施建设。

2. 坚持创新型云南建设助推发展方式转变

2013 年，制定《关于实施建设创新型云南行动计划（2013—2017 年）的决定》，通过实施重大科技专项、重大新产品开发、重大科技成果转化、重大科技基础设施与创新创业环境建设、科技创新平台建设提升、高层次科技创新创业人才培养等六大工程，突破了一批关键核心技术，培育了一批产值过亿元的科技型中小企业，增强了云南综合科技竞争实力。

创新主体培育成效显著，竞争实力不断加强。通过建立高新技术企业培育库，大力引进信息技术、人工智能、生命健康、智能制造和新能源、新材料等新兴产业龙头企业，加快培育和引进高新技术企业、科技型中小企业以及国内外先进企业研究机构，支持省内高校和科研院所加强重点领域应用基础研究，加强关键共性技术、前沿引领技术、现代工程技术研究。企业科研活动广泛开展。2017年，云南规模以上工业企业中有研究开发活动的企业达 1003 家，较 2012 年增加699 家；研发机构达 648 个，较 2012 年增加 398 个，增长 159.2%。2017 年，全社会研究与试验发展经费支出 157.76 亿元，较 2012 年增长 129.4%；研发经费投入占地区生产总值的比重达到 0.95%，较 2012 年提高 0.27 个百分点。一批重大核心关键技术得以突破。

创新平台建设进展明显，科技支撑能力增强。充分发挥滇中新区、国家级经开区和高新区的创新引领作用，加强与高校和科研院所在新兴产业方面的协同创新，不断壮大新兴产业创新的主体规模。通过推进双创基地、众创空间、孵化基地建设，开启了"大众创业、万众创新"的新环境。创新平台建设成效明显。截至 2017 年，云南共有高新技术企业 1239 家，比 2012 年增加 699 家；国家级和省级高新技术特色产业基地 28 个，增加了 18 个。2018 年云南省级工程技术研究中心 124 个，国家重点实验室 6 个，省重点实验室 89 个，创新型企业 271 家，创新型（试点）企业 147 家。已经建立国家级高新技术产业开发区 3 个，省级高新技术产业开发区 29 个。①

产业人才队伍壮大，人才结构得到优化。依托"千人计划"，引进一批自然科学、工程技术以及其他紧缺急需高层次人才，打造了一批高质量创新创业团队。依托"万人计划"，围绕重点学科和重点产业领域，培养了一批自然科学、工程技术等领域以及其他急需紧缺高层次人才和团队，培育了一批高端科技智库。依托省内 3 个国家级专业技术人员继续教育基地，加强专业技术人员继续教育工作。

科技活动产出效果突出。新一轮创新型云南行动计划实施以来，云南累计获国家科技奖 30 项，省级科技技术奖励 935 项。2017 年云南获专利授权 14230 件，是 2012 年的 2.43 倍；有效发明专利拥有量 10551 件，是 2012 年的 2.57 倍。科技创新对产业发展发挥了重要推动作用。2017 年云南高新技术企业高新技术产品销售收入达 3248.97 亿元，新产品产值达 729.76 亿元，新产品销售收入达 741.01 亿元，技术市场交易合同成交额 84.99 亿元。② 科技创新已成为云南经济发展的重要驱动力量。2018 年全年共登记科技成果 577 项，其中基础理论 53 项，应用技术成果 514 项，软科学成果 10 项，全年完成专利申请 36515 件，获得专利授权 20340 件，认定登记技术合同 3688 项，成交金额达 86.61 亿元。③

3. 坚持发展非公有制经济增强发展活力

非公有制经济以中小企业为主，2012 年启动"民企入滇"工程，大批省外知名民营企业到云南投资兴业，非公有制经济也得到了迅速发展。截至 2018 年，民营经济户数达 283.6 万户，是 2012 年的 13.6 倍，其中，私营企业户数 58.4 万户，是 2012 年的 18.1 倍；个私经济从业人员 847.4 万人，是 2012 年就业人数的 1.5 倍。2018 年，云南非公有制经济实现增加值 8464.7 亿元，占云南 GDP 的 47.3%④，比 2012 年提高 3.2 个百分点。2018 年，云南非公有制百强企业总营业收入为 2742 亿元，较 2017 年增长 30.8%。目前，民营企业已涵盖几乎所有行业，在 136 个工业园区实现规模化聚集发展。

---

① 《云南省 2018 年国民经济和社会发展统计公报》，《云南日报》2019 年 6 月 14 日。
② 云南省统计局、云南省科学技术厅、云南省财政厅：《云南省科技统计公报》（2012—2017 年），云南省科学技术厅网 2018 年 8 月 23 日发布。
③ 《云南省 2018 年国民经济和社会发展统计公报》，《云南日报》2019 年 6 月 14 日。
④ 《提升服务能力营造良好氛围　我省推动民营经济高质量发展》，《云南日报》2019 年 2 月 19 日。

经济发展软环境进一步优化，公平开放透明的市场规则和法治化营商环境更加完善。按照党的十八届三中全会"三个平等"的要求，以及党的十九大精神，全面开展营商环境评价，启动"四个零"行动，持续深化"放管服"改革。负面清单之外"零门槛"，对所有涉及市场准入的行政审批事项按"证照分离"模式进行分类管理。收费清单之外"零收费"，专项治理对企业的各项乱收费，全面停止省级涉企行政事业性收费。随着各项改革不断深入，影响民营经济发展的各种体制机制障碍不断打破，民营经济发展环境不断得到优化。

企业培育工程成效明显。实施中小企业成长工程和微型企业培育工程，深入推进民营经济"双培双优"行动计划。深入实施中小企业成长工程，滚动培育 100 家民营小巨人，集中政策资源对骨干企业进行重点培育。自 2014 年以来，云南连续 4 年实施"两个 10 万元"微型企业培育工程，重点支持新技术、新产业、新模式创新型企业发展。省、州（市）、县三级财政累计发放直接补助资金近 24 亿元，云南共扶持创办微型企业 8 万余户，吸纳社会投资 247 亿元，带动新注册私营企业 37.8 万户，新注册私营企业户数从 2012 年 20 万户增加到 2018 年的 58.4 万户，增长在全国连续处于领先地位，增量已远超存量。

金融扶持力度不断加大。2012 年以来，云南加快建立中小微企业贷款风险补偿机制。继续推动具备条件的州（市）、县设立民营经济转贷资金，开展小微企业融资服务专项行动，缓解小微企业融资难、融资贵的问题。2018 年，将中小微企业贷款风险补偿金规模增加至 30 亿元，建立向民间资本推介项目长效机制。建立省级信用中心，全面落实失信联合惩戒制度，着力解决政府部门和国有企业拖欠民营企业账款问题。

新型政商关系逐步形成。着力提高政府部门行政效能，对滇中新区、滇中地区等重点地区的关键指标提出了更高要求。企业服务"零距离"，主动为企业解难纾困，深入推进领导干部挂钩联系民营企业工作，开展中小企业志愿服务、小微企业成长陪伴、"互联网＋小微企业"行动，落实政策优化服务。坚持对侵权行为"零容忍"，坚决制止对企业一切不必要的检查、督查和考核，依法保护企业家人身安全和财产安全。采取多种措施推动构建"亲""清"新型政商关系，目前"清"的理念不断深入人心，"亲"的氛围不断增强，政商交往的新风尚、新气象正在形成。

4.加快培育发展新产业、新业态、新产品

进入新时代，云南以大型化、高端化、智能化先进装备制造业推动新兴产业发展。按照《云南省产业发展规划（2016—2025 年）》，围绕六大新兴产业，实施 220 项重点项目，完成投资 1200 亿元，新增销售收入 2400 亿元，利税超 300 亿元。① 作为"辐射中心"建设龙头的昆明市，2017 年，生物医药制造业增加值增速达 17.5%，高于全部工业增加值增速 7.4 个百分点。2017 年 9 月，云南滇凯节能科技有限公司高光热比本体

大力推进农村电子商务平台建设

着色平板玻璃产业化试验一次性成功，宣告这一全球首创、国际领先的新型节能科技产品成功实现产业化。②2018 年，云南网络零售额达 481.21 亿元。其中，实物型网络零售额 296.40 亿元，同比增长 58.10%；服务型网络零售额 184.81 亿元，同比增长 58.26%，增幅分别高于全国 30.35 个百分点、19.48 个百分点。通海、宾川等 81 个县（市）先后获批全国电子商务进农村综合示范县。"旅游 +"不断创新旅游新业态，"房车、露营 + 旅游"快速崛起，"体育 +"呈现低空游新亮点。2019 年，针对经济发展动力不足等问题，云南出台一系列政策措施，全力打造世界一流"三张牌"，推动数字经济快速发展，落地一批工业和农业精深加工大项目，"一部手机"系列项目成为云南数字经济的拳头产品，新动能不断增强。坚持"两型三化"方向，出台生物医药、信息、新材料和先进装备制造 4 个产业"施工图"和促进现代物流产业发展 10 条措施，信息、消费品工业成长为千亿级产业。绿色能源装机比重达 84%，新增油气管道 460 公里，天然气消费量增长 30%，一批水电铝材、水电硅材、纯电动汽车项目落地开工建设。

5. 打好防范金融风险攻坚战

2018 年以来，云南加大力度防范化解财政金融风险，加强担保公司清理核查，并建立云南融资担保行业风险监测制度，增强风险抵御能力。建立财金运行动态分析机制，强化财政、"一行两局"、发改委、国资委、统计局等部门信息共享，重点分析企业杠杆率、融资成本以及政府债务等情况，按季上报分析报告供省政府决策参考，前瞻性防范化解系统性金融风险。清理规范基金管理，按照防

① 《云南优先发展六大新兴产业　加快重点产业培育》，《云南日报》2015 年 3 月 19 日。
② 《云南昆明：打造以战略新兴产业为主导的现代化产业体系》，中国发展网 2018 年 5 月 22 日发布。

范化解债务风险的要求，全面暂停审批政府出资的各类基金，省财政不再为新设立政府性各类基金出资。同时，按照省政府要求，对部分省财政已投基金进行清理处置，规范基金运作管理。强化 PPP 项目监测督查，出台 PPP 项目财政支出统计监测及综合考评制度，研发项目财政支出监测系统，按季上报项目财政承受能力监测报告。开展云南 PPP 项目集中清查，将 323 个 PPP 项目清退出库，投资额为 5737.47 亿元。加强担保公司清理核查，全面暂停审批成立新的担保公司、再担保公司，同时对现有担保公司、再担保公司加强监管，控制放大倍数，云南融资担保机构数量从 426 户下降到 302 户。建立云南融资担保行业风险监测制度，清理出云南涉民融登机构 39 户，疑似失信机构 60 户，做到及时监测，提前预防。此外，加强呆账核销检查力度，抽查云南金融机构核销呆账 6132 笔，金额 34.72 亿元，占核销金额的 50.21%，督促金融企业认真整改。①坚决打好抗击金融风险的攻坚战，重点战役初战告捷。压实地方政府属地责任，违规无序举债行为得到遏制，新增债券和年度置换存量债务提前完成。健全完善地方金融监管机制，持续深化互联网金融风险专项整治，银行不良贷款余额和不良率实现"双降"。严格投融资监管，省属非金融国有企业资产负债率同比下降 1.8 个百分点。②

（三）全面优化提升产业结构

产业结构优化经历了 1987 年、1992 年、2013 年三个节点的产业升级转化和核心产业向高生产率和高技术转化的过程。新时代云南产业结构更优、更合理，2013 年转变为"三二一"的产业结构。产业向"两型三化"转变，发展质量不断提高。

1. 进一步优化提升农业产业结构

农业产业结构提升优化，表现出三个"转变"带动三个"优化"的特点。从以粮食为主向粮经再向粮经饲结构转变，带动了种植业内部结构的持续优化；从以种植业为主，向种养林转变，带动了农林牧渔业结构的不断优化；从第一产业主导向一二三产业融合发展转变，农村经济结构得到逐步调整和优化。③

农村产业结构持续优化。在稳定提高粮食生产综合能力的基础上，优化粮食作物、经济作物、饲料作物三元种植结构，促进木本油料、林下经济、生态

① 《云南加大力度防范化解财政金融风险》，《云南日报》2019 年 1 月 19 日。
② 云南省人民政府：《2019 年政府工作报告》，《云南日报》2019 年 2 月 2 日。
③ 《云南农村改革发展 40 年成就辉煌》，《云南日报》2018 年 12 月 12 日。

休闲、观赏苗木等绿色富民林业提质增效。以市场为导向，大力培育壮大比较优势明显、市场前景广、产业覆盖面大、农民增产增收的生猪、牛羊、蔬菜、花卉苗木、水果、茶叶、食用菌、核桃、中药材、咖啡等 10 个优势特色产业。按照比较优势突出、最适宜生态和"一村一品"、一乡一业、连片发展的要求，推进 80 个优势特色产业重点县建设。大力发展农产品产地初加工、精深加工和特色加工业。发展农业生产性服务业，冷链物流等市场化和专业化服务。在优势特色产业集中发展区和集中生产基地，规划建设和改造提升了一批云南性、区域性产地市场，推广农超、农企等形式的产销对接，在城市社区设立鲜活农产品直销网点。

云南把握三产融合发展的着力点，充分发挥新型农业经营主体作用。加快培育加工型、流通型农业"小巨人"。采取技术培训、融资担保、品牌培育、产品营销、电子商务等方式，为农民提供社会化服务。支持农垦企业开展垦地合作共建，示范带动农村产业融合发展。鼓励农民合作社发展农产品加工、销售，拓展合作领域和服务内容。兴办家庭农场，开展电子商务、乡村旅游等经营活动。加强与新型农业经营主体有效对接，在农产品加工与流通、农资供应、农村服务等重点领域和环节为农民提供便利实惠、安全优质的服务。支持龙头企业、农民合作社、涉农院校和科研院所成立产业联盟、技术创新联盟，增强产业发展动力。2017 年新型农业经营主体已经成为促进云南高原特色现代农业发展的强大引擎，10 亿元以上的农业"小巨人"达 25 户，云南农业龙头企业达 3784 户。云南农民专业合作社达 53372 个，家庭农场 5853 个。农业新型经营主体蓬勃发展，带动入社社员户均增收 1.5 万元。2018 年，出台《关于加快构建政策体系培育新型农业经营主体的实施意见》，形成比较完备的政策扶持体系，促进新型农业经营主体提质增量。积极培育农业新产业新业态。在培育发展 10 个优势特色产业的基础上，积极推进特色产业从食物保障、原料供应向就业增收、生态保护、观光休闲、文化传承、健康养老等多种功能拓展。建设一批具有历史、地域、民族特点的特色旅游村镇和乡村旅游示范村，积极发展智慧乡村游。

加大农业科技化程度，实现产业升级。2012 年以来，为推动农业产业转型升级，农业科技园区数量逐年攀升。2017 年，已形成 10 个国家农业科技园区和 29 个省级农业科技园区[①]。"十二五"期间，云南农业领域获得国家科技项目

① 《云南省人民政府办公厅关于推进农业高新技术产业示范区建设发展的实施意见》，云南省人民政府网 2018 年 6 月 22 日发布。

支持 135 项，总经费 2.8 亿多元；通过重大专项、创新强省、重点新产品等省级科技计划，累计在农业领域立项支持项目 1442 项，财政经费支持 6.9 亿多元，较"十一五"增长了 164%。云南的杂交水稻、核桃、鲜切花、甘蔗等领域育种水平全国一流，拥有自主知识产权的大宗鲜切花新品种占全国总数的 90% 以上。农业机械化水平不断提升。2017 年，云南年农机总动力达 3535 万千瓦，较 2012 年增长 23%；云南耕种收综合机械化水平为 48.1%，比 2012 年提高 5 个百分点。云南机耕面积 281.6 万公顷，机电灌溉面积 107.6 万公顷，占机耕面积的 42.8%；机械植保面积 167.2 万公顷，占机耕面积的 66.5%。

2. 加快工业转型升级

省委省政府明确提出烟草、能源、冶金、化工等传统产业仍然是云南经济发展的重要动力，也是新兴产业赖以发展的重要基础。① 在不断改造传统产业、调整产业结构、大力培育和发展新动能等方面取得了较好成绩。先后制定了《云南省人民政府关于云南省工业发展万亿工程实施意见》《云南省人民政府办公厅关于推动新一轮技术改造促进工业转型升级的实施意见》《云南省人民政府关于贯彻中国制造 2025 的实施意见》等政策，用先进技术改造提升传统产业，已累计完成工业技术改造 8000 亿元。2016 年，云南烟草产业通过多次重大的科技攻关，科技含量达到了 42.7% 的国内先进水平。2017 年，传统支柱产业对云南规

促进石化产业发展

① 《云南省委、省政府关于着力推进重点产业发展的若干意见》，《云南日报》2016 年 4 月 20 日。

模以上工业增长的贡献率高达 29.3%，拉动增长 3.2 个百分点。[①] 通过政策引领和产业园区支撑，2017 年云南先进装备制造业组织实施 28 个新开工、19 个续建、26 个竣工投产的亿元以上重点项目。装备制造业占云南规模以上工业的比重为 5.4%，较"十二五"期间提高了 1.4 个百分点。

3. 打造世界一流"三张牌"

打造世界一流"三张牌"，构建迭代产业体系初见成效。在巩固提高云南传统支柱产业的基础上，着力推进重点产业发展，加快形成新的产业集群，打造云南经济增长新引擎，初步形成具有较强竞争力的区域特色产业体系。

清洁能源与清洁载能型产业不断发展，"绿色能源基地"基本建立。根据工业和信息化部、发展改革委、科技部、财政部联合印发的《新材料产业发展指南》，制定了《云南省"十三五"新材料产业发展规划》《云南省加快新材料产业创新发展的指导意见》《云南省新材料企业认定管理办法》等系列政策文件，围绕产业配套，延伸市场需求，引导新材料产业的高质量发展。2018 年，出台了《云南省新材料产业施工图》，明确发展路径，主动承接国家对外合作和国内新材料产业的转移，发挥窗口和辐射中心作用；充分发挥云南"有色资源王国"的资源优势，加快现有产业向终端、高附加值、技术密集延伸；发挥清洁能源大省资源优势，重点突破载能型产业发展。[②] 通过不懈努力，形成了以昆明为核心的稀贵金属、锗和光电子产业集群，以滇中产业新区为中心的铝铜钛产业集群，以个旧为中心的锡产业集群，以滇西片区为重点的硅产业集群，以曲靖为核心的液态金属产业基地，以楚雄禄丰钛全产业链为聚集区的"绿色新钛谷"。打造了贵研铂业、云南锗业、云南钛业等一批具有良好发展前景的大型新材料企业。

打造世界一流的"绿色能源牌"。云南水电资源可开发量居全国第 3 位，电力绿色能源装机占比超过 80%。2017 年，云南能源工业实现增加值 863.7 亿元，成为第二大支柱产业。云南市场化交易电量突破 700 亿千瓦时，清洁能源交易占比居全国首位，非化石能源占一次能源消费总量的比重居全国首位，降低企业用电成本近百亿元，绿色能源优势转换为经济发展优势的潜力十分巨大。

旅游和康养产业发展迅速，"健康生活目的地"影响力提升。云南致力于打造服务全国、辐射南亚东南亚的生物医药和大健康产业中心。通过实施《关于促进医药产业健康发展的实施意见》《云南省人民政府关于贯彻落实中医药发展

① 张云松：《跨越发展见成效　亮点纷呈展新姿——2017 年云南经济发展回顾及 2018 年展望》，《中国信息报》2018 年 3 月 5 日。
② 《云南省新材料产业施工图》，《云南日报》2018 年 3 月 24 日。

战略规划纲要（2016—2030 年）的实施意见》《云南省生物医药和大健康产业发展规划（2016—2020 年)》及《三年行动计划（2016—2018 年)》，形成生物医药产业的强大发展动力，推进"健康、养老、养生、医疗、康体"为一体的大健康产业，打好"健康生活目的地"的健康牌。2017 年云南生物医药和大健康产业实现主营业务 2555 亿元，比 2015 年的 1205 亿元，增加了 1350 亿元，超额完成 2400 亿元的《规划》目标。①

旅游业是"七彩云南"的"第一形象产业"，云南正以"云南只有一个景区，这个景区叫云南"的理念打造"全域旅游"。"十二五"期间，接待旅游人数从 1.42 亿增加到 3.29 亿，旅游总收入从 1006.83 亿元增加到 3281.79 亿元，年均增长率分别达 18.3%、26.7%；文化产业营业收入从 440 亿元增加到 900 亿元，年均增长率达 15.4%；旅游文化产业增加值达到 1288.31 亿元，占云南生产总值的 9.4%，直接和间接带动就业人数 567 万人。2017 年，"旅游 + 乡村 + 扶贫"的结合，再次对旅游文化产业发展提出了新要求。按照《云南省人民政府办公厅关于加快乡村旅游扶贫开发的意见》要求，以产业扶贫为切入点，以旅游市场为导向，以特色资源为依托，创新旅游扶贫开发模式，重点打造"一乡一景""一村一品""一家一艺"，配套完善旅游服务设施体系，带动了 80 万以上贫困人口脱贫致富，促进贫困地区经济社会跨越发展。2018 年，云南全面启动"旅游革命"，"一部手机游云南"成为智慧旅游的标杆，旅游市场秩序整治形成压倒性态势，接待海内外游客人次和旅游业总收入分别增长 20% 和 22%。全年接待海外入境旅客（包括口岸入境一日游）706.08 万人次，比上年增长 5.8%；实现旅游外汇收入 44.18 亿美元，增长 24.4%。全年接待国内游客 6.81 亿人次，增长 20.2%；国内旅游收入 8698.97 亿元，增长 30.2%；全年实现旅游业总收入 8991.44 亿元，增长 29.9%。②

高原特色农业发展加快，农业发展质量不断提升。"绿色食品基地"正在形成。2018 年，云南主要农作物绿色防控覆盖率达 31%，化肥、农药使用量实现负增长。畜禽粪综合利用率达到 76%，比全国高 6 个百分点。高原特色农产品品牌打造成效显著。2012 年，云南以高原粮仓、特色经作、山地牧业、淡水渔业、高效林业、开放农业"六大内容为重点"，打造云烟、云糖、云茶等 12 个高原特色农业产业"云"品牌③。2015 年，习近平总书记指出云南要立足于多样性

---

① 《云南生物医药和大健康产业发展强劲》，《云南日报》2018 年 6 月 12 日。

② 《云南省 2018 年国民经济和社会发展统计公报》，《云南日报》2019 年 6 月 14 日。

③ 《云南农业新形象——高原特色农业》，《云南日报》2017 年 9 月 24 日。

资源这个独特基础，着力推进现代农业建设，打好高原特色这张牌。2017年，云南特色产业发展质量效益显著提高，鲜切花产量、水果出口额、中药材种植面积、核桃综合产值均居全国第一，咖啡种植面积和产量占全国的99%以上。优质特色农产品市场占有率稳步提高，创立品牌农业，提升

保山小粒咖啡

"云系""滇牌"农产品影响力，增强绿色优质农产品供给。品牌建设扎实推进，带动"云"字牌绿色食品"走出去"。截至2017年底，获得国家驰名商标农产品21个，有效认证"三品一标"农产品2049个，斗南花卉、普洱茶、文山三七等一批区域性品牌初步形成。2018年农产品加工业产值与农业总产值之比由2016年的0.67：1提高到1.11：1。① 一批"云"字牌产品畅销全国。

4. 推动数字经济发展

"互联网+"快速推进，信息产业融合发展水平整体提升。"十二五"期间，通信业年均递增7%，电子信息产业年均递增10.7%。社会经济信息化发展初见成效。信息技术在政务领域，以及通信、烟草、钢铁、化工、机械、生物医药、建材、物流等行业领域得到广泛应用，培育了一批具有云南特色的软件和信息技术服务企业和产品，其中国产操作系统软件国内领先。2018年末固定互联网宽带接入用户1019.43万户，比2012年增加643.93万户；移动互联网用户4003.92万户（含无线上网用户和手机上网用户），比2012年增加1976.86万户。2018年末固定电话用户275.24万户，其中城市电话用户229.39万户，农村电话用户45.85万户。新增移动电话用户430.61万户，年末达到4659.05万户，其中3G移动电话用户284.22万户，4G移动电话用户3375.48万户。2018年末全省固定及移动电话用户总数4934.29万户，比上年末增加404.76万户。固定电话普及率下降至5.73部/百人，移动电话普及率上升至96.47部/百人。②

2015年，按照《国务院关于促进云计算创新发展培育信息产业新业态的意

---

① 云南省人民政府：《2019年政府工作报告》，《云南日报》2019年2月2日。
② 《云南省2018年国民经济和社会发展统计公报》，《云南日报》2019年6月14日。

见》，结合地域名称及信息产业特征，实施"云上云"行动计划战略，相继出台《云南省人民政府办公厅关于进一步加快地理信息产业发展的实施意见》《云南省人民政府关于印发云南省工业互联网发展三年行动计划（2018—2020 年）的通知》，已形成以云计算、大数据、"互联网＋"、电子商务与跨境电商为主要领域，以信息经济、智能工业、网络社会、数字生活等为主要特征的高度信息化社会。产业园区加大对工业互联网平台应用，集聚工业互联网产业要素。云南实施"云上云"行动计划以来，信息产业发展势头强劲，2017 年，完成主营业务收入1004 亿元，增速超过 20%。其中，电子信息制造、软件和信息技术服务业增速保持在 30%以上。2017 年，产业投资规模实现增速 60%。信息产业增加值（现价）完成 428 亿元，增长 12.7%，占云南 GDP 的 2.6%。积极打造呈贡信息产业园区，玉溪、保山新一代信息技术特色产业集群。加快了华为西南云计算中心、能投浪潮云计算中心、面向南亚东南亚的离岸数据中心等项目建设。2017 年，信息产业主营业务收入达到 850 亿元。浪潮云计算产业园一期已投入运营，中国移动云南数据中心、启明星辰信息安全产业园等项目开工建设，华为、微软、谷歌等400 户企业入驻，总投资达 200 亿元。电子信息产业增加值增速达 22.6%，高于全部工业增加值增速 12.5 个百分点。截至 2018 年 7 月，云南信息产业储备重点项目 104 个，总投资 947.64 亿元。面向南亚东南亚、中东、非洲等地区，2017 年，信息产业分别实现 18.32 亿美元的出口额，约占云南信息产业总收入的 12%，外向型经济特征开始显现。

加快"互联网＋旅游"发展步伐。[1]2017 年，在全国首创"ETC＋无感支付"通行费支付新方式，无感支付累计注册用户 15.4 万人，服务次数超 57 万次，累计通行费 1400 万元，无感高速日均活跃人数超 5000 人次。[2]2018 年 9 月，率先提出并得到国家林业和草原局支持建设的中国林业大数据中心、中国林权交易（收储）中心正式落户云南，使云南成为全国林业大数据服务及林权（收储）交易服务的集散中心，更好地服务云南和全国生态文明建设。[3]2019 年 2 月 18 日，云南省数字经济局挂牌成立，推动云南数字经济加快发展。

积极推进互联网、大数据、云计算等信息技术产业与物流产业深度融合。优化物流网络，支撑产业升级。2012 年至 2018 年，云南货物运输以每年 12.7%的速度增长至 10.8 亿吨，其中公路货运量年增长速度超过 17%。2015 年，云南形

---

① 云南省人民政府：《2018 年政府工作报告》，《云南日报》2018 年 2 月 2 日。
② 《"互联网＋旅游"助力美好生活》，《云南日报》2019 年 1 月 5 日。
③ 《中国林业大数据中心中国林权交易（收储）中心落户云南》，人民网 2018 年 9 月 21 日发布。

成专业化物流企业 14000 余家，5 年增加了 30 倍，并形成了以物流企业为主要载体的综合型物流产业群。2016 年云南省人民政府关于《云南省现代物流产业发展"十三五"规划》和《云南省现代物流产业发展"十三五"规划实施方案（2016—2020 年）》，把现代物流产业作为重点发展的八大产业之一，加快推动云南成为连接南亚东南亚的物流通道和枢纽地位。

（四）加快推进特色新型城镇化建设

通过大规模的城镇化建设，滇中城市群逐步打造成为区域性国际枢纽，提升了辐射中心功能；产城融合发展培育了新的经济增长极，增强了城市发展实力；城市品质提升树立窗口形象，形成开放发展、提高人民生活水平的加速器；特色小镇建设实现乡村振兴，成为全面建成小康社会的强大推动力。

1. 优化城市空间布局

立足实际，走出了一条具有云南特色的新型城镇化道路，城镇上山成为典型案例，规划引领优化了城镇化布局，滇中新区的发展成为特色城镇群样板。2012 年，云南抓住全国首批低丘缓坡荒滩等未利用土地开发利用试点地区的机会，按照《云南省人民政府关于加强耕地保护促进城镇化科学发展的意见》《云南省人民政府关于加大城乡统筹力度促进农业转移人口转变为城镇居民的意见》明确了"保护坝区农田、建设山地城镇"的具体目标和要求，在"放宽城镇户籍、同享城乡待遇、自愿有偿转变、分类协调推进"四个方面取得突破。云南用"山水田园一幅画，城镇村落一体化"的思想来规划布局城镇建设，创新多用坡地、荒地搞建设，创造山水城市、田园城市、山地城市等城镇建设模式。[①] 大理市、麒麟区、红塔区、宜良县等一批试点项目进展顺利，探索出城镇上山 10 种类型，涌现出一批工业上山的典型。[②]

云南强化规划引领，推进省级空间规划试点，完成了滇中、滇西、滇东北、滇东南、滇西南、滇西北 6 个城市群规划工作，通过《云南省城镇体系规划（2011—2030 年）》引领打造云南特色的城市群。2012 年，云南做出滇中城市经济圈建设和"一区、两带、四城、多点"发展战略部署，推动滇中城市一体化发展，加快昆明区域性国际城市建设步伐，提升现代新昆明的影响力、带动力、辐

---

① 《2011 年 1 月 31 日云南省人民政府第 52 次常务会议报告》，云南网 2011 年 1 月 31 日发布。

② 《云南省人民政府关于加大城乡统筹力度促进农业转移人口转变为城镇居民的意见》，云南省人力资源和社会保障网 2012 年 7 月 27 日发布。

射力，标志着规划进入实质性实施阶段。①

树立云南特色城镇群发展样板，加速滇中城市一体化发展。根据"优势互补，合作共赢；政府推动，市场主导；整体规划，协调统筹；先行先试，率先发展"原则，充分发挥滇中四地各自比较优势，在产业、基础设施、市场、信息、生态建设等领域率先开展一体化合作。2012 年，昆明分别和玉溪、楚雄、曲靖签署了一体化发展合作框架协议，滇中一体化迈出了第一步。昆明市与玉溪市成为建设中国面向西南开放桥头堡和推进"滇中城市一体化"发展战略的先行区。并且形成了昆明与曲靖、楚雄、玉溪三州（市）旅游联合营销；启动昆明市固定电话本地网 7 位升 8 位工作，实现通信同城，促进城市信息化发展②；昆明、玉溪、曲靖、楚雄交通一体化，逐步实现 60 分钟四城互通路网建设，并在加强交通基础设施建设、交通运输物流合作、开展城乡公交一体化等方面协调发展。③2015年滇中新区获得国务院批复，管理体制机制得到理顺，滇中城市经济圈一体化迈出实质性的一步。

2. 推进产城融合

产城融合发展已经成为云南经济转型升级、优化产业结构和布局的重要推手，加强了区域协调发展。根据《云南省新型城镇化规划（2014—2020 年)》《云南省城镇体系规划（2015—2030 年)》《云南省人民政府关于进一步推进我省产城融合发展的实施意见》，提出"以产兴城、以城聚产、产城联动、融合发展"的工作思路，努力实现产业园区由政府主导向市场主导转变，由速度、数量、规模向质量、效益、特色转变，由单一产业功能向城镇综合功能转型，加快构建现代产业发展新体系，走出了一条具有云南特色的产城融合发展路子。

错位发展尽显区域特色。按照主体功能区规划要求，根据不同地区自然资源、产业基础等条件，分别确定发展重点和方向，加快培育中小城市，促进县城扩容提质，建设特色小镇。确定滇中城市群重点信息产业、环保产业、文化创意、临空经济、现代金融、总部经济等高端产业。滇中新区在产城融合开放发展上，重点打造昆明金鼎科技园众创空间核心区、昆明高新技术产业开发区和以昆明理工大学等高校为支点的学府路创新创业聚集示范区，培育发展以云南空港国际科技创新园、呈贡大学城、昆明经济技术开发区等为核心的创新创业聚集区，

① 中共云南省委宣传部、中共云南省委党史研究室编：《中国改革开放全景录·云南卷》，云南人民出版社 2018 年版，第 112 页。

② 《昆明固话号码进入"8 位"时代》，《昆明日报》2012 年 11 月 13 日。

③ 《2011 滇中城市群发力》，《昆明日报》2012 年 1 月 11 日。

形成辐射 16 个州（市）、面向南亚东南亚的众创空间国际示范区，集聚各类高端人才在云南创业。① 滇东南城镇群以煤化工、机械制造、农产品加工等产业为重点；滇西北城镇群以载能、旅游等产业为重点；滇西城镇群以机械制造、商贸物流、进出口加工为重点；滇西南城镇群以生态环保、清洁能源、资源开发为重点；滇东北城镇群以新型载能产业、生物产业和承接产业转移为重点。金沙江、澜沧江沿岸聚集发展清洁载能产业和旅游业，边境一线重点发展珠宝玉石、木材加工、机电制造业，省际边界一带大力发展农副产品加工、食品加工等特色产业。重视特色小镇建设，利用高速公路沿线优势发展"匝道经济"，结合电子商务创新发展，打造商贸物流及枢纽小镇；借助江河湖泊沿岸水乡风情，建设滨水特色旅游小镇；依托山区绿色优势，建设特色生态小镇。大力推动产业链从前端向后端、低端向中高端延伸，形成一批主业突出、产业集中、互有分工、错位发展的区域"块状经济"。

全力打造滇中新区，树立云南高质量发展典范。2015 年 9 月 7 日，滇中新区获得国务院批复同意设立，成为西部第六、全国第 15 个国家级新区。滇中新区主动服务和融入国家战略，围绕"一年打基础、三年见成效、五年大跨越"目标任务，紧盯"双 900"目标，大力实施"221"工程，在打基础、育产业、强招商、扩开放、建生态、优环境等方面取得了一系列突破性成果。2017 年，完成地区生产总值 574.43 亿元，同比增长 12.8%，高于云南近 5 个百分点；工业投资完成 115.1 亿元；规模以上工业增加值同比增长 26.2%，高于全省平均水平近 10 个百分点。逐渐形成年产能达 40 万辆的千亿级新能源汽车及现代装备产业园。中关村电子城、京东方 OLED 微显示屏、中国中药产业园、国药生物制品生产基地等 20 余个项目顺利落地，中铁电建盾构机、聚光环保、环胜智能制造、广耀新能源等项目竣工投产，航空物流园建设加快推进，千亿级空港经济区，年产 1300 万吨炼油、年产 15 万吨聚丙烯和 24 万吨异辛烷、纽米科技电池隔膜等重大项目建成投产，千亿级石化循环产业园架构基本完成。在平台建设方面，昆明综合保税区顺利通过验收，安宁工业园区成为云南首个产能过千亿元的工业园区。安宁市和安宁工业园区成为省级装配式建筑示范城市和示范园区。2018 年，滇中新区以"项目大建设年"为主线，重点推进北汽新能源等 100 个产业项目建设。做大做强汽车及高端装备、石化、新材料、电子信息、生物医药 5 大高端制

---

① 《云南省人民政府关于进一步推进我省产城融合发展的实施意见》，云南省人民政府门户网 2016 年 6 月 30 日发布。

造业集群，培育发展高端商务和总部经济、商贸及现代物流、旅游和健康服务 3 大现代服务业集群，高水平打造安宁工业园区、杨林经开区、空港经济区 3 大千亿级产业园区平台，着力构建布局优化、分工合理、错位发展、特色鲜明的现代产业体系。①

工业园区建设提速，对云南经济的辐射带动作用日益凸显。截至 2018 年，云南共有 139 个工业园区，较 2012 年增加 21 个；其中，国家级重点园区 15 个，比 2015 年增加 3 个，省级园区 59 个，州（市）级园区 65 个，工业园区已基本覆盖全省各县、市、区。2015 年，云南工业园区实现工业总产值 9750.39 亿元，规模以上工业增加值 2930.58 亿元，工业主营业务收入 9078.46 亿元，税收 975.57 亿元，利润 439.46 亿元，分别是"十一五"末的 2.49 倍、2.8 倍、2.22 倍、3 倍和 2 倍。② 工业园区分层分类发展的格局初步显现，2016 年超过 500 亿元的园区有 7 个。云南逐步形成以滇中产业聚集区为核心，以昆明、玉溪高新技术产业开发区等国家级开发区为支撑，以中国老挝磨憨—磨丁经济合作区、河口进出口加工工业园区、临沧沧源边境工业园区等跨境和沿边经济合作区为前沿，以州、市工业园区为基础，层次清晰、类型多样的工业园区框架体系，工业园区逐渐成为云南科技创新的重要平台、引领科技进步的产业高地。③

3. 提升城市品质

城市功能不断完善，人居环境质量大幅提高。云南把提升城镇建设质量，支持昆明建设区域性国际城市作为城市化发展的重要任务。提出做大做强州（市）府所在地城市，做精做优县城，建设一批特色小镇，开展城乡人居环境提升行动。推进 148 个小城镇供水和污水、垃圾处理设施项目建设；优先发展城市公共交通，着力缓解"出行难"问题；重视古树名木、古建筑和历史文化保护，充实城市文化内涵，提升城市品质。2013 年 8 月《云南省城市综合体规划技术导则》提出城市综合体建设，促进城市功能整合和土地集约利用。昆明城市综合体从 2012 年的 28 个发展到 2015 年的 110 个。④2014 年，按照《云南省新型城镇化规划（2014—2020 年）》，加快了 1—2 小时环昆经济圈建设，生态宜居幸福家园

---

① 《滇中新区今年重点推进 100 个产业项目》，《昆明日报》2018 年 4 月 4 日。
② 《云南省工业园区产业布局规划（2016—2025 年）》，云南省人民政府门户网 2016 年 11 月 25 日发布。
③ 《云南省工业园区产业布局规划（2016—2025 年）》，云南省人民政府门户网 2016 年 11 月 25 日发布。
④ 《中共云南省委云南省人民政府关于进一步加强城市规划建设管理工作的实施意见》，《云南日报》2016 年 5 月 24 日。

建设有序推进。统筹城市旧城建设与新区开发、地上地下空间开发、市政设施与服务配套发展。鼓励社会资本参与城镇基础设施投资运营。传承和发展城乡历史文脉，打造绿色人文城镇。智慧城市建设试点不断推进，特色化数字城管模式提高了城市管理现代化水平。

践行科学发展，建设美丽家园。2016 年，云南累计开发低丘缓坡土地 11 万亩，耕地得到有效保护。农民进城工作有序开展，601 万农业人口转变为城镇居民。为建设"七彩云南、宜居胜境、美丽家园"，制定了《云南省进一步提升城乡人居环境五年行动计划（2016—2020 年）》。在城市全面实施治乱、治脏、治污、治堵，改造旧住宅区、改造旧厂区、改造城中村，拆除违法违规建筑，增加绿化面积的"四治三改一拆一增"行动，在农村开展改路、改房、改水、改电、改圈、改厕、改灶和清洁水源、清洁田园、清洁家园的"七改三清"行动，改善城乡环境质量、承载功能、居住条件、特色风貌，建设生态宜居、美丽幸福家园，让人民生活更健康、更美好。2018 年末城市（县城）污水处理厂日处理能力达到 337.87 万立方米，比上年同期增加 1.1 万立方米，城市污水处理厂集中处理率达 93%。全省城市建成区绿地率达 35%。①

轨道交通实现了城市公交的根本性改变。2014 年 5 月 20 日，昆明地铁 1 号线晓东村站首列车驶出，标志着地铁融入云南的城市生活。截至 2018 年 6 月，昆明地铁运营里程达 88.7 公里，昆明主城区"十"字交叉的轨道运行网络已初步形成。昆明地铁已开通 1 号线、2 号线首期工程及 1 号线支线、3 号线、6 号线一期。② 云南加快以滇中城市经济圈为重点的城际轨道交通建设，采用 CRH 动车组建设"一环""七射线"滇中城际铁路，玉溪、曲靖、个旧、开远、蒙自等城市采用轻轨、有轨电车等模式发展轨道交通。依托机场、铁路客运站、汽车客运站，建设集城市轨道、长途汽车、公交、出租车、公共自行车和社会车辆为一体的交通设施，推进昆明、曲靖、大理、玉溪等大中城市综合交通枢纽建设。③

为提升城乡人居环境，云南充分利用独特的山水环境，注重因地制宜、依山傍水、依山就势，使城乡各美其美、美美与共，留住望得见山、看得见水的自然

---

① 《云南省 2018 年国民经济和社会发展统计公报》，《云南日报》2019 年 6 月 14 日。

② 《2017 年昆明市轨道交通建设进展情况》，昆明轨道交通集团有限公司网 2017 年 12 月 5 日发布。

③ 中共云南省委宣传部、中共云南省委党史研究室编：《中国改革开放全景录·云南卷》，云南人民出版社 2018 年版，第 104 页。

美景。推进绿色生态城区和地下综合管廊、海绵城市建设，完善"林水山城"生态系统。传承和保护历史文化，挖掘云南山水文化、民族生态文化等生态底蕴，保护名城、名镇、名村（寨）、历史街区和建筑，留得下记忆、记得住乡愁。深入实施城乡人居环境提升行动，提升城乡"颜值"和品质，让人民群众在宜居的环境中增强幸福感。2017年腾冲、楚雄、瑞丽和剑川沙溪成为第三批国家新型城镇化综合试点地区。① 开展厕所革命，2017年昆明市完成新建、改建城市公厕2076座，全市所有公厕已全部实现免费开放。② 创新城乡治理方式，理顺村镇规划建设管理体制。深化户籍制度改革，完善"人地钱"挂钩激励机制，推动居住证制度全覆盖；推进边境口岸和省际边界重要城镇建设；科学规划，整合资源，高标准开展宜业宜居宜游城镇创建和国家级特色小镇试点。③ 截至2018年，已经建成海绵城市49.5平方公里、城市地下综合管廊145公里，开工建设海绵城市55平方公里、城市地下综合管廊120公里、污水配套管网500公里。启动实施城市暴雨内涝防治工程。深入开展城市设计和"城市双修"试点，推进棚户区和"城中村"改造，推进6个国家智慧城市试点，提高城市整体形象和综合承载能力。

4. 加快发展特色小镇

创新城镇发展思路，加快特色小镇发展。自云南特色小镇建设启动以来，特色小镇建设已经成为实施乡村振兴战略的重要途径、打赢脱贫攻坚战的重要措施、打造健康生活目的地的重要平台。截至2019年1月底，2018年省财政奖补支持的15个特色小镇已累计完成投资236亿元，省级财政奖补资金22.5亿元已下拨到位。各地对特色小镇创建工作重视程度大幅度提高，企业参与特色小镇创建的积极性空前高涨，各地特色小镇创建工作都在不同程度加快。特色小镇的溢出效应和带动作用日趋明显。④ 一批高质量、高标准的云南特色小镇逐步形成。2014年，启动701个美丽乡村建设试点，完成重点村建设1500个，294个村落列入中国传统村落名录，210万农业人口转变为城镇居民，城镇化率达到40.48%。2015年红河州、曲靖市、大理市被列为国家新型城镇化试点。推进新农村试点示范建设，完成750个省级重点建设村、500个美丽乡村、30万户农村

① 《云南省人民政府关于深入推进新型城镇化建设的实施意见》，云南省人民政府门户网2016年8月10日发布。
② 《昆明市公厕全部实现免费对外开放》，《云南日报》2017年12月4日。
③ 中共云南省委宣传部、中共云南省委党史研究室编：《中国改革开放全景录·云南卷》，云南人民出版社2018年版，第115页。
④ 《云南省特色小镇建设成效显著》，人民网云南频道2019年2月27日发布。

危房改造及地震安居工程建设任务，村庄人居环境持续改善，着力培育一批特色小城镇。2017年国际一流和国家级特色小镇建设工作进展顺利，红河"东风韵"小镇、腾冲玛御谷温泉小镇、屏边滴水苗城、寻甸凤龙湾阿拉丁小镇等部分特色小镇已基本成形。新开工项目710个，累计完成投资633.2亿元。截至2017年特色小镇实现新增就业6.5万人，新增税收8.6亿元，新入驻企业2576家，集聚国家级大师和国家级非遗传承人53人，特色小镇共接待游客人数1.8亿人次，其中过夜游客5832万人，实现旅游收入1052亿元。①

（五）着力提升农业农村经济发展水平

云南深入贯彻习近平总书记关于"三农"工作的重要论述，不断深化农村改革特别是农业供给侧结构性改革，完善强农惠农富农政策体系，加快培育新型生产经营主体新产业新动能，大力实施乡村振兴战略，抓重点、补短板、强弱项、扬优势，推动云南农业全面升级、农村全面进步、农民全面发展，努力走出一条具有云南特色的乡村振兴之路。

1. 促进城乡融合发展

云南顺应城乡融合发展，重塑城乡关系，推动新型城镇化发展，改革完善农村产权制度，强化"人、地、钱"三要素，更好地激发农业升级内部活力，优化农村发展外部环境。

突出云南特色，城乡融合发展成效显著。按照乡村振兴战略的总要求，以"人口、产业、公共服务"三个融合为核心，云南进一步推动城乡融合发展。2011年至2017年，城市人口增加了537.4万人，人口快速向城镇聚集，城镇规模不断扩大；农村人口减少了367.9万人，非农人口比重上升，城镇化进程不断推进，极大地改善了农村发展环境。2018年农村常住居民人均可支配收入为10768元，比2012年增长近1倍。农业生产、农村面貌、农民生活发生翻天覆地的变化。

推进城乡公共资源均衡配置和基本公共服务均等化。紧紧围绕以人民为中心的发展思想，突出补短板强弱项，持续加大财政投入，保持70%以上民生支出，推进了农民就业、教育、培训、卫生、社会保障、住房等全面发展。户籍制度、同城待遇、社会保障制度、土地征用管理制度等逐步统一，为城乡人员流动创造了有利条件，城乡二元结构现象逐步走向融合发展。

---

① 《云南省特色小镇建设进入高峰期：新开工项目710个累计完成投资633.2亿元》，中新网2018年11月14日发布。

打通城乡要素合理流动的制度障碍，推动人才、土地、资本等要素在城乡间双向流动和平等交换，激活乡村振兴内生活力。有序推进具备条件的县改市，积极推进"一市辖一区"的地级市增设区。对吸纳农业转移人口较多城镇的公共服务能力建设给予了必要支持，对吸纳人口多、经济实力强的镇，赋予同人口和经济规模相适应的管理权。在城乡统筹发展下，县域经济不断快速发展，走上了经济社会发展的快车道。

2.激发农村产业发展内生动力

2012 年以来，云南各级党委政府针对山高坡陡、气候多样的特点，加大野生菌、花卉、蔬菜、水果、中药材等特色农产品培育和产业培植，农村产业呈现蓬勃发展态势，农业经济实现高速增长。

政策推动高原特色农业发展取得突出成绩。云南出台了一系列支持政策，初步构成了支撑云南高原特色现代农业发展的政策体系。强调扛稳粮食安全这个重任、树牢绿色发展理念、补齐农村基础设施这个短板、夯实乡村治理这个根基、用好深化改革这个法宝，为做好新时代"三农"工作指明了前进方向、提供了根本遵循。

农业在"特"字上下功夫。2012 年以来，以提高农业供给质量为主攻方向，实施藏粮于地、藏粮于技战略，在保持粮食产量稳定增长的前提下主动调减粮食面积，为农业产业结构和农村经济结构的调整、发展优势特色产业奠定了牢固基础。多个农产品产量位居全国前列。2017 年，云南烤烟种植面积与产量均位居全国第一，茶叶种植面积列全国第一、产量列全国第二，甘蔗种植面积和产量均列全国第二，农产品出口额连续多年在西部地区名列前茅。云南花卉、咖啡、中药材种植面积和产量均居全国第一；以核桃为主的木本油料种植面积、产量、产值均居全国之首。

高原特色现代农业品牌知名度快速提升。云南高原特色农业打造了一批辨识度高、个性鲜明的产品品牌、区域品牌和企业品牌。云烟、云糖、云茶、云胶、云菜、云花、云薯、云果、云药、云畜、云鱼等高原特色农业产品品牌日益成型，形成了云南普洱、斗南花卉、蒙自石榴、丘北辣椒、元谋蔬菜、昭通苹果等一批特色鲜明的区域品牌。2017 年，德宏咖啡、临沧普洱茶、元谋蔬菜通过首批国家特色农产品优势区认定。截至 2018 年，普洱茶公用品牌价值达到 64.1 亿元，连续两年居全国第一。云南新认证登记"三品一标"产品 1619 个，累计达到 4725 个。①

---

① 《云南高原特色现代农业品牌建设成效显著》，云南网 2018 年 9 月 13 日发布。

3. 推动三产融合发展

随着城镇化进程的加快，农业功能拓展，农村经济由主要依靠农业向一二三产业融合发展转变，形成多业态打造、多主体参与、多机制联结、多要素发力、多模式推进的农村产业融合发展体系。

新型农业经营主体成为三产融合发展的主力。2014 年 12 月 31 日，云南省印发了《〈关于加快发展家庭农场的意见〉的通知》，把加快发展家庭农场作为"三农"工作的重要任务来抓。2015 年 11 月，云南省人民政府办公厅印发《关于培育壮大农业小巨人的意见》，不断推进农业产业融合、经营主体融合、资金融合，提高农民组织化程度，特别是支持农业龙头企业发展，大力培育农业龙头企业、农民专业合作社、家庭农场、新型职业农民等新型经营主体，推进农业"小巨人"振兴发展，形成了农业龙头企业、农民专业合作社、家庭农场互为补充、共同发展的新型农业经营体系。2018 年，省级农业龙头企业达 844 个，农产品加工企业达 7000 个，农民专业合作社达 60000 个，农产品加工业总产值突破 3000 亿元，达 3089.3 亿元。①

休闲农业成为三产融合发展的新方式。休闲农业已逐渐形成具有浓厚地方特色和农业特色的经营方式，成为农民增收和农业结构调整的新模式，促进了云南一二三产业的融合发展。截至 2016 年末，云南休闲农业经营主体达 8821 个，其中农家乐 7299 个，休闲农庄 867 个，休闲农业园 132 个，民俗村 71 个，其他 452 个。休闲农业的从业人数达 121 万人，其中农村就业人数 9.9 万人，带动农户 54.9 万户。云南休闲农业实现营业收入 107.3 亿元，利润总额 20 亿元。共获得国家级品牌 63 个，其中，中国美丽休闲乡村 14 个，中国美丽田园 12 个，全国休闲农业与乡村旅游示范县 10 个，全国休闲农业与乡村旅游示范点 21 个，省级品牌 91 个。红河哈尼稻作梯田系统等 6 个农业文化系统被列为中国重要农业文化遗产。2017 年，云南休闲农业产值达到 123 亿元，获国家级品牌 70 个。2018 年，石林县、广南县、大理市、玉龙县被农业农村部授予发展先导区创建称号。②

农村电子商务成为三产融合发展的新业态。2016 年 7 月 14 日，云南省人民政府办公厅印发的《关于促进农村电子商务加快发展的实施意见》，以深化农村流通体制改革为重点，培育和壮大农村电子商务市场主体。推进农村电子商务公

---

① 《不忘初心 牢记使命 砥砺奋进 全力推进云南农业农村现代化——在 2018 年全省农业工作会议上的讲话（摘要）》，《云南农业》2018 年第 3 期。

② 农业农村部乡村产业发展司：《2018 年农业农村部发布全国农村三产融合发展先导区创建名单公示》，中华人民共和国国家农业农村部网 2018 年 10 月 22 日发布。

共服务平台建设，健全农村电子商务物流体系，推进实施重点工程，营造农村电子商务发展环境。2016 年，云南在阿里平台农产品销售额达 29 亿元，排名全国第 11 位，成为西部地区"领头羊"。截至 2017 年，云南已累计新建电子商务村站 2660 个，带动 19 万建档立卡贫困人口实现增收。农村实现网络零售额 224.8 亿元，农产品网络零售额达 96.9 亿元。[①]

（六）全方位推进区域协调发展

区域经济一体化已成为云南经济发展中最引人注目的趋势之一，以城市群为主体构建大中小城市（镇）协调发展的城镇化格局初步形成，区域之间从产品市场、生产要素市场到经济政策的"六个一体化"逐步深化，沿边经济带开放新优势和特殊区域的转型升级成效显著。

1. 推动大中小城市协调发展

在滇中等六大城市群的辐射和带动下，区域中心城市、县城、边境口岸和省际边界重要城镇、特色小镇等大中小城市（镇）协调发展局面初步形成，基础设施、产业发展、市场体系、基本公共服务和社会管理、城乡建设、生态环保"六个一体化"取得成效。

多规合一统筹发展。通过《云南省城镇体系规划（2011—2030 年）》《云南省人民政府关于深入推进新型城镇化建设的实施意见》、六大城市群发展规划、县域经济发展规划、特色小镇规划、沿边地区开发开放等不同层级城市规划，初步形成"一核、多中心、网络化、开放型"新型城镇化体系，体现了各级城市主体的上下联动，各类规划在产业分工、功能、制度安排等方面体现了横向的协同发展，实现云南更加公平、惠及各方的发展。积极构建"一核一圈两廊三带六群"，构建"做强滇中、搞活沿边、联动廊带、多点支撑、双向开放"的区域协调发展新格局，在更高层次推动区域协调发展。[②]

城市群带动区域协调发展。昆明作为"一圈"的中心城市，区域性国际中心城市的功能不断凸显，曲靖、玉溪、楚雄、蒙自、大理、昭通等区域中心城市不断培育壮大。[③] 通过"两廊三带"建设，打通了中老、中泰铁路的丝路中

---

① 《云南省新建农村电商村站 2660 个》，《云南日报》2017 年 5 月 7 日。
② 《中共云南省委关于制定国民经济和社会发展第十三个五年规划的建议》，人民网 2015 年 12 月 16 日发布。
③ 中共云南省委宣传部编：《谱写中国梦云南篇章——砥砺奋进的五年》，人民出版社、云南人民出版社 2017 年版，第 31 页。

线，① 沿边开放经济带、澜沧江开发开放经济带、金沙江对内开放合作经济带"三带"的规划已全部完成。滇中等六大城市（镇）群建设加快。② 区域新格局的初步形成为云南区域发展勾画了蓝图，整体布局推进各地联动发展、共同发展，对云南未来的发展产生了深远影响。

"一体化"促进区域发展不断融合。云南全力推动城市与城市之间的互联互通，2016 年至 2019 年，开通了昆明到大理、丽江和蒙自的动车，形成昆明至滇中、滇西、滇南主要城市 1—3 小时旅游交通圈，推动城市联通快速化。③16 个州（市）政府所在地基本实现高速公路联通。12 个州（市）建有民航机场，其中 4 个州（市）建有 2 个机场，形成以昆明为中心的航空交通网。产业方面，滇中一体化迈出了坚实的一步，走在云南前列，签订了工业合作框架协议，推动了旅游联合营销④。市场体系方面，2016 年发布《云南省现代物流产业发展"十三五"规划》。2018 年，《云南省加快推进现代物流产业发展 10 条措施》确立了 15 个省级重点物流产业园，现代物流产业异军突起。⑤

2. 促进农业人口市民化

遵循城镇化发展规律，顺应农业人口转移趋势，促进人口转移与城镇化发展协调推进，转移人口的基本公共服务得到保障，阻碍人口市民化的制度得到破除，促进新型城镇化的快速推进。云南积极探索具有特色的农村劳动力转移道路，进城落户农民不断增加，有力提升了云南城镇化水平，常住人口城镇化率从 2012 年的 39.3% 上升到 2018 年的 47.7%，提高了 8.4 个百分点。⑥ 截至 2017 年，全省累计完成农民转户 640 万人，占全国转户总数的 8%。常住人口城镇化率从 2011 年底的 36.8% 上升到 2016 年的 44.3%，提高了 7.5 个百分点。全省共有登记流动人口 400 余万人，发放居住证 1268 万份。2014 年至 2016 年，云南累计 254 个村民委员会改设为社区居民委员会，2016 年泸水、沾益、晋宁撤县设区（市）。⑦

云南稳步推进城镇基本公共服务常住人口全覆盖，推动农民工逐步实现平等

---

① 《中老铁路建设预示发展新希望》，《人民日报》2016 年 8 月 27 日。

② 《滇中城市群规划（2016—2049 年）》，云南省住房和城乡建设厅网 2016 年 12 月 23 日发布。

③ 《昆明至丽江、昆明至蒙自动车车票 1 月 1 日开售》，云南省交通运输厅网 2019 年 1 月 4 日发布。

④ 《滇中四城工业和信息化加速一体化合作》，《云南经济日报》2011 年 12 月 6 日。

⑤ 《云南现代物流产业加快发展》，云南省人民政府网 2018 年 10 月 29 日发布。

⑥ 《云南省 2012 年国民经济和社会发展统计公报》，《云南日报》2013 年 5 月 28 日；《关于云南省 2018 年国民经济和社会发展计划执行情况与 2019 年国民经济和社会发展计划草案的报告》，《云南日报》2019 年 2 月 3 日。

⑦ 《云南省农业转移人口市民化有序推进》，云南省发展和改革委员会网 2017 年 12 月 14 日发布。

享有城镇基本公共服务。强化农民进城权益保障，探索政府、企业及个人共同参与的农业转移人口市民化成本分担机制，推进农民进城就业、教育、培训、卫生、社会保障、住房租购等相关配套制度改革，统筹推进本地和外地农业转移人口及其他常住人口在城镇落户，实行相同的落户条件和标准，确保城镇新老居民同城同待遇，从而不断创建农民融入城镇的制度环境，逐步实现有条件有意愿的农民工市民化。

3.加快沿边经济带建设

实施西部大开发及沿边开放战略以来，处于孟中印缅经济走廊、中国—中南半岛经济走廊重要交汇节点的云南沿边地区，彰显出对外开放的新优势，面向周边国家开放的新布局初步形成，为中国加快沿边地区开发开放、构建全方位对外开放新格局作出了更加积极的贡献。

沿边地区开发开放空间新格局凸显对外开放新优势。根据云南省人民政府印发的《云南省沿边地区开发开放规划（2016—2020 年)》，依托滇中城市群，推动滇中与沿边地区优势互补、资源共享、产业对接，逐步形成以滇中城市群为核心，以昆保芒瑞、昆磨、昆河 3 条大通道为主线，以滇缅、滇老、滇越 3 个国际经济合作圈为支撑的"一核三线三圈"沿边地区开发开放空间新格局。交通互联互通成效显著，昆曼公路和清水河—缅甸登尼、腾冲—缅甸密支那公路建成通车，越南河内至老街高速公路建成通车，越南海防港已经成为最便捷的出海口，连接越、老、缅的国际运输大通道初步形成。边境干线公路贯通工程将基本实现边境县、市间的连接。口岸基础设施条件不断改善，通关便利化水平不断提高。[1] 昆明开通了到仰光、曼德勒、达卡、加尔各答等地的航线，孟缅、印缅、印孟间也加快了交通线路的连接。[2] 形成了成熟的合作机制，在交通、贸易、能源、金融、旅游及文化等重点领域达成广泛共识。滇缅国际经济合作圈形成了四方联合工作组会议、中缅边交会、孟中印缅合作论坛、中国—南亚商务论坛等。滇越合作圈形成中国云南与越南河内、海防、老街、广宁 5 省市经济走廊合作会议和云南省与越南河江、老街、莱州、奠边 5 省联合工作组会议等合作机制。[3] 滇老合作是澜沧江—湄公河流域和谐共赢的典范。2014 年 6 月 6 日，中老正式签署《中华人民共和国商务部与老挝人民民主共和国国家经济特区和经济专区管理委员会关于建设磨憨—磨丁经济合作区的谅解备忘录》，标志着中老两国经贸

---

[1] 《云南省沿边开放经济带发展规划(2016—2020 年)》，云南省人民政府网 2017 年 1 月 4 日发布。

[2] 《孟中印缅经济走廊：14 年愿景实现惠民成共识》，中国新闻网 2013 年 12 月 18 日发布。

[3] 《孟中印缅经济走廊：14 年愿景实现惠民成共识》，中国新闻网 2013 年 12 月 18 日发布。

合作发展和磨憨—磨丁经济合作区正式纳入中老两国国家级项目的里程碑。云南沿边地区开发开放新格局的初步形成，扩宽了云南向越南、老挝和缅甸的发展空间，充分发挥了云南连接南亚、东南亚独特的区位优势。

开发开放平台发挥开放门户和引领带动作用。根据《云南省沿边地区开发开放规划（2016—2020年）》《云南省沿边开放经济带发展规划（2016—2020年）》，云南把握开发开放节奏和次序，分步推进重点开放试验区、边境经济合作区、跨境经济合作区、综合保税区等开发开放平台建设。2013年8月，国家发改委批复《云南瑞丽重点开发开放试验区总体规划》，试验区建设进入快车道。2013年至2016年底，瑞丽试验区新增入驻企业1814户，"瑞丽制造"成为新亮点。2015年7月23日，国务院批复同意设立云南勐腊（磨憨）重点开发开放试验区。中缅瑞丽—木姐边境经济合作区、中越河口—老街跨境经济合作区正在积极推进。云南共有国家级经济技术开发区5个、国家级边境经济合作区4个、省级边境经济合作区5个。红河综合保税区、昆明综合保税区和两个保税物流中心（B型）已获批运行。中老国家级合作项目万象赛色塔综合开发区已有老中东岩石化、新希望老挝公司等30户企业进驻。① 中国（昆明）跨境电子商务综合试验区获批实施。中国—南亚博览会连续举办5届，参展参会的国家和地区从42个增加至87个，② 大大促进了云南与次区域国家的贸易往来。各类开发开放平台的先行先试，不断拓展深化与周边经贸交流合作，进一步提升云南开放水平，在推动中国与南亚、东南亚的合作交流方面，发挥着内联外引的开放门户和引领带动作用。

口岸通关便利化步步升级。云南口岸、海关、边防、检验检疫等相关部门通力合作，全面加快口岸大通关基础设施建设、提高服务水平、优化口岸大通关环境，使得通关更加便利化。云南深化关检合作"一次申报，一次查验，一次放行"的"三个一"通关作业模式，深化检验检疫通关一体化。省商务厅（省口岸办）

云南省跨境电子商务园区

① 《滇老合作前景广阔》，云南网2017年6月8日发布。
② 《改革开放40年云南开放型经济建设成绩瞩目》，云南网2018年11月26日发布。

不断完善"单一窗口"建设，已实现对云南口岸的"全覆盖"。昆明海关实施"一次申报、分步处置"通关模式，将口岸现场作业前推后移，缩短货物口岸现场通关时间。①2018 年，通关便利化水平明显提高，外贸进出口总额增长 24.7%。②2019年 8 月 26 日，国务院批复成立中国（云南）自由贸易试验区。2019 年 8 月 30 日，中国（云南）自由贸易试验区举行挂牌仪式。昆明、红河、德宏三个片区正式授牌。

4. 推动特殊区域经济发展

云南集边疆、民族、山区、贫困"四位一体"，受区位、历史和自然等多个因素影响，发展不平衡不充分问题尤为突出，这些区域的贫困问题，已经成为制约云南高质量发展的症结所在。通过对边疆、民族地区的扶持，革命老区的要素投入以及资源枯竭型城市的转型发展，实现了对云南特殊区域发展的全面推进。

民族地区经济发展效果明显。云南历来高度重视少数民族和民族地区经济社会发展，先后制定出台了一系列重大政策措施，有力促进了少数民族和民族地区经济社会的发展。根据《云南省加快少数民族和民族地区经济社会发展"十二五"规划》《云南省扶持人口较少民族发展规划（2011—2015 年）》，重点扶持 11 个深度贫困"直过民族"和人口较少民族脱贫发展，使民族地区实现了跨越式发展。2018 年，云南民族自治地方生产总值达 71155.86 亿元，人均 GDP 达到 30449 元。

沿边地区兴边富民显著成效。兴边富民是国家稳边固边政策，也是云南主动服务和融入国家发展战略的重要举措，通过对沿边地区进行综合扶持，边民生产生活条件大幅改善，沿边各族群众凝聚力和向心力显著增强。2015 年 7 月，全面部署启动《云南省深入实施兴边富民工程改善沿边群众生产生活条件三年行动计划（2015—2017 年）》；2018 年 9 月 19 日，印发《云南省深入实施兴边富民工程改善沿边群众生产生活条件三年行动计划（2018—2020 年）》，云南开始了新一轮的"兴边富民"行动计划。经过多年的努力，沿边地区经济社会实现了快速发展，生产总值、财政收入、固定资产投资、城乡居民收入等主要经济指标增速连续几年高于云南平均水平。沿边群众生产生活条件得到极大改善，实现沿边行政村"五通八有三达到"目标，农村居民人均可支配收入年均增幅达 14.6%，群众增收致富、自我发展能力得到较大提升；建设了一批全面小康示范村、村美人和谐的提升改造重点村、宜居宜业达标村，形成了一条靓丽的国门风景线。③

革命老区脱贫攻坚进展顺利。革命老区涉及 47 个县(市、区) 和 38 个乡镇，

① 《云南通关速度"跑"进全国前列》，云南省发展和改革委员会网 2018 年 8 月 9 日发布。
② 云南省人民政府：《2019 年政府工作报告》，《云南日报》2019 年 2 月 2 日。
③ 《云南兴边富民行动再发力》，云南网 2018 年 11 月 9 日发布。

占云南面积的 46%。为了解决革命老区特殊困难问题，根据《关于加快云南革命老区开发建设的意见》精神，从 2008 年起，省财政设立了革命老区专项扶贫资金，解决革命老区非公职"三老"人员（新中国成立前入党的农村老党员、老游击队员、老交通员）及其遗孀的基本生活等特殊困难和特殊问题，同时针对革命老区贫困群众，实施扶贫开发项目。2013 年，专项资金安排从 2008 年的 1000 万元增至 5000 万元，年均增幅高达 37.97%。① 通过推动资源要素向老区优先集聚，民生政策向老区优先覆盖，重大项目向老区优先布局，使老区面貌明显改善、人民生活水平显著提升。

资源枯竭型地区转型发展焕发活力。2013 年，个旧市、易门县和东川区被确认为资源衰退型城市，列入国家级专项规划。② 为了摆脱资源枯竭型城市的困境，个旧市先后确立和实施了产业发展"二次创业""五大产业"发展战略等；东川区积极谋划和出台"166"产业（1 个高原特色农林产业、6 个工业产业、6 个服务业）、文化创意产业、健康服务业等发展政策实施意见；易门县坚持促进传统产业升级与加快新兴产业培育并重。经过数年探索，个旧、东川、易门 3 个资源枯竭型城市的转型发展成效显著，以"个旧模式""东川经验""易门速度"逐步走出困境，进入新的发展期。2017 年，"三县市"接续替代产业实现增加值分别为 165.5 亿元、23 亿元、44.2 亿元，以铜或锡为主的单一产业结构得到调整。个旧市 2016 年、2017 年连续两年进入云南县域经济发展"十强县"；东川区 2017 年被评为云南县域经济跨越发展先进县；易门县 2014 年、2015 年连续两年县域经济综合考评居云南 129 个县（市、区）第一，2016 年考核为跨越发展先进县。③

（七）进一步健全社会主义市场经济体制

在习近平新时代中国特色社会主义思想的指引下，云南全面深化改革，转变发展方式，不断深化行政管理体制机制，健全产权制度和要素市场，完善国有资产管理体制，深化投融资体制改革，推进混合所有制改革，推动云南进入高质量跨越式发展新时期。

1. 积极发挥市场在资源配置中的作用

积极推进要素配置市场化改革，发展各类生产要素市场，提升资源配置效率

---

① 《云南革命老区扶贫开发五年来年均增幅 37.97%》，云南省政务公开门户网 2013 年 11 月 22 日发布。

② 《云南省 17 个城市入列"资源型城市"》，云南省人民政府网 2013 年 12 月 4 日发布。

③ 《我省资源枯竭型城市转型发展焕发活力》，云南省人民政府网 2018 年 11 月 22 日发布。

和全要素生产率。大力推进重点领域价格改革，着力完善市场价格形成机制；不断完善劳动力、土地、资本、资源等要素交易平台，促进知识、技术、信息、数据等新生产要素合理流动、有效集聚，鼓励知识、技能、管理等各类创新要素参与利益分配；聚焦生产要素的流动、重组和优化配置，矫正要素错配，要素供给体系的质量和效率不断提高。

产权交易不断健全和规范。围绕"有序流转、防止流失、优化配置、提升价值"的目标定位，通过整合机构资源、强化市场功能，构建与全国资本市场接轨的公开产权市场平台，引导各类资产在更大市场领域和范围优化配置。减少了对企业以公开挂牌方式处置资产的审批，建立和完善规则、过程、结果"三公开"的国有产权交易制度，使各类资产产权在有序加速流转中实现优化合理配置。为提高市场配置资源效率，加快建设有利于转变经济发展方式的体制机制，云南在深化商事制度改革、深化价格改革和加快财税金融体制改革方面取得显著成效。

工商和市场监管部门改革成为激发市场活力的"先手棋"。通过降低市场准入门槛，放宽市场主体住所（经营场所）登记条件，实施注册资本认缴登记制，改企业年检制度为年报公示制度，减轻企业负担，增强了企业信用主体意识，释放了大量住所存量资源。按照《云南省工商登记后置审批事项目录》，云南278项审批项目全部改为后置审批，优化服务推进工商注册便利化改革。有效解决了企业材料重复交、部门多次跑的问题。进一步压缩企业开办时间，2018年，云南实现企业开办时间不超过8个工作日，其中昆明、曲靖等地不超过3个工作日，企业开办便利度大幅提升。2018年10月底，云南实有各类市场主体290.61万户，比改革前增长59.57%。其中，企业63.85万户，比改革前增长127.71%，月均新增企业近万户；个体工商户220.89万户，比改革前增长45.86%，月均新增3.2万户。大众创业的积极性大幅提高。

价格改革纵深推进。按照《云南省定价目录（2015年版）》，政府定价从原来管理的15个种（类），压缩归并为11个种（类），缩减27%；具体定价项目从116个压缩为34个。97%以上的商品和服务价格由市场形成。医疗服务价格改革取得阶段性成效。按照《关于推进医疗服务价格改革的实施意见》，重点提出价格管理、价格调整、医疗医保医药联动、价格监管等四个机制，授权州（市）县制定医疗服务价格方案，实行"一州（市）一策""一县（市）一策"。昆明地区城市公立医院全部取消药品加成，同步调整部分医疗服务价格，为云南医疗服务价格改革树立了标杆。推进完善国有景区门票价格形成机制。启动云南110个国有景区门票降价工作，总体降价水平达到了33.44%，对促进云南旅游转型升级，推动全域旅游发展和摆脱"门票经济"制约起到积极作用。着力取消和降低涉企收费。深入开展清费减负，降低实体经济成本，2016—2017年，减少涉企收费达到23.7亿元。深化输配电价改革试点和电力体制改革。在全国率先核定输配电价、建立电力价格市场化形成机制，成立全国首家省级配售电公司，市场化交易电量居全国前列。2016—2018年，累计为云南工业用户降低用电成本超过200亿元，云南成为全国居民用电价格、工业用电价格最低的省份之一。

财税金融体制改革有序推进，缓解融资难、融资贵问题。出台预算制度、地方政府性债务管理、推进财政事权与支出责任划分等一系列改革方案，与全国同步推开"营改增"试点，建立基础设施领域PPP项目库。沿边金融综合改革创新跨境金融服务，继续保持云南第二大涉外交易结算货币和第一大对东盟跨境结算货币地位，富滇银行成为全国首家设立老中银行的境外城市商业银行。财政厅落实促进民营经济发展"双十条"措施，采取扩大中小微企业贷款风险补偿规模、发挥政策性融资担保作用、落实普惠金融政策、支持创业创新和招商引资、加强财政金融联动等措施，推动缓解融资难、融资贵问题。

2. 不断深化国有资产管理体制改革

加快国有企业改革步伐。2014年，按照国资委《关于完善国有资产管理体制的指导意见》，启动了改组国有资本运营公司、国有资本投资公司试点工作，国有企业改革取得成效。

现代企业制度进一步健全。云南省国资委实施《关于完善国有资产管理体制的实施意见》，形成了指导云南国资国企改革的"1+N"文件体系，指导云锡、农垦、能投、圣乙等改革试点企业有效推进改革工作。40户子企业完成公司制改革。93%的企业签订"三供一业"移交协议。截至2018年10月底，省国资委出资企业（含国有独资、控股、参股）资产总额21543.72亿元，同比增长11.69%；净资产5900.27亿元，同比增长19.04%。

国有资本配置和运营效率显著提升。以构建国有资本投资运营平台为重点，积极探索国有资本投资运营模式；不断规范国有资本投资运营管理，维护国有出资企业经营自主权；优化国有资本布局结构，推进企业整合重组，国有资本向重点行业、关键领域集中，放大了国有资本的功能，资源配置进一步优化，先后完成3户建筑施工企业、2户旅游文化企业整合重组。战略性新兴产业加快发展，2018年，云南省属企业非重化产业营业收入占比达61.79%，资产占比达84.07%。国资监管针对性有效性不断增强。积极改革国有资本授权经营体制，转变国资经营机构职能，推进经营性国有资产集中统一监管，强化监管防止国有资本流失。省级经营性国有资产集中统一监管基本完成，监管资产覆盖面达到90%以上。

国有企业产权交易及资产处置更加规范。为构建"风险为导向、制度为基础、流程为纽带、系统为抓手"的企业内控体系，建立完善资本化资产动态价值管理办法，落实闲置低效资产分析报告制度，推动资产产权有序流转，瘦身健体成效明显。强化对交易主体和交易过程的监督。严格国有企业资产重组、股权转让审批程序，严控以非公开方式处置企业国有产权及土地使用权、矿业权等特殊大宗资产，推动企业资产管理和资本运作的规范化、"阳光化"。构建具有云南特色的"1+1+X"省级国资监管和国企发展新模式①，完善州（市）国资监管体制，实施《云南省深化国有企业改革三年行动方案（2018—2020年）》。积极加快财产税决定人事权的改革步伐，落实资本在公司治理中的主导地位和基础作用，实现股东投资收益权与资产处置权协调统一。2018年通过《关于充分发挥检察职能依法保护产权和企业家合法权益的实施意见》，加强了产权和企业家合法权益的司法保护，推进了产权保护法治化。

3. 加快投融资体制改革

不断完善政府投资管理制度，实施全口径基本建设财政资金预算管理制度。加大基础设施、新型城镇化、产业转型升级、民生改善等重点领域投资，推动形成市场化、可持续的投入机制和运营机制，提高投资有效性和精确性。改进政府投资方式，鼓励发展支持重点领域建设的投资基金，支持重点领域建设项目开展股权和债券融资。投融资体制的改革使云南的经济体制向市场化迈进了一大步。

推进上市公司再融资，大大缓解了企业融资难、融资贵的问题。通过启动云天化集团整体上市，有效缓解企业融资难、融资贵的问题，省属企业资产证券化水平再上新台阶。同时，积极搭建政银企合作平台，推进各银行机构向重点项目倾斜贷款。创新增加有效投资，大力创新公共基础设施投资机制，充分发挥财政资金的引导和撬动作用，形成了财政资金与社会资金、自有资金与信贷资金共同投入的有效机制，更好地发挥了政府投资、银行信贷和社会融资的联动机制作用。积极争取国家专项建设基金倾斜支持，2016年，云南争取到国家专项建设基金477个项目、专项建设基金额度895亿元，撬动银行及其他金融机构贷款近930亿元。推动云南省政府融资平台专项改制进行市场化融资，设立了重点项目

---

① 第一个"1"是组建云南省国有股权运营管理有限公司，第二个"1"是组建云南省国有金融资本控股集团有限公司，"X"是改组设立若干国有资本投资公司和产业集团公司。

投资基金、重点产业发展基金和交通产业发展基金，助力教育及医疗卫生、高速公路建设、特色小镇建设，使投资方式实现了从直接支持具体项目到设立投资基金的转变。

积极扩大社会投资，改革创新企业投资管理制度。积极探索企业负面清单管理模式，推广政府与社会资本合作（PPP）模式，鼓励和吸引社会投资参与公共服务、环境保护、生态建设、基础设施等重点领域建设运营，保障社会资本投资合理收益。2018 年，云南进入财政部 PPP 综合信息平台项目 451 个，投资额11197.6 亿元，列入国家示范项目数和投资额均居全国首位①。利用好 PPP 资产证券化，丰富传统 PPP 项目社会资本的退出路径，鼓励有条件的项目采用社会投资方或施工方的信用加入共同增信，解决项目融资难的问题。通过投融资体制改革的深入，投资结构不断优化，投资规模稳步扩大，2017 年，云南固定资产投资总额同比增长 11.6%，高于全国 5.7 个百分点，高于 2018 年西部地区 6.9 个百分点，位列全国第三、西部第二。

建立健全多层次资本市场体制。加大了上市后备资源发掘和培育力度，企业可多途径上市融资。积极引导创新型、创业型和成长型中小微企业到全国中小企业股份转让系统、区域性股权交易市场挂牌交易，支持上市公司再融资和并购重组。企业利用企业债、私募债和资产证券化等融资工具，拓宽直接融资渠道，有效地降低了融资成本，缓解了资金压力②。私募市场不断规范，创业投资基金和私募股权投资基金逐渐发展起来，科技成果转化与创业投资基金基本搭建起科技创新创业投融资平台，中小微企业融资渠道日益丰富。证券期货经营机构广泛参与企业改制上市、债券发行、项目融资和多层次资本市场建设，进一步拓宽了服务实体经济的广度和深度。

4. 大力推进混合所有制改革

云南把加快推进国有企业上市和整体上市作为发展混合所有制经济的重要途径③，积极鼓励非国有资本通过出资入股、收购股权、认购可转债、股权置换等多种形式参与国有企业资产重组、改制上市以及企业经营管理；鼓励支持国有企业按照产业链、价值链优势互补的原则，通过股权投资、合资、合作等多种形

---

① 《关于云南省 2018 年地方财政预算执行情况和 2019 年地方财政预算草案的报告》，云南省财政厅网 2019 年 2 月 13 日发布。

② 《2017 年云南省国企改革攻坚战新闻发布会》，云南省网上新闻发布厅 2017 年 9 月 12 日发布。

③ 《云南省人民政府关于国有企业发展混合所有制经济的实施意见》，云南省人民政府国有资产监督管理委员会网 2016 年 8 月 11 日发布。

式与非国有企业合作，促进国有资本与非国有资本相互融合、共同发展；坚持激励和约束相结合的原则，通过试点稳妥探索混合所有制经济实行企业员工持股的途径和形式。

云南白药集团股份有限公司成为混合所有制改革的"突破性样本"。云南重点推进白药控股、云天化集团、城投集团等一批企业的混合所有制改革。白药控股引进新华都集团和江苏鱼跃科技发展有限公司，实际引入资金 240 多亿元，进一步理顺体制、激活机制，为打造"千亿白药"奠定了坚实基础，为云南混合所有制改革提供"突破性样本"。云天化集团通过引进以色列化工的资本，深化混合所有制改革，同步引进关键技术和先进管理经验，积极发展精细磷化工，整体实力大幅增强。普洱市天下普洱茶国有限公司引入香港新华集团进行混改，实现了州市国企混改的突破。2017 年，省属企业混合所有制改革面达到 60% 以上。

通过企业上市路径，推进混合所有制经济发展。2012 年以来，省国资委加强了上市后备资源的培育工作，重点依托现有骨干企业，在建筑施工、新材料、金融保险、特色农林（橡胶、林纸浆）等优势板块，通过资源整合、借壳等方式推动企业上市，力争实现每户省属企业至少控股 1 户上市公司。鼓励支持具备条件的企业集团加大资产重组力度，努力实现企业集团整体上市或主营业务上市，提高资产证券化水平。重点推进冶金集团、云锡控股、贵金属集团等企业优质资产注入现有上市公司，实现整体上市或主营业务上市。

（八）全力推进面向南亚东南亚辐射中心建设

习近平总书记指出，"云南经济要发展，优势在区位，出路在开放"，要求云南主动服务和融入国家发展战略，努力建设成为面向南亚东南亚辐射中心。省委省政府认真贯彻落实，把建设面向南亚东南亚辐射中心作为云南对外开放的战略定位和总抓手，出台了《关于加快建设我国面向南亚东南亚辐射中心的实施意见》，并印发《建设面向南亚东南亚辐射中心规划》等系列文件，搭建起了推进辐射中心建设的"四梁八柱"政策体系，实现了四个重大进展：互联互通建设构建起强大的网络支撑；开放平台和载体建设成绩明显；外资、外经、口岸等方面成效显著；对内合作，内外联动机制不断完善。云南对外开放从末梢走向前沿、从边缘变成区域中心，逐步成为中国改革开放的新高地。

1. 加快建设区域性经济贸易中心

采取多项措施，主动服务和融入国家发展战略，积极参与"一带一路"建设，以开放型经济为引领，打造多元合作新平台，完善对外交流新机制，培育产业竞

瑞丽重点开发开放试验区建设启动仪式

争新优势，全方位多领域深层次推进对外开放，区域性经济贸易中心建设取得明显进展。

"内外联动、互为支撑"的高水平双向开放新格局已经形成。以"一带一路"建设为引领构建全方位对外开放的新格局，充分发挥沿边开放优势，大力推进开放型经济体制改革，加快开放载体和平台建设，积极复制推广自贸区改革经验，创新对外贸易服务机制，中国（云南）国际贸易"单一窗口"标准版和跨境物流大数据平台、跨境电商公共服务平台等先后正式上线运行，在全国率先设立30个驻外商务代表处，实现了对南亚东南亚国家的全面覆盖，打通了云南联通世界的商务桥梁。充分发挥孟中印缅和中国—中南半岛两条经济走廊建设主要承载省份作用，当好中国与周边国家发展战略对接的桥梁纽带。努力提升孟中印缅地区合作论坛交流水平，主动配合国家落实孟中印缅经济走廊建设早期收获计划，成功实施了两次四国联合道路考察和首届孟中印缅四国汽车集结赛等重大活动，推动孟中印缅地区合作进入"一轨"领导下"多轨"并进的格局。全力配合国家推进中国—中南半岛经济走廊、中缅经济走廊、中老经济走廊建设，打造互利合作网络、新型合作模式、多元合作平台，推动中老磨憨—磨丁经济合作区建设共同总体方案正式签署，中越河口—老街、中缅瑞丽—木姐跨境合区建设前期工作顺利进行，仰光产业新城、皎漂经济特区、中缅铁路等重大合作项目取得重要阶段性进展，形成了"陆海内外联动、南北双向开放"的新格局。

与长三角、泛珠三角、京津冀、成渝经济区等重点区域的经济交流合作持续深化，通过基础设施大会战，促进产业大发展；通过大开放大招商，促进经济大发展；通过高层互访、考察交流、友好城市等平台和渠道，与相关区域在更高层次和更广领域上开展产业合作。2013 年以来，云南分别与川、粤、桂、黔等省区签订了政府间经济合作框架协议，累计签订区域间招商项目万余个；各州市和省直部门积极主动开展泛珠三角、长三角、京津冀、环渤海、粤港澳等重点区域招商活动，泛珠三角、长三角、京津冀地区在滇投资到位资金占每年云南到位资金总额的 80% 以上；香港地区到位资金占外资总量的六成以上。云南与重点区域合作领域呈现出从传统产业向新兴产业拓展、从产业合作拓宽至资本合作的趋势。2019 年 2 月，国家发展改革委印发了《关于支持云南省加快建设面向南亚东南亚辐射中心的政策措施》，云南着力把区位优势转化为发展优势、竞争优势和开放优势。

区域合作机制建设取得新的突破。先后与南亚地区和国家推动创立了多个高端合作平台，建立多个合作机制，助力中国与南亚经贸合作驶入发展的快车道。2012 年，南亚国家商品展升格为中国—南亚博览会，永久落户昆明。中国—南亚商务论坛至 2018 年已成功举办 13 届，是中国与南亚国家工商界之间建立的首个也是唯一的论坛机制。2018 年，第 5 届南博会共有 87 个国家和地区参展参会，签约项目 456 个，签约金额 8079.37 亿元；中国—南亚合作论坛于 2018 年在云南玉溪首次举办，是中国首个面向南亚国家的政府间合作论坛机制。

中国—南亚博览会——滇池国际会展中心外景

在积极推进与越南、老挝、缅甸三个邻国友好关系发展的同时，不断加强与东南亚其他国家的友好往来。2017 年，云南省政府与中国—东盟中心共同主办首届中国—东南亚商务论坛，为云南面向东盟国家的开放合作搭建了新平台。2018 年，签订了《云南省贸促会与老挝国家工商会三年战略合作行动方案》、《云南省贸促会与越南国家工商会战略合作框架协议》、中国泰国特色商品贸易合作项目、中缅合拍纪录片《睦邻》项目等七项签约仪式。积极配合国家启动澜沧江—湄公河合作机制，配合国家有关部委开展了一系列活动，率先在地方设立澜湄联络机构——澜湄合作中国秘书处云南联络办公室，成立了澜湄综合执法安全合作中心、澜湄环境合作云南中心、澜湄职业教育基地，在 2016 年、2017 年连续两届澜沧江—湄公河次区域国家商品博览会顺利举办的基础上，2018 年成功举办首届澜湄合作博览会，为澜湄机制从"培育期"迈向"成长期"发挥了重要作用，参与澜沧江—湄公河合作机制建设主体省份的地位和作用不断彰显。

对外贸易转型升级不断加快。2018 年，贸易伙伴遍及 206 个国家和地区，东盟占云南进出口额的 46.1%。缅甸、越南、老挝等"一带一路"沿线国家（地区）已成为云南最主要的贸易伙伴。[1] 原油进口带动云南与沙特阿拉伯、阿曼、阿拉伯联合酋长国、科威特等中东国家贸易额大幅攀升。全年外贸进出口总额达 298.95 亿美元，比上年增长 27.5%。其中出口总额 128.12 亿美元，增长 11.7%；进口总额 170.83 亿美元，增长 42.5%。全年对欧盟进出口 14.20 亿美元，增长 44.7%；对东盟进出口 137.86 亿美元，增长 5.4%；对南亚进出口 9.71 亿美元，增长 14.0%。与"一带一路"沿线国家（地区）贸易保持较快增长，进出口贸易额达 1331.6 亿元，增长 30.3%，占云南外贸市场份额的 67.5%。[2] 全年共批准利用外资项目 182 个，比上年下降 15.4%。合同利用外资 82.79 亿美元，增长 60.4%。实际使用外商直接投资 10.56 亿美元。[3] 2019 年 1—5 月，云南进出口总额完成 871.55 亿元，排全国第 8 位。[4] 云南一般贸易所占比重由 2017 年的 57.9% 提升至 2018 年的 65.2%；边境贸易蓬勃发展，边民互市进出口增长 20.9%。[5] 云南 4000 多公里的边境线上分布着上百个边民互市点，成为边境上

①《改革开放 40 年云南开放型经济建设成绩瞩目》，云南网 2018 年 11 月 26 日发布。

②《2018 年云南外贸进出口总值达 1973 亿元》，中华人民共和国中央人民政府网 2019 年 1 月 16 日发布。

③《云南省 2018 年国民经济和社会发展统计公报》，《云南日报》2019 年 6 月 14 日。

④《1—5 月云南进出口总额完成 871.55 亿元》，中国新闻网 2019 年 6 月 17 日发布。

⑤《2018 年云南外贸进出口总值达 1973 亿元》，中华人民共和国中央人民政府网 2019 年 1 月 16 日发布。

中欧国际货运专列

一道独特的风景线。① 民营企业出口额占云南出口额的76.3%，是云南出口贸易的主力军；国有企业成为进口贸易最大的贡献主体，进口额占云南进口额的56.6%；外商投资企业进出口额实现了30.9%的较高增幅。② 农产品、机电产品、化肥和劳动密集型商品是云南出口的主要商品，磷铵类复合肥、手机及零配件出口增长较快。原油、天然气、金属矿产品、硫黄等原材料以及机电产品、农产品是主要的进口商品，其中原油进口突破1000万吨，达到1016万吨，占云南进口额的32.2%。③

2. 突出建设区域性科技创新中心

大力实施创新驱动发展战略、"科教兴滇"战略、人才强省战略，通过对内促进跨区域协同创新、对外强化与南亚东南亚各国科技创新等一系列新举措，与南亚东南亚国家协力打造发展理念相通、要素流动畅通、科技设施联通、人员交流顺通的创新共同体，推动创新型云南和区域性科技创新中心建设取得了

---

① 《云南推广国际贸易"单一窗口"边民互市系统服务》，云南网2018年11月13日发布。

② 《2018年云南外贸进出口总值达1973亿元》，中华人民共和国中央人民政府网2019年1月16日发布。

③ 《2018年云南外贸进出口总值达1973亿元》，中华人民共和国中央人民政府网2019年1月16日发布。

良好成效。

2012 年，"中国—东盟科技论坛"被纳入"中国—东盟科技伙伴计划"总体规划。目前，该论坛已成为区域性、有影响力的国际科技合作与技术转移的重要平台，在促进中国与东盟科技合作方面发挥了重要作用。多个国家级科技合作平台先后落户云南。"中国—南亚技术转移中心""中国—东盟区域发展协同创新中心""中国—南太平洋岛屿国家技术转移中心"等先后落户云南，推动中国与巴基斯坦、尼泊尔、孟加拉国、阿富汗、斯里兰卡等国先后合作成立技术转移中心，拓展了中国与南太平洋岛屿国家在应对气候变化、新能源与可再生能源等领域的科技合作。[①] 云南的国际科技合作实现了从"项目"到"项目—人才—基地"的重大转变。截至 2016 年底，云南已建成国家级国际科技合作基地 12 个、省级国际科技合作基地 50 个，认定了一批国际科技特派员单位和个人。2017 年，新增了云南马铃薯种业研究示范型国际科技合作基地等 9 家国际科技合作基地（中心）。[②]

3. 统筹建设区域性金融服务中心

全面统筹金融发展与经济发展的关系，坚持金融服务实体经济原则，着力培育多层次、宽领域开放合作的金融市场格局，积极推动沿边金融综合改革试验区建设，开展了一批在全国具有创新意义的试点工作，大力推进跨境人民币业务创新，增强人民币在南亚东南亚国家的影响力和辐射力，不断完善区域性货币交易的"云南经验"，积极扩大金融机构跨境合作，对外金融合作取得了历史性成就，区域性金融服务中心建设快速推进。

跨境人民币业务创新成果丰硕。云南在全国首批试点个人经常项下跨境人民币业务，圆满完成跨境人民币贷款试点任务，19 家企业从境外借入人民币贷款，9 家跨国集团企业搭建跨境人民币资金池，实现了跨国企业集团境内外成员企业之间开展跨境人民币资金余缺调剂和归集业务。截至 2018 年 9 月末，云南跨境人民币累计结算额 4459.77 亿元，累计结算量较试点前翻两番，成功实现了经常账户项下向资本及金融账户项下的延伸。[③]

区域性货币交易不断完善。2012 年以来，云南初步构建了以银行间市场区

① 中共云南省委宣传部编：《面向南亚东南亚辐射中心建设》，人民出版社、云南人民出版社 2017 年版，第 104—108 页。

② 中共云南省委宣传部编：《面向南亚东南亚辐射中心建设》，人民出版社、云南人民出版社 2017 年版，第 106—107 页。

③ 《先行先试尽显"国际范"——云南沿边金融综合改革试验区建设 5 周年记》，云南网 2019 年 2 月 15 日发布。

域交易为支撑、银行柜台交易为基础、特许兑换为补充的全方位、多层次人民币与周边国家货币的区域性货币交易方式。全国首例人民币对泰铢银行间市场区域交易在云南推出，自 2012 年 12 月交易开展以来，截至 2018 年 1 月末，累计交易 840 笔，金额共计 35.57 亿元人民币。①2018 年 2 月，人民币对泰铢在银行间市场直接交易，顺利完成了从区域市场到全国市场的平稳过渡。银行柜台挂牌币种已涵盖周边国家货币，银行间跨境现钞调运不断实现新突破，本外币现钞调运渠道不断拓宽，搭建了云南两个越南盾现钞直供平台、西南地区第一条泰铢现钞直供平台以及中老双边首条现钞调运通道，不断推动完善人民币兑越南盾的"YD指数"形成机制。② 截至 2018 年，云南共计跨境调运人民币现钞 9.4 亿元。③

对外金融合作取得历史性突破。金融机构"引进来"和"走出去"取得积极成果。驻滇银行机构设立沿边金融合作服务中心、泛亚业务中心、泛亚跨境金融中心等区域性功能性总部，开辟跨境清算的新渠道。马来亚银行、渣打银行、大华银行到昆明设立了分行。富滇银行成为全国首家设立老中银行的境外城市商业银行。④截至 2018 年 12 月末，云南共有各类银行与非银机构 247 家，组织体系日趋完善；云南外资银行数量已增至 8 家，机构数量与种类在西部 12 省区排名第 3 位。⑤

跨境金融基础设施建设稳步推进，跨境金融服务水平大幅提升。云南银行机构与南亚东南亚国家银行机构建立了跨境人民币结算合作关系，形成清算行、代理行等多种结算模式，开发"东盟七国产品体系""越老缅产品体系""南亚国产品体系"等跨境业务产品体系，大大提升了跨境人民币结算便利化水平。2016年 6 月 14 日，中国农业银行泛亚业务中心磨憨分中心挂牌成立。同年 8 月 25 日，该中心成功为客户办理了首笔 1300 万基普的个人老挝基普购汇汇出汇款，标志着人民币对老挝基普跨境清算汇路通畅。⑥ 此外，云南大力建设境外边民信息管

① 《先行先试尽显"国际范"——云南沿边金融综合改革试验区建设 5 周年记》，云南网 2019 年 2 月 15 日发布。

② 《"壮阔东方潮 奋进新时代"——云南省庆祝改革开放 40 周年系列新闻发布会·开放型经济主题专场》，云南省网上新闻发布厅 2018 年 11 月 26 日发布。

③ 《先行先试尽显"国际范"——云南沿边金融综合改革试验区建设 5 周年记》，云南网 2019 年 2 月 15 日发布。

④ 《先行先试尽显"国际范"——云南沿边金融综合改革试验区建设 5 周年记》，云南网 2019 年 2 月 15 日发布。

⑤ 《先行先试尽显"国际范"——云南沿边金融综合改革试验区建设 5 周年记》，云南网 2019 年 2 月 15 日发布。

⑥ 《"壮阔东方潮 奋进新时代"——云南省庆祝改革开放 40 周年系列新闻发布会·开放型经济主题专场》，云南省网上新闻发布厅 2018 年 11 月 26 日发布。

理平台，为境外边民提供更加便利的账户服务。建成外籍人员金融消费权益保护投诉站 33 个，形成了独具云南特色的"一站一台一宣传"的边境地区外籍人员金融消费权益保护模式。①

跨境金融交流合作深入开展。中国人民银行昆明中心支行与泰国、老挝、缅甸央行建立了紧密合作关系，开创了"高层有互访、央行有对话、银行有合作、人员有往来、信息有交换、机构有互设"的良好局面。2017 年 1 月 10 日，"跨境反假货币工作（昆明）中心"正式挂牌，昆明成为全国首个设立跨境人民币反假工作中心的城市。在 2017 年建立跨境反假货币工作昆明中心、8 个沿边州（市）分中心的基础上，中国人民银行昆明中心支行积极推进沿边县区工作站的建设，构建"省、市、县"三级跨境反假货币工作组织体系，截至 2018 年，云南共建立 15 个沿边跨境反假货币工作站。②

4. 全面建设区域性人文交流中心

把人文交流作为一项长期性、基础性、战略性的工作来抓，以人文交流促进民心相通，以民心相通促进经贸发展，不断完善人文交流机制，创新人文交流方式，与南亚东南亚各国在旅游、教育、文化、媒体、智库等方面进行了深度交流合作，区域性人文交流中心建设取得了一系列喜人成绩。

旅游合作综合带动效应进一步凸显。新时代云南跨境旅游产业发展成效显著。2016 年，按照"强滇中、活沿边、促沿江、优片区"的布局思路，着力构建"一圈四带五区"旅游产业发展格局，高位推动旅游强省建设，加快推进旅游产业转型升级，大力促进旅游经济快速增长。先后举办中国·昆明郑和国际文化旅游节、中国国际旅游交易会等大型会展、节庆活动，全方位展示"七彩云南·旅游天堂"的形象，积极拓展国内、国际旅游市场。中泰已经互为重要的旅游客源地，尤其是滇泰之间，泰国游客已经连续几年成为人数最多的入滇境外游客群体，而入境泰国的中国游客中，云南游客或经由云南入境的游客数量占中国游客的较大比例。③ 中缅两国旅游业保持良好发展势头，双方互访人数在近年来实现了较快增长，中国已成为缅甸第二大旅

① 《"壮阔东方潮 奋进新时代"——云南省庆祝改革开放 40 周年系列新闻发布会·开放型经济主题专场》，云南省网上新闻发布厅 2018 年 11 月 26 日发布。

② 《先行先试尽显"国际范"——云南沿边金融综合改革试验区建设 5 周年记》，云南网 2019 年 2 月 15 日发布。

③ 中共云南省委宣传部编：《面向南亚东南亚辐射中心建设》，人民出版社、云南人民出版社 2017 年版，第 179 页。

游入境游客源国。①

在中国—东盟、大湄公河次区域旅游合作框架协议下，配合国家推进澜湄旅游城市合作联盟建设，完成了《澜沧江—湄公河旅游城市合作联盟章程》和《澜沧江—湄公河旅游城市合作联盟概念方案》，积极开展中老、中缅、中越跨境旅游合作，完成《云南省边（跨）境旅游专项规划》，通过积极推动边境旅游试验区和跨境旅游合作区建设，与周边国家实现"资源互享、产品共推；客源互送、企业共赢；信息互通、市场共管；人才互动、设施共建"的交流合作格局，稳步推进区域旅游合作，促进边境地区外向型经济发展。2018 年，云南接待海外游客 706.1 万人次，同比增长 5.75%。②

援外合作为开放型经济发展注入新的活力。紧扣国家"一带一路"建设，主动利用地方资源精心设计对周边国家援助项目，以援外带交流、以交流促合作、以合作兴发展，为开放型经济发展注入了新的活力。2014 年，商务部批准同意在云南设立全国第五个商务部援外官员研修基地，也是中国唯一一个沿边省份国家级援外官员培训基地，开拓了校政合作开办研修基地的创新模式。截至 2018 年 4 月，云南基地已成功承办了 48 期由商务部和云南省政府主办的援外培训班，累计培训了来自 67 个国家的 1129 名官员，培训涵盖经贸合作、基础设施建设、农业、边检、金融合作等领域。2014 年以来，省级财政每年安排专项资金，用于对缅甸和其他周边国家的民生改善、文化交流、人员培训等援助。省商务厅精心设计实施"一寺一电视""国门书香""光明行"等对外援助精品项目，广泛惠及周边国家各阶层民众，有效补充了国家援外尚未覆盖的范围和领域，取得了良好社会评价和经济效益。2016 年以来，先后召开两届中国云南—南亚东南亚国家医院院长论坛，省内主要医疗机构依托国家医疗卫生服务共同体项目，积极在越老缅边境地区开展传染病联防、联控国际合作，重点开展与老北各省的交流合作，建立涉外医疗服务合作体建设模式，推动医疗卫生事业实现共同发展，促进医疗产业跨境合作迈出实质性步伐。2017 年 10 月，云南省政府与商务部签署了《关于共建我国面向南亚东南亚辐射中心部省合作协议》，省商务厅全力争取事关云南开放发展的对外援助项目，成功推动了援助缅甸滚弄大桥等项目委托云南管理实施，推动了地方政府参与国家援外工作。

智库合作为对外开放提供智力支持。以南亚国家为重点合作对象，2013 年，

① 墨白、江媛：《新定位　大开放——云南建设面向南亚东南亚辐射中心纪实》，云南人民出版社 2017 年版，第 260 页。
② 云南省人民政府：《2019 年政府工作报告》，《云南日报》2019 年 2 月 2 日。

举办首届"中国—南亚智库论坛",2017年,更名并拓展为"中国—南亚东南亚智库论坛",至2019年连续举办了7届,签署了《关于建立中国—南亚东南亚智库网络机制的倡议》等,创立了"'一带一路'智库合作联盟:孟中印缅经济走廊智库合作网络""'一带一路'智库合作联盟:澜沧江—湄公河合作机制智库合作网络"等交流平台,现已发展成为中国与南亚东南亚国家之间规格最高、参与人数最多、议题设置最广、成果最为丰硕的高端智库论坛以及促进经贸交往和民心相通的重要平台。2015年,中国(昆明)南亚东南亚研究院挂牌成立以来,先后与南亚东南亚智库机构的合作交流,与泰国、缅甸、越南、巴基斯坦、老挝等国家智库机构签署了合作备忘录,成功举办了纪念中泰建交40周年学术研讨会、中越建交65周年学术研讨会、孟中印缅地区经济合作论坛、中孟智库对话会等智库交流活动,并通过合作举办学术会议、共同推进项目研究、促进研究人员交流互访等,有效搭建智库间的交流平台,积极为云南经济发展与对外合作建言献策。

📖 启 示

70年来,在党中央的正确领导下,省委省政府团结带领各族人民团结奋斗、锐意进取,创造性解决了云南作为集边疆、民族、山区、贫困为一体的西部省份发展的问题,云南经济建设实现历史性跨越,取得了史无前例的发展成就,谱写了奋发图强、不断创造美好生活的壮丽史诗。

一、坚持和加强党对经济工作的集中统一领导,确保经济发展沿着正确方向前进

中国共产党是中国社会主义事业的领导核心。只有坚持党对经济工作的集中统一领导,坚决贯彻党中央确定的经济工作大政方针,上下一心齐聚力、谋发展,才能确保经济发展沿着正确方向前进。70年来,云南紧跟国家经济发展步伐,紧抓各种机遇,深化经济体制改革,建立和完善社会主义市场经济体制,推动和加快了经济发展,工业化城市化大步向前,形成了具有云南地方特色的国民经济体系,实现了对内对外开放发展的新格局,展现出蓬勃生机,经济跨越式发展迈出坚实步伐。云南70年经济建设取得举世瞩目的成就充分证明,党对经济工作的集中统一领导,是云南经济实现历史性跨越,保持持续健康发展的根本保证。只有坚持加强党对经济工作的集中统一领导,确保党把方向、谋大局、定政策,充分调动各方面的积极性,才能不断提升发展的质量和效益,不断改善各族人民生活水平，推动经济建设不断取得新成效。

二、坚持以经济建设为中心，不断解放和发展社会生产力

坚持以经济建设为中心，把加快发展作为第一要务，大力解放和发展社会生产力，不断增加经济总量，努力提升经济发展质量，是云南实现现代化的必由之路。70年来，云南始终坚持以经济建设为中心，集中力量发展社会生产力，充分发挥比较优势，建立起了烟草、矿业、生物、电力、旅游等具有地方特色的产业体系，经济发展实现了历史性跨越。供给短缺成为历史，贫困地区和贫困人口大幅度减少，城乡面貌发生巨大变化，人们对美好生活的向往不断变成现实。特别是党的十八大以来，云南继续以加快发展为主题，坚持新发展理念，持续深化供给侧结构性改革、推进"放管服"改革，坚决打好"三大攻坚战"，大力推进创新驱动发展，实施乡村振兴战略，多渠道促进就业创业，加快转变经济发展方式，大力推动经济高质量发展，不断满足人民日益增长的美好生活需要。云南70年经济建设取得举世瞩目的成就充分证明，只有坚持以经济建设为中心，不断解放和发展社会生产力，不断增强自身的综合经济实力，不断提高各族人民的生活水平，才能更好推动经济社会又好又快发展，更好解决经济社会生活中的各种矛盾和问题，更加坚定各族人民坚持和发展中国特色社会主义的信心和决心，进一步增强各族人民对中华民族的认同感、归属感和凝聚力、向心力。

三、坚持深化经济体制改革，彰显社会主义经济活力

深化经济体制改革，坚决扫除制约经济发展的体制机制障碍，是加快经济发展、彰显社会主义经济活力的关键举措。70年来，云南经济快速发展的一个重要原因就是不断顺应时代发展的步伐，积极建立更加适应生产力发展要求的体制机制。无论是建立计划经济体制，还是建立和完善社会主义市场经济体制，都是为了探索和建立彰显社会主义经济活力的经济体制，调动广大人民的积极性和创造性，促进经济快速发展，以保障云南各族人民过上更加美好的生活。70年来，云南在发展过程中创造了许多具有全国意义的经验，在烟草行业率先实行"三合一"体制，将烟叶生产作为"第一车间"，率先引进国外先进设备，使烟草成为中国烟草发展的"风向标"和云南经济发展的"擎天柱"。水电建设在全国形成"鲁布革冲击"，创造"漫湾模式""大朝山制度"，电改创造"云南经验"，为中国电力事业发展发挥了先导示范作用，加快了国家级清洁能源基地、"西电东送""云

电外送"的步伐，形成区域电力交换枢纽。云南70年经济建设取得举世瞩目的成就充分证明，只有结合实际、大胆探索，不断深化经济体制改革，坚决扫除制约经济发展的体制机制障碍，才能处理好政府和市场、经济增长和社会发展、深化改革和保持稳定、应对当前挑战和完善体制机制之间的关系，促进经济发展方式转变，推动经济社会全面协调可持续发展。

四、坚持发展成果共享，不断满足各族人民日益增长的美好生活需要

全心全意为人民服务是党的根本宗旨。党和国家一切工作的出发点和落脚点是实现好、维护好、发展好最广大人民的根本利益，做到发展为了人民，发展依靠人民，发展成果由人民共享。70年来，省委省政府始终坚持以人民为中心的实践原则和价值取向，带领人民加快经济建设，推进经济发展与社会进步，不断开创美好生活新格局，共享发展成果。在经济建设中，注重政策和资金向特殊贫困区域倾斜，促进生产要素自由流动，促进企业公平竞争，持续缩小地区间、城乡间、民族间的发展差距，彻底改变了集边疆、民族、山区、贫困于一体的面貌，努力让各族人民更有获得感，推动了共同富裕目标的实现。70年经济建设取得举世瞩目的成就充分证明，始终坚持以人民为中心，尊重人民首创精神，确保发展成果更多更公平惠及各族人民，是激励云南各族人民更加自觉地投身云南经济建设与发展的关键，是持续推动发展、缩小差距的关键，是过去取得成功的重要法宝，也是新时代不断前进的基本遵循。

五、坚持把产业发展作为根本，为经济发展提供强大支撑

产业是经济发展的基础和支撑，产业兴则经济兴，产业强则经济强。70年来，尽管云南在不同的历史阶段发展重点有所不同，但始终坚持把产业发展作为重点乃至根本，紧紧把握产业发展规律，不断解决产业发展过程中的各种问题，培育和发展了支柱产业、新兴产业，推动了产业发展从以农业为主导、小农经济占主体到以工业为主导，一二三产业融合发展的转变，推动了云南经济快速发展、就业的增加和人民生活的改善。进入新时代，云南加快发展八大重点产业，全力打造世界一流"三张牌"，推动数字经济发展，落地了一批工业和农业精深加工大项目，新产业、新业态不断涌现，经济发展新动能不断增强，铸就了经济振兴之本、富民之基。70年经济建设取得举世瞩目的成就充分证明，产业发展是拉动经济发展、促进经济结构调整、推进经济跨越式发展的必经之路。

六、坚持加快开放步伐，以大开放促进大发展

云南的优势在区位，出路在开放。要实现经济崛起、赶超、跨越发展，必须加快开放步伐，以开放促改革促发展。70年来，云南在经济建设中不断探索以开放促改革、促发展的路径，通过主动作为，逐步由封闭走向开放，扩大了发展空间，创造了更多发展机遇，经济发展面貌焕然一新。无论是开展边境贸易，推进大通道、"桥头堡"、"辐射中心"建设，还是积极服务和融入"一带一路"等国家发展战略，加快对外经济走廊、澜湄合作、重点开发开放试验区、跨（边）境经济合作区、综合保税区等建设，每一轮的开放，都增强了发展动力，迎来发展的新境界。特别是习近平总书记考察云南以来，云南认真落实习近平总书记作出的"云南经济要发展，优势在区位，出路在开放"的重要指示，发挥独特的区位、资源、开放优势，对外加强与周边国家、地区的开放合作，对内加强与长江流域、泛珠三角区域和周边省（区、市）的交流合作，形成了宽领域覆盖、多层次参与、全方位推进的对外交流新机制，云南与国际国内特别是与周边国家市场联系日趋紧密、合作交往日益密切、利益融合不断深化，开放合作的天地愈加宽广，走向世界的脚步更加坚实，融入世界发展的姿态更加昂扬。70年的发展经验表明，什么时候出现大开放，就能实现大发展。开放迸发出的强大动力，推动了经济快速发展，书写了辉煌成绩。云南用自身的发展实绩有力诠释了开放的价值与意义。

七、加快互联互通建设，持续改善经济发展环境

长期以来，交通等基础设施落后成为经济发展的重要制约因素。70年来，云南一直把基础设施建设作为重中之重，大力加强路网、水网、航空网、能源保障网、互联网"五网"建设，并积极推动互联互通，有力推动了经济发展和环境改善。"七出省五出境"高速公路、"八出省五出境"铁路、"两出省三出境"水运日益完善，航空网四通八达，能源保障网日益坚强有力，互联网经济不断发展。中缅、中越、中老通道境内段全部实现高速化，泛亚铁路东线全面建成通车，西线、中线铁路正在加快建设。中缅油气管道建成运营，中缅、中老光纤传输系统投入使用，设施联通不断加强。与此同时，大力发展通道经济，积极开展与南亚东南亚国家经济合作，努力扩大对外贸易、优化产业结构、培育市场主体、健全市场机制，面向南亚东南亚辐射中心建设取得了显著成绩，2019年8月26日，中国（云南）自由贸易试验区正式获批，2019年8月30日，中国（云南）自由贸易试验区举行挂牌仪式。昆明、红河、德宏三个片区正式授牌。为云南经济持续向好发展提供了更加广阔的平台。

政治建设篇

ZHENGZHI JIANSHE PIAN

发展社会主义民主政治，是中国共产党始终不渝的奋斗目标。新中国成立以来，中国民主政治制度走过了从创立、发展到完善的历程，我们党为实现最广泛的人民民主确立了正确方向，团结带领各族人民成功开辟和探索出了中国特色社会主义政治发展道路。云南坚持从边疆、民族、山区、贫困的省情出发，稳步推进民主政治建设，为经济社会发展提供了坚强的政治保证，各族人民享有更加广泛、更加充分的权利和自由，社会主义民主政治的优越性得以充分显现。尤其是党的十八大以来，以习近平同志为核心的党中央围绕深化政治体制改革，对发展社会主义民主政治作出了一系列重大部署。云南深入学习贯彻习近平总书记关于坚持中国特色社会主义政治发展道路、推进社会主义民主政治建设的重要论述，全面加强党的领导，坚持和完善人民代表大会制度、中国共产党领导的多党合作和政治协商制度、民族区域自治制度、基层群众自治制度，推进协商民主广泛多层制度化发展，健全民主制度，丰富民主形式，拓宽民主渠道，保障了群众的知情权、参与权、表达权、监督权。稳步推进法治云南建设，不断深化党政机构和行政管理体制改革，巩固和发展最广泛的爱国统一战线，创新发展边疆民族、宗教、藏区、港澳台和外事、侨务等工作，不断提高党的群团工作水平，有效提升了边疆治理能力和政治文明建设水平，中国特色社会主义政治建设在边疆民族地区取得了巨大进步和辉煌成就。

一、社会主义革命和建设时期的云南政治建设（1949—1978 年）

中华人民共和国的成立，标志着中国共产党团结带领各族人民取得了新民主主义革命的伟大胜利，中国人民的政治地位发生了根本变化。在人民解放军向大西南胜利挺进的形势下，在中国共产党的积极争取下，云南实现了全境解放，各族人民由此迎来了自己当家作主的新时代。这一时期，云南省委在领导恢复和发展国民经济的同时，开始了社会主义民主政治建设在边疆民族地区的早期探索，初步确立了社会主义民主政治制度的基本架构，有力地巩固了新生的人民政权，为中国特色社会主义民主政治建设的全面推开奠定了坚实的制度基础。

（一）建立巩固新生政权

1950 年 2 月 24 日，云南地师级以上领导干部会议召开，中国人民解放军第二野战军第四兵团司令员陈赓宣布云南解放、中国共产党云南省委员会成立。[①] 此后，相继成立了 1 个市委和 12 个地委，确立了党在云南的领导地位。1953 年3 月 25 日，省委出台了《关于加强党对边疆工作统一领导问题的决定》，把党的领导覆盖到思想、经济、政治、文化等各个领域。面对解放初期的复杂局面，省委认真贯彻落实党中央制定的"团结第一，工作第二"方针，切实担负起领导建设新云南的重任。组建地方各级政权组织，团结一切可以团结的力量，带领各族人民恢复国民经济，稳步推进社会主义民主政治建设。

1950 年 2 月 22 日，云南各界在昆明举行隆重的迎军盛会。图为中国人民解放军第二野战军第四兵团司令陈赓、政治委员宋任穷接受少年儿童献花

1. 领导建立各级人民政权

开展军事接管和民主建政，是云南解放后省委面临的首要任务。在省委领导下，军事接管和民主建政任务顺利完成，为云南各族人民真正实现当家作主提供了必要的政治条件，也为建立和巩固党在边疆民族地区的执政基础创造了良好的社会环境。

解放初期，为巩固政权、安抚人心、稳定秩序，云南实行了军事管制，在较短时间内建立起过渡性的管理体制，达到了稳定社会秩序和恢复社会生产的目标。随后，云南开始建立各级人民政权，并对城乡基层政权进行改造。1950 年 3月 10 日，中央人民政府政务院任命卢汉为云南省军政委员会主任，宋任穷、周

---

① 中共云南省委党史研究室：《中国共产党云南历史第二卷（1950—1978）》，云南人民出版社 2018 年版，第 3 页。

保中为副主任。3月24日，云南人民临时军政委员会撤销，云南省军政委员会正式开始工作，作为解放初期的政权机关，担负了实施《共同纲领》、建立和恢复革命秩序、镇压反动势力、建设新云南的历史任务。云南省军政委员会及地方工作委员会是解放初期为适应形势需要而建立的一种政权组织和人民政府的过渡形式，随着各级人民政权的相继建立和健全，经中央人民政府批准，云南省军政委员会于1952年9月10日撤销。①

1950年3月10日，经中央人民政府政务院第23次会议通过，提请中央人民政府批准，云南省人民政府正式成立。3月24日，中央人民政府政务院任命陈赓为云南省人民政府主席，周保中、张冲、杨文清为副主席。同月，云南省人民政府各部门机构开始筹建，共设行政职能部门45个。②10月30日，云南省军政委员会和省人民政府委员会召开第一次全体委员会议，举行就职典礼。③至1952年底，云南省共设立13个专区、2个地级市、3个县级市、121个县、7个民族自治区（县级）、1个设治区、5个市辖区。④县级以下基层政权以区乡为重点，1951年6月，云南省共设立708个区。后又进行了局部调整，到1953年，调整

1950年10月30日，云南省人民政府在昆明举行就职典礼。图为典礼后全体委员的合影

① 中共云南省委党史研究室：《中国共产党云南历史第二卷（1950—1978）》，云南人民出版社2018年版，第11页。

② 中共云南省委党史研究室：《中国共产党云南历史第二卷（1950—1978）》，云南人民出版社2018年版，第12页。

③ 中共云南省委党史研究室：《中国共产党云南历史第二卷（1950—1978）》，云南人民出版社2018年版，第12页。

④ 中共云南省委党史研究室：《中国共产党云南历史第二卷（1950—1978）》，云南人民出版社2018年版，第12页。

为 770 个区。 乡级政权的建立经历了较长时间，少数地区是在 1950 年建立区级政权的同时就已开始，大多数地区是在 1951 年和 1952 年之间，在土地改革运动中逐步建立的，还有部分边疆民族地区建立时间较晚。1953 年底，云南共设立 10067 个乡。 至此，云南确立了省、地（市）、县、区、乡五级人民政权组织体系。各级人民政权的建立，是影响广泛且极为深刻的社会变革。从此，云南完成了新旧政权体系的更替，为继续完成新民主主义革命任务，进行社会主义改造和建设准备了条件。

2. 领导人民开展各项建设

解放初期，国民经济千疮百孔、濒临崩溃，人民生活困苦不堪。更为明显的是，由于云南地处边疆，民族众多，敌我矛盾、民族矛盾、阶级矛盾相互交织，各民族经济社会发展不平衡的特征尤其突出。在此条件下，省委正确分析和把握云南发展面临的复杂环境和严峻任务，认真贯彻中央制定的正确方针，团结带领各族人民开展巩固新生政权的各项建设，包括坚持"态度诚恳、遇事商量、困难公开"的原则，实行协商接管，合理安排起义人员，孤立和打击匪特、恶霸等反动势力，顺利完成了接管任务；把军事进剿、清匪反霸、减租退押、征粮征税以及统战、群众工作等任务结合起来，统一指挥，形成人民战争的强大合力；遵循"民族团结，双方满意，大家欢迎"的要求，调解民族纠纷；制定"民族和睦、加强民族团结、消除历史造成的民族隔阂，工作稳步推进""通过上层，联系群众；依靠群众，团结上层""联合封建反封建""讲团结不讲斗争"等工作原则和方法，团结民族上层；通过"做好事、交朋友"，疏通民族关系，在少数民族地区慎重稳步地推进了各项民主改革。这些工作不仅推动云南解放初期的各项事业取得了显著成效，也有力地巩固了中国共产党在边疆民族地区的领导地位。

（二）确立社会主义民主政治制度

新中国成立后，在省委的领导下，云南从实际出发，逐步建立起人民代表大会制度、中国共产党领导的多党合作和政治协商制度、民族区域自治制度，初步

① 中共云南省委党史研究室：《中国共产党云南历史第二卷（1950—1978）》，云南人民出版社 2018 年版，第 13 页。
② 王元辅主编：《云南行政区划体制沿革》，云南民族出版社 2005 年版，第 39 页。
③ 中共云南省委党史研究室：《中国共产党云南历史第二卷（1950—1978）》，云南人民出版社 2018 年版，第 8 页。

探索基层群众自治制度，为实现人民当家作主提供了制度保障，社会主义民主政治制度在边疆民族地区落地生根。

1. 建立人民代表大会制度

根据党中央的指示，云南省第一届第一次各界人民代表会议于 1950 年 12 月 25 日至 1951 年 1 月 2 日在昆明召开，这标志着云南各族人民当家作主的开始。会议经过民主协商、充分讨论，选出委员 69 人，正式组成云南省各界人民代表会议协商委员会，并推选出 19 人组成常务委员会。鉴于民族众多的实际，1951 年 11 月，经省委研究并报中央同意，在会议期间，将云南省第一届第二次各界人民代表会议改称各族各界人民代表会议，协商会也改称云南省各族各界人民代表会议协商委员会。在解放初期不具备召开人民代表大会条件的情况下，云南省各族各界人民代表会议协商委员会在一定时期内行使了人民代表大会的职权，为探索和建立人民代表大会制度进行了有益的尝试与准备，也为推行基层人民代表普选奠定了广泛的群众基础。

自 1953 年 7 月起至 1954 年 5 月，遵照中央人民政府委员会"关于召开全国人民代表大会及地方各级人民代表大会的决议"规定，除暂不实行普选的边疆少数民族地区外，在云南范围内进行了基层选举。在此基础上，各市县普遍召开了人民代表大会（不实行普选的地区也召开了各族各界人民代表会议），严肃认真地选举了云南省第一届人民代表大会的代表，通过自己的代表行使国家权力。按照《选举法》精神，结合实际，云南省选举委员会确定省一届人大代表名额为 392 人。[①] 到 1954 年 5 月底，除部分边疆民族地区暂不进行基层普选外，在云南 99 个县市、7502 个基层单位、总计 1420 万人口（占云南总人口的 81.3%）进行了普选。参加投票的选民有 636 万余人，选出基层代表 154100 人，其中妇女代表 26200 人，占 17%，少数民族代表 45930 人，占 29% 以上。[②] 在普选基础上，到 1954 年 7 月，云南 126 个选举单位召开了人民代表大会及各族各界人民代表会议，选举产生云南省第一届人民代表大会代表。

1954 年 8 月 6 日，云南省第一届人民代表大会第一次会议在昆明人民胜利堂举行，标志着人民代表大会制度在云南的正式建立。会议听取审议了云南省人民政府的工作报告，讨论了《中华人民共和国宪法草案》，并一致通过了《关于拥护中华人民共和国宪法草案的决议》，选举出云南出席第一届全国人民代表

---

① 中共云南省委党史研究室：《中国共产党云南历史第二卷（1950—1978）》，云南人民出版社 2018 年版，第 158—159 页。

② 王元辅主编：《云南行政区划体制沿革》，云南民族出版社 2005 年版，第 54 页。

大会的 45 位代表。省各族各界人民代表会议代行省人民代表大会职权的任务圆满完成。1955 年 2 月 10 日，召开云南省第一届人民代表会议第二次会议，把云南省人民政府改称云南省人民委员会，选举产生了云南省人民委员会组成人员及高级人民法院、中级人民法院院长。

人民代表大会制度的确立，从制度上保障了云南各族人民在国家政治生活中的地位和权利。这一时期，云南各级人大的工作相当活跃，各级人民代表大会依照宪法和法律规定充分行使各项职权，审议和批准政府工作报告，选举政府组成人员，对本行政区域内的重大事项作出相应决议、决定，围绕党和国家的中心任务，积极建言献策，有力地推动了云南各项事业的健康发展，人民民主在内容和实质上都实现了新的飞跃。

2. 落实中国共产党领导的多党合作和政治协商制度

中国共产党在领导中国革命的过程中，加强与各民主党派的团结合作，形成最广泛的统一战线，成为战胜敌人的重要法宝之一。1949 年 9 月，中国人民政治协商会议第一届全体会议隆重召开，标志着人民政协正式成立，同时也标志着中国共产党领导的多党合作和政治协商制度的确立，使多党合作的建立和发展进入一个崭新的历史阶段。

中国人民政治协商会议云南省委员会是在省各族各界人民代表会议协商委员会的基础上建立起来的。在 1954 年 8 月云南省第一届人民代表大会召开前，省各族各界人民代表会议协商委员会代行省人民代表大会职权，并具有统一战线组织的双重性质。随着云南省第一届人民代表大会的胜利召开，省各族各界人民代表会议代行省人民代表大会职权的任务圆满结束，人民政协的性质、职能、任务及其内部关系等方面都发生了变化。根据中共中央指示精神，云南解放后，中共云南省委即以统战工作为中心，协助民主党派清理整顿组织，充分发挥各民主党派参政议政的职能。中国国民党革命委员会、中国民主建国会、九三学社、中国民主促进会等 4 个民主党派在云南建立地方组织，多党合作和政治协商制度初具雏形。1955 年 2 月 21 日至 24 日，中国人民政治协商会议第一届云南省委员会第一次全体会议在昆明举行，出席会议的委员 155 人，其中，中共党员 33 人，占 21.3%；民主党派及无党派人士 122 人，占 78.7%；妇女委员 4 人，占 2.6%；少数民族 44 人，占 28.4%。列席代表 125 人。[①] 会议选举产生了由 41 人组成的

---

① 中共云南省委党史研究室：《中国共产党云南历史第二卷（1950—1978）》，云南人民出版社 2018 年版，第 163 页。

政协云南省委第一届委员会常务委员会。政协云南省委员会成立后，根据《中国人民政治协商会议章程》，认真履行职能，围绕国家和地方重要方针政策的制定和贯彻实施，针对政府工作、财政预算、经济与社会发展规划、群众生活的重大问题和统一战线发展的重要事项，认真进行政治协商和民主监督。努力加强与民主党派和民主人士的联系，发展和壮大人民民主统一战线，初步形成了多党合作的格局，有力地推动了社会主义民主政治的全面发展。各民主党派和各界人士积极投身于社会主义改造和社会主义建设，充分发挥各自优势，在维护社会安定团结、促进云南经济社会发展中发挥了重要作用。

3. 推行民族区域自治制度

中国共产党成立以来始终重视民族工作，并把民族区域自治制度作为解决中国民族问题的一项基本政治制度。云南解放后，民主平等地参政议政成为各族人民的共同愿望，省委省政府根据《中国人民政治协商会议共同纲领》和《中华人民共和国民族区域自治实施纲要》的规定，以及中共中央关于"切实认真地普遍推行民族区域自治"的方针，制定了《云南省民族自治区代表会议组织暂行条例》《云南省民族自治区人民政府组织暂行条例》《云南省民族自治乡人民政府组织暂行条例》等 8 个法规草案，按照先易后难的原则，逐步开展民族识别工作，在安定社会秩序、建立民族民主联合政府的基础上，决定在少数民族聚居区积极推行民族区域自治制度。

1950 年底，在认真调查研究的基础上，云南首先在玉溪地区工作基础较好的峨山县试行民族区域自治制度。经过认真筹备和云南省人民政府的批准，1951 年 5 月 12 日建立了云南省第一个相当于县级的民族自治地——峨山彝族自治区，彝族干部施致宽当选为自治区主席。1956 年根据宪法规定，将峨山彝族自治区改为峨山彝族自治县，自治区主席改称为县长。峨山彝族自治县的建立，为在云南普遍推行民族区域自治提供了很好的经验。

新中国成立后，云南积极贯彻党的民族政策，稳步推行民族区域自治。图为 1953 年 1 月新成立的西双版纳傣族自治区人民政府委员宣誓就职会场

1952 年 5 月，省委省政府派出工作组，协助思茅地委进行建立西双版纳傣族自治区的筹备工作。经过半年多的筹备，报经国务院批准，云南第一个相当于地区级的少数民族自治地方——西双版纳傣族自治区，于 1953 年 1 月 23 日正式宣告成立 [①]。西双版纳傣族自治区的成立，标志着云南已经探索出了一条民族地区行之有效的民主建政路径，为全面推行民族区域自治制度提供了经验借鉴。1953 年 7 月 24 日，德宏傣族景颇族自治区（1965 年改为自治州）宣告成立 [②]。1954 年 8 月 23 日，怒江傈僳族自治区宣告成立（1957 年 1 月改称自治州)[③]。1956 年 11 月 22 日，新中国第一个地区级的民族自治地方——大理白族自治州宣告成立。1957 年 9 月 13 日，迪庆藏族自治州宣告成立。1957 年 11 月 18 日，红河哈尼族彝族自治州宣告成立。1958 年 4 月 1 日，文山壮族苗族自治州宣告成立。1958 年 4 月 15 日，楚雄彝族自治州宣告成立 [④]。至此，云南 8 个自治州全

1956 年 10 月 1 日，贡山独龙族怒族自治县成立。图为自治县成立大会现场

---

① 中共云南省委党史研究室：《中国共产党云南历史第二卷（1950—1978)》，云南人民出版社 2018 年版，第 74 页。

② 云南省地方志编纂委员会总纂，云南民族事务委员会编撰：《云南省志·卷六十一·民族志》，云南人民出版社 2002 年版，第 25 页。

③ 云南省地方志编纂委员会总纂，云南民族事务委员会编撰：《云南省志·卷六十一·民族志》，云南人民出版社 2002 年版，第 26 页。

④ 云南省地方志编纂委员会总纂，云南民族事务委员会编撰：《云南省志·卷六十一·民族志》，云南人民出版社 2002 年版，第 28 页。

部建立。此外，又先后建立了澜沧拉祜族、江城哈尼族彝族、孟连傣族拉祜族佤族、耿马傣族佤族、宁蒗彝族、贡山独龙族怒族、巍山彝族回族、路南彝族等8个自治县。为了保障杂散居少数民族的平等权利，还建立了基诺山、布朗山、屏边苗山等12个民族区，以及384个民族乡。

从1951年至1958年上半年，在省委省政府的高度重视下，边疆民族地区坚持"慎重稳进"和"团结、生产、进步"的方针，党的民族区域自治政策得到认真贯彻执行，民族区域自治制度基本建立。这为云南各民族平等参政议政、充分行使民主权利提供了基本前提，保障了少数民族管理国家大事、管理本民族本地区各项事业的民主权利。与此同时，云南一些民族自治州、自治县还制定了《各族各界人民代表会议组织条例》《社会治安条例》《收税条例》，以及保护自然资源和变通执行《婚姻法》等规定，这些单行条例和法规的制定和实施，充分反映和体现了各族人民的意愿，从根本上改变了过去少数民族受压迫、受歧视的状况，大大激发了少数民族的爱国热情，同时也有利于发展各民族平等、团结、互助的民族关系，有利于保障少数民族的平等权利，对维护国家统一、发展巩固民族团结和社会主义民族关系，以及促进民族地区经济社会发展具有重要的意义。此后，云南民族区域自治地方单行法规的制定一直走在全国前列，为形成具有云南特色的民族政策法规体系打下了坚实基础，也为其他地区制定单行民族法规积累了宝贵经验。

4. 探索基层群众自治制度

新中国成立之初，保卫新生的人民政权面临着十分艰巨的任务。一方面要肃清一切敌视人民政权的反动势力的破坏活动；另一方面要充分调动人民群众参政议政的积极性。为实现上述目标，建立有效的基层政权组织形式就显得极其重要。基层群众自治制度是在新中国成立后的民主实践中逐步形成的，首先发端于城市，各地城市居民纷纷建立各种自治组织，管理居住地的公共事务。1954年12月召开的第一届全国人大常委会第四次会议制定并颁布了《城市居民委员会组织条例》，第一次用法律的形式肯定了居民委员会的性质、地位和作用。

这一时期，云南城镇街道居民的组织管理形式是街道委员会，有的叫街民会。主要任务是安定社会秩序，维护社会治安，登记户口及管理社会群团组织、组织恢复生产等工作。云南对基层群众自治的初步探索，迈出了基层民主自治的第一步，受到了广大人民群众的普遍欢迎，这对于扫除封建残余、改变传统不良习俗、实现人民当家作主，具有重要作用。

（三）开展卓有成效的民族工作

新中国成立初期，进驻边疆民族地区做好民族工作是极为重要的任务。1950年5月，中央人民政府政务院召开政务会议，提出民族工作要"慎重缓进"。[①]1950年7月，中央西南局第一书记邓小平在欢迎赴西南地区的中央访问团大会上提出："西南的民族问题复杂，要采取非常稳当的态度，从一开始就把民族关系搞好。"

10月1日，周恩来在欢迎参加国庆观礼的全国各民族代表和文工团时强调指出，对于各民族的内部改革，要按照各民族大多数人民的觉悟和意愿，采取"慎重稳进"的方针。至此，中央正式提出关于民族工作"慎重稳进"的方针。这为云南制定切合实际的民族政策、有序开展民族工作、夯实和巩固党在边疆民族地区的领导地位与群众基础指明了方向。

云南遵照中央以及西南局的指示，以极大的热情和创造精神，着手开展边疆民族工作。1950年5月，云南省委提出少数民族工作必须遵守"首先联络感情、搞好关系、十分谨慎稳重、长期工作、切忌性急"的基本原则，并提出了具体的政策步骤，强调以《共同纲领》中的民族政策为根本依据。1950年11月22日至30日，为贯彻执行中央西南局关于少数民族工作的指示，省委召开了云南少数民族工作会议。提出当前民族工作"宜缓不宜急；讲团结，不讲斗争；反'左'不反'右'"的方针，把云南区分为"内地民族杂居区"和"有土司制度的边沿区（包

1950年11月22日至30日，中共云南省委召开第一次少数民族工作会议，贯彻中央关于少数民族工作的方针。图为会议结束时的合影

---

① 《当代中国的民族工作》编辑部编：《当代中国民族工作大事记（1949—1988）》，民族出版社1989年版，第8页。

括执行边疆政策的藏族地区、小凉山彝族地区)",实行分类指导。① 在省委的正确领导下,云南在解放初期新旧政权的更迭中基本保持了团结稳定的局面,为边疆民族地区各项工作的顺利开展提供了重要保障。

1. 慰问民族地区群众

在"慎重稳进"的民族工作方针指引下,为加强与各民族人民的联系,从1950 年开始,中央人民政府先后组织中央访问团到各少数民族地区进行访问。1950 年 6 月,中央派出第一个访问团到西南民族地区开展慰问活动,这是在党的领导下中国民族关系史上的一个创举。

1950 年 8 月 6 日,中央西南访问团第二分团,在分团长夏康农、副分团长王连芳率领下抵达昆明。访问团在云南历时 10 个月,先后访问了 9 个专区 42 个县。访问团深入到各少数民族村寨,向各族人民传达了党中央和毛主席对各族人民的关怀,宣传党的民族政策,同时进行了调查研究,倾听各民族人民的呼声和要求,为制定民族政策、进一步推动民族地区发展搜集了大量的第一手材料。

访问期间,访问团积极配合当地开展民主建政工作。1951 年,访问团协助

1950 年 8 月至 1951 年 6 月,中央西南访问团第二分团到云南对少数民族开展访问活动。图为保山专区欢迎访问团大会会场

---

① 中共云南省委党史研究室编:《宋任穷云南工作文集》,中央文献出版社 2006 年版,第 332 页。

宁洱（今普洱市）、蒙自两个专区和元阳县成立了民族民主联合政府，协助西双版纳成立了实行民族区域自治筹备委员会。1951 年 3 月 24 日，宁洱专区各族代表、各机关团体代表和宁洱城区各族群众共 5000 余人盛大集会，热烈欢迎中央访问团暨庆祝宁洱专区民族民主联合政府的成立，各族代表将一面有 1800 多人签名的锦旗献给中央访问团，以表达各族人民永远跟着共产党走的决心。① 中央访问团结合民族识别和民族区域自治工作，对云南少数民族进行了第一次大规模的民族调查，为中央制定切合实际的民族政策提供了有力支撑，为加快云南少数民族地区的发展起到了至关重要的作用。

2. 争取团结民族上层人士

团结民族上层人士，是解决民族问题的重要工作之一。解放初期，云南共有少数民族上层人士和宗教上层人士 1.31 万人，其中 1.28 万人分布在边疆地区。② 如果按照他们当时的管辖范围大小划分，这些上层人士中有相当于县级以上的土司 115 人；区级以上的土司、山官、王子、活佛、牧师等 900 多人；乡级的土司属官、山官、头人 1800 多人；村寨头人约 1 万人。③ 民族上层人士对少数民族群众有极大的影响力，只有争取团结民族上层人士，并通过他们团结各族人民，才能孤立打击境内外敌人、稳定边疆、顺利开展民族工作，否则，就会困难重重，甚至寸步难行。针对这个实际，云南省委根据党中央的指示，提出"团结对敌"的口号，反复教育干部认识团结民族上层的重要意义，懂得与民族上层爱国人士结成联盟，是人民民主统一战线的重要内容之一，并明确规定在边疆民族地区采取重大措施之前，都应事先与民族上层人士协商，取得他们同意后再去实施。

为争取团结民族上层人士，省委省政府采取了如下措施：

一是反复耐心地宣传党的民族工作方针和政策，解除思想顾虑。1951 年 7 月，云南省人民政府、省军区发布了《关于加强民族团结，坚决剿匪、巩固国防的十项公告》，明确规定边疆各民族地区现行政治制度及土司头人之现行地位和职权，凡爱祖国、爱人民之土司头人同时参加各级人民政府工作。因受骗而实行对抗之土司头人，只要诚心悔过，回到祖国怀抱，人民政府可不收缴其武器，对剿匪有功者论功给奖，以最大限度地减少他们对社会改革的疑虑。

二是动员组织包括上层人士在内的少数民族代表到内地参观学习。1950 年至 1954 年，先后组织 45 批、4170 位民族上层人士到全国各地参观学习。1950

---

① 当代云南编辑委员会主编：《当代云南简史》，当代中国出版社 2004 年版，第 102 页。
② 《云南民族工作 40 年》编写组编：《云南民族工作 40 年》，云南民族出版社 1994 年版，第 354 页。
③ 当代云南编辑委员会主编：《当代云南简史》，当代中国出版社 2004 年版，第 109 页。

年 6 月，中央决定组织全国少数民族代表赴京参加首届国庆观礼，西南区 64 名代表中，云南有 53 人，大多是民族上层人士。参观团到北京观看了首都国庆典礼和群众游行，受到毛泽东、朱德、周恩来等党和国家领导人的亲切接见。回到本地后，积极宣传党的政策，传达党中央、毛主席对少数民族的关怀，取得了良好效果。1950 年 12 月 27 日至 1951 年元旦，中共宁洱地委召开"宁洱专区第一届兄弟民族代表会议"，26 个少数民族的代表和当地党政军领导干部共 48 人剽牛喝咒水后宣誓立碑，建立了宁洱民族团结誓词碑，宣告了各民族要团结一心跟着共产党走的坚定决心。

三是政治上关心、生活上照顾民族上层人士。根据各民族上层人士原来所处的社会地位和影响，分别安排他们在县、区、乡政府中担任一定的领导职务，确保有职有权；对生活确有困难的，给予必要的补助。1952 年前后，云南约有 1.3 万名民族上层人士参加了各级政权工作，其中担任县级以上自治机关和民族联合政府领导职务的有 115 人，任乡（区）级职务的有 2700 多人。[①] 至 1957 年，云南共安排了 1087 名民族宗教上层人士到各级政权组织任职。[②]

四是党政领导主动与民族上层人士交朋友。在开拓民族工作的过程中，各级党政领导主动与各民族的上层人士交朋友，以诚相待，认真听取他们的意见，了解他们及所代表民族的实际情况，帮助解决在生产生活方面的困难，积极争取团结他们。

通过妥善安排和适当照顾，消除了民族上层人士的思想顾虑，解除了他们的后顾之忧，更

1951 年元旦，宁洱专区第一届兄弟民族代表会议的各族代表"会盟立誓、刻石铭碑"，表达团结到底、永远跟党走的决心。图为民族团结誓词碑

---

① 王连芳主编：《云南民族工作的实践和理论探讨》，云南人民出版社 1995 年版，第 273 页。

② 中共云南省委党史研究室：《中国共产党云南历史第二卷（1950—1978）》，云南人民出版社 2018 年版，第 66 页。

多的民族上层人士表达了对中国共产党的信任和支持，投身到社会主义建设的各项事业中，为实现边疆民族地区的民族团结、社会稳定作出了积极贡献。

3. 交朋友做好事得民心

新中国成立初期，省委根据边疆民族地区基层党组织和人民政权尚未完全建立的实际，决定组织民族工作队，全面开展边疆民族工作，宣传党的民族政策，帮助少数民族群众发展生产，密切党和各族人民的关系，为全面铺开民族工作打下扎实的基础。1952年，分批组织由民族工作干部、商业贸易人员、医疗卫生人员、文艺工作者等参加的民族工作队，分赴省内各民族地区特别是边疆民族地区，大规模开展以"做好事、交朋友"为基本内容的民族工作。工作队深入到少数民族村寨，与群众同吃、同住、同劳动，向群众传授农业生产技术、送医送药、治病救人、发放口粮、调运籽种，帮助各族群众解决生产生活困难。

1951年和1952年，共组织了2000多人的抗疟队伍，在滇西、滇南进行大规模防疟抗疟。仅两年时间，就控制了疟疾的大面积流行，发病率从21.5%下降到1.8%。在中甸藏区，民族工作队积极推广种植马铃薯并获得成功，有效缓解了当地群众的生活困难。1952年，中国科学院派出工作组到云南帮助调查和创制、改进少数民族文字工作。工作组深入调查研究了佤、傣、拉祜、景颇、阿昌、傈僳、哈尼、怒等民族的语言文字，帮助部分少数民族创制和改进文字。民族工作队以实际行动赢得了各族群众的信任和赞誉，拉近了少数民族和中国共产党之间的距离。

4. 调解历史遗留纠纷

由于历代反动统治阶级实行民族压迫、歧视政策，挑拨民族关系，制造民族隔阂，致使民族之间和民族内部矛盾很深，长期存在着包括山林、土地、水源、牧场等在内的历史纠纷。新中国成立后，为了疏通民族关系，加强民族团结，党和政府对历史上遗留下来的民族纠纷，进行了认真的调解和处理。在党委和政府的领导下，由派出的工作队出面，召集双方头人，本着"民族平等团结、合理调解、互相协商、双方让步、大家满意"的原则，通过疏导，使许多历史遗留下来的矛盾纠纷顺利解决，结束了长期仇杀械斗的历史。宁蒗彝族家支以"钻牛皮盟誓"，消除了长期历史隔阂。德宏订立了"团结爱国公约"，成为调解和处理民族纠纷的光辉典范。这些举措，逐步消除了历史遗留的民族问题，弥合了长期存在的民族裂痕，增进了各民族之间的相互谅解，为建立社会主义民族关系创造了有利条件。

5. 努力消除民族歧视

由于历代统治阶级实行的民族压迫政策，对一些少数民族的称谓多带有歧视或侮辱的性质。1951 年 5 月 16 日，中央人民政府政务院发出《关于处理带有歧视或侮辱少数民族性质的称谓、地名、碑碣、匾额的指示》后，省委省政府十分重视，经过调查研究，并与各民族代表人物充分协商，对于有歧视或侮辱少数民族性质的称谓、地名等进行了处理。

云南彝族自称他称甚多，新中国成立初期调查仍有 100 多个，其中有些他称带有歧视性质。考虑彝族人民的意愿，根据毛主席的建议，将自称繁多的彝族各支系统称为彝族，表示有吃有穿，代表日子富裕。独龙族自称"独龙"，他称"俅人""曲子"，1952 年，在周恩来总理的关怀下，根据本民族代表的意见，定名为独龙族。景颇族自称"景颇"，他称"山头"，汉文记载中诬称为"野人"，根据本民族意愿，废除"山头"等称谓，统称为景颇族。佤族自称"佤""阿佤""布"等，他称"卡瓦"。1963 年 4 月 2 日，经国务院批准，"卡瓦族"改称佤族。①

云南历史上形成的一些旧地名带有歧视、侮辱少数民族的性质，需要更改。1954 年 8 月，在云南省第一届人民代表大会第一次会议上，讨论通过了《关于更改歧视、侮辱少数民族的地方名称的决议》。报经中央人民政府内务部批准，将云南省内含有歧视、侮辱少数民族之意的缅宁、蒙化、顺宁、镇南、平彝等县的名称作了更改：缅宁改为临沧；蒙化改为巍山；顺宁改为凤庆；镇南改为南华；平彝改为富源。另外，位于西双版纳自治州南部的原镇越县，经国务院批准，改为勐腊县。②

对这些带有侮辱性、歧视性族名和地名的更改，是落实中国共产党的民族政策的具体体现，有利于消除民族歧视、增进各民族的团结和睦。

6. 注重民族干部培养

把少数民族群众中的优秀分子培养成为党的民族干部，是解放初期云南做好民族工作的又一个重要内容。民族工作队深入少数民族地区后，坚持边实践、边锻炼培养干部的方针，把工作中发现的少数民族骨干和积极分子吸纳到工作队中来，提升他们的政治文化水平，采取新老队员结对子的方式，把学习和工作结合起来，帮助他们在实际工作中尽快成长。一批又一批的少数民族青年参加工作队，为更好地开展民族工作搭建了桥梁和纽带。与此同时，把民族工作队作为培养少

---

① 中共云南省委党史研究室：《中国共产党云南历史第二卷（1950—1978）》，云南人民出版社 2018 年版，第 70 页。

② 中共云南省委党史研究室：《中国共产党云南历史第二卷（1950—1978）》，云南人民出版社 2018 年版，第 70 页。

数民族干部的主阵地，通过这种方式，一大批少数民族干部迅速成长起来，其中一些有培养前途的被选送到自治机关任职，还有一部分被送到中央民族学院、西南民族学院、云南民族学院学习深造。云南在解放后的 6 年时间内，民族工作队培养了许多当地民族干部，他们分别担任州、县、乡的领导职务①，成为各级政权机关的主要领导，为促进当地的民族团结和经济社会发展提供了重要的人才保障。

（四）探索社会主义法制建设

新中国成立初期，中国共产党带领人民成功推行司法改革运动，彻底废除了国民党反动政府一切压迫人民的法律、法令和司法制度。1950 年 3 月，中国人民解放军西南军区昆明军事管制委员会接管国民党云南省各级地方政府和省市法院、检察院、监狱、看守所等旧的司法机关，建立了云南省人民法院（后更名为云南省高级人民法院），下设司法行政处管理司法行政工作。1954 年，中央人民政府司法部改称中华人民共和国司法部，在各省、自治区、直辖市设立司法厅、局，云南逐步推进司法行政机构建设，形成了从省到专区、县的司法行政组织体系。协同省人民法院普遍建立了省以下各级地方人民法院和一批"土改""三反""五反"人民法庭及巡回法庭，从司法方面保障镇压反革命、土地改革及社会主义改造等运动的顺利进行。

1951 年 12 月 25 日，云南省人民检察署正式挂牌成立。1954 年 9 月，第一届全国人民代表大会第一次会议通过《中华人民共和国宪法》和《中华人民共和国人民检察院组织法》以后，云南省各级人民检察署（分署）于同年 12 月 31 日更名为人民检察院（分院）。

1950 年 8 月，云南省公安厅成立。在新中国成立初期，人民公安机关的主要工作是保卫人民政权。在社会主义改造和建设时期，公安机关转入同刑事犯罪活动作斗争的经常性工作。

总体来看，这一时期云南省委对法制建设是非常重视的，在云南范围内废除了国民党时期的一切法律、法令以及司法制度；重新建立了司法行政机关；建立了律师、公证、人民陪审、人民调解等人民民主的司法制度；组织和开展了《宪法》和《婚姻法》等法律宣传及法制教育活动；管理和培训司法干部，协同法院部门开展司法改革，批判旧法观点和旧法作风，整顿司法组织，纯洁司法队伍。这对

---

① 中共云南省委党史研究室：《中国共产党云南历史第二卷（1950—1978）》，云南人民出版社 2018 年版，第 63 页。

于巩固新生政权、促进国民经济的恢复和发展，发挥了重要作用。

（五）推进统一战线工作

统一战线是中国共产党领导人民夺取新民主主义革命胜利的三大法宝之一，为实现民族独立和人民解放发挥了重要作用。新中国成立初期，云南省委从复杂的形势出发，清醒地认识到统一战线工作对于新中国成立后各项建设的重要意义，按照中央"团结第一，工作第二"的方针，继承和发扬新民主主义革命时期党的统战工作传统，确定了"云南今后相当一个时期内，要把统战作为中心工作"① 的指导思想，明确提出要认真做好统一战线各领域工作，最大限度地团结了云南各民族、各民主党派和一切爱国力量，为巩固新生的人民政权、恢复国民经济、促进民族团结、维护边疆稳定营造了良好的氛围。

1950年3月，云南省委统战部成立，加强对统一战线工作的组织领导。至1961年，云南16个地州市委和119个县委先后建立了统战部。1950年10月，云南省委统战部召开云南第一次统战工作会议，明确统战工作的主要政策界限和主要问题。②1951年7月，在省委统战部帮助下，云南省民革临工会、省民盟临工会、民建昆明分筹会联合举行公开招待会，各自阐述了民革、民盟、民建的性质、任务和革命斗争历史，为云南民主党派地方组织成立打下了思想基础。1956年，中共中央提出共产党与民主党派"长期共存，互相监督"的方针，成为多党合作、政治协商稳定发展的重要标志。九三学社、中国民主促进会、农工民主党等，先后派人来昆明发展和建立组织。到1957年春，全国8个民主党派中有5个党派在云南建立了组织。

这一时期，省委坚决贯彻"把统战作为中心工作"的指导思想，创造性地贯彻落实了中共中央统一战线工作的理论和政策，充分发挥了统一战线的作用，调动一切积极因素，团结一切可以团结的力量，推动了解放初期云南统一战线事业的发展。

（六）成立工青妇群团组织

在建立人民政权组织体系的同时，云南成立了省委工人运动委员会、省委青年工作委员会和省委妇女工作委员会，领导和筹建云南省工会、青年团和妇联群

---

① 中共云南省委党史研究室编：《宋任穷云南工作文集》，中央文献出版社2006年版，第78页。

② 中共云南省委党史研究室：《中国共产党云南历史第二卷（1950—1978）》，云南人民出版社2018年版，第17页。

众团体组织。①

1951 年 1 月 15—20 日，省委工人运动委员会召开云南省首次工人代表会议，成立云南省总工会筹备委员会。根据中国工会七大通过的工会章程，1953 年 10 月 8 日，省总工会召开第十八次常委会议，决定把"云南省总工会"更名为"云南省工会联合会"。

1950 年 5 月，省委妇女工作组（后改称妇女工作委员会）成立，同时成立云南省民主妇女联合会筹备组。1951 年 12 月，云南省首届妇女代表大会召开，云南省民主妇女工作委员会成立。

1953 年 3 月 28 日至 4 月 5 日，中国新民主主义青年团云南省委第一次代表大会召开，大会选举了团省委常务委员会委员和团省委书记等，并提出在工作中认真贯彻党的领导，完成党的政治任务。

这一时期，云南工青妇组织相继成立后，在组织群众、宣传群众、教育群众方面做了大量工作，为巩固新生的人民政权营造了团结和谐的社会氛围。

新中国成立后，我国民主政治建设大体经历了从建立到曲折再到发展的这样一个历史过程，初步建立了社会主义民主政治制度，即人民代表大会制度、中国共产党领导的多党合作和政治协商制度、民族区域自治制度。在此背景下，云南社会主义民主政治建设开始迈入新的历史阶段，相继确立了社会主义民主政治制度，形成了符合边疆民族地区实际的民族工作经验。尽管"反右"和"文革"时期社会主义民主法治建设遭到破坏，人民代表大会机构履职受限，政协委员活动基本停滞，一些经过实践检验符合少数民族地区实际的民族政策被取消，但在纠"左"和全面整顿中，党的领导逐步得到恢复，党的民族宗教政策逐步得到调整，社会主义民主政治建设在曲折中得到了发展。总体来说，社会主义民主政治在云南的全面建立和初步探索，使各族人民真正获得了当家作主的政治地位，这为改革开放后边疆民族地区重新确立和发展中国特色社会主义民主政治制度奠定了坚实的基础。

二、改革开放以来的云南政治建设（1978—2012 年）

以党的十一届三中全会召开为标志，在全面纠正"文化大革命"错误的基础

---

① 中共云南省委党史研究室：《中国共产党云南历史第二卷（1950—1978）》，云南人民出版社 2018 年版，第 13 页。

上，开启了改革开放和社会主义现代化建设的新时期，我国社会主义民主政治建设开始踏上新的征程。省委全面贯彻落实党的十一届三中全会精神，通过恢复和整顿党的组织，重新确立党对各项工作的领导，带领云南各族人民开展真理标准问题大讨论，拨乱反正，平反冤假错案，恢复和发展边疆民族工作，恢复和建设民主政治制度，使国家政治生活重新回到了正确的轨道，社会主义民主政治建设在边疆民族地区焕发出新的生机与活力，为推动云南改革开放和社会主义现代化建设提供了坚强的政治保证。

（一）加强和改进党的领导

按照党中央的统一部署，云南围绕贯彻落实党的十一届三中全会精神，认真组织开展真理标准问题大讨论，经过思想上、政治上、组织上的重新整顿和拨乱反正，各级党组织迅速恢复领导地位。通过妥善处理大量历史遗留问题，平反冤假错案，做好落实政策工作，云南社会主义民主政治建设进入新的发展时期。

1.恢复省委领导机构

党的十一届三中全会召开前，云南已经开始逐步恢复和加强党的领导工作。1971 年 5 月 31 日，经党中央批准，中共云南省委第二次代表大会召开，出席大会的代表有 1235 名，选举产生了中共云南省第二届委员会委员、候补委员、常委。中共云南省第二届委员会组成后，省革委会核心小组自然消失，标志着"文化大革命"开始后遭受破坏的省委机构正式恢复。① 这对云南迅速结束"文革"时期的社会动乱，稳定政治形势，恢复经济生产，推动改革开放和社会主义现代化建设起到了决定性作用。

2.加强领导班子建设

"文革"结束后，为贯彻落实党中央解决云南问题的指示和决定，云南省委着手进行整党整风，切实加强领导班子建设，为巩固党的领导地位创造了必要条件。

1977 年 7 月，云南省委主要领导进行调整。1978 年 1 月，省委向中央再次汇报了省委常委整风的情况，经党中央批准，对省委常委班子进一步进行调整。② 在"揭批查"运动中，云南省委对一些地、州、市、县委领导班子作了调整。对省级一些关键部门进行了清查和整顿，对一些不适宜在关键部门工作的人员进

---

① 中共云南省委党史研究室编：《中共云南省委大事纪略（1950 年 2 月—2013 年 12 月）》，第 67 页。
② 中共云南省委党史研究室：《中国共产党云南历史第二卷（1950—1978）》，云南人民出版社 2018 年版，第 561 页。

行了调整。截至 1978 年 5 月底，云南 17 个地、州、市委中，调整和加强了一、二把手的有 12 个；省属部、委、办、局 60 个单位中，调整一、二把手的有 24 个；128 个县（市、区）中，调整一、二把手的有 67 个。① 对各级领导班子进行调整，起用了一大批政治上可靠、有工作经验和在"文化大革命"中受迫害或历史上受到错误处理的老干部，提拔了一大批年轻有为、德才兼备、有文化知识、符合"四化"要求的干部，使党牢牢掌握了各级领导权。

3. 领导全面拨乱反正

党的十一届三中全会后，省委及时传达全会精神，清理"左"的思想影响，从"两个凡是"的精神枷锁中解放出来，领导人民群众认真贯彻落实全会通过的决议，实现了思想路线的拨乱反正，推动云南民主政治建设重新走上了正确的轨道。

实现工作重点转移。1979 年 1 月，云南召开县委书记会议，传达贯彻十一届三中全会精神，并着重讨论如何把党的工作重点转移到社会主义现代化建设上来。为落实全会精神，做好工作重点转移，省委提出抓好 6 个方面的工作，对党的十一届三中全会制定的路线开展大规模的学习和宣传运动；解放思想，开动机器，打破思想僵化、半僵化状态；善始善终地结束揭批林彪、"四人帮"的群众运动；搞好领导班子的建设；尽快地把农业搞上去；加强党的领导，使各级党委的工作适应工作重点的转移。

妥善处理重大历史遗留问题。为尽可能地消除长期"左"的错误和各种消极因素及影响，团结一切可以团结的力量进行社会主义现代化建设，省委对一些重大历史遗留问题进行了妥善处理。根据中央有关决定和指示，省委对"文革"以前的重大案件和历史遗留问题也陆续进行了甄别和处理，妥善解决了中共云南地下组织和"边纵"的历史遗留问题。

平反冤假错案。1977 年 7 月，云南省委分别下发了《关于解决过去专案审查和复查工作中若干政策问题的意见》（试行草案）和《关于文化大革命期间非正常死亡人员及其它问题的处理意见》（试行草案）两个文件，要求云南各地各单位对"文革"以来定性处理的案件，不管是敌我矛盾的案件，或是因人民内部矛盾性质而给予各种纪律处分的案件，本人有申诉或者长期有争议的案件，受"划线站队"和派性影响的案件，都应认真进行复查。省委为平反"文革"期间

---

① 中共云南省委党史研究室：《中国共产党云南历史第二卷（1950—1978)》，云南人民出版社 2018 年版，第 561—562 页。

冤假错案、落实政策所采取的一系列措施，掀掉了压在广大干部群众头上沉重的政治包袱，改善了党和群众、干部和干部、群众和群众、民族和民族之间的关系，得到了人民群众的积极拥护，成为促进云南安定团结的重要因素之一，实事求是的工作作风受到了普遍赞扬。

做好落实政策工作。一是落实知识分子的政策。在清理"左"的影响和工作重心向经济建设转移的过程中，云南各级党委逐步提高了对知识分子在新的历史时期的地位和作用的认识，把一些德才兼备和有组织领导能力的中青年知识分子选拔到各级领导岗位，吸收了一些优秀分子加入中国共产党，恢复了科技人员技术职称评定和晋升工作，对工作不对口的进行了调整，改善了工作条件和生活待遇。1982 年和 1984 年进行了两次大规模检查党的知识分子政策落实情况的工作，边检查，边发现问题，边改进。到 1983 年底，云南科技人员中有 1.36 万人担任科级以上领导职务，11.82 万名专业技术人员评定了职称，对 5000 多名用非所学的科技人员调整了工作，300 多户科技人员的家庭户口由农村转到城市，科技人员的住房条件不同程度得到了改善。①

二是全部摘掉地主富农帽子。1979 年 1 月中共中央作出《关于地主、富农分子摘帽问题和地、富子女成份问题的决定》。根据中央精神，云南采取由点到面、分批进行和群众评议、县（市、区）公安机关审查、县级革委会批准、张榜公布的办法，认真开展这一工作。到 1979 年底，摘帽子和纠正错戴帽子的共33.14 万人，占当时"地富反坏右分子"的 98.27%。② 给全部地富子女改变了成分，规定在入学、招工、参军、入团、分配工作方面不得歧视。对当时未摘掉帽子的，根据省委批示，到 1982 年也全部摘掉了帽子。

三是把小商、小贩、小手工业者及其他劳动者从原工商业者中区别出来，恢复了他们的劳动者身份。云南原工商业者 1.41 万人中区别为小商、小贩、小手工业者有 1.29 万人，占原全部工商业者的 92%，其资金总额为 516 万元，占全部合营资金总额的 19%。③ 对原工商业者（包括尚未区别开来的小商、小贩、小手工业者）在"文革"中发生的冤假错案也都全部复查纠正；下放到农村的调回原单位安排工作；被扣减停发的工资、定息，全部补发；查抄的财物和被挤占的房屋，也都大部退还。

四是落实国民党起义、投诚人员政策。1979 年 1 月，中共中央批转中央统

---

① 当代云南编辑委员会主编：《当代云南简史》，当代中国出版社 2004 年版，第 377 页。

② 当代云南编辑委员会主编：《当代云南简史》，当代中国出版社 2004 年版，第 378 页。

③ 当代云南编辑委员会主编：《当代云南简史》，当代中国出版社 2004 年版，第 378 页。

战部等6部门《关于落实对国民党起义、投诚人员政策的请示报告》。1980年3月，云南制定了执行文件，为在历次运动中受到各种处理的起义、投诚人员落实了政策。经复查改正恢复名誉的有1.06万人，占应复查总数的94.8%。[①]

五是落实党的侨务政策。根据全国侨务工作会议精神，1979年3月，云南召开云南侨务工作会议，要求各地按照中央提出的"一视同仁、不得歧视、根据特点、适当照顾"的方针，全面落实党的侨务政策。到1987年底，"文革"中绝大多数的冤假错案已经平反，被强占的房屋，已清退了82%，一些归侨、侨眷知识分子的技术职称、住房困难、夫妻分居、子女就业、入党难等问题基本得到解决。[②]

在落实政策的过程中，省委多次召开会议，听取工作汇报，及时传达中央精神，采取逐步清理、逐步落实、逐步平反的办法，排除各种阻力和困难，做了大量细致认真的工作，调动了各方面力量参与社会主义建设的积极性。

4. 改进党的领导体制和工作机制

1980年8月，邓小平同志在中央政治局扩大会议上所作的《党和国家领导制度的改革》讲话，反思总结了过去政治生活中包括官僚主义、权力过分集中、家长制、领导职务终身制等弊端，提出要靠加强制度建设，从根本上解决这些问题。这一讲话成为改革开放后中国政治体制改革的纲领性文件。1994年9月，党的十四届四中全会通过《中共中央关于加强党的建设几个重大问题的决定》，提出在加强党的建设的同时，进一步改善党的领导，着力改进党的领导方式和执政方式，并提出了"总揽全局、协调各方"的要求。这为云南推进政治体制改革，改进党的领导体制和工作机制指明了方向。

完善党的领导体制。省委坚持把方向、议大事、观全局，集中精力抓好带全局性、战略性和前瞻性的重大问题，通过制定发展战略目标，提出立法建议、推荐重要干部、进行思想宣传，发挥党组织和党员的作用，坚持依法执政，有效实施党在各个领域的政治、思想和组织领导；从推动全局工作出发，规范和统筹协调与人大、政府、政协以及人民团体的关系，支持人大依法履行国家权力机关的职能，经过法定程序，使党的主张成为国家意志，使党组织推荐的人选成为国家政权机关的领导，并对他们进行监督；支持政府履行法定职能，依法行政；支持政协围绕团结和民主两大主题履行职能；加强对工会、共青团和妇联等人民团体的

---

① 当代云南编辑委员会主编：《当代云南简史》，当代中国出版社2004年版，第379页。

② 当代云南编辑委员会主编：《当代云南简史》，当代中国出版社2004年版，第379页。

领导，支持他们依照法律和各自章程开展工作，使之更好地成为党联系广大人民群众的桥梁和纽带，这些措施既保证了党委在同级各种组织中发挥领导核心作用，又充分发挥了人大、政府、政协以及人民团体的职能作用，最广泛地调动了各方面的积极性，实现了凝心聚力促发展、建和谐。

改进党的执政方式。坚持依法执政，发展社会主义民主政治。省委认真贯彻落实依法治国的基本方略，制定和实施依法治省规划，深入开展法制宣传和社会主义法治理念教育，不断推进社会主义民主政治的制度化、规范化和程序化。坚持和完善人民代表大会制度，加强对地方立法工作的领导，努力提高立法质量，确保法律法规的贯彻落实。坚持和完善中国共产党领导的多党合作和政治协商制度，充分发挥人民政协的作用，坚持重大决策协商在决策之前和决策之中，广泛听取民主党派和无党派人士意见，真诚接受监督。完善决策机制，推进决策的科学化、民主化。省委始终坚持民主集中制，认真贯彻落实集体领导与个人分工负责相结合的领导制度和"集体领导、民主集中、个别酝酿、会议决定"的基本原则，坚持重大问题集体讨论决定，形成了书记负总责、副书记和其他常委分工负责抓好落实的工作局面，落实常委会向全委会报告工作的制度。省委根据新形势和任务的变化，又修订了省委 22 项工作规则和常委会议事规则，不断完善科学决策、民主决策、依法决策的制度。2003 年，中央召开省市区领导班子思想政治建设座谈会后，云南省委出台了《关于坚持和完善各级党委（党组）民主集中制的若干意见》《关于建立健全各级党委（党组）科学民主决策制度的意见》等一系列规定，提出各级党委讨论决定重大问题，必须始终坚持"党委领导、会议决定、集体决策"三项议事原则，严格执行"议题确定、调查研究、征求意见、科学论证、逐项表决、公示通报"六项决策程序，切实做到"三个必须""三个坚持""四个不议"。①

发挥领导核心作用。党的十一届三中全会后，党确立了社会主义初级阶段的基本路线。随着执政党历史任务的变化，要求党的领导方式和执政方式也随之变化。

---

① "三个必须"即：必须认真确定议题，凡提交会议讨论决策的议题，在征求意见的基础上确定，不搞临时动议；必须充分发扬民主，凡提交会议讨论决策的重大问题，要广泛听取和征求各方面的意见和建议；必须坚持会议决定，对重要干部任免实行票决制，对重大决策、重要建设项目和大额资金使用，逐步推行票决制。"三个坚持"即：坚持集体讨论重大事项不含糊，坚持抓大事、议大事不马虎，坚持班子成员积极参与集体领导不应付。"四个不议"即：属于非方向性、非全局性、非根本性的问题不议，属于行政领导方面的事项不议，属于其他会议研究解决的问题不议，属于执行中没有特殊情况的不议。

一是坚持党对大政方针政策和全局工作的政治领导。省委结合实际制定了云南经济社会发展的战略目标。省第七次党代会提出了"以加快发展为主题、经济结构调整为主线、改革开放和科技进步为动力、提高人民生活水平为根本出发点，围绕建设绿色经济强省、民族文化大省和中国连接东南亚、南亚国际大通道三大目标，实施可持续发展、科教兴滇、城镇化和全方位开放四大战略，培育壮大烟草、生物资源开发创新、旅游、电力和矿产五大支柱产业"的奋斗目标。省第八次党代会站在新的历史起点上，全面贯彻落实科学发展观，紧紧围绕全面建设小康社会的宏伟目标，提出了建设富裕民主文明开放和谐云南的奋斗目标。

二是充分发挥"一个党委、三个党组"的作用。建立了"关于省委、省人大、省政府、省政协研究重要问题重大事项的工作机制"，下发了《关于进一步加强人大工作的意见》，支持人大、政府、政协履行职责，定期听取工作情况汇报，并通报省委的重要工作部署。改进和加强了省委对统战、民族、宗教、知识分子和对台工作的领导，加强与各民主党派、工商联的沟通与联系，及时听取意见和建议。云南各级党委认真落实省委的要求，严格依法执政，把领导核心作用充分体现在谋全局、把方向、管大事上，统筹协调人大、政府、政协的关系，支持民主党派和人民团体依法履行职责。

三是坚持党管干部的原则，整体推进干部人事制度改革。省委认真贯彻执行中央颁发的《党政领导干部选拔任用工作条例》，坚持"任人唯贤、德才兼备"的用人原则，围绕推进干部工作科学化、民主化、规范化，不断深化干部人事制度改革。2000年以来，先后出台了《云南省差额选拔任用正职领导干部暂行办法》等40多个法规性文件，基本形成了完整配套的政策法规体系，加强了对干部选拔、任用、管理等全过程的监管，实现了干部人事制度改革从重点突破向整体推进转变，党的领导核心作用得到不断加强和提升。

四是坚持党对意识形态领域的领导，弘扬时代主旋律，营造昂扬向上、奋发进取的社会氛围。坚持不懈地用马克思主义中国化最新理论成果武装全党、教育人民。深入开展社会主义荣辱观学习实践活动，扎实推进公民道德建设工程、群众性精神文明创建活动。牢牢把握正确的舆论导向，不断加强宣传思想工作，新闻报道、外宣工作有力度、有影响，树立了云南在国内外的良好形象。

五是加强和改进党对人民团体的领导，密切党群关系。加强和改进党对工会、共青团、妇联等人民团体的领导，充分发挥党的群众工作的政治优势和工

参加党代会的云南少数民族妇女代表

青妇等组织在全面建设小康社会中的独特作用。2003 年，省委召开了云南省工青妇工作会议，制定了《中共云南省委关于加强和改进新时期工会、共青团、妇联工作的意见》。加强党委对工青妇工作的领导，形成领导班子集体抓、主要领导亲自抓、分管领导具体抓的领导格局。配齐配强工青妇组织领导班子，提供必要的物质条件，支持工青妇等人民团体按照宪法、法律和各自的章程开展活动。

（二）恢复和发展社会主义民主政治制度

党的十一届三中全会提出了健全社会主义民主和加强社会主义法制的任务，强调要使民主制度化、法律化，使这种制度和法律具有稳定性、连续性和权威性。以此为指引，云南取消了地方各级革命委员会，通过重新召开各级人民代表大会，完善中国共产党领导的多党合作和政治协商制度，重视边疆民族宗教工作，恢复民族区域自治制度，改革国家权力体制，加强基层民主建设，推进社会主义法制建设，切实保障各族人民当家作主的权利。

1. 推动人民代表大会制度回到正轨

根据《中共中央关于召开五届人大的通知》的精神，1977 年 12 月 13 日至 17 日，云南召开第五届人民代表大会第一次会议，这是粉碎"四人帮"后首次召开的人民代表大会，出席这次大会的代表有 1016 名。① 自此，人民代表大会活动开始步入正轨。1979 年 12 月，云南省第五届人民代表大会第二次会议，恢复了民主选举省长、副省长、省高级人民法院院长、省人民检察院检察长等重要职权。根据《中华人民共和国地方各级人民代表大会和地方各级人民政府组织法》，选举产生了云南省人民代表大会常务委员会。1983 年，云南省第六届人民代表大会第一次会议决定并选举产生了省人大民族、法制、财政经济、教育科学文化卫生 4 个专门委员会，进一步拓宽了人大工作领域，使人大权力机关的作用得到进一步发挥。② 人民代表大会制度恢复后，各项工作开始有条不紊地予以推进。

加强党对人大工作的领导。党的十四大以后，省委认真学习贯彻党中央关于坚持和完善人民代表大会制度的一系列指示精神，认真总结各级党委加强对人大工作的领导和发挥地方权力机关作用的经验，进一步坚持和完善人民代表大会制度。1992 年，省委召开云南人大工作会议，各级党委着力提高执政本领和水平，高度重视人大在民主和法制建设中的重要地位和作用，自觉加强对人大工作的领导。善于通过人大这个主渠道、重要纽带和桥梁，广泛倾听人民群众的要求和意见，密切联系人民群众。善于根据中央精神并结合本地实际，把党委关于社会主义现代化建设的主张，通过民主科学决策，以法律形式变成人民的意志和行动。善于发挥人大的法律监督和工作监督的作用，保证党的方针政策正确执行和有效落实，保证各级政府机关廉洁奉公和勤政为民。同时，省委还作出了《中共云南省委关于进一步加强人大工作的决定》，要求在工作中继续坚持党的领导、依法行使职权、民主集中制和从实际出发等基本原则。

依法履行人大职责。省人大常委会依法行使讨论决定重大事项和人事任免等职权，开展对"一府两院"的监督。1980 年 1 月，云南省第五届人大常委会第一次会议决定将昭通等 7 个地区革命委员会改为行政公署，这是省人大常委会第一次行使重大事项讨论决定权。此后，这一职能逐步扩展为批准国民经济和社会发展计划、调整地方财政预算、审议"一府两院"专项工作报告，围绕改革重大事项作出决议等。1980 年，第一次组织人大代表视察国民经济发展情况；第一次行使罢免权，罢免 1 名全国人大代表资格。1983 年，第一次开展执法检查，监

① 中共云南省委党史研究室：《中国共产党云南历史第二卷（1950—1978）》，云南人民出版社 2018 年版，第 583 页。

② 中共云南省委宣传部、中共云南省委党史研究室编：《中国改革开放全景录·云南卷》，云南人民出版社 2018 年版，第 133 页。

少数民族代表参加人民代表大会

督《食品卫生法》的贯彻落实。据统计，省七届人大期间，听取和审议省人民政府、省高级人民法院、省人民检察院工作报告 139 个，对重大事项作出决议、决定 46 项；批准有关专门委员会关于代表提出的 57 件议案审议结果的报告，督促有关部门办理代表提出的建议、批评和意见 3395 件；组织省人大代表视察 43 次，进行执法检查 27 次，共提出视察、执法检查报告 248 件，有 173 个重大问题作为代表建议、批评和意见，转交省级有关部门做了认真回复和处理。依法决定任免省政府组成人员 91 人次，任免省人大常委会和省高级人民法院、省人民检察院工作人员 319 人次，批准任免下一级人民法院和人民检察院工作人员 432 人次，① 保证了地方国家机关工作的正常运转。

加强人大立法工作。围绕省委工作重点和新形势下出现的热点、难点问题，省人大有针对性地加强地方立法和民族立法工作，制定了许多地方性法规和单行条例。1981 年，省人大常委会批准孟连、宁蒗、沧源 3 个自治县变通执行《婚姻法》规定，诞生了云南第一批民族自治地方变通规定。②《云南省禁毒条例》《云南省劳动就业条例》《云南省农村土地承包条例》《云南省民族民间传统文化保护条例》，是全国同类法规中较早颁发的，受到中央有关部门和其他省（区、市）

---

① 中共云南省委宣传部、中共云南省委党史研究室编：《中国改革开放全景录·云南卷》，云南人民出版社 2018 年版，第 134 页。
② 中共云南省委宣传部、中共云南省委党史研究室编：《中国改革开放全景录·云南卷》，云南人民出版社 2018 年版，第 133 页。

的重视和好评。①

改革基层人大工作。1983年，云南各州、市、县人大都设立了常委会，1984年，乡、民族乡、镇人民代表大会全部建立，从体制上理顺了地方国家权力机关与地方行政机关、审判机关、检察机关之间的关系。这是云南地方政权建设史上的一项重大成就，既保证了基层人大工作的经常化，又进一步实现了各族人民有效管理基层事务的权利。同时，围绕更好发挥基层人大代表作用，改革人大代表选举方式，把直接选举乡、镇级人大代表扩大到县级、把代表等额选举改为差额选举，选出的人大代表的代表性明显扩大。

2. 加强多党合作和政治协商制度建设

1983年，全国人大八届一次会议将"中国共产党领导的多党合作和政治协商制度将长期存在和发展"载入宪法。1994年3月，修订后的政协章程明确规定：人民政协的主要职能是政治协商和民主监督，组织参加本会的各党派、团体和各族各界人士参政议政。1995年，中共中央转发《政协全国委员会关于政治协商、民主监督、参政议政的规定》，使人民政协的各项工作从经常化走向制度化、规范化、程序化。

坚持党对政协工作的领导。中共云南省委坚持和完善多党合作和政治协商制度，积极推动各级人民政协组织的恢复及其活动的开展。1977年12月12日至16日，中国人民政治协商会议云南省委员会在昆明召开第四届第一次全体会议，标志着中断10年之久的人民政协工作得以恢复。之后，一些地、州、市、县的政协组织相继恢复或新建。1986年，中共云南省委批转省政协党组《关于云南政协工作座谈会情况的报告》，强调要充分发挥人民政协政治协商和民主监督的职能作用。1988年12月，中共云南省委发出《关于加强人民政协工作的若干规定》，1989年3月和1991年1月，中共云南省委先后批转了《政协云南省委员会关于政治协商、民主监督的暂行规定》和《关于执行政治协商、民主监督暂行规定的实施细则（试行）》②，推动人民政协工作向制度化、规范化方向迈进。云南各级人民政协为团结各民主党派、无党派人士和各族各界人士，维护社会稳定，促进云南经济社会发展做了大量卓有成效的工作。

积极履行政协职责。省政协在中共云南省委的领导下，认真贯彻执行新的

① 中共云南省委宣传部、中共云南省委党史研究室编：《中国改革开放全景录·云南卷》，云南人民出版社2018年版，第145页。

② 中共云南省委宣传部、中共云南省委党史研究室编：《中国改革开放全景录·云南卷》，云南人民出版社2018年版，第136页。

《政协章程》，高举社会主义、爱国主义旗帜，坚持四项基本原则，坚持"政治协商、民主监督、肝胆相照、荣辱与共"的基本方针，团结一切可以团结的力量，同心同德，群策群力，就有关云南的大政方针，政治生活和现代化建设中的各种经济社会问题献计献策。同时，政协云南省委员会按照中央和省委有关规定，通过全委会、常委会、主席会以及邀请民主党派、无党派人士、少数民族爱国人士参加的民主协商会等多种形式，对贯彻中央和国家的重大决策、大政方针，对云南经济建设、改革开放，对政府工作报告、财政预算报告、经济和社会发展计划，对人民法院和检察院的工作报告以及地方性的重要法案和行政法规，对人大、政府和政协等方面的重要人事安排，对统一战线内部的共同事务以及人民群众关心的重大问题，进行政治协商和民主监督。从 1989 年开始，连续 10 年坚持政协全委会先于人代会召开，协商在决策之前，提高了协商监督的实效性。

提高政协提案质量。从省政协第一届第一次会议至第八届第一次会议，共收到提案 888 件，立案 8700 件。仅 1998 年八届一次全会期间就收到提案 524 件，是历年历次全会期间收到提案数量最多的一次[1]，充分发挥政治协商、民主监督和参政议政的积极性。随着形势的不断发展，政协提案工作力度不断加大，提案数量增加，质量不断提高。为进一步增强提案办理的实效性，省政协领导和提案委员会对重点提案进行重点督办。1998 年至 2007 年，省政协先后提出了《关于加快边境县经济社会发展步伐》《重视云南普通高中发展》《进一步做好人民调解工作》等建议案，受到了省委省政府主要领导的高度重视，部分建议案转化为省政府正式文件下发云南执行。

加强政协自身建设。1979 年初，中共云南省委批转了省委统战部《关于恢复和建立云南有关州、市、县政协组织的报告》，恢复了昆明市、西双版纳州等 8 个自治州、西盟县等 32 个县（市、区）的政协。新建立马关、富宁、麻栗坡、临沧等 4 个县政协。1982 年，中共云南省委提出，没有建立政协的县（市、区），也可设立政协组织。到1984 年，云南先后恢复或建立了政协组织。从 1986 年起，保山、临沧、思茅、玉溪、昭通、曲靖、丽江等 7 个地区建立了政协工作联络处（组）。[2] 与此同时，省政协进一步健全组织建设和思想建设，团结面更为扩大，

---

① 云南省地方志编纂委员会总纂，政协云南省委员会编撰：《云南省志·卷四十八·政协志》，云南人民出版社 1999 年版，第 399 页。

② 中共云南省委宣传部、中共云南省委党史研究室编：《中国改革开放全景录·云南卷》，云南人民出版社 2018 年版，第 135 页。

界别组成由最初的 9 个增加到 31 个。

支持民主党派工作。省政协根据各民主党派的特点和优势,支持他们参与智力支边、扶贫攻坚,建立帮扶联系点。组织由各民主党派负责人参加的省政协代表团出访周边国家,使民主党派在人民政协的对外交往活动中发挥作用。2002年至 2007 年,各民主党派以集体提案方式向省政协历次全会提出提案 1500 多件。《关于进一步改善云南投资环境,加大对台招商引资力度的建议》《关于进一步做好云南归国留学人员创业工作几点建议》《云南省粮食安全问题及对策》《建立珠江上游(云南段)国家级生态功能保护区》《云南省矿业可持续发展的生态环境建设的对策研究》等多个提案被省政协列为重点提案或优秀提案,交政府有关部门重点办理,有效促进了云南经济社会发展。《建成云南十大矿业原料基地的建议》《转换观念大力发展生产力》等提案中的很多建议在省政府编制"九五""十五"计划和"十一五"规划中被采纳。各民主党派和无党派人士向省政协历次全会提交的《关于进一步加强祖国统一的几点建议》《关于加强台情交流增加台情知识做好做活祖国统一工作的建议》《围绕〈反分裂国家法〉做好争取和平统一工作的建议》等提案,为促进祖国统一产生了积极作用。

加强协商民主制度建设。坚持党委重视,政府支持,把政治协商纳入决策程序,支持人民协商围绕团结与民主两大主题,充分履行政治协商、民主监督、参政议政职能,推动政协工作制度化、规范化、程序化。一是政治协商坚持"三在前、三在先"制度,即重大问题协商要在党委决策之前、人大通过之前、政府决定之前。制定经济社会发展规划、重大建设项目的实施及解决事关人民群众生产生活的重要问题要先协商后决策;对重要人事安排包括同级人大、政府、政协领导成员的人事安排和人大常委会任命的政府工作人员的安排,要先协商后决定;制定关系地方全局的重要政策、法规要先协商后通过。① 二是民主监督实行"三通报、三倾听"制度,即党委和政府对国家宪法、法律和法规的实施情况要向政协通报;对党委和政府制定的重要方针政策、重大工作部署的贯彻执行情况要向政协通报;对国家机关及其工作人员履行职责、遵纪守法、廉洁从政等方面的情况要向政协通报。② 三是参政议政实行"三重视、三提供"制度,即各级党委和政府要重视拓宽人民政协参政议政的领域和渠道,使参政议政活动贯穿于重大

① 中共云南省委宣传部、中共云南省委党史研究室编:《中国改革开放全景录·云南卷》,云南人民出版社 2018 年版,第 154 页。
② 中共云南省委宣传部、中共云南省委党史研究室编:《中国改革开放全景录·云南卷》,云南人民出版社 2018 年版,第 154 页。

决策之前、实施之中和执行结束的全过程；重视人民政协参政议政成果的转化，及时采纳政协在深入调查研究基础上形成的重要意见和建议；重视解决人民政协在参政议政中所遇到的困难和问题。提供情况；提供重要的调研选题；提供良好服务。① 四是发挥界别和委员作用实行"三密切、三发挥"制度，即党委密切与各民主党派、工商联和无党派人士的联系，发挥他们在民主决策中的作用；党委和政府有关部门密切与政协专门委员会的联系，发挥政协专门委员会的整体优势和专题协商作用；党委密切与政协各族各界代表人士的联系，发挥他们在协调关系、化解矛盾、促进民族团结和维护社会稳定中的积极作用。② 五是保证人民政协履行职能实行"三保障、三督促"制度，即组织保障；政策措施保障；工作条件保障。凡对中共中央和省委有关加强政协工作，发挥政协作用，提高履行职能水平等文件规定，各级党委要连同其他工作一起督促贯彻落实；凡对政协的建议案、提案及视察调查报告，要督促办理，对被采纳的意见、建议要督促落实，并对办理情况实行书面回复制度、督察督办制度、面商制度；凡是政协需要党委、政府及有关部门领导参加的重要会议和重大活动，要督促其积极参加。③

3. 充分发挥民族区域自治制度优越性

党的十一届三中全会后，云南召开边疆民族工作会议，加强党的民族工作，平反少数民族中的冤假错案，对民族工作进行全面拨乱反正。恢复了省民族事务委员会，1979年3月，设立了中共云南省委民族工作部，1981年3月，成立了省委民族工作领导小组，把民族工作重新摆在重要位置。20世纪80年代云南又一次掀起了实施民族区域自治的高潮。1979年至1990年，先后建立了14个自治县。至此，云南共建立了8个自治州、29个自治县共37个民族自治地方，完成了宪法关于"各少数民族聚居的地方实行民族区域自治，建立自治机关，行使自治权"的规定。同时，共建立了197个民族乡（后因建镇并乡，现为142个）。④ 尊重少数民族风俗习惯和宗教信仰自由，充分发挥少数民族群众

① 中共云南省委宣传部、中共云南省委党史研究室编：《中国改革开放全景录·云南卷》，云南人民出版社2018年版，第155页。

② 中共云南省委宣传部、中共云南省委党史研究室编：《中国改革开放全景录·云南卷》，云南人民出版社2018年版，第155页。

③ 中共云南省委宣传部、中共云南省委党史研究室编：《中国改革开放全景录·云南卷》，云南人民出版社2018年版，第155页。

④ 中共云南省委宣传部、中共云南省委党史研究室编：《中国改革开放全景录·云南卷》，云南人民出版社2018年版，第139页。

的积极性、主动性、创造性，使边疆民族地区逐步兴旺发达，日益繁荣富强。

加强民族区域自治立法。1984 年《中华人民共和国民族区域自治法》颁布实行后，云南 37 个民族自治地方均制定了自治条例，还制定了一批单行条例、变通规定。①《中华人民共和国民族区域自治法》修订后，省人大常委会于 2004 年 5 月审议通过了《云南省实施〈中华人民共和国民族区域自治法〉办法》，这是全国各省区市中第一个实施修改后的《民族区域自治法》的法规。此外，还先后制定了《云南省民族乡工作条例》《云南省城市民族工作条例》《云南省促进民族自治地方科学技术进步条例》《云南省民族民间传统文化保护条例》等。至 2010 年，经省人大常委会审议批准的云南民族自治地方的自治条例、单行条例和变通规定共 149 部，其中现行有效的有 140 部。② 以实施《民族区域自治法》为核心，政策性文件、地方性法规和自治条例、单行条例相配套的具有云南特点的民族政策法规体系基本建立，确保了党的民族工作方针政策和国家法律法规得以贯彻落实。

培养少数民族干部。大力培养少数民族干部是使少数民族充分行使宪法和法律所赋予的平等权利和自治权利的关键。党的十一届三中全会后，云南认真贯彻落实党的民族政策和干部政策，把培养少数民族干部作为管根本、管长远的大事来抓，少数民族干部的增长幅度明显高于云南其他干部的增长幅度。截至 2011 年，云南少数民族党政干部数量达 9.4 万人，占全省总数的 32%；云南 25 个世居少数民族都有 1 名以上干部在省直部门担任厅级领导干部。③ 一是坚持与时俱进完善政策措施。2009 年，出台了《中共云南省委办公厅关于进一步加强少数民族干部队伍建设的意见》等文件，明确了培养选拔少数民族干部的目标、任务和具体措施，为做好少数民族干部工作提供了根本保障。二是坚持分类指导加强选拔使用。对少数民族干部的选配做到"六个优先"。④ 在各级机关招录公务员、

---

① 中共云南省委宣传部、中共云南省委党史研究室编：《中国改革开放全景录·云南卷》，云南人民出版社 2018 年版，第 147 页。

② 中共云南省委宣传部、中共云南省委党史研究室编：《中国改革开放全景录·云南卷》，云南人民出版社 2018 年版，第 156 页。

③ 《云南：全省少数民族党政干部数量占全省总数 32%》，新华网 2011 年 6 月 5 日发布。

④ 对德才兼备、政绩突出的少数民族干部，优先提拔使用；对具备任职条件的少数民族干部，优先放到正职岗位上；对与少数民族工作密切相关的部门，优先配备少数民族干部；对本地区本单位急需配备少数民族干部一时又缺乏合适人选的，打破地区、行业、部门界限，统筹安排，在更大范围内优先配备少数民族干部；少数民族人口相对比较集中的地方，优先配备少数民族干部；同等条件下，优先安排少数民族妇女干部和少数民族党外干部。

事业单位招聘工作人员时，采取单设岗位、适当放宽招考和录用条件、合理确定开考比例等措施。三是坚持因族施策突破薄弱环节。采取特殊措施，确保各级党政领导班子都有一定数量的少数民族干部，确保每个民族都有一定数量的厅、处、科级干部。特别对 8 个人口较少民族干部采取特殊政策，实现了人口在 5000 人以上的 25 个世居少数民族在省直部门都有一名厅级以上领导干部的目标。四是坚持多措并举拓宽培训渠道。按照"缺什么，补什么"的原则，举办了云南特有民族大中专和本科班、民族干部培训班，提高了少数民族干部的素质。从 1990 年以来，按照中央"三部委"的要求，先后选派了 26 批 500 多名厅级、处级干部到中央国家机关和沿海经济发达地区挂职锻炼，每年选派少数民族和民族地区工作的干部到省级机关跟班见习、挂职锻炼。五是坚持凝心聚力密切协调配合。严格按照党管干部的原则，各级组织部门牵头抓协调，各级统战部门和民族工作部门积极配合，共同研究、共同规划、共同部署、共同落实。

4. 逐步推行基层民主制度

基层民主制度是指基层群众性自治组织形式及其运作方式，它是基层群众性自治组织自我教育、自我管理、自我服务、自我监督的方式、方法、程序的总和，是人民参与管理国家事务和社会事务的一种形式，是社会主义民主政治制度的一个重要方面。党的十四大第一次把中国基层民主的制度形式划定为村委会、居委会和职代会三大组成部分。党的十五大指出："扩大基层民主，保证人民群众直接行使民主权利，依法管理自己的事情，创造自己的幸福生活，是社会主义民主最广泛的实践。"以此为指导，云南逐步建立起以农村村民委员会、城市居民委员会和企业职工代表大会为主要内容的基层民主自治体系。

推进村级体制改革。将村级行政管理体制改革为村民自治体制，将村公所改为村民委员会，村干部的使用由选聘制改为选举制。1982 年 12 月，云南先后在南涧、姚安、陆良、金平、祥云、普洱、鲁甸、昌宁、临沧、华坪、峨山、西畴、晋宁、维西、彝良 15 个县进行农村政社合一体制改革试点。1983 年 5 月逐步推开，1984 年 6 月全面完成改革。① 在原公社管辖的范围设区，成立县人民政府派出机关区公所，在原大队管辖的范围设乡，成立乡人民政府，生产队一律改称为农业生产合作社。结合建乡，进行了乡人民代表大会的换届选举。1987

---

① 中共云南省委宣传部、中共云南省委党史研究室编：《中国改革开放全景录·云南卷》，云南人民出版社 2018 年版，第 132 页。

年通过深化改革，把区改为乡（镇），建立基层政权组织，把原来的乡改为村公所或者办事处，作为新设立的乡（镇）政府的派出机构。1988 年 5 月改革结束时，云南共设置了 1018 个乡、357 个镇、193 个民族乡（到 1993 年，云南建立了 197 个民族乡）。分别成立了乡政府和镇政府，乡镇之下设立了 1.33 万个村公所或办事处，建立村民委员会 1.4 万个。1999 年，云南开始进行村级体制改革的试点，2000 年在云南推开。到 2000 年末，云南除迪庆州外，其他 15 个州（市）的 1.32 万个行政村顺利地完成了村改任务，依法选举产生了村委会。① 经过村级体制改革，人民群众的民主意识和法制观念明显提高，当家作主的民主权利有了新的保障，党群干群关系有了明显改善。结合村级体制改革，建立和健全了村民委员会的民主选举制度和以村民代表会议或村民会议为主要形式的民主议事制度与民主监督制度。

完善农村选举制度。1998 年，《中华人民共和国村民委员会组织法》正式颁布实施，1999 年 12 月，云南省九届人大常委会第十三次会议通过了《云南省实施〈中华人民共和国村民委员会组织法〉办法》《云南省村民委员会选举办法》（以下简称"一法两办法"），按照"一法两办法"规定，云南顺利完成了第一届村委会的选举工作。为进一步规范和完善村民委员会选举，2000 年 5 月 19 日，省委省政府出台《关于改革村级体制、实行村民自治的意见》。根据党的十五大、十五届三中全会精神和《中华人民共和国村民委员会组织法》及《云南省实施〈中华人民共和国村民委员会组织法〉办法》，改革对干部的管理和选任制度，村干部退出乡（镇）干部编制序列，由选聘制改革为选举制，严格依照法定程序，采取村民提名、公开报名、公开答辩、公开选举、公平竞争的新机制公推直选村干部。2003 年，省委省政府及省级相关部门制定和印发了《关于进一步做好村民委员会换届选举工作的意见》《云南省村委会换届选举工作指南》等文件，各地根据实际制定了具体政策措施，对村委会换届选举事宜作出明确规定。2004 年、2007 年分别顺利完成了云南第二届、第三届村委会换届选举。广大群众积极参与民主选举，云南平均参选率达 93%。② 通过换届选举，一大批思想好、作风正、能力强、有文化、办事公道、真心实意为群众办事的人被选进领导班子，提高了村干部的整体素质和工作水平，增强了村级组织的战斗力。

① 中共云南省委宣传部、中共云南省委党史研究室编：《中国改革开放全景录·云南卷》，云南人民出版社 2018 年版，第 150 页。
② 中共云南省委宣传部、中共云南省委党史研究室编：《中国改革开放全景录·云南卷》，云南人民出版社 2018 年版，第 150 页。

建立完善基层民主制度。云南农村基本建立起村民会议和村民代表会议制度，制定了《村民会议制村民代表会议制度》《村民议事规则》《村委会工作制度》等规章制度，初步形成村级民主决策机制，保证了农民群众的民主权利逐步实现。1998 年，云南 1570 个乡镇、8445 个村公所推行政务公开和村务公开。2004年，省委制定了《云南省农村工作守则》，有关部门印发了《村民自治章程》和《村规民约》，民主管理制度得到了进一步加强。同年，中共中央办公厅、国务院办公厅印发了《关于健全和完善村务公开和民主管理制度的意见》，省委省政府于 2005 年 7 月 1 日召开了云南村务公开民主管理工作会议。2007 年 6 月，省级有关部门联合下发了《云南省村务公开和民主管理暂行办法》，进一步细化了民主决策、民主管理和民主监督等事宜，通过建立村民代表会议制度，为村民搭建起直接参与重大事项决策的平台。

加强社区民主建设。各级党委、政府高度重视城市社区建设。2007 年 6 月，省委省政府召开了云南社区建设工作会议，下发了《中共云南省委云南省人民政府关于推进和谐社区建设的若干意见》，成立了省级层面的社区建设工作领导小组，不断加大社区公共基础设施建设力度。截至 2007 年，云南共有社区居委会 1074 个，建立社区服务站 547 个，其中有 101 个社区服务设施达到 400 平方米以上，新建、改造老年服务项目 476 个，建立社区卫生服务机构 444 个，社区干部生活补贴不断提高，社区办公条件不断改善。[1] 同时，进一步提升城市社区居民自治能力。在民主选举方面，选举的形式经历了由候选人提名到自荐报名，由等额选举到差额选举，由间接选举到直接选举的变化。在民主决策方面，居民通过社区居民会议、协商议事会、听证会等有效形式和渠道，参与社区内公共事务的决策。在民主管理方面，居委会依法办事，按照社区居民自治章程和规约规范工作，实现了"社区的事大家管"。在民主监督方面，实行居民委员会事务公开，通过召开居民评议会，听取意见接受监督。

加强职工代表大会制度建设。2007 年 3 月 30 日，省第十届人大常委会第二十八次会议通过了《云南省职工代表大会条例》。云南各级工会以深入贯彻《条例》为契机，大力推行职工代表大会、厂务公开等民主管理制度。到 2007 年，云南共有 10829 个企事业单位建立了职工代表大会制度，其中具有一定规模的非

---

① 《云南省情》编委会编：《云南省情（2008 年版）》，云南人民出版社 2009 年版，第 312 页。

公有制企业 1839 户。① 职工代表大会制度的推行，在实行民主管理、协调劳动关系、保障和维护职工合法权益等方面发挥了不可替代的作用。

基层民主制度在云南范围内的逐步推行，扩大了基层民主，保证了人民群众直接行使民主权利，依法管理自己的事情，通过亲身参与社会主义民主最广泛的实践活动，不断提升自我管理、自我服务、自我教育、自我监督的能力和水平。

（三）不断推进社会主义法制建设

党的十一届三中全会开创了社会主义法制建设新时期。1979 年，叶剑英在庆祝新中国成立 30 周年大会上的讲话提出："我们要求在改革和完善社会主义经济制度的同时，改革和完善社会主义政治制度，发展高度的社会主义民主和完备的社会主义法制。"② 由此，云南社会主义民主法制建设开始进入恢复和发展时期。

恢复司法机关。党的十一届三中全会后，云南各级法院工作逐步得到恢复，通过申诉、复查及审判监督，坚持有错必纠，平反历史上的冤假错案。1979 年 1 月，云南各级人民检察院相继恢复以后，依法坚决打击严重刑事犯罪分子。1979 年 10 月恢复省司法厅，重新组建了地方各级司法行政机构，各项业务工作逐渐开展起来。1980 年 1 月，恢复了律师制度。同年 10 月，重建公证制度，积极整顿和加强人民调解工作。③ 公安、法院、检察院和司法行政机关普遍加强了组织建设和队伍建设。

加强法制教育。省司法厅及地方各级司法行政机关先后设置了法制宣传教育处（科），主管法制宣传教育工作。1982 年 12 月，国家公布了新《宪法》。在此前后，又陆续公布新的《婚姻法》《民事诉讼法（试行）》《经济合同法》《民族区域自治法》《兵役法以及治安处罚条例》等基本法律。为了宣传好新宪法及各种基本法律，云南各地有计划地举行法制宣传日、宣传周、宣传月等活动，组织法律及法学工作者走上街头，深入乡镇，开展法律宣传及咨询活动。少数民族地区结合"火把节""三月街"等民族节日，展出法制教育图片，演出法制教育节目，运用民族语言文字进行法制宣传教育。1985 年后，省委成立了普法办公室，各

① 《云南省情》编委会编：《云南省情（2008 年版）》，云南人民出版社 2009 年版，第 312 页。
② 《三中全会以来重要文献选编》（上），中央文献出版社 2011 年版，第 204 页。
③ 中共云南省委宣传部、中共云南省委党史研究室编：《中国改革开放全景录·云南卷》，云南人民出版社 2018 年版，第 142 页。

地、州、市也相继建立了统一领导普法教育的机构，云南普法工作作为一项法制建设的基础性工程有条不紊地开展起来。[①]

健全法制体系。按照有法可依、有法必依、执法必严、违法必究的方针，不断推进科学立法、严格执法、公正司法、全民守法进程，保证依法治国基本方略的全面贯彻落实，法制建设成效显著。为适应我国加入世界贸易组织和贯彻实施行政许可法的需要，省人大常委会和有立法权的昆明市人大常委会、各民族自治地方人大常委会开展了大规模的对地方性法规和民族自治条例、单行条例的清理工作。

加大执法力度。在云南政法系统开展"规范执法行为，促进执法公正"专项整治活动，以规范执法行为为主要内容，集中整改人民群众反映突出的问题。建立严打整治工作机制，深入开展侦破命案、打拐、打击"两抢"、禁赌等专项行动，及时整治治安突出问题。大力推进治安防控体系建设，切实做好预防青少年违法犯罪工作，保持了社会治安的总体平缓。通过深入开展禁毒斗争，有效地遏制了毒品危害。通过同"法轮功"等邪教组织进行坚决斗争，有效防范和及时打击境内外敌对势力的渗透破坏。

推进依法治省。党的十一届三中全会、十四大对社会主义法制建设提出更明确的要求，党的十五大把依法治国提到党领导人民治理国家的基本方略高度。云南遵照中央部署，提出了"依法治省"任务。1997 年 4 月，省八届人大二十七次常委会通过了《云南省依法治省五年规划》，确定了 1996 年至2000 年依法治省的总目标。[②] 依法治省的实施，推动社会主义民主法制建设在云南全面深入地展开。党的十六大以后，云南依法治省工作全面铺开，扎实推进地方立法、强化行政执法、严格依法行政、推进司法改革、确保司法公正。深入开展以县、乡、村和企业为重点的依法治理活动，建立和推行执法责任体系。

（四）全面贯彻落实党的宗教政策

党的十一届三中全会后，按照党的宗教政策要求，云南加强对宗教工作的领导和管理，恢复正常的宗教活动，把宗教活动引导到适应社会主义发展的方向上

---

① 中共云南省委宣传部、中共云南省委党史研究室编：《中国改革开放全景录·云南卷》，云南人民出版社 2018 年版，第 142 页。

② 中共云南省委宣传部、中共云南省委党史研究室编：《中国改革开放全景录·云南卷》，云南人民出版社 2018 年版，第 151 页。

来。1980年4月，省委召开云南宗教工作会议，对有关宗教政策等问题作出明确规定。1990年，云南省人民政府宗教事务局正式成立。1991年，各地(州、市)、县(市、区)两级政府都相继恢复或新设立了宗教工作机构，并在各级党委、人大、政协设置了民族宗教的相关工作部门或专职人员。① 出台了一系列妥善处理各种宗教具体问题、加强宗教事务管理的规范性文件，省人大常委会和统战、宗教事务部门在宗教立法、建章立制方面都加大了工作力度。通过加强"三支队伍"建设，不断提高党政干部、宗教工作干部管理宗教事务的能力水平，提高宗教教职人员的学识水平，为进一步做好宗教工作奠定良好的基础。同时，认真落实宗教信仰自由政策，满足各族信教群众对宗教活动场所的需要，重视各级爱国宗教团体的建设，云南宗教工作逐步走上了为促进安定团结、为社会主义现代化建设和保持边疆稳定服务的轨道。

（五）推动党政机构和行政管理体制改革

1988年国务院机构改革，第一次对各部门进行了"定职能、定机构、定编制"的"三定"工作。1993年和1998年先后两次实行机构改革。1993年是第一次在中央全会上讨论通过机构改革方案，1998年则是改革开放以来机构变动较大、人员调整较多的一次。主要把政府职能切实转变到宏观调控、社会管理和公共服务上来，加强宏观调控部门，调整和减少专业经济管理部门。1993年颁布《国家公务员暂行条例》，企事业单位人事制度改革全面推开。这一时期，云南党政机构改革经历了几次大的调整。通过改革，精简机构和人员，调整和明确部门职能职责，完善行政管理体制，转变政府职能，理顺关系、优化结构、提高效能，初步建立了与社会主义市场经济体制相适应的行政管理体制。

1.精简机构和人员

1983年，省委成立机构改革领导小组，负责指导省级党政机关和地、州、市、县一级机构改革领导班子配备工作。3月22日，省委省政府向中共中央、国务院上报《关于云南省省级党政机关机构改革方案的请示报告》，就省级机关机构设置、领导班子配置、人员编制、工作步骤和做法提出了具体改革意见。6月21日，中共中央办公厅、国务院办公厅批复，原则上同意云南省委省政府上报的机构改革方案，同意云南省委工作部门为8个，省人民政府64个部门减少

---

① 中共云南省委宣传部、中共云南省委党史研究室编：《中国改革开放全景录·云南卷》，云南人民出版社2018年版，第140页。

为 35 个，省级党政群机关编制总额定为 4900 个。经过 1 年的工作，云南县以上党政机关机构改革和领导班子的调整工作基本完成①。

1993 年，根据党的十四届二中全会通过的《关于党政机构改革的方案》的精神，4 月上旬，省委召开常委会专门研究云南省党政机构改革工作。省委五届四次全会原则通过《云南省党政机构改革初步方案》，上报中共中央、国务院并中央编委审批同意后，省委于 10 月 23 日印发《关于省直党政机构改革方案的实施通知》，省级机构改革进入实施阶段。按照机构改革要求，保留、加强综合部门；保留部分专业部门，撤并工作性质和业务相近的机构，部分机构转为经济实体或服务实体；保留社会管理和保障部门。根据该方案，省委设工作部门 7 个，办事机构 1 个，派出机构 2 个，由现有的 16 个机构减为 10 个，减少 37.5%。省人民政府设工作部门 36 个，办事机构 2 个，直属机构 7 个，由现有的 62 个机构减为 45 个，减少 27.4%。省级党政机构共设 55 个，比现有的 78 个，减少 29.5%。

1995 年，为搞好省级机构改革，省政府成立了机构改革领导小组。3 月 7 日，省委省政府印发《云南党政机构改革方案实施意见》。《意见》明确，1995 年初改革进入定职能、定机构、定编制阶段。到 1995 年底，省级党政机关"三定"工作全部结束。经过改革，省委省政府的工作部门由 78 个减为 54 个，减少了近 31%；人员编制由 6660 名减为 5148 名，减少 22.2%；内设处室由 783 个减为 564 个，减少 28%。②

2009 年，机构改革的突出特点包括：探索实行职能有机统一的大部门体制，转变政府职能；理顺部门职责关系，明确和强化部门责任；调整优化组织结构，规范机构设置；全面清理议事协调机构。经过改革，云南省政府设置工作部门 42 个，其中省政府办公厅和政府组成部门 25 个、直属特设机构 1 个、直属机构 16 个，另设置部门管理机构 6 个。这次机构改革符合中央对地方政府机构改革的要求，适应云南经济社会发展的客观需要，通过积极探索实行大部门体制，实现了与国务院机构设置相衔接。

2. 调整部门职能职责

经过机构改革，政府职能已明确界定为全面履行经济调节、市场监管、社会管理和公共服务四大职能。按照这四大职能定位，云南加快推进政企分开、政资

---

① 中共云南省委党史研究室编：《中共云南省委大事纪略(1950 年 2 月—2013 年 12 月)》，第 88 页。

② 中共云南省委党史研究室编：《中共云南省委大事纪略(1950 年 2 月—2013 年 12 月)》，第 99 页。

分开、政事分开、政府与市场中介组织分开的步伐，把不该由政府管理的事项转移出去，把该由政府管理的事项切实管好。在经济调节方面，更多运用经济手段、法律手段并辅之以必要的行政手段调节经济活动。在市场监管方面，推进公平准入，规范市场执法，加强对涉及人民生命财产、安全领域的监管。在社会管理和公共服务方面，强化了政府促进就业和调节收入分配职能，完善了社会保障体系，健全了基层社会管理体制，更加注重公共服务，着力促进科技、教育、文化、卫生等社会事业健康发展。

3. 改革行政审批制度

云南深化行政审批制度改革一直走在全国前列。根据国务院关于行政审批制度改革的精神，1998年至2001年，云南开展了第一轮行政审批制度改革，分4批对省属部门、省属事业单位及厅局转实体单位的1076项行政审批项目进行了清理，共取消479项、保留597项。2003年至2004年，结合《中华人民共和国行政许可法》的贯彻实施，云南开展了第二轮行政审批制度改革。对47个省直部门报送的1033项行政审批项目进行了清理确认。其中，对属于行政许可项目的734项进行了清理，共取消129项，改变管理方式61项。2007年，云南开展了第三轮行政审批制度改革，对63个省直部门的1268项行政审批项目进行了清理，共取消和调整229项行政审批项目。其中，取消行政许可项目165项，取消非行政许可审批项目42项，调整行政许可项目17项，调整非行政许可审批项目5项。2008年，云南率先向社会公布了省级行政审批事项目录，成为全国最早公布审批事项目录的省份。通过6轮13批次的行政审批制度改革，云南取消和调整了省行政审批项目1867项，取消调整率为69.1%，对保留和下放的审批项目，压缩审批时限三分之一以上的项目超过95%。截至2012年，云南16个州市共取消调整3800项行政审批项目，保留行政审批项目2933项，取消和调整的审批项目占原有项目总数的一半以上，平均每个州市保留行政审批项目不到180项。[①] 经过改革，云南在深化行政管理体制改革、转变政府职能上取得了阶段性的成果，对改善投资环境、从源头上预防和治理腐败、促进依法行政起到了重要的作用。

4. 推动依法行政工作

加强政府立法。1979年国家授权制定地方性法规和1982年国家授权制定政府规章以来，云南的政府立法工作取得进展。1979—2007年，省政府提请省人

---

① 《云南省深化行政审批制度改革破解"审批难"问题》，《云南日报》2013年12月26日。

大常委会审议通过地方性法规 220 件。这些立法项目注重结合云南经济社会发展实际，突出地方特色和民族特点，注重遵循法制统一原则和法定权限、法定程序，研究规律、发扬民主、集中民智、反映民意，努力做到科学立法、民主立法；注重提高立法工作方法，充分论证、反复协调，力求出精品、定良法。云南的政府立法经过多年的不懈努力，初步形成了与中国特色社会主义法律体系相配套的地方性法规规章体系，为规范政府行为，保障公民、法人和其他组织的合法权益，促进经济社会的协调发展提供了法制保障。

加强法制监督。1996 年以来，先后制定了《云南省行政执法监督条例》《云南省行政执法证件管理规定》《云南省法制督察管理办法》《云南省推行行政执法责任制的实施意见》《云南省人民政府关于规范行政权力加强行政执法监督工作的通知》等法制监督方面的法规、规章及规范性文件，在全国首创法制督察制度，建立了行政执法监督制度，在云南行政机关积极推行执法责任制、错案追究制、依法赔偿制和考核评议制。2007 年，下发了行政执法评议考核标准，对 58 个省级行政执法部门和 16 个州市政府的行政执法责任制进行了评议考核，并分 5 期对 116 个部门的行政执法主体资格进行审查并公告。同年编制并组织实施了年度行政执法检查计划，对 21 个行政执法部门共 47 部法律、法规和规章的执行情况进行了检查。

加强行政复议。1991 年，根据国务院《行政复议条例》的规定，省政府批准设立云南省人民政府复议处作为省政府的复议机构，与省政府办公厅法规处合署办公。1998 年，省政府批准设立云南省人民政府行政复议办公室，与省政府法制局合署办公，负责办理行政复议、行政应诉、行政赔偿等事项。各级行政复议机关认真履行行政复议职责，严格依法、公正、及时办案。2000 年云南在全国率先出台与《中华人民共和国行政复议法》配套的地方性法规，制定了《云南省行政复议条例》。2005 年继续完善行政复议制度建设，创新层级监督新机制，制定了《云南省行政复议规定》等配套制度。继续加大《中华人民共和国国家赔偿法》的贯彻力度，制定了《云南省行政赔偿规定》和《云南省国家赔偿费用管理规定》。加强对基层行政复议工作的指导，2007 年，召开了云南市县政府行政复议工作座谈会，组织《中华人民共和国行政复议法实施条例》专业培训。经过努力，行政复议成为化解行政争议的主要渠道，一大批复杂的行政争议得到及时化解，既密切了政府与人民群众的关系，维护了政府在人民群众心目中的良好形象，又保障和监督了行政机关依法行使职权，提高了各级行政机关依法行政的能力和水平。

（六）巩固爱国统一战线

统一战线作为团结各方面力量的广泛联盟，具有空前的广泛性、巨大的包容性、鲜明的多样性和显著的社会性。这一时期，云南爱国统一战线工作得到了恢复和发展，紧紧围绕云南经济社会发展大局，认真做好民主党派工作、港澳台和海外统战工作、非公有制经济领域统战工作和党外代表人士队伍建设工作。

1. 发挥民主党派作用

各民主党派云南地方组织的发展工作有计划稳步开展。1980年后，台盟、农工党、致公党先后在云南建立了地方组织。至此，我国8个民主党派在云南都建立了省委。同时，进一步拓宽民主党派参政议政的渠道。1989年，中共中央下发了《关于坚持和完善中国共产党领导的多党合作和政治协商制度的意见》，民主党派工作进入了一个崭新的历史时期。省委省政府充分发挥各民主党派参政议政、民主监督的职能，各民主党派省委通过认真开展调查研究，积极为云南的发展建言献策。通过建立健全重要情况通报制度、参加重要内外事活动制度、交友谈心制度、对口联系制度等，进一步拓宽了各民主党派参政议政的渠道。

2. 做好港澳台和海外统战工作

云南采取多种形式加大对外联络、宣传的力度，通过组织台胞台属到香港会亲和接待来滇探亲访友观光的港澳台同胞和海外侨胞，使他们进一步了解了国内的形势和云南的情况，增进了爱国、爱乡之情。1994年至2000年，云南统战系统与海内外的交流合作不断扩大，港澳台和海外统战工作日益活跃，云南统战系统深入宣传中央对港澳的方针政策，通过恳谈会、座谈会、研讨会等形式，旗帜鲜明地开展"反独促统"活动。通过组织两岸专家学者、工商界、青年学生和宗教界等方面人士接触交流，增强了台湾民众对祖国的认同感和向心力。同时，通过利用亲缘、乡缘、商缘，有针对性地做好泰国北部和金三角地区华侨华人的工作，遏制了海外"台独"势力的发展，增添了海外反独促统的爱国力量。

3. 激发非公有制经济人士积极性

这一时期，云南非公有制经济有了较快发展。为认真贯彻落实1991年下发的《中共中央批转中央统战部〈关于工商联若干问题的请示〉的通知》的精神，适应新形势新任务的要求，加强云南非公有制经济领域的统战工作，省委统战部于1994年设立了工商经济处。按照"团结、帮助、引导、教育"的方针，努力开展对非公有制经济代表人士的统战工作，逐渐培养起一支拥护中国共产党领导的积极分子队伍。截至 1995 年，在非公有制经济代表人士中，安排了省政协常委 2 人、委员 14 人，省人大代表 1 人，省工商联副会长 3 人，地县两级也作了一定的安排。2001 年至 2005 年，对非公有制经济代表人士的统战工作进一步加强，有 39 名非公有制经济代表人士受到省委省政府的表彰，有 778 人担任各级人大代表、3257 人为各级政协委员，10 名非公有制经济代表人士担任了中国光彩事业促进会理事 [①]。

（七）发挥群团组织作用

群团事业是党的事业的重要组成部分。改革开放后，云南通过恢复和加强工会、青年、妇联工作，加强群团组织建设，发挥群团组织优势，支持群团组织团结带领人民群众为实现社会主义现代化建设目标共同奋斗。

加强工会工作。1977 年 11 月，恢复成立云南省总工会党组。与此同时，各地、州、市、县党委也先后调整加强了各级工会领导班子。云南各级工会组织坚持解放思想、与时俱进，工会服务大局成效显著，社会作用更加突出，工会覆盖面不断扩大，工会维权机制逐步完善，服务职工能力明显提升，工会各项事业全面发展，工会组织凝聚力进一步增强。

加强青年工作。1980 年 5 月 4 日，云南省青联第四届委员会第一次会议举行，中断了数年的青年工作得到恢复，各项工作和活动的开展为广大青年更为广泛深入地融入社会，参与国家建设创造了条件。

加强妇联工作。1973 年 8 月 15 日至 21 日，根据省委的决定，省第三次妇女代表大会召开，云南省妇联正式恢复。此后各级妇联领导班子也先后进行了相应的调整。各级妇联组织恢复后，基层组织逐步建立健全。各级妇联依据《中华全国妇女联合会章程》开展妇女儿童工作，在发展妇女儿童事业方面做了大量的实事好事。

党的十一届三中全会的召开，开启了社会主义民主政治建设的崭新篇章。云南认真贯彻党中央的指示精神，在民主政治领域推进一系列改革创新，取得了诸多历史性成就，在全国率先制定实施民族区域自治法的地方性法规，率先颁布规范民族团结进步的首部法规，率先提出并实现 25 个世居少数民族在省直部门都有一名厅级领导干部，成为各民族共同管理国家事务的重要标志。人大和政协工

---

① 《云南省情》编委会编：《云南省情（2008 年版）》，云南人民出版社 2009 年版，第 302 页。

作成效明显，积极探索形式多样的基层民主实践，把依法治省作为一项战略任务和关键性工程来抓，政府职能发生深刻转变，社会主义民主政治在云南呈现出旺盛的生机与活力。

三、进入新时代的云南政治建设（2012—2019年）

党的十八大以来，以习近平同志为核心的党中央紧紧围绕坚持党的领导、人民当家作主、依法治国有机统一深化政治体制改革，加快推进社会主义民主政治制度化、规范化、法治化、程序化，建设社会主义法治国家，发展更加广泛、更加充分、更加健全的人民民主，取得了重大成就。党的十九大报告阐释了社会主义民主是维护人民根本利益的最广泛、最真实、最管用的民主，发展社会主义民主政治就是要体现人民意志、保障人民权益、激发人民创造活力，强调了要坚持党的领导、人民当家作主、依法治国有机统一，加强人民当家作主的制度保障，充满了深刻的内涵意蕴。云南按照"党的领导、人民当家作主和依法治国是社会主义民主政治的特点和优势"的要求，推进社会主义民主政治建设在边疆民族地区的全面实践，坚定不移走中国特色社会主义政治发展道路，坚持和完善人民代表大会制度、中国共产党领导的多党合作和政治协商制度、民族区域自治制度、基层群众自治制度，发展社会主义协商民主、巩固和发展最广泛的爱国统一战线，切实保证人民广泛参与边疆治理，有序推进边疆治理体系和治理能力现代化建设，开创了云南民主政治建设的新阶段和新格局，为经济社会发展不断取得辉煌成就提供了坚实的政治基础和制度保证。

（一）全面加强党的领导

坚持党的领导是社会主义民主政治的根本保证。在我国政治生活中，坚持党的领导、人民当家作主、依法治国有机统一，最根本的是坚持党的领导。省委按照中央要求，充分发挥"总揽全局、协调各方"的作用，全面加强党的集中统一领导，支持人大、政府、政协和监察机关、审判机关、检察机关、人民团体、企事业单位、社会组织履行职能、开展工作、发挥作用。

1.坚决做到"两个维护"

党的十八大以来，在以习近平同志为核心的党中央坚强领导下，省委坚持以习近平新时代中国特色社会主义思想为指导，增强"四个意识"，坚定"四个自信"，做到"两个维护"，坚决维护习近平总书记党中央的核心、全党的核心

中国共产党云南省第十次代表大会召开

地位，坚持维护党中央权威和集中统一领导，坚定自觉在思想上政治上行动上同以习近平同志为核心的党中央保持高度一致。

认真贯彻落实党的十八大和十九大精神以及中央各项决策部署，以求真务实的作风，勇于担当作为，坚决把习近平总书记对云南工作的重要批示指示精神落到实处。深入开展"不忘初心、牢记使命"主题教育，大力弘扬"跨越发展、争创一流；比学赶超、奋勇争先"精神，统筹推进"五位一体"总体布局，协调推进"四个全面"战略布局，主动服务和融入国家发展战略。相继制定了贯彻落实全面建成小康社会、全面深化改革、全面依法治国、全面从严治党等决定，出台了《关于深入贯彻落实习近平总书记考察云南重要讲话精神闯出跨越式发展路子的决定》以及《云南省国民经济和社会发展第十三个五年规划纲要》，着力推动中央路线方针政策和决策部署在云南落地生根、开花结果。

持续开展"党的光辉照边疆·边疆人民心向党""拥护核心·心向北京"等主题教育活动，教育引导各族干部群众衷心拥护以习近平同志为核心的党中央权威和集中统一领导，在思想上高度信赖核心、感情上衷心爱戴核心、政治上坚决维护核心、组织上自觉服从核心、行动上始终紧跟核心，不断增强政治定力、政治鉴别力、政治免疫力，在大是大非面前头脑清醒，在大风大浪面前立场坚定，始终心向党、听党话、跟党走、感党恩，让中国特色社会主义发展道路在边疆民族地区越走越宽。

云南各族干部群众坚决维护以习近平同志为核心的党中央权威和集中统一领导

2. 加强党的集中统一领导

省委认真贯彻《中国共产党地方委员会工作条例》，充分发挥党的领导核心作用，重点解决全局性、战略性、前瞻性的重大问题。坚决贯彻党的理论和路线方针政策，认真践行党的宗旨、群众路线和民主集中制，坚持在宪法和法律范围内活动，依据党章和其他党内法规履职尽责。切实提高省委把方向、管大局、作决策、保落实的能力，对重大问题作出的决策，善于通过法定程序转化为地方性法规、政府规章或其他政令。加强对云南宣传思想文化工作的领导，牢牢掌握意识形态工作领导权、话语权。按照干部管理权限使用干部，向地方国家机关、政协组织、人民团体、国有企事业单位等推荐重要干部。

坚持把贯彻落实党中央决策部署和创造性开展工作相结合，坚持领导经济社会发展和履行全面从严治党政治责任相结合，坚持集体领导和个人分工负责相结合，坚持党委领导和支持保证国家机关依法履行职责相结合，切实加强和改进省委对全省经济、政治、文化、社会、生态文明建设和党的建设的全面领导。进一步完善工作机制，支持人大及其常委会依法履行职能，支持政府依法行政，支持政协加强政治协商、民主监督和参政议政。进一步完善决策科学、执行有力、监督有效的权力运行机制，推进权力公开化规范化。从推进云南整体工作出发，进一步完善各方负责、齐抓共管的工作推进落实机制，统筹协调好党委、人大、政府、政协的关系，统筹安排好纪检、组织、宣传、统战、政法、武装以及群众团体等方面工作，合理划分工作层次、工作重点、工作职责，使各个方面各司其职，各尽其责，相互配合，凝聚起云南上下共谋发展的强大合力。①

3.改进党的领导方式和执政方式

省委贯彻落实《关于新形势下党内政治生活的若干准则》《中国共产党党员领导干部廉洁从政若干准则》《中国共产党地方委员会工作条例》等法规制度，制定《中共云南省委常委党内政治生活八条规定》及其细则，通过《中共云南省委常委会关于坚定维护以习近平同志为核心的党中央集中统一领导的若干具体规定》《中共云南省委贯彻落实中央八项规定的实施办法》，修订《省委工作规则》《省委常委会议事规则》。坚持和完善省委常委会会议议事原则和议事规则，正确处理地方党委全委会和常委会之间的关系，做好同级各种组织领导班子团结一心、统筹协调工作。严格落实民主集中制，严格坚持集体领导与个人分工负责相结合制度，健全完善了书记与常委、常委与常委之间沟通协调制度。

严格执行"三重一大"集体决策制度，对重大问题决策、重要干部任免、重大项目安排、大额资金使用，坚持集体讨论决定、分工负责落实。建立了省委常委会会议研究云南经济社会发展战略，每季度分析经济运行形势，研究重大方针政策的工作机制，不断提高省委领导经济社会发展的能力。加强党内法规和规范性文件的审查、备案、清理、解释，进一步规范党委决策机制和党内法规制定工作机制。建立了重大决策公众参与、专家论证、风险评估、合法性审查、集体讨论决定的决策法定程序，推动党内法规体系更加健全，使省委决策更加科学、民主、高效。

着力加强和改进党对一切工作的领导，完善党委研究经济社会发展战略、定期分析形势、研究贯彻落实党中央重大方针政策和决策部署的执行、监督、考评、奖惩等工作机制，不断提高党委把方向、谋大局、定政策、促改革的能力和水平。全面贯彻新时代党的建设总要求，坚决落实管党治党和全面从严治党的政治责任，坚持问题导向，保持战略定力，全面推进边疆民族地区党的各项建设，不断提高党的建设质量，为促进云南高质量跨越式发展提供了坚强的政治保证。

（二）坚持和完善人民代表大会制度

习近平总书记指出："人民代表大会制度是中国特色社会主义制度的重要组成部分，也是支撑中国国家治理体系和治理能力的根本政治制度。"②云南认真贯

---

① 中共云南省委宣传部、中共云南省委党史研究室编：《中国改革开放全景录·云南卷》，云南人民出版社 2018 年版，第 161 页。

② 《十八大以来重要文献选编》（中），中央文献出版社 2016 年版，第 56 页。

彻落实习近平总书记关于做好人大工作的讲话精神，全面加强和改善党对人大工作的领导，切实把人大工作纳入总体工作布局，进一步健全完善重大事项通报、重要情况反馈、重大决策征求意见等制度，全力支持和保证人民通过人民代表大会行使国家权力，人大法定职权作用得到进一步发挥，人民代表大会制度和人大工作得到进一步创新，人大各项工作的顺利开展为云南经济社会发展提供了可靠的法治保障。

1. 加强和改善党对人大工作的全面领导

按照"总揽全局、协调各方"的原则，从思想上、政治上、组织上全面加强和改善党对人大工作的领导。支持省人大常委会积极发挥地方国家权力机关的职能作用。善于使党的主张通过法定程序成为国家意志，善于使党组织推荐的人选通过法定程序成为国家政权机关领导人员，善于通过国家政权机关实施党对国家和社会的领导，善于运用民主集中制原则维护党中央权威、维护团结统一。进一步完善党委领导人大工作的机制，坚持把人大工作纳入省委工作的全局来考虑和谋划，作为省委的重要工作来部署和推进。省委常委会以多种方式听取省人大常委会党组工作汇报，制定出台《中共云南省委关于加强和改进人大工作的意见》等文件，支持人大围绕推动经济、社会、生态、扶贫开发、

云南省第十二届人民代表大会第五次会议召开

民生等领域开展立法，全面服务云南经济社会发展大局。建立健全党委领导人大工作的考核机制。进一步发挥人大常委会党组的作用，进一步加强人大及其常委会自身建设。

2. 扎实推进地方立法

建立地方立法协调机制。认真落实中央和省委的改革部署，在全国率先出台地方立法中涉及的重大利益调整论证咨询工作规范、争议较大的重要地方立法事项引入第三方评估工作规范，发挥社会力量在立法中的积极作用。修订省人大常委会地方性法规立项、清理、评估办法和立法技术规范，加强科学立法、民主立法、依法立法制度建设。加大统筹指导力度，制定省人大常委会审查批准地方性法规办法，修订民族自治地方自治条例和单行条例报批程序，召开云南地方立法工作座谈会、民族立法工作座谈会，采取暂缓表决、加强协商等方式，妥善解决审议中存在的意见分歧，有效促进各州市和民族自治地方提高立法质量。①

地方立法成效显著。云南省人大常委会始终坚持"不抵触、有特色、可操作"原则，始终立足于边疆民族山区贫困省情，始终牢记为云南经济社会发展提供法治保障的使命，推动云南地方立法工作取得丰硕成果。截至2018年12月，省人大及其常委会共制定和批准地方性法规、自治条例和单行条例537件。其中，制定省的地方性法规225件；批准民族自治地方变通规定6件、自治条例37件、单行条例173件；批准设区的市、自治州地方性法规96件；其间先后废止（含失效）地方性法规164件。②

聚焦重点领域立法。围绕"五位一体"总体布局和"四个全面"战略布局立法。加强经济领域立法，制定《发展规划条例》《电信设施建设和保护条例》，修订《信息化促进条例》《旅游条例》。加强民主政治立法，制定《预防职务犯罪工作条例》《司法鉴定管理条例》《突发事件应对条例》《政府规章设定罚款限额规定》，修改《信访条例》。全面清理地方性法规，修改《行政事业性收费管理条例》等17件地方性法规，废止《经纪人条例》等11件地方性法规和法规性决议决定，保障深化行政审批制度改革。加强文化领域立法，制定《非物质文化遗产保护条例》，批准《楚雄州民族教育条例》《景谷县民族民间传统文化保护条例》等一批单行条例。加强社会领域立法，两次修改《人口与计划生育条例》，保障云南实

---

① 《云南省人民代表大会常务委员会工作报告》，《云南日报》2019年2月3日。
② 《改革开放40年云南地方人大工作不断创新发展》，《云南日报》2018年12月5日。

施"全面二孩"政策。加强生态领域立法，制定《湿地保护条例》《水土保持条例》《散装水泥促进条例》《违法建筑处置规定》《修订林木种子条例》。①

聚焦地方特色立法。突出民族特色，开展少数民族文化遗产保护工作立法调研，制定《少数民族教育促进条例》《少数民族语言文字工作条例》，批准《文山州农村产权抵押贷款条例》等一批单行条例。突出生态特色，在全国率先出台《国家公园管理条例》，制定《云龙水库保护条例》，修改《抚仙湖保护条例》，探索建立生态补偿机制。突出边疆特色，制定《边境管理条例》，推动全面互联互通；批准《昆明市会展业促进条例》《高新技术开发区条例》等一批法规，助推对外开放新高地建设；批准《河口县城市管理条例》等一批边境地区的单行条例，推动破除开放壁垒，建强合作平台。②

聚焦脱贫攻坚立法。2014年制定《农村扶贫开发条例》，明确扶贫开发对象和范围、项目、资金及监管措施；2017年根据中央和省委精准扶贫精准脱贫、"两不愁三保障"的目标要求，修改扶贫条例，强化机制，落实责任，为脱贫攻坚提供有力法制保障。同时，开展涉及打赢脱贫攻坚战的相关立法，及时修订《〈村民委员会组织法〉实施办法》《村民委员会选举办法》，保障云南1.2万个村委会依法圆满换届，发挥村民自治组织在脱贫攻坚中的重要作用。制定《农村公路管理条例》，促进贫困地区农村基础设施建设，破除乡村发展瓶颈制约，补齐脱贫攻坚短板。③

这些地方立法内容涵盖宪法及宪法相关法、民商法、行政法、经济法、社会法等领域，涉及云南政治、经济、文化、社会、生态等各个方面，地方立法在云南改革发展中发挥了实施性、补充性、探索性等重要而独特的作用。

3. 切实增强人大监督实效

云南省人大常委会紧扣党和国家的中心任务，围绕省委重大工作部署，切实发挥人大监督作用，助推云南经济社会发展。聚焦防范化解重大风险加强监督。听取和审议省政府关于地方金融企业国有资产管理情况的报告，首次审议省政府关于国有资产管理情况的报告。聚焦精准脱贫加强监督。深入怒江、迪庆、昭通等深度贫困地区，针对产业扶贫支撑不够牢固、深度贫困地区整体性贫困问题突出、易地扶贫搬迁安置等提出意见建议，推动中央和省委关于脱贫攻坚的决策部署落地见效。聚焦污染防治加强监督。根据省委的统一部署，贯通人大监督和党

---

① 《云南省人民代表大会常务委员会工作报告》，《云南日报》2019年2月3日。
② 《云南省人民代表大会常务委员会工作报告》，《云南日报》2019年2月3日。
③ 《云南省人民代表大会常务委员会工作报告》，《云南日报》2019年2月3日。

政监督，牵头督察九大高原湖泊河（湖）长制工作和保护治理情况。聚焦高质量跨越式发展加强监督，专题调研推进"三个定位""两型三化""五网"基础设施、八大重点产业、世界一流"三张牌"等重点工作。聚焦全面依法治省加强监督，首次将专题询问拓展到"两院"工作。

4. 充分发挥人大代表作用

云南省人大常委会坚持以人民为中心，把代表工作放在更加突出的位置，2018 年，首次制定年度代表工作计划，完善保障机制，提升服务水平。

密切国家机关同代表的联系。建立新一届常委会组成人员联系代表工作档案，189 名基层省人大代表与常委会组成人员建立了经常性联系。及时向代表通报常委会工作情况，主任会议组成人员带头在基层调研时召开各级人大代表座谈会，先后邀请 38 名省人大代表、8 名全国人大代表列席常委会会议，邀请省人大代表参加常委会执法检查、立法调研、专题询问等工作 200 多人（次），重要法规草案通过网络平台征求代表意见，建立预算审查联系代表工作机制，有效拓展代表参与常委会工作的广度和深度。支持"一府两院"向代表通报重要工作情况，听取代表意见建议。①

密切代表同人民群众的联系。建立新一届省人大代表履职档案、省人大代表联系群众工作档案，通过网络平台公布代表基本情况和履职情况，方便群众联系代表、监督代表。委托各选举单位组建新一届省人大代表小组 45 个，组织代表专题调研和集中视察。修订云南各级人大代表联系人民群众的指导意见，支持基层人大新建 485 个代表活动站（室）。截至 2018 年，云南 10.62 万名各级人大代表与 35.93 万名群众建立了经常性联系。其中，省人大代表联系群众 1383 名。②

提升代表议案建议办理实效。坚持召开代表建议统一交办会，由主任会议组成人员牵头督办重点建议。组织代表视察建议办理情况，审议"一府两院"办理情况的报告，及时通报办理进展情况，代表对办理结果不满意的，从严要求承办单位重新办理，有效提高办理质量。省十三届人大一次会议主席团交付审议和研究的 7 件议案，代表提出的 686 件建议、批评和意见，已全部办结并作了答复。其中，办理结果为 A 类的代表建议为 428 件，占建议总数的 62.4%，同比提高 7 个百分点。③

① 《云南省人民代表大会常务委员会工作报告》，《云南日报》2019 年 2 月 3 日。
② 《云南省人民代表大会常务委员会工作报告》，《云南日报》2019 年 2 月 3 日。
③ 《云南省人民代表大会常务委员会工作报告》，《云南日报》2019 年 2 月 3 日。

（三）坚持和完善中国共产党领导的多党合作和政治协商制度

习近平总书记指出，中国共产党领导的多党合作和政治协商制度作为我国一项基本政治制度，是中国共产党、中国人民和各民主党派、无党派人士的伟大政治创造，是从中国土壤中生长出来的新型政党制度。为进一步巩固和发展中国共产党领导的多党合作和政治协商制度，发挥多党合作独特优势，发展社会主义民主政治，中央出台了《关于加强社会主义协商民主建设的意见》《关于加强人民政协协商民主建设的实施意见》《关于加强和改进人民政协民主监督工作的意见》等重要文件，对政协工作作出战略部署。云南省委认真贯彻落实习近平总书记关于加强和改进人民政协工作的重要论述，切实加强党对政协工作的领导，不断创新协商形式、丰富协商内容、提高协商质量，推进协商民主的制度化建设，积极拓展政协协商民主的形式和渠道，形成了党委、政府就重要问题事前提交政协全会集中协商、常务委员会议专题协商、主席会议和秘书长会议重点协商、专门委员会与党政有关部门对口协商的新局面，全面推进边疆民族地区协商民主建设，促进各民主党派、无党派人士增强政治定力，积极建言献策，广泛凝心聚力，为云南实现高质量跨越式发展作出新的更大贡献。

中国人民政治协商会议云南省第十一届委员会第五次会议召开

1. 加强和改善党对政协工作的全面领导

坚持用习近平新时代中国特色社会主义思想武装头脑、指导实践、推动工作。紧紧围绕省委确定的中心任务谋划和开展政协工作，确保人民政协事业始终沿着正确方向前进。中共云南省委高度重视政协工作，召开省委政协工作会议，出台《关于切实加强人民政协协商民主建设的实施意见》《关于加强和改进人民政协民主监督工作的实施意见》；中共云南省委常委会每年听取省政协党组和省政协常委会工作汇报，审定年度协商计划，把政协工作纳入全局加以部署推进。组织委员全面学习领会习近平新时代中国特色社会主义思想和党的十九大精神。省政协始终坚持在中共云南省委领导下开展工作，坚持省委中心工作推进到哪里，政协履职就跟进到哪里，确保党的领导在政协得到全面贯彻落实。

2. 履行参政议政职能

各级政协组织高举爱国主义和社会主义旗帜，牢牢把握团结和民主两大主题，坚持加强团结、增进共识，坚持围绕中心、服务大局，坚持以人为本、情牵民生，坚持强基固本、履职尽责，为云南改革发展和现代化建设发挥积极作用。

关注发展重点。在云南经济发展爬坡上坎的关口，省政协在重大项目论证、重点工程建设和重要工作实施中建诤言、出实招。坚持以问题为导向，针对热点难点，就全面深化国有企业改革和民营经济发展、基础设施建设、新型城镇化发展、重点支柱产业培育壮大、传统产业改造提升、高原特色农业提质增效、旅游产业转型升级等进行广泛深入调研论证和协商讨论，一些意见建议在相关政策措施修改完善及部门工作中得到体现。全力服务民族团结进步示范区建设。连续3年就示范区建设推进情况进行重点调研，从打牢民族团结进步的思想基础、扶持民族文化产业发展等方面提出建议；围绕民族地区精准扶贫和基础设施建设情况开展调研，并召开专题协商会；注重发挥少数民族界别委员的重要作用，共同维护云南各族人民和睦相处、和衷共济、和谐发展的局面。全力服务生态文明排头兵建设。就生态文明先行示范区建设、国家公园建设、自然保护区管理情况等开展重点调研，提出了完善生态精准扶贫机制、加强生态文明制度建设等意见建议；围绕加快绿色生态农业和林业发展、生物医药产业发展等专题深度调研、集中议政，为省政府研究出台相关指导意见提供参考。全力服务面向南亚东南亚辐射中心建设。围绕区域性国际经济贸易中心建设、开展实现与周边国家基础设施互联互通等进行调研视察，从加快构建开放型经济新体制、深化国际产能合作等方面提出意见建议。①

密切联系群众。围绕群众关切，紧扣教育、医疗、就业、环保等热点问题，组织广大委员建言献策，提出加快美丽乡村和特色小镇建设、做好农业转移人口市民化工作、健全全民养老保障体系、关爱留守儿童等建议。就食品药品监管、分级诊疗、全民健身、预防校园暴力等问题深入调查研究，提出的意见建议引起中共云南省委高度重视，部分建议被云南"十三五"专项规划吸收采纳。省政协十一届五次会议以来，广大政协委员、政协各参加单位和各专门委员会以饱满的政治热情和强烈的使命担当，围绕中心、服务大局，心系民生、履职尽责。针对热点、难点问题，认真调查研究，建睿智之言、献务实之策，共提交提案624件，经审查立案592件。②

畅通民意渠道。紧跟现代信息技术发展步伐，推进政协工作信息化建设，建立提案综合管理系统、数字图文系统、智能终端APP、微信公众服务平台，进一步拓宽委员、各党派团体、广大群众了解和反映不同群体利益诉求的渠道。2019年1月，云南网《政协之窗》专栏正式上线，围绕重点协商活动和听民声、解民忧的事例，用群众喜闻乐见的方式推动新时代政协新闻宣传出彩出新。

加强联动协作。通过邀请全国政协委员来滇调研视察、驻滇全国政协委员向全国政协提出提案等途径，促进了滇中引水工程、滇中产业新区、中缅陆水联运通道建设等重大项目建设。在全国政协的重视支持下，推进孟中印缅经济走廊建设的提案被列为全国政协2015年度重点提案。密切与兄弟省区市政协的联系交流，组织联合调研、联合提案、联合建言，推动工作开展。联合广东、上海、广西、贵州等省市区政协围绕高铁经济带建设深入调研，联名向全国政协提交《关于加快粤沪桂黔滇高铁经济带建设推进精准扶贫精准脱贫的建议》提案。③ 与广西壮族自治区政协、贵州省政协通力合作，联合召开三省区政协主席联席会议，先后围绕加快推进左右江革命老区经济社会发展、提升三省区交通基础设施建设水平、打造中国滇桂黔民族文化旅游示范区等共同关心的问题，开展研究、争取支持。与四川省政协、贵州省政协就赤水河流域生态经济发展开展联合调研，促

---

① 《风雨同舟　共谱云南跨越发展新篇章——政协云南省第十一届委员会履职工作综述》，《云南日报》2018年1月23日。

② 《风雨同舟　共谱云南跨越发展新篇章——政协云南省第十一届委员会履职工作综述》，《云南日报》2018年1月23日。

③ 《政协云南省第十一届委员会常委会工作报告——在政协云南省第十二届委员会第一次会议上》，《云南日报》2018年2月4日。

进区域发展、共同进步。

3. 发挥民主监督作用

紧紧围绕党中央和省委的重要决策部署，认真履行政协民主监督职能，积极开展监督工作。开展关于云南扶贫情况、滇西边境集中连片困难地区扶贫开发、教育精准脱贫的现状和对策、产业扶贫项目实施情况等重点调研视察，召开立足精准着眼长远、切实提高脱贫攻坚实效专题议政性常委会议，举办扶贫恳谈会，广集各界智慧，推动形成脱贫攻坚的强大合力。在充分调查研究基础上，举办旅游市场规范和监管、直过民族地区农村公路建设、加强民营企业产权和合法权益保护等监督性协商会，提出批评性意见和建议，推动一些实际问题的解决。同时，积极探索开展民主监督的方式方法，综合运用提案、建议案、调研视察、协商会议、大会发言、社情民意信息等形式，加强和改进民主监督工作。通过调研监督"五网"建设情况、提案办理落实情况，组织政协委员与人大代表开展鲁甸、景谷地震灾区恢复重建联合视察，把调研视察中发现的重大问题列为监督题目，切实增强监督的针对性和实效性。

4. 加强政治协商工作

深刻领会习近平总书记关于"懂政协、会协商、善议政"的重要指示精神，坚持把政治协商纳入党委和政府决策程序，做到重大问题协商于决策之前和决策实施过程之中，把协商民主贯穿于政协履职的全过程。在实践中，形成了以全体会议为龙头，以专题议政性常委会议和专题协商会为重点，以对口协商会、提案办理协商会等为常态的协商议政格局。一是充分发扬民主。就年度协商计划、重点工作安排、协商议题广泛征求委员和政协各参加单位的意见。有序扩大群众参与政协活动，专题协商会邀请委员中的专家学者、州市和县区政协委员、基层干部群众参加，增强协商主体的代表性、包容性，把互动交流作为协商活动的重要环节和常态化制度化安排，弘扬了民主精神。二是突出协商重点。着重关注具有全局性、战略性、前瞻性的重大课题，围绕"十三五"规划编制、推进供给侧结构性改革等影响云南改革发展大局的问题协商议政。就提升基本公共卫生服务能力、促进义务教育均衡发展、加快养老服务业发展等民生领域难点、热点问题，多形式开展协商。三是增强协商实效。注重协商内容与协商形式相匹配，体现协商于决策之前和决策实施过程之中。改进会议组织形式，根据会议主题划分若干协商专题，委员自愿报名参加专题讨论，使协商更具针对性。规范协商成果报送程序，落实通报制度，促成一批协商成果的转化运用，推动相关工作改进和政策出台。四是开展专题协商、对口协商、界别协商、提案办理协商。努力拓宽中国共产党、人民代表大会、人民政府、人民政协、民主党派、人民团体、基层组织、企事业单位、社会组织、各类智库等协商渠道，深入开展政治协商、立法协商、行政协商、民主协商等多种协商，建立健全提案、会议、座谈、论证、听证、公示、评估等多种协商方式，不断提高协商民主的科学性和实效性。据不完全统计，2012年以来，省政协委员和各界人士通过论坛、座谈、视察、书面建议等形式，就区域经济发展、社会管理、民族地区扶贫开发、滇池治理、抚仙湖生态保护等问题开展了80余次协商，督促了部门工作，推动了重大问题的合理解决。

5. 激发民主党派积极性

以习近平同志为核心的中共中央就巩固和发展中国共产党领导的多党合作和政治协商制度、发挥多党合作独特优势、发展社会主义民主政治提出了一系列新思想、新观点、新论述，出台了一系列重大决策部署。中共云南省委紧跟中央步伐，及时制定出台相关实施意见的同时，创新举措支持民主党派、无党派人士履行参政议政、民主监督和参加中国共产党领导的政治协商。

制定出台了《中共云南省委关于加强社会主义协商民主建设的实施意见》和《关于推进政党协商的实施意见》，明确政党协商的内容、形式、程序，推动与各民主党派、无党派人士的充分协商。在各级人大、政协中注重安排民主党派、无党派代表人士，加大在各级政府、司法机关中民主党派、无党派干部的安排力度，保障他们参加地方政权，参与地方事务管理，参与地方方针政策、法律法规的制定和执行，并支持民主党派、无党派人士通过提出意见、批评、建议等方式，对中共各级党委进行政治监督，使多党合作事业不断发展，政党关系更加和谐。在中共云南省委大力支持下，省级各民主党派高举中国特色社会主义伟大旗帜，发挥人才荟萃、智力密集的优势，围绕省委省政府重点工作深入开展调查研究，道实情、建良言，他们提出的一大批建议意见受到中央部委、省委省政府的高度重视和充分采纳，转化成为政策决策，一些建议意见还受到党和国家领导人的重视，促进了问题的解决与落实。据不完全统计，2012年以来，省政协与省级党派团体开展联合调研视察70多次，举办会议活动60多次。[①] 充分发挥了各民主党派团体在政协工作中的作用，促进了社会各界齐心协力谋发展、尽心竭力惠民生、凝心聚力促和谐。

---

① 中共云南省委宣传部编：《谱写中国梦云南篇章——砥砺奋进的五年》，人民出版社、云南人民出版社2017年版，第53—54页。

6.探索基层协商路径

根据《中共中央关于加强社会主义协商民主建设的意见》《中共中央办公厅、国务院办公厅印发〈关于加强城乡社区协商的意见〉的通知》，制定出台了《中共云南省委关于加强社会主义协商民主建设的实施意见》。对基层社区开展形式多样的民主协商作出了规定和要求，通过协商会议、建议案、视察、提案、反映社情民意信息等形式提出意见建议，推动协商工作向基层延伸，畅通基层群众通过政协表达利益诉求的渠道，基本形成了协商主体广泛、内容丰富、形式多样、程序科学、制度健全、成效显著的城乡社区协商新格局。

云南在推进基层协商过程中，进一步细化了协商内容，明确了协商主体，拓展了协商形式。坚持和完善村（居）民会议、村（居）民代表会议制度，规范议事规程。充分利用村（居）民议事会、村（居）民理事会、小区协商、业主协商、村（居）民决策听证、民主评议等形式，以民情恳谈日、社区（驻村）警务室开放日、党员之家、青年妇女之家、"两代表一委员"活动室等平台开展灵活多样的协商活动。利用城乡社区信息平台、社区网站、QQ群、微信群等现代化手段，为城乡居民搭建网络议事协商平台，开展网上协商，逐步拓宽协商渠道。同时，对协商程序予以规范。协商前，村（社区）党组织、村（居）民委员会在充分征求意见的基础上，研究提出协商议题，确定参与协商主体，通过多种方式，通报协商内容和相关信息；协商中，确保各类主体充分发表意见建议，形成协商意见；协商后，组织实施协商成果，向协商主体利益相关方和居民反馈落实情况等。对于涉及面广，关注度高的事项，经过专题议事会、民主听证会等程序进行协商，坚持并完善"四议两公开""一事一议"等社区协商的成功经验与做法。提高协商成果的运用效率。建立健全协商成果公开、采纳、落实和反馈机制，协商后由村（社区）负责落实的事项及结果在规定期限内予以公开，接受监督。

（四）不断提升民族宗教工作水平

党的十八大以来，以习近平同志为核心的党中央坚持和发展党的民族宗教工作理论、方针、政策，对新形势下民族宗教工作作出了新的系统谋划和战略部署。省委切实提高政治站位，始终坚持以习近平总书记关于民族宗教工作重要论述为指导，全面准确贯彻党的民族政策和宗教工作方针，坚决贯彻落实党中央和国务院决策部署，紧扣云南民族宗教工作实际，高位推进民族团结进步示范区建设，全面提升新时代做好民族宗教工作的能力和水平，全力开创云南民族团结、宗教和睦、社会稳定的新局面。

1. 坚持和完善民族区域自治制度

为认真贯彻落实习近平总书记在中央民族工作会议上提出的做好新形势下民族工作的重大部署，2015年1月16日，省委召开民族工作会议，出台贯彻落实《民族区域自治法》配套办法和扶持民族地区加快发展的政策措施，为做好民族工作、促进民族团结进步提供了强有力的政策保障。紧紧围绕云南改革发展稳定大局，加大民族立法力度，建立健全民族法规体系。制定出台了《云南省非物质文化遗产保护条例》《云南省少数民族语言文字工作条例》《云南省少数民族教育促进条例》《云南省民族团结进步示范区建设条例》等。省级国家机关依据民族工作方面的法律法规及中央和省的一系列优惠政策，制定相应的落实措施，切实保障民族自治地方行使自治权，保障少数民族的各项合法权益。各州（市）、县（市、区）每年进行一次法律法规和民族政策实施、落实情况的检查。各级人大加强对执行民族工作方面的法律法规和民族政策的监督力度。落实民族区域自治法的地方性法规制定工作走在了全国前列。《云南省迪庆藏族自治州民族团结进步条例》是全国首部民族团结方面的地方性法规，得到了全国人大常委会的充分肯定。大理州《村庄规划建设管理条例》、文山州《文山三七发展条例》等为促进特色产业发展、加快民族地区经济发展、维护社会和谐稳定、探索生态补偿机制等进行了有益尝试。民族立法工作的生动实践使民族区域自治制度的优势在云南得到了全面彰显。

2. 加强和改进城市民族工作

充分认识做好城市民族工作的重要性，坚持走中国特色解决民族问题的道路，坚持中国特色城市发展道路，把握城市民族工作的基本原则，全面贯彻落实党的民族政策和法规，促进各民族交往交流交融，切实提高城市各民族群众生产生活水平。先后制定了《云南省城市民族工作条例》《关于进一步加强城市民族工作的意见》等法规和政策措施，进一步保障城市各族群众合法权益。同时，在省级民族工作部门设置专门负责城市民族工作的机构，完善城市各族群众服务管理机制。2016年，首次召开了云南城市民族工作会议，专题研究部署新时期城市民族工作，进一步加强和推进城市民族工作。突出抓好少数民族流动人口服务管理工作，抓住流入地和流出地的两头对接，加强对少数民族流动人口的管理。从2015年起，率先开展少数民族流动人口服务管理和少数民族失地群众可持续发展两项试点工作，省级层面建立了滇疆合作常态化工作机制，与山东、福建、广东等省建立了少数民族流动人口服务管理跨区域合作机制。在城市开展民族团结进步示范区创建工作，截至2018年，规划并实施100个省级民族团结进步示范社区，覆盖云南 16 个州（市），打造了一批以昆明金星社区、楚雄彝人古镇为代表的全国民族团结进步示范社区，极大地推动了云南城市民族工作。

3. 探索总结符合云南实际的民族工作经验

云南认真贯彻党的民族工作方针政策特别是习近平总书记关于民族工作的重要论述，制定实施了一系列加强民族工作的政策措施，以民族团结进步示范区建设为统领，更好推进精准扶贫精准脱贫、全力推进民族地区跨越式发展、突出抓好就业和教育、深入实施民族团结进步创建工程、加强少数民族文化传承保护、扎实推进法制建设和法治保障、着力促进宗教和谐和顺、加强少数民族干部人才队伍建设，实现了政治上平等互信、经济上扶持互助、文化上包容互荣、社会建设上共建互享，创造了民族团结、边疆稳定、社会和谐、跨越式发展的民族工作"云南经验"。

坚持"在云南，不谋民族工作就不足以谋全局"的思想，打牢民族团结进步的工作基础。始终把民族工作放到云南大局中谋划，纳入各级党委政府重要议事日程，主动研究民族工作，主动解决民族问题，把握民族工作主动权。

坚持"各民族都是一家人，一家人都要过上好日子"的理念，打牢民族团结进步的思想基础。这句话在云南广为流传，得到了习近平总书记的充分肯定。"一家人"是各民族平等团结、亲如兄弟姐妹的真实写照，是处理民族关系的基本立场和世界观；"一家人都要过上好日子"是为各族群众谋幸福，不离不弃不怨的真心追求，是民族团结进步的根本途径和方法论。

坚持"决不让一个兄弟民族掉队，决不让一个民族地区落伍"的承诺，打牢民族团结进步的发展基础。始终把握好发展与团结、繁荣与稳定的辩证关系，把新时期民族问题的本质主要归结为发展问题，把解决发展不平衡、发展差距作为民族工作的主要任务，真心实意帮助少数民族和民族地区加快发展，为各民族融入时代发展和社会进步创造机会、提供条件。

坚持"各民族相知相亲相惜，交往交流交融"的社会建构，打牢民族团结进步的社会基础。始终立足于培育民族团结的社会共识和社会氛围，促进各民族相互了解、相互尊重、相互学习、相互信任、相互帮助、相互包容，倡导各民族各美其美、美人之美、美美与共，"让我听懂你的语言"，使各民族文化繁荣发展的过程成为各民族相知相亲相惜的过程，成为构筑各民族共有精神家园的过程。

坚持"民族团结不仅是价值取向，也是行为规范"的治理原则，打牢民族团结进步的制度基础。全面贯彻落实民族区域自治制度，不断建立健全有利于巩固和发展社会主义民族关系的法律法规，不断建立完善有利于促进民族团结和民族地区发展进步的制度、体制和机制，着力推进民族宗教工作法治化，依法协调民族关系、保障民族团结和各民族合法权益，让民族关系更加有序和可持续地行进在民族团结的法治轨道上。

坚持"不会做民族宗教工作的干部不是云南的好干部"的组织保障，打牢民族团结进步的干部基础。始终抓好"两支队伍"建设，把培养使用少数民族干部和熟悉民族工作的干部作为解决民族问题、做好民族工作的关键。

4. 积极引导宗教与社会主义社会相适应

云南认真贯彻习近平总书记关于宗教工作重要论述精神，全面落实全国宗教工作会议精神，召开云南宗教工作会议，明确提出要把思想和行动统一到中央对宗教工作的新部署新要求上来，充分认识宗教工作在云南的特殊重要性，深入推进落实党的宗教工作基本方针，努力开创云南宗教工作新局面。"全面贯彻党的宗教信仰自由政策，依法管理宗教事务，坚持独立自主自办原则，积极引导宗教与社会主义社会相适应"贯穿于整个宗教工作始终，确保宗教工作正确的政治方向。2016年，省委省政府出台了《关于加强和改进新形势下宗教工作的实施意见》，明确了做好云南宗教工作的指导思想、目标任务和工作重点。加强爱国宗教力量建设，稳妥处理宗教领域突出问题，切实加强宗教界思想建设、制度建设和人才建设，云南宗教领域保持了和谐稳定的良好局面。

支持宗教界加强自身建设，发挥宗教团体作为党和政府团结、联系宗教界人士和广大信教群众的桥梁和纽带作用，积极承担贯彻宗教政策法规、开展教务活动等方面的职能。支持加强宗教院校建设，加大宗教人才和宗教教职人员培养。加强宗教界代表人士教育培养力度，建立党政领导干部联系宗教界代表人士制度，畅通反映意见、表达诉求的渠道。开展"和谐寺观教堂"创建活动，发挥宗教在构建社会主义和谐社会中的积极作用。推进宗教工作法治化。着力推进新修订《宗教事务条例》的宣传、贯彻和落实。2016年，《云南省宗教事务规定》正式颁布实施，依法加强对宗教事务的管理。制定下发了《云南省民族宗教委行政审批规范》，规范了受理、审批环节。认真组织开展了"双随机、一公开"工作，对利用宗教进行商业炒作的行为进行全面规范。每年在云南宗教界开展一次"宗教政策法规学习月"活动，宗教界人士将宗教政策法规融入"讲经""讲道"之中，有针对性地开展法治宣传教育工作。依法治理宗教事务，落实宗教工作"一网两单"制度，稳妥处理宗教领域热点难点问题。积极防范和抵御境外利用宗教对我渗透，坚决打击利用宗教或打着宗教旗号进行的违法活动，维护宗教界合法权益，促进宗教工作和谐有序。

（五）逐步规范基层民主制度

基层民主制度是我国的基层群众性自治制度，是基层群众性自治组织形式及其运作方式，是基层群众性自治组织自我教育、自我管理、自我服务、自我监督的方式、方法、程序的总和，是人民参与管理国家事务和社会事务的一种主要形式，是社会主义民主制度的一个重要方面。习近平总书记指出，完善基层群众自治制度，发展基层民主，是社会主义民主政治建设的基础。这为健全基层群众自治制度和发展基层民主指明了方向。省委认真贯彻落实习近平总书记对发展基层民主提出的新要求，结合省情实际，重新修订了《云南省实施〈中华人民共和国村民委员会组织法〉办法》，进一步细化了村务监督委员会的组成和职责、村民代表会议职责，进一步完善了民主选举、民主管理和民主监督及村委会工作经费保障等制度，为云南基层民主的创新发展提供了重要的制度保障。

完成村（社区）换届选举。2016 年，云南首次实行村（社区）同步换届。按照省委省政府统一部署，云南 14292 个村（社区）换届选举全部结束，其中村委会 11972 个、居委会 2320 个，同步完成 13235 个村务监督委员会、17.7 万个村（居）民小组换届选举。依法实行直接选举，无记名投票、公开计票的方法得到普遍运用，村民参选率达到 93%。①

完善基层群众自治制度。省委新修订了《云南省实施〈中华人民共和国村民委员会组织法〉办法》，对基层群众自治制度落实中存在的人户分离、罢免难、监督难等问题作出了新规定。健全了基层选举、议事、公开、述职、问责机制以及村务监督委员会工作机制。村（居）民会议及其村（居）民代表会议经常召开，村务公开、民主评议、村干部定期报告工作、村干部任期和离任经济责任审计等活动普遍开展。完善城乡社区民主选举制度，通过依法选举稳步提高城市社区居民委员会成员中本社区居民比例，依法保障非户籍居民享有选举权利和基本公共服务权益。建立户籍居民和常住非户籍居民共同参与的议事协商机制。建立健全居务监督委员会，推进居务公开和民主管理。健全了以职工代表大会为基本形式的企事业单位民主管理制度，保障了职工参与管理和监督的权利。通过进一步完善基层群众自治制度，人民依法实行民主选举、民主决策、民主管理、民主监督得到了根本保障。

---

① 《云南州市、县、乡三级党委和村（社区）"两委"换届完成》，《中国组织人事报》2016 年 10 月 14 日。

加强基层群众性自治组织建设。合理确定基层群众性自治组织的管辖范围和规模，促进基层群众自治与网格化服务管理有效衔接。推进工矿企业所在地、国有企业、国有农（林）场、城市新建住宅区、流动人口聚居地的社区居民委员会组建工作。加强国有企业、国有农（林）场社区管理，将社区的公共管理和公共服务同步纳入当地经济社会发展规划和建设体系，实现基层群众性自治组织全覆盖。充分发挥自治章程、村规民约、居民公约在城乡社区治理中的积极作用，弘扬公序良俗。

（六）稳步推进法治云南建设

党的十八大以来，以习近平同志为核心的党中央着眼于实现中华民族伟大复兴的中国梦、实现党和国家长治久安，作出全面推进依法治国的重大决策，不断开辟全面依法治国的理论和实践新境界。党的十九大进一步提出了坚持全面依法治国，建设社会主义法治国家的新要求。按照中央要求，云南以改革、创新、担当、实干的勇气和精神，坚决把"全面推进依法治国方略"放在"四个全面"的战略布局中来把握，把全面推进依法治省作为加强边疆治理体系和治理能力现代化建设的重大任务，全面加快法治云南建设，不断健全完善符合边疆民族地区实际的社会主义法治体系，保证了宪法法律的有效实施，依法执政能力显著提升，地方法制越发完备，依法行政水平日益提高，公正司法不断强化，法治文化繁荣发展，法治宣传教育更加深入。

1. 加强组织领导

按照"进一步解放思想，创新机制，切实加强组织领导，保障依法治省战略有效实施，建设人民满意法治云南"的总体要求，调整了由省委书记任组长的省委依法治省领导小组，充实了成员，全面加强依法治省的组织领导和统筹协调，为全面推进依法治省提供了坚强的组织保障。各州（市）、县（市、区）参照省级模式健全工作机制，云南建立起党委统一领导、党委依法治省工作领导协调机构统筹协调、各方分工协作、全社会广泛参与的领导体制和工作机制，着力提升各级党委在法治建设中总揽全局、协调各方的能力和水平。

2. 注重规划先行

坚持"用改革思维和改革方式推进法治，用法治思维和法治方式推动改革"的理念，强化法治云南建设的系统性、规范性，出台了全面推进依法治省的纲领性文件《中共云南省委关于贯彻落实〈中共中央关于全面推进依法治国若干重大问题的决定〉的意见》，建立健全了"法治云南建设指标体系"，制定实施了《中共云南省委依法治省领导小组关于全面推进依法治省工作的实施意见（2016—2020 年）》《云南省法治政府建设规划暨实施方案（2016—2020 年）》《在云南公民中开展法治宣传教育的第七个五年规划（2016—2020 年）》三大规划，形成了有机统一、相互呼应、协调一致的法治建设规划体系。

3. 强化责任落实

制定《党政主要负责人履行推进法治建设第一责任人职责实施办法》，配套出台督查、述法、约谈办法，建立起党政一把手履行推进法治建设第一责任人职责的新机制，切实加强对科学立法、严格执法、公正司法和全民守法各项工作的统一领导、统一部署、统筹协调，云南形成党委统筹抓总，部门各司其职，全社会广泛参与、上下联动、左右协调、统筹推进的工作格局。立足云南省情，将法治建设成效作为衡量工作实绩的重要内容纳入省委省政府年度综合考评指标体系，纳入各级领导班子和领导干部政绩考核指标体系，逐步建立健全党政主要负责人履行推进法治建设第一责任职责的制度机制。

4. 改革司法体制

创新司法体制机制。通过健全权责明确、相互配合、相互制约、高效运行的司法体制，严肃查处司法不公的行为，努力让人民群众在每一个司法案件中都感受到公平正义。分两批组织 108 个基层审判机关、检察机关开展司法体制"四项改革"试点，司法权力运行机制改革、办案责任制改革、以审判为中心的诉讼制度改革等多项改革齐头并进，权责明确、相互配合、相互制约、高效运行的司法权力运行机制进一步健全，司法资源配置更加优化。2014 年以来，启动三批司法体制改革试点，实现对云南 16 个州市的全覆盖。通过实施人员分类管理和员额制法官、检察官遴选，遴选出"员额制"入额法官 4060 人、检察官 3148 人，85% 以上的司法人力资源配置到办案一线，优秀人才向办案一线流动趋势明显。① 通过改革司法体制，法官、检察官办案主体地位进一步凸显，多办案、办好案的积极性、责任心明显增强，实现了办案质量好、效率高的双提升。

加强司法制度建设。出台了《关于司法权不受非法干预的意见》《领导干部、司法内部人员插手、干预、过问案件登记报告查处规定》《完善司法责任制实施意见》《法官、检察官权力清单》等文件，建立了非法干预司法行为登记查处制度，确保司法权规范行使。建立了领导干部干预司法活动、插手具体案件处理的

---

① 《省两会举行"依法治省"新闻发布会：同心协力加快法治云南建设》，云南网 2018 年 1 月 29 日发布。

记录、通报和责任追究制度，健全了落实罪刑法定、疑罪从无、非法证据排除、行政执法与刑事司法相衔接、刑罚执行和冤假错案预防纠正等制度。探索设立跨行政区划的法院和检察院，优化司法职权配置，切实解决行政诉讼立案难、审理难、执行难等突出问题。推动实行审判权和执行权相分离的体制改革试点。改革法院案件受理制度，对人民法院依法应该受理的案件，做到有案必立、有诉必理，保障当事人诉权。完善刑事诉讼中认罪认罚从宽制度。严格落实审级制度。完善对涉及公民人身、财产权益的行政强制措施实行司法监督制度。探索建立检察机关提起公益诉讼制度。作为全国公益诉讼试点省份，截至 2017 年 12 月，81 个试点县级检察院对生态环境和资源保护、国有土地使用权出让、国有资产保护和食品药品安全等领域侵害国家和社会公共利益的行为提出诉前检察建议 1503 件，提起公益诉讼 149 件，提起诉讼案件数量和办理诉前程序案件数量均居全国第二。①

深入推进司法公开。推进审判公开、检务公开、警务公开、狱务公开，依法及时公开执法司法依据、程序、流程、结果和生效法律文书，构建开放、动态、透明、便民的阳光司法机制。加强法律文书释法说理，建立生效法律文书统一上网和公开查询制度，实现当事人通过网络实时查询办案流程信息和程序性信息。建立督导制度，严格落实责任，确保各项公开措施得到落实，实现以公开促公正。保障了各族人民群众在司法调解、司法听证、涉诉信访等司法活动中的参与权。

加强人权司法保障。坚持惩罚犯罪和保障人权并重，强化诉讼过程中对当事人和其他诉讼参与人的知情权、陈述权、辩护辩论权、申请权、申诉权的制度保障。完善对限制人身自由司法措施和侦查手段的司法监督，加强对刑讯逼供和非法取证的源头预防，健全冤假错案有效防范、及时纠正机制。进一步规范在刑事、民事、行政诉讼中查封、扣押、冻结、处理涉案财物的司法程序。探索建立跨部门的地方涉案财物集中管理平台。加快建立失信被执行人信用监督、威慑和惩戒法规制度，切实解决执行难问题，依法保障胜诉当事人及时实现权益。建立健全减刑、假释、暂予监外执行公开制度。健全社区矫正制度，提高社区矫正执法保障能力。落实终审和诉讼终结制度，建立涉法涉诉信访事项导入司法程序机制，完善申请再审和申诉立案受理制度，保障当事人依法行使申诉权利。依法完善涉

---

① 《省两会举行"依法治省"新闻发布会：同心协力加快法治云南建设》，云南网 2018 年 1 月 29 日发布。

法涉诉信访终结办法，把涉法涉诉信访纳入法治轨道解决。改革律师制度，建立规范办理律师提出举报、申诉、控告、申请工作机制和听取律师意见制度。

强化司法活动监督。完善检察机关行使监督权的法规制度，加强对刑事诉讼、民事诉讼、行政诉讼的法律监督。完善司法机关内部办案监督工作机制，强化对权力行使的监督制约和办案质量的全程监控。完善人民监督员制度，重点监督检察机关查办职务犯罪的立案、羁押、扣押冻结财物、起诉等环节的执法活动。健全完善执法档案制度，全面记录和掌握执法办案业绩与效果。健全办案责任考评机制，定期对办案质量进行评查。坚决破除各种潜规则，绝不允许办关系案、人情案、金钱案。坚决反对和惩治粗暴执法、野蛮执法行为，对司法领域的腐败零容忍，坚决清除害群之马。

5. 建设法治政府

加强组织领导。围绕到 2020 年基本建成法治政府目标，省委省政府制定了《党政主要负责人履行推进法治建设第一责任人职责实施办法》，进一步明确各级政府主要负责人每年召开 1 次法治政府建设推进会议，政府常务会议每年至少听取 1 次工作汇报等具体要求，并将职责履行情况纳入年度述职内容。省委依法治省领导小组对云南依法行政、法治政府建设工作进行了安排部署。各级政府全面落实法治政府建设主体责任和监督责任，法制部门履行统筹规划、协调指导、检查考核职责，加大依法行政在年度综合考评中的考核权重，并组织对各州市和省直部门法治政府建设情况开展专项督察，形成各部门齐抓共管、社会各方协同推进的良好局面。

加强行政立法。紧紧围绕省委省政府中心工作，以问题为导向，突出重点领域立法。制定或修订了《云南省生物多样性保护条例》《云南省水利工程管理条例》《云南省安全生产条例》《云南省公路路政管理条例》《云南省禁毒条例》等地方性法规议案，制定或修订了《云南省行政规范性文件制定和备案办法》《云南省档案管理办法》《云南省法律顾问工作规定》《云南省高速铁路管理规定》《云南省政府投资项目审计办法》等政府规章，① 更好地服务云南经济社会发展。完善政府立法工作机制，拓宽公众参与立法的广度和深度，探索建立立法基层联系点。发挥部门立法主体作用和政府法制机构审查把关作用。

健全行政决策机制。制定了《云南省重大行政决策程序规定》，规范重大行

---

① 《云南省人民政府关于 2017 年度法治政府建设情况的报告》，云南省人民政府网 2018 年 4 月 3 日发布。

政决策程序，把公众参与、专家论证、风险评估、合法性审查、集体讨论决定作为重大行政决策的法定程序。建立健全重大行政决策合法性审查制度、重大决策终身责任追究制度及责任倒查机制，加强政府规范性文件合法合规性审查，从源头杜绝政府规范性文件违法增加公民义务，不断推进政府决策科学化、民主化、法治化。

加强行政权力监督。制定了《云南省重大行政决策终身责任追究办法（试行）》《云南省新闻发布办法》《依申请公开工作规范》《云南省政务公开工作实施细则》，自觉接受人大、政协监督。2017年，办理全国人大代表建议12件、全国政协提案20件，办理省人大代表建议743件、省政协提案562件。① 完善政府内部层级监督和专门监督，改进上级机关对下级机关的监督，增强监督合力，提高监督实效。加强行政复议监督，推进相对集中复议权试点工作。完善政府法制督察制度，完善纠错问责机制，健全责令公开道歉、停职检查、引咎辞职、责令辞职、罢免等问责方式和程序。加大行政执法案卷评查力度，强化行政审批监督和责任追究。

加大行政问责力度。大力加强环保督察、旅游环境专项整治等重点领域的严格执法工作，切实加大对违法行为的惩处力度和问责力度。2017年，对中央环境保护督察组督察发现的12个生态环境损害责任追究案进行严肃处理，问责33个责任单位、110名责任人；问责旅游市场整治不力和不作为、慢作为的干部40多人。②

规范行政执法行为。制定了《云南省深入推进城市执法体制改革改进城市管理工作的实施方案》，全面推进城市执法体制改革。按照减少层次、整合队伍、提高效率的原则，加快州（市）、县（市、区）两级政府综合执法改革，建立职能集中、管理规范、上下协调、运行有效的综合执法体系。理顺城管执法体制，加强城市管理综合执法机构建设，逐步实现城市综合执法权、执法力量、执法手段三集中，提高执法和服务水平。建立健全行政执法和刑事司法衔接机制，完善案件移送标准和程序，坚决克服有案不移、有案难移、以罚代刑现象，实现行政处罚和刑事处罚无缝对接。制定了《云南省贯彻落实"十三五"市场监管规划实施方案》《关于县（市、区）市场监管局随机抽查共同实施细则有关

---

① 《云南省人民政府关于2017年度法治政府建设情况的报告》，云南省人民政府网2018年4月3日发布。

② 《"壮阔东方潮　奋进新时代"——云南省庆祝改革开放40周年系列新闻发布会·民主法制专场》，新华网2018年11月27日发布。

事项的通知》，加大云南市场监管部门统一执法力度。2017年，查处案件17327件，比2016年增长86.7%。① 推进省以下环保机构监测监察执法垂直管理制度改革，推行"1+3+N+1"② 的旅游市场综合监管模式，取得了良好成效。加强重点领域执法。制定旅游市场22条专项整治措施，以"零容忍"态度整治旅游市场秩序，零负团费、强迫消费、恶性竞争等乱象得到有效整治，旅游投诉大幅下降，旅游人次和旅游收入均增长了30%以上。③ 进一步加大环境保护、住房城乡建设、食品药品、安全生产等领域的执法检查。

深入推进政务公开。以公开为常态、不公开为例外，严格决策公开、执行公开、管理公开、服务公开、结果公开。各级政府及其工作部门依据权力清单，依法向社会全面公开政府职能、法律依据、实施主体、职责权限、管理流程、监督方式等事项。重点推进财政预算、"三公"经费及公共资源配置、重大建设项目批准和实施、社会公益事业建设等领域的政府信息公开。对涉及公民、法人或其他组织权利和义务的规范性文件按要求和程序予以公布。推行行政执法公示制度。推进政务公开信息化，构建云南统一的行政权力网上运行系统，加快互联网政务信息数据服务平台和便民服务平台建设。建立健全人民群众申请公开政府信息限期答复制度。完善政府信息公开工作考核、社会评议、年度报告、责任追究等配套保障机制，健全政府信息公示公告及保密审查机制。

加强政务诚信建设。省政府制定了《关于加强政务诚信建设实施办法》，与34个省直部门签署了《社会信用信息系统共享合作备忘录》。2018年，省信用信息共享平台覆盖16个州、市和38个省直部门，州、市信息源覆盖率达93.75%，数据量总计276万条。④ 完善守信联合激励和失信联合惩戒制度，云南6771户企业建立质量信用档案，对科技人才申报信息系统与政务服务网上大厅进行链接，

① 《云南省人民政府关于2017年度法治政府建设情况的报告》，云南省人民政府网2018年4月3日发布。

② "1"是建立健全集中统一的综合监管指挥平台，形成信息汇集、及时研判、综合调度、联合执法、快速反应、高效处置的工作机制；"3"是强化旅游警察、旅游巡回法庭、工商和市场监管局旅游市场执法3支队伍，提高旅游市场执法监管效率；"N"是发挥多个涉旅执法部门的职能作用，共同维护旅游市场秩序；"1"是建立旅游监管履职纪检监察机制，对涉旅部门履职情况进行巡查、巡视，发生重大涉旅事件时，监察部门启动监督、问责程序，依法依纪严格追究责任。

③ 《云南省人民政府关于2017年度法治政府建设情况的报告》，云南省人民政府网2018年4月3日发布。

④ 《云南积极构建信息共建共享机制　全方位推进社会信用体系建设》，《云南日报》2018年8月20日。

实施跨部门联合激励和联合惩戒。省法院、省金融办等部门开展了政府机构、金融企业、电子商务领域失信问题专项治理，政府公信力不断提升。

6. 加快建设法治社会

加强法治宣传教育。落实"谁执法谁普法"责任制，建立以案释法制度，健全公益普法制度。深入开展"百村千组""千村万户""法治宣传边关行"等普法活动，用民族干部宣讲法治、用民族语言传播法治、用民族文字诠释法治、用民族节庆展示法治、用民族文化体现法治，实现普法政治效果、社会效果与法律效果相统一。完善国家工作人员学法用法制度，把宪法法律列入党委（党组）中心组学习内容，列为党校、行政院校、干部院校、社会主义学院必修课，提高领导干部运用法治思维和依法办事能力。坚持把法治教育纳入国民教育体系。在高等学校、中等职业学校、普通中小学设立法治知识课程，加强预防青少年犯罪警示教育基地建设，完善家庭、学校、社会"三位一体"的青少年法制教育网络。加强宗教场所普法教育，切实提高教职人员和信教群众的法律意识。加强法治文化阵地建设，持续推进"千里边疆法治文化长廊"等建设。大力选树"云南好人""道德模范"等先进典型。2013年以来，开展了数百场"百名法学家百场报告会""国家宪法日""国家安全日"等主题活动，各类新闻媒体深入宣传以宪法为核心的中国特色社会主义法制体系，大力营造尊崇法治、崇德向善的社会氛围。

加快社会诚信建设。积极推进云南社会信用体系建设规划纲要实施，加快推进政务诚信、商务诚信、社会诚信和司法公信等重点领域信用建设，加快建成覆盖全社会的信用信息系统，健全公民和组织守法信用记录，完善守法诚信褒奖机制和违法失信惩戒机制，提高诚信云南建设水平。教育引导公民把诚实守信作为基本行为准则，牢固树立有权力就有责任、有权利就有义务的观念，使尊法守法成为各族人民群众的共同追求和自觉行动。

开展法治创建活动。组织开展多层次多形式多领域法治创建活动。截至2017年，云南共有2个市、34个县（市、区）被评为全国法治创建活动先进单位，60个县（市、区）达到省级法治县（市、区）创建标准，4787个单位被国家、省、市、县四级分别授牌或予以表彰。①

构建公共法律服务体系。加快建设覆盖城乡、机会均等、惠及全民的公共

① 中共云南省委宣传部、中共云南省委党史研究室编：《中国改革开放全景录·云南卷》，云南人民出版社2018年版，第174页。

法律服务体系。大力推动市、县、乡、村四级公共法律服务实体平台建设，为群众提供"站式、窗口化、综合性"法律服务。实施了"一乡一所、一村一法律顾问、一村一公示牌"的农村基层法律服务工程，建成公共法律服务实体平台 1425 个、法律援助工作站 2645 个，依托基层服务型党组织综合平台网络系统，实现云南 14300 个行政村（社区）法律援助服务全覆盖，[①] 方便群众及时便捷得到法律援助，筑牢维护社会公平正义的防线。积极打造"互联网 + 公共法律服务"模式，建设好"12348 公共法律服务咨询热线、12348 公共法律服务网络、12348 掌上（手机）公共法律服务、12348 智慧公共法律服务（公共法律服务机器人）四张网"[②]，将公共法律服务移到百姓身边，创新开展"万人进千村帮万户"法律服务，为打赢扶贫攻坚战提供有力法律保障。

（七）深入推进行政体制改革

行政体制改革是政治体制改革的重要内容，也是我国全面深化改革的重要组成部分。党的十八大以来，以习近平同志为核心的党中央对行政体制改革进行了深刻阐述和全面部署，有力推动了行政体制改革进程。党的十九大报告深刻把握党和国家事业历史性变革及其对组织结构和管理体制的新要求，就深化机构和行政体制改革作出重要决策部署。按照中央深化机构和行政体制改革的部署要求，云南采取有力举措，全面推进政企分开、政资分开、政事分开、政社分开，切实推动职能科学、结构优化、廉洁高效、人民满意的服务型政府建设迈向新台阶。

1. 转变政府职能

进一步完善政府经济调节和市场监管职能，注重发挥政府在稳定经济增长、转变发展方式、调整经济结构等方面的主导作用。强化社会管理和公共服务职能，推进基本公共服务均等化，创新管理机制，提高服务质量和效率。健全完善权责清单制度。截至 2016 年，省、州（市）、县（市、区）、乡（镇、街道办）四级权责清单已经全部向社会公布。[③] 深化行政审批制度改革，减少行政审批事项，减弱政府对微观经济活动的干预，公平、稳定、透明的投资环境得到了

---

① 《省两会举行"依法治省"新闻发布会：同心协力加快法治云南建设》，云南网 2018 年 1 月 29 日发布。

② 中共云南省委宣传部、中共云南省委党史研究室编：《中国改革开放全景录·云南卷》，云南人民出版社 2018 年版，第 175 页。

③ 《2018 云南省两会系列新闻发布会第七场——依法治省主题新闻发布会》，云南省人民政府网 2018 年 1 月 28 日发布。

投资者的认可。全面取消了无法律法规依据的行政审批事项，全面取消了非行政许可审批事项。截至 2017 年，云南共精简省级行政审批项目 444 项，州（市）级审批项目 18354 项，县级审批项目 2152 项，审批效率提速 50% 以上。① 政务服务中心和电子政务建设不断完善，"一站式"服务全面推行，行政效率持续提高。深化商事制度、事中事后监管、党政机关车改、行业协会商会与行政机关脱钩等改革，建立覆盖省、市、县三级的公共资源交易电子化平台，实现了各类公共资源依法、规范、阳光交易。健全上下级政府之间、同级政府部门之间的工作协调机制，完善重大项目和重大决策社会稳定风险评估机制，严格执行责任追究制度。

2. 推进"放管服"改革

实施深化"放管服"改革"六个一"行动，② 加强个人、企业信息统一归集，加快建成云南政务服务数据共享交换平台，推动各地区各部门政务服务信息共享。以省人民政府公布的保留证明材料清单为基数，确保证明材料只减不增。③ 努力建设审批更简、监管更强、服务更优，稳定、公平、透明、可预期的营商环境。

加大简政放权力度。2015 年实现权责清单制度省、州、县、乡四级全覆盖；2016 年实现双随机监管改革省、州、县、乡四级全覆盖；2017 年在云南范围内开展"减证便民"专项行动，制定推进"放管服"改革 10 条措施。党的十八大以来，省级政府部门累计精简行政审批事项 492 项、下放 268 项，"放管服"改革方面很多措施走在全国前列。④ 清理规范中介服务事项 162 项；精简证明材料

---

① 《2018 云南省两会系列新闻发布会第七场——依法治省主题新闻发布会》，云南省人民政府网 2018 年 1 月 28 日发布。

② 实施"企业开办时间再减一半"行动。云南企业开办时间不超过 8 个工作日，昆明、曲靖等地企业开办时间不超过 3 个工作日；实施"项目审批时间再砍一半"行动。社会投资一般性建设项目，从申请核准（备案）到获得施工许可全流程、各环节的政府审批时间在现有基础上再砍一半以上，审批总时限不超过 80 个工作日。昆明、曲靖等地不超过 50 个工作日；实施"政务服务一网办通"行动。各地在线办理事项数量 2018 年底达到 75%、2019 年达到 85%（省级不低于 90%）、2020 年达到 95% 以上；实施"企业和群众办事力争只进一扇门"行动。州、市级政府部门行政许可全面实现向 1 个内设科室集中，在 129 个县（市、区）和各类开发区、开发开放试验区，全面推行相对集中行政许可权改革，推进"一颗印章管审批"；实施"最多跑一次"行动。到 2020 年，"最多跑一次"事项比例达到各级政府政务服务事项的 90% 以上；实施"凡是没有法律法规依据的证明一律取消"行动。

③ 《云南省人民政府办公厅关于印发云南省深化"放管服"改革"六个一"行动实施方案的通知》，云南省人民政府网 2018 年 5 月 30 日发布。

④ 《党的十八大以来，省级部门深化"放管服"改革精简下放 760 项行政审批事项，云南省共精简证明材料 1868 项——政府提效率 百姓减负担》，云南网 2018 年 5 月 26 日发布。

1868 项，精简率达到 92% 以上。①"先照后证""32 证合一""一颗印章管审批""民营经济发展双十条"等系列组合拳持续发力，有力推进了营商环境建设。独具特色的"一部手机游云南"，为各方游客畅游云南的山山水水，提供了更加便捷的掌上服务，以人民为中心的发展理念落地生根。

优化行政管理体制。政府购买服务制度加快建设，72 个省级部门编制政府购买服务预算明细项目 896 个。2014 年至 2016 年，开展行政事业性收费清理，取消降低部分行政事业性收费，减轻企业和社会负担。印发《云南省行业协会商会与行政机构脱钩总体方案》，开展脱钩第一批试点工作。云南商事制度改革共核发新办、变更、换发"一照一码"营业执照 19.5 万份。云南公共资源交易电子化平台建设启动，2016 年实现"一网三平台"省市县全覆盖。权责一致、分工合理、决策科学、执行顺畅、监督有力的行政管理体制初步建立。

创新行政管理方式。出台了《关于进一步简化优化公共服务流程方便基层办事创业的意见》，提高基层公共服务办事效率。重新修订了《云南省人民政府常务会议议定事项督查办法》，并在云南贯彻落实。出台了《稳增长督查激励和问责办法》，对工作成效显著、发现问题整改及时的州市、县市区在政策、资金、土地等方面给予倾斜。加快推进"互联网 + 政务服务"工作，构建云南整体联动、部门协同、平台融合、一网办理的线上线下一体化政务服务体系，形成了政府、公众、企业共同参与、优势互补的政务服务新体系。出台了《关于加快推进"互联网 + 政务服务"工作的实施意见》，依托省政府门户网站，整合政务服务资源与数据，建成云南一体化网上政务服务平台，全面推进政务服务的标准化、精准化、便捷化、平台化、协同化，努力建成纵向到基层、横向连部门和规范统一、整体联动、部门协同、一网办理的线上线下一体化政务服务体系，大幅提升政务服务智慧化水平，2019 年，开发"一部手机办事通"APP，推动企业和群众办事实现"指尖办"。

3. 深化新一轮党和国家机构改革

2013 年，云南省启动了新一轮的机构改革，2014 年 5 月 30 日，省质监局和省食药监局经过多次协商，就划转的职能、机构、编制、人员、经费、资产和工作台账达成一致，完成了签字仪式。原省政府食安办的职责、原省食药监局的职责、省质监局的生产环节食品安全监管职责、省工商局的流通环节食品安全监管

---

① 《"壮阔东方潮　奋进新时代"——云南省庆祝改革开放 40 周年系列新闻发布会·民主法制专场》，新华网 2018 年 11 月 27 日发布。

职责，被划入新组建的云南省食品药品监督管理局。新组建的省食药监局为省政府直属机构，将进行职能转变，取消、下放、承接和整合一些职责，并加挂省政府食品安全委员会办公室牌子。至 2014 年 6 月底，这一轮的省级机构改革基本完成。改革前，省政府机构设置为"42+6+1"，即 42 个工作部门、6 个部门管理机构和 1 个人防办，改革后，共减少了 3 个部门。

党的十九大以来，为贯彻落实十九届三中全会通过的《中共中央关于深化党和国家机构改革的决定》，云南启动新一轮省级机构改革。2018 年 10 月 4 日，党中央、国务院批准了《云南省机构改革方案》，这是西部地区得到党中央、国务院批复的第一个省级机构改革方案。根据《云南省机构改革方案》，此次省级机构共设置党政机构 60 个；党委机构 17 个，其中，纪检监察机关 1 个，工作机关 13 个（副厅级 1 个），工作机关管理的机关（规格为副厅级）3 个；政府机构 43 个，其中，省政府办公厅和组成部门 24 个，直属特设机构 1 个，直属机构 14 个（其中副厅级 1 个），部门管理机构（规格为副厅级）4 个。

新一轮党政机构改革对应党中央和国务院机构改革，调整优化了相应机构和职能，建立健全和优化了省委对重大工作的领导体制机制，加强了省委职能部门的统一归口协调管理职能，新组建了一些机构并对部分机构的职责进行了优化。

建立健全和优化省委对重大工作的领导体制机制。加强和优化党对全面深化改革、依法治省、经济、农业农村、纪检监察、组织、宣传思想文化、统战、政法、民族宗教、教育、科技、网信、外事、审计等工作的领导。优化党委议事协调机构。优化规范设置党的派出机关。强化党的组织在同级组织中的领导地位，在国家机关、事业单位、群团组织、社会组织、企业和其他组织中设立的党组织，接受批准其成立的党委统一领导。健全完善党政督察的协调配合机制，加强对重大决策部署事项跟踪问效、督察督办。坚持和加强党对反腐败工作的统一领导，推进纪检工作双重领导体制具体化、程序化、制度化。健全党和国家监督体系，全面组建省市县监察委员会，实现党内监督和国家机关监督、党的纪律检查和国家监察有机统一，实现对所有行使公权力的公职人员监察全覆盖。省市县分别设立巡视、巡察工作领导小组办公室，增强以党内监督为主、其他监督相贯通的监督合力。

加强省委职能部门的统一归口协调管理职能。优化党委的组织、宣传、统战、政法等部门职责配置，加强归口协调职能，强化统筹层次和力度。优化设置各类党委办事机构，由职能部门承担的事项归由职能部门承担。

对部分机构的职责进行了优化。坚决破除制约市场在资源配置中起决定性作用的体制机制弊端，围绕推动高质量发展，以建设开放型、创新型和绿色化、信息化、高端化现代化产业体系为方向，以打造世界一流的绿色能源、绿色食品、健康生活目的地为抓手，加强和完善政府经济调节、市场监管、社会管理、公共服务、生态环境保护职能，着力推进重点领域、关键环节的机构职能优化和调整，全面提高政府效能，建设人民满意的服务型政府。

统筹推进其他各项改革。深化人大机构改革，发挥人大及其常委会在地方立法工作中的主导作用，加强人大对预算决算、国有资产管理等的监督职能。健全各级人大组织制度和工作制度，强化各级人大的社会建设、监察等职责。深化政协机构改革，加强政治协商和民主监督，强化政协研究"三农"问题和联系农业界、文艺界等职责，调整完善相关委员会设置，更好发挥专门协商机构作用。深化司法体制改革，优化司法职权配置和内设机构设置，全面落实司法责任制和法官、检察官员额制，推进以审判为中心的诉讼制度改革。深化群团组织和社会组织改革。建立健全党委统一领导群团工作的制度，优化机构设置，完善管理模式，创新运行机制，促进党政机构同群团组织功能有机衔接，增强群团组织团结教育、维护权益、服务群众功能。推进社会组织改革，加快实施政社分开，激发社会组织活力，深入推进行业协会商会与行政机关脱钩改革。加强对各类社会组织的监管，推动社会组织规范自律，实现政府治理和社会调节、居民自治良性互动。①

（八）巩固和发展爱国统一战线

贯彻落实中央、省委关于统一战线重大决策部署，成立了云南省委统战工作领导小组，大统战工作格局初步形成。始终把强化思想政治引导作为统一战线的重大政治任务抓紧抓牢。开展云南统一战线坚持和发展中国特色社会主义学习实践活动，开展以"守法诚信增强信心"为重点的非公有制经济人士理想信念教育实践活动，坚定了统一战线成员的道路自信、理论自信、制度自信、文化自信。充分发挥统一战线议政建言的政治优势、人才荟萃的智力优势，联系广泛的资源优势、协调关系的功能优势，组织、引导统一战线成员为云南"十三五"规划实施献计出力。紧扣云南经济社会发展重大问题建言献策；着力推动非公有制企业转型升级；积极参与脱贫攻坚，深入实施"同心工程"，组织实施科技培训、文

---

① 《中共云南省委贯彻〈中共中央关于深化党和国家机构改革的决定〉的实施意见》，《云南日报》2018 年 10 月 26 日。

教卫生、基础设施建设等项目，助推贫困地区脱贫进程。多党合作和政治协商更加规范有序、富有成效。推动各级各部门贯彻落实中央、省委民族工作会议精神，坚持抓基层打基础，进一步巩固民族团结的物质基础、思想基础、社会基础。把促进发展、维护稳定作为工作着力点。藏区继续保持发展稳定良好态势。统筹做好高等院校、科研院所、国有企业党外知识分子工作，不断探索新的社会阶层人士工作。以促进非公有制经济健康发展和非公有制经济人士健康成长为主题，坚持一手抓鼓励支持，一手抓教育引导。立足服务国家大局，认真贯彻中央对港澳、对台、对侨工作方针，出台《加强港澳台海外代表人士队伍建设的实施意见》，发挥统一战线争取人心的作用。

（九）加强和改进党的群团工作

省委高度重视做好新形势下党的群团工作，始终坚持党对群团工作的统一领导，把对群团组织的政治领导、思想领导、组织领导作为各级党组织肩负的政治责任，健全组织制度，完善工作机制，从上到下形成强有力的组织领导体系，引导和支持群团组织更好服务云南工作大局。制定出台了《中共云南省委关于加强和改进党的群团工作的实施意见》，更好地发挥群团组织帮助党做好群众工作的功能和作用，各级群团组织深入开展了各类群众性劳动竞赛、岗位练兵、技能比武、科技创新、科学普及和技能培训等活动。结合群团工作特点，大力推动建成一批职工创新工作室、青年创新创业基地、妇女创业孵化基地、院士（专家）科技工作站。发挥群团自身优势，通过提供创业辅导、终端对接、项目服务等帮助，积极引导广大群众通过互联网在线就业创业，加快推进"大众创业、万众创新"。完善应急动员、公益募捐等行动机制，使群团组织在保障重大任务、支援抢险救灾、应对重大突发事件中发挥了积极作用。支持群团组织引导群众自觉培育和践行社会主义核心价值观。群团组织成为引导群众继承和弘扬中华优秀传统文化、自觉培育和践行社会主义核心价值观的主要力量，通过开展生动活泼、特色鲜明、富有成效的群众性实践活动把社会主义核心价值观建设引向深入。把群团工作纳入党政主导的维护群众权益机制，群团组织维护人民群众利益的能力明显增强。群团组织特别是人民团体成为依法、有序、广泛参与管理国家事务和社会事务、管理经济和文化事业的重要渠道。

改革和改进群团组织机关机构设置、管理模式、运行机制，充分体现群团组织的政治性、群众性特点，防止机关化、娱乐化倾向发生。坚持党建带群建、群建促党建，统筹基层党群组织工作资源配置和使用，实现了党建和群建工作共建互促、整体推进。在巩固按行政区划、依托基层单位建立组织、开展工作的同时，创新了基层组织设置、成员发展、联系群众、开展活动的方式。把群团组织所属的群众活动场所、服务场所建设全面纳入当地经济社会发展规划和城乡建设规划，确保基层群众活动有场所、有人员、有经费。建立健全了群团组织联系群众的长效机制和依靠所联系群众推进工作的制度，尊重基层首创精神，总结基层和群众在实践中创造的新鲜经验，不断创新完善群团组织帮助党有效开展群众工作的方式方法，把广大人民群众更加紧密地团结在党的周围。

📖 启 示

新中国成立 70 年来，云南在推动社会主义民主政治建设中认真贯彻落实党中央决策部署，始终坚持和发展中国特色社会主义政治制度，把党的领导、人民当家作主和依法治省有机结合起来，实现和保证了云南各族人民当家作主，在云岭大地探索了具有云南特点的社会主义民主政治建设的基本做法，为探索和实践边疆民族地区民主政治建设作出了重要贡献。

第一，坚持党的领导、人民当家作主、依法治国有机统一，确保人民民主在边疆民族地区得到广泛而充分的发展

走中国特色社会主义政治发展道路，必须坚持党的领导、人民当家作主、依法治国有机统一。党的领导是人民当家作主和依法治国的根本保证，人民当家作主是社会主义民主政治的本质特征，依法治国是党领导人民治理国家的基本方式，三者统一于我国社会主义民主政治伟大实践。70 年来，云南在推动社会主义民主政治建设中始终坚持党的领导，充分发挥党总揽全局、协调各方的作用，扩大人民有序政治参与，保证人民当家作主的制度落到实处。支持人大、政府、政协和法院、检察院依法依章程履行职能、开展工作、发挥作用。确保人民当家作主的权利得到充分体现，各级人民代表大会及其常务委员会认真履行宪法和法律赋予的民主选举、民主决策、民主管理和民主监督职责，支持和保证人民通过人民代表大会行使国家权力；推动协商民主广泛、多层、制度化发展，保证人民在日常政治生活中有广泛持续深入参与的权利；推进机构和行政管理体制改革，转变政府职能，深化简政放权，创新监管方式，增强政府公信力和执行力，建设人民满意的服务型政府；坚持和发展民族区域自治制度，维护少数民族的民主权利；顺应人民群众的新期待，建立完善基层群众自治制度，组织载体日益健全，内容不断丰富，形式更加多样，城乡居民的民主法治意识、权利主体意识和政治参与意识不断增强，人民群众日益增长的公平正义需求不断得到满足。

第二，坚持人民在国家政治生活中的主体地位，确保边疆各族群众有序政治参与的渠道不断扩大

社会主义民主政治的主体是人民，人民是民主政治发展的基础和保障。坚持人民在国家政治生活中的主体地位，是发展社会主义民主政治的基本问题，是中国共产党的根本政治立场和核心政治理念。在云南推进社会主义民主政治建设的70年生动实践中，各级党委政府始终坚持人民主体地位，激发人民群众的创造活力，立足省情，结合实际，把尊重人民主体地位作为推进社会主义民主政治建设的价值追求和重要途径，尊重劳动、尊重知识、尊重人才、尊重创造，广泛集中人民群众的智慧，把群众路线贯穿于民主政治建设的全过程，问政于民、问需于民、问计于民，做到认真听取群众意见呼声，并在群众的实践活动中接受检验。各族群众在党的领导下真正获得了当家作主的政治地位，积极参与经济社会管理，充分行使自己的知情权、参与权、表达权、监督权，同时对经济政治文化社会各项活动进行民主协商、民主决策、民主管理、民主监督，使社会主义民主政治在边疆民族地区获得了最牢固的群众基础和力量源泉。

第三，坚持一切从多民族和各民族发展的不平衡实际出发，因地制宜，实施分类指导，确保云南民主政治建设始终沿着正确道路前进

新中国成立初期，省委省政府遵循中央关于少数民族地区的改革与发展必须"慎重稳进"的指导方针，坚持从云南多民族、边疆、山区、欠发达、各民族政治经济发展极端不平衡的实际出发，实事求是依靠分类指导进行土地改革，提供了少数民族成功实施以土地改革为中心的民主建政新经验。在"文化大革命"中，由于推行"左"的政策，批判"边疆特殊论""民族落后论"和"条件论"，抹杀边疆少数民族地区的特点，否定边疆与内地、少数民族与汉族在经济社会发展中存在的不平衡和差距，采取一刀切的方式，打击了一大批干部和民族上层人士，使云南民主政治建设遭受严重挫折。党的十一届三中全会以来，云南从省情实际出发，逐步恢复和发展了社会主义民主政治制度，全面贯彻落实党的民族政策，探索出了一条具有中国特色、云南特点的社会主义民主政治建设的新路子。实践证明，从多民族和地区间发展不平衡的特点出发，分类指导，不搞"一刀切"，是云南民主政治建设的重要方法。

第四，坚持与经济社会发展相适应，确保创造民族团结、社会稳定、边境安宁的社会主义民主政治环境

经济基础决定上层建筑，"经济条件归根结底制约着历史的发展"。社会稳定、经济发展和人民生活水平不断提高，是人民当家作主的重要目的，也是人民当家作主的必要条件。民主政治建设作为经济社会建设与发展的重要组成部分，必须随着经济社会发展而不断深化。由于自然、历史等因素，云南经济社会发展相对落后，这在很大程度上制约了民主政治建设的进程。解放以后，在党中央的坚强领导和亲切关怀下，省委省政府团结带领云南各族人民攻坚克难，工农业生产总值不断翻番，边疆少数民族地区经济社会发展实现了历史性跨越，这为云南民主政治建设提供了充足的物质保障。70年来，人民代表大会制度在云南落地生根、与时俱进、发展壮大，从根本上保证和实现了各族人民当家作主的权利。中国共产党领导的多党合作和政治协商制度在云南从无到有、从小到大，不断发展完善，政治协商不断加强，多党合作日益深化，巩固和发展了最广泛的爱国统一战线。农村村民自治制度、城市居民自治制度和以职工代表大会为基本形式的企事业单位民主管理制度在实践中不断创新和发展，切实保障了基层群众的民主权利和合法权益。贯彻落实党的民族宗教政策，坚持和完善民族区域自治制度，真正实现了各民族人民当家作主，切实保障边疆民族地区民族团结、社会稳定、边境安宁。

第五，坚持发挥统战工作的重要作用，确保云南民主政治建设始终具有良好的社会支持和群众基础

少数民族多、信教群众多、民主党派多、港澳同胞多、台湾同胞多、海外侨胞多、归侨侨眷多是云南民主政治建设的省情。这一特殊性决定了统一战线工作在云南民主政治建设中具有举足轻重的地位和作用。因此，从中共云南地下组织成立之日起，统一战线工作就成为中共云南地方组织工作的重要内容。统一战线工作无论是在战争年代为云南的解放，还是在和平年代为促进云南经济社会发展都发挥了重要作用，作出了重大贡献。云南民主政治建设的历程，清晰而雄辩地表明，什么时候结合云南实际情况，正确认识和处理同民族宗教上层人士的关系、党外民主人士的关系，把统一战线发展好、把统战工作开展好，真正做到与他们团结合作、肝胆相照、荣辱与共；什么时候平等团结互助和谐的社会主义民族关系就能得到巩固和发展，最广泛的爱国统一战线就能发展和壮大，画出的同心圆就越大，社会主义民主政治建设的优越性就越明显。

第六，坚持推进社会主义民主政治制度化、规范化、法治化、程序化，确保边疆治理体系和治理能力现代化水平不断提升

发展社会主义民主政治，是推进国家治理体系和治理能力现代化的题中应有之义。通过社会主义民主政治制度化、规范化、程序化，充分保障人民当家作主，改进国家治理方式，进而构建一个现代化的国家治理体系。70年来，云南省委省政府在充分把握边疆民族地区民主政治建设的复杂性和特殊性，充分挖掘和利用制度资源、组织资源、文化资源、社会资源的基础上，多措并举，不断深化政治体制改革，建立了一系列新的制度和体制机制，最大限度激发边疆民族地区的创造活力。进一步加强民主法治建设，更加注重发扬民主，更加注重维护公平正义，提高了党科学执政、民主执政、依法执政水平，提高了国家机构履职能力，提高了人民群众依法管理国家事务、经济社会文化事务、自身事务的能力，从而把各方面制度优势转化为治理边疆的总体效能，实现了对各项工作的全面治理、科学治理、有效治理，积极推进了边疆治理体系和治理能力现代化，筑牢了政治稳定、经济发展、社会和谐、民族团结、边疆安宁的扎实根基。

文化建设篇

WENHUA JIANSHE PIAN

　　文化是一个国家、一个民族的灵魂。文化兴国运兴，文化强民族强。中国特色社会主义文化，源自于中华民族五千多年文明历史所孕育的中华优秀传统文化，熔铸于党领导人民在革命、建设、改革中创造的革命文化和社会主义先进文化，植根于中国特色社会主义伟大实践。新中国成立70年来，中国共产党和中华民族开启了着力推进社会主义文化建设的宏伟征程，坚持为人民服务、为社会主义服务，坚持百花齐放、百家争鸣，坚持创造性转化、创新性发展，不断铸就中华文化新辉煌，书写中华文化新篇章，不断增进中国人民的文化自信和文化自觉。作为边疆民族地区的云南，在党中央的坚强领导下，始终坚持以马克思主义为指导，坚持社会主义先进文化的前进方向，始终把满足人民群众日益增长的精神文化需求和促进人的全面发展作为文化工作的出发点和落脚点，不断强化理论武装，持续壮大主流舆论，加强意识形态领域工作，构建社会主义核心价值体系，不断深化文化体制改革，完善公共文化服务体系建设，提高面向南亚东南亚国际传播能力，推进文化事业和文化产业全面协调发展，筑牢各族人民团结奋斗的共同思想基础，为中国特色社会主义建设事业在边疆民族地区的生动实践提供了有力的思想保证、舆论支持、精神动力和文化条件。

一、社会主义革命和建设时期的云南文化建设（1949—1978 年）

　　这一时期，中国共产党为确立马克思主义意识形态在文化领域中的领导地位进行了艰辛的探索和实践，提出了社会主义文化建设的重要方针。云南通过接管和组建文化机构、积极改造知识分子，坚持百花齐放、百家争鸣，坚持文艺为人民服务、为社会主义服务的方针，极大地激发了广大文化工作者的热情，创作了大批优秀的文艺作品，文化建设呈现出生机勃勃的景象。

（一）组建文化机构

为使文化工作适应社会主义革命和建设的需要，通过整顿、接管和组建文化行政、国营（国有）企事业和文化社会团体，从机构建设上保障了群众广泛开展文化娱乐活动、不断丰富精神生活的需要，确保了文化建设的有序开展。

1.组建文化管理机构

解放初期，云南建立了云南人民临时军政委员会，下设文教处管理全省文化教育工作。1950年3月，中国人民解放军西南军区昆明市军事管制委员会和云南省军政委员会下设文教接管部，同年7月成立云南新闻出版处，11月成立云南省人民政府，下设文化教育委员会，成立文化教育厅，厅内设有文化科，对全省文化工作进行专门管理。为保护文物古迹、图书，1951年4月，成立云南省人民政府文物保管委员会，后改为文物管理委员会，8月成立云南人民博物馆筹备委员会。1952年11月，成立云南省人民政府文化事业管理处，作为专门的文化行政管理机构，1953年9月更名为云南省文化局。省博物馆筹备委员会改为筹备组，文物、博物工作统一由省文化局领导。1956年省新闻出版处撤销，图书发行、印刷工作划归省文化局领导。1958年又将由省委宣传部领导的云南人民出版社划归省文化局管理。1966年"文化大革命"开始以后，省文化局行政工作曾一度被迫停止，由中国人民解放军云南省军事管制委员会"文化革命"领导小组宣教组代行其责。1968年8月，成立云南省革命委员会(以下简称"省革委")，全省文化行政工作由省革委政工组、宣传组、文艺组负责领导。1970年10月省革委通知，恢复省文化局建制，并成立省文化局革命委员会，负责文化行政管理工作，承担省革委交给的文艺创作任务和全省专业、业余文艺创作的组织领导工作。原属省文化局领导的图书发行、印刷、出版业务自1968年统一由省革委毛主席著作印制办公室（后改称出版办公室）领导。1975年出版办公室撤销，其行政管理工作合并到省文化局。1976年8月出版与文化又分开，恢复省出版办公室。粉碎"四人帮"后，于1978年3月根据省革委会文件通知，各级革委会一律撤销，恢复各厅、局原建制。云南省文化局革委会恢复为云南省文化局。① 以上机构的探索建立和调整措施，保障了文化工作的正常开展。

---

① 云南省地方志编纂委员会总纂，云南省文化厅编撰：《云南省志·卷七十三·文化艺术志》，云南人民出版社2002年版，第1051—1052页。

2.组建文化企事业单位

除了组建文化行政机构外，文教接管部派出军事代表接管了省文化企事业单位，包括正中书局、世界书局、云南印刷厂、中南印刷厂、大同印刷厂、实验剧场、电教队、电教辅导处、戏剧教育巡回工作队、昆明市图书馆、志舟图书馆、云南省立昆华图书馆、昆华民众教育馆、咸和阅览所、翠湖阅览所、劝农亭阅览所、大观阅览所等。1950年末至1952年，云南文化行政工作由省文教厅的文化科主管，这段时期的省级文化艺术企事业单位有：省人民图书馆、省文工团、省滇剧实验剧团、省人民博物馆筹备处、省人民科学馆、省幻灯大队。1952年11月成立省文化事业管理处后，省级文化事业单位还有云南省人民文化馆、省人民花灯团、民族歌舞团、话剧团、电影队云南大队部、影片公司昆明办事处，企业单位有人民大戏院、红旗戏院等。1953年至1956年间，成立省文化局戏剧工作室、省电影器材供应修配站、省群众艺术馆、省杂技团、省文化艺术干部学校、省文化局招待所，撤销了幻灯大队。1957年至1966年间，组建省京剧院、省艺术剧院、省文化局幼儿园、大观电影院、省戏曲学校、省文物商店、省文物考古工作队、省文化物资供应管理站、省幻灯制片厂、省阶级教育展览室。其间，1958年成立的昆明电影制片厂、云南艺术学院、云南川剧团、云南人民艺术剧院，于1962年、1963年先后撤销。

"文化大革命"时期，省级文化系统各单位变动较大，戏剧创作研究室被撤销，省群众艺术馆和省杂技团撤销后又恢复。省博物馆、省文物商店和省文物考古工作队以及省工交馆、农展馆、阶级教育展览馆合并成立省展览馆。后博物馆恢复，文物考古工作队成了博物馆的一个部门。省文化艺术干部学校与省戏剧学校合并成立云南省文艺学校。省京剧院撤销后，将其演员和各地京剧团部分演员组建为省革命现代京剧样板戏学习班，分别为《红灯记》《沙家浜》《智取威虎山》剧组。为便于归口管理，将云南电影机械修配厂划归省机械工业局领导。撤销了省阶级教育展览馆。新建立的单位有《云南新闻》电影试制组、云南省图片发稿站、文化局农场、省文化局美术摄影展览办公室。①

3.组建文化社会团体

通过建立文学艺术界联合会等10多个文化社会团体，编辑出版文艺刊物，团结各民族文艺界人士，组织创作，开展理论研究，进行文艺宣传活动，有效促

---

① 云南省地方志编纂委员会总纂，云南省文化厅编撰：《云南省志·卷七十三·文化艺术志》，云南人民出版社2002年版，第1059—1060页。

进了云南的文化建设。①

1956 年 3 月，在昆明召开云南省文学艺术工作者第一次代表大会，成立省文联，1959 年 1 月成立省文联党组。1950 年 6 月成立昆明文联筹委会，设文学、音乐、美术、戏剧工作者联谊会（也称之为协会）。1951 年 4 月成立昆明市戏曲改进协会，与戏剧工作者协会是两个机构一套班子。成立了滇剧研究会，帮助扶植滇剧的成长，组织艺人开展以地方戏为主的"改人、改戏、改制"讲习班。②省戏剧家协会原名中国戏剧家协会云南分会，成立于 1958 年，是中国共产党领导下的云南戏剧工作者的群众团体，开展民族戏、地方戏等剧种的评论、研究、演出、收集整理、人才培养等工作，以繁荣和发展全省社会主义戏剧艺术。省戏剧家协会经常开展健康有益的戏剧活动，为老戏剧工作者提供了发挥余热的活动阵地。③省戏剧创作研究室是专业戏剧创作和研究机构。1951 年成立戏剧改进协会（筹委会）创作研究室，1955 年改名为云南省文化局戏剧工作室，1960 年初改名为云南省戏剧研究室，1964 年 10 月改名为云南省戏剧创作研究所，1984年并入省民族艺术研究所。该室拥有一批基本的戏剧创作和研究骨干。1954 年至 1960 年，先后参与举办戏曲工作人员、艺术师资、编导人员训练班和整理传统剧目讲习班，为全省培养了一大批戏剧艺术骨干；组织了戏曲剧目的挖掘、整理、创作和研究工作。收集滇剧、花灯剧剧本近 1000 个，编印《云南地方戏曲资料》150 余种，对于云南戏剧艺术的继承与革新发挥了积极作用。④

文化行政、企事业机构和社会文化团体的接管和初步建立，夯实了云南文化事业发展的基础，为民族文化繁荣发展奠定了坚强的组织保障和人员储备。

（二）掀起思想改造运动

中国共产党采取各种措施，付出极其艰辛的努力，最终确立马克思主义在意识形态领域的指导地位。这一时期，云南掀起了一场轰轰烈烈的学习马克思主义、毛泽东思想的文化运动，并通过对知识分子进行思想改造，逐步建立起无产

---

① 云南省地方志编纂委员会总纂，云南省文化厅编撰：《云南省志·卷七十三·文化艺术志》，云南人民出版社 2002 年版，第 1111 页。

② 云南省地方志编纂委员会总纂，云南省文化厅编撰：《云南省志·卷七十三·文化艺术志》，云南人民出版社 2002 年版，第 1114 页。

③ 云南省地方志编纂委员会总纂，云南省文化厅编撰：《云南省志·卷七十三·文化艺术志》，云南人民出版社 2002 年版，第 365 页。

④ 云南省地方志编纂委员会总纂，云南省文化厅编撰：《云南省志·卷七十三·文化艺术志》，云南人民出版社 2002 年版，第 366 页。

阶级知识分子队伍，通过贯彻党的文化方针，确保文化建设走向新的发展阶段。

1.组织学习实践活动

新中国成立前，云南知识分子数量不多，但普遍是爱国的，不少进步知识分子长期与中共云南地方组织合作，支持中国共产党的各项政策，为云南各族人民的解放事业作出了重要贡献。但在新旧社会交替的过程中，帝国主义、封建买办等旧思想在知识分子中还有很大影响，许多人对新的社会不了解、不熟悉，大都有重新学习的愿望和要求。要改变云南经济文化落后的面貌，必须把知识分子团结在党和政府周围，充分利用他们的科学文化知识为人民服务，为社会主义建设服务。中国共产党通过对知识分子有计划、有步骤地组织学习实践活动，开展教育和思想改造，巩固了党的执政地位，保证了新中国文化建设的发展方向，实现了思想文化领域内意识形态的统一。

1950 年 11 月，中央发出指示，要求在所有大、中、小学校教职员和高中以上学生中，有领导、有步骤地普遍进行思想改造。思想改造工作的主要目的是分清革命与反革命、树立为人民服务的观点。结合云南土地改革，加强对知识分子的教育。云南和全国一道，采用"争取、团结、教育、改造"政策和批评与自我批评方法改造知识分子的思想。1951 年 10 月 13 日，云南省人民政府为响应人民政协全国委员会关于知识分子干部下乡参加土地改革的号召，决定组织所属单位的知识分子干部分批、分期下乡参加土地改革工作。1952 年 1 月 10 日，云南省文教厅发出《关于文教工作配合改革及组织文教干部和中小学教师参加土地改革工作的通知》，要求各地文化教育机关有计划地配合土地改革，各地职工、农民业余学校要进行土地改革教育。随后，昆明市大、中、小学教师及文艺工作者陆续下乡参加土地改革。通过参加土地改革，和群众同吃、同住、同劳动，知识分子的思想观念得到很大的转变。①

组织知识分子参与政治学习。1950 年成立了省级教师政治学习委员会和各学校的学习分会，组织教职工学习马列主义、毛泽东思想，学习《社会发展史》和《新民主主义论》等。1951 年，省委宣传部召开省文教委员会扩大会议，讨论有步骤、有计划、有领导地在云南文教界开展思想改造运动，确立和巩固马列主义、毛泽东思想在文化教育事业中的领导地位。1952 年，结合"三反"运动，又利用暑寒两个假期，将云南 3400 多名中学教师分两批集中在昆明进行学习和

---

① 中共云南省委党史研究室：《中国共产党云南历史第二卷（1950—1978）》，云南人民出版社 2018 年版，第 133 页。

思想改造。通过学习有关文件，查找暴露出的各种错误思想，开展批评与自我批评，认真清理封建主义、帝国主义、资产阶级思想影响，清除崇洋媚外、亲美、崇美、恐美思想。接着开展忠诚老实运动，交代政治历史问题，划清敌我界线。最后进行社会主义和共产主义的前途教育，树立忠诚于人民教育事业、全心全意为人民服务的思想。这次思想改造运动帮助广大教师初步理解和接受了马克思主义的世界观、人生观，初步纠正了许多错误思想，为忠诚于人民教育事业提供了前进的方向和动力。①

在文艺界开展整风学习运动，改造文艺工作者的思想，使文艺工作向着健康方向发展。除了教育界和文艺界外，还在其他各界知识分子中开展思想改造和学习运动。这样，对知识分子思想改造运动从教育界开始，逐步扩大到文艺界，又从文艺界不断扩展到科技、民主党派、政府机关、人民团体、工商业、宗教等各界的广大知识分子。通过思想改造，广大知识分子逐步树立起正确的世界观和人生观，增强了为民服务、为新中国建设服务的积极性和主动性。②

2. 开展政治思想宣传

对教师进行思想改造的同时，对学校教育管理方式、课程设置、入学方式也进行了改造，确保在教育系统内加强政治思想宣传。成立由校长、教导主任、教职员及学生代表组成的校务委员会管理学校；取消训导制度，在课程设置中，取消了反映国民党教育思想的公民、党义、军训（童训）等课程，开设宣传马列主义、毛泽东思想为主的政治思想课；停止所有旧教材的使用，一律用新华书店发行的新编教材；实行人民助学金制度，扶助工农子女入学；对一些设置不合理的学校进行合并、调整。1952 年根据《中国人民政治协商会议共同纲领》确定的新民主主义教育总方针，在大力吸收工农子女入学、实行教育与生产建设结合、加强和发展科学技术教育、加强政治思想教育、加强少数民族教育等方面制定了一些具体措施。

20 世纪五六十年代，云南社会科学事业有了长足发展。1956 年云南省少数民族历史研究所成立，1958 年中国科学院昆明分院历史研究所成立，1963 年上述两所合并，更名为云南省历史研究所。1959 年中国科学院昆明分院文学研究所成立，同年成立云南哲学社会科学研究所。1962 年云南大学成立西南亚研究所，召开了云南省首届社会科学工作者大会，成立云南省哲学社会科学学会。创

---

① 当代云南编辑委员会主编：《当代云南简史》，当代中国出版社 2004 年版，第 84 页。

② 中共云南省委党史研究室：《中国共产党云南历史第二卷（1950—1978）》，云南人民出版社 2018 年版，第 133—134 页。

办学术理论刊物，学术成果日渐丰富，为开展政治思想宣传奠定了坚实的基础。

3.贯彻党的文化方针

随着知识分子思想改造运动的深入，又开展了对学术理论问题的重新认识与讨论，在现实生活中掀起了用马克思主义唯物论观点批判资产阶级唯心主义思想的浪潮，知识分子在一次次批判运动中得到了洗礼，逐步掌握了先进思想。1956年7月，中央政治局扩大会议确立"百花齐放，百家争鸣"作为党的科学和文化方针。省文联、昆明市文联、作家协会和戏剧界人士分别组织座谈、讨论，一致拥护这一方针。1957年2月26日至3月4日，云南第三次全省文化行政会议召开，主题是贯彻执行"百花齐放，百家争鸣"方针，调动一切积极因素，加强农村和民族地区文化工作，努力建设社会主义新文化。

通过对知识分子的思想改造，促使知识分子的思想认识发生了集体转变，肃清了帝国主义和封建主义的反动腐朽思想，确立了马克思主义在意识形态中的指导地位，加速了马克思主义理论的传播，形成了党对文化事业的统一领导，达到了对知识分子思想改造的预期目标，对社会稳定、经济发展、政治有序起到了重要的保障作用。

（三）推动思想道德建设

为在全国上下树立马克思主义的指导地位，中央开展了以"爱国主义、全心全意为人民服务、艰苦奋斗"为核心的社会主义思想道德建设，明确了社会主义社会公德的主要内容，这对当时形成良好的社会风尚有着重要意义，也为后来社会公德规范的构建与完善奠定了基础。

1950年，云南对学生进行新民主主义教育，深入开展抗美援朝、保家卫国的爱国主义和国际主义运动宣传。1951年，云南各机关、团体、工厂、学校领导带头，开展抗美援朝宣传教育运动，旨在提高民族自信心、自尊心，提高各族人民爱国主义和国际主义思想。

1963年2月，共青团中央发出了《关于在全国青少年中广泛开展"学习雷锋"的教育活动的通知》。1963年3月，毛泽东亲笔题词"向雷锋同志学习"，其他党和国家领导人也纷纷为雷锋题词，号召人民群众向雷锋学习。学习雷锋精神的活动得到全党、全军、全国人民的积极响应和广泛参与。云南各级机关、工厂、学校都把学习雷锋活动作为当时思想道德建设的中心任务，纷纷制定计划，发出指示，要求把学习雷锋的活动广泛、深入和持久地开展起来。学习雷锋教育活动取得了极大成效，部队、机关、工厂、学校和全社会好人好事层出不穷，助人为乐、为集体做好事、艰苦奋斗、勤俭节约逐步成为人们的思想共识和实际行动。

为进一步确立和巩固社会主义思想道德建设在文艺界的成效,20世纪50年代至60年代中期,云南贯彻中央关于社会主义思想道德建设方针和指示精神,在文化行政机构、事业单位、高校等相继开展了对《武训传》《红楼梦》《海瑞罢官》等文艺作品的批判,主要是以马列主义的唯物主义观点对这些作品中存在的封建主义、唯心主义观点与阶级立场等问题进行批判,旨在确立和巩固社会主义意识形态文化阵地。批判从最初的学术争鸣逐渐上升到政治立场问题,偏离了"百花齐放,百家争鸣"的文艺方针。在此过程中,一批文艺工作者受到了错误对待,但也在广大文艺工作者中确立和巩固了社会主义意识形态的文化观,在一定程度上肃清了当时社会思想道德领域的混乱状况。

20世纪60年代中期以后,云南开展学习解放军和大庆经验的活动、"比学赶帮"活动与"五好"运动,掀起增产节约的新高潮。活动把城市和农村的思想道德教育与生产建设相结合,调动积极因素,激发全体干部、职工和群众的革命热情,发扬机关、企业、事业单位深入基层、深入群众的精神,促进了生产和工作的开展。

继学雷锋运动和工业学大庆之后,掀起了农业学大寨活动的热潮。1971年,省委召开会议总结交流了云南三年多来学大寨运动的经验,强调学大寨一定要学根本,学习大寨大队一贯坚持无产阶级政治挂帅、思想领先的原则,自力更生、艰苦奋斗的精神,爱国家、爱集体的共产主义风格。

通过在各级机关、工厂、学校和社会各阶层开展思想道德建设,社会主义思想道德在全社会得到了基本确立,凝聚了人心,鼓舞了干劲,为开展社会主义建设营造了良好的思想舆论氛围。

（四）加强公共文化基础设施和人才队伍建设

公共文化基础设施是开展群众文化活动的重要阵地,也是开展文化服务的重要平台。文化人才队伍是文化建设的软实力,也是文化建设的重要依托。云南大力改善公共文化基础设施建设,通过文化艺术教育、以团带班、专业带业余、开展文化活动、增加经费投入等方式加强了人才队伍建设,有效保障了人民群众基本文化权益的实现和文化发展成果的共享。

1.实施公共文化基础设施建设

随着云南经济的逐步发展,文化公共基础设施建设也随之改善。到1952年,云南电影放映单位、剧场、公共图书馆、群众文化馆分别是14个、19个、1个、

65 个，1957 年增加至 148 个、30 个、10 个、127 个；其中 1950 年至 1957 年国家拨款新建、改建省艺术剧院（场），文化馆及省群众艺术馆 15 个。1958 年至 1960 年"大跃进"期间，云南地方财政拨给一定数额的资金，新建、改建和维修省级重点剧团、剧院、电影制片厂、艺术学校及省博物馆和库房。1965 年，文化事业机构、电影放映单位有 500 个，剧场 34 个，公共图书馆 16 个，博物馆 2 个，图书出版社 2 个。到 1970 年电影放映单位有 887 个，剧场 3 个，公共图书馆 16 个，群众文化馆 137 个，博物馆、图书出版社各 1 个。1970 年至 1975 年间，公共文化基础设施建设数量增加，到 1975 年电影放映单位已经增至 2016 个，剧场 6 个，群众文化馆 143 个。1975 年建成在当时全国最好的云南省图书馆新馆舍。省财政每年拨款 60 万元，用于文化单位职工住房和业务用房的修建。一些地、州、市、县少数剧团、剧场和云南电影制片厂也进行了修建。1976 年至 1980 年，文化工作贯彻执行"调整、改革、整顿、提高"的方针，至 1978 年，电影放映单位发展到 2864 个，剧场 3 个，博物馆 4 个，电影制片厂 1 个，图书出版社恢复为 2 个。从 1978 年起，省财政又单独拨款 60 万元，专项用于云南全省文化馆、站的基本建设投资。为调动地、州、市、县文化建设的积极性，提出三级合资兴办文化的办法，即省文化局从其所掌握的文化事业经费中拨出一定数额的专款，资助地、州、市、县图书馆、文化馆（站）的建设，同时也要求各地、州、市、县财政拿出同等数额的资金共建文化馆（站）及图书馆。① 这一时期，文化馆（站）建设的速度较快，为后来的社会主义文化建设以及云南文化的繁荣奠定了良好的基础。

2. 注重人才队伍建设

文化艺术教育有了较大的发展，发挥了重要的人才队伍建设作用。1949 年至 1978 年间，云南新成立高等艺术院校 1 所，含文化艺术专业的其他高等大专院校 10 余所。实行专业技术职务职称制以来，聘任教授、副教授、高级讲师、讲师 500 余人。开办了各种各样的文化艺术培训班和业余文艺学校，毕业生 3 万多人。这些教师和学生成为文化教育部门、学校、专业文艺团体、基层文化工作部门的专业人才，其中很多成为骨干和各级文化部门的管理干部。

开办文化艺术学校和培训班。大理、楚雄、曲靖、昆明等地文化部门，在 20 世纪 60 年代前后曾一度开办文化艺术学校，培养花灯、滇剧、京剧、歌舞演员。各地群众艺术馆、文化馆及少数文化站，每年都开办文学、音乐、舞蹈、美

---

① 云南省地方志编纂委员会总纂，云南省文化厅编撰：《云南省志·卷七十三·文化艺术志》，云南人民出版社 2002 年版，第 1086—1087 页。

术、书法、摄影等短期训练班，对农村、厂矿、机关、企事业单位业余文化活动积极分子进行培训和辅导；各地、州、市电影发行放映公司也相继开办短期电影放映人员训练班，培养了一大批电影初级技术人才。

采取系统教育方式培养艺术人才。采用以团带班或举办滇剧演员、曲艺艺人训练班培训的方式，多次派人到南京、重庆、北京等地学习电影放映技术和话剧表演艺术，强化文化艺术人才培养。1952年昆明师范学院设立艺术科（系），同年成立云南艺术学院，设立音乐、舞蹈、美术、戏剧等系及附中，为适应社会对各阶层艺术人才的需要，采取多层次、多形式办学，培养师范专科生和短期代培进修生。1955年5月举办省电影放映人员训练班。1956年4月成立省文化艺术干部学校。随后省京剧团、滇剧团、话剧团、杂技团和各地的艺术表演团体均通过以团带班方式培养了一批演员、演奏人员。1961年4月，成立中等专业性质的省戏剧学校，设立花灯、滇剧、京剧、川剧、杂技及戏曲编导科。1966年"文化大革命"后，教职员工下放农村劳动，教学停止。各地专业、业余文艺表演团体、毛泽东思想宣传队以学习普及演唱现代京剧"样板戏"为中心任务，涌现出大批学习班，派出演员到北京和省京剧团、歌舞团学习现代京剧、芭蕾舞剧。1972年10月，省文化艺术干部学校和省戏曲学校合并整编后，建立多剧种多专业的综合性中等艺术学校，开办戏曲、音乐、舞蹈、声乐、器乐、戏曲音乐、舞台美术、文学、美术创作、图书管理、电影放映等14个专业科（班），培养了大批专业文化艺术人才。

专业文艺演出团体到厂矿、农村演出时，也经常对当地专业和业余文艺演出队进行业务辅导，通过举办各层级的专业和群众业余文艺会演、调演以及美术、摄影、书法展览，使各专业和业余文艺演出团体、文化单位职工和文艺工作者互相观摩、学习，不断提高文艺队伍的水平。广大农村民间戏班、灯社采取师傅带徒弟或跟班学习的办法，补充、扩大了地方和民族民间戏剧、曲艺、歌舞队伍。

随着群众文化娱乐活动的广泛开展，还培训了大批的工农兵业余文艺作者。据1965年统计，云南有业余歌曲作者19人，美术作者229人，戏曲作者204人，民族民间歌手上千人。涌现出工人小说家王云飞，苗族农民美术家王建才，白族曲艺艺人杨汉、张明德、黑明星，傣族歌手康朗英、康朗甩、波玉温、庄相、康朗香贡，傈僳族歌手李四益，纳西族歌手和锡典等比较优秀的民族民间文艺作家和艺人。农民作家李茂荣创作了大量的花灯演唱作品，以及一部30多万字的长篇小说《人望幸福树望春》，在全国文学界获得好评。各民族歌手创作的抒情、叙事诗，在国内外享有盛誉。傣族民间舞蹈家毛相、方正湘改编创作的女子集体和双人《孔雀舞》，1957 年 7 月在莫斯科参加第六届世界青年联欢节上分别获金、银质奖章。1974 年以后，省群众艺术馆恢复，编辑发行了《云岭歌声》《群众演唱》《群众文化通讯》等刊物。

各级文化部门还从文化事业费中拨出专款，采取"普遍投资、重点扶持"的原则，以补助包干的办法，先后选送文化艺术人员 500 余人到艺术大专院校学习，或对口委托培训、岗位培训及鼓励自学成才等多种形式，提高文化系统干部和文艺队伍的业务素质，以适应云南各族群众对文化艺术日益增长的需要。[1]

文化公共基础设施的建立和完善，使得文化公共服务网络初具规模。通过文化人才的培养，各行各业涌现出一大批文艺人才，为文化事业的蓬勃发展奠定了良好的基础。

（五）进行文化遗产的收集整理

云南民族众多，各民族在长期的历史发展过程中创造积累了丰富的民族文化。为继承和发展民族民间文学艺术遗产，省文化厅、省文联和省民委组织全省文学资源普查工作，开展文物收集整理以及考古发掘，为云南文化的厚重和辉煌书写了重要的一笔。

1. 组织民族民间文学遗产收集整理

20 世纪五六十年代，省委宣传部、省文化局有计划、有组织、大规模地对全省文学遗产资源开展调查研究。1953 年，组织省文工团部分文艺工作者深入路南县（今石林县）圭山等地区，搜集了不少彝族撒尼人民间文艺资料。整理出版的撒尼叙事长诗《阿诗玛》，经过收集研究整理和加工润色，在《云南日报》全文发表。随后又在《光明日报》和《人民日报》上全文发表，引起文艺界的强烈反响。

1956 年，全省组织 200 余名文艺工作者组成 6 个调查组，分赴彝族、傣族、哈尼族、白族等 10 多个民族聚居地区调查，发掘搜集了大量的民族民间文学艺术资料，整理出版了傣族叙事长诗《召树屯》、彝族撒尼人长篇抒情诗《逃到甜蜜的地方》等。

为响应毛泽东主席"搜集一点民歌"的号召，省委宣传部于 1958 年组织云

---

① 云南省地方志编纂委员会总纂，云南省文化厅编撰：《云南省志·卷七十三·文化艺术志》，云南人民出版社 2002 年版，第 928—929 页。

南大学、昆明师范学院中文系师生，编为 7 个调查队，分赴西双版纳、德宏、楚雄、红河、大理、丽江、文山等地州，发掘抢救了大批民族民间文学艺术资料。编选了各地州《民间歌谣选》《民间故事选》《民间长诗选》，整理出版彝族史诗《梅葛》《阿细的先基》《查姆》，叙事长诗《赛玻嫫》，傣族长篇叙事诗《娥并与桑洛》《线秀》《苏文纳和她的儿子》《葫芦信》，纳西族史诗《创世纪》，抒情长诗《相会调》；撰写了白族、纳西族、傣族、彝族、哈尼族、壮族、苗族等民族的文学或文学史概略等。其中《白族文学史》和《纳西族文学史》首次出版，打破了《中国文学史》仅以汉族文学史为主的局面，具有重要的政治意义和科学价值。

1960 年至 1962 年，云南几次组织调查队（组）对分布全省各地的彝族、壮族、傣族、景颇族、佤族、傈僳族、拉祜族、苗族、怒族、独龙族 10 多个少数民族的民间文艺进行了艰苦细致的发掘、采录、搜集工作，使许多濒临失传的民族民间文艺瑰宝得以抢救、保存下来，整理出版傣族叙事长诗《朗鲸布》、苗族叙事长诗《红昭和饶觉席娜》、傈僳族长诗《生产调》《逃婚调》、壮族《逃到远方作夫妻》、拉祜族史诗《牡帕密帕》，撰写了《沧源县佤族文学史概略》《耿马傣族文学概略》《景颇族文学概略》和若干个调查报告，推动了云南民族民间文艺的发掘整理工作。

2. 开展文物收集整理

文物收集整理是民族文化保护的基础性工作。1951 年，云南省人民政府文物保管委员会成立，随即开展调查、保护古迹文物和捐献文物运动。省人民政府根据中央人民政府内务部、文化部公布的有关政策，制定了《云南省人民委员会文物保管委员会组织暂行办法》。同时，文物保管委员会会同中央文化局赴剑川石钟山、丽江白沙寺以及大理等地进行调查，随后调查昆明市西山、玉案山、长虫山、王老山等名胜古迹。省政府拨专款修缮筇竹寺五百罗汉、聂耳亭及其他名胜古迹。省博物馆筹委会成立后，1959 年春成立省博物馆，同时成立了长江流域考古工作队云南分队和云南文物工作队。[1] 1961 年，国务院公布第一批全国重点文物保护单位。云南范围内的保护单位有 6 处：石钟山石窟、崇圣寺三塔、爨宝子碑、爨龙颜碑、段氏与三十七部会盟碑、太和城遗址（包括南诏德化碑）。[2] 1971 年省革委同意并转发省文化局《关于加强文物保护工作的报告》提

---

① 当代云南编辑部编：《当代云南大事纪要（1949—2006）》（增订本），当代中国出版社 2007 年版，第 27 页。

② 当代云南编辑部编：《当代云南大事纪要（1949—2006）》（增订本），当代中国出版社 2007 年版，第 199 页。

出：一是要坚决贯彻国务院 1961 年 3 月《文物保护管理暂行条例》与中央 1967 年 5 月 14 日《关于在无产阶级文化大革命中保护文物图书的几点意见》，加强文物保护和管理工作；二是要对具有历史、艺术和科学价值的文物古迹，破坏较重或年久失修的，应逐步进行必要的维修；三是有关部门要加强与当地冶炼厂、造纸厂、人民银行、供销社废品收购站的联系，共同做好文物保护工作。① 这一时期，云南文物收集整理初见成效。

3.推进考古发掘事业

考古发掘是理清云南历史发展脉络的重要工作。从 1953 年起，云南有计划地进行古代文物的清理工作，在昆明市郊开始了第一次田野调查工作，先后调查了古建筑 40 余处，发现古代遗址——昆明官渡遗址一处。1954 年冬，又在昆明东郊发现古墓葬七八处，在晋宁发现小梁山遗址。1953 年秋对楚雄、大理、丽江三个地区的 13 个县的重要文物古迹作了调查，对剑川石宝山 17 个石窟进行了初步的测量、摄影、摹拓、记录等工作。在大理和下关一带，勘查了史前及南诏时期的遗址 20 多处，对滇西存留最多的元明火葬墓开展了调查，发现了南诏的姚安高陀山遗址、诸葛寺遗址和巍山火把箐遗址。在滇东区勘查昭通、鲁甸的古墓群、鲁甸马厂遗址。② 1956 年 2 月，考古工作者在开远小龙潭第三纪煤系中发现 5 枚森林古猿牙齿，根据地层和共生的哺乳动物其时代确定为中新世晚期，约相当于 1400 万年以前。开远腊玛古猿化石是迄今为止中国发现的最古老的从猿到人过渡阶段的古猿化石，首次揭露了云南古人类发展的信息。1957 年发现 5 枚，1980 年发现 3 枚，1982 年发现上颌骨附 12 枚牙齿，引起国内外考古学家的极大关注。③ 1956 年 12 月，考古工作者在晋宁县石寨山遗址发掘出古滇王金印，与史载汉王朝"滇王之印"相印证，确证汉代滇池区域古滇王国的存在，并接受中央王朝的统辖这一历史事实。④ 1965 年 5 月，地质部地质科学研究所在元谋县上那蚌村西北约 500 米处小山梁上褐色土层采集到两颗猿人牙齿化石，经鉴定属更新世早期，被定为直立人元谋新亚种，距今约 170 万年，是已发现的中

---

① 当代云南编辑部编：《当代云南大事纪要（1949—2006）》（增订本），当代中国出版社 2007 年版，第 307 页。

② 当代云南编辑部编：《当代云南大事纪要（1949—2006）》（增订本），当代中国出版社 2007 年版，第 89 页。

③ 当代云南编辑部编：《当代云南大事纪要（1949—2006）》（增订本），当代中国出版社 2007 年版，第 107 页。

④ 当代云南编辑部编：《当代云南大事纪要（1949—2006）》（增订本），当代中国出版社 2007 年版，第 118 页。

国最早的人类化石，较北京人、蓝田人早 100 万年。元谋人化石的发现，揭开了中国历史的新篇章，表明中国大地在 170 万年前就进入了人类社会，同时证明云南是研究人类起源与发展演变的重要地区之一。①1973 年中国科学院古脊椎动物、古人类研究所和省文化局、省科教局组成的考察队在滇东南地区的西畴县仙人洞堆积物中，发现 3 枚古人类牙齿化石。在马关县九龙口洞和罗平县羊洞，分别采集到一些打击石器，并在文山、砚山、邱北等县的多个山洞中，采得一些哺乳动物化石。②1975 年 10 月，省文物工作队在楚雄州有关部门配合下，开始发掘楚雄万家坝古墓群。1975 年、1976 年共发掘土坑墓 79 座，出土文物 1000 余件，其中有铜鼓、青铜农具、编钟。其中出土的铜鼓是世界上制造时间最早的铜鼓。③1977 年中国考古工作者在禄丰县石灰坝煤场发现一个完整的古猿下颌骨化石。这是世界上第一次发现从猿到人过渡类型的下颌骨化石。④

通过系统地开展整理、研究和出版工作，大批散落的民族民间文艺作品得到收集、分类，大量遗迹遗址被发掘，大量珍贵的文化遗产得以抢救和保护，为云南乃至中国历史脉络的梳理提供了具有重要价值的考古依据。

（六）繁荣发展文学艺术创作

云南文学艺术创作迎来了第一个辉煌时期，一批反映民俗文化、历史巨变和少数民族命运的经典作品相继问世，不仅展现了云南优美的自然风光，还深深吸引了国内外读者和观众的目光，塑造了美丽、神奇的云南形象，谱写了云南在中国文学艺术史上的一段华彩乐章。

1. 推进军旅文学和本土少数民族题材文学创作

一批南下的部队作家迎着共和国东升的旭日来到云南，多姿多彩的自然环境和丰富多样的少数民族文化给部队作家的创作提供了大量素材，创作出来的表现边疆军民鱼水情和历史社会巨变的文学作品，给广大读者特别是内地读者以全新的感受。同时，云南本土优秀作家也创作出一批表现云南民族地区实现跨越和反

① 当代云南编辑部编：《当代云南大事纪要（1949—2006）》（增订本），当代中国出版社 2007 年版，第 257 页。

② 当代云南编辑部编：《当代云南大事纪要（1949—2006）》（增订本），当代中国出版社 2007 年版，第 320 页。

③ 当代云南编辑部编：《当代云南大事纪要（1949—2006）》（增订本），当代中国出版社 2007 年版，第 342 页。

④ 当代云南编辑部编：《当代云南大事纪要（1949—2006）》（增订本），当代中国出版社 2007 年版，第 352 页。

映党的民族政策的作品。这些带着鲜明云南特色的作品，让人耳目一新。

2. 开展云南题材的电影创作

一批又一批来自省内外的文艺家，塑造了鲜明的、令人难以忘怀的云南少数民族形象，推出了《五朵金花》《阿诗玛》《芦笙恋歌》《摩雅傣》《边寨烽火》《勐垅沙》《景颇姑娘》《山间铃响马帮来》等影片，在全国乃至世界引起了轰动。这一批电影在祖国大江南北的放映经久不衰，电影歌曲《蝴蝶泉边》《婚誓》《缅桂花开十里香》《有一个美丽的地方》等成为世纪经典，传唱至今。20 世纪五六十年代这批电影的诞生，让电影人感受到了云南作为天然摄影棚的巨大潜力，也让亿万电影观众领略了云南的魅力。

1959 年由长春电影制片厂摄制的《五朵金花》，先后输往 46 个国家放映，创造了中国电影在国外发行拷贝的最高纪录，在亚非拉三大洲、东南亚国家以及港、澳地区最受欢迎。1960 年参加英国"亚洲电影节"、捷克斯洛伐克第 12

电影《五朵金花》剧照

届卡罗维发利国际电影节，受到高度评价。1962 年上海海燕电影制片厂摄制，根据云南彝族撒尼人叙事长诗《阿诗玛》改编的宽银幕立体声音乐舞蹈彩色神话故事片《阿诗玛》，在 1982 年 7 月西班牙第 3 届桑坦德国际音乐舞蹈电影节获最佳舞蹈片奖。

20 世纪 50 年代中期到 70 年代，云南题材的影片不仅以其极富魅力的音画获得人民群众的喜爱，甚至在国外也屡获褒奖，赢得许多荣誉。由长春电影制片厂摄制、反映云南景颇族斗争生活的影片《边寨烽火》男女主演达奇和王晓棠，获捷克斯洛伐克第 11 届卡罗维发利国际电影节青年演员奖。上海海燕电影制片厂摄制以云南人民音乐家聂耳生活为题材的《聂耳》，获捷克斯洛伐克第 12 届卡罗维发利国际电影节传记片奖。1960 年，上海美术电影制片厂摄制以云南白族民间故事为题材的美术片《雕龙记》，获罗马尼亚第 2 届布加勒斯特国际木偶片电影节二等银质奖。昆明电影制片厂与八一电影制片厂联合摄制的彩色风光纪录片《大理行》，在英国放映后轰动伦敦。苏联科学教育电影制片厂和八一电影制片厂联合摄制的《在西双版纳的密林中》，获第 3 届国际科学教育片协会与科学普及联欢节第 13 届会议奖状和 1963 年西柏林国际科技电影节科学和艺术质量奖。八一电影制片厂摄制、根据昆明军区国防话剧团演出的话剧《向北方》《胜利在望》《迎接曙光》改编的以援越抗美为题材的电影《胜利在望》，在越南放映后，对越南军民鼓舞很大。珠江电影制片厂摄制以云南歌舞团在广州秋季交易会演出为内容的歌舞节目，在东南亚、新加坡等国和中国的香港、澳门放映后，颇受称赞。①

3.组织民族民间文艺创作

1951 年 11 月，省委在昆明召开了云南省第一次文艺工作会议，成立了云南省文联筹委会。文艺工作者在为工农兵服务的文艺方针指导下，演出话剧《李闯王》《红旗歌》《刘胡兰》等名剧 135 场，观众达 10 万余人。云南、昆明两个京剧院上演了《九件衣》《皇帝与妓女》《红娘子》《三打祝家庄》《逼上梁山》等新戏，受到观众的欢迎。②

省文联、省作协先后于 1953 年、1955 年、1958 年、1962 年至 1963 年 4 次派出 300 多人的民间文艺调查队，收集、整理云南民族民间文学。1954 年，一部划时代、有艺术魅力的民族民间长诗《阿诗玛》问世，在国内多次再版，并以 8 种文字传播于海外。白族的《望夫云》《创世纪》，傣族的《召树屯与楠木诺娜》《兰嘎西贺》《线秀》《娥并与桑洛》《朗鲸布》，纳西族的《黑白战争》，彝族的《阿细的先基》，佤族的《司岗里》等一批民族民间传说、叙事诗、神话等被发掘、整理出来，饮誉海内外。云南这块长期封闭的土地，因神奇的自然风光、奇异的民风民俗，逐渐为海内外所瞩目。民族民间文艺

电影《阿诗玛》剧照

之花，使后来文艺发展结出了丰硕之果：《阿诗玛》于 20 世纪 50 年代被改编为京剧，60 年代被改编为中国第一部立体声电影，90 年代又被改编为获得"20 世纪中华民族舞蹈经典作品金奖"的舞剧。

---

① 云南省地方志编纂委员会总纂，云南省文化厅编撰：《云南省志·卷七十三·文化艺术志》，云南人民出版社 2002 年版，第 1006—1007 页。

② 中共云南省委党史研究室：《中国共产党云南历史第二卷（1950—1978）》，云南人民出版社 2018 年版，第 134 页。

4.发展地方戏、民族戏、京剧

无论云南地方、民族剧种，如滇剧、花灯、白剧、傣剧、彝剧、壮剧，还是全国性剧种，如京剧、话剧、歌剧，皆如雨后春笋般呈现出勃勃生机。

滇剧是云南的地方剧种，广泛流行于城乡，以生动活泼、贴近生活的表现形式为广大群众喜闻乐见。按照"百花齐放，推陈出新"的方针，省委决定对滇剧进行"改剧、改造人、改造制度"的改革，目的是净化滇剧舞台，整理传统剧目，剔除旧滇剧中的封建意识，推陈出新，创作演出适合新社会的好剧目。通过组织艺人学习，整顿滇剧旧戏班，改革陈规陋习，改变了滇剧旧戏班由少数把头控制的局面，激发了创作活力。1952 年 10 月，滇剧参加全国第一届戏剧会演，《雷神洞》等剧目获得好评。[①]1956 年 6 月，云南滇剧团赴北京演出了滇剧《牛皋扯旨》《打瓜招亲》《借亲配》《杨娥传》《望夫云》等剧目，滇剧第一次在全国亮相，受到观众和专家的赞扬。流传于云南昆明、玉溪、曲靖等地方的花灯戏在新中国成立后获得文艺管理部门的重视，玉溪曲艺爱好者借鉴吸收民间说唱的多种演艺形式，创造了花灯说唱曲艺，创作了不少现代题材曲目，并在全国曲艺展演上获得广泛好评。

通过组织对傣剧、白剧、彝剧、壮剧的调查研究和创作辅导，促进了这几个剧种的发展，涌现出傣剧《娥并与桑洛》《千瓣莲花》《帕慕鸾》，壮剧《螺蛳姑娘》《换酒牛》，白剧《火烧磨房》《杜朝选》《窦仪下科》，彝剧《半夜羊叫》《曼莫与玛若》等一批优秀的少数民族戏剧作品。傣族传统曲剧"赞哈"传承人创作的新曲本《流沙河之歌》等都与人民生活紧密相连，在全国也具有一定的影响力，康朗甩被中国文联和中国民间文艺家协会授予首届中国民间文艺"山花奖"。彝族艺术创作者利用"梅葛"传统曲调填入新内容，创作了《起屋盖房》等一批现代曲目，在全国曲艺会演中受到欢迎。

1957 年 7 月，关肃霜等京剧演员到莫斯科参加第六届世界青年联欢节，由关肃霜主演的京剧《泗州城》《打焦赞》均获金质奖章。1964 年，由关肃霜领衔主演的现代京剧《黛诺》进京参加全国现代剧会演，引起很大反响。云南京剧院被称为"中国京剧界的一支劲旅"。

5.加强云南题材的音乐创作

20 世纪 50 年代，以黄虹、赵履珠等为代表的民族演唱家掀起了民歌演唱热

---

① 中共云南省委党史研究室：《中国共产党云南历史第二卷（1950—1978）》，云南人民出版社 2018 年版，第 134 页。

潮，黄虹把《放马山歌》《小河淌水》《猜调》《赶马调》《绣荷包》等云南经典民歌传播到了国内外。彝族歌手白秀贞的海菜腔、赵履珠演唱的白族民歌都饮誉海内外。20世纪五六十年代音乐创作也十分喜人，除电影主题歌外，云南音乐家创作的《苗家山歌》《身背背箩上山来》《赶马人之歌》等深受省内外人民群众的喜爱。杜丽华一曲《马铃儿响来玉鸟唱》成为石林的标志性歌曲，在全国乐坛掀起了一股"云南风"。

这一时期是云南文化繁荣发展的井喷时期，涌现出了大批优秀的反映时代精神的文学艺术精品。《阿诗玛》永远耸立在彩云之南的万壑石壁间，《五朵金花》至今依然在蝴蝶泉边绽放，一曲《山间铃响马帮来》穿越历史在崇山峻岭间的茶马古道上声声回荡。许多"只听其言，而无文字"的民族在民族语言的基础上创作了自己的文学作品。文学作品、电影作品、音乐作品、民族民间文艺作品、京剧、地方戏、民族戏都获得了长足发展，奠定了云南文学艺术创作与繁荣的坚实基础。

（七）推动出版报刊广播电影事业发展

坚持以马列主义、毛泽东思想为指导，积极推进出版报刊广播电影事业发展，建立相关机构，为中心工作和人民群众的文化生活服务，积极致力于提高云南各族人民的政治思想水平，丰富人民群众的精神文化生活。

1. 推进出版事业发展

新中国成立后，云南出版业得到较快发展，这一时期主要经历了两个阶段。1950年至1965年为起步阶段。1950年底筹建了云南人民出版社，为云南出版业的发展奠定了坚实基础。1951年1月云南人民出版社正式出版图书，主要有《减租退押手册》《土地改革手册》《婚姻法问题解答》《怎样建立农业生产合作社》等。当时，含编辑出版、印刷发行人员在内的职工总数仅80余人。1966年至1976年为低谷阶段，出版生产力受到极大破坏，造成当时严重的书荒。

按照"地方化、通俗化、群众化"的方针，云南紧密配合党在各个时期的中心工作，出版了大量汉文图书。20世纪50年代，云南出版汉文图书约100种，总印数400多万册。出版物主要是宣传和解释党的各项政策的图书和图片。另外，结合实际，突出本省民族特色，出版了一批云南作家的文艺作品、地方戏曲作品、各种学术论著和一批经过整理的民族民间文学作品，如《桥》《这里永远是春天》《南诏史话》《云南白族的起源和形成论文集》《云南农村戏曲史》《借亲记》

《滇南本草》《元代云南行省傣族史料编年》《葫芦信》等，深受国内外读者的喜爱。

云南少数民族文字图书出版与汉文图书出版同步发展。少数民族文字出版事业经过从无到有、从小到大的发展历程。最初由云南人民出版社承担这项工作，如以民族文字画的形式出版《伟大的祖国》等。1957年，云南民族出版社成立，按照出版专业分工，少数民族文字图书出版任务由云南民族出版社承担，云南少数民族文字拥有了自己的出版社，并用西双版纳傣文、德宏傣文、景颇文、傈僳文、拉祜文、载瓦文出版了画册、小学教材、扫盲课本和文艺读物50多种。

云南期刊起步早、发展快，与图书出版同样经历了起步和低谷两个发展阶段。1950年，全省有10种期刊，集中在昆明出版发行。"文化大革命"结束时，仅存《思想战线》《云南农业科技》《云南冶金》《地震研究》等4种刊物。①

2. 促进报刊事业发展

组建新闻报刊相关机构。1950年创办省委机关报《云南日报》。云南日报社是第一家成立的新闻报刊机构，是省委直接领导的机关报。除了省报，各地也创建了自己的报刊，比如《昆明日报》《红河日报》《思茅报》《玉溪报》《昭通报》《文山报》等18家地州报纸和以《建水报》为代表的90家县级报纸。108个县（区）中，90个县办起了县委机关报。② 各地、州、市报的体制，多数实行编辑委员会领导下的总编辑负责制，受当地党委的直接领导。

云南有18家专业综合类报纸萌芽于1950年，地址都在昆明，其中有《云南政协报》《旅行报》《云南交通报》《云南邮电报》《云南经济报》《云南经济信息报》《云南法制报》《云南公安报》《云南科技报》《昆明科技报》《云南教育报》《云南广播电视报》《民族文化报》《健康时报》《自我保健报》《云南老年报》《蜜蜂报》《云南残疾人报》。其中多数报社在"文化大革命"期间停止了业务，直到党的十一届三中全会以后才焕发生机。这些专业和综合性报纸在"为人民服务、为社会主义服务"的方针指导下，根据自身办报宗旨和服务对象，努力办出自己的特色。18家专业和综合性报纸大致实行了如下两种形式：有9家实行编委会领导下的总编辑（或社长、主编）负责制，有7家实行总编辑负责制，有2家成立了社务委员会。

3. 推动广播事业发展

广播事业得到较大的发展。云南人民广播电台结合云南实际，设置了各类节

---

① 《云南省情》编委会编：《云南省情（2008年版）》，云南人民出版社2009年版，第377—379页。

② 云南省地方志编纂委员会总纂，云南省新闻工作者协会编撰：《云南省志·卷七十七·报业志》，云南人民出版社2003年版，第156页。

目，并随着各时期中心工作的不同需要和情况变化进行调整节目，以便于使各个时期的节目内容更好地适应当时的形势和服务于全省人民的需要。从 20 世纪 50 年代中期到改革开放初期，广播电台增加了节目播出套数，除了保留第一套综合节目外，还开办了第二套、第三套节目，分别面向边疆地区和昆明市区广播。省广播电台于 20 世纪 50 年代初着手筹办少数民族语言广播。1953 年曾举办不固定的少数民族专题广播，摸索经验。从 1955 年 6 月开办固定的民族语言节目起，先后办了德宏傣语、西双版纳傣语、傈僳语、景颇语、拉祜语语种的少数民族语言广播节目。1977 年建立了全省广播专线传输网络。1978 年 4 月 14 日，西双版纳人民广播电台建成播音，这是云南边疆民族地区第一座人民广播电台。

4. 推进电影事业发展

根据中央文化部电影局关于《清理敌伪电影拷贝的决定》，昆明市军管会制定了《电影戏剧临时审查条例》，军管会文教接管部封存了昆明市各家电影院宣扬反动暴力及含有封建残余等类型的影片，放映西南区影片经营公司供给的影片。接管之后半年时间内，共上映国产影片 14 部，观众达 13.5 万多人；上映苏联影片 29 部，观众达 21.18 万多人。[①] 云南省电影发行放映公司（以下简称"省电影公司"）成立后，几经改组，成为云南电影发行的业务机构。[②]1958 年 7 月成立昆明电影制片厂。1962 年底，根据中央对国民经济实行"调整、巩固、充实、提高"的方针和文化部《关于坚决撤销省、自治区新闻纪录电影制片机构》的指示停产，1963 年 7 月底撤销。1970 年省革委会政工组为了运用电影"加强宣传毛泽东思想和云南的革命、生产大好形势"，指示省电影公司革命委员会在昆明市西郊麻园片库筹建云南省新闻电影试制组，1972 年 4 月改为摄制组。1975 年 6 月，经文化部批准改建为云南省电影译制片厂。[③]

云南的电影放映网由分布在全省农村、城市的电影院、影剧院、电影放映队和电影俱乐部所构成。1949 年只有昆明市的南屏、昆明、长城、大光明、祥云、新滇和宜良县光华、保山县大光明共 8 座电影院。1950 年 6 月，中国人民解放军云南省军区昆明市军事管制委员会文教接管部收买长城大戏院，改为人民大戏

---

① 中共云南省委党史研究室：《中国共产党云南历史第二卷（1950—1978)》，云南人民出版社 2018 年版，第 134 页。

② 云南省地方志编纂委员会总纂，云南省文化厅编撰：《云南省志·卷七十三·文化艺术志》，云南人民出版社 2002 年版，第 834—835 页。

③ 云南省地方志编纂委员会总纂，云南省文化厅编撰：《云南省志·卷七十三·文化艺术志》，云南人民出版社 2002 年版，第 836 页。

院（后更名人民电影院）；10 月，中国人民解放军云南省军区文工团作价接办大光明戏院，改为国防剧院（今星火剧院）；同年年底，保山驻军收买保山大光明电影院放映机。同年，省文教厅购买祥云大戏院，改名红旗戏院（后更名红旗电影院）。1951 年 4 月，宜良县人民政府接管光华电影院，改名宜良县人民电影院。1952 年 7 月，昆明市财政局接管昆明大戏院，改为新昆明大戏院（后更名新昆明电影院）。1955 年 12 月，在对私营工商业实行社会主义改造高潮中，南屏大戏院和新滇电影院改为公私合营企业（1958 年后转为国营），南屏大戏院改名南屏电影院，1967 年改名东方红电影院，1976 年后恢复了原名。新滇电影院 1969 年迁至昆明西郊，改建为黑林铺电影院。

从 1954 年初到 1956 年底，云南各专员公署和自治州州府驻地都相继建立了电影院。省文化局于 1957 年在昆明市人民胜利堂试办新闻电影院，着重开展新闻纪录电影和科学教育电影的放映业务。个旧市政府与昆明南屏大戏院合股，在个旧建成锡都大戏院。大理、腾冲、开远、沾益和昆明市的呈贡、富民、安宁、西山等县、区电影院也相继开业。1957 年元月，省人民委员会决定将电影放映单位下放各县直接领导管理，电影院建设主要由地方财力投资，各地根据本地的实际情况发展电影院。到 1978 年底，云南城市电影院共达 140 座。①

这一时期，出版、报刊、广播和电影事业获得长足发展，在宣传和贯彻党和国家以及省委省政府的指示精神方面发挥了积极作用，同时大大丰富了人民群众的娱乐文化生活。

（八）加强对外文化交流

文化交流是相互借鉴、取长补短、增信释疑、加强合作的重要途径。云南积极开展对外文化交流，发展对外友好关系，举办文艺演出、展览、比赛、研讨、互访等交流与合作，有效促进了云南文化的对外传播。

遵照中央制定的国家外交方针和国务院的部署，云南为增进同周边国家的睦邻友好和维护中国西南边疆的稳定与安宁，积极开展了对外文化交流工作。省文化局（厅）建立了对外文化科（处），具体负责安排对外文化交流事宜。20 世纪五六十年代，云南主要发展了同周边国家如缅甸、老挝、越南和苏联、东欧、朝鲜等社会主义国家的友好交往以及对外文化交流活动。

① 云南省地方志编纂委员会总纂，云南省文化厅编撰：《云南省志·卷七十三·文化艺术志》，云南人民出版社 2002 年版，第 845—852 页。

1950 年 6 月，中国与缅甸建交，谱写了中缅人民"胞波"情谊的新篇章。1960 年 9 月至 10 月，缅甸联邦文化代表团 4 次访问昆明。周恩来总理率领的由政府、军事、文化艺术、边界、佛教、电影、新闻、体育等 9 个代表团 437 人组成的中缅友好代表团回访缅甸。云南主要领导人和缅甸掸邦、克钦邦领导人多次进行互访。云南和缅甸边境边民交往密切，利用互市、赕佛、赶摆、演出，进行经贸文化交流。1967 年中缅关系发生波折，云南与缅甸地方政府间交往一度受到影响，但是两国边境边民的友好交往和经贸文化交流仍在持续发展。①

1950 年 1 月，中国与越南建立外交关系，两国边境州、县地方政府和边民经常往来，和睦相处，互相帮助。在边境，两国边民经常同台表演民族歌舞。1957 年，云南河口和越南老街边境人民在河口举行春节联欢大会。中华人民共和国国庆 10 周年、15 周年，越南老街、莱州、合江等省政府及文艺、体育代表团被邀参加庆祝活动。在昆明举办了"越南人民反对美（帝）吴（庭艳）集团斗争图片展览""越南抗美救国画展"。昆明军区国防话剧团、国防歌舞团、省话剧团、昆明军区单位等组织编演了支援越南、老挝人民抗美救国斗争的文艺节目。越南驻昆明总领事馆也经常举行招待会、报告会、图片展览、电影放映等宣传越南军民抗美救国战争。

中国与老挝一直和平友好相处，始终保持睦邻友好关系。1961 年双方分别在老挝丰沙里和中国昆明互设总领事馆。云南积极开展有援助性质的地方贸易和进行文化交流。老挝派出学员到昆明学习民族乐器演奏和电影放映技术。昆明军区话剧团编演了《英雄的巴特寮》《两兄弟》《高傲的山峰》等组剧。省歌舞团、昆明军区国防杂技团、歌舞团、电影队多次赴老挝康开、解放区和战地前线以及中国援助老挝筑路部队进行慰问演出，声援老挝人民抗美斗争。②

20 世纪五六十年代初期，中国与以苏联为首的东欧和亚洲社会主义国家以及其他友好国家先后签订了政府间的文化合作协定，云南与这些国家进行了比较广泛的文化交流。为庆祝苏联十月革命胜利 35 周年、36 周年、38 周年，云南多次举办苏联影片展，苏联电影工作团、艺术团、文学家、艺术家、画家等也相继来昆明访问演出和进行文化交流，昆明还举办了"莫斯科——北京版画展"。在云南，社

---

① 云南省地方志编纂委员会总纂，云南省文化厅编撰：《云南省志·卷七十三·文化艺术志》，云南人民出版社 2002 年版，第 980—981 页。

② 云南省地方志编纂委员会总纂，云南省文化厅编撰：《云南省志·卷七十三·文化艺术志》，云南人民出版社 2002 年版，第 981 页。

会上学唱苏联歌曲、跳苏联舞蹈、阅读苏联文艺作品风靡一时。20 世纪 60 年代初，中苏两国关系出现曲折，文化交流活动也暂时停止，但云南与其他社会主义国家的文化交流又不断得到发展。举办了朝鲜、越南、蒙古国、波兰、捷克斯洛伐克、罗马尼亚、保加利亚、匈牙利、德意志民主共和国等 9 个人民民主主义国家图片展览会，昆明还举办了"罗马尼亚成就图片展览""阿尔巴尼亚人民共和国民间艺术展""我国领导人访问 14 国图片展览"等。波兰文化代表团，罗马尼亚民间音乐队、云雀民间舞蹈团、画家，南斯拉夫艺术家，美国黑人男中音歌唱家和捷克斯洛伐克女钢琴家，以及阿根廷乐队、希腊文化代表团都先后来云南进行文化交流，带来和展演了这些国家的民族艺术。

随着中国在联合国的合法席位得到恢复，与中国建交的国家成倍增加，云南对外文化交流在外交部和中国对外友好协会的领导下也逐渐增多，加深了云南人民和这些国家人民的友好感情，密切了友好合作关系。这些文化活动增进了世界各国人民和文艺工作者的相互了解，对发展中国社会主义文化艺术事业有积极的影响。

这一时期，文化作为"新社会、新国家"建设的重要内容，确立了在社会主义建设总体布局中的战略地位，从而得到了较快的发展。但是，反右运动和极左思潮对文艺工作造成了挫折，特别是"文化大革命"对文化建设造成了较大影响，文化事业在"文化大革命"期间曲折发展。20 世纪 60 年代末至 70 年代初，省革委会政工组宣传组文艺组编辑出版《文艺战讯》，刊载了群众创作的曲艺、革命故事；大学大唱革命歌曲，印发了《工农一家人》《大刀进行曲》等歌片；宣传普及现代京剧"革命样板戏"，编印了《红灯记》《智取威虎山》《沙家浜》等剧本。省文化局革委会和云南人民出版社编辑出版了《云岭新歌》等歌曲专辑；创作了大量的花灯、滇剧、京剧、话剧、曲艺、音乐、舞蹈、革命故事作品。1976年粉碎"四人帮"后，省委加大文艺宣传力度，组织剧团演出《枫叶红了的时候》等剧目。随后，昆明市举办了《敬爱的周恩来总理永垂不朽》首映式及《周恩来同志为共产主义事业光辉战斗的一生》《毛主席永远活在我们心中》摄影展览。一些影响较大的民族节日，如傣族的"泼水节"、大理州白族的"三月街"、彝族的"火把节"、傈僳族的"刀杆节"，在中断十多年之后逐渐恢复。①1978 年，省委召开理论座谈会，讨论"实践是检验真理的唯一标准"问题，省文化系统在"文

---

① 云南省地方志编纂委员会总纂，云南省文化厅编撰：《云南省志·卷七十三·文化艺术志》，云南人民出版社 2002 年版，第 56—63 页。

革"中的冤、假、错案也得到彻底纠正。在拨乱反正的形势下，省文联、作协、美协、音协、剧协和《边疆文艺》刊物都得到恢复，传统的地方戏和民族戏剧团也得到逐步恢复。

这一时期，文化建设虽然处于曲折发展阶段，但在广大文艺工作者的共同努力之下，依然涌现出了一批反映时代特色，讴歌社会主义建设的文艺作品，为云南文化建设贡献了力量。

通过确立马克思主义意识形态在文化建设领域的指导地位，积极开展思想道德建设，全面接管和组建文化机构，推动公共文化基础设施和人才队伍建设，开展文化遗产的收集、整理，推动报刊广播电影事业发展，云南文化建设显现出勃勃生机。这一时期是云南文学艺术创作的第一个高峰，成为新中国成立以来中国文学艺术史上浓墨重彩的一笔。通过文化交流，云南丰富多彩的文化逐渐向外界展现出崭新的形象，并得到广泛赞誉，有效促进了不同地区间、民族间、国家间对彼此文化的认识，为经济社会建设营造了良好的内外文化环境，也为云南开启民族文化大省和文化强省建设奠定了良好的文化基础。

二、改革开放以来的云南文化建设（1978—2012 年）

改革开放是党在新的历史条件下，领导人民进行的新的伟大革命，是决定当代中国命运的关键抉择。云南文化领域坚持以马克思列宁主义、毛泽东思想、邓小平理论和"三个代表"重要思想和科学发展观为指导，坚持社会主义先进文化前进方向，坚持党的文化方针政策，坚持改革开放，推进文化体制改革，繁荣文化事业，发展文化产业，激发了各民族文化的创造力，开创了云南文化建设的新局面。[①] 特别是"九五"以来，云南文化事业呈现良好发展势头。在全国首次提出建设民族文化大省的发展战略，文化发展整体实力显著增强，取得可喜成绩。随后制定的《关于建设民族文化强省的实施意见》，作出推动云南由民族文化大省向民族文化强省迈进的战略决策。通过提高文化创新能力和整体实力，公民思想道德素质和科学文化素质明显提高，文化体制改革基本完成，文化事业蓬勃发展，文化产业竞争力显著增强，群众文化活动活跃，文化基础设施建设成效显著，文艺精品在全国各类文艺比赛中不断涌现，公共文化服务体系更加健全，文化建设在新的起点上实现了更高水平的发展。

---

① 《云南省情》编委会编：《云南省情（2008 年版）》，云南人民出版社 2009 年版，第 343 页。

（一）加大理论宣传教育力度

省委高度重视理论学习和研究工作，切实加强对党的理论创新成果的研究，努力探索改革开放中遇到的重大理论和实践问题，聚焦干部群众关心的热点和难点问题，总结和提炼实践中的新鲜经验，推动理论工作为基层服务、为各级党委和政府科学决策服务。

高度重视开展思想解放讨论和学习。党的十一届三中全会后，云南真理标准问题大讨论逐步开展。1979年9月，省委召开常委会，决定在党内和干部中进行真理标准问题讨论补课。随后，云南相继开展了《关于建国以来党的若干历史问题的决议》《中共中央关于经济体制改革的决定》和党的十三大精神的学习讨论和实践活动，以及"增百致富"大讨论和生产力标准问题大讨论。通过讨论，恢复了我们党一切从实际出发、理论联系实际、实事求是、在实践中检验真理和发展真理的思想路线。省委重视和加强思想政治工作，积极开展马克思主义教育活动。1984年，云南开展了干部正规化理论教育工作。1987年和1989年，进行了两次较大规模的坚持四项基本原则、反对资产阶级自由化教育，进一步解放了思想，坚定了马克思列宁主义、共产主义信念。①

充分利用各种媒体加大理论宣传力度。《云南日报》《支部生活》《社会主义论坛》《创造》等党报、党刊，围绕党的理论创新和全省中心工作，先后开辟了专版、专栏。云南电视台卫视频道开设栏目，邀请省内专家学者和部门领导以访谈的形式，开展重大理论和重大政策宣传，及时回答干部群众关心的理论问题和实际问题。开设云南理论宣传网，拓展了理论宣传的渠道。推出了一批理论通俗读物和理论辅导教材，各地各部门结合实际组织编印了一批理论宣传读物。举办了一系列丰富多彩的学术报告和科普讲座，重点打造了"云南先进文化论坛""云南思想道德建设论坛""三个代表"重要思想暨社科理论讲坛等一批特色鲜明的社科普及品牌。②

通过打造一批学科门类比较齐全、结构较为合理的科研机构，培育了一批一流学科、一流学者、一流科研成果、一流社科品牌，建立起重要的理论宣传教育平台，巩固了宣传阵地。

哲学社会科学事业的发展为理论教育提供了强大支撑，取得了显著成绩。社

---

① 中共云南省委宣传部、中共云南省委党史研究室编：《中国改革开放全景录·云南卷》，云南人民出版社2018年版，第203—204页。

② 《云南省情》编委会编：《云南省情（2008年版）》，云南人民出版社2009年版，第353页。

会科学论著、调研报告等，既为党委、政府及各级决策部门提供了咨询参考，也为社会主义精神文明和物质文明建设提供了精神食粮，其中相当一部分受到党和政府以及有关部门的奖励和表彰。此外，部分社科研究成果获全国"五个一工程"奖、光明杯优秀哲学社会科学成果奖、全国优秀图书奖以及全国若干专门机构的优秀社会科学成果奖等。在全国和省级具有突出贡献的专家中，社会科学界的专家也占有相当大的一部分。① 云南社会科学研究在发展过程中，形成了鲜明的民族特色和地区特色，学科建设逐步完善，在许多方面实现了开创和突破，形成了学科结构合理、研究重点突出、研究方法更新、学术价值和社会效益显著提高的新型发展态势，成为理论宣传教育最重要的支撑。②

（二）加强精神文明建设

通过在干部和群众中进行思想道德教育活动，开展群众性精神文明创建，实施"云南省文明走廊工程"建设，精神文明建设得到加强，极大地促进了公民素质和文明程度的提高。

1.进行思想道德教育活动

思想道德教育活动，是社会主义精神文明建设的重要内容。1981年2月，省委宣传部、省教育厅、共青团云南省委联合发出通知，要求各级宣传、教育部门和共青团组织互相配合，在青少年中进一步开展"学雷锋，树新风"活动，努力建设社会主义精神文明，向青少年广泛宣传"五讲""四美"，与正在开展的争当"新长征突击手"等活动结合起来，使广大青少年既有共产主义远大理想，又有具体的努力方向。③ 1991年7月，组织大中学生"重走红军长征路"，继承和发扬革命传统，努力造就跨世纪的革命接班人。1993年3月，在昆明召开了"云南省岗位学雷锋，行业树新风"座谈会，1994年至1995年全省开展了社会公德教育，利用各种教育形式对城市公民300万人次进行了公共生活道德教育；与此相配合，各地连续几年普遍开展了宣传、学习先进模范、典型的活动。④

认真贯彻落实《爱国主义教育实施纲要》，深入持久地开展爱国主义教育，在全社会树立自尊、自信、自强的民族精神。广泛开展社会公德、职业道德、家

① 《云南省情》编委会编：《云南省情（2008年版）》，云南人民出版社2009年版，第451页。
② 《云南省情》编委会编：《云南省情（2008年版）》，云南人民出版社2009年版，第451页。
③ 当代云南编辑部编：《当代云南大事纪要（1949—2006）》（增订本），当代中国出版社2007年版，第402页。
④ 《云南省情》编委会编：《云南省情（2008年版）》，云南人民出版社2009年版，第351页。

庭美德教育活动。根据不同的行业和单位特点，确定不同的教育主题，深化职业道德教育。各级各类学校全面贯彻党的教育方针，加强和改进德育工作。在广大个体劳动者中，提高个体工商户、私营企业经营者的职业道德水平。在全省城乡，大力开展了移风易俗教育，加强了唯物论、可知论和无神论教育。①1992年以来，各级党组织坚持不懈地对农村党员、干部和农民群众进行建设有中国特色社会主义理论和党章、党的基本路线的教育，进行创建农村社会主义精神文明、建设社会主义新农村的宣传教育。工矿企业积极探索社会主义市场经济条件下思想政治工作的新路子，开展基本国情、基本路线、坚定社会主义信念的思想教育，保证了转换经营机制、建立现代企业制度的顺利进行。围绕培养"四有"新人，对学生进行马克思主义理论教育、党的基本路线教育、形势政策教育、社会主义初级阶段理论教育和社会主义法制教育。

认真贯彻党中央的决策部署，采取有力措施，深入扎实地推进思想道德建设，形成了全社会关心、支持和参与的良好局面，公民思想道德素质显著提高。以建设社会主义核心价值体系为根本，坚持以树立社会主义荣辱观和弘扬民族精神、时代精神为重点，切实加强思想道德建设。围绕宣传贯彻落实《公民道德建设实施纲要》，精心组织实施公民道德建设工程。深入开展社会主义荣辱观学习实践活动。知荣辱、讲正气、促和谐的社会风尚在全社会形成。加强和改进未成年人思想道德建设，促进社会主义荣辱观教育进校园、进教材、进课堂。积极推进文化环保工程，净化社会文化环境，坚持不懈开展"扫黄打非"斗争，通过网络和电视宣传，引导和帮助青少年提高心理健康素质。组织开展云南未成年人思想道德建设工作创新案例征集评选活动，进一步总结云南未成年人思想道德建设工作的有效措施和先进经验。构建学校、家庭、社会"三结合"教育网络，加强未成年人思想道德阵地建设，使云南的思想道德教育活动得到深入开展。②

2.积极开展群众性精神文明创建活动

群众性精神文明创建活动是改革开放以来涌现出的新生事物，是人民群众移风易俗、改造社会的伟大创造，是加强精神文明建设的重要载体，是把经济建设、政治建设、文化建设、社会建设和生态文明建设等各项任务落实到基层的有效途径。③

---

① 《云南省情》编委会编：《云南省情（2008年版）》，云南人民出版社2009年版，第351页。
② 《云南省情》编委会编：《云南省情（2008年版）》，云南人民出版社2009年版，第353—355页。
③ 《云南省情》编委会编：《云南省情（2008年版）》，云南人民出版社2009年版，第355页。

　　1981 年至 1986 年，群众性精神文明创建活动由自发兴起逐步迈上有领导、有组织、有计划的轨道。1982 年起，连续三年开展"全国文明礼貌月"活动；从 1984 年开始，连续开展十市六县城爱国卫生流动红旗竞赛等活动。1985 年、1986 年，先后组织了边境自卫还击战英模及先进人物事迹汇报团、边防民兵英模事迹汇报团，英模们有理想、有道德、守纪律以及"亏了我一个，幸福十亿人"的崇高思想和强烈的爱国主义精神，使广大群众深受教育和鼓舞，引起巨大反响。[①]1986 年至 1989 年，群众性精神文明创建活动开始向纵深发展。从党的十二届六中全会通过《中共中央关于社会主义精神文明建设指导方针的决议》，到省委作出《关于加强农村思想政治工作和精神文明建设的决定》，这一阶段主要以开展创建"文明单位"活动为标志，向广度拓展。1990 年至 2002 年，群众性精神文明创建活动走向成熟、不断完善。群众性精神文明创建活动在云南城乡普遍开展，形成以"讲文明　树新风"为主要内容，以创建文明城市、文明村镇、文明行业为主体，以创建文明单位为基础，多种形式创建活动共同发展的工作格局。党的十六大召开后，群众性精神文明创建活动创新发展，有力促进了公民文明素质和社会现代文明程度的提高，城乡环境面貌和群众精神风貌发生了深刻变化。创建文明城市活动是整个群众性精神文明创建活动的龙头工程，创建活动覆盖面广、影响力大。党的十六届五中全会提出了建设社会主义新农村的任务，把乡风文明、村容整洁这一精神文明建设的重要内容列为新农村建设的基本要求，开展了创建文明村镇活动。云南以"讲文明　树新风"为主题，深入开展"文明行业"创建活动，把创建文明城市、文明村镇、文明行业等各种创建活动在一定地域内融为一体，有效地促进了群众性精神文明创建活动的开展。

　　3. 实施"云南省文明走廊工程"建设

　　党的十四大召开后不久，省委为尽快确立社会主义市场经济体制，及时作出了在全省实施"文明走廊工程"的战略决策。这一决策的主要内涵是在邓小平建设有中国特色社会主义理论指引下，以昆明市为龙头，以各地州市所在城市为重点，以横贯全省的 6 条公路干线和 6 条铁路干线为依托，以创建公铁路"文明运输线"、创建"文明城镇"、创建"文明窗口行业"为主要内容，与全省 4100 公里的"千里边疆文化长廊"建设相对应，构成一个扇形的精神文明建设网，通过由点到线、由线到面的广泛发动、联片共建、条块结合、辐射带动为格局，把云

　　①　中共云南省委宣传部、中共云南省委党史研究室编：《中国改革开放全景录·云南卷》，云南人民出版社 2018 年版，第 205 页。

南城乡精神文明建设不断推上新台阶。"文明走廊工程"涉及云南14个地州市的78个县（市、区）、160多座城镇，覆盖人口约3700万人，约占全省总人口的86%。这项工程从1994年1月正式启动，经过云南各族人民历时8年的艰苦努力，团结奋斗，已先后建成并命名了4条"文明公路运输线"和4条"文明铁道运输线"，在纳入"文明走廊工程"建设的近8000公里的公、铁路干线沿途，已先后建成命名表彰了3个省级文明行业、113个各类"文明城镇"、15000多个省地县三级"文明单位"。在繁荣民族文化、净化投资环境、促进云南经济社会发展中发挥了较大作用。[①]

通过改革开放以来的精神文明建设，公民素质明显提高，广大干部群众以更饱满的热情积极投入到改革开放的事业中去。

（三）发展公共文化事业

随着财政能力的增强，云南逐步加大资金投入，在实施建设民族文化大省向民族文化强省转变的战略中，制定相应政策，采取一系列措施，不断推进文化基础设施建设，完善覆盖城乡的公共文化服务网络，在新闻、出版、广播电视体制改革和互联网媒体建设等方面成效明显，公共文化事业不断发展。

1.建设公共文化基础设施

各级政府逐步加大对文化建设的投入，加强了文化基础设施建设。"八五"期间，文化、文物基建维修投资完成1.75亿元，建成各种文化和文物设施110项、12.6万平方米，其中包括新建、维修了90个县图书馆、64个县文化馆，扶持了59个边境口岸文化站建设，帮助了510个乡镇文化站添置活动设施。1999年12月，省委六届九次全会正式确定把建设"民族文化大省"作为云南实现跨世纪发展的三大战略目标之一，"九五"期间，开始实施"千里边疆文化长廊"建设工程，文化基础设施建设步伐明显加快，以昆畹、昆洛、昆河公路干线为辐射的文化设施建设，续建和新建81项基本建设项目，总建筑面积13.8万平方米，总投资29787.6万元。"十五"期间，实施了"贫困地区两馆一站（图书馆、文化馆、文化站）建设工程""百县千乡宣传文化

农家书屋

① 《云南省情》编委会编：《云南省情（2008年版）》，云南人民出版社2009年版，第355—357页。

工程"，省级共安排补助资金 1.5 亿元，补助建设项目 462 个，新建或改扩建文化馆 67 个、图书馆 60 个、博物馆 5 个、文化站 223 个，文化设施面貌有了明显改观。其中，李家山青铜器博物馆位于江川县城，始建于 1983 年 1 月，1994 年开馆，因馆内陈列了 1972 年以来对江川李家山古墓群考古出土的数千件青铜文物而得名，是全国第一个青铜博物馆。截至 2007 年，通过实施"兴边富民工程""云南边疆解'五难'惠民工程""农家书屋"工程、"全国乡镇综合文化站建设规划"，投入资金 1.1 亿元用于图书馆、文化馆、文化站、文工团（队）、文化大篷车等文化基础设施建设。其中，县级公共图书馆面积增加到每馆平均 1300 平方米，文化馆面积增加到每馆平均 1100 平方米；25 个边境县都配发了专门用于下乡演出的文化大篷车，文工团（队）的演出设备也得到进一步改善。①

党的十七大鲜明提出在文化领域要"推动社会主义文化大发展大繁荣"的任务，省委省政府坚决贯彻党中央的战略方针，作出了推动云南由民族文化大省向民族文化强省迈进的战略决策，文化基础设施建设步伐进一步加快。截至 2008 年，新建各级文化馆、图书馆、博物馆和文化站 491 个。②2009 年加快新博物馆、科技馆、云南文化艺术中心、云南文苑、艺术家园区、亚广传媒中心等标志性文化工程建设，加强社区文化工作，建设一批乡镇文化综合设施，有力推动了公共文化基础设施不断完善。③

2.完善公共文化服务网络

积极完善公共文化服务网络，在推进经济发展的同时更好地满足人民日益增长的文化需求。云南实施民族文化强省战略以来，公共文化服务网络覆盖城乡，服务能力进一步提升。充分发挥云南省国家公共文化服务体系示范区（示范项目）、国家和省级文化先进县、文化惠民示范村（示范社区）的带动辐射作用，集成、整合和提升公共文化建设成果，加快构建具有边疆民族地区特色的公共文化服务体系，建立起以固定文化设施、流动文化设施和数字文化阵地相结合的公共文化服务网络，实现公共文化服务全覆盖。同时，加快推进《云南省非物质文化遗产保护条例》和文化市场管理的立法工作，开展《云南省公共文化服务保障条例》的立法调研，制定和完善图书馆、文化馆、博物馆、美术馆、文化站等公共文化机构的服务标准，以法制保障公共文化服务网络的高效运行。④

① 《云南省情》编委会编：《云南省情（2008 年版）》，云南人民出版社 2009 年版，第 358—359 页。
② 云南省人民政府：《2008 年政府工作报告》，中国网 2008 年 2 月 18 日。
③ 云南省人民政府：《2009 年政府工作报告》，中华人民共和国中央人民政府网 2019 年 2 月 26 日。
④ 艾文光：《云南：以文化自觉抢抓桥头堡发展机遇》，《中国文化报》2011 年 8 月 13 日。

3. 开展社会文化活动

积极开展社会文化活动，重视开展富有云南特色的民族文化活动，实施文化下乡，丰富农村文化活动，开展青少年、老年人、残疾人文化活动，推动城市文化活动多元化，在一定程度上满足了各族、各阶层人民群众日益增长的文化需求。

民族文化活动异彩纷呈。政府、学者、企业、民间团体及民族群众共同促进了民族文化活动的开展。学者从学术上和理论上进行研究，通过媒介宣传，为民族文化活动的开展提供智力支持，各级政府和企事业单位、民间团体也通过组织各类节庆和专项活动，如泼水节、火把节、目瑙纵歌节、花街节、刀杆节等民族节日活动，使民族文化活动开展常态化，推进了旅游和区域经济文化协调发展，加强了民族文化交流，促进了民族社会的和谐发展。各州县的博物馆建设和民族文化保护的主题陈列展示，也营造了浓烈的民族文化氛围，有力地推进了民族文化活动的开展。云南的民族节庆活动也呈现出繁荣的景象，白族的"三月街"、彝族的"火把节"、傣族的"泼水节"，以及哈尼族的"长街宴"等已形成了具有浓郁民族特色的文化活动，以地方民族风情为标志的民族文化旅游活动日趋活跃，丽江纳西族的东巴文化、迪庆藏族的宗教文化、楚雄彝族的毕摩文化、西双版纳傣族的贝叶文化、红河哈尼族的梯田文化等等，吸引着无数中外游客。

农村文化活动日益丰富。1982年第一个"全民文明礼貌月"期间，一些地方率先开展了以制定和实施村规民约、建立党员联系户、创办乡村文化室、评比"五好家庭"等为主要内容的创建文明村活动。"七五"期间，进一步开展"军民共建""警民共建"活动，创建了一大批文明村寨、涌现了一批"五好家庭"和先进个人。[1]1997年1—3月，全省文艺团体围绕"文化、科技、卫生"三下乡活动，举办了"迎新春百团下基层"演出活动，共有121个艺术团队，3000余名文艺工作者的179台文艺节目，深入农村、厂矿、部队、学校演出4000余场，观众达449万人次。[2]2000年6月，开展了"中国民间艺术之乡命名"活动，在现场经验交流会上，云南有16个县、乡、村分别荣获"中国民间艺术之乡"和"中国民间特色艺术之乡"称号。[3]2005年，通过大力实施"千里边疆文化长廊"

① 中共云南省委宣传部、中共云南省委党史研究室编：《中国改革开放全景录·云南卷》，云南人民出版社2018年版，第204—205页。
② 云南省地方志编纂委员会总纂，云南省文化厅编撰：《云南省志·卷七十三·文化艺术志》，云南人民出版社2002年版，第76页。
③ 当代云南编辑部编：《当代云南大事纪要（1949—2006）》（增订本），当代中国出版社2007年版，第702页。

二期、贫困县"两馆一站"建设和农村电影放映工程，广泛开展文化下乡和社区文化活动，基层文化建设得到加强。2012年继续实施文化惠民工程，推进文化信息资源共享、农家书屋、农村电影放映工程建设，开展万场"文化大篷车"活动。① 云南自实施民族文化强省战略以来，云南农村文化活动日益丰富，成效明显，迈入了快速发展阶段。

城市文化活动更加多元。2001年，省文化厅出台了关于加强社区文化建设的指导性意见，昆明、大理、红河等地也相继出台了指导社区文化建设的相关文件，并对有关内容提出了具体指标。2006年底，云南共有城市社区1074个，所辖人口占全省总人口的29.5%。其中，80%以上的都建有集书刊借习、科普宣传、技能培训为一体的多功能文化活动室，绝大多数社区都建有宣传橱窗、黑板报和群众文化活动场所，社区文化活动得以有效开展。② 各地在省文化厅的组织协调下，安排青少年儿童重大文化艺术活动，组织少儿文艺演出活动。全省各级群众艺术馆、文化馆，常年坚持举办各类长、短期少儿文化艺术培训班，各种少儿文化艺术展览、比赛、演出等交流活动，提高了青少年文化艺术素质，丰富了青少年儿童文化艺术活动。③ 全省各类公共文化活动广泛吸纳残疾人参与，残疾人的群众文化活动日趋活跃，残疾人的精神文化生活日益丰富，残疾人特殊艺术快速发展。④ 依托老龄委及其办事机构，老年人文化活动广泛开展，老干部书画协会、诗词协会及体育协会、合唱团、歌舞团及老年大学的成立，实现了老年人老有所乐、老有所学、老有所为，社会上形成了尊老、养老、爱老的风尚。⑤

4. 繁荣新闻出版事业

在省委省政府的正确领导下，报刊出版工作迎来了发展的大好时期。广大报刊出版工作者积极宣传、贯彻党在新时期的一系列方针、政策，紧紧围绕中心，服务大局，开创了云南报刊出版工作的崭新局面。

期刊和报业迅速发展。20世纪80年代，云南有公开发行的正式期刊79种。到1992年，全省公开发行的正式报纸快速发展到45种，其中复刊的报纸8种，新办的报纸30种。以党报为主体的云南报业，带动了其他综合、晚报、专业等

---

① 云南省人民政府：《2012年政府工作报告》，中华人民共和国中央人民政府网2012年2月20日。
② 《云南省情》编委会编：《云南省情（2008年版）》，云南人民出版社2009年版，第361页。
③ 《云南省情》编委会编：《云南省情（2008年版）》，云南人民出版社2009年版，第362—363页。
④ 《云南省情》编委会编：《云南省情（2008年版）》，云南人民出版社2009年版，第363页。
⑤ 《云南省情》编委会编：《云南省情（2008年版）》，云南人民出版社2009年版，第363页。

报纸的发展，多层次、多种类报业结构的新格局初步形成。①《春城晚报》创刊于 1980 年 1 月 1 日，是"文化大革命"后全国创办的第一家晚报。《云南日报》专设了民族部，开辟少数民族专栏，不少地州创办了少数民族语言文字的报纸。② 到 2007 年，云南持有国内统一连续出版物号并公开发行的期刊共有 126 种。全省期刊出版规范，分工明确，秩序良好，成效显著，步入了健康发展轨道。③

出版工作顺利推进。除云南民族出版社恢复工作以外，1981 年还建立了德宏民族出版社。1985 年，在云南人民出版社的基础上，新成立了云南科技出版社、云南教育出版社、云南少儿出版社（后更名为晨光出版社）。1988 年，成立云南大学出版社。1993 年，成立云南美术出版社。党的十六大以来，出版战线按照解放思想、实事求是的精神，通过深化改革，出版专业形成了分工明确、布局结构合理、市场化经营能力持续增强、产业化特征日趋明显的局面。到 2007 年，全省有 1 家出版集团公司、3 家图书出版社、5 家音像出版社、4 家电子出版社、1 家网络出版单位、1 家光盘复制生产企业、3 家磁介质生产企业、126 家期刊社；出版从业人数 1 万余人，其中编辑人员 600 余人，并培养了彝族、白族、回族、纳西族、傣族、拉祜族、佤族、景颇族等少数民族的编辑人员近百人。全省出版各类书刊 1.6 亿册，为 1951 年的 32 倍。④ 汉文图书、少数民族文字图书、期刊、音像电子和网络出版物等方面取得较大的发展，印刷、发行、版权等领域建立起了现代企业制度的出版体制。

5. 加快广播电视事业发展

广播电视事业发展迅速，体制改革不断推进，传播内容紧扣时代脉搏，传播手段日趋多样化。1979 年昆明电视台改名为云南电视台，并使用 3 个频道播出。⑤ 1996 年 8 月开始，云南电视台卫视频道实现卫星播出。形成了以新闻节目、名牌栏目、电视剧为骨干，各类节目设置齐全的采编播体系。2002 年，云南电视台按照频道专业化的要求，对 6 个频道重新定位，形成了以新闻综合频道为主导，经济生活、旅游民族、体育娱乐、影视、公共频道各个专业化频道全方位适

---

① 《云南省情》编委会编：《云南省情（2008 年版）》，云南人民出版社 2009 年版，第 369—370 页。

② 中共云南省委宣传部、中共云南省委党史研究室编：《中国改革开放全景录·云南卷》，云南人民出版社 2018 年版，第 212 页。

③ 《云南省情》编委会编：《云南省情（2008 年版）》，云南人民出版社 2009 年版，第 370 页。

④ 《云南省情》编委会编：《云南省情（2008 年版）》，云南人民出版社 2009 年版，第 377—378 页。

⑤ 当代云南编辑部编：《当代云南大事纪要（1949—2006）》（增订本），当代中国出版社 2007 年版，第 387 页。

应观众要求的播出格局。① 截至1990年，省电台通过5套节目，用7种语言播音，拥有直属中心发射台3座，通过8个频率向全省播音；在迪庆藏族自治州以外的15个州市建成1000瓦以上中波转播台37座，加上7座地级广播电台，全省广播覆盖人口达到68%。1990年以后，省级电台专业化全面推开。2003年，进一步提高广播电视覆盖率，巩固全省通电村"村村通广播电视"成果。②2008年8月，昆明广播电视网络有限责任公司正式成立，实现事业型向产业型转变。截至2009年，全省广播和电视人口覆盖率分别提高到93.35%和94.66%。③ 从2005年开始，省级电台通过类型化改革改版，取得了较好的效果，已经成为由8套、13种类型、7种语言组成的省级电台。④ 实行"四级办广播电视，四级混合覆盖"的方针，加强广播电视覆盖，开办了11个民族13个语种的广播节目，成为全国民族语广播中语种最多的省。⑤

6. 推进互联网新闻媒体建设

20世纪90年代中期以来，互联网技术逐渐兴起。在实施民族文化大省向民族文化强省迈进的过程中，不断推进互联网新闻媒体建设，向外界更好地讲述云南故事，展现云南形象。2007年底，云南省备案登记的互联网站点已超过14956家，上网计算机200多万台，网民人数达到305万人，互联网普及和运用处于全国中等水平，在西部12个省区市中排名第三，具有登载或转载新闻资质的网站主要有省委宣传部主管的云桥网、云南日报报业集团主办的云南日报网、云南电信公司主管的云南信息港、云南电视台网、昆明电视台网、彩龙中国网、昆明人民广播电台网共7家，还有中央和云南各新闻媒体开设的新闻网站、媒体网络，云南信息港各州市的站点，云南电子政务网等。各级各类网站在开展网上外宣、推介云南方面发挥了传统媒体所不具有的重要作用。重点新闻网站积极开展网上正确舆论引导，形成了比较好的网上舆论态势。同时，每年云南重点新闻网站还与本地媒体合作，推出一系列网络宣传方面的内容。⑥2009年，进一步加强互联网文化建设。藏文、傣文、景颇文、载瓦文、傈僳文等少数民族语言文字的网站建设初具规模。

---

① 《云南省情》编委会编：《云南省情（2008年版）》，云南人民出版社2009年版，第370页。

② 云南省人民政府：《2003年政府工作报告》。

③ 云南省人民政府：《2010年政府工作报告》。

④ 《云南省情》编委会编：《云南省情（2008年版）》，云南人民出版社2009年版，第370页。

⑤ 中共云南省委宣传部、中共云南省委党史研究室编：《中国改革开放全景录·云南卷》，云南人民出版社2018年版，第212页。

⑥ 《云南省情》编委会编：《云南省情（2008年版）》，云南人民出版社2009年版，第375页。

通过发展公共文化事业，文化基础设进一步加强，公共文化服务网络日趋完善，社会文化活动丰富多彩，新闻、出版、广播、电视事业进一步发展，为民族文化大省迈向民族文化强省建设奠定了坚实的发展基础。

（四）深化文化体制改革

云南以试点为主线，积极主动地开展了文化体制改革工作。随着试点范围的扩大，在试点地区和试点单位的示范和带动下，全省形成了深入开展文化体制改革的良好氛围，各非试点地区也明确了工作步骤，积极进行文化体制改革。在省级宣传文化系统层面，通过整合资源、资产，组建集团，加快产业升级，为文化单位走向市场、做大做强创造了条件。①

1.实施文化事业单位改革

按照"先入轨、后完善、保重点"的改革运作程序，推进文化事业单位用人机制和分配制度的改革。实行分类管理、分类改革，重新定位艺术表演团体的布局、结构、编制、性质、任务；在科学设岗的基础上，推行人员聘用制度和岗位管理制度；疏通人员出口，实施解聘、辞聘、辞退等工作；加大布局结构调整的力度，重新配置相关资源，撤并了一批文化事业单位。②

区分公益性文化事业和经营性文化产业。各试点地区和试点单位，把公益性文化事业和经营性文化产业区分开来，对经营性文化事业单位进行大胆改革，实行转企改制和对文化企业实行股份制改造，初步培育了一批有活力、有一定实力，按市场经济原则运营的市场竞争主体。通过改革试点，一批文化企业在市场经济中重新找回了自己的位置，开始在文化产业发展上大展宏图。③

加大公益性文化事业单位建设。试点地区对公益性文化事业单位进行了以建立和完善劳动用工、干部人事、分配制度为核心的内部三项制度改革，从而激活了文化事业单位的活力，调动了干部职工的积极性和主动性。各试点地区出现了群众文化活动空前繁荣的良好局面，一大批文艺精品在改革试点中诞生并获奖。④

2.转变文化行政管理部门职能

按照"精简、统一、效能"原则，实施分类管理与分类指导，实施分配制度、

① 《云南省情》编委会编：《云南省情（2008 年版）》，云南人民出版社 2009 年版，第 709 页。

② 中共云南省委宣传部、中共云南省委党史研究室编：《中国改革开放全景录·云南卷》，云南人民出版社 2018 年版，第 218 页。

③ 《云南省情》编委会编：《云南省情（2008 年版）》，云南人民出版社 2009 年版，第 710 页。

④ 《云南省情》编委会编：《云南省情（2008 年版）》，云南人民出版社 2009 年版，第 711 页。

财务制度和社会保障制度等改革，探索建立文化行政管理部门与所属文化事业单位的新型关系；进一步完善改革政策，制定实施改革配套措施。①

在撤销革委会恢复设立省文化局的基础上，于 1983 年将省文化局与省出版局合并为省文化厅（1987 年将出版业务独立出来成立新闻出版局），于 1984 年、1985 年先后成立了省文物管理委员会和省社会文化管理委员会。同时全省各地（州、市）也陆续恢复设立文化局，有的地区还成立新闻出版局与文化局合署办公。2003 年 8 月，正式组建了云南省文化体制改革和文化产业发展领导小组，对改革的重大问题进行专题研究和安排部署。云南各州、市、县也相继组建了相应的领导机构和工作机构，保障了文化领域改革的不断推动和深入。

各地区按照创新体制、转换机制、增强活力、培育富有活力和竞争力的微观组织的要求，大胆探索，不断加强各级党委对文化工作的领导，积极转变政府职能，努力探索文化行政管理单位的职能整合，探索构建文化行政综合执法机制。丽江、保山两市在全省率先进行了文化、广电、新闻出版等相关部门的合并。西双版纳州将旅游部门与"文产办"合并为文化旅游产业办公室。各地努力探索行业自律、企事业单位依法经营的宏观管理体制，对国有文化资产的管理运营进行了新探索，取得了新突破。通过改革，许多长期闲置的国有文化资产得到重新盘活。文化行政部门职能从办文化向管文化转变、从微观管理向宏观管理转变、从主要管理直属单位向主要开展社会管理转变，一些直属院团如红河州歌舞团打破了原有的隶属关系，走向社会。

3. 规范文化市场管理

随着城乡经济的发展、市场经济体制的建立、社会文化娱乐消费需求的增长，多门类、多层次、多渠道的文化市场在云南逐渐形成。按照"一手抓繁荣，一手抓管理"的思路，不断加强文化市场的建设和管理，促进了云南文化市场的繁荣。

维护文化市场规范运行。"九五"期间，已形成娱乐、音像、网络、演出、文物、艺术品、书刊等十大文化市场，拥有经营户 5 万多户，从业人员 10 万多人，年创产值 20 亿元。省文化管理部门先后成立了文化市场管理和稽查机构，专门负责文化市场管理工作，各地也相继成立了文化市场的管理和稽查机构，对文化市场进行监管。实施日常管理与专项整治结合，加大对网吧、音像市场、演

---

① 中共云南省委宣传部、中共云南省委党史研究室编：《中国改革开放全景录·云南卷》，云南人民出版社 2018 年版，第 218—219 页。

出市场、歌舞娱乐场所、电子游戏经营场所管理。2004 年以来，每年深入开展对网吧的专项整治，强化对网吧的日常监管，积极探索长效管理机制。积极鼓励发展连锁网吧，网吧连锁化、品牌化、规范化趋势已凸显出来。2006 年，云南开展了"阳光行动""反盗版百日行动"。2007 年取缔了昆明市园西路、张官营两个长期从事非法音像制品销售的场所。全省各级文化市场管理部门认真贯彻《文化部办公厅关于落实演出市场监管职责规范演出市场行政行为的通知》精神，加强对演出市场的管理和巡查，严格事前审批和事后监督，严厉打击各类非法演出活动，强化对节假日演出市场的管理。2006 年颁布实施新的《娱乐场所管理条例》，开展娱乐场所的审核换证工作。

加强文化市场管理队伍建设。2004 年出台了《云南省人民政府办公厅关于进一步加强文化市场管理工作的通知》，就解决文化市场管理的经费、人员、设施设备等问题提出明确要求。2007 年，按照文化部部署开展了"队伍建设年"活动。组织完成全省文化市场执法队伍的普查工作；进一步完善云南文化市场行政执法各项规章制度。统一换发文化市场行政执法证件、执法服装；配合换发执法证件，举办了云南文化市场行政管理执法人员培训班。在全省组织安装了"12318"文化市场举报电话升级系统，努力为基层文化市场解决执法用车、办公电脑等困难。① 通过加强文化市场管理队伍建设，进一步提高了文化市场管理能力。

4. 推进电影行业改革

电影行业改革是文化体制改革的重要部分。1979 年 6 月，根据省委"今后以生产故事片为主，同时继续拍摄一些新闻纪录片和科学教育片"的指示，恢复昆明电影制片厂的名称。随后，推行电影发行放映行业管理体制改革和经营机制的转换。20 世纪 90 年代初，电影放映体制、机制改革后，城市电影放映大部分进行市场运作，昆明市电影发行放映公司率先进行了体制改革，加入中国电影集团星美院线，全方位进入市场运作。云南的电影放映单位到 1992 年发展到 6711 家，实现了县县有电影院、农村集镇有电影看，逐步改善了观影条件。1994 年组建云南电影发行放映联合经营集团公司，挖掘影院创收的潜力，培育电影市场经济。随后，全省 18 家电影院组成了云南荣滇影业院线公司。上海电影集团永华影城、南方新干线等院线也相继进入云南，城市电影放映出现了资产合作、院线管理的新格局，17 家影院加入了全国电脑售票系统。2004 年，云南电影放映

---

① 《云南省情》编委会编：《云南省情（2008 年版）》，云南人民出版社 2009 年版，第 345—347 页。

11 万余场，观众达 2800 多万人次。

提高影片质量和城乡观影效益。这一时期，纪录片《五彩缤纷的云南》《纳西族与东巴文化》在国际、国内获奖。《彩月和她的情人》获 1995 年首届全国少数民族题材电影腾龙故事片三等奖，《解放云南》和《彝海结盟》分别获 1993 年度和 1996 年度中共中央宣传部精神文明建设"五个一工程"奖。《彝海结盟》还获得 1996 年中国电影"华表奖"和 1998 年第二届少数民族题材电影"骏马奖"二等奖、最佳编剧奖、最佳男主角奖。故事片《太阳鸟》获 1998 年加拿大第 22 届蒙特利尔国际电影节评委会特别奖。故事片《相爱在西双版纳》获 1998 年中国电影"金鸡奖"最佳音乐奖。[1]2006 年，云南开展"优秀电影进社区"活动，为社区群众放映电影 6000 多场，观众达 270 万人次。在政府支持下，农村电影放映场次不断增加，2007 年全省乡村电影放映覆盖率达 85% 以上。文化、农业、科技部门共同组织科技兴农电影汇映活动、电影下乡活动，取得较好的社会效益和经济效益。[2]

5. 深化新闻出版行业改革

深化新闻出版行业文化体制改革，省市县逐步建立了面向市场运作的格局。对《云南经济日报》《云南科技报》《云南法制报》《民族时报》等省级专业报纸实施管办脱钩、自主经营。2001 年 9 月成立云南日报报业集团，打造了面向广大读者、扩展市场空间的省级报业集团。云南日报报业集团拥有 11 报 4 刊 1 网络，形成了种类齐全、分工专业的报刊系列，建立了遍布全省的采访、发行网络，省内报刊发行总量达 50 多万份。组建云南广播电视信息网络传输股份有限公司和云南出版集团公司。通过资源整合、优化重组，云南广电网络公司对全省 131 个分支机构进行了企业化改造，形成了省市县三级贯通、全省一张网的格局，总资产达到 36 亿元。[3] 地方广播电台、电视台实施资源整合，将原先的区域性、地方性电视机构，按照市场需求进行市场化分类，以打造品牌为目标，进行资源重组，扩大规模，提升综合竞争力。[4] 为推进新闻媒体的宣传与经营"两分开"，丽江日报社、丽江电视台、昆明日报社、昆明电视台、大理电视台、腾

---

① 云南省地方志编纂委员会总纂，云南省文化厅编撰：《云南省志·卷七十三·文化艺术志》，云南人民出版社 2002 年版，第 836—837 页。

② 《云南省情》编委会编：《云南省情（2008 年版）》，云南人民出版社 2009 年版，第 367 页。

③ 《云南省情》编委会编：《云南省情（2008 年版）》，云南人民出版社 2009 年版，第 371—374 页。

④ 中共云南省委宣传部、中共云南省委党史研究室编：《中国改革开放全景录·云南卷》，云南人民出版社 2018 年版，第 220 页。

冲电视台等，都实现了经营性部分同宣传主业的剥离，一些新闻单位还实现了以岗定员、以岗定薪、按质取酬的全员聘用制，打破了传统的以工龄、职称、职务决定待遇的做法。云南出版集团由原新闻出版局所属全部企事业单位组建而成，集团总资产20多亿元。通过改革，几大集团已具备较强的核心竞争力和文化创新能力，为培育云南文化市场主体奠定了基础。[①]

通过深化文化体制改革，重组和优化了文化事业建设领导的格局，形成了一批兼具市场竞争力、文化创新力和影响力的文化活动主体，有力地推动了文化单位通过整合资源、资产，加快产业升级，为做大做强奠定了坚实的体制基础。

（五）推进文化产业发展

重视文化产业发展，制定了一系列文化产业政策措施，支持文化企业发展，推进十大历史文化旅游建设项目，文化产业成为云南经济社会发展的新亮点。

1. 制订文化产业政策措施

2004年云南出台了《关于深化文化体制改革、加快文化产业发展的若干意见》。该意见指出，坚持两手抓，两加强。要一手抓繁荣文化事业，一手抓发展文化产业。从此，云南文化产业在财政、投融资、税收、土地和资产管理等方面将政策重心放在了如何激发文化的经济价值、探寻民族特色文化资源的市场化运作机制上，着力点在于创造良好的市场环境，政府对文化的管理实际上转变为对市场的管理，主要手段也是资金投入、税收减免、刺激投融资等经济手段。这成为云南文化产业政策由"办文化"转向"管文化"的基调。

各试点地区和试点单位全面落实国务院和省委省政府关于深化文化体制改革加快文化产业发展的有关政策，并结合实际，出台了许多具体的配套措施。楚雄州出台了《关于加快文化旅游产业发展的实施意见》等文件。迪庆州探索多元化投入文化产业的政策。腾冲县围绕文化产业招商引资，在市场准入、土地使用、融资、贷款等方面实行了一系列优惠政策。2010年实施文化产业振兴行动计划。这些政策措施，都鲜明地体现了支持试点、鼓励改革的政策导向，具有很多创新内容，极大地解放了文化产业发展动力，推动了云南文化产业的发展，促进了民族文化繁荣局面的初步形成。[②]

---

① 《云南省情》编委会编：《云南省情（2008年版）》，云南人民出版社2009年版，第710页。

② 《云南省情》编委会编：《云南省情（2008年版）》，云南人民出版社2009年版，第711页。

2. 支持文化企业发展

组建独立经营的市场主体。2009 年 12 月，组建了云南报业传媒集团、云南出版集团、云南广电网络集团公司、云南文化产业投资控股集团。随后又相继成立云南云视传媒集团、云南云广传媒集团、云南电影集团、云南演艺集团、云南文博产业集团等一大批独立经营的文化市场主体，使文化发展活力得到释放，云南民族文化强省建设迈出实质性的步伐。

建设各类文化产业基地。相继在大理建成天龙八部影视城，在曲靖建成翠山影视城，在昆明建成玉龙湾影视城，在丽江建成束河茶马古道影视城，在楚雄建成元谋影视城。①

推动民营文化企业发展壮大。实施"走出去"与"引进来"文化发展战略，积极拓展国内外市场，结合云南旅游支柱产业建设，积极探索"文旅互动"机制，鼓励壮大民营骨干文化企业。丽江丽水金沙演艺有限公司、云南中天文化产业发展股份有限公司、云南柏联和顺旅游文化发展有限公司、昆明福保文化城有限公司被评为"国家文化产业示范基地"。云南柏联和顺旅游文化发展有限公司获得"2011 年度十大最具影响力国家文化产业示范基地"殊荣。大理鹤庆新华村建成

大型实景演出——《印象丽江》

---

① 中共云南省委宣传部、中共云南省委党史研究室编：《中国改革开放全景录·云南卷》，云南人民出版社 2018 年版，第 227 页。

西南最大的民间工艺品市场。在民族演艺、旅游文化、休闲娱乐、珠宝玉石、民间工艺品等领域涌现了一批民营骨干文化企业。通过优化资源配置，实行规模经营，文化产业加快发展。

3. 实施十大历史文化旅游建设项目

为贯彻落实党的十七届六中全会精神，进一步弘扬民族文化，挖掘云南深厚的历史文化资源，把发展文化旅游与加强民族团结进步事业相结合，推动历史文化与旅游深度融合，用历史文化催生旅游新高地，继续做大做强旅游业，2012年4月省委九届十二次常委会研究提出建设昆明古滇、曲靖三国、玉溪澄江帽天山古生物、楚雄元谋古人类、禄丰恐龙、文山广南地母、普洱茶祖、西双版纳南传上座部佛教、大理古都、巍山南诏十大历史文化旅游项目构想。随后，省政府召开十大历史文化旅游项目推进座谈会，对十大历史文化旅游项目工作做了部署安排，明确了十大历史文化旅游项目"公益性项目要自项目开工之日起3年内基本建成投运，其他配套项目5年内全面建成投运"的建设时限要求和"一个景区、一个旅游小镇、一个休闲度假区、一个现代新城"的"四个一"建设内容，要求有关州、市人民政府要按照"政府主导、企业为主、市场运作、产业化开发"的原则，利用市场力量优先将公益性项目建好、建出成效，让人民群众早日享受项目建设带来的成果和实惠，带动地区经济发展。

通过推进文化产业发展，文化产业政策逐步健全，文化资源优势进一步转化为产业优势，走上了规模化、集约化生产经营之路，构建起文化企业群，建立了多渠道投融资体制和筹资机制，建成了一批文化产业基地，市场竞争能力和品牌影响力不断提升，进一步推动了云南文化产业走向更加广阔的发展空间。

（六）弘扬优秀民族文化

认真贯彻党的民族平等和语言文字平等政策，积极开展少数民族语言文字研究和推广工作，大力弘扬少数民族优秀文化，采取多种措施保护和传承丰富多彩的民族传统节日文化和民族民间艺术。

1. 重视民族语言文字研究推广

云南各级党委政府认真贯彻党的民族平等和语言文字平等政策，积极开展少数民族语言文字研究和推广工作。到1991年，已有14个民族使用着22种民族的文字或拼音方案，广大少数民族群众用本民族文字学习科学文化，取得了良好的效果。1991年云南25个少数民族中，除回族、水族、满族3个民族通用汉语外，其余22个少数民族使用着26种语言。民族语文工作者和专家学者，完成了西双版纳傣文、德宏傣文、景颇文、载瓦文、拉祜文、傈僳文等文种的 2.54 万条新词术语规范工作。各地还加强了民族文字书报和民族语言影视出版工作。出版了 14 个民族 16 个文种的图书 734 种；拥有 8 个民族 12 个文种的 17 种报纸和 3 个民族、4 个文种的 5 种刊物；33 个广播台（站）用 11 个民族的 18 个语种广播；还用 11 个民族的 16 个语种译制影片 756 部。有 11 个少数民族的 14 种文字进入了全日制学校，为少数民族群众扫除文盲、学习科学文化知识创造了有利条件。①

2. 保护民族传统节日习俗

采取多种措施保护民族传统节日。云南 25 个少数民族在长期的劳动生活、民族民间节庆、祭祀、盛典和婚丧嫁娶中，形成各具特色的民族传统节日。据统计，25 个少数民族节日约有 280 个，其中流传至今经久不衰的、各民族群众仍在欢度的节日约有 200 个。有些民族传统节日是多个民族共有，但各具本民族和地方特征及文化内涵。随着时代的发展，各民族中还出现一批新的节日，并逐渐形成新的传统，具有浓郁的民族色彩和鲜明的地方特色。2003 年，在启动民族民间文化普查时，强调要"抢救一批具有重要历史、文化艺术价值而濒临消亡的民族民间传统文化项目"。经过推动民族传统节日保护活动，已有白族"绕三灵"、傈僳族"刀杆节"、怒族"仙女节"、独龙族"卡雀哇节"、景颇族"目瑙纵歌节"、彝族"火把节"、傣族"泼水节"共 7 个民族传统节日被列入国家级非物质文化遗产保护名录。除国家级保护项目外，列为省级非物质文化遗产保护名录的有哈尼族"长街宴""梯田农耕礼俗""九祭献"、白族"石宝山歌会""三月街"、傣族"人生礼俗"、拉祜族"葫芦节"、苗族"花山节"、德昂族"浇花节"9 个民族传统节日习俗。各级政府正加大力度，采取多种措施保护，使丰富多彩的民族传统节日在本地、本民族的传统文化传承和经济建设中发挥越来越重要的作用。

3. 繁荣民族民间文艺

编辑出版民族民间文艺资料。各民族在漫长的社会生产、生活历程和独特的地域环境中，创造了多姿多彩、特色鲜明的民族民间文艺资源。由文化部、国家民委、中国文联牵头组织编纂的十部"中国民族民间文艺集成志书"，规模恢宏，调查深入，被誉为"中国民族文化的万里长城"。十部"中国民族民间文艺集成志书·云南卷"的编纂，对云南少数民族艺术资源进行了大规模系统、全面

---

① 当代云南编辑部编：《当代云南大事纪要（1949—2006）》（增订本），当代中国出版社 2007 年版，第 535 页。

的收集、整理和抢救，保护了大批濒于消亡的民族民间艺术。仅民歌集成一项就收集全省各少数民族民歌上千首，有4000多小时的录音资料；民间音乐、管弦乐、戏曲音乐、创作歌曲等也收集有1000多小时的录音资料；同时，戏曲、舞蹈、曲艺、民族文学等也留下了大量的音像、文字、曲谱资料。云南省民族艺术研究所在集成志编纂工作的基础上，编辑出版了12部戏曲志丛书、10多部云南舞蹈集成丛书和20多部音乐集成丛书，还收集到数十部各地各民族的文化艺术集成志资料集，较好地保存了一批具有较高研究价值和代表性的民族民间文化艺术资料。

开展民族民间文艺评比表彰。2000年云南有16个县、乡、村分别荣获"中国民间艺术之乡"和"中国民间特色艺术之乡"称号。2006年4月18日，云南文艺界规模最大的表彰会在云南电视台演播厅举行。300余位老、中、青文艺人才受到表彰。这一时期，云南文艺界涌现出了大批知名文艺家，成长起大批充满活力的文学艺术新人，是云南繁荣民族文化、发展文化产业、建设民族文化大省的宝贵财富。傣族花腰傣说唱《花腰女》以其独特的表现手法、优美的音乐旋律以及浓郁的云南民族特色，荣获由中国文联、中国曲协联合颁发的中国曲艺界最高奖——"牡丹奖"。

结合时代精神，大力弘扬优秀民族文化，是弘扬中华优秀传统文化的重要工

民族民间文艺表演

作内容。少数民族语言文字的研究推广、民族传统节日的保护、民族民间文艺的发展，为促进云南文化大繁荣大发展积累了丰厚的文化资源和底蕴。

（七）重视文化遗产保护

在省委省政府的关心重视及全社会的共同努力下，古籍保护工作取得很大成效，文物保护力度加大，非物质文化遗产立法工作和保护实践走在全国前列，世界文化遗产申报工作迈出重要步伐。

1. 做好古籍保护工作

古籍保护工作进展显著，一批珍贵的古籍经典得以抢救、修复、保存和整理，并得到了合理有效的开发利用。

古籍保护成效显著。2007 年，省政府办公厅印发《贯彻落实〈国务院办公厅关于进一步加强古籍保护工作的意见〉的通知》，为加强云南古籍保护工作提供了重要的政策支持。2008 年 7 月，全省古籍保护工作会议召开，就全省古籍保护工作进行全面部署和安排。自此，全省古籍普查工作全面展开。省图书馆牵头制定了《云南省古籍保护实施方案》和《云南省古籍普查实施方案》，并严格按照文化部颁布的 5 个执行标准和国家古籍保护中心制定的普查登记表牵头开展全省古籍普查工作，搭建起了《云南古籍联合目录》框架，一大批珍贵古籍入选《国家珍贵古籍名录》。2008 年，省图书馆收藏的（梁）萧子显撰、宋刻元明递修本《南齐书》（五十九卷），（清）顾炎武撰、清同治初抄本《肇域志》（不分卷）等 51 种珍本、孤本在第一批评选中列入《国家珍贵古籍名录》。2009 年，省图书馆收藏的（唐）李百药撰、宋刻元明递修本《北齐书》（五十卷），省社科院收藏的（宋）李昉等辑，明隆庆元年胡维新、戚继光刻本《文苑英华》（一千卷），云南民族大学昂自明个人收藏的清末写本《阿诗玛》等 91 种古籍在第二批评选中入选《国家珍贵古籍名录》，使入选《国家珍贵古籍名录》的古籍达到 142 部。2009 年 6 月，云南最早的写本佛经《护国司南钞》、清末彝文写本《阿诗玛》等 10 卷珍贵古籍参加国家图书馆举办的"国家珍贵古籍特展"，首次向世人展示云南古籍珍品，展现了云南历史文化的厚重与多彩。

古籍保护和修复力度不断增强。云南最大的藏书机构——云南省图书馆先后投资 200 多万元，购置了大量书库和樟木柜、温湿度控制仪，以及先进的防火、防盗设备，使收藏的 60 余万册古籍文献得以安全妥善保存。通过精心保护，省图书馆成为国家文物局认定的全国首批具有二级文物修复资质的图书馆。截至

2009 年 7 月，共修复了 500 多种古籍。昆明、大理、保山、腾冲、通海等部分州、市、县图书馆也设有专门库房收藏古籍。

古籍研究和开发利用进一步加强。省图书馆整理加工出版了《黑盐井志》《姚州志》《边州闻见录》等一批古籍文献，独立编撰出版了《云南省图书馆馆藏善本书录》等学术专著。在省图书馆的示范带动下，全省各州、市图书馆也着力加强古籍研究，整理出版了一大批富有地方特色和民族特色的古籍文献。古籍数字化建设不断加快。2009 年 4 月，云南古籍保护中心网站开通，成为保护中心在国际互联网发布云南古籍保护进展信息和提供服务的综合平台。省古籍保护中心通过开通门户网站、设立 QQ 在线咨询服务等现代信息化手段宣传古籍保护工作，并为全省古籍保护工作提供全方位的业务咨询服务。

随着云南古籍保护工作的深入推进，越来越多价值不菲的珍贵民族古籍得到妥善保护，对推动社会、经济、文化发展发挥了重要作用。

2. 开展文物保护工作

云南具有悠久的历史和深厚的文化底蕴。保存于地上地下的文物古迹和博物馆文物藏品，丰富多彩，博大精深，蕴藏着丰富的历史文化信息，是云南各族人民发展的历史见证，是进行科学研究的重要资料。《云南省实施〈中华人民共和国文物保护法〉办法》的颁布，为依法保护文物提供了有力的法律保障。云南现有各级人民政府批准公布的文物保护单位包括全国重点文物保护单位、省级文物保护单位、州（市）县级文物保护单位；昆明、大理、建水、巍山等市（县）属国家级历史文化名城，腾冲、威信、保山、会泽、石屏、广南等市（县）经省政府批准公布为省级历史文化名城；云南拥有 40 座各级各类博物馆、纪念馆收藏有数十万件文物藏品和标本，通过举办多种形式的展览，有力地促进了文物保护工作的开展。云南民族博物馆与云南民族村毗邻，于 1995 年 11 月建成开馆，占地 13 万余平方米，馆内有 16 个展室，展出面积达 6000 平方米，是全国最大的民族博物馆。

3. 加强非物质文化遗产传承保护

云南非物质文化遗产立法工作和保护实践工作走在全国前列，在全国非物质文化遗产保护方面具有重要影响，为我国实施非物质文化遗产保护工作提供了宝贵的经验。

制定《云南省民族民间传统文化保护条例》，为非物质文化遗产"保驾护航"。2000 年 5 月，省人大制定了地方性法规《云南省民族民间传统文化保护条例》，将民族民间传统文化保护纳入了法制化管理轨道。此后，通过积极开展保护工作，实施资源普查、建立四级名录体系、开展民族传统文化保护区建设，云南优秀民族文化艺术的弘扬取得阶段性成果。

实施资源普查，为建立保护名录体系奠定基础。2003 年 3 月，启动了全省性的民族民间传统文化普查工作。通过普查，摸清家底，建立名录，明确重点，抢救一批具有重要历史、文化艺术价值而又濒临消亡的民族民间传统文化项目，并在保护基础上进行合理利用、适度开发。这一时期，各级政府累计投入 1000 多万元普查资金，参与普查的人数达 19103 人次，普查自然村寨 14834 个，访谈对象达 69187 人次。

确立保护对象，建立国家、省、州（市）、县（市、区）四级保护名录体系。在资源普查的基础上，2005 年 6 月全省 129 个县（市、区）政府批准公布了 5416 项县（市、区）级非物质文化遗产保护名录；2005 年 9 月，全省 16 个州（市）政府批准公布了 3173 项州（市）级保护名录；2006 年 5 月，省政府公布了第一批非物质文化遗产保护名录，共 11 类 147 项；2009 年 8 月，公布了云南省第二批非物质文化遗产保护名录，共 13 类 124 项。与此同时，9 项被列入第一批非物质文化遗产名录扩展项目。2006 年 5 月，国务院公布了我国第一批国家级非物质文化遗产名录，包括 10 个类别 518 项，云南"哈尼族多声部民歌""泼水节"等 34 项名列其中；2008 年 6 月，国务院公布了我国第二批国家级非物质文化遗产名录，包括 10 个类别 510 项，云南的"梅葛""傣族织锦"等 35 项名列其中。

以乡村为基点，确立以人文生态环境保护为重点的民族文化保护区。云南选择有代表性的少数民族聚居自然村寨，设立民族传统文化保护区。随着民族文化保护区试点工作的开展，为实现与全国文化生态保护实验区保护工作相接轨，根据大理州民族文化生态鲜活、内涵丰富的实际，"大理文化生态保护区"2009 年向文化部申报为国家级文化生态保护实验区。

以人为本，高度重视对非物质文化遗产传承人的保护。云南于 1999 年、2002 年和 2007 年分三批共命名了 688 名省级非物质文化遗产传承人；16 个州（市）命名了 970 名州（市）级传承人；129 个县（市、区）命名了 1893 名县（市、区）级传承人。2007 年至 2009 年，文化部公布了三批国家级非物质文化遗产名录项目代表性传承人，云南有 51 名传承人入选。

积极争取非物质文化遗产保护专项资金。2006 年至 2008 年，中央财政安排了 881 万元非物质文化遗产保护专项经费，用于开展云南国家级非物质文化遗产名录的调查记录、实物征集、宣传展示和建立档案等保护工作。2002 年以来，省级财政累计投入专项经费 790 万元用于非物质文化遗产保护。同时，按照《国家非物质文化遗产保护专项资金管理暂行办法》的精神，非物质文化遗产项目保护过程中实行专款专用，认真做好保护工作，并对保护工作的实施进度和中央财政专项资金使用情况进行严格的监督检查。

首次建立少数民族文化遗产可数字化资源评价体系。通过创新制定出文化遗产数字化技术解决方案，为我国非物质文化遗产有计划、大规模的数字化保护、开发、利用提供了系统性技术平台，并已推广应用到省内多个文化、研究部门，并应用到遗产保护与利用的国际合作大型工程建设规划中。

开展非物质文化遗产保护学术交流。2006 年 4 月，"云南民族民间文化遗产保护与开发协会"成立。同年召开了"云南省首届非物质文化遗产保护学术研讨会"，对非物质文化遗产的基础理论研究、学科体系建设，以及对完善政策法规、领导体制和工作机制，起到了积极的促进作用。组织"云南非物质文化遗产保护成果展"，收到很好的普及、宣传效果。"2006 中国云南国际民间工艺高层论坛暨民族民间工艺品博览会"在昆明举办，以"弘扬民族传统文化，保护民间文化遗产"为主题，就国际民族民间工艺的渊源和现状、民族民间文化资源的挖掘和整合、民族民间文化产业的开发等重要议题发布了《昆明宣言》，有效地推动了文化遗产的保护工作。

世界文化遗产——丽江古城

4. 申报世界文化遗产和国家文化遗产

世界遗产分为自然遗产、文化遗产、自然与文化复合遗产和文化景观四类。鉴于丽江古城是一个以纳西族为主的具有悠久历史的古老城镇，1997年12月，作为世界文化遗产项目，丽江古城被联合国教科文组织正式列入《世界遗产名录》填补了我国历史文化名城在世界文化遗产名录中的空白。在2006年9月国家建设部发布的首批中国自然与文化双遗产预备名录中，"大理风景名胜区——苍山自然与南诏文化遗存"榜上有名。"大理风景名胜区——苍山自然与南诏文化遗存"由自然遗产和文化遗产两部分组成。自然遗产为苍山地区；文化遗产由崇圣寺三塔、太和城遗址和南诏德化碑、石钟山石窟地区、南诏铁柱等组成，分别位于大理市、漾濞县、剑川县、弥渡县境内，面积达40625公顷。通过申报文化遗产，展示了云南自然、文化的独特魅力。

在积极开展古籍搜集整理与加大文物保护力度的同时，云南在非物质文化遗产保护和申报世界文化遗产及国家文化遗产领域取得突破性进展，文化遗产保护工作就此迈上了一个崭新的台阶。

（八）推动文学艺术创作

积极开展全省文艺普查工作，坚持"百花齐放，百家争鸣"的文化方针，为文学艺术事业的发展提供了稳定和宽松的环境。文学创作事业蓬勃发展，成绩斐然，美术创作取得长足进步，影视制作取得新成绩。积极实施"人才兴文"战略，人才结构有所改善，一大批优秀文化艺术人才脱颖而出。

1. 开展云南文艺普查工作

1979年至1981年，云南先后组织了9个调查组深入少数民族聚居区开展民间文学的调查和复查，搜集民族民间文学资料700多万字。此后又进一步挖掘整理，共积累了7000余万字资料，为编写少数民族民间文学作品打下了基础。在广泛调研和详细普查的基础上，编撰出版了云南民族民间舞蹈、器乐曲、歌谣、民间故事、谚语、民间歌曲、乐器、曲艺、曲艺音乐、戏曲音乐等十大集成，以及文化艺术志、戏曲志、文物志的云南卷和云南各地方志，为文艺创作、展演、研究、保护提供了大量史料和实录。

2. 推动文学艺术创作蓬勃发展

大力扶持文学事业发展。1978年，省文联恢复工作后，省作协随之重建。一批在"文革"中受到冲击、迫害的老作家又重获新生。在省委省政府的关怀支持下，省作协除恢复机关文学刊物《边疆文艺》外，还投入巨大力量，致力于重建文学创作队伍，尤其是少数民族创作队伍。经过二十余年不间断的努力，直至20世纪末，云南已经拥有1400余人，其中包括420余名少数民族作家在内的作家队伍；全省25个少数民族，均有文学作者和作家。彝族、哈尼族、白族、景颇族等少数民族作家群，昆明作家群、昭通作家群、"太阳鸟"儿童文学作家群、边防武警作家群、都市青年作家群、小凉山诗人群的兴起和发展，反映了云南各民族文学的全面繁荣。大力扶持文学创作，支持省作协实行体制机制的改革，实施了作家聘任制，对文艺创作起到了积极的作用。实施"重点作品扶持"等计划，奖励和鼓励作家"三贴近"，对深入生活进行了政策性的扶持，云南文学由此进入了全面繁荣的时期。

大批文学作品获奖。自中国作协与国家民委设立少数民族文学创作"骏马奖"以来，云南少数民族文学获奖作品在全国获奖数目和获奖人数中均居于前列，确定了云南文学在中国少数民族当代文学中突出的地位。1978年至2012年，创作出版了大量长中短篇小说、诗歌、散文、民族文学、儿童文学、寓言和文学评论集，大批作家出版了多部具有影响力的个人作品集或专著，一些优秀文学作品引起了国内外广泛关注。1999年至2002年，云南小说、诗歌创作一举改变了多年沉寂的局面，在创作发表总量上和影响力上居历史最好时期。一批唱响时代主旋律、闪耀着现实主义光彩的优秀文学作品引起全国关注。张长的《空谷兰》、张华昆的《蓝色的象鼻湖》、晓雪的《晓雪诗选》、那家伦的《开拓者》、杨明等人的戏剧作品《望夫云》等获得全国重要奖项。2003年9月，夏天敏中篇小说《好大一对羊》获中国作协主办的全国第三届"鲁迅文学奖"；2007年11月，于坚新诗集《只有大海苍茫如幕》获第四届"鲁迅文学奖"诗歌奖；2004年3月，范稳长篇小说《水乳大地》获中国作家杂志社"大红鹰"奖第一名；2010年10月，著名军旅作家彭荆风的长篇报告文学《解放大西南》和著名诗人雷平阳的诗集《云南记》双双获得第五届"鲁迅文学奖"。

美术、摄影创作取得长足进步。1978年至2012年云南多次举办美术展览、多件作品参加全国美术综合或单项展览，获得金奖、银奖、铜奖、优秀奖。云南版画、重彩画展示风采，持久不衰。"云南画派"独树一帜，由思茅美术家创造的绝版木刻技法成为中国一绝。2004年，版画《高原存秋》《替代镜头》在第十一届全国美术大赛中取得好成绩。同年在全国第十届美展中，云南征稿1200多件，取得全国美展版画入选数第二、获奖数第三的好成绩。美术创作特别是版画创作在全国保持领先地位。截至20世纪90年代中期已有150多位画家的近200件作品获国际或国家级奖励。其中，版画群体开始崛起，中国画形成云南独有风格。① 表现云南独特自然风光、少数民族生活与文化的摄影作品有广泛的影响。许多摄影作品参加国内外摄影比赛和展览并多次获奖。罗锦辉摄影作品《彩泉》获联合国"世界环境摄影"专业组金奖。2005 年，组照《乌蒙矿工》获第二十一届全国摄影艺术展纪实类金奖，对云南摄影创作产生了积极的影响。

戏剧、杂技、民族歌舞乐绚丽多彩。1978 年至 2012 年间，多个新创剧（节）目先后荣获中宣部"五个一工程"奖、文化部"文华奖"、文化部"群星奖"、中国戏曲"梅花奖"、"中国艺术节"奖、"中国戏剧节"奖、"曹禺戏剧奖"、中国舞蹈"荷花奖"、中央电视台全国电视舞蹈大赛奖、全国少数民族文艺会演奖、全国杂技比赛奖。群众文化系统创作的各类文艺节目或作品，获得国家级奖励和省级奖励。舞剧《阿诗玛》连续荣获"文华大奖""五个一工程"奖和中华民族20 世纪舞蹈经典作品金奖，傣、白、彝、纳西等一批少数民族歌舞、舞剧节目都获得国家级奖项。"十五"期间，云南有 3 台剧目入选国家舞台艺术精品工程，其中由原昆明市花灯剧团创作演出的《小河淌水》入选 2001—2002 年度国家舞台艺术精品工程；省京剧院的《凤氏彝兰》入选 2003—2004 年度国家舞台艺术精品工程，并在第七届中国艺术节上获得文华奖和剧作奖、导演奖、表演奖 3 个文华单项奖，在第三届中国京剧艺术节中获得优秀剧目奖和 6 个单项一等奖及 3 个单项二等奖；话剧《打工棚》获全国话剧新剧目交流演出奖及 3 个单项奖；杂技《浪桥飞人》《转碟》获全国杂技比赛"金狮奖""银狮奖"；由云南映象文化产业发展有限公司创作演出的大型原生态歌舞集《云南映象》获中国舞蹈节"荷花奖"金奖及 5 个单项奖，并入选 2004—2005 年度国家舞台艺术精品工程十大剧目，这是云南首家民营剧团的作品首次入选国家舞台艺术精品工程十大剧目。云南音乐代表队先后在"CCTV 全国青年歌手电视大奖赛"上分别荣获金奖、银奖、铜奖，位居全国各省市区代表队前列。宗庸卓玛、曹新华、何纾、李怀秀、李怀福、茸芭辛娜在各种音乐赛事中摘取金奖。云南戏剧、杂技、民族歌舞在这一时期得到长足发展。

3. 拍摄优秀电影电视剧作品

影视制作不断适应改革开放的新形势，取得新成绩。云南民族电影制片厂共摄制表现云南 26 个民族风情的影视作品 200 多部，在国内外分别荣获不同的奖项。云南电视台拍摄了介绍云南秀丽风光与建设成就的系列专题片《中国云南》

---

① 中共云南省委宣传部、中共云南省委党史研究室编：《中国改革开放全景录·云南卷》，云南人民出版社 2018 年版，第 212 页。

《云南之旅》，与大湄公河次区域国家合拍的纪录片《澜沧江—湄公河》，与新加坡广播电视局合拍的电视剧《爱在女儿乡》等，播映后大大提高了云南在全国和海外的知名度。电影《诺玛的十七岁》在国际上获21个门类奖项；电影《花腰新娘》、电视连续剧《大马帮》受到好评；电视连续剧《解放云南》和电影故事片《彝海结盟》获"五个一工程"奖；电影纪录片《五彩缤纷的云南》《纳西族与东巴文化》在国际国内比赛中获奖；电影戏曲片《南诏奉圣乐》获"骏马奖"；民族音像出版工作完成了《人地情》等专题片的制作发行。1979年彩色电影《阿诗玛》与各族观众见面。1979年，云南京剧一团与北京电影制片厂合拍戏曲片《铁弓缘》。该片为张宝彝、杨桐根据戏曲剧本改编整理，由著名京剧表演艺术家关肃霜主演，获文化部1979年优秀影片奖和全国第三届电影"百花奖"最佳戏曲片奖。云南先后建立了西双版纳州、怒江州、德宏州、临沧市、普洱市、丽江市、红河州、文山州等8个少数民族语影片译制点，译制云南18种民族语言，译制电影648部，放映场次87500多场，观众达5100多万人次。

4.培育文化艺术人才

实施"人才兴文"战略，培育文化艺术人才。一批优秀的文化艺术人才脱颖而出，受到了嘉奖。32人荣获云南文学艺术卓越贡献奖，120人荣获云南文学艺术成就奖，112人荣获云南文学艺术贡献奖，49人荣获云南文学艺术新人奖，10位省外人士荣获云南文学艺术特别贡献奖，30人被评为青年表演艺术家，51人被评为优秀青年演员。加强艺术教育人才培养，成立了云南艺术学院、云南文化艺术职业学院，共设置戏剧、戏曲、舞蹈、音乐、美术、工艺美术、舞台美术、电影放映、文化干部培训等专业，先后培养了2万多名各类实用型艺术创作、表演、管理人才，其中不少已成为文艺事业的骨干力量。[①]

这一时期，云南文化艺术界明方向、正导向，转作风、树新风，出精品、育人才，事业发展欣欣向荣，队伍面貌焕然一新，文艺创作硕果累累，一批少数民族、地域作家开始崛起，在全国民族民间文学领域产生了重要影响，获得了广泛关注。文艺活动更加丰富多彩，形成了"百花齐放，百家争鸣"的文化发展局面。

（九）积极拓展对外文化交流

云南积极拓展对外文化交流，增强中外文艺家的了解和友谊，开阔云南文艺工作者的眼界。

---

① 《云南省情》编委会编:《云南省情（2008年版）》，云南人民出版社2009年版，第348页。

云南积极发展各层次、各领域的对外交流与合作，从我国对外开放的末端转变为大西南对外开放的前沿。据不完全统计，这一时期，云南先后派出多批次各类文化团组和人士，前往世界上近百个国家及我国港澳台地区进行文化交流活动。交流项目包括歌舞乐、杂技、戏曲、民族民间说唱、文物、古生物化石、美术、书法、摄影、电影电视、民族民间服饰、工艺美术等。[①] 除举办"中国云南文化周"、民族文化系列展演等政府间的文化交流外，民间文化交流也日益增多。既有友好互访，也有专业考察、讲学、演出和展览，所到之处，无不受到当地官方和民众、华侨、华人的热情欢迎和接待，发展了与世界各国的相互了解与友好合作，为祖国和云南赢得了声誉，提高了云南在世界各国和我国港澳台地区的知名度。云南与港澳台的文化交流，受到了港澳台同胞的热烈欢迎和赞赏，对于宣传香港和澳门回归祖国、"一国两制"都发挥了积极的作用。

积极实施云南文化交流"走出去"行动计划，创造条件，努力将民族文化资源转变成文化产品、大力发挥文化产业的市场优势，大力发展云南的对外文化交流，利用"艺术节""文化周""博览会""文化论坛""学术研讨会"等形式和渠道，努力创造新的交流形式，更广泛地向世界宣介云南丰富多彩的文化艺术。

云南各民族的工艺美术、服装饰物、织锦刺绣、乐器道具成为展示各族人民审美追求的载体，创意独特，技艺巧妙，美不胜收，是云南发展对外文化交流的丰厚资源，通过参会参展，扩大了国际交流。

云南各类歌舞乐团、杂技团、儿童艺术团出访多个国家和我国的香港、澳门、台湾。每次都以浓郁的民族风格、鲜明的边疆特色、奇美的民族风俗、饱满的演出激情、精湛的表演技艺、绚丽的民族服饰，受到广泛热烈的欢迎。

云南的人类学家、民族学家、文化学家、考古学家分别前往日本、韩国、泰国、缅甸、越南、马来西亚、印度尼西亚、德国、英国、法国、瑞士、美国、加拿大、澳大利亚、新西兰进行研究、讲学、交流和考察，促进了云南文化的对外传播。

云南与毗邻国家如缅甸、老挝、越南，与邻近国家如泰国、柬埔寨积极开展文化交流项目，还利用毗邻的"地利"之便，相互从边境陆路口岸出入境，对等互访。特别是在怒江、保山、德宏、临沧、西双版纳、普洱、红河、文山等州市举办边境地区的文艺演出、体育比赛等联谊活动，持久不衰，共同发展睦邻友好合作关系。文化交流活动受到相关国家政府的认可和文化交流团组的欢迎，对于

---

① 《云南省情》编委会编：《云南省情（2008年版）》，云南人民出版社2009年版，第347—348页。

构建我国和平稳定的周边环境，保障经济建设和社会发展，与邻为善、以邻为伴，都发挥了积极作用，成为云南对外文化交流的一大特点。①

云南在公共文化服务体系建设、民族文化保护传承、文化产业发展等方面取得了令人瞩目的成就。在此基础上，积极推进由"民族文化大省"向"民族文化强省"迈进的战略目标。由"大"到"强"，实现了云南文化建设由"数量"到"质量"的提升和转变，形成了"政府主导、民族文化主打、旅游助推、龙头带动、民资撬动、文化事业产业互动"的文化建设"云南模式"、"云南现象"和"云南经验"，在新时期云南文化建设过程中起到了承前启后的重要作用。

三、进入新时代的云南文化建设（2012—2019年）

党的十九大报告指出："文化是一个国家、一个民族的灵魂。文化兴国运兴，文化强民族强。没有高度的文化自信，没有文化的繁荣兴盛，就没有中华民族伟大复兴。要坚持中国特色社会主义文化发展道路，激发全民族文化创新创造活力，建设社会主义文化强国。"②云南深入学习贯彻习近平新时代中国特色社会主义思想和党的十八大、十九大精神以及习近平总书记考察云南重要讲话精神，坚持中国特色社会主义文化发展道路，坚定文化自信，加快文化改革发展步伐，发展面向现代化、面向世界、面向未来的，民族的科学的大众的社会主义文化，促进全省民族文化的大发展大繁荣，在实践和探索过程中取得了突出成绩，为建设民族文化强省和全面建成小康社会奠定了坚实的文化基础。

（一）实施理论武装工程

习近平新时代中国特色社会主义思想是马克思主义中国化最新成果，是当代中国马克思主义、21世纪马克思主义，是全党全国各族人民为实现中华民族伟大复兴中国梦的行动指南，是党和国家必须长期坚持的指导思想。云南按照"理论学习抓深入、理论宣讲抓普及、理论研究抓重点"的工作思路，坚持在学懂弄通做实上下功夫，提升理论学习的针对性和实效性，提升理论研究的质量和水平，有效推动了学习贯彻习近平新时代中国特色社会主义思想不断往深里走、往实里走、往心里走。

---

① 顾群：《让云南的彩云飘向世界——改革开放以来的云南对外、对港澳台文化交流》，《民族艺术研究》2008年第4期。

② 《党的十九大报告辅导读本》，人民出版社2017年版，第40页。

1. 持续提升理论学习的针对性和实效性

积极探索党的理论创新成果与基层工作的切入点、与百姓思想的结合点、与地方发展的契合点，针对基层群众、青年学生、知识分子等不同社会群体，组织开展了分层次、分众化的学习教育，不断增强全省各族人民的政治认同、思想认同、情感认同。通过采取专家讲理论、干部讲政策、群众讲感受的方式，宣传宣讲变得深入浅出、通俗易懂，涌现出腾冲艾思奇百姓宣讲团、姚安梅葛宣讲团、红塔区聂耳社区宣讲团、祥云播火先锋宣讲团、云南农业大学大学生宣讲团等基层理论宣讲品牌，推动了党的理论创新成果进机关、进社区、进农村、进企业、进学校，使党的理论创新成果家喻户晓、入脑入心。

组织开展了高校百场形势政策报告会和百名党政机关干部进高校思想政治理论课堂、百名高校思想政治理论课教师进党政机关的"双百双进"活动，推动了习近平新时代中国特色社会主义思想进学校、进教材、进学生头脑。组织策划出版了《中国梦教育读本》，并列入中小学地方课程教学用书，发行量超过 200 万册，成为云南中小学深入开展中国梦宣传教育的重要载体。

在基层深入开展了社科专家基层行、云岭大讲堂、云南智库专家基层行、社科学术年会等系列活动，推动党的理论创新成果在云岭大地落地生根、开花结果。2003 年至 2018 年，云南省社科专家基层行坚持了 15 年，在全省 16 个州市和数十个县域开展了基层行活动，参与的专家近 700 人次，调研专题近 500 项，提出意见建议 2000 余条，出版咨询文集和调研报告 600 多万字，有多名专家学者被聘为地方经济社会发展顾问。社科专家基层行活动已成为云南省社科界为地方经济社会发展建言献策的重要平台。[①]

在少数民族地区，党的十八大报告、党的十九大报告、党章以及新修订的《宪法》《习近平总书记系列重要讲话读本》等被翻译成 14 个民族的 18 种少数民族文字出版发行，有效地帮助少数民族干部群众准确理解习近平总书记系列重要讲话精神。德宏州宣讲团的"用民族干部宣传、用民族语言讲解、用民族文字阐述、用民族节庆展示、用民族文化体现"的"五用宣讲"方式，被中宣部表彰为全国基层理论宣讲先进集体。

各级各类媒体聚焦习近平新时代中国特色社会主义思想以及考察云南重要讲话精神，统一开设了专题专栏，加大宣传阐释力度。通过开展中国特色社会主义和中国梦宣传教育，引导各族干部群众坚定必胜信心决心，汇聚谱写中国梦云南

---

① 任维东、徐文玲：《云南社科专家年后首次调研为基层服务》，光明网 2018 年 3 月 10 日。

篇章的强大力量。

2. 持续提升理论研究的质量和水平

坚持马克思主义在哲学社会科学研究中的指导地位，把回答新时代重大理论和现实问题作为主攻方向，围绕坚决贯彻习近平新时代中国特色社会主义思想、习近平总书记对云南工作的重要指示精神、省委省政府重大决策部署、人民群众关心的热点问题开展研究。不断推进马克思主义理论研究和建设工程、中国特色社会主义理论体系研究中心、马克思主义学院、报刊网络理论宣传阵地等思想理论工作"四大平台"建设，加强云南大学等 8 所省内高校重点马克思主义学院建设，建立了 22 个学习宣传贯彻习近平新时代中国特色社会主义思想示范基地，举办了习近平新时代中国特色社会主义思想和党的十九大精神系列理论研讨会，不断提升研究阐释习近平新时代中国特色社会主义思想的能力和水平。成立了中国（昆明）南亚东南亚研究院，与《求是》杂志社在云南共建"国情研究基地"，与中国社会科学院共建国情调研云南基地，扎实推进了云南省中国特色社会主义理论体系研究中心建设。确定了一批重点选题，推出了一批重大标志性研究成果和重要宣传阐释文章。组织完成了中央马克思主义理论研究和建设工程重大实践经验总结课题、国家社科基金特别委托项目"云南省边疆民族地区治理体系建设实践经验"研究等。围绕"深入学习贯彻习近平总书记考察云南重要讲话精神，全力推进云南跨越式发展，谱写好中国梦云南篇章"，聚焦"三大战略定位"，组织系列理论研讨会，推出了一批研究成果，引导全省干部群众全面、准确、深刻领会讲话的重大意义、科学内涵、精神实质和实践要求，坚定自觉地把思想和行动统一到讲话精神上来，凝心聚力推动云南跨越式发展。

立足云南在民族学、历史学、人类学、生态学、南亚东南亚研究等领域的学科优势和人才优势，结合把云南建设成为我国民族团结进步示范区、生态文明建设排头兵、面向南亚东南亚辐射中心的重大战略，开展了重大理论和实践问题研究，推出了一批具有国家级水准的研究成果。按照"全面融入、突出优势、补齐短板、注重冷门"的要求，加快推进学科和学科体系建设，推动了云南哲学社会科学的繁荣发展。培育了一批云南亟须、特色鲜明、创新力强、引领发展的新型智库，为云南跨越式发展提供理论服务和智力支持。统筹推进党政部门、社科院、党校行政学院、高校、科研院所和企业、社会智库协调发展，形成了定位明晰、特色鲜明、规模适度、布局合理的新型智库体系，重点建设了一批具有较大影响力和国际知名度的新型智库，造就了一支坚持正确政治方向、德才兼备、富于创新精神的公共政策研究和决策咨询队伍，建立了一套治理完善、充满活力、监管有力的智库管理体制和运行机制。坚持围绕中心、服务大局，坚持问题导向，聚焦新时代我国和云南改革发展面临的重大理论和实践问题，围绕发展战略需求，加强了全局性、前瞻性、针对性研究，加快了研究成果转化应用，更好地服务和引领云南经济社会发展，充分发挥了新型智库咨政建言、理论创新、舆论引导、社会服务、公共外交等重要功能。①

云南始终坚持把理论武装作为先导性、基础性、战略性工程，持续用习近平新时代中国特色社会主义思想武装头脑、指导实践、推动工作，党的创新理论学习宣传研究工作不断提升，马克思主义在意识形态领域的指导地位不断巩固，云南各族干部群众中国特色社会主义道路自信、理论自信、制度自信、文化自信不断增强。

（二）实施主流舆论巩固壮大工程

新闻舆论处于意识形态工作前沿，唱响主旋律、弘扬正能量是社会主义意识形态建设的内在要求。云南按照"传播内容实、传播手段新、传播渠道宽、媒体融合深"的思路，坚持正确政治方向、舆论导向、价值取向，坚持正面宣传为主，深入推动媒体融合发展，不断提高新闻舆论传播力、引导力、影响力、公信力。

1. 做强做亮正面宣传

云南牢牢掌握话语权，着力唱响主旋律、凝聚正能量，加强和改进正面宣传，旗帜鲜明地树立起办报、办刊、办台、办新闻网站正确的舆论导向。坚持"主旋律引领舆论，正能量团结鼓劲"的总基调，组织开展了系列重大主题宣传，形成系统化、规模化、集群化的宣传态势，改进创新了时政报道和政策解读，做到舆论宣传既专业权威又接地气有看头。

把宣传阐释习近平新时代中国特色社会主义思想作为头等大事，各级各类媒体同向发力、协同联动，形成多层次、多声部、全方位传播党的创新理论的舆论矩阵，奏响时代最强音，让党的创新理论"飞入寻常百姓家"，积极引导干部群众统一思想、统一意志、万众一心、奋勇前行。民族宗教政策正面宣传力度、民族宗教工作刊物、民族语言文字读物的编译和发行力度进一步加大，民族广播越办越好。通过推动传播手段建设和创新，切实提高了新闻舆论传播力、引导力、影响力、公信力，不断巩固壮大了主流思想舆论。

---

① 中共云南省委宣传部编：《谱写新时代云南跨越式发展新篇章》，人民出版社、云南人民出版社2018年版，第109—110页。

通过建立"传统媒体与新兴媒体互动,媒体从业人员与社会力量互动"的运作机制,宣传工作良性运作机制逐步建立健全,具备了积极应对、科学有力地做好突发热点事件的舆论引导能力,有效维护了社会稳定和人心安定。云南新闻道德委员会成立后,有效地开展打击新闻敲诈和虚假新闻专项行动,加强了对媒体驻地方机构和从业人员的教育管理,提高媒体公信力。① 为适应分众化、差异化传播趋势,加强了传播手段和话语方式创新,利用融媒体平台、短视频产品、微传播手段,利用个性化制作、可视化呈现、互动化传播,增强了内容的吸引力和感染力。

聚焦贯彻落实党的十九大作出的各项重大决策部署,统筹推进"五位一体"总体布局、协调推进"四个全面"战略布局,围绕民族团结进步示范区建设、生态文明建设排头兵、面向南亚东南亚辐射中心建设、决战脱贫攻坚、"五网"基础设施建设、发展八大产业、打造"三张牌"等省委省政府重点工作,加强选题策划,精心组织开展了主题宣传、形势宣传、政策宣传、成就宣传、典型宣传,形成了强大的主流舆论场,为经济社会发展营造了良好舆论氛围。《云南日报》除在头版和其他要闻版刊出党的十九大相关重要消息外,还从2017年10月18日起推出包含多个版面的《聚焦党的十九大》特刊,转载中央媒体重要稿件,报道云南代表团履职情况,反映云岭大地的热烈反响回应。② 围绕把云南建设成为中国最美丽省份,大力宣传云南的生态美、环境美、山水美、城市美、乡村美,组织开展了"我为美丽添光彩"大讨论活动,不断引导全省各族人民积极投身美丽云南建设。

庆祝改革开放40周年宣传教育是2018年的重大主题、重大任务。云南通过学习习近平总书记在庆祝改革开放40周年大会上的重要讲话精神座谈会,在各级各类媒体开设"壮阔东方潮　奋进新时代——庆祝改革开放40年"专栏专题,围绕"三大战略定位""边境地区看40年变化发展"等推出了一批特色专栏节目和新媒体产品,宣传云南改革开放40年的巨大成就。通过对一批县(市、区)、一批乡(镇、街道)、一批企业开展集中调研采访活动,全面展示改革开放40年来云南发展成就。编辑出版了《七彩云南40年》《云南改革开放40年》《中国改革开放全景录·云南卷》等系列丛书。创作推出了改革开放题材影视作品《都是

---

① 中共云南省委宣传部编:《谱写中国梦云南篇章——砥砺奋进的五年》,人民出版社、云南人民出版社2017年版,第80—81页。

② 杨猛、杨红川:《云南日报报业集团　精彩书写十九大报道"云南篇"》,人民网2017年11月1日。

一家人》《落地生根》，拍摄 4 集电视专题片《跨越的足音》、10 集纪录片《云上的村落》。围绕民族团结进步示范区、生态文明建设排头兵、面向南亚东南亚辐射中心实践，创作了 4 部报告文学。开展网上主题宣传，举办"我与改革开放共成长"等系列网络互动活动。举办第 5 届中国—南亚博览会暨第 25 届中国昆明进出口商品交易会，展示云南改革开放新形象。

2. 做实做强舆论引导

进一步建立健全了舆情风险评估机制、网络舆情收集反馈机制、重大突发事件联席会议机制，发挥了大数据、云计算、人工智能等新技术作用，对敏感舆情和苗头性倾向性问题的发现力、研判力、处置力不断提高。切实加强了对热点问题的舆论引导，积极回应群众关切，合理引导社会预期，及时管控不良炒作。对重大政治原则和大是大非问题，发声定调，牢牢掌握住舆论主动权主导权；对各类错误思潮，旗帜鲜明地辨析批驳，划清是非界限、澄清模糊认识。进一步加强了新闻阅评工作，各州（市）阅评制度体系、运行机制建设不断加强，新闻阅评工作质量持续提升。

3. 深入推动媒体融合发展

推动形成现代传播体系。制定《关于推动传统媒体和新兴媒体融合发展的指导意见》，推动传统媒体和新兴媒体在内容、渠道、平台、经营、管理等方面深度融合。顺应互联网传播移动化、社交化、视频化的趋势，积极运用大数据、云计算等新技术，发展移动客户端、手机网站等新应用新业态，不断提高技术研发水平，以新技术引领媒体融合发展、驱动媒体转型升级，打造了形态多样、手段先进、具有竞争力的新型主流媒体，形成立体多样、融合发展的现代传播体系。云南日报报业集团通过融合发展，形成了报纸、刊物、网站、微博、微信、客户端、电子阅报栏、手机报等多种传播形态的现代化全媒体矩阵。云南广播电视台重点打造的移动客户端"云南手机台"成为全省第一个手机视频在线播放平台。坚持优势互补、一体化发展，坚持以先进技术为支撑、以内容建设为根本，从相"加"阶段迈向相"融"阶段，遵循"微时代"文化传播规律，丰富传播手段，拓展传播渠道，创新传播方式。建立了全媒体策划、采访、编辑、审核、播放的一体化指挥体系，省级媒体"中央厨房"建设不断推进。主流新闻媒体的传播力、引导力、影响力和公信力持续提高。

加快媒体融合步伐。云南日报报业集团融合数字化信息化工程、云南网综合能力提升工程、云南广播电视台"七彩云"融传播工程、云南广播电视台"外宣云"跨境传播工程四大媒体融合核心工程建设进展顺利。依托《云南日报》《云岭先锋》杂志、云南广播电视台、云南网等四家主流媒体，形成了"一报一刊一台一网"四位一体的省级主流媒体新格局。集中打造了以云报党政新闻客户端为主体的电视新闻掌上发布产品、以《云岭先锋》为主体的全媒体党建信息产品、以云南网新媒体中心为主体的网络新闻产品、以《春城晚报》客户端为主体的城市社群资讯功能产品、以互联网电视业务为主的跨网跨屏广播电视服务产品、以舆情分析和服务为主的社情舆情产品、以智慧政务智慧社区为主的综合服务型产品、以面向南亚东南亚为主体的对外传播产品、以"云南扶贫热线"公众号为主体的互联网精准扶贫产品。积极推动了州（市）、县（市、区）媒体整合融合，打造出富有地方特色的"新闻＋服务"综合体。各地各部门相继推出了"云南通""最云南""掌上春城""掌上普洱""掌上德宏"等新媒体，有效加快了媒体融合步伐。

云南认真贯彻落实习近平总书记在党的新闻舆论工作座谈会上的重要讲话精神，围绕中心、服务大局，坚持团结稳定鼓劲、正面宣传为主，浓墨重彩开展主题宣传，做强做亮正面宣传，积极主动做好舆论引导，全力推进媒体深度融合，大力唱响主旋律、弘扬正能量，主流思想舆论不断巩固壮大，为推动跨越式发展、全面建成小康社会营造了良好舆论氛围。

（三）实施意识形态领域建设管理工程

意识形态工作是党的一项极端重要的工作，是为国家立心、为民族立魂的工作。云南按照"巩固阵地、凝聚人心、引领思潮、压实责任、强化管理"的思路，严格落实要求部署，统筹协调抓好重点，全面落实工作责任制，严格规范各类阵地管理，牢牢掌握意识形态工作领导权。

1.严格落实要求部署

以高度的思想自觉、政治自觉和行动自觉，坚决贯彻落实好党中央意识形态工作各项要求部署，切实做好意识形态领域各项工作，维护意识形态领域安全，做到守土有责、守土负责、守土尽责。旗帜鲜明讲政治，不断提高政治站位和政治觉悟，坚决把讲政治要求贯穿意识形态工作全过程，时刻筑牢"四个意识"，坚持党管宣传、党管意识形态、党管媒体，确保党中央意识形态工作各项决策部署在云岭大地落实见效、落地生根。

2.统筹协调抓好重点

坚决把意识形态工作关键领域和重点环节看紧抓牢，密切关注意识形态领域舆情，不断提高对倾向性、苗头性问题的发现力、研判力、处置力，定期通报意识形态领域情况，在巩固壮大积极向上的主流意识形态方面用心用力、抓紧抓实。

3.认真落实工作责任制

制定严格落实党中央意识形态工作责任制实施办法和网络意识形态工作责任制实施细则，研究制定了云南省意识形态工作责任制实施细则，把意识形态工作列为"一把手"工程，强化党委（党组）书记第一责任、分管领导直接责任和班子成员的"一岗双责"，各级党委（党组）将其纳入各级领导班子和领导干部考核以及年度综合考评内容，与中心工作一同部署、一同落实、一同检查、一同考核。

4.管好用好各类阵地

加强对各类报告会、研讨会、讲座、论坛、报刊、广播电视台、新闻网站、"两微一端"等意识形态阵地的建设与管理，深入开展"扫黄打非"，做好网络意识形态工作，敢抓敢管、善抓善管，旗帜鲜明、敢于亮剑，决不给错误思潮、错误言论提供传播空间和渠道。各级宣传思想文化部门主动谋划、主动作为、主动担当，加大学习和培训力度，着力提高做好意识形态工作的能力和水平。①

党的十九大报告指出，"意识形态决定文化前进方向和发展道路。必须推进马克思主义中国化时代化大众化，建设具有强大凝聚力和引领力的社会主义意识形态，使全体人民在理想信念、价值理念、道德观念上紧紧团结在一起。"②云南各级党委（党组）主动作为，切实加强了对意识形态工作的全面领导，牢牢掌握了意识形态工作的领导权，旗帜鲜明地反对和抵制各种错误观点，建设了具有强大凝聚力和引领力的社会主义意识形态，使各族人民在理想信念、价值理念、道德观念上紧紧地团结在一起。

（四）实施网络建设管理工程

互联网是思想文化传播的新空间，是社会舆论演化聚合的发源地、集散地，是宣传思想工作的主阵地。管好用好互联网，是新形势下管理新闻舆论阵地的关键。云南深入学习贯彻落实习近平总书记关于网络强国重要论述，坚持积极利用、大力发展、科学管理、确保安全的方针，构建网络宣传工作格局，推进网络内容建设，加强网站市场文化监管，强化网站管理能力建设，把互联网这个最大变量转变为事业发展的最大增量。

---

① 中共云南省委宣传部编：《谱写中国梦云南篇章——砥砺奋进的五年》，人民出版社、云南人民出版社 2017 年版，第 40 页。

② 《党的十九大报告辅导读本》，人民出版社 2017 年版，第 41 页。

1. 构建网络宣传工作格局

组建省委网信办，建立省、州(市)、县(市区) 三级网络宣传、引导、管理、处置工作联动机制，形成了全省网络宣传一体化、一张网、一盘棋工作格局。落实网上舆论工作责任，切实维护以政治安全、制度安全为核心的国家政治安全，切实构建起有力的宣传网络工作格局。

2. 推进网络内容建设

利用好"两微一端"等新媒体平台，建立了《人民日报》、新华网客户端的"云南发布"平台，积极开展分众化、差异化、互动化传播，做到生动活泼、喜闻乐见；运用网络传播规律，创新改进网上宣传，让网民听得懂、听得进、暖人心，打造舆论引导的新阵地。坚持管得住是硬道理、正能量是总要求，积极开展网上重大主题宣传，把握好网上舆论引导的时、度、效。注重把马克思主义中国化的最新成果——习近平新时代中国特色社会主义思想作为网络内容建设的中心内容，把党的十九大报告提出的新思想、新论断、新部署、新举措作为网络内容建设的重中之重，贯穿于网络内容建设的全过程。根据网民移动化、碎片化的阅读习惯，创新网络内容建设，把党的十九大报告的内容用形象直观、通俗易懂的形式上传到网上，供网民学习，针对网民的不同特点和层次，为不同特点不同层次的网民精准推送有关党的十九大精神的学习材料，切实加强了网络内容建设，确保了马克思主义在网络内容建设中的核心地位，确保了社会主义意识形态在网络上的主导地位。

3. 强化网站管理能力建设

加大重点网站建设扶持力度，基本形成了由重点新闻网站、商业网站、行业网站、校园网站和个人博客等不同层次网站构成的网络格局。制定省属重点新闻网站管理规定，健全互联网基础管理、内容管理、行业管理以及网络违法犯罪防范和打击等工作联动机制。加强技术管网能力建设，建设云南省网络安全和信息化指挥中心。构建网络舆情分析大数据平台，支持云南日报报业集团对"云桥网"进行升级改造。加强沿边地区网络媒体建设，加强互联网跟帖评论服务管理。积极适应全球互联网治理体系变革，建立网络空间命运共同体，积极开展双边、多边的互联网国际交流合作，加强国际社会之间对话合作。

4. 加强网络文化市场监管

通过重点加强对网络游戏、网络直播、网络表演、网络音乐、网络动漫、电子竞技、迷你歌咏亭等新业态的监管，结合网络非法传播视听节目、绿网专项行动，严厉查处了网络文化市场违法违规经营行为。网络舆论更加正面强势，网络传播更加规范有序，网络生态更加积极健康。

通过加强互联网建设和管理，切实维护以政治安全、制度安全为核心的国家政治安全，营造了日益清朗的网络空间，网络舆论更加正面强势，网络传播更加规范有序，网络生态更加积极健康。

（五）实施精神文明建设工程

进入新时代，在"站起来""富起来"的基础上，中华民族迎来了"强起来"的历史新阶段。"强起来"不仅意味着物质技术层面的进步，还包括社会文明程度的提升。云南按照"抓长抓常、抓实抓细、抓深抓好"的思路，不断加强理想信念教育，积极培育和践行社会主义核心价值观，广泛开展群众性精神文明创建活动，开展思想道德建设，弘扬时代新风，推动社会主义精神文明建设。

1. 加强理想信念教育

云南通过社会宣传、媒体宣传、公益广告、文艺作品、文化产品等多种载体，采取形象化、艺术化、生活化的多元手段，大力弘扬共产主义远大理想和中国特色社会主义共同理想，持续深化社会主义和共产主义宣传教育，深化了中国特色社会主义和中国梦宣传教育，在全社会大力弘扬了以爱国主义为核心的民族精神和以改革创新为核心的时代精神，弘扬了中国人民伟大的创造精神、奋斗精神、团结精神、梦想精神，让理想信念的明灯在云南各族人民心中闪亮。

广泛开展了爱国主义教育，充分利用重大纪念活动、爱国主义教育基地、民族传统节庆、国家公祭仪式等，引导人们把爱家与爱国统一起来，升华家国情怀、激发报国志向。创新了爱国主义教育基地展示形式，深化拓展了爱国主义教育。加大对革命历史类纪念设施、遗址和爱国主义教育基地保护和建设力度，用好革命时期、建设时期、改革时期的红色教育、红色旅游资源，共产党人精神广为弘扬，红色基因得到有效传承，全体人民的奋斗精神不断激发，爱国主义教育进一步加强。

2. 培育践行主流价值

持续开展社会主义核心价值观宣传教育，以教育引导、实践养成、制度保障为工作着力点，在落细落小落实、常态长效上下功夫，从国家、社会、公民三个层面，广泛深入开展宣传教育，让人民群众明白建设什么样的国家，建设什么样的社会，培养什么样的公民。

推动社会主义核心价值观教育与学校教育、家庭教育、社会教育紧密结合起来，融入教育教学、校风学风。认真贯彻落实全国高校思想政治工作会议精神，

社会主义核心价值观教育进社区

教育引导高校师生做核心价值观的坚定信仰者、积极传播者、模范践行者。

综合运用理论阐述、新闻宣传、文艺作品、网上传播等方式，利用好"图说我们的价值观"公益广告、"我们的价值观我们的中国梦""我们的节日"主题实践活动等载体，出版了《社会主义核心价值观学习读本》等宣传教材，增强了社会主义核心价值观的影响力和传播力，使核心价值观家喻户晓。

营造弘扬社会主义核心价值观的法治环境，中共中央制定出台了《社会主义核心价值观融入法治建设立法修法规划》，促进社会主义核心价值观融入法律法规、政策制度和社会治理、行业惯例，形成有利于弘扬社会主义核心价值观的政策法治环境。把社会主义核心价值观贯穿到立法、执法、司法过程中，使执法活动成为推动和保障核心价值观建设的过程。进一步把核心价值观体现到市民公约、村规民约、学生守则、团体章程和各行各业的规章规范中，推动社会主义核心价值观成为人民群众的内心追求和行为遵循。①

推动社会主义核心价值观融入经济社会发展各个领域、贯穿社会生活全过程，转化为人们的情感认同和行为习惯。把培育和弘扬社会主义核心价值观作为

---

① 中共云南省委宣传部编：《谱写中国梦云南篇章——砥砺奋进的五年》，人民出版社、云南人民出版社 2017 年版，第 42 页。

根本任务，广泛开展了丰富多彩的实践活动，推动社会主义核心价值观融入人们的日常学习、工作和生活之中。打造了一批核心价值观主题公园、主题广场、主题街道，面向基层、面向群众进行形象化解读、故事化表达。"诚信云南"建设、文化科技卫生"三下乡"集中示范活动、社会公益、文明旅游等活动深入拓展，道德讲堂、云南道德研究院建设、乡村学校少年宫建设、公益广告宣传等工作不断开展，形成了良好社会风尚。

3. 加强思想道德建设

深入实施公民道德建设工程，坚持立德树人、以文化人，把道德模范的榜样力量转化为云南各族群众的生动实践。社会公德、职业道德、家庭美德、个人品德建设持续深化，大力倡导文明礼貌、助人为乐、爱护公物、保护环境、遵纪守法的社会公德，大力倡导爱岗敬业、诚实守信、办事公道、服务群众、奉献社会的职业道德，大力倡导尊老爱幼、男女平等、夫妻和睦、勤俭持家、邻里团结的家庭美德，大力倡导爱国奉献、明礼守法、厚德仁爱、正直善良、勤劳勇敢的个人品德，使人民群众树立了在社会上做一个好公民、在岗位上做一个好员工、在家庭里做一个好成员的道德观念。

通过创新方法手段，注重实际实效，从具体事情入手，把教育与惩戒结合起来，用法治方式解决道德领域突出问题，引导人们自觉抵制拜金主义、享乐主义、极端个人主义等腐朽思想的侵蚀，守住了道德底线。在各行各业广泛开展的"道德模范""最美人物""最美家庭"等各类先进典型评选、宣传活动，让先进典型可亲可敬、可信可学，使先进典型承载的价值力量有效传播开来，形成全社会崇德向善的良好风尚，有利于社会主义核心价值观建设的良好社会氛围逐渐形成。

聚焦脱贫攻坚、科技创新、大众创业，充分发挥先进典型的示范引领作用，选树了一批道德模范、"最美人物"、"云岭楷模"、"云南好人"等先进典型，杨善洲、高德荣、召存信、耿家盛等先进典型的社会影响不断扩大，成为鼓舞全省各族人民爱党爱国、敬业奉献的精神力量。全社会的思想道德建设进一步加强，激发人们形成善良的道德意愿、道德情感，培育了正确的道德判断和道德责任，形成向上的力量、向善的力量。

4. 广泛开展群众性精神文明创建活动

不断深化群众性精神文明创建活动，公民文明素质和社会文明程度大幅提升。省委常委会每年召开2次专题会议，研究部署文明创建工作。各级党委、政府把文明创建摆在重要位置，实行"一把手"负责制，与中心工作同研究、同部署、同落实，形成了党委统一领导、党政群齐抓共管、文明委组织协调、有关部门各负其责、全社会共同参与的工作格局。

科学制定了《云南省精神文明建设"十三五"规划纲要》《云南省群众性精神文明"五大创建"三年行动计划（2018—2020 年)》，提出了中长期的创建目标任务、推进措施等。各地结合实际，制定了文明创建中长期规划，科学指导工作。因地制宜，将文明创建规划融入城乡建设发展规划，在城乡规划上体现自然景观与建设实用、历史古迹与现代建筑的结合。

扎实开展创建活动。一是创建全国文明城市。截至 2019 年，评选表彰省级文明城市（县城）55 个；安宁市、腾冲市成功创建成为第五届全国文明城市，4 个地级市和 10 个县级市被中央文明办确定为 2018—2020 年创建周期全国文明城市提名城市，全国文明城市创建取得新突破。二是创建文明村镇。以美丽乡村建设为主题，以乡风民风、人居环境、文化生活"三个美起来"为目标，以推动移风易俗、弘扬时代新风为重点，广泛开展了"自强、诚信、感恩"宣传教育，开展文明村镇创建活动。到 2019 年，创建全国文明村镇 124 个，省级文明村镇 963 个。三是创建文明单位。严格坚持创建标准，以窗口服务单位为重点，组织开展具有行业特色、单位特点的创建活动，不断提高服务能力水平。截至 2019 年，全省被命名为全国文明单位的 165 个，被命名为省级文明单位的 2251 个，被命名为省级文明行业的 9 个。四是创建文明家庭。深入开展评选"十星级"文明户、"五好家庭"、寻找"最美家庭""文明家庭"等评选表彰活动。截至 2019 年，评选表彰了第一届云南省文明家庭 120 户，其中有 8 户被中央文明委表彰为"全国文明家庭"。五是创建文明校园。持续开展文明学校评选创建、先后评选命名 860 个文明学校。教育部、中央文明办出台《关于深入开展文明校园创建活动的实施意见》，召开了全省文明校园创建工作推进会，按照"六好"标准深化文明校园创建活动，楚雄师范学院等 26 所学校被中央文明委授予第一届全国文明校园荣誉称号，推荐 409 所学校为全国文明校园先进学校，评选了第一届省级文明校园 121 所。六是探索"5＋N"创建模式。在深入开展五大创建活动的基础上，结合实际，拓展领域、彰显特色，开展了边境地区文明创建、文明公路运输线创建、文明寺庙创建等具有云南特色的创建活动。

5. 弘扬时代文明新风

结合实施乡村振兴战略，深入开展移风易俗、弘扬时代新风行动，把移风易俗作为农村精神文明建设的重要任务，充分发挥村民议事会、道德评议会、红白理事会、禁毒禁赌协会等群众组织作用，传播现代文明理念，培育健康生活方式，破除陈规陋习、传播文明理念、涵育文明乡风，乡风文明建设得到加强，勤劳节俭美德持续培养。

积极开展家风建设活动。云南认真贯彻落实习近平总书记关于家庭、家教、家风建设的一系列重要论述和指示精神，充分发挥家庭在培养和弘扬社会主义核心价值观中的重要作用，把家风建设作为社会主义核心价值观建设的重要抓手，把家庭和学校作为重要阵地，把家长和教师作为育人第一责任人，抓住青少年价值观形成和确定的关键时期，从幼儿园到大学，建立实践基地，把价值观教育作为必修课，扣好人生"第一粒扣子"。广泛开展了"传家训、立家规、扬家风"活动，弘扬传统家庭美德、现代家庭理念，以家庭的"小气候"温润社会的"大气候"。以文明讲坛和云南中华传统美德教育实践示范基地为载体，开展"寻找最美家庭"活动，促使了良好家风引领良好社会风尚。

各地区各部门结合实际，开展了形式多样、独具特色、群众喜爱的精神文明创建活动，理想信念教育进一步加强，社会主义核心价值观在国家层面、社会层面和公民个人层面都深入践行，认同度和自信心不断增强，思想道德水平不断提高，时代文明新风广为弘扬，形成了良好的社会氛围。

（六）实施文艺繁荣发展工程

云南深入贯彻落实习近平总书记在文艺工作座谈会上的重要讲话精神，全面贯彻文艺"二为"方向和"双百"方针，紧紧依靠广大文艺工作者，抓住创作这个基础、人才这个关键、机制这个动力，坚持以人民为中心的创作导向，深入生活、扎根人民，推出了一批有筋骨、有道德、有温度的优秀文艺作品。

1.把握正确创作导向

切实加强党对文艺工作的领导，牢牢把握文艺繁荣发展的正确方向。充分调动各方力量，形成了党委统一领导，宣传部门抓总，文化、教育、新闻出版广电、文联、作协等部门和团体协同推进，社会各方积极参与的文艺工作新格局。坚持社会主义先进文化前进方向，牢固树立以人为中心的创作导向，坚持"二为"方向和"双百"方针，以中华优秀传统文化为根脉，以社会主义核心价值观为引领，以创作生产优秀产品为中心环节，不断加强云南重大革命和历史、现实生活、民族团结进步等题材创作，抓好中国梦和爱国主义主题文艺创作，讲好国家民族宏大故事，讲好云南改革开放生动故事，讲好百姓身边日常故事。倡导讲品位、讲格调、讲责任，抵制低俗、庸俗、媚俗。建立健全了支持文艺工作者长期深入生活、扎根基层的长效保障机制，深入开展"教、学、帮、带"活动。

2. 健全文艺繁荣发展的体制机制

创新文艺创作生产机制。发扬学术民主、艺术民主，提升文艺原创力，推动文艺创新。采取委托创作、签约创作、招标创作、跨地联手创作和联合攻关创作等方式，实行重点作品重点扶持、重点人才重点培养、重点项目重点攻关、重点主题重点培育，不断完善精品创作生产机制。积极探索签约艺术家制度、重大文艺活动政府采购制度、重点剧目制作项目制、文艺领军人物项目负责制及"央地合作""省地合作"新模式。建立健全艺术交流合作机制，加强与国内外知名文艺院团、艺术机构、名家大师的合作。加强全省艺术科学研究规划及项目管理。出台了《中共云南省委关于加强文艺工作的实施意见》《云南文艺精品创作三年行动计划（2016—2018 年）》《云南省人民政府办公厅关于支持戏曲传承发展的实施意见》《云南省繁荣发展群众文艺三年行动计划（2018—2020)》等文件，不断加大文艺事业投入力度，对文艺队伍建设、平台搭建、创作机制和项目管理等方面提出了具体举措，为出作品、出人才提供了政策保障。

完善文艺评价激励机制。实施马克思主义文艺理论与评论建设工程，文艺评价体系导向更加鲜明。健全艺术评价体系，深化文艺评奖制度改革，进一步完善了全省新剧目展演、青年演员比赛、民族民间歌舞乐展演、群众文化"彩云奖"等评奖机制，充分发挥文艺评奖的导向激励作用。加强马克思主义文艺理论与评论建设，加强文艺评论阵地、评论队伍建设和理论研究，发挥《民族艺术研究》的艺术评论功能，营造了文艺繁荣发展的良好环境。

3. 不断推出文艺精品

加强艺术创作品牌打造。围绕"三出三评"(出精品、出人才、出效益，评奖、评论、评价)，深入实施了当代云南文艺创作工程、云南文化精品工程，积极争取国家艺术基金资助，加大对具有示范性、引领性作用原创精品的扶持力度，坚持以创作为中心，探索实施了签约创作、招标创作、跨地联手创作和联合攻关等新机制，把文化资源优势转化为文艺创作优势，重点打造了"七彩云南""香格里拉""茶马古道""西南联大""聂耳音乐""郑和下西洋"等文化品牌。着力打造少数民族文化精品，立足本土，支持和加强原创，巩固提升原有民族文化品牌，打造和培育出一批能够突出民族文化特色的民族文化精品，确保了 25 个世居少数民族都拥有独具特色、家喻户晓的民族文化品牌。

推动优秀艺术作品创作。推出了一批具有中国风格、云南特点、时代精神，接地气、扬正气、有人气的优秀文艺作品。在"五个一工程"奖、电影"华表奖""金鸡奖"、"鲁迅文学奖"、全国少数民族文学创作"骏马奖"等全国重大文艺赛事评奖中取得优异成绩，提高了云南文艺的整体实力。截至2018年底，云南共有101位作家获全国少数民族文学"骏马奖"，5人获"鲁迅文学奖"，10人获戏剧"梅花奖"。电影《索道医生》、电视剧《杨善洲》《木府风云》《茶颂》《金凤花开》《解放大西南》、滇剧《水莽草》、花灯剧《梭罗寨》、话剧《搬家》、广播剧《打工局长》《大地之爱》、歌曲《净土》《跟着阿妹的山歌走》、长篇儿童文学图书《凤凰的山谷》、文艺类图书《大道健行》等获得国家"五个一工程"优秀作品奖，获奖成绩位居全国前列。大型原创音乐剧《国之歌》、大型舞剧《孔雀》《诺玛阿美》、大型音乐剧《阿诗玛》《风中丽人》、大型民族歌舞《佤部落》走进国家大剧院演出，舞剧《诺玛阿美》《走婚》分别入选中国艺术节、中国戏剧节优秀剧目，话剧《搬家》和舞蹈《孔雀》相继获得文华新剧目奖和文华表演奖，《瓦器器》获得第十七届音乐类"群星奖"，

电视剧《金凤花开》宣传画

花灯剧《千里送鹅毛》、花灯小戏《回家》、彝剧小戏《喝三秒》参加全国基层院团戏曲会演，得到文化部雒树刚部长"接地气、有人气、扬正气"的高度评价，傣剧《刀安仁》、京剧《天道行》、白剧《数西调》、花灯《山里》等一大批优秀剧目入选全国性重要艺术活动和工程项目，话剧《独龙天路》入选2018年度全国舞台艺术重点创作剧目名录并参加全国话剧邀请展，《梭罗花开》《阿佤人民再唱新歌》入选文化和旅游部现实题材创作重点作品名录，《忧伤的黑麋鹿》获第六届"鲁迅文学奖"，《呼喊到达的距离》《茶马古道记》《最后的秘境》等获少数民族文学创作"骏马奖"。加大了对剧本创作的扶持，新创、征选和储备了一批优秀原创剧本，积极推动投排。

开展主题创作和展演展览活动。围绕党和国家重要时间节点进行创作。《南侨机工英雄传》被中宣部等部门列为纪念抗战胜利70周年的十二部电视剧之一。电视剧《木府风云》在短短两个多月内两次荣登央视黄金档，央视《新闻联播》4次进行报道，在播出期间即获"全国优秀电视剧奖"。电视剧《锻刀》在中央电视台播出后，在全国产生了较好影响。歌曲《一生只有一个梦想》《阳光》被中宣部推荐为第三批全国"中国梦"主题重点歌曲在全国播放演唱。

实施云南文艺精品创作工程。深度推进云南文艺精品图书的创作和出版工

作，推出了以《大道健行》《凤凰的山谷》《旌旗万里》《劳务局长陈家顺》《独龙之子》等为代表的一批滇版文艺精品图书。其中，自2012年以来，云南出版集团出版的3种图书分别荣获精神文明建设"五个一工程"奖、"鲁迅文学奖"，一种图书列入中宣部、新闻出版广电总局纪念中国人民抗日战争暨世界反法西斯战争胜利70周年重点选题。①

4.发展壮大文艺队伍

加大高层次人才选拔。以"云岭文化名家"培养工程、宣传文化系统"四个一批"人才、"云南文艺队伍十百千万工程"、"优秀文艺人才培养计划"等为抓手，着力培养和选拔文艺滇军，培养文化艺术、文化遗产保护、文化经营管理、文化科技等方面的高层次人才。

加强民族文化人才队伍建设。积极保护和扶持少数民族优秀民间艺人和濒危文化项目传承人，健全完善少数民族非物质文化遗产传承人的命名体制机制，适当提高传承人的补助标准。对从事少数民族文化工作的专业技术人员的职称评定和资格认证给予了适当倾斜。积极支持高等院校和科研机构参与抢救濒危少数民族文化，推动相关学科建设，培养专门人才。建立少数民族双语人才培养机制，不断满足少数民族和民族地区在民族文化教学、编译、科研及广播电视、新闻出版等领域的人才需求。申办了国家艺术基金首个"少数民族艺术人才培养项目"。一批既懂民族文化，又精通市场运营、资本运作的复合型经营管理人才脱颖而出。

推动文化人才培养。建立健全文化艺术人才培养机制，通过岗位培训、短期进修、挂职锻炼、院校代培、出国深造等多种模式，不断拓宽人才培养渠道。加强与高等院校合作办学，支持文艺院团、公共文化服务单位与高等院校开展"订单式"联合培养。实施滇沪合作艺术人才培养项目。加强云南文化艺术职业学院建设，进一步提升办学水平和人才培养质量。加强与教育行政部门的合作，推进中小学艺术普及教育，为培养艺术人才打下良好基础。推进"云南群文云"数字工程建设，加强基层公共数字文化人才队伍。命名表彰了云南青年表演艺术家、优秀青年演员，培养了各艺术门类的后备人才，造就了一批人民群众喜爱的名家大师和地方民族戏曲代表人物。目前已有9位戏曲艺术家获得中国戏剧最高奖——"梅花奖"。组织开展了"深入生活 扎根人民"主题实践活动暨"百名作家写云南、百名画家画云南、百首歌曲唱云南"文艺采风创作活动和"结对

① 中共云南省委宣传部编：《谱写中国梦云南篇章——砥砺奋进的五年》，人民出版社、云南人民出版社2017年版，第45—46页。

子·种文化"主题实践活动，文艺工作者在不断深入生活、扎根人民的过程中得到培养和使用，充分发挥了人才在文化建设中的支撑作用。

进入新时代以来，云南文学艺术更加繁荣发展，体制机制不断健全完善，高层次文艺队伍建设取得新突破，文艺创作、学术创新获得更加广阔的空间。在坚定文化自信、把握时代脉搏、聆听时代声音，坚持与时代同步伐的过程中，文艺创作以人民为中心、以精品奉献人民、用明德引领风尚，走向更加广阔的发展空间。

（七）实施公共文化服务体系建设工程

按照标准化、均等化要求，均衡配置城乡公共文化资源，完善公共文化基础设施建设，构建公共文化服务网络。坚持工作重心向基层倾斜、向农村倾斜、向边境民族地区倾斜、向贫困地区倾斜，促进公共文化服务均等化，创新基层公共文化服务方式，不断提高公共文化服务水平。加强优秀传统文化保护和传承，保障和改善文化民生，实现文化乐民、文化育民、文化富民。

1. 完善文化基础设施项目建设

完善基层综合性文化服务中心建设。制定下发《云南省基层综合性文化服务中心试点工作验收方案》及《云南省基层综合性文化服务中心建设试点考核评分细则》，完成了保山市隆阳区芒宽乡和楚雄州禄丰县广通镇两个基层综合性文化服务中心试点建设和实地验收，并在试点工作基础上，以省政府办公厅名义下发了《关于推进基层综合性文化服务中心建设的实施意见》，各州市结合实际制定和出台了具体实施意见，加快推进了基层综合性文化服务中心建设。

扎实推进重点文化场所建设，全省国有文艺院团"一院（团）一场"排练演出场所建设不断加快，文艺单位发展的设施条件得到改善。2018年全省共有各种艺术表演团体101个、文化馆149个、公共图书馆151个、博物馆140个。开远市引入BT模式参与基层公共文化基础设施建设；永胜县引入PPP模式进行"三馆"建设，拓宽了公共文化建设资金投入渠道，基层文化建设稳步推进。省话剧院迁建、云南文化艺术职业学院改扩建、省美术馆新馆提升改造等正在加快推进。省博物馆新馆、省大剧院、云南文学艺术馆、滇西抗战纪念馆、云南亚广影视传媒中心等已竣工并投入使用。红河州大剧院、楚雄州文化活动中心、曲靖市"五馆一中心"（曲靖市文化体育公园）等一批地方标志性文化设施相继竣工并投入使用。配套建设了文体广场并配备阅报栏（屏）、灯光音响设备、广播器材、体育健身设施等。实施"国门文化"建设工程示范项目，建设了一批边境口

云南省博物馆新馆

岸国门文化交流中心、边民互市点（边境通道）国门文化友谊广场、边境较大自然村国门文化交流设施①。

扶持民族地区博物馆建设。重点扶持和打造云南民族博物馆（国家一级博物馆）品牌，并比照同级博物馆享受免费开放补助政策，为云南收藏、保护、研究、传承少数民族传统文化提供了重要场所。推进了文物博物数据库群和基层博物馆建设，加大了对非国有博物馆的支持力度。加强了全省各级博物馆与南亚东南亚博物馆文博展览等方面的合作交流。云南有省级备案博物馆（纪念馆）131个，比"十二五"期间增加了一倍，博物馆体系基本形成。全省馆藏文物数量419895件（套），数量位居全国前列。逐步建设了25个世居少数民族博物馆，形成以省级民族博物馆为龙头、民族自治地方博物馆为骨干、25个世居少数民族博物馆为基础的少数民族博物馆体系。加大濒危少数民族文物的抢救保护力度，注重征集跨境民族和东南亚地区有代表性的民族文物，改善了各级各类民族博物馆的文物收藏保存条件，提升了管理、研究和展示服务水平，扩大了对外交流的渠道和范围。

改善民族文化传播硬件条件。民族文化传播硬件条件极大改善，数字化工作进展顺利，民族文化传播方式日趋多样化，精品内容增多，民族地区的群众文

---

① 云南省文化和旅游厅：《云南省文化厅"十三五"时期文化发展改革实施方案》，云南省文化和旅游厅网2018年7月6日发布。

化生活得到极大丰富。2018年，全省广播、电视人口覆盖率分别达到98.7%和98.9%。中、短波转播发射台52座，广播电台9座，电视台15座，广播电视台124座，有线电视实际用户460.34万户。云南采用统一建设技术标准，集中招标采购，各州（市）、县（市、区）广电行政部门配合安装调试，完成了省级验收。中央广播电视节目无线数字化覆盖工程进展顺利，一、二期工程涉及8个自治州及20个自治县民族示范区，总计有403个台站建设任务，总投资约3.65亿元。县级广播电视制播能力的提升，极大地丰富了少数民族群众的文化生活，特别是在使用少数民族语言传播党的政策和方针方面发挥了不可忽视的作用。

2. 推进公共文化服务体系标准化和均等化

坚持政府主导、社会参与、重心下移、共建共享，以人民群众基本文化需求为导向，以基本公共文化服务标准化均等化为突破口，补短板、填空白、强弱项，注重统筹建设、使用和管理。先后出台了《关于加快构建现代公共文化服务体系的实施意见》《关于做好政府向社会力量购买公共文化服务工作的实施意见》《关于推进基层综合性文化服务中心建设的实施意见》等系列文件。根据国家基本公共文化服务指导标准，围绕群众读书看报、看电视、听广播、文艺鉴赏、参加公共文化活动等基本文化权益，制定了《云南省基本公共文化服务实施标准（2015—2020年）》，明确了政府提供保障的责任和义务。①

促进基本公共文化服务均等化。云南省各级文化部门，在新闻出版、广电和体育等部门的配合下，坚持工作重心和公共文化资源向基层农村倾斜，进一步加大对云南省乌蒙山片区、石漠化片区、边境地区、藏区贫困县的公共文化服务体系建设支持力度，公共文化服务体系建设有了明显改善。同时，把老年人、未成年人、残疾人、农民工、农村留守妇女儿童、生活困难群众作为公共文化服务的重点对象，针对性地开展了公益性文化艺术培训服务和展演活动。②

3. 创新基层公共文化服务方式

昆明市以县市区为主探索"公共文化服务包"，按照年人均不低于12元的标准安排基本公共文化服务项目经费，并随经济社会发展水平的提高逐步增加，这一经验入选中宣部文化工作创新案例；楚雄州明确提出"抓文化就是抓民生"理念，积极探索公共文化服务的新思路、新办法、新模式，探索出了一条在民族贫

① 云南省文化和旅游厅：《云南着力推动公共文化服务标准化和均等化发展》，云南省文化和旅游厅网2018年4月12日发布。
② 云南省文化和旅游厅：《云南着力推动公共文化服务标准化和均等化发展》，云南省文化和旅游厅网2018年4月12日发布。

困地区构建现代公共文化服务体系的成功经验；楚雄州、保山市、曲靖市成功创建为国家公共文化服务体系示范区，顺利完成曲靖市第三批国家公共文化服务体系示范区以及弥渡县"大喇叭小广场"建设、昭通市"西部贫困地区精神文化家园建设"示范项目；昆明市及红河州、昭通市 2 个项目获得第四批国家公共文化服务体系示范区（项目）创建资格。农村"小广场大喇叭""贫困地区百县万村综合文化服务中心示范工程"、农村电影放映工作持续开展，"云之南"民族团结艺术团慰问演出积极开展。"文化大篷车·千乡万里行"文艺惠民演出、"大家乐"文化广场、农民工文化节等群众性文艺演出 10000 场以上，文化志愿服务活动已形成浓厚氛围，782 支文化志愿服务队伍和 2.3 万文化志愿者长期活跃在基层，成为全省公共文化服务的生力军，公共文化服务方式更加多元。

4. 不断完善公共文化服务网络

云南以公共图书馆、文化馆、博物馆、乡镇（街道）综合文化站、村（社区）综合性文化服务中心为重点，以流动文化设施和数字文化设施为补充，统筹规划、均衡配置，完善省、州（市）、县（市、区）、乡镇（街道）、村（社区）五级网络，县级公共图书馆、文化馆达到国家建设标准。以千里边疆文化长廊建设为载体，点线面结合，上下联动，城乡统筹，覆盖城乡的公共文化服务网络正在形成。实施了"贫困地区百县万村综合文化服务中心示范工程""贫困地区民族自治县、边境县村综合文化服务中心覆盖工程"，组织部门组织实施了村民小组活动场所建设，各地充分整合"美丽乡村"建设、财政一事一议奖补、扶贫开发、农业科技培训等资源，不断完善公共文化服务网络建设。据统计，截至 2017 年，云南通过中央、省级财政投入和整合各种资金，已建设达标的乡镇综合文化站 1186 个、达标率占 82.7%，村（社区）综合文化服务中心 12985 个、完成 90.6%；文化信息资源共享工程全省乡（镇、街道）覆盖率达 100%，村级覆盖率达 95%。基层公共文化服务网络基本建立，增强了云南基层各族群众的获得感、归属感和幸福感。

5. 加强优秀传统文化保护传承

制定实施相关政策法规。加大对重点文物博物和非物质文化遗产的保护开发力度，制定《云南省人民政府关于进一步加强文物工作的实施意见》《云南省文物事业"十三五"发展规划》《云南省非物质文化遗产保护条例》《云南省人民政府关于进一步加强非物质文化遗产保护工作的意见》。贯彻落实《国务院办公厅关于转发文化部等部门中国传统工艺振兴计划的通知》精神，加强非物质文化遗产保护，振兴传统工艺，2018 年 8 月制定《云南省传统工艺振兴行动计划》，进一步完善了民族文化强省建设的制度保障。

加强优秀传统文化挖掘整理。系统挖掘和梳理历史文化、少数民族文化，评估认定文化资源的类别、级别、形态，明确省、州（市）、县（市、区）各级需要重点保护和开发利用的文化资源，分期分批向社会公布。开展了对民族民间传统音乐、革命文物资源等历史文化资源的普查工作，建立了文化资源数据库，分步分类建设少数民族文化资源数据库。加强了全省文物保护利用和文化遗产保护传承，实施云南历史文化古籍、民族文化古籍保护计划及善本再造计划，建设古籍资源数据库，做好善本古籍修复和复制出版工作。加强了传统音乐数字化典藏工作。扶持民族文学艺术的创作传播，建好民族语言文字资源库，2013 年起，云南省颁布了《云南省少数民族语言文字工作条例》，出版发行有 14 个民族 18 个文种的各类图书，6 种文字报纸和 3 种文字期刊，民族文字出版发行总类位居全国之首，有 12 种民族文字出版音像制品，民族文字出版物品种共计 230 余种，年总印数 1524 千册（份），有 32 个电台开设了少数民族广播电视。推动了艺术档案建设，收集、整理和利用云南不同时期艺术活动形成的具有保存价值的各类史料，为文艺传承创新提供了借鉴和支持。编制云南历史文化文献汇编和云南民族传统文化保护目录，民族电影事业得到发展，云南各民族传统音乐通过挖掘、整理、研究、开发，建立了分类名录。云南共有 7 组珍贵档案入选《世界记忆中国国家名录》，其中"纳西东巴古籍"入选联合国教科文卫组织的《世界记忆名录》，"南侨机工档案"入选《世界记忆亚太地区名录》，从世界级、亚太级、国家级构建起完整的云南记忆工程工作体系。

加大文化遗产保护力度。加强世界文化遗产申报、保护、利用和研究，红河哈尼梯田成功申报世界文化遗产，云南世界遗产达到 5 个，位列全国第二；景迈山古茶林申报世界文化遗产工作顺利推进。全省确认不可移动文物点 14704 处，可移动文物 784196 件；公布各级文物保护单位 4205 项（其中国家级保护单位 132 项、省级保护单位 332 项），占全国总量的 5.3%。有各级历史文化名城（镇、村、街区）84 处，占全国总数的 6.91%，位居全国前列。对云南传统村落开展调查、公布名录，制定保护利用规划，改善基础设施和公共环境，结合旧城改造、美丽乡村建设、文化旅游发展，科学保护、合理利用传统村落的文化遗产。截至 2019 年 6 月 6 日，有中国传统村落 708 个，占全国总数的 10.38%，仅次于贵州 724 个，位居全国第二。

加强非物质文化遗产保护与传承工作。按规定程序分批分类组织开展了非物质文化遗产代表性项目和代表性传承人的推荐申报、评审和认定工作。建立了非物质文化遗产项目和代表性传承人县(区)、州(市)、省、国家四级保护名录体系。同时，通过采集、拍照、录音、摄制等多种手段进行保护名录档案的建设。共有各级政府批准公布的非物质文化遗产保护名录7631项。其中，国家级名录105项，省级名录450项，州（市）级名录2103项，县（区）级名录4873项。并有"傣族剪纸""藏族史诗《格萨尔》"两个项目入选联合国教科文组织"人类非物质文化遗产代表作名录"。经过评审认定的非物质文化遗产项目代表性传承人11055人，其中国家级项目代表性传承人125人，省级项目代表性传承人960人，州（市）级项目传承人2649人，县（区）级项目传承人7321人。启动了振兴贫困地区传统工艺助力精准扶贫和设立非遗扶贫就业工坊工作。14个传统工艺入选第一批国家传统工艺振兴项目；启动了云南非物质文化遗产展示基地创建工作，有4个项目入选国家级非遗生产性保护示范基地，建有省级保护传承基地28个、州（市）级传习中心11个、各级传习馆（所）257个、传承点358个、展示室923个。剑川木雕、白族扎染、会泽斑铜、个旧锡器、建水紫陶、宁洱贡茶等企业被命名为国家级生产性保护示范基地，培育、命名了三批28个省级非物质文化遗产保护传承基地。加强国家级非物质文化遗产代表性传承人的认定工作。开展非物质文化遗产项目和代表性传承人抢救性记录，对历史文化价值高、生存状况濒危、传承困难的项目和年事较高的代表性传承人进行抢救性记录。举办非物质文化遗产传承人群研修研习培训。认定各级非物质文化遗产代表性传承人11055人（其中国家级125人、省级960人、州（市）级2649人、县（区）级7321人）。

实施系列民族优秀传统文化保护工程。实施地方民族戏曲振兴行动，加大对京剧、滇剧、花灯剧及白剧、彝剧、傣剧、壮剧等少数民族剧种的扶持力度，加强重点戏曲院团建设及剧种的传承、创作、演出及人才培养、理论研究、传播推广，鼓励地方民族戏曲流派及风格样式创新。实施民族民间歌舞乐扶持工程，抢救保护和挖掘整合云南民族音乐舞蹈资源，推出了一批主题民族音乐舞蹈作品，打造了具有鲜明云南风格和特色的传统艺术品牌。实施民族传统文化抢救保护工程和世居少数民族文化精品工程，实施民族文化"双百"工程，建立了民族优秀传统文化传承发展体系。实施少数民族文化遗产传承保护工程，大力推进国家级文化生态保护区、省级民族传统文化保护区、人口较少民族文化遗产保护项目和文化传承示范村建设，迪庆州、大理州列为国家级文化生态保护实验区；有85个少数民族聚居村寨列为省级民族传统文化生态保护区，数量居全国之首。

加大民族文化精品出版力度和传播能力建设。云南出版界充分发挥品牌效应，争取政策和资金支持，有效挖掘丰富多彩的民族文化资源，进一步加强民族文化资源的搜集和整理，用文字、图片、录音、录像等方式出版一系列大力弘扬云南民族文化的书籍和电子出版物，打造面向市场的精品图书，有效保护民族文化，并让这些民族文化精粹走向大众、走向全国、走向世界，产生了良好的社会效益，获得了全国各界的广泛好评，对进一步保护和研究民族文化作出了贡献。各级财政加大扶持力度，加快设备和技术的更新改造，加快出版方式转变，建立云南省少数民族文字出版基地，确保了云南所有少数民族文字每年都有 3 种至 5 种图书出版物。对涉及少数民族事务的重大宣传报道活动、少数民族文字重大出版项目、少数民族题材汉文重大出版项目，给予重点扶持，少数民族文化精品的传播、覆盖和受益面不断提高。

6.广泛开展各类文化活动

通过传统文化与现代文化、乡土文化与外来文化、通俗文化与高雅文化的结合，使文化活动保持旺盛的生命力，满足了不同层次居民的文化需求。

群众广场文化空前活跃，成功打造了"大家乐"文化广场活动、中国（福保）乡村文化艺术节、"建设者之歌"——云南农民工文化节、民族民间歌舞乐展演、群众文化活动"彩云奖""文化大篷车·千乡万里行"、云南花灯滇剧艺术周以及民族节庆文化活动等群众文化活动品牌，推动文化活动热在基层、亮在基层、暖在民心。

以基层和农村为重点，推进"服务农民，服务基层"文化建设先进集体创建活动，极大地丰富了群众文化生活。广泛开展送文化下基层等重点文化惠民活动，鼓励和组织专业文化工作者深入农村开展群众性文化培训、辅导、讲座和展演、展示等文化服务，引导和培育各种形式的自办文化，增强农村文化的造血功能，把"送"文化与"种"文化结合起来。发挥基层文艺组织、文化单位在文化服务中的引领作用，培育积极健康的群众文化形态。

把老年人、未成年人、残疾人、农民工、农村留守妇女儿童、生活困难群众作为公共文化服务的重点对象，开展公益性文化艺术培训服务和展演活动，切实满足特殊群体的基本文化需求。在各级公共文化设施中建有残疾人无障碍设施，公共图书馆和有条件的农家书屋配备盲文书籍，开展盲人阅读服务。将农民工文化建设纳入常住地公共文化服务体系，以公共文化机构、社区和用工企业为实施主体，满足农民工群体尤其是新生代农民工的基本文化需求。①

---

① 中共云南省委宣传部编：《谱写中国梦云南篇章——砥砺奋进的五年》，人民出版社、云南人民出版社 2017 年版，第 48—49 页。

少数民族歌舞展演

定期举办少数民族文艺会演和民族民间歌舞乐展演活动。鼓励和支持少数民族地区开展具有浓郁民族特色、丰富多彩的群众性传统文化艺术活动。通过参加全国少数民族文艺会演，各州（市）根据当地实际，定期举办少数民族文艺会演和民族民间歌舞乐展演，丰富群众文化生活。定期举办省、州（市）少数民族传统体育运动会和省级锦标赛，积极组团参加全国少数民族传统体育运动会，对获奖运动员和项目，按照云南参加全国运动会等重大比赛奖励办法给予奖励，推动了少数民族体育项目进入城乡社区。

优秀传统文化保护传承在实践与探索过程中取得了突出成绩，实现了从客位保护到主位传承的转变。政府的主导，学术界的探索，系列工程的实施，社会各界的同心协力，优秀传统文化保护传承卓有成效，各类文化活动丰富多彩，推动了云南地方经济发展和社会和谐。

（八）实施文化改革发展工程

高质量发展是当前我国经济社会发展的主题，文化改革发展必须聚焦聚力这个主题。云南按照"完善体制、理顺机制、健全政策、改善供给、激发活力"的思路，深化文化体制机制改革，不断提高文化产业发展的质量和水平。

1. 深化文化体制改革

制定文化体制改革方案。按照中央关于推进文化体制改革的决策部署，通过深入调查研究，紧密结合云南实际，制定《云南省深化文化体制改革实施方案》《关于深入推进公共文化机构法人治理结构改革的实施方案》《云南省深化"放管服"改革"六个一"行动实施方案》《关于进一步加快推进文化市场综合执法改革工作的通知》等，确定了深化文化体制改革的指导思想和目标要求，明确加强社会主义核心价值体系建设、完善文化管理体制、深化国有文化单位改革、构建现代公共文化服务体系、建立健全现代文化市场体系、建立民族民间文化保护传承体系、加强文化开放与合作、完善文化政策法规保障、积极稳妥地推进文化体制改革等 10 个方面、24 个大类、117 个改革事项。注重改革举措配套文件制定工作，先后组织召开 10 余次专项小组会议，专题研究改革方案，出台一批配套文件。在专项规划方面，组织出台了"十三五"时期文化产业、精神文明建设、哲学社会科学规划；在完善文化建设体制机制方面，组织出台加强新型智库建设，推动国有文化企业把社会效益放在首位、实现社会效益和经济效益相统一、省属国有文化企业健全法人治理结构、省属国有文化企业负责人经营绩效考核和薪酬管理办法、省属国有文化企业重大事项管理等配套文件；在公共文化建设方面，组织出台加快构建现代公共文化服务体系、基本公共文化服务实施标准、政府向社会力量购买公共文化服务、文化领域行业组织建设、文化市场综合行政执法改革等配套文件；在促进媒体融合发展方面，组织出台了推动传统媒体和新兴媒体融合发展、云南广播电视台深化改革做大做强方案等配套文件；在构建现代对外传播体系方面，组织出台了加强国际传播能力建设、讲好中国故事传播好中国声音实施意见等配套文件。这些文件的出台实施，为有力有序有效推进文化体制改革、促进文化繁荣发展提供了重要保障。①

突破文化体制改革难点。理顺了云南广播电视台管理体制和运行机制，增加财政投入，实现广播电视台高清化播出和整体搬迁；推动了新闻媒体严格实行采编和经营两分开；非时政类报刊出版单位改革平稳推进；制定了国有文化企业经营业绩考核办法，规范了薪酬管理，完善法人治理结构，建立健全了具有文化特色的现代企业制度；建立完善了全省州、市、县文化市场综合行政执法机制；整合资源，建立了基层党建活动室、文化活动室共建共享共管体制机制等。在全面推进中突破了一些重点难点，有力推动了文化繁荣发展。

加强文化体制改革督查。根据《云南省深化文化体制改革实施方案》，明确并分解了各项改革任务的责任部门、责任单位和完成时限。对重要改革事项省委领导亲自督查督办，针对推进改革工作重视不够、措施不力、进度缓慢等问题，采取了会议督办、实地督查、个别约谈、追责问责等方式，把文化体制改革和文化产业发展工作纳入全省年度综合考评重要内容，每年底由省委宣传部牵头对 16 个州市和省级有关部门的工作情况进行实地考评。云南文化体制改革工作进展顺利，不断深化，按照改革方案有计划、有步骤深入推进。2017 年 2 月在全国文化改革发展工作会上做了交流，云南文化改革发展工作得到了肯定。督察措

---

① 中共云南省委宣传部编：《谱写中国梦云南篇章——砥砺奋进的五年》，人民出版社、云南人民出版社 2017 年版，第 49 页。

施有效确保了文化体制改革各项目标任务落到实处、见到实效。

2. 推动文化产业高质量发展

实施"文化＋旅游"提升计划。通过促进文化与旅游有机结合，推动文化资源转化成旅游资本，借助现代科技与数字化手段丰富文化旅游体验内容，增强了旅游景区的吸引力和文化附加值。依托民族文化、生态文化和地方历史文化，开放建设文化主题公园、游乐园、儿童乐园等文化旅游设施。结合新型城镇化、美丽宜居乡村建设，发展文化休闲旅游。加强创意设计，不断开发具有民族地方特色、时代审美价值的民族文化旅游工艺品。设立了云南省文化产业基金，结合乡村振兴战略，制订乡村振兴计划，培育一批文化和旅游融合发展创新试验区，一批"美丽乡村＋文化"项目建设启动。改造和新建了一批大型游乐园。一批民族文化节庆旅游精品、特色文化节庆旅游产品、精品旅游演艺品牌、影视室内拍摄基地和电影艺术小镇以及文化和旅游融合发展示范景区建设提速。充分利用"茶马古道"和"南方丝绸之路"沿线大批名镇名村文化资源，打造了云南旅游文化品牌。文化旅游类产品占全省旅游产品的30％以上，丽江古城、腾冲和顺、西双版纳橄榄坝、鹤庆新华村等成为文化与旅游结合的成功范例，《丽江千古情》等一批演艺节目成功走向市场，《吴哥的微笑》在柬埔寨驻演以来，累计演出超过2400场，接待游客120多万人，实现销售收入2亿多元，成为中国目前唯一

大型舞蹈史诗剧《吴哥的微笑》

在国外累计演出超过千场的演艺剧目。积极推进"国家藏羌彝文化产业走廊"云南廊道建设,迪庆州德钦梅里雪山传统古村落传承保护及文化旅游建设项目、丽江中国纳西文化传承基地、丽江宋城旅游区等3个项目入选"国家藏羌彝文化产业走廊"重点项目。

建设"文化+金融"服务体系。出台了《关于金融支持文化产业振兴和发展繁荣的指导意见》,推动文化与金融的有机融合,促进文化产品和要素合理流动,创新生产经营机制。积极发挥现有省级文化产业发展专项资金的引导作用,努力吸引金融和社会资本进入文化产业,设立云南文化产业发展基金,推进组建云南文化产业发展引导基金。金融机构通过创新改革服务,深入探索知识产权金融服务工作,探索建立了省级文化版权交易中心。地方金融机构组建文化产业金融事业部或文化产业部门,支持符合条件的文化企业采取多种形式拓宽直接融资渠道,开发适合文化企业特点的文化金融产品,支持云南文化产业发展。有条件的地方组建或改组了国有文化投资公司,打造以资本运营和资产经营为核心的文化产业投融资平台公司。实施文化企业上市培育计划,做好云南文化企业在新三板挂牌、启动主板和创业板上市前期准备工作,支持发展潜力好的文化企业上市或在新三板挂牌,推动省属国有骨干文化企业优势版块上市工作。云南杨丽萍文化传播股份有限公司、骏宇文博、微想科技等文化公司实现了在新三板挂牌上市。

实施"文化+科技"培育计划。运用"互联网+",促进文化与科技有机融合,推动了内容创新、科技创新,提升文化产业自主创新能力。云南网综合能力提升、云南日报报业集团媒体融合全数字化、云南广播电视台数字化、广播电视有线无线卫星融合覆盖等文化新兴产业基础工程建设不断推进。文化产业大数据云平台建设以物联网、云计算和大数据等新一代信息技术为支撑持续开展。以宽带网络建设、内容业务创新推广、用户普及应用为重点,开展了智慧城市、智慧乡村、智慧家庭建设,高清互动电视终端智能化、移动多媒体广播电视、交互式网络电视、高清电视、手机电视、数字广播、回看点播、电视院线、网络电商等新兴业务蓬勃兴起。数字科技应用、东南亚小语种在线翻译、少数民族语言在线翻译、动漫、移动平台服务等领域实现突破。基于移动互联网,以阅读、社交等服务为主要内容的软件产业逐步发展。云南金鼎文化产业开发开放试验区是全国文化与科技融合发展的示范园区。

发展民族民间工艺品产业。不断完善民族民间工艺品牌和体系,着力构建"金、木、土、石、布"五位一体的民族民间工艺品产业发展体系,以民族文化资源传承、保护、利用为基础,以创新创意为动力,打造云南民族民间工艺品牌。建水紫陶文化产业园创建国家级文化产业示范园区工作，"《紫陶汇》资源共享营销平台"被纳入2018年度国家级文化产业示范园区服务能力提升计划。"咪依噜彝绣品牌培育与打造"入选国家"藏羌彝特色文化品牌培育项目"。持续开展了建水紫陶传家宝设计大赛、华宁陶拉坯邀请赛、云南十大刺绣名村（镇）评选、云南特色文化产业知名品牌评选等活动，在国内外有影响力的城市连续举办"云南特色文化产品万里行"活动，扩大了云南特色文化产业的影响，拓宽了文化市场领域。地方特色的文化产品在内容和品质上不断丰富与提升。通过不断引导、培育、打造，云南民族民间工艺品已成为文化产业"走出去"和文化贸易的重要增长点。一批云南民族文化企业生产加工的民族手工刺绣、扎染、民族娃娃、布艺包、斑锡、斑铜、乌铜走银等特色工艺品在海外市场上崭露头角，成为文化产品出口创汇的重要来源。建水紫陶、鹤庆银器、会泽斑铜、永仁石砚、个旧锡器、大理石器在全国知名度不断提升，鹤庆新华银器村、腾冲荷花玉雕村、石林阿着底刺绣村、剑川狮河木雕村等民族工艺品生产集聚地，年销售额已超过80亿元。红河州个旧市按照"打造文化品牌、做大规模、整合优势、培植产业"思路加快建设个旧锡文化创意产业园，发挥中国工艺美术大师的品牌影响力，打造锡品牌工艺，培育云南金属工艺科学研究生产基地。剑川木雕被列入国家级非物质文化遗产保护名录，大理州剑川县把传统的木器木雕民族工艺列为支柱产业重点加以培植，把传承上千年的传统小手工业打造成为大产业。

　　做大文化创意产业。深入实施创意云南计划，办好创意云南文博会、中国（云南）国际民族赛装文化节，连续举办五届创意云南文化产业博览会，逐渐成为海内外文化展示、文化交流、文化贸易的重要平台。推动昆明民族文化创意之都建设，创意设计、会展服务、文化信息传输等新兴文化产业势头强劲，昆明金鼎文化创意产业园、紫云青鸟文化创意博览园等文化产业园区集聚一批拥有自主知识产权的文化企业，通过聚集效应推动云南文化产业的转型升级。召开文博创意产品开发促进会，组织20个博物馆

中国四大名陶之一——建水紫陶工艺

成立文创产品开发联盟，联合文化创意设计与开发企业，积极推动文创产品开发。①6家动漫企业通过国家认证，2个动漫创意项目入选文化和旅游部"弘扬社会主义核心价值观动漫扶持计划"。全省现有规模以上文化企业464家，文化产业园区50多家，其中10家企业被命名为国家级文化产业示范基地，10家被命名为省级文化创意产业园区。提高文化产品出口创汇能力。云南民族民间工艺品已成为文化产业"走出去"和文化贸易的重要增长点。腾冲市腾越园角工艺服饰有限责任公司创设"园角刺绣"创业模式，拥有34项国家专利、90多个系列产品，公司生产的"园角刺绣"系列产品融合了民间传统刺绣、剪纸艺术、傣族和阿昌族等少数民族工艺，以及缅甸、泰国等东南亚国家的刺绣技术和图案造型等多种艺术，产品畅销西部省区和缅甸、越南等周边国家，带动了当地农村上万人增收致富。搭建对外文化贸易平台，提升中国—南亚博览会等重要展会的文化含量，办好文创、演艺、广播影视、图书、动漫等专项文化会展，加快建立了融文化交流、项目创意、文化产品和服务出口为一体的综合服务平台。2018年以来，省文化和旅游厅按照省委省政府的决策部署，加大文化产业培植力度，首次成功举办第5届中国—南亚博览会暨第25届中国昆明进出口商品交易会的文化创意展，组织省内外300多家优秀文化企业参展，较好地推介和展示了云南特色文化产品和文化服务贸易。以滇中"东盟产业园"为平台，开发建设东盟旅游文化创意园区。云南影视企业与南亚东南亚国家主流影视制作机构合作拍摄影视剧迈出步伐，银、锡、铜、陶、编织、布艺、刺绣、木雕等工艺美术产品的出口不断扩大，云南印刷、文创、软件开发和互联网技术企业到南亚东南亚投资发展初见成效。

云南文化产业不断转型升级，实力进一步增强，文旅融合和民族民间工艺品等领域都迈上了更高的台阶。文化创意产业日新月异，文化产品出口创汇能力大幅提升，文化产业已成为文化建设的重要推动力量。

通过实施新时代文化改革发展工程，正确处理意识形态属性与产业属性的关系、社会效益和经济效益的关系，文化体制改革深入实施，扎实推进，成效明显。文化产业布局日益完善，文化产业转型升级加快，文化产业规模化、集约化、专业化水平不断提高，文化产业发展的活力和动力不断激发，文化整体实力和竞争力不断增强。

---

① 云南省文化和旅游厅：《省文化和旅游厅加大文化产业培植力度》，云南省文化和旅游厅网2018年12月3日发布。

（九）实施面向南亚东南亚国际传播能力建设工程

南亚东南亚国家是我国重要的周边国家，是我国对外宣传的基本盘。云南按照"立体多样、精准施策、久久为功、深耕厚植"的思路，加快推进面向南亚东南亚国际传播能力建设，努力开创外宣工作新局面。

1. 展现真实、立体、全面的中国

云南运用各种方式、各种载体，利用接待来访、出国访问、对外交流等机会，大力宣介习近平新时代中国特色社会主义思想和党的十九大精神，生动鲜活地讲好习近平总书记的故事，引导国际社会更好地了解习近平总书记思想，理解中国发展理念和发展道路。通过采用外国受众听得懂、易接受的话语体系和表达方式讲好中国共产党治国理政的故事，讲好中国人民奋斗圆梦的故事，讲好中国坚持和平发展、合作共赢的故事，不断增进国际社会对中国的了解理解、认知认同。

2. 构建媒体对外传播体系

泰文《湄公河》、缅文《吉祥》、老挝文《占芭》、柬文《高棉》四种外宣期刊进入四国主要城市和主流社会，并在柬埔寨、老挝、缅甸三国设立记者站。云南日报报业集团与美国《国际日报》《洛杉矶时报》，印尼《国际日报》《印尼新闻报》《印尼国际报》，马来西亚《星洲日报》，缅甸《金凤凰》中文报、《新闻之花》《仰光时报》，柬埔寨《柬埔寨之光》，孟加拉国《独立报》等建立起长期合作关系，以中文、英文、印尼文、缅文、柬文等多种语言文字合作开办 14 份《中国·云南》新闻专刊。与中新社合作推出中国第一本在南亚落地的英文外宣刊物《桥时代》，填补了我国外宣空白。

中国数字电视地面传输 DTMB 标准在老挝、柬埔寨成功落地，播出包括中央电视台国际频道和新闻频道、云南广播电视台卫视频道在内的数十套标清数字电视节目，首次实现中国广播电视技术标准向国外输出。进一步推进了 DTMB 国际传播覆盖项目在尼泊尔、孟加拉国、巴基斯坦和缅甸等国落地覆盖，与老挝、柬埔寨等共同开办本土化数字电视频道，"DTMB+OTT"新媒体建设及影视节目集成平台和交易平台建设进一步加快。云南国际频道成功落地老挝、泰国，成为老挝境内第一个使用老挝语播出的外国频道，第一个在泰国整频道落地覆盖的中国电视频道。云南广播电视台与缅甸、泰国、老挝、柬埔寨、孟加拉国等南亚东南亚国家电视台合作开办《中国农场》《中国剧场》《中国动漫》栏目，用对象国语言译制并播放中国农业科技节目、中国优秀电视剧、中国优秀动漫节目，增强了文化传播有效性。

创办了外宣网站——"云桥网"，使用老挝语、缅语、泰语等多个语种对外传播。打造了"最云南"新媒体数字平台，以"互联网+"模式，向海内外宣传推介云南。"一带一路"媒体交流活动、中国南亚东南亚媒体高峰论坛、孟中印缅媒体论坛等文化交流持续开展，不断增进共识。

3. 着力加强边境外宣

通过加强云南沿边口岸外宣平台规范化建设，打造渠道通畅、有效覆盖、辐射周边的边境国际传播阵地，利用云南外宣期刊和外宣阵地，对周边国家宣传阐释习近平新时代中国特色社会主义思想和党的十九大精神，使其更加全面、准确、生动、鲜活。组织实施了"边境文化长廊建设工程"，在边境州市、边境县推进边境文化传播体系、文化活动场所、文化活动品牌、文化工作队伍建设，确保了边境地区意识形态和文化安全。组织实施了周边外宣工程，启动实施"国门文化"建设工程，进一步加大边境文化交流力度，树立"国门文化"良好形象。边境地区广播电台、电视台积极使用周边国家语言制作播出节目，报刊杂志使用周边国家语言文字出版发行，对外宣传网站开设周边国家语言文字的网页和栏目。边境州市定期向周边国家政府、企业、学校、社团发放用周边国家语言文字编写的图书、图册、杂志。定期举办"澜沧江·湄公河流域国家文化艺术节""中老越三国丢包狂欢节""中缅胞波狂欢节"等边境文化活动。

国门书社

中国第一份有独立刊号、公开出版发行的缅文刊物《胞波》在德宏州正式创刊，填补了我国没有缅文报刊的空白。在边境口岸开办 19 家"国门书社"，定期举办了多次培训班、讲座、文化联谊等活动，"国门书社"成为边民文化交流的重要阵地。江城县专门设立"中老边境青年交流室"，边境 10 个村的文艺队经常开展文艺联欢，宣传中国的惠民政策。在全国率先启动实施"明珠口岸标准化外宣"工程，按照建设"一块文化活动场地、一条文化长廊、一块宣传电子屏、一套多媒体宣传平台、一个外宣展览室、一套外宣品、一个国门书屋"的"七个一"标准，逐步把云南口岸打造成为珍珠链式的"明珠"口岸，推进云南外宣工作开创了新局面。

4. 开展多种形式的对外文化交流活动

组织开展面向南亚东南亚国家的特色文化活动。以宣传推介"美丽云南""文化云南"为重点，策划组织开展了一系列面向南亚东南亚国家的国际文化周、艺术节、旅游节、影视展、体育比赛、书画展、摄影展等特色文化活动。云南与缅甸、老挝、越南、泰国、孟加拉国等毗邻和周边国家开展"文化中国·七彩云南"和"七彩云南·周边行"系列访演活动。成功举办"感知中国·美丽云南"日内瓦系列宣传展示、"感知中国·缅甸行""第 13 届亚洲艺术节""我和云南有个约会——总领事之夜新春音乐故事会""学唱中文歌曲大赛"和 2019 年"中国—柬埔寨文化旅游年"等文化交流活动。精心打造的"中国与大湄公河次区域国家媒体定期互访""南亚东南亚主流媒体云南行""合家欢"跨国春节联欢晚会、中国—南亚东南亚智库论坛、"美丽云南·和谐藏区"系列推介活动、南亚东南亚艺术周、亚洲微电影节等国际性文化艺术盛会。组织开展了南博会、昆交会、"一带一路"倡议、互联互通等重大宣传活动。开展了亚太广播发展机构（AIBD）数字电视技术高级研修与交流活动等。定期到南亚东南亚国家举办中国（云南）影视出版展，举办影视出版论坛，翻译出版发行精品影视剧、出版物等。建立了跨境民族文化交流合作机制，促进民族体育、民族医药等民族文化的学习交流。

全方位打造对外文化交流合作平台。孔子学院、瑜伽学院、金边中国文化中心建设不断深入。立足建设成为区域性、国际化的传统医药交流合作中心，云南不断引领大湄公河次区域国家传统医药的交流与合作，传播中华传统医药文化。抓住澜沧江—湄公河黄金水道和中泰高铁的建设契机，打造有影响力的区域性跨境传媒。以昆明为中心的高原体育训练基地群建设、高原体育科研国际交流与合作事务、国际高原体育文化和学术交流合作平台建设持续深化。加强中华优秀传统文化典籍和优秀滇版图书对外翻译出版工作，大力推动优秀作品对外传播，充分运用文艺形式讲好中国故事、传播中国精神、展示中国魅力，提升了中华文化传播力影响力。加强云南优秀外文学术网站和学术期刊建设，为省内专家学者参加国际学术会议、发表学术成果创造了条件。加强与国内外智库、高校和科研机构的对话交流合作，提升了云南主办承办的各类高端论坛的层次和水平，增强了云南学术的国际话语权和对外传播能力。由中国国家文物局、老挝国家信息文化旅游部、云南省人民政府主办的"澜湄流域国家文化遗产保护与推广研讨会"在昆明举行，中国、老挝、柬埔寨、缅甸、泰国、越南六国共同发布了《"澜湄流域国家文化遗产保护与推广研讨会"昆明倡议》。以省部文化合作机制为平台，连续四年与埃及开罗、墨西哥、马耳他、德国柏林中国文化中心开展文化交流与合作，组派文化艺术团赴开罗举办"天涯共此时——彩云南歌舞晚会""德国云南文化周活动"在柏林大放光彩。昆明新知集团参与柬埔寨金边中国文化中心共建，成为海外中国文化中心部省共建的新模式。外向型文化企业培育取得新进展，杨丽萍文化传播股份有限公司、昆明新知集团等文化企业"走出去"步伐日趋稳健。

通过实施新时代面向南亚东南亚国际传播能力建设工程，展现了真实、立体、全面的中国，通过开展形式多样的对外文化交流活动，构建媒体对外传播体系，着力加强边境外宣，扩展了双边民间文化交流活动，加深了周边国家边民对中国的友好情感，扩大了与周边国家文化、媒体、教育等方面的交流合作，云南逐步建设成为我国面向南亚东南亚辐射中心。

（十）实施宣传思想干部队伍建设工程

宣传思想工作专业性强、业务范围广、工作要求高，宣传思想干部必须要有高素质、好把式、真功夫，才能胜任党和人民交给的重大任务，才有能力应对前进路上的各种风险和挑战。按照"政治过硬、本领高强、求实创新、能打胜仗"的要求，不断加强宣传思想战线领导班子干部队伍、专业人才建设，打造高素质宣传思想工作队伍。

1.切实加强宣传思想战线领导班子建设

云南始终坚持信念坚定、为民服务、勤政务实、敢于担当、清正廉洁的好干部标准，树牢正确的选人用人导向，突出忠诚可靠的政治标准，选优配强各级领导班子，大胆使用那些人品正、干实事、敢破难、有担当的干部，注重选拔使用经过实践考验的优秀年轻干部，推动形成了肯干事、敢干事、能干事、干成事的良好氛围。

2. 切实加强宣传思想干部队伍建设

通过牢固树立学习就是工作、工作就是学习的理念，各级宣传思想干部认真学习党的理论创新成果，学习工作需要的专业知识，学习群众创造的实践经验，在学习中提高了党性修养，补齐了知识弱项和能力短板。通过学习贯彻习近平新时代中国特色社会主义思想，各级宣传思想干部不断作出表率，把这一重要思想参悟透、领会准、运用好，不断提高马克思主义理论水平。通过强化实践锻炼，各级宣传思想干部在新时代的火热实践中砥砺品质、强健筋骨、增长才干，不断丰富专业知识、提升专业能力、培养专业精神，切实增强了"八种本领"，云南培养出了一批宣传思想工作的行家里手。

3. 切实加强宣传思想专业人才建设

云南深入学习贯彻习近平总书记在哲学社会科学工作座谈会上的重要讲话精神，主动服务和融入构建中国特色哲学社会科学这一国家战略，实施哲学社会科学创新工程，加强改革创新，加快推进学科和学科体系建设，构建具有中国特色、云南风格的哲学社会科学学科体系。围绕哲学社会科学学科体系建设，组织实施了云南社科理论人才培养工程、云南社科理论研究工程，实行重点项目重点扶持，重点人才重点培养，重点课题重点攻关，重点学术活动重点扶持，培养了一批学术领军人物、学科带头人和学科骨干，推出了一批有重大影响力的学术成果。各领域人才聚焦全面建成小康社会、推进云南跨越式发展等重大理论和实践问题、群众普遍关注的社会热点难点问题并开展研究，为党委、政府决策提供科学依据。着力实施云南省千人计划"人文社会科学人才"和万人计划"文化名家"培养专项。2018 年，共 930 名人才入选两个计划，超过近 10 年来省级培养引进人才计划入选人数总和，产生了较好反响。[①] 统筹推进哲学社会科学、新闻出版、广播影视文学艺术、文化经营管理、文化专门技术、国际传播等各领域专业人才建设，加大青年人才培养力度，为做好宣传思想工作提供了人才保障。

4. 切实开展宣传思想战线增强"四力"教育实践工作

云南扎扎实实练内功，按照中宣部的部署要求，制定了增强"四力"教育实践工作的具体举措，组织开展了教育培训和实践锻炼，着力推动宣传思想战线整体素质大提升。在强"四力"和实际工作中，不断增强脚力，下高楼、出大

---

① 李斌:《你离云南省"千人计划"、"万人计划"入选者还有多远? 数据告诉你!》，云南网 2019 年 4 月 22 日发布。

院，"沾泥土""带露珠"，走进基层、走进群众、走进实际中去。实践和基层是最好的课堂，人民群众是最好的老师。在实践中，镜头始终对准普通群众，笔触聚焦火热实践，工作有效落到实处。通过不断增强眼力，培养了善于观察、善于发现、善于判断、善于辨别等能力；通过不断增强脑力，让脑子动了起来、活了起来，勤于思考、善于思考的能力和抓问题能力不断提高，练就了拨云见日的功夫；通过不断增强笔力，学会表达、敢于表达、善于表达的能力不断提高，作品真正能吸引人、打动人、感染人，让读者感到就在其中、与其相连、从中获益，切实起到了教育和引导作用。通过实施新时代干部队伍建设工程，党内政治生态风清气正，领导班子和干部作风明显好转，专业技术人才真正做到勤于思考、善于总结，刻苦钻研、学以致用。"四力"教育实践作为守正创新的深度历练，明显提高了新时代宣传思想干部队伍的政治能力和专业能力、锐意创新创造能力和优良作风，推动队伍整体素质实现大提升。

党的十八大以来，云南坚持中国特色社会主义文化发展道路，顺应全省各族人民精神文化生活新期待，紧紧围绕举旗帜、聚民心、育新人、兴文化、展形象的使命任务，在正本清源上展现新担当，在守正创新上实现新作为。社会主义核心价值观日益深入人心，主流思想舆论巩固壮大，先进典型发挥良好引领作用，公民思想道德素质不断提高。各族群众基本文化权益保障水平进一步提高，文化竞争力和影响力进一步提升，文化事业与文化产业的协调、快速发展，与周边国家形成了文化交流互动的长效机制。为人民创作的导向更加鲜明，文化文艺创作生产质量不断提升。在建设民族团结进步示范区进程中，民族文化进一步得到保护、传承并持续繁荣发展，为建设各民族共有精神家园奠定了坚实的基础，在推动经济社会发展、促进生态环境保护、增进民族团结、促进跨境交流互动方面发挥了显著作用，推动了由民族文化大省到民族文化强省的历史性转变，提高了云南的国际知名度、美誉度和影响力，极大地激发了各族群众文化自信心和创造力，巩固了各民族文化共生共荣、和谐发展的生动局面。

启　示

新中国成立 70 年来，云南始终保持与党中央高度一致，坚持以马克思主义引路指向，坚定推进社会主义文化建设，以正确舆论凝心聚力，以先进文化塑造灵魂，以优秀作品鼓舞斗志，各项文化工作有序有力有效推进，文化创新创造活力充分迸发，文化事业更加繁荣，文化产业蓬勃发展，创造性地探索出具有云南特色的社会主义文化建设的有益借鉴。

一、坚持党对边疆民族地区文化建设的领导，坚守社会主义文化建设的本质要求

中国共产党的领导，是社会主义文化建设坚持正确方向、立场、原则并取得巨大成功的关键所在。始终坚持党对文化建设的领导，加强和改进党对文化工作的领导，是推进文化改革发展的根本保证，也是加强党的执政能力建设和先进性建设的内在要求。70年来，云南在推进文化建设的进程中，始终注重加强党对文化建设的领导。新中国成立初期，在中国共产党的领导下，云南根据民族地区实际完成了社会主义文化改造，并根据中央提出的"百花齐放，百家争鸣"方针，引导各项文化建设工作取得了巨大成就。党的十一届三中全会后，根据"各级党委都要领导好文艺工作"的基本原则，云南切实加强和改进党对精神文明建设、文化建设的领导，形成了一系列思想成果和制度安排，紧紧围绕社会主义核心价值体系、社会主义文化强国建设，深化文化体制改革，加快完善文化管理体制和文化生产经营机制，推动社会主义文化大发展大繁荣。党的十八大以来，云南认真贯彻落实习近平总书记在文艺工作座谈会、党的新闻舆论工作座谈会、哲学社会科学工作座谈会等一系列思想文化领域座谈会的讲话精神，牢牢掌握党在意识形态领域的领导权，始终把握文化改革发展的主导权，把文化产业打造成为云南高质量跨越式发展的重要支柱，让文化建设成为云南在全国发展大局中的一张靓丽名片。

二、坚持以马克思主义为指导，夯实各族人民团结奋斗的共同思想基础

以马克思主义为指导，以社会主义先进文化为引领，始终是社会主义精神文明建设、中国特色社会主义文化建设的根本原则，是事关文化改革发展全局的根本问题。新中国成立初期，云南认真遵循党中央关于社会主义文化建设目标、指导思想、方针原则，顺利完成了从新民主主义文化向社会主义文化的过渡。党的十五大明确了建设社会主义精神文明的战略任务之后，云南面对文化多样化的发展趋势，面对各种文化形态的复杂纷纭，面对不同文化观念的相互交织，始终牢牢坚持社会主义文化的前进方向。党的十八大以来，云南紧紧围绕习近平总书记提出的巩固马克思主义在意识形态领域指导地位的重要论述，坚持推进马克思主义中国化最新成果的大众化，把学习宣传贯彻习近平新时代中国特色社会主义思想作为理论武装的首要任务，大力弘扬共产主义远大理想和中国特色社会主义共

同理想，把践行社会主义核心价值观贯穿于文化建设全过程，引导各族人民树立正确的历史观、民族观、国家观、文化观，夯实全省各族人民团结奋斗的共同思想基础。

三、坚持文化服务边疆各族人民的工作导向，彰显社会主义文化建设的价值追求

社会主义文化来自于人民、服务于人民，文化发展的根本价值取向就是不断满足人民日益增长的精神文化生活需要。时刻把人民放在心中的最高位置，依靠人民、为了人民，着力于满足云南各族群众日益增长的多层次多方面多样化的精神文化需求，着力于提高各族人民群众的思想道德素质和科学文化水平，是云南推进文化建设始终不渝的信念和追求。坚持以人民为中心的创作导向，把遵循社会主义先进文化前进方向、人民群众满意作为评价作品最高标准，把社会效益放在首位，不断激发文化建设主体直接参与各项文化工作，创造出大量先进文化成果，不断创新内容和形式，为各族群众提供健康向上、品质优良的公共文化产品和服务。云南文化事业日益壮大，文化产业日趋繁荣，公共文化服务体系建设加快推进，各种文化惠民工程逐步实施，有效保障了各族群众的基本文化权益，促进了文化发展成果由人民共享的体制机制。党的十八大以来，云南更加自觉地将文化发展和人的发展紧密结合起来，进一步加大文化惠民工程的推进力度，完善人民基本文化权益保障机制，在积极满足人民对美好生活的新期待中，立足资源，突出特色，发挥优势，推动文化产业迈向高端化、国际化、特色化，不断铸就云南文化发展的新高度。

四、坚持"多元一体"的文化发展格局，建设各民族共有精神家园

我国自古以来就是统一的多民族国家。各民族在分布上的交错杂居、文化上的兼收并蓄、经济上的相互依存、情感上的相互亲近，形成了你中有我、我中有你，谁也离不开谁的多元一体格局。云南有 26 个世居民族，民族文化资源富集，民族历史文化悠久灿烂，具有地域性、国际性的鲜明特征及"多元一体"的文化特色。70 年来，云南紧紧围绕中华文化"多元一体"的特征，坚持把云南民族文化的"多元"体现在中华文化的"一体"之中，坚定中国特色社会主义文化自信，倡导"各美其美，美人之美，美美与共，天下大同"的文化观，在增强对中华文化认同的基础上，繁荣发展各民族文化，促进各民族文化的保护、传承和发展，让各民族在文化的交往交流交融中相互包容、相互欣赏、相互学习、相得益

彰，使云南文化繁荣发展既呈现"百花齐放"，又体现"百鸟朝凤"，在构筑各民族共有精神家园的过程中不断筑牢中华民族共同体意识。

五、坚持激发文化创新创造能力，为社会主义文化建设注入不竭动力

创新是一个民族进步的灵魂，是一个国家兴旺发达的不竭动力。70年来，云南敏锐把握时代脉搏，创造性地回答时代和实践提出的文化发展新课题，始终坚持用创新引导文化建设，用创造谱写文化华章。不断推进文化体制改革，解放和发展文化生产力。不断完善文化管理体制、建立健全现代文化市场体系、构建现代公共文化服务体系，探索出由政府主导、文化为主、旅游助推、龙头带动、文化事业产业相辅相成的发展机制。坚持创造性转化、创新性发展的原则，积极构建中华优秀传统文化传承发展体系，建立引导有力、激励有效、活跃有序、宽松和谐的文化艺术创作体系。坚持方式创新，充分发挥市场机制调节作用，广泛发动社会和民间力量。坚持科技创新，促进文化与科技结合，运用现代科技，创造新的文化样式，不断丰富题材、品种和载体，增强文化产业的艺术感染力和冲击力。以我为主、为我所用，不断扩大文化领域对外开放，创新多种形式发展对外文化交流，创作适应国际市场需求的优秀文艺产品，推动新的演艺剧目走向周边国家和欧美市场，扶持推动民族歌舞、杂技等特色节目走向世界。

六、坚持文化与经济社会发展相适应，探索边疆民族地区文化发展的特色道路

社会主义文化深深扎根于丰富的实践，必须与经济建设、政治建设、社会建设和生态文明建设筹划思考、系统推进。70年来，云南紧紧把握文化建设规律，致力于推动文化与经济协调发展、两个文明共同进步。把文化建设作为经济社会发展的精神动力，摆在突出位置谋划推动，始终强调"两手抓，两手都要硬"，自觉回应经济社会发展对文化建设提出的新要求，凝聚起文化建设最广泛的合力。立足文化资源，突出民族特色，打造云南品牌，按照"繁荣文化事业，发展文化产业，建设民族文化强省"的要求，把文化建设纳入经济和社会发展规划，把发展文化产业作为促进文化繁荣发展和经济发展方式转变的重要途径。牢牢抓住民族文化的特征和内涵，在民族文化资源的保护和开发上做大文章，走出了一条边疆民族地区文化发展的特色道路。

社会建设篇

社会建设是中国特色社会主义事业"五位一体"总体布局中的重要内容，是构建社会主义和谐社会的重要保障。新中国成立后，中国共产党不忘初心，牢记使命，把带领人民创造美好生活作为矢志不渝的奋斗目标，补短板、兜底线、出实招，不断满足人民日益增长的美好生活需要，为实现中华民族伟大复兴的中国梦奠定了坚实的社会基础。70 年来，云南认真贯彻落实党中央提出的有关社会建设的决策部署，走出了一条符合云南实际，具有边疆特色的社会建设道路。各级党委政府坚持把保障和改善民生放在更加突出的位置，确保人民安居乐业，社会安定有序，边境长治久安。历史实践证明，云南社会建设走过了 70 年不平凡的历程，取得了令人瞩目的辉煌成就：人口结构日趋均衡、就业形势保持稳定、居民收入显著增长、社会保障体系基本健全、社会福利水平大幅提升、贫困发生率明显下降、国民健康水平稳步改善、人民教育事业不断进步、科技支撑力和人才贡献率持续提高、社会创新活力竞相迸发、国家安全屏障全面稳固，呈现出各民族团结进步，社会稳定和谐，人民的获得感、幸福感和安全感不断提高的大好局面。

一、社会主义革命和建设时期的云南社会建设（1949—1978 年）

新中国成立初期，在中国共产党的领导下，省委团结带领全省各族人民，从实际出发，进行了社会主义革命和社会事业建设的艰辛探索，恢复和稳定了社会秩序，开展了广泛而深刻的社会变革，人民生活水平明显改善，城乡人口规模不断增长，社会保障制度从无到有，教育、卫生、体育等社会事业逐步发展，边疆民族地区社会发展的落后面貌得到了根本性改善。

（一）确立新的社会秩序

云南充分发动群众、依靠群众、组织群众，剿灭土匪，抗灾救灾，镇压反革命运动，逐步恢复和稳定社会生产生活秩序，建立社会矛盾纠纷解决机制，引导全社会共同建立和维护新的社会秩序。

开展剿匪斗争。从1950年到1951年，云南省军区召开了三次剿匪工作会议，分阶段部署剿匪的方针政策，发动群众反匪防匪，形成全社会剿匪氛围，内地地区使用军事力量全力剿匪，在边疆民族地区结合民族工作进行军事打击，歼灭股匪，威慑瓦解匪众。到1951年底，云南境内的各种土匪已基本肃清，初步建立了革命新秩序。此后，剿匪斗争的重点由境内转向境外，云南省成立了军区边防局，由军事打击为主变为群众性的政治攻势为主。在正确方针路线的指导下，云南的剿匪斗争很快取得了胜利。到1953年，剿匪斗争基本结束，云南境内的匪患基本平息。剿匪工作的胜利极大地促进了社会秩序的恢复和稳定，为云南经济社会建设创造了良好环境。

镇压反革命运动。解放初期，云南是反革命势力较强的省份，省委省政府按照中央部署，大张旗鼓组织开展镇压反革命运动，集中力量打击土匪、特务、恶霸、反动党团骨干分子以及反动会道门头子等5个方面的反革命分子[1]。经过20世纪50年代两次大规模的镇压反革命运动，在全省范围内基本肃清了反革命残余势力，粉碎了国民党反动派妄图以云南作为大陆最后"反共基地"的幻想，巩固了新生的人民政权，维护了边疆的安定，促进了各民族的团结，有力地支持、配合土地改革和抗美援朝战争，保障了全省恢复国民经济和第一个五年计划的顺利实施，扫除旧社会痼疾。1950年6月27日，云南省人民政府发布《关于禁绝鸦片烟毒的布告》，并向全省发出《关于严禁鸦片烟毒的指示》，指示各级政府有步骤地实施禁毒，以期彻底消灭烟毒。

建立社会矛盾解决机制。为了建立和维持新社会秩序，中央十分重视法制体系建设，要求用法律制度来维护革命秩序和社会稳定。为此，云南逐渐建立起了包括法院诉讼、人民调解和信访在内的新的社会纠纷解决机制。据统计，至1956年4月底，全省各地共建调解委员会4400个[2]，对处理人民内部矛盾，稳定新社会秩序发挥了积极作用。

积极抗灾救灾。云南地质构造复杂，气候差异悬殊，是一个多灾的省份，地震、干旱、洪涝尤为突出，对人民的正常生产生活秩序造成严重的破坏。为了应对各种灾情，云南各地县均成立了生产救灾委员会，在灾情发生的第一时间制定

---

① 中共云南省委党史研究室：《中国共产党云南历史第二卷（1950—1978）》，云南出版集团、云南人民出版社2018年版，第34页。

② 云南省地方志编纂委员会总纂，云南省司法厅编撰：《云南省志·卷五十七·司法志》，云南人民出版社1993年版，第37页。

救灾计划和措施。由于方针、政策正确，加上国家的大力帮助，云南不少重灾区基本做到有灾不慌，有灾不减产，当年受灾，当年恢复，充分显示了社会主义制度的优越性，树立了人民对新社会的信心。[①]

通过消除匪患、镇压反革命、建立社会矛盾纠纷解决机制、抗灾救灾等工作，云南迅速地恢复建立了新的社会秩序，有力地维持了新社会秩序的稳定，为人民群众创造了良好的生产生活环境。

（二）创立国家安全体系

通过打击反动宣传，肃清间谍特务，剿灭边境土匪，解决边界问题，加强边境管理，云南逐步建立起国家安全体系，新生的人民政权得到了巩固。

1950 年 3 月，为巩固新生人民政权，云南开始进行剿匪斗争。图为解放军给群众写留言

打击反动宣传。云南解放以后，境外间谍、特务机关和其他敌对势力在进行武装袭击、骚扰、破坏、爆炸、暗杀、绑架的同时，一直没有放弃实施"心战"的战略和战术，运用大功率无线短波电台广播、飞机空投、气球空飘、邮寄或派遣专人入境散发反动宣传品来制造谣言、蛊惑人心、挑拨离间、教唆破坏、煽动暴乱。云南公安机关对此进行了长期斗争，取得了明显成效。

---

① 中共云南省委政策研究室主编：《云南省情：1949—1984》，云南人民出版社 1986 年版，第 991 页。

肃清敌特分子。云南依靠各族人民群众，同盘踞在缅、泰地区对我进行情报派遣活动的外国间谍和台湾特务进行了长期、艰苦、激烈的斗争，侦破了数百起间谍特务案，抓捕了上千名特务间谍分子，为保卫红色新生政权写下浓墨重彩的一笔。[①]

勘定中缅边界。1960 年 1 月，中缅两国政府签订了《中华人民共和国和缅甸联邦之间的友好和互不侵犯条约》，10 月签订了《中华人民共和国和缅甸联邦边界条约》。双方协商在中缅边界进行勘界，并成立中缅联合勘界委员会。为确保勘界工作顺利进行，两国商定由中国政府派出部队进行中缅勘界警卫作战，歼灭国民党残部和与其相勾结的顽匪。1963 年至 1966 年 5 月期间，云南边防部队共进行反窜扰战斗 18 次，反潜伏破坏 60 余次，解决了国民党残余武装窜扰边境的问题，维护了边界安宁。

加强边境管理。云南边境线长，边境管理和边民涉外问题直接关系边境地区社会秩序的恢复和稳定，关系与周边国家睦邻友好关系的建立与发展。1950 年初，随着人民政权的建立，边疆逐步开展了边境管理工作。出台出入境管理办法，加强出入境管理；建立健全国营农场的保卫组织；增设边境工作站、边防派出所；认真整顿和建设边境地区的基层政治保卫；在边境干部、职工、群众中深入开展"四反"教育、保密教育，发动广大群众，把边境建成真正的铜墙铁壁。

（三）建立"统招统配"的用工制度

云南在发展各项经济社会建设的同时，加大招工力度，加强劳动力管理，建立国民经济各部门劳动力统一招收和调配制度，保障全省劳动力平衡调剂，推动三次产业就业结构调整，基本建立了符合云南发展的劳动就业体制。

妥善解决城镇失业问题。1950 年 6 月，在昆明成立工人失业救济处，开始进行失业登记工作。1952 年 8 月，成立省劳动就业委员会，加强对城镇失业人员的安置工作。经过努力，到 1955 年，云南共安置失业人员 3.3 万余人，占当时登记失业总数的 63.5%。到 1956 年，不仅把遗留的失业人员全部安置完毕，还安置了新增长的劳动力近 2 万人[②]。

逐步调整优化就业结构。在统一的就业体制下，随着工业的发展，第一产业

① 当代云南编辑委员会主编：《当代云南简史》，当代中国出版社 2004 年版，第 71—72、96—98 页。

② 云南省地方志编纂委员会总纂，云南省劳动厅编撰：《云南省志·卷五十·劳动志》，云南人民出版社 1993 年版，第 68—69 页。

就业比例下降，第二、三产业就业比例上升。1978 年，第一产业人数为 1130.9 万人，占总就业人数的 86.1%，与 1952 年相比下降 7.07%；第二产业人数为 100.7 万人，占总就业人数的 7.67%，与 1952 年相比上升 4.32%；第三产业人数为 81.8 万人，占总就业人数的 6.23%，与 1952 年相比上升 2.75%。[①]

（四）提高人民收入水平

通过扩大经济规模，推进土地改革，进行社会主义改造，变革分配制度，发展边境贸易，对少数民族地区采取帮扶政策，各族人民收入全面提高。

进行社会主义改造，彻底变革分配制度。打破旧中国以剥削为基础的分配制度，全面实行公有制基础上的按劳分配制度。在城镇，1956 年之前，手工业和资本主义工商业主要实行"公私兼顾、劳资两利"和"低工资、多就业"的收入分配制度。1956 年之后，统一对企业、事业和国家机关的工资制度进行改革，直接以货币规定工资标准，确立以技术、职务、行业、地区四个基本因素为参照标准的按劳分配制度。随着云南工业体系逐步建立，全省工业总产值不断跃上新的台阶，城市居民的收入逐渐提高，人均年可支配收入从 1960 年的 252.82 元提高到 1978 年的 327.70 元[②]。在农村，云南渐进稳步完成了土地改革，使农民获得了土地，成为土地的主人，极大地调动了农民的生产积极性。通过 1953 年至 1956 年的农业社会主义改造运动、1958 年的人民公社运动、1961 年至 1962 年的人民公社体制调整，最终形成政社合一、集体生产经营、按劳分配的人民公社体制。农业生产和农村经济迅速发展，农民收入迅速增加，人均年纯收入从 1962 年的 92.12 元提高到 1978 年的 130.60 元[③]。

边境贸易带动边境居民收入的增长。由于帝国主义的封锁，云南对外贸易发展十分缓慢。在与越南、缅甸、老挝 3 国接壤的沿边一带，一直都有边民互市的传统。为了活跃边境贸易，提高边境居民收入水平，于 1950 年和 1952 年分别颁发了《云南省缅越边沿地区对外小额贸易管理暂行办法》和《云南省边区对外小额贸易管理及税收征免暂行办法》，对边民自产自销、自购自用的产品实行免税或减税。这些政策使得边境贸易渐趋繁荣，边境居民收入逐渐提高，生活水平稳步改善。

积极帮扶少数民族群众提高收入。通过采取"多予少取"，甚至"只予不取"

---

① 云南省统计局编：《云南统计年鉴 1990》，中国统计出版社 1990 年版。
② 云南省统计局编：《云南统计年鉴 2006》，中国统计出版社 2006 年版。
③ 云南省统计局编：《云南统计年鉴 2006》，中国统计出版社 2006 年版。

政策，从生产、救济、文化、卫生和物资交流方面为少数民族提供多方面的帮助和照顾，改善各族人民的生产生活条件。1952 年，规定少数民族贸易由政府投资，保证少数民族生活必需品的供应及农副土特产品的组织收购。对供应少数民族地区的商品遵循"不赚不赔、有赚有赔、以赚补赔"的原则，采取优惠和照顾的商品贸易政策，对部分商品实行价格补贴。1955 年，加强对高寒贫瘠山区和散居民族地区的帮扶，并拨专款帮助当时仍处于原始社会形态的傈僳、佤、景颇、布朗、拉祜、怒、独龙等民族发展生产。这些政策活跃了市场，提高了少数民族群众的收入。

通过这些措施，云南人民的收入得到了普遍提高，人均年收入从 1949 年的 50 元增加到 1978 年的 203 元，居民消费水平从 36 元增长到 141 元[①]。收入的提高极大地改善了人民的生活，促进了社会秩序的稳定。

（五）发展人民教育事业

云南大力发展人民教育事业，使教育事业从过去少数人享有转变为服务广大劳动人民，人民群众文化素质显著提升。

1. 开展扫盲工作

1949 年云南全省人口中 85% 以上是文盲。面对人民文化水平普遍较低，文

云南开展扫盲培训

---

① 云南省统计局编：《云南四十年》，中国统计出版社 1989 年版，第 16—17 页。

盲众多的情况，云南把开展全民识字运动，扫除文盲作为提高全社会文化素质的重要举措。

掀起数次扫盲热潮。第一次出现在 1950 年至 1953 年。省教育厅制定了《云南省冬学实施办法》，指导农民利用冬闲开展识字运动。全省约 20 万农民参加冬学，展示出农村扫盲教育的强劲势头。第二次出现在 1956 年社会主义工商业改造中，云南有 52 万农民文盲，3.1 万城镇居民和手工业文盲，9.1 万职工文盲和 1 万干部文盲参加了扫盲学习。第三次出现在"大跃进"时期，全省扫除文盲 40 万。扫盲热潮取得了实效。据不完全统计，截至 1965 年，云南共有 250 万人参加扫盲或初等文化学习，共扫除文盲 41 万人；全省 12 岁以上人口中，文盲率下降到 47%[①]。"文革"结束后又持续开展扫盲工作，使全省文盲率再次降低。

2. 形成完整的教育体系

云南从实际出发，新建、改建、扩建各级各类学校，逐步建立覆盖学龄前、小学、中学和大学的教育体系。

学前教育供给扩大。根据省教育厅《希望协助工矿、企业、机关、团体、群众以及农业生产合作社举办幼儿园的通知》要求，各地教育行政部门积极协助其他部门举办幼儿园，扩大学前教育供给。为了解决幼儿教师不足的问题，在昆明第一师范学校开设幼儿教养员训练班，培养幼儿教师。到 1978 年，全省有 371 所幼儿园，在园人数有 4.80 万人[②]。

恢复和改建小学。1950 年颁布《云南省小学教育暂行实施办法（草案）》。全省有重点地恢复小学，在县、区设置完全小学，把原有各乡（镇）中心小学尽可能恢复为完全小学或改办为初级小学。"大跃进"期间，在全党全民办教育的口号下，全省小学教育再次提速。1959 年，提出发展教育事业要实行"两条腿"走路方针[③]，此后，云南小学学校建设进一步加快。到 1978 年，云南有 66672 所普通小学，在校人数 436.03 万人[④]。

整顿改革中等学校。1950 年，云南以每县设立一所公立普通中学为原则，开始将各类公立、私立中等学校 164 所合并为 109 所。1953 年开始，贯彻中央

---

① 蔡寿福主编：《云南教育史》，云南教育出版社 2001 年版，第 734 页。

② 云南省教育委员会编：《云南教育四十年(1949—1989)》，云南大学出版社 1990 年版，第 22 页。

③ 云南省地方志编纂委员会总纂，云南省教育志编撰委员会编撰：《云南省志·卷六十·教育志》，云南人民出版社 1995 年版，第 3 页。

④ 云南省教育委员会编：《云南教育四十年(1949—1989)》，云南大学出版社 1990 年版，第 23 页。

提出的"整顿巩固，重点发展，提高质量，稳步前进"的方针，积极提高中学教育质量，办好高级中学、完全中学和工农兵干部文化学校。1965年，云南试办了一批半工（农）半读学校，高中阶段普通教育与职业技术教育的学生各占一半，中等学校教育事业有了新的发展。到1978年，云南有普通中学1476所，在校人数为128.54万人；有中等技术学校和中等师范学校70所，在校人数为3.05万人①。

调整增设高等学校。1951年，根据国家建设的需要，云南对高等学校的布局和结构进行了调整，将私立五华学院、省立英语专科学校并入云南大学。同年8月，创建云南民族学院。1954年和1956年又分别设立了昆明工学院和昆明医学院。1978年，云南有普通高等教育学校15所，在校人数为1.59万人②。

3.重视发展民族教育

云南对民族教育十分重视，并采取各种有力措施，积极发展民族教育。1950年，接管了国民党政府在民族地区办的45所民族小学、3所民族中学③。1951年，

培训少数民族青年人才

---

① 云南省教育委员会编：《云南教育四十年（1949—1989）》，云南大学出版社1990年版，第24、47—48页。

② 云南省教育委员会编：《云南教育四十年(1949—1989)》，云南大学出版社1990年版，第76页。

③ 云南省地方志编纂委员会总纂，云南省教育志编撰委员会编撰：《云南省志·卷六十·教育志》，云南人民出版社1995年版，第700页。

为培养少数民族政治、经济、文化建设干部而开办的云南民族学院成立，是中国最早成立的民族高等院校之一。1952 年，云南把民族中小学教育定为全省基础教育的重点，从内地派遣了一大批干部和教师到边疆民族地区，创办了一批食宿包干的省立民族中小学。

1956 年 10 月，云南第一次民族教育工作会议召开，讨论并明确了民族教育的内容、性质和任务，进一步促进了民族中小学教育的发展。一部分小学开始正式推行民族语文教学，省教育厅成立了民族教材编译室，编印了傣、景颇、拉祜、佤、哈尼等民族文字的小学课本。1965 年，云南结合实际需要，开始重视半工（农）半读学校的发展，为边疆少数民族地区培养"三员"（文化教员、卫生员、理发员）和"五匠"（篾匠、木匠、铁匠、石匠、砖瓦匠）。从此，云南民族中小学教育逐渐办出了特色，深受边疆各少数民族的欢迎。

民族学生规模逐步扩大。到 1978 年，云南在校民族学生达 141.6 万人，其中，高等学校在校民族学生占在校学生总数的 11.8%；中等技术学校在校民族学生占在校生总数的 17.3%；中等师范学校在校民族学生占在校生总数的 27.7%；普通中学在校民族学生占在校学生总数的 16.9%；小学在校民族学生占在校学生总数的 27.3%[①]。

4. 加强中等师范教育

1950 年，在接管 11 所省立师范学校以后，云南贯彻"加强巩固基础，适当发展高中、中师和技校，调整高中和师范学校分布"的方针，把独立设置师范学校作为重点，把原有的县立师范学校并入省立师范学校，把各专区中学附设的师范班逐渐移至专署所在地或交通方便、有条件的地区。集中人力、物力独立开设师范学校，紧缩初师，有重点地发展中等师范教育。1956 年云南执行教育部颁发的《1956 年师范教育计划》，新

开展少数民族地区教育帮扶

---

① 云南省教育委员会编：《云南教育四十年（1949—1989）》，云南大学出版社 1990 年版，第 114 页。

建师范学校 5 所，基本实现每个专州都设有一所师范学校，在校学生达到 8402 人 ①。在"文革"中，为贯彻"两条腿走路"的方针，全省创办了一批半农半读中等师范学校，培养了一批能劳动、能教书的新型小学教师。截至 1978 年，云南已有中等师范学校 21 所，在读学生有 14043 人 ②。

这一时期，虽然经历了"文革"的巨大冲击，云南教育事业改革和发展仍然取得了显著的成绩，文盲率明显下降，各级各类教育体系初步建立，民族教育得到了快速发展，中等师范教育也不断加强，为云南未来的发展奠定了良好基础。

（六）推进科技事业发展

围绕巩固新生政权，云南积极发展科技事业，科技工作得到了较快发展。

解放初期，云南仅有 4 个自然科学研究机构，职工不足百人，科技人员仅 30 余人，专业技术人员队伍不足 4 万人，仅占全省总人口的万分之二十三，全省年均科学事业费不足百万元，科研工作处于维持状态，尚无独立的卫生科研机构 ③。1956 年初，党中央发出了"向科学进军"的伟大号召，随后正式成立云南省科学技术普及协会和中华全国自然科学专门学会联合会云南省分会，并于 1959 年 1 月合并成立云南省科学技术协会。1958 年至 1959 年，先后成立了中国科学院云南分院、云南省科学技术委员会，部分地州市县也成立了科学技术委员会和科学技术协会，加强了对科学技术工作的领导，使全省科技工作步入正轨。1959 年 3 月召开全省第一届科学技术工作会议。1963 年编制了《云南十年科技发展长远规划》，提出加强科研机构的建设。依托中央科研机构和大专院校，结合工农业发展需要，组织开展"百花齐放，百家争鸣"的学术研究和以技术引进、技术革新为主的科技活动。在这一时期，各类科研院所也纷纷在云南落地，1951 年 7 月，建立云南省人民政府卫生厅鼠疫防治所，1965 年更名为云南省流行病防治研究所；1953 年 4 月，重工业部有色金属工业管理局西南分局组建实验所，1955 年 8 月更名为昆明有色金属实验所；1956 年，在西双版纳筹建了我国第一个热带植物园；1962 年中国科学院决定将四川西昌稀有金属研究所并入昆明冶金陶瓷研究所，成立中国科学院贵金属研究所。截至 1965 年，全省各类专业技术

---

① 云南省教育厅编：《云南教育 50 年》，教育科学出版社 2002 年版，第 48 页。
② 云南省教育委员会编：《云南教育四十年（1949—1989）》，云南大学出版社 1990 年版，第 48 页。
③ 《云南科技五十年》编写组编：《辉煌的历程——云南科技五十年》，《云南科技管理》1999 年第 5 期。

人员有15万余人，其中自然科学技术人员有44786人，比1952年增加近5倍；省和州（市）属独立科研机构有44个，比1952年增长7.8倍；职工5901人，其中科技人员2145人；自然科学学会有35个①。在这一阶段，虽然基础薄弱，但仍取得了丰硕的科研成果。如1954年昆明机床厂研制成功了中国第一台卧式镗床，并在莱比锡国际工业博览会首次向世界展示新中国的机器制造水平；1959年建成中国第一座利用岩溶地下水发电的水电站——丘北县六郎洞水电站。

"文革"期间，尽管云南科技事业遭受破坏，但也在曲折中获得了发展。为了挽回科技事业的严重损失，1972年周恩来总理主持中央日常工作，召开全国科技工作会议。此后，云南科技工作和全国一道开始复苏。1973年恢复了省科学技术委员会，各州（市）、县（市、区）也相继恢复或建立了一批科技管理机构，使不少科技人员在逆境中能够坚持科研工作，取得了一批可贵的科研成果。比如，在机械制造方面，昆明机床厂与中国计量科学研究院及云南光学仪器厂合作，于1969年研制成功了GGB光电广播比长仪，达到国际先进水平，并作为国家的长度计量基准使用，1978年获得全国科学大会科技奖。1974年，昆明机床厂与七机部一院十三所合作，成功开发中国第一台圆感应同步器——720极圆感应同步器，填补国家空白。在粮食作物方面，从50年代起经过地方农业优良品种的评选推广，改高秆品种为矮秆品种，推广杂交种等三次更新换代，引进或选育出一大批适应性广、抗性强、产量高的新品种；在经济作物方面，选育出了一批适合云南种植的烤烟、橡胶、甘蔗优良品种。1973年粳型杂交水稻实现了3系配套，使粳型杂交水稻的研究走在了世界前列。"滇榆1号"创亩产1014千克的世界粳稻高产纪录；橡胶在北纬21度到25度低海拔地区种植成功，打破了国际上认为在北纬15度以北地区不能种植橡胶的"定论"②。据统计，从新中国成立初至1977年，云南取得科技成果1800余项。在1978年全国科学大会上，云南有近200项科技成果受到奖励③。

（七）落实人才政策

专业技术人才是推动新中国建设的重要力量。云南深入落实党的知识分子政

---

① 《云南省情》编委会编：《云南省情（2008年版）》，云南人民出版社2009年版，第420页。

② 《云南科技五十年》编写组编：《辉煌的历程——云南科技五十年》，《云南科技管理》1999年第5期。

③ 《云南科技五十年》编写组编：《辉煌的历程——云南科技五十年》，《云南科技管理》1999年第5期。

策和民族工作政策，团结和培养人才，为社会主义建设服务。

新中国成立初期，云南各级专业技术人才极少，尤其是高级技术人才，其中主治医师不到 410 人，大学教授仅 154 人 [①]。为了使旧知识分子适应飞速发展的政治经济形势，促进新中国各项建设事业的发展，党提出"团结、教育、改造"的知识分子政策。云南坚决贯彻党的知识分子政策及中央为云南制定的"团结第一、工作第二"的工作方针。省委组织部提出：一方面采取多种办法，积极培养选拔现有技术人才，充分发挥现有技术人才的潜力，加强对他们的科学管理；另一方面适当增设大专学校培养高级技术人才，增设若干中等技术专科学校培养中初级技术人才。到 1965 年，云南专业技术人才达到 15 万余人 [②]。

"文革"结束后，云南在落实党的知识分子政策方面做了大量工作，改善了科研、教育人员的工作和生活条件，为他们解除后顾之忧。人才政策的贯彻落实促进了科技事业的恢复发展以及民族地区的繁荣稳定。

（八）发展卫生事业

新中国成立初期，在党中央的亲切关怀和云南各级干部群众的共同努力下，云南卫生事业开始逐步发展起来。

1. 开展爱国卫生运动

云南各级政府相继成立了爱国卫生运动委员会，负责组织和领导各级群众性公共卫生活动。各地进行广泛的卫生宣传，通过行政手段和村规民约，建立各种卫生组织和制度，处理垃圾、污水，消灭"四害"，修建厕所，改良饮水，使城乡卫生面貌发生了明显变化。1960 年至 1970 年，爱国卫生运动重点转向以除害灭病为中心的农村"两管五改"运动，即管水、管粪、改水、改厕、改厩、改灶、改造环境卫生工作，显著改善了农村的环境卫生条件。

2. 防治地方传染病

从 1950 年起，中央人民政府、西南军政委员会、省人民政府和人民解放军驻云南部队，投入大量人力物力，先后组织了上百批数万人的防疟工作队，到恶性疟疾流行地区开展防病治病，使许多地区的疟疾流行得到了控制。1953 年，成立云南省卫生防疫站，随后各地相继建立了卫生防疫、疟疾防治、鼠疫防治、血吸虫病防治、国境检疫、流行病防治、麻风病防治等卫生防疫机构和科研机

① 陈祖英：《建国初期云南的干部队伍建设》，《云南党的生活》2010 年第 9 期。
② 《云南省情》编委会编：《云南省情（2008 年版）》，云南人民出版社 2009 年版，第 420 页。

构，形成了从省到县（市、区）的卫生防疫网络。由于医学科学的进步，许多疾病的病原微生物被确定。1955年证实钩端螺旋体病，1956年证实恙虫病。1956年消灭了人间鼠疫，1960年消灭了天花，1962年消灭了回归热，1965年证实Q热，有效防止了霍乱的传播，疟疾发病率也大为降低。

3.建立城乡基本医疗保健网

新中国成立初期，云南省仅有医院72所，卫生专业人员991人，卫生技术人员551人。[①] 从20世纪50年代起，云南开始重视各级卫生机构的建设。在妥善接管旧政府和教会办的卫生医疗机构基础上，面向农村、边疆和民族地区，普遍建立基层卫生组织，大力发展人民医疗卫生事业。根据云南人居分散、基层卫生力量薄弱等实际情况，组建省巡回医疗队、民族卫生工作队、滇西鼠疫调查防治团、妇幼卫生工作队，到60年代中期，云南基本上做到每个县有"一院"（医院）、"两站"（卫生防疫站、妇幼保健站），区、公社有卫生所，生产队有保健员、接生员和保育员。70年代末，云南卫生事业又步入新的发展时期，各级各类卫生事业机构不仅数量增多，且质量上有明显提高。1978年，云南共有各级各类卫生医疗机构5529个，病床59658张，专业卫生技术人员79528人，每千人中专业卫生人员从0.04人增加到2.12人[②]。

在正式的医疗机构之外，赤脚医生也是农村医疗保健网络在这一时期特有的组成部分。到1978年，云南赤脚医生共有34091人[③]。"赤脚医生"在特定的历史时期为解决农村地区缺医少药的燃眉之急作出了重大贡献，为当地村民的预防保健和医疗救治发挥了重要作用。

4.开展妇幼卫生保健

从1950年起，云南各级政府卫生部门与妇女联合会、农民协会等群众组织紧密配合，着力改造旧产婆、培训接生员、保育员，积极宣传并切实开展以推行新法接生、科学育儿为首要任务的妇幼保健工作。1950年，被接管的仁民医院改组成立省妇婴保健院。1951年开始在专区、县相继建立妇幼保健所（站），在农村建立接生站。1956年，妇幼保健机构由1953年的66个发展到131个，床

---

① 云南省地方志编纂委员会总纂，《云南省志·卫生志》编纂委员会编撰：《云南省志·卷六十九·卫生志》，云南人民出版社2002年版，第396页。

② 云南省地方志编纂委员会总纂，《云南省志·卫生志》编纂委员会编撰：《云南省志·卷六十九·卫生志》，云南人民出版社2002年版，第94—101页。

③ 云南省地方志编纂委员会总纂，《云南省志·卫生志》编纂委员会编撰：《云南省志·卷六十九·卫生志》，云南人民出版社2002年版，第124页。

位由 146 张发展到 217 张，专业人员由 259 人增加到 599 人，建立接生站 389 个，接生组 361 个①。

1952 年，省卫生厅转发《全国少数民族妇幼卫生工作方案》，要求省内各地加强妇幼卫生事业建设。随着人口快速增长，1954 年，中央提出"节育"主张，云南根据群众意愿，为自愿节育的群众提供服务。1956 年省卫生厅发布《关于避孕工作指示》，要求大力开展避孕宣传和指导工作，培训宣传和技术骨干，将避孕知识列为妇幼卫生宣传内容。20 世纪 60 至 70 年代，在普及新法接生的同时，进行妇女儿童常见病、多发病的调查防治。

5. 建立医学教育体系

医学教育有了显著发展。除举办各种短期训练班，组织在职卫生人员进修学习外，云南新建了多所中高级医学教育机构。1951 年至 1960 年，一共创办了 14 所中等卫校。1956 年，云南大学医学院从云南大学独立，成立昆明医学院，之后云南中医学院和大理医学院相继建立。②在"文革"期间，经历了停招、停办、撤并等；1970 年至 1975 年，又逐渐恢复并成立了几个地州的卫校，使云南中等卫校达到 17 所。③

6. 推广中医药学

中医药学作为中华民族传统医学瑰宝，从新中国成立以后就受到各级政府的重视，开始了振兴发展之路。50 年代初期，省内各级医院设立了中医科，结束了中医长期受歧视，不能进医院的历史。1950 年至 1960 年，相继创办昆明市中医进修学校、云南省中医院、昆明市中医院及云南省中医学院。1965 年，云南以中医药为主的联合诊所发展到 1964 所④。70 年代以后，省内一些县相继建立县中医院。1979 年，云南省中医研究所成立。至此，云南已建成一个具有临床、教学、科研的完整中医药学体系。

经过努力，云南城乡环境卫生和面貌发生了很大变化，控制住了地方病、恶性传染病的流行和传播，基本形成了城乡基本医疗保健网，医学教育和中医药学

---

① 云南省地方志编纂委员会总纂，《云南省志·卫生志》编纂委员会编撰：《云南省志·卷六十九·卫生志》，云南人民出版社 2002 年版，第 306 页。

② 云南省地方志编纂委员会总纂，《云南省志·卫生志》编纂委员会编撰：《云南省志·卷六十九·卫生志》，云南人民出版社 2002 年版，第 8 页。

③ 云南省地方志编纂委员会总纂，《云南省志·卫生志》编纂委员会编撰：《云南省志·卷六十九·卫生志》，云南人民出版社 2002 年版，第 514 页。

④ 云南省地方志编纂委员会总纂，《云南省志·卫生志》编纂委员会编撰：《云南省志·卷六十九·卫生志》，云南人民出版社 2002 年版，第 8 页。

体系初步建立，人民健康水平得到大幅度提高。

（九）基本建立社会保障制度

社会保障是民生安全网、社会稳定器，与人民幸福安康息息相关，关系着国家的长治久安。云南逐步建立社会保障制度，人民社会保障事业实现从无到有的历史性跨越。

1. 建立社会保险制度

这一时期的社会保险制度主要包括城镇职工的劳保医疗和公费医疗、农村居民的农村合作医疗、城镇职工的养老和退休待遇、待业保险、工伤保险和生育保险。

建立城镇职工医疗保障制度。1951年颁布的《中华人民共和国劳动保险条例》规定享受劳动保险待遇的职工享受劳保医疗。同年，云南国家厂矿企业单位开始实行劳动保险医疗制度。公费医疗主要针对各级政府事业单位、学校教职工、高等学校学生和革命残疾军人。1952年，根据中央的有关指示，云南成立了公费医疗预防实施管理委员会，通过了《云南省公费医疗预防实施暂行办法》，在全省各州、市、县全面推行公费医疗，经费由财政拨款，由卫生部门管理。之后，云南省公费医疗的待遇不断提升，享受劳保医疗的范围不断扩大，1956年，劳保医疗范围已扩大到商业外贸、粮食、供销合作、金融、民航、石油、地质、水产、国营农场、造林等产业和部门[1]。建立劳保医疗和公费医疗制度意味着城镇职工获得了基本的医疗保障。

探索农村合作医疗制度。1959年，为改变农村缺医少药的状况，广南、大关、西畴县等一些社队开始学习外省农民创造出的合作医疗制度经验，推行互助合作性质的集体保健合作医疗制度，受到农民群众的欢迎，并逐渐在全省范围内推广[2]。

建立养老保险制度。云南根据全国性政策和规定不断完善和提升机关和事业单位职工的养老和退休待遇。1955年，国务院发布了国家机关工作人员退休、退职、病假期间待遇等3个暂行办法，确立了国家机关、事业单位职工退休、退职的制度，标志着我国社会主义养老保险体系基本建立，之后又进行调整和完善使退休制度更加健全。

---

① 云南省地方志编纂委员会总纂，《云南省志·卫生志》编纂委员会编撰：《云南省志·卷六十九·卫生志》，云南人民出版社2002年版，第120—123页。

② 云南省地方志编纂委员会总纂，《云南省志·卫生志》编纂委员会编撰：《云南省志·卷六十九·卫生志》，云南人民出版社2002年版，第123页。

建立工伤保险和生育保险制度。云南贯彻落实了1953年修正的《中华人民共和国劳动保险条例》、1957年公布的《职业病和职业病患者处理办法》及后续扩大的职业病范围认定，对患职业病的职工按照工伤处理，确保因公受伤职工得到妥善保障。同时，认真落实《中华人民共和国劳动保险条例》对女工和女职员生育休假待遇的相关规定。

2. 开展社会优抚、救助、福利工作

开展社会优抚工作。根据《革命军人牺牲病故褒恤暂行条例》《革命烈士家属、革命军人家属优待暂行条例》《革命工作人员伤亡褒恤暂行条例》《民兵民工伤亡抚恤暂行条例》《革命残废军人优待抚恤暂行条例》等规定，云南对烈属、军属和残疾军人等优抚对象开展了群众性的优待工作：在农村，主要方式为代耕土地；在城镇，主要方式为政府组织参加生产或提供就业机会。1958年实行人民公社化以后，许多地方停止了对军烈属的优待，1962年5月，中央批转总政治部《关于解决目前军属生活困难和加强优属工作给中央的报告》下发后，优待烈军属的工作逐渐得到恢复。

开展社会救助工作。通过贯彻"生产自救、群众互助、辅以政府必要救济"的方针，组织有困难的烈军属、残疾军人和其他困难户参加生产、解决生计，对于丧失劳动能力、生活无依无靠的老、弱、孤、寡和残疾人员，采取享受胜利果实及土改成果从优、发动群众互济互助、国家救济三结合的办法，确保他们的基本生活不低于当地一般群众生活。根据《关于积极开展"五保"工作的指示》，对五保对象实施五保工作，享受五保待遇。逐步探索社会养老救济事业，收养社会上无依无靠的孤老和残疾人。1957年，云南共有社会福利院9个，收养老残人员2500余人；1958年后，全民和集体的养老事业都有较大发展，到1965年社会福利院增加到18个。在城镇对因国民经济调整而涌入社会的国营企事业单位人员进行救济。1959年至1965年，全省支付城镇救济费150余万元①。

开展社会福利工作。为收育城市流浪儿童和家庭难以管教的顽劣儿童，以及因灾失去亲人的孤儿，云南新建了一些儿童教养院。至1962年，儿童教养院发展到31个，收养孤儿2000多人；1965年，随着经济形势好转，全省儿童福利院调整为13个②。此外，为稳妥照顾残疾人生活，解决盲哑儿童的教育问题，1961年，建立昆明盲哑学校，负担全省盲哑儿童的特殊教育任务。

① 云南省地方志编纂委员会总纂，云南省民政厅编撰：《云南省志·卷五十二·民政志》，云南人民出版社1993年版，第286、306页。

② 云南民政厅编：《云南民政志》，1991年版，第441页。

这一时期，云南基本建立了包括劳保医疗、公费医疗、农村合作医疗、城镇职工养老和退休待遇、社会优抚、社会救助和社会福利在内的社会主义社会保障制度，为人民生活提供了基本保障，充分体现出社会主义制度的优越性。

（十）实现人口增长与有序流动

社会建设以人民为中心，目的是提高人民的生活水平。这一时期，云南人民社会生活秩序逐渐稳定，人口开始快速增长和有序流动，成为经济社会建设的重要力量。

1. 促进人口增长

在党中央的领导下，改善了人民生活水平和医疗卫生条件，有效地控制了地方病和恶性传染病，开展新法接生，提高了母婴的健康水平。通过一系列措施，云南人口死亡率快速下降，从1952年的16.16‰下降到了1978年的6.93‰。人口自然增长率，除三年自然灾害时期有短暂的下降之外，从1952年的17.50‰上升到1978年的21.44‰。1963年人口出生率首次突破40‰，达43.15‰。截至1978年，全省人口达3091.5万[1]，增长了1496.5万人，人口规模将近翻了一番。

随着人口的快速增长，控制人口规模逐渐成为共识。1976年，制定《云南省1976—1985年10年人口规划设想》，这标志着人口规模进入有计划、有控制增长的轨道。

2. 推动人口流动

在人口快速增长的同时，对人口迁移和流动采取有组织有计划的管理，既为城市生产建设和农业生产提供了必需的劳动力，又促进了社会生活的稳定有序。

实施外来人口迁移计划。云南地处边疆，改变贫困落后面貌需要大量的人力资源。为了配合边疆的经济开发，国家实施了一系列的人口迁移计划。具体包括[2]：新中国成立初期来自山东、河北、山西、湖北、安徽等地的南下干部和解放军7000人入滇；对国民党军队起义、投诚和战俘3.7万人遣返回原籍的迁移；1959年至1960年湖南3.7万名农民支边垦荒；三年调整时期，从省外招用或调入4.84万人；1964年驻滇中央单位通过迁厂并校等调入职工1.87万人；1965年数千名来自内地重庆、天津、武汉和上海初高中未毕业的知识青年、社会青年和自愿参加边疆建设的财贸职工迁居云南。据统计，1965年至1979年的15年间，

---

[1] 云南省统计局编：《云南统计年鉴2008》，中国统计出版社2008年版。

[2] 云南省地方志编纂委员会总纂，云南省计划生育委员会、云南省统计局编撰：《云南省志·卷七十一·人口志》，云南人民出版社1998年版，第86—89页。

热烈欢送知识青年上山下乡

云南共接收省外知青 10 万余人，其中北京 8 千多人，上海 5 万多人，四川 4 万多人。此外，还安置了 22 万多名省内知青到边远艰苦地区进行再教育，他们成为云南经济社会建设的一支重要力量①。

合理管控人口流动。贯彻执行中央统一的《城市户口管理暂行条例》和《中华人民共和国户口登记条例》，按照《关于制止农村人口盲目外流的指示》《关于制止农村人口盲目外流的指示的补充通知》《关于立即停止招收新职工和固定临时工的通知》《公安部关于处理户口迁移的规定（草案）》等文件要求，将城乡居民区分为"农业户口"和"非农业户口"，对人口流动实行严格管理，同时积极解决盲目外流人口的困难，安排好他们的生活和工作，避免人口盲目流动。

快速增长的人口规模、有组织有计划的人口迁移以及对农村人口外流合理管控为这一时期云南经济社会发展奠定了稳定而良好的人口基础。

（十一）初步发展体育事业

新中国成立后，随着社会主义体育思想的传播、国民经济的发展和各界对体

---

① 金光耀、金大陆主编：《中国新方志知识青年上山下乡史料辑录》，上海人民出版社 2014 年版，第 4698 页。

育事业的认识不断深化，经费投入不断增加，云南体育事业经历了从弱到强的发展历程，逐渐成为增强人民体质的主要手段。

1. 开展群众体育运动

随着社会主义体育思想的传播，群众性体育开始起步。1950 年，在毛泽东主席"发展体育运动，增强人民体质"以及"身体好、学习好、工作好"的号召下，昆明市第一届人民体育大会召开。以学校体育为重点的群众性体育运动，在机关、工矿、企事业、农村逐渐开展起来。1955 年 5 月，大理三月街期间举办了滇西各族人民体育表演大会。1957 年 2 月，举办了云南第一届农民运动会，有 16 个民族的 502 名运动员参加[1]。1971 年 7 月 16 日和 1976 年 7 月 13 日，昆明先后隆重纪念毛泽东主席畅游长江 5 周年和 10 周年[2]，促进了更多青少年参与游泳运动。

2. 建立体育管理和教育体系

体育管理体系逐步完善。1951 年成立了云南省体育分会，1955 年，建立云南省体育运动委员会，作为云南省人民政府领导全省体育工作的职能部门。各地州市和部分县也逐渐建立了体委机构。1968 年，全国体育系统实行军事接管，成立云南省体委军事接管小组。1973 年后，根据全国体工会议精神，全省体委机构逐渐恢复与健全。[3]

新中国成立后，学校体育得到了充分重视。按照教育部门的规定，从小学一年级到大学二年级都开设体育必修课。1956 年，教育部颁布了《中学体育教学大纲》，1961 年高等教育部颁布了《高等学校普通体育课程教学大纲》，云南省的学校体育在两部大纲的要求下，得到迅猛发展。为了培养体育师资，1957 年，创办云南省立体育专科学校，1958 年体育专科学校改为云南省体育学院，同时，昆明市创办了体育专科学校，为学校体育的开展打下了良好基础。

3. 发展竞技体育项目与大型运动竞赛

新中国成立后，竞技体育受到重视，1953 年成立云南省体训班，1959 年参加第一届全国运动会时，已经开展了 20 多项竞技项目[4]。

---

① 云南省地方志编纂委员会总纂，云南省体育运动委员会编撰：《云南省志·卷七十二·体育志》，云南人民出版社 1994 年版，第 171 页。

② 云南省地方志编纂委员会总纂，云南省体育运动委员会编撰：《云南省志·卷七十二·体育志》，云南人民出版社 1994 年版，第 18 页。

③ 云南省地方志编纂委员会总纂，云南省体育运动委员会编撰：《云南省志·卷七十二·体育志》，云南人民出版社 1994 年版，第 12—20 页。

④ 云南省地方志编纂委员会总纂，云南省体育运动委员会编撰：《云南省志·卷七十二·体育志》，云南人民出版社 1994 年版，第 3 页。

培养了一批优秀的运动员。云南运动员邱钟惠从 1955 年至 1962 年 5 次获得全国乒乓球女子单打冠军，并在 1961 年第 26 届世界乒乓球锦标赛中获得女子单打冠军。篮球运动员杨伯镛 1957 年参加世界青年联欢节，被评为世界"十大神投手"之一。彝族运动员龙文才是云南第一个全国摔跤冠军①。

开展与参与了一系列大型运动竞赛。1955 年 5 月，省民委、省体委、大理州人民政府在大理白族三月街节日期间，举办滇西各族人民体育表演大会，是云南省举办的首届少数民族传统体育运动会。1958 年、1959 年、1964 年召开了云南省第一、二、三届运动会。1957 年开始承办全国地区性运动会及全国性比赛。国际体育活动也有少量往来。70 年代初，逐渐恢复了体育训练工作。1974 年，召开全省第四届运动会，1975 年参加全国第三届运动会。1977 年，举行云南省各族贫下中农篮球赛；1978 年 6 月，举行云南省第五届运动会。云南体育事业逐步得到恢复。

经过努力，云南体育事业在群众体育和竞技体育上得到了长足的发展，为增进人民健康作出了贡献，并为后一阶段的体育事业发展奠定了基础。

二、改革开放以来的云南社会建设（1978—2012 年）

党的十一届三中全会后，面对云南社会事业基础薄弱的现实，省委团结和带领各族人民，立足省情实际，创造性地贯彻落实党中央的路线方针政策，坚持改革创新，加快调整和恢复教育、医疗卫生、就业和社会保障等各项事业，加强社会管理，改善就业，不断提高人民收入水平和生活水平。

（一）健全劳动就业制度

随着社会主义市场经济体制的建立，云南劳动就业制度逐渐由计划经济时代的"统包统配"走向市场化，基本形成以市场为导向的就业机制。

1. 推进劳动就业改革

在计划体制下，城镇居民依靠"统包统配"实现就业，农村居民依靠社队的分工进行劳动。家庭联产承包责任制的实施让云南农村劳动就业方式发生了历史性变革，城市就业方式也于 1980 年拉开了改革的序幕。

确立自主择业的就业方针。1978 年至 1979 年是"上山下乡"知青返城的

---

① 当代云南编辑委员会主编：《当代云南简史》，当代中国出版社 2004 年版，第 171 页。

高峰，也是新中国成立以来第一次就业高峰。为了妥善处理就业问题，中央于1980年提出了"在国家统筹规划和指导下，实行劳动部门介绍就业、自愿组织起来就业和自谋职业相结合"的就业方针。云南结合实际，先后发出多个关于安置城镇待业人员工作的通知，贯彻落实"三结合"就业方针，发展集体和个体经济安置城镇青年就业。1979年至1985年，全省通过各种渠道共安置62.74万人，城镇待业率由1978年的7.36%下降到1985年的2.5%[①]。1998年根据中央提出的"逐步建立和完善适应社会主义市场经济发展要求的新的就业机制和社会保障制度"的精神，云南开始实施"在国家政策指导下，劳动者自主择业、市场调节就业、政府促进就业"的就业方针。根据《中华人民共和国劳动法》，2000年制定了《云南省劳动就业条例》，把"劳动者自主择业"放到了最首要的位置。

建立市场调节就业机制。市场调节就业的前提是建立公平竞争、自由流动的劳动力市场。为此，云南不断深入改革企业用人制度，拆除阻碍劳动力流动的樊篱。1986年，按照国务院颁布的《关于发布改革劳动制度四个规定的通知》，云南改革国营企业用人制度，并开始在全省推行劳动合同制，建立待业保险金制度。1992年，国有企业改制工作进一步改革了传统的固定工制度，赋予了企业在劳动用工、人事管理、工资奖金等方面的自主权，以优化劳动组合的方式削减国有企业富余人员，以法律的形式确立了劳动合同制度，形成了企业自主用人和自主分配的基本格局。市场在就业体制中的基础性作用初步确立。

发挥政府主导作用。从"三结合"方针开始，政府逐渐转变在劳动就业体制中的职能，从过去的大包大揽逐渐转变为"政府促进就业"，再到发挥政府主导作用，实施积极的就业政策，帮助就业困难人群，千方百计增加就业岗位，促进人民稳定就业。2007年以来，云南认真贯彻落实《中华人民共和国就业促进法》《国务院关于做好促进就业工作的通知》《国务院办公厅转发人力资源社会保障部等部门关于促进以创业带动就业工作指导意见的通知》等一系列法律、法规和政策，建立健全就业工作责任制，加大政策和财政扶持力度，完善就业创业服务，通过社会政策托底等多种渠道帮助就业困难人员，建立并实施就业援助制度，鼓励创业促进就业，不断强化政府促进就业的主导责任。

---

① 云南省地方志编纂委员会总纂，云南省劳动厅编撰：《云南省志·卷五十·劳动志》，云南人民出版社1993年版，第71页。

2. 优化就业结构

通过鼓励发展第三产业和非公有制经济、发展劳动密集型企业、调整经济结构等一系列政策，云南实现了就业结构的调整与优化。

从城乡结构看，随着对农村劳动力流动限制的取消，人口城市化步伐加快，城镇就业比重逐年提高，乡村从业人员所占比例从 1980 年的 83.6% 下降到 2012 年的 75.2%，下降了 8.4 个百分点。城镇就业人数达 694.56 万人，比 2001 年的 229.9 万人增加了 484.77 万人，增加了 2.1 倍①；农村富余劳动力转移就业从 2001 年的 71.18 万人次增加到 2011 年的 168.4 万人次，到 2012 年云南农村富余劳动力累计转移就业 920 万人；外省在本省内就业的农民工达到 100 多万人。

从产业结构看，随着经济增长和结构转变，云南就业人员在非农产业的就业人数快速增加。三次产业的就业结构总体上从 1980 年的"一二三"变为 2012 年的"一三二"。第二、三产业就业人数比重逐年上升，第一产业就业比重则逐年下降。2012 年，云南第一、二、三产业就业人员分别为 1636.57 万人、388.65 万人和 856.68 万人，所占比重分别从 1980 年的 85.03%、8.07%、6.9% 变为 56.79%、13.49% 和 29.72%。②

从所有制结构看，城镇个体和私营企业逐步成为吸纳就业的主体。2012 年，云南城镇私营企业和个体就业人数分别为 236.52 万人与 140.34 万人，就业人员总数比 1980 年的 0.8 万人增加了 301.08 万人，占比也从当年的 0.35% 提高到 43.46%③。

3. 建立就业服务体系

建立劳动力市场体系。1979 年，为促进城镇就业，云南在昆明、个旧、下关等地成立劳动服务公司，对安置城镇待业人员就业进行试点。此后在各地推广开来，取得了良好成效，得到了党和国家领导人的高度评价。到 1990 年，云南累计创办劳动就业服务企业 3300 多个，安置城镇待业人员 25 万多人④。1995 年，劳动部制定了《职业介绍规定》，云南开始建立职业介绍体系。1999 年后，云南开始大力推进和完善城乡劳动力市场，实现全省劳动力市场的网络化和信息化，并且逐步建立就业培训和职业教育体系，提高就业服务能力。形成了覆盖城乡，

① 云南省统计局编：《云南统计年鉴 2018》，中国统计出版社 2018 年版，第 382 页。
② 云南省统计局编：《云南统计年鉴 2018》，中国统计出版社 2018 年版，第 381 页。
③ 云南省统计局编：《云南统计年鉴 2013》，中国统计出版社 2013 年版，第 405、438—439 页。
④ 云南省地方志编纂委员会总纂，云南省劳动厅编撰：《云南省志·卷五十·劳动志》，云南人民出版社 1993 年版，第 73 页。

以省会劳动力中心市场和州市劳动力中心市场为纽带，县、乡、街道公共就业服务机构为骨干的五级劳动力市场体系。

健全就业培训体系。随着就业服务体系的确立，云南逐步建立了政府、企业、社会多元主体的就业培训体制，并走向了社会化和专业化，形成了职业教育、技能培训、企业职工培训、再就业培训、创业培训和农村劳动力培训等多种培训类型，就业培训对象覆盖了城乡劳动者，为提高劳动者素质和技能，提高就业能力提供了有效帮助。2005 年至 2012 年，云南社会培训机构结业人数从 17.5 万人增加到 40.05 万人 ①，多元化、多层次的就业培训体系基本建立。

4. 保障重点人群就业

围绕实施就业优先战略和更加积极的就业政策，云南以农民工和就业困难人员为重点，不断加大促进就业的支持力度，成效显著。

有效缓解困难群体就业压力。从 2003 年开始，云南各级政府把大龄就业困难下岗失业人员作为就业援助的主要对象，通过提供培训机会和就业渠道等方式帮助解决就业问题。2005 年，把国有企业下岗职工基本生活保障制度与失业保险制度并轨，妥善解决了并轨人员在再就业、社会保险关系接续、劳动关系处理等方面的遗留问题。以支持再就业工程为中心，建立下岗失业人员再就业专项资金，实施小额担保贷款等一系列促进下岗失业人员再就业的扶持政策。2007 年，增加对"零就业"家庭的就业援助。2006 年至 2012 年，通过开展"再就业援助"专项活动，为就业困难群体提供"一对一"的个性化就业援助服务，每年援助的就业困难人员从 2.2 万人增加到了 6 万多人，累计帮助 34.95 万困难群体人员实现了再就业。

有效改善农民工就业环境。农村经济体制改革促进了农村富余劳动力向城市流动，云南各地的劳动就业服务机构积极引导农村富余劳动力按需有序地向非农产业和城镇转移。2005 年，根据中央关于改善农民工进城就业环境的精神，云南出台了一系列维护农民工权益、改善农民工就业环境的政策和措施，对农民工进行各类就业培训，受到农民工的普遍欢迎。

通过全面推进劳动就业体制改革，云南建立了适应社会主义市场经济体制要求的劳动就业体制，增加了就业机会，优化了就业结构，积极保障困难人群的就业权益，为促进社会主义市场经济发展提供了稳定的就业环境。

---

① 《2012 年云南省人力资源和社会保障事业发展统计公报》，云南省人事公共服务平台网 2019 年 3 月 11 日发布。

（二）深化收入分配改革

收入分配是民生之源，是改善民生，实现发展成果由人民共享最重要最直接的方式。按照中央的统一部署，云南对收入分配制度进行了全方位改革，从计划分配体制全面转向初次分配以市场为基础，按劳分配为主体，多种分配方式并存的分配制度和再分配调节机制，既提高了人民收入，同时防止收入差距过大。

1.提升城乡居民收入水平

农村居民收入大幅提升。收入来源由单一的集体经营收入逐渐转为家庭经营、工资、转移收入并驾齐驱。推行家庭联产承包责任制之后，家庭经营收入成为农村居民收入的重要来源。随着大量农村富余劳动力进入城镇工作，工资性收入也逐渐成为农村居民收入的主要来源之一。进入 21 世纪之后，国家进一步完善收入再分配机制，缩小城乡收入差距，先后出台了减免农业税、实行粮食直接补贴等一系列惠农举措，加大了政府转移支付的力度。来自政府的各项转移收入逐渐成为农村居民收入的重要来源之一。[①] 在收入渠道拓宽的同时，农村居民的收入大幅度提高，人民生活水平显著提升。2012 年，农村居民家庭人均纯收入 5416.54 元，比 1978 年累计增长 41.47 倍；农村居民人均消费支出 4561 元，比 1978 年累计增长 36.48 倍。其中，农村居民人均经营纯收入 3328 元，占纯收入的比重为 61.44%，与 1978 年相比累计增长了 80.23 倍；农村居民人均工资性收入 1435.87 元，占纯收入的比重为 26.51%；农村居民人均财产性收入为 234.19 元，占纯收入的比重为 4.32%。

城镇居民收入快速提高。随着个体经济和私营经济快速发展，城镇就业岗位大量增加，投资渠道不断增多，城镇居民的收入渠道逐渐拓宽，除了工资性收入外，经营收入、财产性收入的比重逐渐增加。2012 年，云南城镇居民人均可支配收入 21074.5 元，突破两万元大关，与 1978 年相比增长 64.25 倍。其中，城镇居民人均工资性收入 14408.29 元，占城镇居民收入比重为 62.6%，相比 1985 年下降了 16.2%；人均经营净收入 2425.03 元，比 1985 年翻了 600 多倍，占城镇居民收入比重为 10.5%，提高了 10 个百分点；人均财产净收入 999.98 元，财产性收入占总收入的比重为 4.35%，在城镇居民收入中从无到有，并且比重不断增加；人均转移性收入为 5167.14 元，占总收入的比重为 24.52%[②]。

---

① 国家统计局云南调查总队编：《云南调查年鉴 2015》，中国统计出版社 2015 年版。
② 国家统计局云南调查总队编：《云南调查年鉴 2015》，中国统计出版社 2015 年版。

2. 深化收入分配制度改革

通过多种途径推动分配制度改革，在关注效率的同时注重公平，合理拉开收入差距。不断完善初次分配制度，加大再分配调节力度。

实行最低工资制度。最低工资制度是贯彻效率优先、兼顾公平原则的具体体现之一。1995 年 1 月 1 日正式施行《云南省最低工资规定》，首次设立了最低工资标准。到 2012 年，云南第 11 次调整最低工资标准，一类地区月工资为 1100 元，小时工资为 10 元；二类地区月工资为 980 元，小时工资为 9 元；三类地区月工资为 830 元，小时工资为 8 元。一类地区最低工资标准与 1995 年相比翻了将近 5 倍。

设立企业工资指导线。根据中央的相关通知要求，云南于 1998 年发出《关于在部分地区进行企业工资指导线试点的通知》，每年结合经济社会发展水平，制定发布年度企业工资指导线，对企业的工资分配进行规范和调控，促使企业的工资微观分配与国家的宏观调控政策和经济社会发展相协调。2012 年，云南企业工资指导线为：企业货币平均工资增长基准线为 13%，增长上线为 20%，下线为 4%①。

加大再分配调节力度。1986 年 9 月，国务院颁布《中华人民共和国个人收入调节税暂行条例》和《中华人民共和国城乡个体工商户所得税暂行条例》，旨在调节居民间收入分配差距，这在一定程度上发挥了通过税收调节收入差距分配的功能。2011 年，云南配合中央政策对个人所得进行了六次改革，产生了一定的成效。与此同时，调整工资转移支付。从 1999 年起多次调整机关事业单位职工工资和离退休人员离退休费，2001 年出台了艰苦边远地区津贴，2006 年对享受艰苦边远地区津贴的地区和标准进行了重新调整。取消农业特产税，实行农业税转移支付，切实增加农民收入。

这一时期，按照中央的统一部署和要求，在坚持按劳分配为主体的基础上，云南逐步建立与省情实际和发展阶段相适应的初次分配和再分配调节机制，城乡居民收入快速持续增长，人民生活水平显著提高，城乡居民收入水平实现了历史性跨越。

（三）改革社会保障体系

云南社会保障事业经历了整顿和恢复、改革探索以城市为主体的社会保障、

① 《云南省人力资源和社会保障厅关于发布云南省 2012 年企业工资指导线的通知》，云南省人力资源和社会保障网 2012 年 7 月 18 日发布。

完善与创新统筹城乡的社会保障三个阶段，逐步明确了社会保障制度改革的目标和原则，建立起了以社会保险为主体，包括社会救济、社会福利、优抚安置、住房保障在内的覆盖城乡居民的社会保障制度体系。

1. 健全社会保险制度体系

随着经济体制的改革，传统的劳动保险制度、医疗制度、养老和退休待遇、待业保险等已不能适应社会的发展。云南按照中央的统一部署，不断深化改革，建立健全了包括养老、医疗、工伤、失业、生育在内的社会保险体系。

（1）改革养老保险制度

城镇职工养老保险逐渐覆盖不同类型职工。1986年制定并公布了《云南省国营企业劳动合同制工人社会劳动保险暂行办法》，标志着云南在合同制工人用工方面开始实行养老基金统筹制度。之后，又逐步把全民所有制企业、三资企业以及部分集体所有制企业和临时工、农民合同工等也纳入退休养老基金社会统筹范围内。从1992年到2001年，云南在养老保险制度改革方面取得了重大突破：发布了《云南省企业职工基本养老保险条例实施办法》；基本理顺了行政管理体系，把原分散在劳动、人事多个部门的社会保险职能统一划归劳动保障部门管理；在统筹层次上实现了省级统筹；在相关制度、缴费基数、养老金计发办法等政策方面实现了全省统一；基本实现了收支两条线管理，企业职工养老保险费也改由地税部门征收。全省基本建立了"多层次、全覆盖、社会统筹与个人账户相结合、管理服务社会化"的新型养老保险体系。养老保险制度发展规模也基本与全国平均水平同步，从初期五种类型发展到较为成熟的"社会统筹与个人账户相结合"的基本养老保险模式，从原来基本上覆盖公有制企事业单位发展到覆盖所有在国有、集体、合资、自收自支事业单位员工，以及个体私营者和多种灵活就业者等。

随着改革的深入，为适应农村家庭结构小型化和人口老龄化的发展形势，按照国务院统一部署，云南从1992年开始逐步在农村开展农村社会养老保险试点。2009年和2011年，相继发布《云南省人民政府关于印发云南省新型农村社会养老保险试点实施办法（试行）的通知》和《云南省城镇居民社会养老保险试点实施办法（试行）》。至此，覆盖城乡各类人群的养老保险体系基本建立。截至2012年底，云南参加新型农村社会养老保险的人数为2001.03万人。[①]

（2）实行医疗保险制度全覆盖

推行城镇职工医疗制度改革。根据1988年国家颁布的《职工医疗保险制度

---

① 《云南省2012年国民经济和社会发展统计公报》，云南省人民政府网2013年5月28日发布。

改革设想（草案）》，云南开始建立由国家、单位、个人合理负担，实行医疗费用社会统筹的多层次职工医疗保险制度。为进一步加强公费医疗管理，推动公费医疗改革，1989年云南成立省公费医疗管理办公室，各地州市也相继恢复成立公费医疗管理机构。从90年代开始，医疗保险实行公费、劳保医疗费用和个人挂钩的办法，1999年先在部分地县医院试点，2000年，在15个州（市）的81个县（市、区）推开。①

基本建立全民医疗保障体系。2003年，新型农村合作医疗制度在全国部分县（市）试点。同年，云南启动新型农村合作医疗制度。2007年，针对城镇非就业人员建立了城镇居民基本医疗制度。至此，云南已经建立城镇居民基本医疗保险制度、城镇职工基本医疗保险、新型农村合作医疗"三位一体"的全民医疗保障体系，惠及城乡居民。2007年底，新型农村合作医疗制度实现全覆盖，近九成农民享受医保，提前一年实现了全覆盖目标②。2012年，云南参加城镇职工基本医疗保险的有452.22万人，参加城镇居民基本医疗保险的有430.17万人，参加新型农村合作医疗的有3468万人③。

（3）健全劳动保险制度

重新建立失业保险。1986年，云南出台了《关于贯彻执行〈国营企业职工待业保险暂行规定〉的补充规定》，重新建立了待业保险。1994年，颁布了《云南省国有企业职工失业保险办法》，又对统筹层次、覆盖范围和申领条件进行了改革。1998年，《云南省企业职工失业保险条例》正式实施，标志着云南失业保险制度正式建立。2006年，在国家《失业保险条例》的基础上，颁布《云南省失业保险条例》，规定失业保险基金由用人单位和个人共同缴纳的保险费、政府的财政补贴、基金利息等构成，用于支付医疗补助金、丧葬补助金、抚恤金、职业介绍培训补贴、创业补助等，完善了失业保险制度，保障了失业人员失业期间的基本生活。2012年，云南参加失业保险人数已达224.0万人④。

逐步规范工伤保险。1978年，按照《国务院关于工人退休退职待遇的暂行办法》规定，云南对因公伤残的在职工人待遇进行调整提高。1986年，发布《关

---

① 中共云南省委宣传部、中共云南省委党史研究室编：《中国改革开放全景录·云南卷》，云南人民出版社2018年版，第261页。

② 中共云南省委党史研究室编：《云南改革开放30年历史经验》，云南人民出版社2008年版，第401页。

③《云南省2012年国民经济和社会发展统计公报》，云南省人民政府网2013年5月28日发布。

④《云南省2012年国民经济和社会发展统计公报》，云南省人民政府网2013年5月28日发布。

于对退休职工实行生活补贴的暂行办法》，规定了对因公致残职工的补贴和护理费标准。1989 年，发布《关于国家机关事业单位职工因公负伤住院期间伙食费报销问题的通知》，规定了相关补助标准。从 1996 年到 2002 年，根据中央的文件要求，云南进一步规范了工伤鉴定工作。2003 年，在《工伤保险条例》的基础上，发布《云南省贯彻〈工伤保险条例〉实施办法》，进一步扩大了工伤保险的覆盖范围，解决了工伤保险基金的来源和安全性问题。至此，云南工伤保险法律体系正式形成。在落实《国务院关于解决农民工问题的若干意见》的基础上，2006 年至 2008 年，云南相继出台《云南省农民工工伤保险"平安计划"》《云南省农民工工伤保险暂行办法》《关于有雇工的个体工商户参加工伤保险的办法》，从政策层面上解决农民工因流动性大、就业形式多样、收入不稳定带来的参保难问题，有力地推进了农民工参加工伤保险。

不断提高生育保险。1982 年以后，《关于女职工生育假期的暂行规定》《关于女职工劳动保护的规定》《云南省女职工保健工作暂行规定实施细则》等一系列文件相继出台，云南女职工的生育保险待遇不断提高。产假从 56 天逐步增加到 90 天，难产或双产的另增加产假 15 天。为了配合计划生育的实施，规定晚婚晚育的奖励产假 14 天。1997 年，《云南省企业职工生育保险暂行办法》颁布实施。2003 年，进一步为符合计划生育政策晚育或是在产假期间办理《独生子女父母光荣证》的女职工增加了 15 天产假。2011 年，《云南省职工生育保险办法》开始实施，生育保险覆盖范围明显扩大。

2. 完善社会救助制度

社会救济工作得到了全面恢复和快速发展，覆盖城乡的社会救助网络逐渐形成。

建立最低生活保障制度。随着经济体制改革的深化，云南出现了一批生活困难的失业、下岗和困难企业职工家庭。为此，云南分别于 1995 年和 1997 年开展城市居民和农村居民最低生活保障试点。1998 年，在中央相关文件的指导下，印发了《云南省城市居民最低生活保障制度实施意见的通知》。同年底，云南有 55

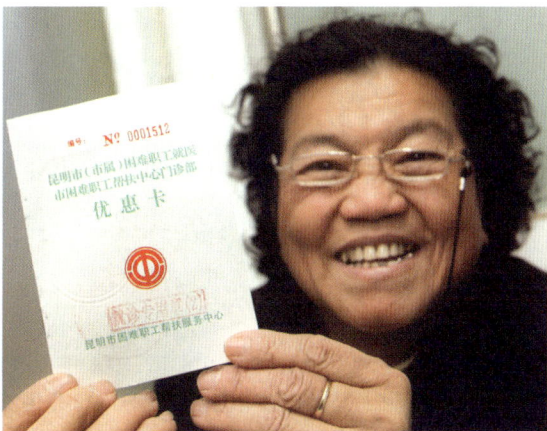

困难职工领到帮扶中心门诊优惠卡

个县（市、区）实施了城市居民最低生活保障制度，30 多个县（市、区）开展了农村最低生活保障工作。[①] 从 2000 年开始，云南逐步将城市居民最低生活保障制度覆盖到所有乡镇和远离乡镇的企业职工家庭。2006 年，全面建立和实施农村特困群众生活救助制度。2007 年，按照中央关于在全国全面建立农村低保制度的要求，出台《云南省农村最低生活保障工作规程（试行）》，把全面建立和实施农村低保制度纳入省政府为民办好的十件实事之一。截至 2012 年，云南有 93.57 万人被纳入城市居民最低生活保障，437.51 万人被纳入农村居民最低生活保障[②]。

建立医疗救助制度。为解决贫困群众的就医困难，防止因病致贫、因病返贫现象的发生，2003 年和 2005 年，根据中央要求，相继开展农村医疗救助制度和城市医疗救助制度的试点工作。共有 129 个县市实施农村医疗救助制度，28 个县（市、区）开展城市医疗救助试点[③]。2006 年，正式发布《云南省实施农村医疗救助暂行办法》，确定建立以政府投入资金为主的农村医疗救助资金筹资机制，建立农村医疗救助基金，初步形成了"政府主导、民政牵头、部门协同、社会参与"的管理体制。2006 年至 2007 年，城市医疗救助试点县（市、区）增加到 72 个[④]。2008 年，云南城市医疗救助工作已较好地完成了试点任务，进入了全面推进阶段。

加强农村五保供养服务。实行家庭联产承包责任制之后，原有的五保供养方法已经不适应农村的生产经营形式。为此，云南于 1982 年发布了《农村五保工作实行办法》，以集体办敬老院供养的方法继续五保供养工作。2006 年，为解决农村五保供养的资金困境，云南实施省级财政转移支付补助供养。同年 3 月，按照国务院新修订的《农村五保供养工作条例》规定，五保供养开始转为政府财政供养，供养服务机构纳入了当地经济社会发展规划。2008 年，下发《云南省民政厅关于印发农村五保供养服务机构建设指导意见的通知》，进一步为农村敬老院建设提供了政策依据，同时各级政府和民政部门积极鼓励有实力的企事业单位、农村集体经济组织和社会团体等社会力量支持敬老院建设，有力推动了农村五保供养事业的发展。截至 2012 年，云南农村五保供养人数达到 21.92 万人，

---

① 《民政 30 年——云南卷：1978 年—2008 年》，中国社会出版社 2008 年版，第 32 页。

② 云南省统计局编：《云南统计年鉴 2018》，中国统计出版社 2018 年版，第 359 页。

③ 《民政 30 年——云南卷：1978 年—2008 年》，中国社会出版社 2008 年版，第 33 页。

④ 《民政 30 年——云南卷：1978 年—2008 年》，中国社会出版社 2008 年版，第 42 页。

其中集中供养 3.53 万人，分散供养 18.39 万人。[①]

3. 形成社会优抚保障制度

优抚工作是我国社会保障体系的重要组成部分。云南积极落实优抚安置政策，提高优待抚恤水平，形成了抚恤、补助、优待、褒扬相结合的多层次优抚保障制度。

改革退役士兵安置机制。1998 年，云南实行《城镇非农业人口应征青年退伍安置登记表》制度，从源头上控制非农应征青年的入伍比例，缓解城镇就业安置压力。1999 年，颁布《云南省退役士兵安置管理规定》，明确了接收单位、退役士兵、安置部门的权责义务。从 2003 年起，开始实施新一轮退役士兵安置改革，逐步建立起以城镇退役士兵考核安置办法为主，以短期职业技能培训和 1 年以上教育培训、多种公共服务保障为辅的退役士兵安置机制。

逐步完善优抚手段。从单一的现金优待转向多种优待措施并用。根据 1982 年《云南省农村优待烈属、军属、残废军人暂行办法》规定，普遍实行现金优待。此后遵从中央优抚方针的调整，优抚形式开始转向扶持生产和扶持优抚对象勤劳致富。

保障落实优抚资金。从 1987 年开始，云南逐步探索优抚保障制度改革，逐步建成了国家、社会、群众三结合的优抚制度。1994 年对群众优待工作再次进行改革，推广以县级行政区域为单位的社会统筹优待金制度。1998 年发布《云南省义务兵家属优待规定》后，义务兵家属优待金采取面向城乡居民和社会统筹为主、财政拨款为辅的方式解决。从 2005 年开始，云南义务兵家属优待金全部纳入财政转移支付。

4. 完善社会福利制度

随着经济社会的快速发展，社会福利制度也不断完善，社会福利水平显著提高。1988 年，云南福利彩票发行，大幅度提高了社会福利资金的筹集，促进了社会福利事业的发展。

提高老年人社会福利水平。老年人社会福利逐渐由救济型向福利型转变，服务对象由特定的三无对象、五保老人等弱势人群向全体老年人转变，服务项目和产品供给从满足特定人群的基本生存需求向满足全体老年人不同层次、多样化的服务需求转变。逐步建立起了政府宏观管理、社会力量兴办、福利机构自主经营的老年人社会福利事业运行机制，初步形成了以家庭为基础、社区为依托、面向

---

① 云南省统计局编：《云南统计年鉴 2018》，中国统计出版社 2018 年版，第 359 页。

社会公众、多元化投资、多层次发展、专业化服务的老年人社会福利事业发展新格局。2007年，新修订《云南省老年人权益保障条例》，进一步突出了对老年人的权益保障和优待，优待内容从原来的10项扩大到26项，包括养、医、行、住、教、学、乐、为与维权、殡葬等方面，如60岁以上老人可免费乘坐市内公交车。79个县（市、区）对80岁以上高龄老人给予生活补助。① 云南老年人社会福利水平得到显著提高。

加大儿童和残疾人福利力度。在儿童福利方面，不断加大对儿童福利院的新建、改建、扩建、增添设施设备力度。在中央支持下，2006年至2008年，云南新建了10个儿童福利院。② 同时，儿童福利机构创新管理体制，形成了规范、专业的服务品质，保障了在院儿童生活、医疗、康复、教育等方面的基本权益。在残疾人福利方面，积极安置残疾人就业，保障残疾人教育。先后在大理、楚雄、曲靖、建水新建了四所盲哑学校，保障盲哑人的教育。1980年3月，成立了省盲聋哑人协会，到1987年底，云南共有县以上协会50个，基层分会和小组80个。③ 各级协会积极协助政府有关部门安置盲聋哑人就业。1994年以后，云南加快发展社会福利企业，形成了国家、集体、个人共同兴办社会福利企业的格局。2007年，新的福利企业政策实施，进一步加强了对社会福利企业的管理和监督，保障了残疾人的合法权益。截至2012年，云南已有343家社会福利企业，安置了1.72万名残疾人。④

5. 建立保障性住房制度

随着市场经济的发展，多种经济所有制并存发展，人民收入水平大幅度提升，商品房建设规模也不断扩大，以前靠单位福利分房的方式已经不适应经济社会的发展。1993年至1994年，国家先后提出经济适用房是解决城镇中低收入群体住房问题的举措和把住房分配的方式从福利分配转变到货币工资分配，并建立住房公积金制度和住房保障体系。1999年4月，建设部印发了《城镇廉租住房管理办法》，提出了将住房保障扩展到低收入群体。同年，国务院颁布了《住房公积金管理条例》，把缴纳公积金作为住房货币化的形式。至此，以住房公积金为主的住房金融货币制度，住房形式包括面向城镇高收入群体的商品房、面向

---

① 《民政30年——云南卷：1978年—2008年》，中国社会出版社2008年版，第115页。

② 《民政30年——云南卷：1978年—2008年》，中国社会出版社2008年版，第122页。

③ 云南省地方志编纂委员会总纂，云南省民政厅编撰：《云南省志·卷五十二·民政志》，云南人民出版社1993年版，第307页。

④ 云南省统计局编：《云南统计年鉴2012》，中国统计出版社2012年版。

中低收入群体的经济适用房、面向最低收入群体的廉租房的住房保障制度基本建立。

在福利分房制度下，云南城镇居民人均住房面积非常低，1979年昆明地区职工（不含8个郊县区）人均居住面积仅为3.46平方米。[①] 为了改善人民的住房条件，同时顺应经济发展的形势，云南逐步转换住房分配机制，由福利性住房制度逐步向保障性住房制度转变，取消福利房，建设商品房、经济适用房、廉租房、公租房等多类型住宅，建立并逐步完善住房公积金制度，提高人民解决自住房的能力，重点解决城市低收入家庭"住房难"问题。

1997年，出台《云南省建立住房公积金制度实施办法》。1998年，国家层面提出了建设廉租房保障体系的设想。2004年，昆明市率先启动廉租房建设。2007年之后，云南贯彻落实《国务院关于解决城市低收入家庭住房困难的若干意见》要求，以城市低收入家庭为对象，进一步建立健全城市廉租住房制度，改进和规范经济适用住房制度，加大棚户区、旧住宅区改造力度。2010年，云南人均住房面积达到36.2平方米，比1979年增加32.74平方米，高于全国平均水平[②]。

这一时期，为顺应市场经济体制改革的需要，云南社会保障体系有了长足发展，覆盖了越来越多的城乡人群，全方位提供养老、医疗、工伤、失业、生育、住房等多种生活保障，为维系社会稳定，推进改革开放事业提供了重要支持。

（四）实施教育优先发展战略

把教育摆在优先发展的战略重点位置，通过不断加大教育投入，深入推进教育体制改革，全面发展各级各类教育，推进教育对外开放，实施科教兴省战略，教育事业取得了跨越式发展。

1. 深化教育体制改革

贯彻落实国家教育体制改革相关意见，完善教育领域综合体制机制改革。进行教育"六个统筹"综合改革，包括统筹教育和经济社会的协调发展，统筹各级各类教育协调发展，统筹深化教育综合改革，统筹城乡区域教育协调发展，统筹教育事业发展规划和标准，统筹教育对外交流与合作，教育综合改革取得明显成效，经验在全国推广。

---

① 《云南住房40年变迁 从"分房"到"买房" 从"福利房"到"商品房" 告别"蜗居" 迎来"雅室"》，云南网2018年7月20日发布。

② 《"十一五"云南人均住房面积达36.2平方米》，昆明市人民政府网2011年1月24日发布。

深化以人事、分配为主要内容的体制机制改革。在义务教育阶段逐步推进新课程改革，教育评价制度改革，探索建立科学的教育评价制度。2003 年起，云南在全省中小学全面推行以校长公选、教师全员聘任、教职工绩效工资为主要内容的人事制度改革，改革办学模式、高中阶段学校招生制度、学籍管理制度。2005 年，云南义务教育阶段起始年级全部进入新一轮基础教育课程改革。2010 年，云南作为全国 9 个试点省份之一，开始推进民办教育的改革和发展。2011 年，云南颁布《云南省中长期教育改革和发展规划纲要（2010—2020 年）》，继续深化教育体制改革，积极探索有利于教育事业科学发展的体制机制，以改革推动发展，以改革提高质量，以改革增强活力。2012 年 10 月 1 日，颁布实施了《云南省民办教育条例》，在全国产生较大影响，为民办教育的发展提供了法制保障[①]。到 2012 年，云南已基本形成了公办和民办教育并行发展的格局。

2. 均衡发展各类教育

全面加大各级各类教育发展力度，促进教育事业的大发展。截至 2012 年，各级各类学校有 20257 所，在校生有 892.62 万人，教育规模大幅提升。云南人

农村义务教育

---

① 何青颖、刘寒雁：《云南民办教育 40 年：探索中不断壮大》，《云南教育（视界时政版）》2018 年第 9 期。

均受教育年限由 1990 年第四次全国人口普查的 4.75 年提高到 2010 年第六次全国人口普查的 7.6 年左右，达到国内中等发展水平；文盲率由 2000 年的 11.39%下降到 6.03%[①]，因扫盲成效显著，2000 年和 2006 年两次获得联合国教科文组织颁发的"国际扫盲奖"[②]。

学前教育得到长足发展。1978 年云南仅有 371 所幼儿园，在园幼儿人数 4.8万人。2011 年，开始实施《云南省学前教育三年行动计划（2011—2013)》，全面发展学前教育。到 2012 年底，云南共有幼儿园 4768 所，是 1978 年幼儿园数的 12倍多，在园幼儿人数达到 112.23 万人，是 1978 年在园幼儿人数的 23 倍多[③]。

基础教育全面普及。基础教育"重中之重"的地位逐步落实，基础教育得到全面发展。2002 年，云南制定实施了《云南省基础教育振兴行动计划》，以实现"基本普及九年义务教育、基本扫除青壮年文盲"为目标，以加快发展边境、少数民族、贫困地区教育为重点，通过加大投入，深化改革，加快基础教育发展。2010 年云南实现"两基"目标，并通过国家检查验收。2012 年，小学阶段毛入学率为 99.57%，初中阶段毛入学率为 106.04%[④]。

普通高中教育和高等教育加快发展。2012 年云南普通高中共有 444 所，在校生 70.62 万人，专任教师 4.52 万人，高中阶段毛入学率达到 71.20%。2003 年出台了《中共云南省委、云南省人民政府关于加快高等教育改革与发展的若干意见》，对云南高等教育改革和发展提出了一系列指导意见和改革措施，进一步加大高等教育的投入。截至 2012 年底，云南普通高校有 66 所，与 1978 年相比增加了 51 所，高等教育在学人数为 51.22 万人，与 1978 年相比增加 49.63 万人，高等教育毛入学率为 24.3%[⑤]。高中和高等教育的迅速发展，为经济社会发展提供了有力的人才支撑和智力保障。

职业教育取得较大成绩。云南不断加大对职业教育的投入，逐渐改变中等教育结构单一的状况，建立起初等职业教育与高等职业教育相互衔接，并与普通教育、成人教育相互沟通，结构协调的职业教育体系。1990 年和 2005 年，相继出台了《云南省职业技术教育条例》和《中共云南省委云南省人民政府关于大力推进职业教育改革与发展的意见》。2007 年，国家和省政府对就读中等职业学校的

① 《云南：人均受教育年限为 7.6 年》，大理日报网 2011 年 5 月 11 日发布。

② 云南省教育厅编：《历史的足迹：云南教育发展纪实》，云南教育出版社 2015 年版，第 123 页。

③ 云南省统计局编：《云南统计年鉴 2018》，中国统计出版社 2018 年版，第 310 页。

④ 云南省统计局编：《云南统计年鉴 2018》，中国统计出版社 2018 年版，第 315—316 页。

⑤ 云南省统计局编：《云南统计年鉴 2018》，中国统计出版社 2018 年版，第 316 页。

农村学生和城市贫困学生给予第一、二学年每年每生1500元生活补助。2012年开始实施向全部就读中职学校的学生发放生活补助同时免除学费的政策，有力地推动了职业教育的发展。

截至2012年，云南有中等职业院校308所，在校生67.06万人；高等职业院校37所，在校生18.75万人。中职和高职分别占高中阶段和高等教育阶段的半壁江山。

民族教育水平大幅度提升。作为全国少数民族最多的省份，云南持续加大少数民族地区教育支持力度，举办寄宿制、半寄宿制民族中小学，在大中专学校开办民族班、民族预科班，建立民族团结教育示范学校，建立包括14个民族18个文种的教材体系，在省内4所高校建立了民族语言师资培训基地，在民族地区采用21种民族文字进行民汉双语教学或扫盲，实行少数民族学生降分录取等照顾政策。在此背景下，云南少数民族在校学生由1978年的141.71万人增长至2012年的401.79万人[①]，各民族的文化素质都有了显著提高。

特殊教育快速发展。1978年，云南仅有1所盲聋哑学校[②]。2012年底，云南共有特殊教育学校47所，专任教师934人，在校生16777人，其中特殊教育学校学生4750人（含附设特教班），随班就读12027人[③]。

其他自考、函授、成人夜大、成人高考、广播电视大学、开放大学、慕课等多种教育方式也得到了较大发展，全民学习、终身学习的学习型社会加快建立。

3.促进教育公平公正

实现城乡义务教育全部免费。2007年，落实"两免一补"政策，全部免除农村义务教育阶段学生的学杂费和教科书费，为家庭经济困难的寄宿生提供生活补助。2008年秋季学期起，实现城乡义务教育全部免除学杂费，这是云南教育发展史上的一个重要里程碑。

加大民族地区教育扶持力度。开展东西部和省内教育对口支援工作。提高寄宿制学生生活补助标准，扶持特殊地区少数民族发展教育。采取特殊措施，对独龙族、怒族等15个少数民族学生及边疆县的少数民族学生降低高考录取分数线，在云南民族大学建立云南省高等学校少数民族预科教育基地，举办特殊少数民族本专科班、中专班，加快少数民族高级人才培养步伐。从2000年起，每年安排1800万元，对8个地州25个边境县129个边境乡镇的13万名边境各民族小学生实行免除教科书费、文具费、杂费的"三免费"教育。逐步扩大"三免费"教

---

① 云南省教育厅编：《云南省2012年教育工作总结》，2013年2月26日。

② 云南省教育厅编：《云南教育50年》，教育科学出版社2002年版，第18页。

③ 云南省教育厅编：《2012年云南教育事业统计摘要》，2013年版，第11页。

育范围，边境沿线 53 个边境扶贫攻坚乡的初中生以及 7 个人口较少民族和藏族聚居区的初中、小学学生均享受"三免费"教育，让更多边境民族地区孩子享受到更好更公平的教育。

关爱和资助特殊困难学生。建立和完善家庭经济困难学生的资助制度，初步建立覆盖学前教育到研究生教育的家庭经济困难学生资助体系，基本实现不让一个孩子因家庭经济困难而辍学的目标。80% 以上进城务工人员随迁子女在公办学校就读，留守儿童关爱服务体系不断健全。视力、听力、智力三类残疾儿童义务教育入学率达 90% 以上。

通过不断深化教育体制改革，覆盖各年龄阶段各类人群的终身教育体系逐渐形成，义务教育实现全免费，高等教育发展迅速，民族教育不断提升，公办和民办教育格局初步形成，云南教育事业获得全方位发展，为提升全民素质，推动经济社会发展发挥了重要的支撑作用。

（五）全面发展科技事业

改革开放以来，云南省科技实业以健全完善科技体制机制、增强全省科技创新能力和科技实力为重点，大力推进科技事业全面改革与发展。随着建设创新型云南行动计划的实施，以企业为主体的科技创新能力进一步提升，云南科技实力日益增强。据统计，1985 年至 2005 年已统计的科技成果总量为 8062 项，有5132 项科技成果获得国家级和省部级奖励，获奖率为 63.68%；1986 年至 2005年获授权的专利 14133 件 [1]。

1. 建立健全科研机构

加强科研机构建设。在自然科学、社会发展领域和生产部门建立相应的科研机构，形成了学科相对齐全、行业设置基本合理的基础研究、应用研究、自主创新及科技开发、成果推广及科技服务多种类型配套的科学研究与技术开发体系。相继成立昆明植物研究所、昆明动物研究所、云南天文台、昆明贵金属研究所等中科院下属、中央直属科研机构以及云南省农业科学院、云南省林业科学所等一批省级科研机构。1985 年云南科研机构达 149 家。截至 2012 年，云南拥有中国科学院和国务院各部委直属自然科学研究机构数分别为 3 个和 5 个，省直属和州（市）直属自然科学研究机构数为分别为 19 个和 57 个 [2]。同时，省生物资源保护

---

[1] 《云南省科学技术实力日益增强》，中华人民共和国科学技术部网 2009 年 11 月 24 日发布。

[2] 云南省统计局编：《云南统计年鉴 2018》，中国统计出版社 2018 年版，第 318 页。

与利用重点实验室、省植物病理重点实验室、省真空冶金重点实验室和国家贵金属材料工程中心等一批单位，已成为在全国有较大影响力的研发基地。

加大机构改革力度。2000 年以后，按照国家部署，云南逐渐开始对科研机构进行改革。2000 年和 2003 年分两批实施了 23 家省属应用型科研机构的企业化转制改革。2005 年，按照科技部等四部门部署，国家体育总局所属昆明体育电子设备研究所转为科技型企业，划归云南管理；有 4 家中央管理转制科研机构下放地方：昆明贵金属研究所、昆明煤炭科学研究所、昆明电器科学研究所和昆明体育电子设备研究所。省橡胶所、省轻工所、省机电所等有积极性和代表性的转制院所，开展了产权制度改革试点工作。省农业科学院、省林业科学院、省科学技术情报研究院等公益类科研机构进行内部改革。

2. 完善科技政策法规

制定科技工作规划。根据中央要求，围绕云南经济社会发展需要，提出科技发展的战略思想，统一编制了五年和十年科技发展规划和计划。从 1987 年起，设立了相对规范的科技计划体系，主要有科技重大（攻关）计划、软科学研究计划、星火计划、应用基础研究计划、科技成果试验示范计划和火炬计划等。之后结合云南科技工作实际需要，又多次对全省科技计划体系进行了优化调整。

加强科技立法工作。相继出台《云南省技术市场管理条例》《云南省科学技术普及条例》《云南省专利保护条例》《云南省高新技术产业促进条例》《云南省科学技术进步条例》等一系列地方性科技法规。同时制定实施《关于加快发展高新技术产业的决定》《关于加快高层次人才培养引进的决定》《关于实施建设创新型云南行动计划（2013—2017 年）的决定》等一系列政策措施，对推动科技发展发挥了重要支撑作用。

3. 改善科研条件

随着对科学技术是第一生产力的认识逐渐深化，经济形势的逐渐好转，逐步增加了科技投入，改善了科研基础条件。

科技经费大量增加。1978 年至 1985 年，云南共投入科学事业费和科技三项费 4.47 亿元。1989 年至 2005 年，全省科技三项费实现了大幅增长，由 3133 万元增长到了 57536 万元，年均增长率为 20.38%；全省科技三项费占全省财政总收支比例明显提高，2012 年，云南研究与开发（R&D）经费内部支出 68.8 亿元，占全省地区生产总值的比重为 0.68%[①]。

---

① 《2012 年云南省科技统计公报》，云南省科学技术厅网 2016 年 9 月 22 日发布。

科研基础设施设备不断增加。20 世纪 90 年代，大型科学仪器引进量大幅度增加，并向高档次引进发展。截至 2005 年，云南拥有 13 大类各种大型科研仪器设备 1300 多台（套），价值 8 亿多元。2006 年，"全省大型科学仪器共享协作网"开始建设，推动了大型科学仪器设备的共建共享工作。2007 年由中科院和云南省共同承建的"中国西南野生生物种质资源库"落成，成为我国西部地区最重要的大型科技基础设施 ①。

4. 加大知识产权保护力度

知识产权事业从无到有、不断发展。自 1982 年以来，随着国家和省级知识产权相关法律法规颁布实施，云南知识产权事业开始发展。2001 年，成立云南省知识产权局。2004 年，国家知识产权局专利局昆明代办处设立。商标、版权、植物新品种等分别由云南省工商、版权、农业、林业等部门管理。在行政保护方面，省、州(市)、县(市、区)知识产权、工商和版权保护部门，分别具有专利、商标和版权的保护职能；省林业、农业、公安、检察等部门以及昆明海关、省保护知识产权工作组等机构都具有相关知识产权保护职能。在司法保护方面，2001年至 2002 年，省高级人民法院、昆明市中级人民法院相继设立知识产权审判庭，其余 15 个州（市）中级人民法院设立了知识产权合议庭。全省大部分知识产权案件集中由昆明市中级人民法院受理。云南形成了行政保护和司法保护"两条途径并行运作"的知识产权保护体系。

5. 加快发展民营科技

云南注重推进民营科技发展，省人民政府出台了《关于加快发展民营科技企业若干意见的通知》等文件，从建立和完善现代企业制度、鼓励民营科技企业加强技术创新等方面深化改革，推进民营科技企业体制机制创新和技术创新；保证民营科技企业享受国家和省的有关经济、技术和产业政策，在项目审批、金融服务、土地使用等方面享有与国有企业或科研机构同等的待遇；实施财税、金融、人才建设等扶持政策，为民营科技企业创造良好的发展环境。随着开放力度和对中小企业扶持力度的加大，各民营科技企业充分结合云南独有的资源优势，以科技园区、高新技术开发区、科技型企业为孵化基地，在引进资金的同时引入高层次人才和管理制度，逐步建立一批具有竞争优势、优良潜质和管理规范的民营科技企业。

---

① 《云南科技 60 年发展状况比较》，中华人民共和国科学技术部网 2009 年 11 月 24 日发布。

6. 扩大国内国际科技合作

加强与上海的科技合作。在 60 年代帮扶合作关系的基础上，1979 年中央正式确定了上海与云南的对口合作关系。1995 年，上海市科委与云南省科委签署了《关于进行双边对口科技合作意向书》，由上海对思茅、文山、红河三个州(市)开展重点对口帮扶。2002 年上海正式移交了红河沪滇合作农场、思茅农业科技示范园及文山农业科技示范园。2005 年由云南省科技厅和上海市科委共建了"上海——云南技术转移基地"。

开展省院、省校、省部合作。面对我国加入世界贸易组织和党中央实施西部大开发战略的重大历史机遇，云南与中国科学院、中国农科院等权威科研机构，清华大学、北京大学等著名高校建立了正式合作关系，围绕云南经济社会发展和产业结构的战略性调整，启动实施了一批科技、教育、人才培训等领域的高水平合作项目。省院、省校科技合作完成了中国西南野生生物种质资源库、丽江高美古"2 米级光学天文望远镜"、国家探月工程 40 米射电望远镜、昆明高新五华科技园、一汽红塔技术创新中心等一批重大项目。2006 年签订了《科学技术部、云南省人民政府工作会商制度议定书》，共同推进生物能源产业化工程建设、云南花卉星火产业带发展、云南民族药工程技术研究中心建设、抗艾滋病新药与戒毒新药研制等工作①。

国际科技合作日益扩大。1980 年至 1988 年对外科技合作项目共 42 项，合作经费约计 300 万美元。1992 年大湄公河次区域经济合作启动，云南作为中国参与大湄公河次区域经济合作的主要省份，在与合作各方具有相同资源的锡业、橡胶业、热带作物业、水电建设等领域，立项支持了以"中缅千亩甘蔗、万亩水稻丰产示范"为代表的 13 个国际合作计划项目，创造了有国际声誉的替代罂粟种植"勐海禁毒模式"。"十五"期间，云南对外科技合作工作围绕技术和产品输出，重点针对东盟各成员国，特别是周边国家和南亚次大陆国家，加强国际合作计划项目的组织实施，积极推动"科技兴贸"行动计划，支持和引导企业(集团)、科研院所和大学开展以增强国际市场竞争能力，促进技术和产品出口为目标的技术经济合作，不断增强对周边地区的经济技术辐射能力和核心竞争能力。②

7. 提高科技创新能力

20 世纪 80 年代，科技创新活动主要集中在农业领域。90 年代开始，云南科

---

① 《云南省科学技术实力日益增强》，中华人民共和国科学技术部网 2009 年 11 月 24 日发布。

② 《云南省科学技术实力日益增强》，中华人民共和国科学技术部网 2009 年 11 月 24 日发布。

技创新活动蓬勃发展，在矿冶、电子信息、机械制造、农业、医疗、动物疫病、环境安全等领域开展了大量科技创新活动，取得了一批重大成果。党的十七大召开后，云南大力促进科技与经济的紧密结合，生物、冶金、烟草等优势特色领域具有自主知识产权的技术和产品不断涌现，创新能力居于全国领先水平。花卉新品种、重大冶金工艺技术及装备的开发应用，新材料新产品的开发，有色金属及稀贵金属资源利用，物流自动化设备和金融电子装备，大型铁路养护机械，红外光电子设备制造，磷化工和煤化工深加工技术等具有云南特色的技术创新在全国优势突出①。在新形势下，科研人员屡获国家技术奖。其中，中国科学院昆明植物研究所名誉所长吴征镒获得国家科技大奖，云南大学教授侯先光等人的研究成果"澄江动物群与寒武纪大爆发"获得国家自然科学一等奖。2011年，云南有9个项目获得2011年度国家科技进步二等奖，获奖成果主要集中在农、林、水等民生领域，改变了以往以选矿冶金科研成果为主的获奖格局。2012年，云南专利申请和批准数分别为9260件和5853件②；自然科学研究成果申报360项，获奖194项③。

8. 加强科普工作

自1996年第一次全省科普工作会议召开后，云南明确了科普工作的方向和目标，先后出台了《中共云南省委办公厅、云南省人民政府办公厅关于加强科学技术普及工作的实施意见》《云南省科学技术普及条例》等法律政策，指导和规范科普工作。建立各种专门学会、协会、研究会开展科普活动，提升科普教育基地能力，云南科普工作平台和网络初步形成，科普工作日益社会化、群众化、经常化。

开展科技活动周。2001年首次开展全省科技活动周之后，每年均以主题形式组织开展形式丰富多样的科普活动，科技活动周已成为一年一度的群众性科技活动盛会，营造了全社会广泛参与、普及科技知识、传播科学思想、弘扬科学精神、倡导科学方法的良好社会氛围。

开展科技下乡活动。为了让科普工作深入基层、深入人心，采用专家义诊、展板宣传、现场咨询、科技活动室建设、发放资料、专题讲座、民间艺演等多式多样的活动下乡进行科普，深受人民群众欢迎。

普及科普知识。通过设立科普栏目、开通科技频道、开设科普电视剧，出版

---

① 《云南省科学技术实力日益增强》，中华人民共和国科学技术部网2009年11月24日发布。
② 云南省统计局编：《云南统计年鉴2018》，中国统计出版社2018年版，第324页。
③ 云南省统计局编：《云南统计年鉴2018》，中国统计出版社2018年版，第317页。

《云南 100 科普丛书》等一批优秀科普作品，提高了广大人民群众的科学素质。

（六）加强人才工作

人才资源是经济社会发展的"第一资源"。云南制定了一系列加强人才工作的政策措施，作出了实施人才强省战略的重大决策，人才发展取得了明显成效，优秀人才不断涌现。

1. 贯彻落实科学人才观

云南各级党委政府认真贯彻党的知识分子政策，全面落实"政治上一视同仁，工作上放手使用，生活上关心照顾"的方针，取得了明显的成绩。云南知识分子队伍的状况发生了深刻变化，积极性和创造性得到了较好发挥。

科学人才观逐步确立。1990 年省五次党代会提出"教育为本，科技兴滇"战略。1995 年省六次党代会提出"科教兴滇"战略。2004 年政府工作报告正式提出实施"人才强省"战略，要求牢固树立人才资源是第一资源的观念，把人才工作纳入国民经济和社会发展总体规划；紧紧抓住培养、吸引、用好人才三个环节，大力加强以行政管理人才、企业经营管理人才和专业技术人才为主体的人才队伍建设，高度重视少数民族人才、高技能人才和农村实用人才的培养，积极引进紧缺人才，推进全省人才资源整体性开发；改革完善选人、用人机制和激励机制，用好现有人才，促进人才合理流动，营造人才成长的良好环境。

完善人才发展规划。1997 年，印发了《云南省 1996—2010 年人才资源开发战略规划》。2006 年，印发了《云南省人才发展"十一五"规划》。2010 年，印发了《云南省中长期人才发展规划纲要（2010—2020 年)》。这些规划不断完善了人才发展的指导思想、主要目标、主要任务，重大政策和重大人才工作，对实施人才强省战略进行了全面部署。与此同时，各州市根据本地区经济社会发展情况，编制了本地区中长期人才发展规划，逐步形成了全省上下贯通、衔接配套的人才规划体系。以科学的人才战略和人才发展规划为指导，云南人才发展取得了明显的成效，人才总量从 1980 年的 28.37 万增加到 2012 年的 357.15 万 [1]。

2. 优化人才资源配置

健全人才市场机制。1995 年，印发了《关于加快培育和发展我省人才市场的意见》，加强对人才市场建设的规划管理，加快人才市场的培育，促进人才市

---

[1]　云南省人才工作领导小组办公室、云南省人才发展研究促进会、云南省社会科学院编：《云南人才发展报告（2012)》，云南人民出版社 2014 年版，第 4 页。

场的健康发展。《云南省 1996—2010 年人才资源开发战略规划》提出加快人才市场体系的建立和完善，发挥人才市场在人才资源配置中的基础性作用。《云南省中长期人才发展规划纲要（2010—2020 年）》要求推进人才市场体系建设，完善市场服务功能，畅通人才流动渠道，建立政府部门宏观调控、市场主体公平竞争、中介组织提供服务、人才自主择业的人才流动配置机制。经过多年发展，阻碍人才流动的体制性障碍日渐消除，社会化的人才市场服务体系初步建立，相应的政策法规不断完善，市场在人才资源配置中的基础性作用逐步显现。

合理引导人才流动。针对农村基层及生产一线人才匮乏的问题，1987 年，印发了《云南省关于进一步推进科技人员支援乡镇企业和中小企业的规定》，随后又出台了《云南省人民政府关于放活科技人员的若干政策规定（试行）》《关于进一步推动科技人员和党政机关工作人员到经济建设第一线的意见》等一系列相关文件，积极鼓励人才向基层一线流动。从 1989 年开始，选派科技副县长参与地方经济发展，在促进科技事业发展中发挥了积极作用。针对各州市人才分布不平衡的情况，2005 年省委组织部印发《关于加强和改进我省部分州市人才对口互派工作的意见》，充分发挥各地人才资源比较优势，实行人才互派，推动相关地区人才资源共享、人才结构互补、人才正向流动和人才合作培养。

加快人才培养和人才引进。为进一步推动产业、区域人才协调发展，促进人才资源有效配置，云南在人才培养、引进等方面也作出了有针对性的部署。《云南省 1996—2010 年人才资源开发战略规划》提出着重加强农业、支柱产业、对外开放、管理等领域中紧缺的、重点学科的人才培养。1999 年出台的《中共云南省委、云南省人民政府关于加快高层次人才培养引进的决定》指出，加快培养跨世纪的学科技术带头人、高层次的企业经营管理人才和科技创新人才。引进人才的重点是学术技术带头人和国家有突出贡献专家，生物技术和医药、新材料新技术、电子信息、环保、机光电一体化等高新技术产业，生物、烟草、旅游等支柱产业，重点工程等领域的人才。《云南省人才发展"十一五"规划》提出实施三大人才工程，即高层次人才培养工程、紧缺人才引进工程和边疆民族地区人才振兴工程。

3. 完善人才评价激励机制

创新人才评价机制。1992 年以来，先后印发了《云南省专业技术职务经常性评聘工作若干问题的暂行规定》《关于开展专业技术职务经常性评聘工作的安排意见》《云南省专业技术人员管理暂行规定》等一系列政策，把职改工作推向经常化、制度化。通过深化职改，建立了以岗位职责要求为基础，以品德、能力和业绩为导向，科学化、社会化的人才评价机制。创新人才评价机制，完善专业技术人才考核评价制度，加大破格评聘和选拔中青年学术技术带头人的力度。

创新人才激励机制。先后印发《关于设立云南省外国专家彩云奖的暂行规定》《云南省人民政府办公厅关于印发云南省科技兴乡贡献奖实施办法的通知》《关于对发展云南省高新技术产业做出突出贡献人员实行奖励的意见》《云南省"兴滇人才奖"评选奖励办法（试行）》等政策文件，通过设置各种人才奖项，激励各类人才在经济社会发展中建功立业。构建物质与精神激励相结合，短期奖励与长效激励相统一，有利于保障人才合法权益的人才激励保障机制。

健全各类人才荣誉称号。从 1987 年开始，先后设立有突出贡献的优秀专业技术人才、省委联系专家、省政府参事、省中青年学术和技术带头人后备人才、省政府特殊津贴专家、省宣传文化系统"四个一批"等专家称号并开展选拔。到2012 年，全省共选拔出省委联系专家 565 名，省有突出贡献中青年专家 1555 人，享受省政府特殊津贴人员 1478 人，省中青年学术和技术带头人后备人才 713 人，省技术创新人才培养对象 468 人，省科技领军人才培养计划入选者 5 人，省级创新团队 101 个，省宣传文化系统"四个一批"人才 119 人，省级非物质文化遗产项目代表性传承人 824 人，省"拔尖农村乡土人才"400 人。①

4. 深化人才管理体制改革

健全人才工作领导机构和工作机制。坚持党对人才工作的领导，是人才工作顺利进行的根本保障。2000 年以来，成立了云南省人才工作领导小组，省委组织部成立了人才工作处，各州市、县党委均成立了人才工作领导小组，各级组织部门均设立专门人才工作机构。逐渐形成了党委统一领导，组织部门牵头抓总，有关部门各司其职、密切配合，社会力量广泛参与的人才工作格局。与此同时，人才工作领导机构逐步建立了科学的决策机制、协调机制和督促落实机制。建立了全省知识分子工作联席会议，引进国外智力工作联席会议制度，形成省人才工作领导小组每年初印发工作要点，对年度工作任务进行分解部署，有关单位按季度汇报进展情况，年底进行总结考核的工作机制。2008年，《云南省人才工作领导小组职责和工作规则》出台，人才工作运行机制更加健全。

加强人才工作法制化建设。先后出台《云南省人才市场条例》《云南省专业

---

① 云南省人才工作领导小组办公室、云南省人才发展研究促进会、云南省社会科学院编：《云南人才发展报告（2012）》，云南人民出版社 2014 年版，第 5 页。

技术人员继续教育条例》《云南省职业技能鉴定管理条例》《云南省人才资源开发促进条例》等一批关于人才发展的地方法规，使人才的培养、使用、配置和管理，由主要靠政策规范转为靠法制规范。其中，《云南省人才资源开发促进条例》在全国 31 个省区市中首开先河，对实施人才强省战略、规范和促进人才资源开发具有十分重要的意义。

（七）全面发展卫生事业

围绕"人人享有基本医疗卫生服务"的目标，云南抢抓机遇，加快探索医疗卫生体制改革，加大投入，全面发展医疗卫生事业。人均预期寿命从 1981 年的 61.45 岁[①] 增加到 2010 年的 69.54 岁。

1. 不断增加卫生财政投入

在"八五""九五"期间，云南不断增加财政投入，在全省开展了建设卫生防疫站、妇幼保健机构和乡镇卫生院的"卫生三项建设"。"十一五"以来，云南卫生事业投入年平均增长速度超过 20%以上，远快于云南地区生产总值和财政收入的增长。自 2002 年至 2006 年，借 GDP 增长接近翻番的势头，云南卫生事业费支出占全省财政支出比重由 5.89%上升到 6.39%，远高于全国 3.26%的平均水平[②]。2006 年，各级卫生事业专项投入达到 57 亿元，到 2007 年投入 77 亿元。2008 年至 2012 年，对卫生的累计投入增加到 1060.2 亿元，比"十一五"期间增长 2.4 倍[③]。

2. 健全城乡医疗保健网

加强基层卫生组织建设。逐步健全了包括医疗、预防、保健、监督等各类卫生医疗机构在内的城乡医疗保健网络。1978 年至 2012 年，云南各类卫生医疗机构从 5529 个增加到 23387 个[④]。

加强农村三级医疗卫生网建设。1990 年，云南颁发《云南省初级卫生保健实施方案》，要求各地切实加强农村三级医疗卫生网的建设。1998 年实行"乡村一体化"管理改革，把三级医疗卫生服务网、合作医疗和乡村医生结为一体，形成了农村卫生服务体系。截至 2012 年 2 月底，云南 1286 个建制乡镇设有卫生

[①]　文之冈主编：《中国老年实用大全》，华夏出版社 1989 年版，第 17 页。

[②]　中共云南省委党史研究室编：《云南改革开放 30 年历史经验》，云南人民出版社 2008 年版，第 399 页。

[③]　《云南卫生年鉴》编委会编：《云南卫生年鉴 2014》，云南人民出版社 2015 年版，第 15 页。

[④]　《共和国发展成就巡礼——云南》，《人民日报》2019 年 8 月 1 日。

院 1386 个（含乡镇卫生院分院 100 个），12684 个行政村共有卫生室 13291 个，全面实现每个乡镇有一所政府办的乡镇卫生院、每个行政村有一所村卫生室的目标。①

加快城市社区卫生服务体系建设。2003 年以来，云南加快建立健全以社区卫生服务中心、服务站为主体的城市居民基本医疗服务网络。截至 2012 年，云南共建立了城市社区卫生服务中心（站）437 个，从业人员 5313 人，其中卫生技术人员 4568 人。

加大民族地区卫生服务网络建设。云南加大对民族自治地方、边疆贫困县、人口较少特有民族聚居区和民族乡医疗卫生设施建设的投入力度，不断改扩建乡镇卫生院，建设行政村卫生室，实施"每村一个卫生室、一个医生"建设计划，民族地区实现了房屋、设备、人员、技术"四配套"目标。

提高公共卫生服务能力。2012 年，云南基本公共卫生服务经费达到人均 25元②，公共卫生服务体系进一步健全，服务能力持续提高。云南城乡居民规范化电子建档率、0—6 岁儿童常规免疫报告接种率、65 岁及以上老年人健康管理率、0—6 岁儿童健康管理率、孕产妇保健管理率、结婚登记人群免费医学检查率等指标均有较大提升。

3. 加强卫生防疫工作

卫生防疫组织工作不断加强。1979 年，有组织地开展计划免疫工作。80 年代初，加强了对计划免疫工作的组织领导。到 1990 年，云南共有 26582 人参与各级计划免疫工作③。2004 年，全面实施了省州（市）县（区）疾病预防控制中心和信息反馈网络建设。2012 年云南卫生防疫从业人员数量增加到 8013 人，与1978 年的 3604 人相比增加一倍多④。

防疫工作取得明显成效。为确保 14 岁以下儿童获得可靠的免疫力，云南制定了儿童基础免疫程序，各地严格执行的基础疫苗也从 4 种⑤增加到了 2010 年的 10 种。能及时有效地扑灭各种流行的传染病，有计划地结合爱国卫生运动，

---

① 《截至 2012 年 2 月底云南省实现"一村一卫生室"目标》，中华人民共和国中央人民政府网 2012 年 4 月 6 日发布。

② 《云南卫生年鉴》编委会编：《云南卫生年鉴 2014》，云南人民出版社 2015 年版，第 8 页。

③ 云南省地方志编纂委员会总纂，《云南省志·卫生志》编纂委员会编撰：《云南省志·卷六十九·卫生志》，云南人民出版社 2002 年版，第 248 页。

④ 云南省统计局编：《云南统计年鉴 2016》，中国统计出版社 2016 年版，第 358 页。

⑤ 云南省地方志编纂委员会总纂，《云南省志·卫生志》编纂委员会编撰：《云南省志·卷六十九·卫生志》，云南人民出版社 2002 年版，第 248 页。

消灭媒介虫兽，采取免疫接种等主动措施预防已知病种。在流行病防治方面，强化了对重点疾病包括鼠疫、疟疾、血吸虫病、麻风病、结核病、"非典"及禽流感等的防治。

4.拓展妇女儿童保健工作

各级妇幼保健机构逐渐恢复、重建。到 1990 年底，已形成以省、州（市）、县（区）三级妇幼保健所（站）为业务技术指导中心、以乡（镇）卫生院为纽带、以村卫生室（医疗点）和接生员为基础的妇幼保健网。

妇幼保健的业务工作不断拓宽，在始终坚持以降低孕产妇、婴幼儿的发病率和死亡率，提高妇女儿童健康水平为根本目的的基础上，业务工作从推广新法接生、科学育儿、防治多发病、常见病、进行计划生育技术指导扩展到围产期保健、婚姻保健、优生优育、"控制人口数量、提高人口质量"的技术服务。1982年至 1989 年间，云南被列入中华人民共和国与联合国儿童基金会、人口活动基金会合作的项目有 30 个[①]。1986 年至 1990 年，省卫生厅制定了《云南省儿童保健规范》《云南省围产期保健和孕产妇系统保健分类管理办法》《关于认真做好出生缺陷动态监测工作的通知》等一系列政策文件，对妇幼保健工作进行了规范。2000 年以来，国家降低孕产妇死亡率和消除新生儿破伤风项目在云南 77 个市、县（区）实施，经过努力，全省孕产妇及婴儿死亡率逐年下

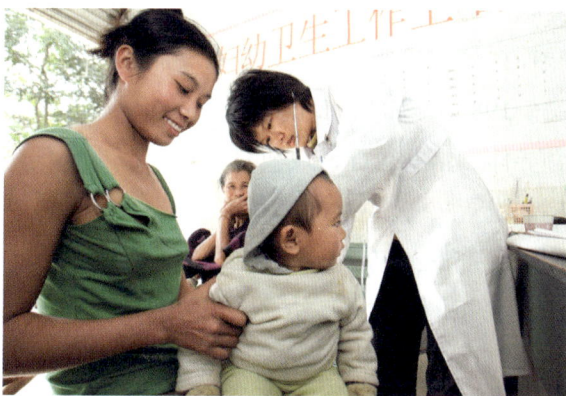

提高农村妇幼医疗服务水平

降。[②]1992 年至 2012 年，云南孕产妇死亡率从 115.29/10 万降至 28.01/10 万，婴儿死亡率从 46.38‰降至 9.35‰。2008 年，全面启动出生缺陷一级预防工作。通过开展婚前医学检查、产前筛查和诊断、先天疾病的筛查诊断和治疗等三级预防措施，减少先天残疾，提高出生人口素质。

5.建立艾滋病防治模式

随着艾滋病的发现和传播，云南开始了艰苦卓绝的艾滋病防治工作并逐渐探

---

① 云南省地方志编纂委员会总纂，《云南省志·卫生志》编纂委员会编撰：《云南省志·卷六十九·卫生志》，云南人民出版社 2002 年版，第 307 页。

② 《云南省情》编委会编：《云南省情（2008 年版）》，云南人民出版社 2009 年版，第 462 页。

索形成了独特的艾滋病防治模式。1989年9月，省艾滋病监测中心在吸毒者中发现了146名HIV携带者。[①] 同年10月，成立云南省预防艾滋病防治领导小组和省艾滋病专家咨询委员会，制定了相关规定。2004年，颁布《云南省艾滋病防治办法》，实施六项防治工程，防治工作取得了新进展。2005年出台《云南省防治艾滋病工作实施方案》，部署实施全省防治艾滋病三年人民战争。2007年1月1日，省人大常委会审议通过的《云南省艾滋病防治条例》正式实施。"十一五"期间，先后开展两轮禁毒防艾人民战争，取得明显成效，全省艾滋病疫情快速上升的总体势头得到了进一步遏制，并且在监测检测、宣传教育、行为干预、临床治疗、关怀救治和对外交流等方面探索出了符合云南实际、值得推广的防治模式，引起了国际关注。

6.深化卫生医疗体制改革

在中央对全国卫生系统进行改革的方针指导下，云南不断调整各级医疗卫生机构，改革卫生医疗体制。1979年，卫生部提出"普遍整顿、全面提高、重点建设"的要求。云南各级医疗卫生机构普遍进行了整顿调整，充实了领导班子，狠抓提高业务技术水平，整章建制。

1985年7月，云南出台《关于卫生工作改革的意见》，针对过去的弊端，在领导体制上实行简政放权，给单位以干部任免权、奖惩权、招聘权和单位内部机构的设置权等。逐步实行院长、站长、所长、校长负责制，落实各级各类人员的职责，把责、权、利三者结合起来。1985年以后，通过改革，实行"国家、集体、个人一起上"的办医方针，积极支持个体开业行医、联合行医，鼓励村镇集体、民主党派、群众团体办医，支持公司、企业和其他部门办医。村一级根据群众意愿，采取集体办、乡村医生联合办、个体开业、乡卫生院驻村设点等形式。同时，探索建立并持续完善了基本药物制度，大幅降低了基本药物招标价格，带动基层综合改革深入推进。2012年10月，云南开始启动了公立医院改革试点，统筹推进公立医院管理体制、补偿机制、人事分配制度、价格机制、医保支付制度等综合改革。

7.提高卫生执法能力

加强卫生法制建设。1997年以来，云南认真贯彻落实《中共中央、国务院关于卫生改革与发展的决定》和有关法律法规政策，加强卫生法制建设。成立卫

---

① 云南省地方志编纂委员会总纂，《云南省志·卫生志》编纂委员会编撰：《云南省志·卷六十九·卫生志》，云南人民出版社2002年版，第264页。

生立法领导小组，先后以省政府名义公布了《云南省突发公共卫生事件应急规定》和《云南省艾滋病防治办法》。省人大常委会审议通过公布了《云南省食品卫生条例》和《云南省艾滋病防治条例》。

健全卫生监督体系。2000 年以来，不断加强全省卫生监督体系和监督机构建设。完成了全省卫生监督机构改革工作，初步形成了三级卫生监督体系。2002年，云南在全国率先实施放心食品工程，开展农村食品卫生许可、餐饮业餐饮具消毒、学校食堂食品卫生、保健食品、食品添加剂生产经营等系列专项整治工作。全面实施食品卫生监督量化分级管理制度，加大学校食堂食品卫生监管力度，加强食品卫生监督和违法行为的查处。同时，还采取了一系列措施加强了医疗服务市场和血液安全监管，2004 年至 2006 年，云南开展打击非法行医系列专项行动，对各类违法医疗行为进行了清理整顿。开展打击"号贩子""医托"专项执法行动等，提高医疗服务市场的规范程度，保障了人民群众的生命健康权。

（八）加快发展体育事业

改革开放以来，云南大力发展群众体育，体育设施遍布城乡，全民建设组织化、制度化、科学化水平显著提高，竞技体育实力全面提升，体育产业快速增长，体育市场初步形成。

1. 发展全民健身运动

云南体育事业以满足广大人民群众日益增长的体育需求，增强各族人民健康素质为出发点，依托资源优势，突出特色、不断创新，群众体育活动蓬勃开展，定期举办少数民族、残疾人、农民、青少年、职工、妇女、老年人等各类人群运动会。

全民健身体育设施不断完善。省级体育部门支持州（市）级体育基础设施建设"健康促小康"项目 21 个，完成"雪炭工程"体育设施建设项目 30 个、少数民族自治州体育设施"民康工程"8 个；建设"全民健身路径"500 套，实施"体育扶贫"项目 188 个，奖励补助"小康体育特色县"体育场馆建设项目 13 个，县、乡镇、社区一级的体育基础设施得到改善。配合国家体育总局，在全省行政村建设"农民体育健身工程"项目 1878 个，全民健身活动场地基础设施建设步伐加快，全民健身服务体系建立，全民健身服务网络覆盖了全省 70% 以上地区；社会体育意识不断增强，经常参加体育锻炼的人数达 1340 万，占 7 到 70 岁人群的35.23%，接近全国平均水平。

根据不同人群的特点开展全民健身运动。各级体育部门、行业体协、民间组织常年组织举办"五个百万人群健身活动"、"体育三下乡"、"体育进社区"、健身气功等形式多样的健身活动。挖掘、整理、推广10套"少数民族健身操",挖掘出少数民族可推广的传统体育项目达360余种。出版发行音像资料23集,整理、创编民族健身操10余套,推进"阳光体育"进校园活动。培育"东川泥石流国际汽车越野赛""澜沧江(湄公河)亚洲公开水域游泳邀请赛""大理三月街马赛"等一批初具品牌影响力的健身赛事。每年近500万人次参与到全民健身宣传活动周(月、日)的系到活动,全民健身活动呈现出"大活动烘气氛,小活动不间断"的可喜局面,推动群众体育向广度和深度发展。

2. 提高竞技体育成绩

改革开放后,云南体育事业迎来了蓬勃发展的春天,竞技体育先后涌现出了一批优秀运动员,在国际国内大赛中取得佳绩。经过多年的努力探索,云南省竞技体育逐步形成了以"耐""灵""小"为特点的项目发展特色。这一时期张国政、李季、郭伟阳等优秀运动员多次代表国家参加世界性的比赛,并取得了优异的成绩。在1996年亚特兰大奥运会上,何琦作为中国女排主力队员,实现云南省运动员奥运奖牌零的突破;在2004年雅典奥运会上,运动员张国政勇夺男子69公斤级举重冠军,实现了云南运动员在奥运赛场上金牌零的突破,在云南体育史上写下了光辉的一页。截至2009年云南体育奖牌统计,从2000年到2009年在国际国内

少数民族射箭比赛

比赛中荣获金牌数 142 块、银牌 140 块、铜牌 150 块。并成功承办了世界杯场地自行车赛，举办云南省第 11 届运动会、第 12 届运动会、第 5 届城市运动会、第 6 届城市运动会。在第 11 届全国运动会上，创造了男子竞走全运会"五连冠"的佳绩。新组建的射箭队也在全运赛场上崭露头角。在首届世界智力运动会上，取得两枚银牌，创造了云南棋类运动员在世界比赛中的最好成绩。

3. 稳步推进体育人才队伍建设

注重体育人才的培养和队伍建设，各级各类体育人才总量增长，专业技术水平和综合素质普遍提高，形成了具有一定数量、结构较为完整的体育人才队伍和较为完善的体育人才选拔、培养和管理体系。2004 年云南省体育运动学校成功升格为云南体育运动职业技术学院，三级训练网络基础得到了普及和加强。2005 年云南体育人才资源总量为 3252 人，形成以云南体育运动职业技术学院为龙头的省、州（市）、县三级业余训练网络，在训规模扩大至 1 万人左右。2011 年，云南有全国高水平后备人才训练基地 1 所，全国单项高水平后备人才基地 3 个项目共 6 个点；国家级青少年体育俱乐部 87 个；传统体育学校 44 个、青少年体育户外营地 1 个，后备人才培养体系进一步完善。

4. 加强体育场馆设施建设

由于云南经济相对滞后，体育场馆建设与其他省相比明显不足。但随着国家经济的发展，加上各级党委和政府的重视，通过"千里边疆文化长廊"体育设施工程、"雪炭工程"、全民健身路径工程、农民体育健身工程的实施，较好促进了基层体育设施的建设。为较快推动全民健身、培养竞技体育后备人才以及培育体育产业奠定了基础。

国家体育总局将云南昆明体育训练基地、呈贡体育训练基地、水上运动项目训练基地作为国家队运动员备战 2008 年北京奥运会的高原训练基地。随着体育场馆设施的不断改善，不仅为群众健身提供服务，而且发挥多元化功能，创造了良好的经济社会效益。"十一五"期间，云南共接待中国国家队、兄弟省（区）市、港澳台和外国运动队近 20 个项目、370 余支队伍、189534 人次进行高原训练。为国家竞技体育水平提升和国际体育文化交流作出重要贡献。昆明体育训练基地荣获党中央、国务院授予的"北京奥运会、残奥会先进集体"和"云南省五一劳动奖状"。

5. 初步发展体育产业

20 世纪 90 年代初，社会办体育开始兴起，体育产业成为经济发展一个新的增长点。根据云南省统计局调查统计，云南省 2006 年体育及相关产业总产出

39.04亿元，产值占全省GDP的0.45%，占全省第三产业的1.5%，从业人员2万多人。

高原训练服务品牌已初步形成。昆明体育训练基地（海埂基地）已经发展成世界六大高原体育训练基地之一，其体育训练服务业已经具备一定影响力。以海埂基地为代表的高原训练服务产业带初步形成，高原训练特色品牌初步树立，形成了良好的发展态势。

民间资本投资体育产业项目逐渐增多。企业化运作的曲靖立得女子篮球队、云南围棋队成功晋级甲级联赛，红河州率先成立体育产业有限责任公司，为体育产业创新发展作出新的尝试。开发健身旅游和康体休闲市场，积极参与孟中印缅"昆明—加尔各答"汽车集结赛、泛珠三角汽车集结赛，举办"穿越彩云南汽车集结赛"，从新的视角扩大了云南旅游的影响。

随着体育彩票市场的扩大，彩票发行量迅速增长，体育彩票销售也步入了快速发展阶段，1996年至2009年，云南体育彩票销售总额113亿元，筹集公益金35亿多元，2702个销售网点遍布在16个州（市）的129个县（区），为社会提供近万个就业岗位，支撑了云南体育产业的可持续发展。体育产业的发展增强了体育自身造血功能，推动了体育事业的快速发展。

（九）完善人口政策

在"计划生育"基本国策的指导下，云南结合实际，创造出富有地方特色的计划生育政策，有效地控制了人口增长速度。与此同时，针对发展中出现的人口结构不均衡和人口流动的问题，云南也积极调整政策予以应对，取得了良好的效果。

1. 控制人口数量

1978年，云南人口出生率为28.37‰，人口自然增长率为21.4‰，已连续多年高居20‰以上，总人口数已达3091.5万人，人口规模几乎达到1949年人口数的两倍[1]。为了遏制人口的快速增长，控制人口规模，按照中央要求，云南在前期计划生育酝酿工作的基础上，全面实施计划生育政策，控制人口增长速度。

1979年，云南开始提倡晚婚晚育；规定一对夫妻生育的子女数最好是1个，不得超过2个；生育间隔必须在三年以上[2]。1984年8月，在中央提出计划生育，

---

① 云南省统计局编：《云南统计年鉴2018》，中国统计出版社2018年版，第376页。
② 《云南省情》编委会编：《云南省情（2008年版）》，云南人民出版社2009年版，第468页。

"提倡一对夫妇生育一个孩子"的背景下，云南坚持"有利于边疆稳定、有利于民族团结、有利于经济社会发展"的原则，提出"农村与城市、边疆与内地、山区与坝区、少数民族与汉族相区别"的分类指导原则，开始实施"一、二、三"生育政策①。明确规定：城市人口生一孩，农村人口生二孩，边疆一线少数民族生三孩。2002年，《云南省人口与计划生育条例》颁布后规定：符合再生育规定的，生育间隔应当在四周年以上。

在强有力的计划生育工作推动下，云南育龄妇女总和生育率不断下降，人口出生率和人口自然增长率逐年下降，人口总量呈现持续低速增长的态势。2012年云南人口出生率为12.63‰，与1978年相比下降了15.74个千分点；人口自然增长率为6.2‰，与1978年相比下降了15.2个千分点；全省总人口数为4645万人②，与1978年相比，34年的时间仅增加了1587万人。从人口规模上来看，云南已有效地缓解了过快增长的人口对资源环境和社会发展的压力。

2. 落实计划生育政策

在计划生育政策的实施过程中，云南始终重视从实际出发创造性地开展工作。1994年，在全国率先制定并组织实施了以宣传教育为主、避孕节育为主、经常工作为主的"三为主"三年规划。有力地加强基层工作，加快基础设施建设，促进计划生育管理的系统化、目标化、制度化、规范化。到1997年，全省如期顺利实现了"三为主"规划的目标，提高了全省计划生育工作的整体水平，为2000年国家计生委组织实施全国"三为主"规划探索了有益的经验。

为降低生育水平，云南于2003年在全国率先出台了农业人口独生子女家庭"奖优免补"政策，在41个县、市、区进行试点。"奖"是对符合再生育条件而自愿放弃再生育、领取《独生子女父母光荣证》的夫妻，给予1000元的一次性奖励；"优"是独生子女升初、高中和省内高等院校时给予加20分优先录取；"免"是免除独生子女义务教育阶段的课本费、杂费、文具费，免除独生子女16周岁前家庭所承担的农村义务工、劳动积累工；"补"是对独生子女父母年满60周岁以后，每人每年发给500元的生活补助。

2004年，在试点基础上，省政府进一步修订完善这一政策，扩大了"补"的范围、提高了"补"的标准，将教育"三免费"调整为教育"奖学金"，出台了《云南省农业人口独生子女家庭奖励规定》，并于同年6月1日起在全省实施。

① 中共云南省党史研究室编：《云南改革开放30年历史经验》，云南人民出版社2008年版，第408页。

② 云南省统计局编：《云南统计年鉴2018》，中国统计出版社2018年版，第376页。

"奖优免补"政策实施后，生育水平迅速降低，为全国探索建立计划生育利益导向机制作出了贡献。① 从"奖优免补"政策实施到 2007 年末，云南人口自然增长率由 10.6‰下降到 6.86‰，人口出生率由 17.9‰下降到 13.08‰，全省年出生人口总数由 2002 年的 77.1 万人迅速下降到 2007 年的 58.8 万人。②

3. 优化人口结构

在人口数量得到控制的同时，人口结构不均衡问题开始出现。一方面，云南第四次、第五次、第六次人口普查结果显示云南出生人口性别比持续升高，出现人口性别失衡问题；另一方面，根据 2005 年 1%的人口抽样调查与 2010 年第六次人口普查数据，云南 60 岁及以上人口占比与 65 岁及以上的老年人超过联合国的老龄化社会标准，云南正式进入老龄化社会。③

调整出生人口性别比。2005 年，颁布《云南省出生人口性别比升高问题综合治理规定》，在全国开创以出台省级人民政府规章形式综合治理出生人口性别比升高的先河。按照"爱、扶、打、禁"的综合治理工作方针，云南逐步建立起了"五位一体"的综合治理出生性别工作机制，即宣传教育、利益导向、全程服务、打击两非、考核评估，形成了政府主导、计生牵头、部门协作共管的工作格局。经过综合整治，云南出生人口性别比失衡状况得到了初步遏制。2012 年，云南住院活产婴儿出生人口性别比为 110.04，与"五普"出生性别比基本持平并低于全国平均水平。

积极应对人口老龄化。面对人口老龄化的挑战，云南贯彻落实《中共中央、国务院关于加强老龄工作的决定》，于 2000 年 9 月 30 日成立云南省老龄工作委员会，将老龄事业纳入国民经济和社会发展规划，从制定维护老年人权益的法律法规，完善有中国特色的老年社会保障制度，建立健全养老机制，完善老年服务体系，加强老年思想政治工作等方面加强老龄工作，满足广大老年人日益增长的物质和文化生活需要。

4. 释放人口活力

农村经济体制改革使农村产生了大批剩余劳动力，由于国家放松了对农村人口进入城市，尤其是进入中小城镇的控制，大量农村剩余劳动力开始涌向城市，

---

① 中共云南省党史研究室编：《云南改革开放 30 年历史经验》，云南人民出版社 2008 年版，第 408—409 页。

② 中共云南省党史研究室编：《云南改革开放 30 年历史经验》，云南人民出版社 2008 年版，第 412 页。

③《云南省 2010 年第六次全国人口普查主要数据公报》，国家统计局网 2012 年 2 月 28 日发布。

云南流动人口骤然增加并进入快速发展期，为经济社会的发展释放出巨大的活力。根据人口普查资料显示，2000 年云南流动人口总数超过 387 万人，是 1990 年流动人口总数的 7 倍多，占总人口比重为 9.1%。2010 年，全省流动人口超过 605 万人，占全省总人口的 13.16%，10 年时间流动人口增长了 218 万人。

改革户籍制度。为了顺应人口流动的趋势与社会发展的需求，云南按照中央的要求开始推动户籍管理制度改革，促进农村富余劳动力的转移和人口合理有序的流动。先后多次出台户籍管理改革政策：1997 年在安宁、楚雄等 11 个县市进行小城镇户籍改革试点；1999 年出台《云南省人民政府关于进一步推进我省小城镇户籍管理制度改革的决定》，扩大了小城镇户籍改革范围，再次放宽了迁移落户条件；2001 年进一步放宽了迁移落户条件；2008 年实施了《云南省人民政府关于深化户籍管理制度改革的意见》，确定了按实际居住地登记户籍关系的原则，取消农业户、非农业户及其他类型户的登记管理模式划分，实行城乡统一的户籍登记管理制度。户籍制度改革促进了人口流动的健康发展，增添了经济社会可持续健康发展的活力。

加强流动人口管理。云南各州（市）成立了流动人口管理领导小组，设立流动人口服务站，建立流动人口管理信息系统，出台了一系列流动人口服务管理的政策措施，逐步把流动人口纳入公共服务和社会保障体系，使流动人口享有与当地居民相同的权益和公共服务，包括劳动就业、社会保障、医疗卫生、子女就业、办理证照等。2012 年 7 月 29 日，《云南省流动人口服务管理条例》审议通过，进一步加强了流动人口服务管理，保障流动人口的合法权益。

云南通过创新计划生育措施控制过快增长的人口规模，缓解了人口对经济社会发展的巨大压力，同时关注到人口结构不均衡的问题，调整政策措施，初步遏制出生人口性别比偏高的趋势，积极应对人口老龄化的挑战，释放人口流动对经济社会发展的活力，为新时期人口的均衡发展奠定了良好的基础。

（十）深入推进扶贫开发

消除贫困，改善民生，实现共同富裕，是社会主义的本质要求。作为全国脱贫攻坚的主战场，云南是全国贫困人口和贫困县最多的省份。改革开放以来，云南不断创新扶贫战略和方式，取得了扶贫开发的巨大成效。

1. 创新扶贫开发方式

1986 年，国家开始实施有计划、有组织、大规模的扶贫开发，首次确定了贫困标准和重点扶持区域。从此，云南改变了没有具体扶贫目标的经济增长减贫和救济式扶贫，开始实行以目标瞄准型的开发式扶贫为主，临时性救济为补充的扶贫，根据不同地域、不同时期的贫困特点和扶贫资源，不断创新扶贫战略、措施和工作对象，提高了扶贫开发的效率。

扶贫战略从开发型向发展型转变。1986 年以来，云南一直坚持国家确立的开发式扶贫方针，注重从基础设施抓起，科教先行，着力发展贫困地区优势产业，实施易地扶贫、劳动力转移、小额信贷等关注经济发展的扶贫措施。2007 年，云南提出"大扶贫"理念，把扶贫开发纳入全省的发展战略和政策体系，推行扶贫开发与社会救助"两轮驱动"。2011 年至 2012 年，针对新时期的贫困问题和贫困特点，云南扶贫开发战略再次发生了重大转变，由单纯强调经济发展的开发式扶贫向注重经济、社会和生态环境协调发展的开发与保护并重的发展式扶贫转变。

扶贫方式从政府主导向政府主导与社会联动有机结合转变。1986 年至 1995 年，云南的扶贫工作完全由政府包揽，扶贫资金均来源于各级政府财政。1996 年，云南开始实施滇沪对口帮扶，外资扶贫也有了新进展，社会各界开始参与到扶贫攻坚中，沪滇对口帮扶、定点帮扶、外资扶贫等社会帮扶资金不断增加。2011 年以来，云南开始推动建立专项扶贫、行业扶贫和社会扶贫联动的"大扶贫"格局，强化专项扶贫、行业扶贫和社会扶贫的有机结合，专项扶贫重点解决贫困群众温饱问题，行业扶贫以改善贫困地区发展环境和条件为重点，社会扶贫则整合社会资源、积聚力量，形成扶贫合力。

结合不同的扶贫措施，瞄准不同层级的扶贫工作对象。自 1986 年开始，主要以贫困县为基本单元，大力加强农田、饮水、道路等基础设施建设，支持科技开发，发展优势产业，发展乡镇企业，提高吸纳贫困人口就业的能力，教育先行，加大农村教师和医务人员培训力度，提高贫困县的教育和医疗卫生水平。1994 年，云南确定了 506 个省级扶贫攻坚乡，开始以乡为单元推进扶贫攻坚，重点开展改土、治水、办电、修路、绿色等

贫困地区大力发展茶产业

五大工程，全面实施以建设人均一亩农田地为中心的温饱工程。1997 年，创新了区域扶贫和扶贫到户相结合，以扶贫到户为主的开发式扶贫方式，以便更好地瞄准贫困人口，实施小额信贷、异地开发、温饱安居工程等一些行之有效的扶贫到户措施。2005 年，明确以贫困自然村为单位实施整村推进综合扶贫，重点推进贫困地区劳动力转移、产业扶贫、安居工程建设、易地扶贫开发等。2009 年，在全国率先推行整乡推进试点，创新"整乡推进与基层党建双推进"扶贫模式。2011 年开始转变为以贫困行政村、贫困自然村、贫困农户及人口为帮扶单元，尤其强调瞄准贫困人口，聚焦 11 个直过民族、人口较少民族和深度贫困地区，扶贫策略由地区经济综合开发转变为区域综合发展与扶贫到户相结合，扶贫重心由单纯强调贫困地区基础设施和产业发展等"输血"功能向增强贫困人口素质和提高贫困地区自我发展能力的"造血"功能转变。

2. 提高扶贫开发成效

通过深化扶贫开发，云南扶贫攻坚取得了巨大成效。在贫困线不断提高的同时，贫困人口持续减少，贫困发生率快速下降，贫苦地区的基础设施和公共服务水平不断增强，贫困地区群众生活水平显著提升，深度贫苦地区和特困群体的生活得到明显改善。

（1）不断减少贫困人口

按照国家首次确定的 1978 年农民人均纯收入 100 元的农村绝对贫困标准，1978 年至 2000 年 23 年间，云南农村绝对贫困人口从 2000 多万人减少至 160 万人，贫困发生率从 73.1% 下降至 4.7%，累计减少绝对贫困人口 1840 万人，年均减贫 83.6 万人，减贫率 92.00%；农村贫困发生率下降了 68.4 个百分点，年均下降 3.1 个百分点。[1]

按照 21 世纪前十年国家第二次提高的 2000 年农民人均纯收入 865 元的农村低收入贫困标准，2000 年至 2010 年，云南农村低收入贫困人口从 1022.1 万人下降至 325 万人，10 年累计减贫 697.1 万人，年均减贫 69.71 万人，减贫率 68.20%；农村低收入贫困发生率由 2000 年的 29.63% 下降至 8.6%，10 年累计下降 21.03 个百分点，年均下降 2.10 个百分点 [2]。

按照 21 世纪第二个十年国家第三次提高的 2010 年农民人均纯收入 2300 元的现行"两不愁，三保障"农村贫困标准，2010 年至 2012 年末，云南农村贫困

---

[1]　国家统计局云南调查总队编：《改革开放 40 年　云岭扶贫铸辉煌》，国家统计局云南调查总队网 2018 年 9 月 13 日发布。

[2]　国家统计局云南调查总队编：《云南调查年鉴 2013》，中国统计出版社 2013 年版，第 83 页。

人口从 1468 万人减少至 804 万人，减少了 664 万人，年均减少 332 万人，减贫率 45.23%；农村贫困发生率由 2010 年的 39.6% 下降至 2012 年的 21.6%，下降了 18 个百分点。①

（2）改善贫困地区生活水平

不断加大财政扶贫投入，2012 年达到了 42 亿元，与 1980 年相比增长了 83 倍，32 年累计投入 300.66 亿元，年均增幅达 14.85%。② 在强有力的扶贫措施之下，云南贫困地区基础设施和公共服务水平不断增强，贫困地区农民收入大幅增长，消费水平显著提升，整体生活水平不断提高，深度贫困地区特困群体生产生活明显改善。

贫困地区基础设施和公共服务水平有效改善。1986 年以来，云南将财政扶贫资金的 80% 以上、外来资金的绝大部分都用于改善贫困地区基础设施和公共服务。专项扶贫开发中的基础设施建设项目、以工代赈项目和整乡整村推进项目也以改善贫困地区的基础设施和公共服务为重点。在贫困县实施交通、水利、农田、能源、通信、学校、乡镇卫生院、村级卫生室等基础设施建设，以及提升教育、卫生公共服务水平的专项扶贫计划或规划，有效改善了贫困地区的基础设施和公共服务。

贫困地区农村居民收入大幅增长。1978 年，云南贫困地区农村居民人均纯收入仅为 100 元，2012 年达到 4325.10 元，比 1978 年增长 43.25 倍，年均增幅为 11.72%，比全省农村年均增幅高 0.14 个百分点。③1980 年，贫困地区农村居民人均消费支出仅为 95 元，2012 年达到 3668.76 元，④ 比 1978 年增长 37.62 倍，年均增幅为 11.34%，比全省农村年均增幅高 0.41 个百分点。

（3）促进少数民族地区脱贫致富

云南采取特殊扶持措施，对民族自治地方、边境地区、人口较少民族、散居

① 国家统计局云南调查总队编：《云南调查年鉴 2013》，中国统计出版社 2013 年版，第 83 页。

② 云南省人民政府扶贫开发领导小组办公室、《云南省扶贫开发志》编纂委员会编：《云南省扶贫开发志（1984—2005）》，云南民族出版社 2007 年版，第 75 页；国家统计局云南调查总队编：《改革开放 40 年 云岭扶贫铸辉煌》，国家统计局云南调查总队网 2018 年 9 月 13 日发布。

③ 国家统计局云南调查总队编：《云南调查年鉴 2013》，中国统计出版社 2013 年版，第 54 页、第 92—97 页；国家统计局云南调查总队编：《改革开放 40 年 云岭扶贫铸辉煌》，国家统计局云南调查总队网 2018 年 9 月 13 日发布。

④ 国家统计局云南调查总队编：《云南调查年鉴 2013》，中国统计出版社 2013 年版，第 58 页；贫困地区 1978 年数据引自国家统计局云南调查总队编：《改革开放 40 年 云岭扶贫铸辉煌》，国家统计局云南调查总队网 2018 年 9 月 13 日发布；贫困地区 2012 年数据根据国家统计局住户调查办公室：《中国农村贫困监测报告 2014》，中国统计出版社 2014 年版，第 147 页。

民族地区和特困民族地区的投入力度不断加大，实施兴边富民工程，为 25 个少数民族边境县办好 30 件惠民实事。2001 年至 2012 年，先后开展了普洱市镇沅县苦聪人、红河州西双版纳州莽人克木人、文山州瑶族山瑶支系、普洱市澜沧县拉祜族、德宏州陇川县景颇族特困村、文山州僰人、怒江州勒墨人、玉溪市山苏人等深度贫困群体的重点帮扶；实施了澜沧县拉祜族聚居区 356 个深度贫困自然村的整村推进和易地扶贫搬迁，100 个特困民族乡和 100 个边境民族贫困乡的整乡扶贫；开展了西双版纳州基诺族、布朗族等人口较少民族综合扶贫开发；完成了怒江州独龙江乡整乡推进独龙族整族帮扶五年规划、三年行动计划；启动实施了宁蒗县以深度贫困村综合发展为主要内容的扶贫攻坚大会战；以及怒江州整州区域发展与扶贫攻坚大会战。实施新 10 年农村扶贫开发纲要，加快重点扶贫开发工程建设。在各项政策措施作用下，少数民族群众收入持续增加，增幅高于云南平均水平，民族自治地方生产总值和固定资产投资等指标的增幅高于云南平均水平，促进了各民族的共同繁荣发展。

（十一）改革社会管理体制

1. 建立社会矛盾调处机制

1989 年 10 月 21 日，颁布了《云南省公民信访条例》，对信访受理范围、信访处理都作了相应的规定。1995 年 4 月，云南省第三次人民调解工作会议指出，贯彻调防结合、以防为主的工作方针；人民调解要注意进行分层次、分类别的指导；建章立制，使人民调解工作走上制度化、规范化、法制化的轨道。

进入 21 世纪后，预防和妥善处理群体性事件成为维护社会稳定的重点。注重对矛盾纠纷的排查、调解、预警和应急处理，努力把各种不稳定因素解决在基层和萌芽状态。主要机制包括实行重大措施的社会公示和社会听证制度，改进信访工作，确保政府联系群众的渠道畅通，及时排查和调处人民矛盾，并重点做好因征地、拆迁、企业改制、拖欠工程款等引发的社会问题，建立健全各种预警、应急机制和公开通报制度，增强政府应对公共危机的能力。

从 2007 年开始，建立完善多层次、全方位的社会矛盾纠纷排查、预警、调处解决机制。改进信访工作，全面推开"网上信访"，建立领导干部接访、下访长效机制和矛盾纠纷排查调处制度；完善重大事项社会稳定风险评估制度，对可能的不稳定隐患进行预警，有效避免了因决策不当引发新的社会矛盾；形成和完善人民调解、司法调解、行政调解"三位一体"的大调解工作格局，建立诉调对接、公调对接、检调对接的联动调解机制，健全调解组织网络，有效发挥了各调解方式的优势作用和整体效能。经过努力，在社会矛盾纠纷大量涌现的情势之下，云南呈现出群体性事件和参与人数明显下降的态势。

2012年，搭建起县、乡、村三级矛盾纠纷工作平台，加强人民调解、行政调解、司法调解"三调"衔接联动机制和医疗卫生、劳动人事等重点行业领域专业性调解组织的建设。2012年，云南人民调解组织共调处矛盾纠纷106万余件、司法调解2.3万余件、行政调解1.8万余件。全省群体性事件起数、参与人数同比大幅下降。①

2. 完善公共安全管理体制

（1）健全安全生产监督管理体系

高度重视安全生产工作，重点从强化安全生产责任制、加强安全生产监督、建设安全生产应急救援体系等方面健全安全生产体系。

强化安全生产责任制。20世纪八九十年代推行"一把手"安全生产责任制。2008年推行"一岗双责"，强化各级人民政府及其有关部门安全生产监督管理责任和生产经营单位安全生产主体责任。2012年在全省县域经济发展争先进位评价考核中，对安全生产实行"一票否决"。各级各部门逐级对口签订安全生产目标责任，狠抓安全生产责任落实。昆明市在食品安全领域也开始签订食品安全责任书，保障人民的菜篮子安全。

加强安全生产监督管理。2002年，为了综合管理全省安全生产工作，设立了云南省安全生产监督管理局。建立健全隐患排查治理长效机制，推进煤矿、非煤地下矿山、危险化学品、工贸等行业领域安全生产标准化建设，煤矿和非煤地下矿山的井下安全避险"六大系统"建设。通过安全生产中介组织开展安全评价工作。建立"月通报、季发布、年考核"制度、三级政府挂牌督办重大隐患制度、事故约谈制度、现场警示教育制度和较大事故查处挂牌督办制度等。建立健全安全生产调度统计信息体系，以便全面准确研究和把握安全生产形势，及时有效地开展事故应急救援。在食品安全监管方面，2003年，按照《国务院办公厅关于实施食品药品放心工程的通知》要求，全面实施"食品放心工程"，从食品污染源头治理，建立食品安全检测监测网络，加大对食品生产和加工环节的整治，严格市场准入制度，加强食品流通领域的监管，开展食品安全专项整治工作，落实食品进货检查验收、购销台账、质量承诺等制度，加强食品安全执法监督，保障

---

① 中共云南省委办公厅、中共云南省委党史研究室编：《2012年中共云南省委执政纪要》，云南人民出版社2013年版，第320页。

食品安全。

加强安全生产应急救援体系建设。2008 年以来，加大安全生产应急救援体系建设资金投入。与气象部门联合建立了可能引发安全生产事故灾难的自然灾害预警工作机制和 24 小时情况通报制度。建立和强化了应急救援队伍、应急物资储备仓库，截至 2012 年，云南安全生产专兼队伍共有 2726 支。2012 年累计完成各种应急救援任务 1488 起，成功救出遇险人员 842 人。

（2）改革灾害防治体系

对救灾工作进行了一系列改革，逐步建立新型的抗灾救灾管理制度和运行机制。从 1978 年开始，逐渐改单纯"输血"型救济为"造血"型扶持，改无偿救济为无偿救济与有偿扶持相结合，改单纯依靠行政手段为既有行政手段又按经济规律办事，改只讲社会效益为既讲社会效益又讲经济效益，把救灾与重点扶持、兴办双扶（扶持优抚对象和贫困户，简称"双扶"）经济实体相结合。探索提出了"以防为主，防、抗、救相结合，依靠群众，依靠集体，生产自救，互助互济，辅之以国家必要的救济和扶持"的救灾工作思路，建立健全各级救灾组织指挥体系，形成了"建立救灾工作分级管理、救灾款分级负担"的救灾管理体制的新思路。2006 年，根据国家新调整的救灾方针，提出"党政主导、分级负责、民政牵头、部门协同、社会参与"的具有云南特色的救灾工作管理机制。2010 年，《自然灾害救助条例》颁布。在执行国家救灾方针的同时，探索建立了灾情管理、应急预警和应急响应、灾民救助、群众互助、民房恢复重建、物资储备、社会捐赠、经费投入和农村救灾保险合作等机制，实现救灾工作由传统型向现代型的转变。

建立救灾应急预案体系。1993 年《云南省抗灾救灾暂行规定》明确要求储备救灾物资，制定抗灾救灾预案。2006 年，出台了《云南省重特大自然灾害救助应急预案》和《云南省民政厅应对突发性自然灾害工作规程》。至此，云南救灾应急预案体系全面建立，对提升救灾工作整体水平，尤其是对提升突发性重大灾害的紧急救援能力起到了十分重要的作用。2010 年云南省减灾委员会成立后，在新修订的《国家自然灾害救助应急预案》指导下，进一步规范了自然灾害应对和处置程序，加强了自然灾害应急救助的处置能力。

在救灾工作转变的同时，防灾工作也得到进一步加强。在预防地震工作上，通过事先制定减灾方案，制定各项准备工作标准，检查各项生命线工程和建筑的抗震能力，普及地震知识和防灾救灾知识，提高人们自防自救能力，强化地震监测和分析预报工作，要求或动员各类企事业单位（尤其是生命线工程单位）及广大群众积极参加中国人民保险公司开办的各类保险等措施以预防和降低地震的危害。林业有害生物防治工作自改革开放之后从无到有。相关机构逐步建立，1984年，成立云南省森林病虫防治检疫站，2002年，成立云南林业有害生物防治检疫局，对全省林业有害生物灾害进行防控。通过建立监测预警体系、检疫御灾体系、防治减灾体系和应急反应体系提高了林业有害生物灾害防治能力，并进行防治社会化试点，委托社会专业化防治公司运作，有效防治体系的实施使生物灾害发生率得到逐年下降。

3. 健全社会治安防控体系

随着市场经济的发展，社会治安开始出现许多新情况新问题，为了有效应对和打击犯罪活动，保卫人民的生命财产安全，云南进一步严密社会治安管理，坚持专门工作与群众路线相结合的方针，组织群众进行治安联防、巡逻，在农村和城市建立各种形式的治安承包和安全保卫责任制，建设治保会、群众联防队等群防群治队伍，强化社会防范机制，大力减少犯罪现象和治安问题。1987年，设立第一家保安服务公司，加强了机关、学校、工厂和企事业单位的安全保卫。从90年代起建立110快速反应机制，切实提高了动态环境下驾驭社会治安局势的能力。建立健全了居民身份证和暂住人口管理等制度，利用相关人口信息为破案提供便利。省检察机关和法院结合自己的工作，通过公开审判、以案释法、法制教育、违法犯罪人员帮教等措施积极预防违法犯罪。到1996年，初步形成了维护社会治安的四套防范体系。按照中央五部委《关于实行社会治安综合治理领导责任制的若干规定》，云南实行治安目标管理责任制，从省政府、地州市县，再到乡镇村社和农户都层层签订治安责任书，提高了社会治安防范能力。有效的社会治安防控体系保障了"中国'99昆明世界园艺博览会"的成功举办。

进入21世纪后，进一步加强治安防控体系建设，坚持建设以公安机关为主力、以群防群治队伍为依托、以社会面治安防范为重点、以科技手段为支撑，人防物防技防相结合的治安防控体系建设。建设"平安云南"，推进基层平安创建活动，积极推进电子视频监控系统建设，整合巡防力量，重点加强城乡结合部、公共复杂场所、重点要害部位的治安防范工作，强化社会面、乡镇（街道）和村（社区）的治安防控体系，将公路巡警、派出所巡逻民警等力量有机整合，纳入统一指挥的防控体系，形成联勤、联动、联打、联防、联治的治安防范格局，实现"快速反应、以快制动"的效能。到2011年，云南基本形成了点线面结合、人防物防技防结合、打防管控结合、网上网下结合，全方位覆盖城乡的立体化、网格化动态防控网络。

4. 推进社区管理体制建设

随着市场经济的发展，社区建设在基层社会管理和服务体系建设中的作用越来越突出。云南深入贯彻中央有关社区建设的意见，在城市和农村科学合理地划分社区，不断加大经费投入，完善政策体系，进行和谐社区建设。

从 1983 年起，在农村建立村民委员会，实行村民自治，在城市科学合理地划分社区，建立社区组织体系。2002 年根据中央精神，颁布了《关于加强城市社区建设的意见》，全面启动城市社区建设工作。2007 年根据全国农村社区建设工作会议精神，启动农村社区建设。同年出台《关于推进和谐社区建设的若干意见》，从社区组织、干部队伍和服务设施三大体系进行和谐社区建设。开展社区居委会换届选举工作，切实保障居民群众的知情权、表达权、参与权、选举权和被选举权、监督权。2010 年，出台《关于解决全省和谐社区建设中几个突出问题的意见》，对当时制约和影响社区建设中的突出问题，包括社区党的建设、社区治理、社区流动人口管理、社区服务、城乡社区统筹协调发展、社区建设保障等问题提供了指导。

截至 2012 年，云南基本建立了新型社区管理体制，共有城市社区 1802 个，农村村委会 12631 个；社区工作者队伍不断壮大，有城市社区干部 4543 人，村委会干部 72060 人，社区志愿者近 18 万人；社区服务体系基本形成，有村（居）老年协会近 1.5 万个，城市社区"一站式"服务大厅 1467 个，农村社区"一站式"服务站 469 个，[①] 为社区居民活动提供救助、扶老、助残、就业、咨询、社区矫正、文化、治安等服务；社区居民自治机制不断完善，基层社会管理逐步夯实。

在社区建设中，社会组织发挥着积极的作用。社会组织自 20 世纪 90 年代以来就作为弥补政府和市场不足的第三种力量开始发展起来。到 2012 年底，云南社会组织总数达 15603 个，活跃在经济、科技、教育、文化、劳动、卫生、体育、生态环境、社会事务等各个领域，成为推动云南社会建设的一支重要力量，也为政府向社会组织转移职能和购买服务提供了基础条件。除了正式注册的社会组织之外，社区社会组织作为丰富社区建设和社区服务的重要力量也得到了快速的发展。到 2012 年底，云南备案的城乡社区社会组织共有 7342 个[②]，在丰富社区建设和社区服务、协助村（居）委会进行民主选举，维护自身民主权益，支持村（居）委会的工作，参与建立民主管理制度，反映诉求，协调群众利益，弘扬传统美德，活跃社区活动，解决社区问题等方面发挥着积极作用，成为基层社区组织的有力助手。

---

① 《云南年鉴》编辑委员会编：《云南年鉴 2013》，云南年鉴出版社 2013 年版，第 324 页。
② 《云南省民政厅社会组织能力建设培训示范项目在昆开班》，云南网 2014 年 4 月 28 日发布。

（十二）切实维护国家安全

改革开放以来，随着社会经济的快速发展，地处边疆的云南，在维护国家安全、保持边疆稳定方面面临着更加复杂的局面。1984年1月1日，云南省国家安全厅成立，主要任务是领导和管理全省的国家安全工作。为防范打击境内外敌对势力的颠覆和渗透，维护云南社会的安全和边疆的繁荣、稳定，云南作出了巨大的努力并取得了明显成效。

1. 防范打击境内外敌对势力

云南各级公安机关和国家安全部门周密部署，精心组织，针对境内外敌对势力、敌对分子及其他危害国家安全和社会政治稳定的重点对象，加强防范控制措施，严打严防各类捣乱破坏活动，为维护云南社会政治稳定和民族团结、确保边疆安全作出了突出贡献。

2. 维护重要领域国家安全

由于云南地理位置的特殊性，边境安全和藏区稳定一直以来都是云南维护国家安全的重点工作。

开展缴枪缉毒为重点的边境安全整治。为维护边境治安稳定，按照中央要求，相继开展打击边境毒品、打击枪支弹药犯罪活动的重大斗争。采取公开检查、设卡查缉、秘密侦查、跨国跨省禁毒合作和加强警民联防等措施，严堵、严查、严打跨国贩枪贩毒犯罪活动，取得了辉煌战果。2005年，云南边防总队部署开展"边境狩猎"缉毒专项行动，成功破获了"11·2""5·28"等一批重特大案件，铲除了一批地下贩毒网络，有效遏制了毒品猖獗的势头。此外，禁毒国际合作也取得实质性进展，为遏制和减少境外毒品对云南的渗透开辟了新途径。

维护藏区稳定。云南一直把维护藏区稳定作为一项关系全局的重要工作，有关部门通力协作，严密防范达赖集团的分裂、渗透、破坏活动，使云南藏区保持了经济发展、社会稳定、民族团结、宗教有序的良好局面，特别是2008年拉萨"3·14"事件发生后，云南藏区始终保持了良好的社会政治稳定局面，为全国藏区维护稳定提供了典范。

3. 加强边境管理

加强和改进边境出入境管理。为适应新形势要求，从健全管理法规和机构、清理非法出入境人员、临时出入境证件管理等方面加强了边境出入境管理。健全边境出入境管理法规，实施公安机关发证、边防武警验证，对出入境人员进行证件管理的管理办法。为适应中越边境地区形势发展，下发《云南省中越边境地区人员出入境管理暂行规定》，逐步实现中越边境地区由半封闭的边境禁区到开放性的双边管理发展。① 边境出入境管理工作实现了依靠政策管理向依法管理的过渡。建立健全出入境管理机构，使边境地区出入境人员的管理逐步纳入正轨，持证出入境比例显著提升。依法清理非法入境、非法居留、非法就业人员，采取有效措施制止非法出境务工，使境内人员非法出境务工现象得到遏制。严格对入境境外边民在边境地区停留、临时居留和临时进入内地的证件签发管理。②

打击偷渡活动和加强涉外事件查处。根据国务院和公安部加强边境管理的指示，云南严密口岸（通道）边防检查和执勤工作，加大重点边境地段巡逻堵截管控力度，狠抓部队基层基础工作，充分发动边疆各族人民群众，依法严厉打击偷渡外逃违法犯罪活动。1993 年至 2005 年，随着边境贸易的发展，境内外人员贸易交易及合作大幅增加，边民纠纷随之增加。云南对解决边民纠纷和整治边民、民工出境务工，打击木材商人非法经营活动等问题进行综合治理。③

加强边民教育和边境服务工作。20 世纪 90 年代，云南与越、老、缅及东盟其他国家，通过全省陆路边境口岸的贸易规模迅速扩大，进出边境口岸的车辆、船只、人员、货物量大幅增加，出入境边防检查任务极其繁重。云南及时改进出入境检查方式，先后推出了"为西部大开发和改革开放服务的二十条新举措"和"三十二条便民利民措施"等，大大提升了边防工作及为民服务能力。④ 加强边民教育，维护边境稳定。1998 年，下发了《关于加强边民边防政策宣传教育的通知》，云南先后派出工作组 156 次深入边境一线乡镇，采取走访、广播电视宣传、组织培训等方法，宣传国家出入境管理"两法"和云南省人民政府颁发的"三个规定"等法律法规，做到家喻户晓、人人皆知，从而强化了边民的国家观念和国界意识，提高了边民遵守边防政策规定的自觉性和参与边境管理的积极性，维护了边境稳定。⑤

① 云南省地方志编纂委员会编纂：《云南省志·卷二十三·公安志》，云南人民出版社 2018 年版，第 392 页。

② 云南省地方志编纂委员会编纂：《云南省志·卷二十三·公安志》，云南人民出版社 2018 年版，第 392 页。

③ 云南省地方志编纂委员会编纂：《云南省志·卷二十三·公安志》，云南人民出版社 2018 年版，第 454 页。

④ 云南省地方志编纂委员会编纂：《云南省志·卷二十三·公安志》，云南人民出版社 2018 年版，第 458 页。

⑤ 云南省地方志编纂委员会编纂：《云南省志·卷二十三·公安志》，云南人民出版社 2018 年版，第 452 页。

4.重视边防建设

1992年，成立了云南省边防委员会，加强边防设备正规化建设，加大巡逻执勤力度，开展会谈会晤，妥善处理涉外事件，不断巩固边防建设。根据中越《关于处理两国边境事务的临时协定》和《中老边界条约》，加强了边境的控制与管理，及时妥善处理涉外事件，有效维护了边界现状和国土完整。1992年至1993年，在中越、中缅边境云南段展开了大规模大面积的扫雷工作，为战区边疆少数民族恢复生产重建家园创造了有利条件，为云南经济建设打开大门创造了良好条件。

这一时期，云南建立了适应社会主义市场经济体制要求的劳动就业体制，就业形势稳定发展。人民收入福祉全面提高，贫困人口持续减少，贫困发生率快速下降。以养老、医疗、低保、住房为重点的社会保障体系逐步建立完善，人民生活得到了较为全面的保障。医疗卫生获得全面发展，孕产妇和婴儿死亡率大幅度下降，人均寿命不断增加，人民健康水平不断提高。各类教育跨越式发展，人口基础状况逐步得到调整，社会人口活力增强，人口素质不断提升。科技人才事业获得较大发展，对社会发展的支撑力和贡献力不断增强。群众体育蓬勃发展，体育市场基本形成。社会管理体制改革不断深化，国家安全工作持续加强，社会环境安全和谐稳定。社会各领域的改革发展为推进新时代边疆民族地区社会建设奠定了坚实的基础。

三、进入新时代的云南社会建设（2012—2019年）

党的十八大以来，中国特色社会主义进入了新时代，社会建设成为中国特色社会主义事业"五位一体"总体布局的重要组成部分，云南的社会建设也进入一个新的发展时期。在习近平总书记关于社会建设的重要论述指引下，云南把增进人民福祉、促进人的全面发展作为一切工作的出发点和落脚点，着力发展各项社会事业，提高人民生活的获得感、幸福感和安全感。

（一）优化收入分配体系

把增收作为民生之要，努力提高人民的收入水平，完善更加公正合理有序的收入分配格局，提高人民的生活质量。

1.提高居民收入

通过建立与经济增长相适应的收入增长机制，加大再分配调节力度，提高城乡低保标准，落实强农惠农政策，实施"农民收入翻番计划"，加大农民直接补贴力度，建立农民工工资支付保障机制等一系列综合措施，大幅度提高了城乡居民收入水平，特别是中低收入群体收入水平。云南居民收入持续平稳较快增长，居民收入增长与经济发展同步，农村居民收入增速持续高于城镇居民。

2018 年，云南居民人均可支配收入 20084 元[①]，首次突破 2 万元，增速高于全国平均 0.8 个百分点，与 2013 年的 12578 元相比增加 7506 元。其中，城镇常住居民人均可支配收入 33488 元，增长 8.0%，增速高于全国平均 0.2 个百分点，与 2013 年的 22460 元相比增加 11028 元；农村常住居民人均可支配收入 10768 元，增长 9.2%[②]，增速高于全国平均 0.4 个百分点，与 2013 年的 6724 元相比增加 4044 元。其中，工资性收入增长最快，对增收贡献最大。

2. 完善收入分配机制

围绕构建公正合理有序的收入分配格局，云南健全符合机关、事业单位和企业不同特点的工资分配机制，坚持做到"三个统筹"：统筹机关事业单位收入分配政策；统筹地区间和行业间的收入水平；统筹不同群体间的收入水平，努力实现各类群体收入水平的同步增长。

规范党政机关事业单位的津补贴，统一各州市标准，实现"同城同待遇"。县以下机关建立公务员职务与职级并行制度、乡镇机关事业单位实行岗位补贴制度，有效地缩小人均津贴补贴差距。清理和规范机关事业单位津贴补贴，实施事业单位绩效工资制度。全面实施乡镇工作人员每月 500 元的岗位补贴制度。

通过加强收入分配调节，明显增加低收入劳动者收入，扩大中等收入者比重。推进国有企业负责人薪酬制度改革，调控企业职工工资，扩大企业工资集体协商制度覆盖面，提高中低收入地区干部职工收入水平。完善最低工资增长机制，每年提高最低工资标准。全面落实艰苦边远地区津贴。通过采取措施多渠道增加居民财产性收入。保护合法收入，规范隐性收入，取缔非法收入，采取税收政策手段鼓励回馈社会，扶贫济困。在多种措施之下，云南各级各类工资收入分配秩序得到了进一步规范，全省收入分配更趋合理。

在多项增收和再分配调节措施之下，云南人民收入水平不断提高，公正合理有序的收入分配格局逐步形成。

---

① 《2018 年云南居民人均可支配收入增长 9.5%》，人民网 2019 年 1 月 29 日发布。

② 《2018 年云南国家调查主要数据情况》，国家统计局云南调查总队网 2019 年 2 月 25 日发布。

（二）推进实现教育现代化

云南实施教育优先发展战略，持续加大对教育事业的投入，推动教育更加均衡公平地发展，充分保障每个孩子受教育的权利，特别重视学前教育的发展，充分发挥教育扶贫作用，阻断贫困代际传递，提升教育对"一带一路"建设服务的能力，努力推进云南大学"双一流"建设，提升教育国际化水平，推动全省教育事业均衡充分发展。

1. 增加教育投入

多渠道提高教育经费投入。强化省级政府教育统筹，鼓励支持各州市、县区结合当地经济社会发展特点，优化财政支出结构，切实把教育作为财政支出重点领域予以优先保障，落实教育费附加征收及使用。保证农村税费改革转移支付资金用于教育的比例和土地出让收益计提教育资金的比例。云南公共财政教育支出从 2012 年的 664.07 亿元提高到 2017 年的 988.75 亿元。[1]2017 年，云南教育经费总投入达 1333.2 亿元，同比增长 11.87%，建立了城乡统一、重在农村的义务教育经费保障机制。

2018 年，云南下达义务教育保障机制资金 82.04 亿元，本科高校生均拨款标准提高到 1.3 万元，投入各级各类学生资助资金 84.56 亿元，资助学生 482.74 万人次。下达实施农村义务教育学生营养改善计划"全覆盖"的补助资金 38.76 亿元，惠及全省 482.08 万学生。投入学前教育专项资金 8.2 亿元，实施 1701 个幼儿园建设项目。[2]

支持和鼓励社会力量兴办教育。加强民办普惠性幼儿园和民办骨干中小学建设，引导民办高校发展。探索名校集团化办学模式，缓解优质教育资源不足。通过名校办分校，校际联动、示范辐射等形式，探索形成优质教育资源集聚与快速扩展的发展路径。2013 年至 2017 年，全省民办教育固定资产值增加 75 亿元[3]。

2. 推动教育均衡发展

加快学前教育发展。2012 年 11 月，省十一届人大常委会第三十五次会议审议通过了《云南省学前教育条例》。随后颁布了一系列文件，从不同层面、不同

---

① 《2012 年全国教育经费执行情况统计公告》，中华人民共和国教育部网 2013 年 12 月 27 日发布；《2017 年全国教育经费执行情况统计公告》，中华人民共和国教育部网 2018 年 10 月 8 日发布。

② 《对标对表　狠抓落实——在 2019 年全省教育工作会议上的讲话》，云南教育网 2019 年 1 月 24 日发布。

③ 《截至 2017 年　云南一半以上孩子在民办幼儿园上学》，云南网 2018 年 1 月 18 日发布。

推进学前教育发展

领域、不同角度，扶持普惠性幼儿园，资助家庭经济困难的儿童接受学前教育。2018 年又颁布了《云南省幼儿园行政许可管理办法》等条例，为加快全省学前教育改革发展步伐提供了基本的制度保障。截至 2018 年底，云南省有幼儿园 10156 所，在园（班）幼儿 143.1 万人，学前三年毛入园率从 2012 年的 48.95%提高到 79.69%左右。

认真落实义务教育政策。全面实施农村义务教育学生营养改善计划和寄宿生生活补助两个"全覆盖"，统一城乡义务教育"两免一补"政策。科学布局校点，促进农村义务教育发展。截至 2018 年底，新增 23 个县通过国家县域义务教育基本均衡发展督导检查，云南基本均衡县达 120 个，占 93.02%，全省大班额数量明显下降。基本完成"全面改薄"五年规划任务，义务教育学校"20 条底线"达标率 99.97%[1]，九年义务教育巩固率达 93.5%。建立乡村教师奖励制度，招聘特岗教师，在集中连片特困地区的 85 个县实现乡村教师差别化生活补助政策全覆盖，采用义务教育学校校长、教师交流轮岗制度，为义务教育均衡发展提供人力资源保障。出台《依法督促监护人送适龄儿童少年接受义务教育办法（试行）》，落实联控联保责任体系，学生辍学失学明显减少。

---

① 《在 2018 年全省教育工作会议上的讲话》，云南教育网 2018 年 2 月 7 日发布。

保障特殊群体接受教育权利。2014年，《云南省人民政府关于深入推进义务教育均衡发展的实施意见》正式印发，保障进城务工人员随迁子女平等接受义务教育，保障残疾儿童少年受教育权，并把生均经费标准提高至6000元/生·年。采取医教结合、随班就读、送教上门等综合举措，积极落实"一人一案"，保障残疾儿童少年受教育权益。高等院校录取残疾考生人数逐年递增，从2012年的397人增加到2016年的636人。

加快现代职业教育改革。着力培养高素质劳动者和技术技能人才，不断优化职业教育布局，积极推进本科高校转型发展，加强示范性高等职业学校建设。截至2017年底，建成10个职教园区和42个职教集团，立项建设12所省优质高职院校，开展27所国家和省级现代学徒制试点学校建设。加快构建以中职为基础、高职为重点、应用技术本科为龙头的现代职教体系。遴选云南大学、天津职业技术师范大学，作为职业教育公费师范生培养院校，为中职学校学生提供继续升学机会。

推动高等教育发展。推动多元化办学模式改革，提高高等教育普及水平。2018年，云南省有高等学校81所在校生人数116.69万人。[①] 健全高等教育内涵发展政策机制，强化分类管理，探索建立不同类型高校拨款标准、质量评估、人事管理等制度，制定完善有利于各类高校特色发展的评价指标体系和评价方式[②]。2017年云南大学进入国家"双一流"大学建设行列。努力促进高校毕业生更高质量、更充分就业，2017年，云南高校毕业生初次就业率首次突破90%。[③]

3. 建立现代教育治理体系

深化教育体制改革。建立以法治为基础的教育行政管理制度，运用法规政策、规划标准、公共财政、信息服务等手段引导支持学校发展，进一步规范行政审批，精简审批事项，创新管理体制，努力探索适应区域教育改革发展需求的新路径。

完善德育工作体系。全面培育和践行社会主义核心价值观，深入推动社会主义核心价值观进课程、进课堂、进学生头脑。切实加强师德师风建设。通过教书育人楷模、最美教师等评选活动，树立一批师德师风标杆。加强中小学班主任队

---

① 《共和国发展成就巡礼——云南》，《人民日报》2019年8月1日。

② 中共云南省委宣传部编：《谱写新时代云南跨越式发展新篇章》，人民出版社、云南人民出版社2018年版，第150页。

③ 《对标对表　狠抓落实——在2019年全省教育工作会议上的讲话》，云南教育网2019年1月24日发布。

伍建设，开展品德课教学督导评估，推进学科德育渗透。

转变育人工作模式，在中小学全面推行全员育人导师制。开展丰富多彩的学校体育竞赛和锻炼活动，评选学校体育标兵。做好教育系统禁毒防艾工作。深入开展青少年生态文明意识教育。办好家长学校，广泛融合家庭、学校和社会的育人合力。实施国家青少年体质健康促进计划，广泛深入推进阳光体育活动。

全面推进依法治教。制定颁布了《云南省学前教育条例》《云南省民办教育条例》《云南省一级普通高级中学管理规定》《云南省教育领域综合改革方案》《云南省深化考试招生制度改革实施方案》《云南省高等职业教育创新发展行动计划（2015—2018 年）实施方案》《云南省幼儿园行政许可管理办法》等一批重大法规、重大政策和重要文件，用于指导学前教育全面发展、完善"小升初"招生、对接高考综合改革、职业教育分类考试招生、民办学校自主定价等工作。

4. 提升民族教育质量水平

发展民族教育、促进教育公平、共享优质资源，是提升少数民族群众的自我发展能力，有效阻断贫困代际传递的根本途径。云南采取一系列卓有成效的措施，全面提高民族地区的教育质量和教学水平，为民族团结进步示范区建设夯实人才基础。

加快推进民族教育机构基础设施建设。继续实施学前教育行动计划，学前教育项目和资金向民族贫困地区、边境地区、"直过民族"聚居区倾斜。支持乡村两级共办幼儿园和普惠性民办幼儿园建设，实现民族地区行政村幼儿园全覆盖。认真贯彻落实《云南省少数民族教育促进条例》，加大投入力度，推进农村义务教育薄弱学校改造计划向民族地区倾斜，逐步把民族地区义务教育学校建成标准化学校，实现县域内义务教育均衡发展。实施现代职业教育扶贫工程行动计划，加快职业教育园区、职业教育中心和中职学校建设。支持云南民族大学建设高水平民族院校，拓宽少数民族学生培养渠道，培养少数民族高层次专门人才和骨干人才。

加大民族地区免费教育投入力度。从 2016 年秋季学期起，在迪庆州、怒江州、"镇彝威"地区、"直过民族"和人口较少民族聚居区、边境县、民族自治地方逐步实施 14 年免费教育，提供生活补助。提高边境县（乡）镇、贫困民族乡、人口较少民族农村中小学校寄宿生生活补助标准。对人口较少民族聚居乡村普通高中在校生进行助学补助。从 2015 年起，实现民族地区所有接受中等职业教育的学生免学费全覆盖。对建档立卡户考入一本院校、"直过民族"考取本科或专科学校、迪庆藏区考取三本以上院校的学生，在读期间每生每年给予 5000 元的资助。

拓宽少数民族学生培养渠道。扩大省和州（市）优质高中民族班招生规模，在发展较为滞后的 56 个乡（镇）实行民族高中班学生优先招录，同时重点向苗族、瑶族、拉祜族、布依族、布朗族 5 个民族的学生倾斜，实行降分录取。在迪庆、怒江两州开展"职业教育全覆盖试点"。职教兜底招收农村户籍初高中毕业生继续学习。提高民族地区中等职业学校毕业生升入高等职业院校比例。通过完善少数民族考试高考加分优惠政策，设立民族班和民族语专业，在全国首创招收双语政法预备干部考生的民族干部培养方式，持续实施中西部地区招生协作计划、定向招生、预科培养、专项培养、"双千人计划"等措施，多渠道培养少数民族人才，提高少数民族人口接受高等教育的比例。2016 年，云南少数民族高等教育在校生规模为 25.85 万人，占全省高等教育在校生规模的 28.86%。①

提升民族教育质量，增强师资力量。以沪滇对口支援工作为重点，完善国家部委、发达地区、内地高校与民族地区教育对口帮扶合作工作机制，帮助民族地区提高教育质量。采取定向或委托培养等措施，加快民族地区师资的培养。建立完善民族地区教师队伍建设长效机制，持续开展教师培训工作和师资素质提升项目，培养双语教师和紧缺学科教师，落实教师激励政策，"特岗教师"招聘指标向边疆、民族地区倾斜。建立健全校长、教师交流轮岗和城镇教师支援农村教育等制度。推动边远贫困地区、边疆民族地区和革命老区"三区"人才支持计划教师专项计划，选派教师进行支教。

提高国家通用语言普及程度。科学稳妥地推进民族地区双语教育，坚定不移推行国家通用语言文字教育，提升少数民族学生掌握和使用国家通用语言文字的能力和水平。提升双语教师队伍专业化水平。结合"直过民族"特殊困难，对"直过民族"和人口较少民族聚居区实施国家通用语言文字普及推广工程。在"直过民族"聚居区创建州（市）级以上语言文字规范化示范学校（园），有计划分批次培训，确保 45 周岁以下人口能熟练使用国家通用语言。截至 2018 年，培训不通晓国家通用语言劳动力 2.85 万人。创建普及普通话示范村 350 个，发放推普手机 2 万台，19.43 万人通过"语言扶贫 APP"学习普通话、认读常用字。

经过努力，云南民族教育取得了丰硕成果，各民族学生公平接受教育的权利得到切实保障。2017 年，少数民族在校生增长至 473.41 万人。各个民族都有了大学生，不少民族还培养出了硕士生、博士生。各民族的文化素质都有了显

---

① 中共云南省委宣传部编：《民族团结进步示范区建设》，云南人民出版社 2018 年版，第 109 页。

著提高。①

5.增强教育国际影响力

主动融入和服务国家"一带一路"战略和"面向南亚东南亚辐射中心"建设，与50多个国家、地区和教育组织建立教育合作关系，经教育部批准备案中外合作办学项目27个。云南高校在外举办孔子学院（课堂）15所，建成国家级汉语推广基地3个，连续组织6届"汉语桥"世界中学生中文比赛，承办了第十一届全球孔子学院大会。组织16所高校赴孟加拉国、印度和斯里兰卡举办云南高等教育推介活动，在印度创办首家太极学院，成立南亚东南亚大学校长联盟。成功举办第一届南亚东南亚教育合作论坛和第十一届"汉语桥"世界中学生中文比赛，来滇留学生规模达1.88万人。②云南教育的国际影响力特别是面向南亚东南亚的影响力进一步增强。

6.提高教育信息化水平

加大"三通两平台"建设，夯实教育信息化基础设施。通过印发《云南省基础教育信息化三年行动计划（2013—2015年)》和《云南省"互联网＋教育"行动计划（2018—2022年)》，深入推进"三通两平台"建设。提出建设"四全两有（全覆盖、全高速、全应用、全管控，有专用通道、有校园网络)、万兆主干、千兆进校、百兆到班"的光纤网络，实现全省义务教育阶段所有学校和教学班高速光纤全覆盖，建成以移动终端、智慧教学、智慧教育等为主要标志的智慧校园环境，提升教育管理信息化水平。构建省级教育资源公共服务平台，规划建设云南义务教育专网。增强教师信息技术应用能力，在68所学校通过"1+N"互动课堂开展常态音乐和美术教学，③更好地促进优质教育资源共享。信息技术与教育教学深度融合，教育信息技术在教学中广泛运用。

（三）实施健康云南战略

人民健康是民族昌盛和国家富强的重要标志。全民健康是实现全面小康的基础。云南认真落实党中央、国务院"健康中国"战略部署，大力推进"健康云南"

---

① 《在云南省纪念改革开放40周年新闻发布会上的讲话：聚力改革铸辉煌 砥砺奋进新时代》，云南教育网2018年11月27日发布。
② 《对标对表 狠抓落实——在2019年全省教育工作会议上的讲话》，云南教育网2019年1月24日发布。
③ 《对标对表 狠抓落实——在2019年全省教育工作会议上的讲话》，云南教育网2019年1月24日发布。

建设。

1. 提升公共卫生服务和应急保障水平

为进一步提升公共卫生服务均等化水平，云南逐年提高了基本公共卫生服务补贴标准，规范基层服务，增加基层卫生服务机构和卫生技术人员，极大提升了卫生服务能力以及群众寻医问药的便捷程度。到 2018 年末，各类医疗卫生机构已达 24958 所，病床 29.12 万张，卫生技术人员 30.20 万人①，基本公共卫生服务项目增加到了 14 类，基本公共卫生服务补贴标准提高到人均 50 元。管理高血压、糖尿病、重型精神病患者分别达到 253.93 万人、58.7 万人、21 万人，管理人数较 2009 年分别增加 17 倍、14 倍和 8 倍②。各项指标与 2012 年相比有显著提高。

与此同时，公共卫生应急保障能力也不断强化，立体化紧急医学救援体系逐步形成，云南省国家卫生应急移动防疫处置中心正式通过验收，开展全民卫生应急自救互救能力建设工程，不断适应新时期卫生应急工作发展新要求，有效防控突发公共卫生事件，努力保障人民群众生命健康安全。

2. 加强疾病防控

通过多年努力，云南传染病发病率连续多年控制在较低水平，连续几年的传染病发病率均低于全国平均水平。通过广泛开展"健康中国行"活动、进一步强化常规疫苗接种以及地方病、疟疾、麻风、鼠疫、禽流感、结核病、麻疹、血吸虫病、乙肝、登革热、中东呼吸综合征、埃博拉等传染病的防控，云南传染病发生率持续降低。到 2017 年，全省无甲类传染病报告，乙类传染病报告发病人数 9.3 万例；传染病报告发病率 195.04/10 万，比 2012 年降低 23.82/10 万，比全国同期甲乙类传染病报告发病率 222.1/10 万低 27.06/10 万。③慢性病防控工作稳步推进，健康危害因素监测工作进一步加强。

爱国卫生运动的卫生保障作用得到充分发挥。截至 2018 年底，云南获命名的国家卫生城市已达 13 个，国家卫生县城（乡镇）29 个，省级卫生城市 9 个，省级卫生县城 70 个，省级卫生乡镇 333 个，省级卫生村 2808 个。昆明市在全省率先实现了国家卫生城市、国家卫生县城全覆盖。持续广泛开展"除四害"和农村改厕，城乡环境卫生面貌明显改善，重大传染病控制取得实效。

---

① 《云南省 2018 年国民经济和社会发展统计公报》，《云南日报》2019 年 6 月 14 日。
② 中共云南省委宣传部、中共云南省委党史研究室编：《中国改革开放全景录·云南卷》，云南人民出版社 2018 年版，第 286 页。
③ 云南省统计局、国家统计局云南调查总队：《云南省 2017 年国民经济和社会发展统计公报》，云南省人民政府网 2018 年 6 月 15 日发布。

3. 全面推进艾滋病防治

从 2011 年到 2015 年，云南实施了第三轮防治艾滋病人民战争，全省约减少 21735 人感染艾滋病病毒（特别是避免母婴传播新生儿 1586 人），约避免 23745 例艾滋病病人死亡，共计减少经济损失 139.8 亿元。[①]"政府领导、部门负责、全社会共同参与"的防治工作格局更加稳固，省、州、县、乡、村防治网络更加完善。功能齐全、运行畅通的"云南防艾模式"长效工作机制进一步健全，曾经的艾滋病重灾区已转变为综合防治示范区，云南艾滋病疫情得到有效遏制。

2016 年，云南启动了第四轮防治艾滋病人民战争，省政府领导应邀到联合国艾滋病规划署执行董事会上介绍云南防艾经验，唱响了中国声音，贡献了中国智慧，受到国际社会的高度赞誉。云南的防艾工作也多次得到中央领导的肯定性批示。

4. 提高妇女儿童健康水平

从 2012 年起，云南连续六年将实施"妇幼健康计划"列为省政府重点抓好的 10 件惠民实事之一。在各级党委和政府的统一领导下，云南各级各部门和医疗保健机构精心组织、认真实施，各项目标任务全面实现。认真制定"妇幼健康计划"，支持妇幼保健机构标准化建设和综合医院、专科医院妇产科、儿科规范化建设，扩充妇幼健康服务业务用房。增加产科、儿科床位，构建母婴抢救绿色通道，加强贫困地区妇女儿童重大疾病防治，提高农村孕产妇住院分娩率和婚前医学检查率，扩大 7 岁以下儿童保健覆盖率，加强出生缺陷三级综合防控等。

通过努力，云南妇女儿童健康水平得到了较大提高，全省孕产妇死亡率和婴儿死亡率创历史新低。2018 年的孕产妇死亡率下降到 17.90/10 万，与 2012 年相比下降 10.11/10 万，比全国孕产妇死亡率低 0.4/10 万；婴儿死亡率下降到 5.78‰，与 2012 年相比降低 3.57 个千分点，比全国婴儿死亡率低 0.32 个千分点。[②]

5. 加快医药卫生体制改革

为更好地促进医药卫生事业的发展，满足人民群众对质优价廉的医疗卫生服务的需求，云南重点从公立医院综合改革、药品供应保障机制、分级诊疗制度以及"互联网＋医疗健康"服务等领域加大力度深入推进医药卫生改革。

公立医院综合改革全面推开。全省城市、县级公立医院以及非政府举办的公

---

① 《云南卫生和计划生育年鉴》编委会编：《云南卫生和计划生育年鉴2017》，云南人民出版社 2017 年版，第 85 页。

② 《2018 年全国孕产妇死亡率下降到 18.3/10 万》，人民网 2019 年 1 月 21 日发布。

立医院全部取消药品加成，同步调整医疗服务价格。2016年，云南公立医院综合改革效果评价全国排第10名。① 玉溪市、云县分别被列为公立医院综合改革国家级示范城市和示范县。截至2016年，云南有116个县和211家公立医院全部取消药品加成并启动综合改革：公立医院药品、高值医用耗材、乙类大型医用设备省级集中采购有序推进，基本药物、非基本药物、高值医用耗材集中采购额分别同比增长11.58%、19.45%和99.12%；② 云南公立医院门诊、住院病人次均医药费用均保持在全国平均水平之下，居民个人卫生支出占卫生总费用的比重下降至30%左右，群众就医负担持续减轻。截至2018年底，云南公立医院药占比下降至28.65%，医疗服务收入占比提升到30.42%，医疗服务价格调整对取消药品加成的补偿率平均达到80.28%。

药品供应保障机制不断完善。云南公立医疗机构全面推行药品采购"两票制"。新一轮药品集中采购工作全面完成，中标价格比上轮采购降低15%以上。基层医疗卫生机构非基本药物配备使用比例由原来的20%调整为45%。

分级诊疗工作有序推进。截至2018年底，所有三级医院均参与2种以上医联体模式建设，县域内县乡村一体化医共体建设稳步推进。出台服务规范，聚焦重点人群，搭建手机APP服务平台，做实做细家庭医生签约服务。全省居民签约率达到41.6%，重点人群签约率保持在68.57%，建档立卡贫困人口、计划生育特殊家庭签约基本实现全覆盖。云南县域内就诊率提升至85.36%。

"互联网＋医疗健康"服务加快推进。制定促进"互联网＋医疗健康"发展的实施意见，"一部手机办事通—我要看病"版块及全省预约诊疗平台上线运行。省级全民健康信息平台基本建成，多个业务系统投入使用。第一家基于实体医院的互联网医院——云南省肿瘤医院互联网医院正式运营。在全国率先出台互联网医疗服务项目的价格文件，支持互联网医疗服务开展。

6. 推进医养结合服务体系建设

随着老龄化程度日益加深，为满足老年人不断加大的医疗卫生服务需求，云南根据国家相关政策精神并结合云南实际，大力推进医养结合，支持养老机构开展养老医疗服务。

加强公办养老机构建设。提高公办养老机构床位护理功能，鼓励养老机构按照规定申请开办医院、临终关怀机构等，为入住老年人提供基本医疗和保健服

① 《在2018年全省卫生计生工作会议上的报告》，云南省卫计委网2018年1月12日发布。
② 《云南卫生和计划生育年鉴》编委会编：《云南卫生和计划生育年鉴2017》，云南人民出版社2017年版，第45页。

务。鼓励医疗卫生机构发展养老服务，全面落实老年医疗服务优待政策，为老年人提供挂号、就医便利的绿色通道。鼓励基层医疗卫生机构根据服务需求增设老年养护、临终关怀病床。鼓励医疗卫生机构与养老机构形成签约服务机制，有条件的医疗卫生机构可将护理服务延伸至居民家庭和城乡社区，为老年人建立健康档案，为社区高龄、重病、失能、部分失能以及计划生育特殊家庭等行动不便或确有困难的老年人，提供定期体检、上门巡诊、家庭病床、社区护理、健康管理等基本服务。昆明市、曲靖市、西双版纳州被确定为第二批国家级医养结合试点单位，遴选 18 个县市区和 1 个省级医疗单位为省级医养结合试点单位。①

7. 释放中医药民族医药发展活力

中医药作为中华民族的瑰宝，在维护人民健康，改善民生中发挥着重要作用。云南将中医药作为省级战略来谋划和发展，以其独特的优势和较低的成本，大幅度提升人民群众的健康水平。

出台《云南省中医药健康服务发展规划（2015—2020 年）》，制定《云南省人民政府关于贯彻落实中医药发展战略规划纲要（2016—2030 年）的实施意见》，建立省级中医药工作联席会议制度。中医药服务体系加快健全，83% 的县级中医医院纳入标准化建设。鼓励、支持社会力量举办中医机构，全省社会办中医类医疗机构达 1300 多个。重启名中医评选工作，制定了名中医评审办法，规范名中医评审工作，启动实施了三个批次省名中医评选工作。开展民族医药博士培养。

把中医药服务纳入基层医疗服务项目。截至 2016 年完成了 273 个基层医疗卫生机构中医综合服务区（中医馆）建设，全省 97.75% 的社区卫生服务中心、94.14% 的乡镇卫生院、84.92% 的社区卫生服务站和 71.9% 的村卫生室都能够提供中医药服务②。

推动中医药产业发展。发展健康产业，加快医疗与旅游、互联网、养生、高原体育等行业深度融合，为人民群众提供更优质的医疗和健康服务。提升中医药继承创新能力，推动中医药科研，加强成果转化，推动中医药产业发展。实现中医药和民族医药在省部级以上自然科学、人文社科一等奖的突破。建成 4 个国家级、7 个省级中医药文化宣传教育基地。同时做好傣药、彝药、藏药等民族药开发，推进民族医药发展。

---

① 《云南卫生和计划生育年鉴》编委会编：《云南卫生和计划生育年鉴 2017》，云南人民出版社 2017 年版，第 46 页。

② 《云南卫生和计划生育年鉴》编委会编：《云南卫生和计划生育年鉴 2017》，云南人民出版社 2017 年版，第 47 页。

（四）促进就业稳步增长

2012 年以来，云南就业形势总体稳定，城镇登记失业率逐步降低，但是受产业结构转型升级以及国内外各种不确定因素的影响，就业总量压力和结构性就业矛盾依然存在。为此，云南充分认识到新形势下促进就业的重要性和紧迫性，采取一系列措施稳定和促进就业，取得了可喜的成绩。

1. 稳定就业形势

党的十八大以来，云南就业形势呈现出总体稳定、稳中有进的良好态势。[1]2017 年云南省就业人员达 2992.65 万人，较 2012 年的 2881.9 万人增加 110.75 万人，城镇就业人员达 824.08 万人，较 2012 年的 694.56 万人增加 129.52 万人。城镇登记失业率从 2012 年的 4.03% 稳步下降到 2017 年的 3.2%。[2] 每年城镇新增就业人数稳步增长。2018 年全省城镇新增就业 51.92 万人，同比增长 5.92%，城镇登记失业率 3.4%。

重点群体就业稳定。高校毕业生就业创业人数稳步增长，初次就业率、年度就业率始终保持在 75%、90% 以上。去产能职工分流安置扎实推进。2018 年，帮助 2245 名去产能职工得到妥善安置。帮助城镇失业人员再就业 14.89 万人。有组织转移贫困劳动力 500 万人次以上，就业困难人员托底救援力度持续加大，2018 年帮助就业困难人员就业 12.23 万人，共帮扶 27 万户零就业家庭实现动态清零。扶持返乡农民工创业 2.93 万人，开发公益性岗位安置就业困难人员 7.05 万人。[3]

2. 优化就业结构

从城乡结构看，城镇就业人员规模不断扩大，由 2012 年的 694.56 万人增至 2017 年的 824.08 万人，占全部就业人员的比重由 24.10% 上升至 27.54%。大量农村劳动力转移就业，2017 年末农民工总量达 791.4 万人，其中，本地农民工 283.9 万人，外出农民工 507.5 万人。

从产业结构看，第三产业就业人数持续增加，就业容纳力增强，就业人数由 2012 年的 856.68 万人增至 2017 年的 1071.60 万人。第二产业就业人数也小幅增加，就业人数由 2012 年的 388.65 万人增加至 2017 年的 402.33 万人。第一

① 《2019 年全省稳就业工作会议在昆明召开》，云视网 2019 年 2 月 23 日发布。
② 云南省统计局编：《云南统计年鉴 2018》，中国统计出版社 2018 年版，第 419 页。
③ 《云南：城镇新增就业创新高》，中华人民共和国人力资源和社会保障部网 2019 年 2 月 26 日发布。

产业就业人数不断减少，就业人数由 2012 年的 1636.57 万人下降到 2017 年的 1518.72 万人。①

从经济类型看，城镇个体和私营经济从业人数不断增加，从 2012 年的 301.89 万人增至 2017 年的 416.55 万人。

3. 完善就业政策和服务体系

深入实施就业优先战略和积极就业政策。通过增加就业岗位，扶持创业，完善劳动力就业培训机制，完善重点人群就业创业配套帮扶政策，加强就业预警研判，构建和谐劳动关系等方面完善就业政策，提升就业服务体系。

积极培育新的就业增长点。建立经济发展与扩大就业的联动机制，促进就业增长与经济发展、就业结构与产业结构的良性互动。实施"创业带动就业促进计划"，通过提供"贷免扶补"创业担保贷款、微型企业培育工程、创业园区扶持等措施，扶持创业主体，发展"互联网＋创业创新"众创网络服务平台，支持农民工返乡创业和鼓励专业技术人员创业，增加就业岗位。设立"云南省大众创业奖"，表彰奖励在创业工作中表现优异的个人。大力发展"互联网＋"家政服务、养老服务，创造更多高质量家政养老就业岗位，鼓励更多职业院校(含技工院校)开设家政服务、养老服务相关专业，培育更多家政服务、养老服务人才。鼓励制造企业积极发展服务型制造，延伸产业链条，开发更多研发、维保、控制等服务型就业机会，引导职工有序转换就业岗位。开发基层社会管理和公共服务等公益性岗位。

建立健全职业技能培训制度。全方位提升人力资本质量和劳动者就业创业能力。创新农村劳动力培训转移就业体制机制，深入实施"春潮行动"和"技能扶贫专项行动"，推进农村劳动力转移就业和职业技能培训两方面资源整合，实施劳务协作对接行动。组织贫困家庭劳动力、城乡未继续升学应届初高中毕业生、农村转移就业劳动者、城乡登记失业人员和转岗职工、退役军人免费接受职业培训。加强健康护理、养生养老职业培训，实施家庭服务从业人员定向培训工程。推动技工院校改革创新，培育云南产业发展的技能人才。创新校企联合、产教结合的培养模式，推行企业新型学徒制。加强国际区域间职业培训交流合作，积极推动中国（云南）国际职业培训中心建设。

完善重点人群就业创业配套帮扶政策。加强高校毕业生职业指导、培训和就业见习，提供高校毕业生求职创业补贴，提高就业见习生活补贴标准。健全高校

---

① 云南省统计局编：《云南统计年鉴 2018》，中国统计出版社 2018 年版，第 381 页。

毕业生自主创业、到基层就业的激励政策，完善基层服务保障机制。配合供给侧结构性改革，做好化解过剩产能中的职工安置工作，落实相关税费减免、社保补贴、援企稳岗等扶持政策。实施再就业帮扶行动，加大再就业扶持力度，统筹城乡就业，建立健全城乡劳动者平等就业制度，拓宽农村劳动力转移就业渠道，促进农村富余劳动力转移就业和外出务工人员返乡创业。做好退役军人就业工作。促进少数民族就业。加强对就业困难人员的就业援助，规范公益性岗位开发和管理，对就业困难人员实行实名制动态管理和分类帮扶，确保"零就业"家庭、最低生活保障家庭等困难家庭至少有一人就业。降低失业保险缴费费率，把失业保险缴费费率从 3% 下调为 2%，减轻企业发展负担。进一步发挥失业保险预防失业、促进就业的功能，把失业保险基金重点用于企业职工技能提升培训、转岗培训及支持下岗失业人员创业。

加强就业信息化和预警机制建设。建设完善全省统一的公共就业服务业务应用系统和公共就业网上服务大厅，努力打造云南"智慧就业"。加强就业统计监测，完善就业失业统计指标，健全失业监测预警机制，适时发布城镇调查失业率数据。做好失业监测预警工作，强化对地区、部分行业规模性失业的监测和应对，制定处置预案，努力防范和化解失业增加可能带来的经济社会风险。

积极构建和谐劳动关系。认真贯彻党中央和国务院的有关方针政策，紧紧抓住企业与职工的利益关系这一突出的矛盾和问题，省委、省政府制定实施了《关于进一步构建和谐劳动关系的实施意见》，完善了劳动关系三方协调机制，开展了推进实施集体合同制度三年攻坚计划。通过体制机制建设和行动计划的实施，为构建和谐劳动关系提供了重要保障，劳动关系更加和谐。

面对产业结构转型升级以及国内外各种不确定因素带来的就业总量压力大和结构性矛盾突出问题，通过深入实施就业优先战略和积极就业政策，不断完善就业政策，提升就业服务体系，保障了就业形势的持续稳定和就业结构的持续优化。

（五）构建多层次社会保障体系

以惠民共享为着力点，推动建设多层次社会保障体系。云南率先在全国实现了城镇居民大病保险全覆盖、异地就业联网即时结算、离休干部持卡就医即时结算、把机关和参公事业单位纳入工伤生育保险，基本形成了覆盖城乡、应保尽保的社会保障体系。

1.完善覆盖城乡的社会保险制度

按照全覆盖、保基本、多层次的要求，打破城乡二元结构，建立健全了更加公平、更可持续的社会保险制度。

统一和完善城乡居民基本医疗保险制度。出台一系列政策，整合城镇居民基本医疗保险和新型农村合作医疗制度，建立统一的城乡居民基本医疗保险制度，同时进一步加大投入，不断扩大保险覆盖面，改善报销程序和标准。国务院办公厅印发《关于全面实施城乡居民大病保险的意见》，实现城乡居民公平享受大病保险待遇，有力地促进城乡融合。2018 年底，云南城镇基本医疗保险参保人数达到 4519.84 万人[①]。

统一和完善多层次养老保险制度。2014 年，《云南省城乡居民基本养老保险实施办法》开始实施，标志着统一的城乡居民基本养老保险制度的建立。通过贯彻实施《城乡养老保险制度衔接暂行办法》，解决了城镇职工与城乡居民两大养老制度的衔接问题。通过贯彻落实《关于城镇企业职工基本养老保险关系转移接续若干问题的通知》和《关于机关事业单位基本养老保险关系和职业年金转移接续有关问题的通知》，解决了城镇职工跨省流动就业时养老保险关系转移接续问题，以及职工在机关事业和企业之间流动时基本养老和补充养老保险关系的转移接续问题，形成了跨制度、跨地区转移接续基本养老保险的政策体系。通过简化手续、为建立企业年金和备案提供快捷方便的服务等措施办法，加强对企业年金方案备案工作的指导。结合机关事业单位养老保险制度改革，推动了职业年金制度的完善。随着企业年金、职业年金的发展，多层次养老保险制度体系日趋完善，参保面进一步扩大。2018 年末，云南基本养老保险参保人数达到 2977.20 万人，同比增长了 4.4%。[②] 同时，多次提高城乡居民基础养老金标准，2018 年，城乡居民基本养老金

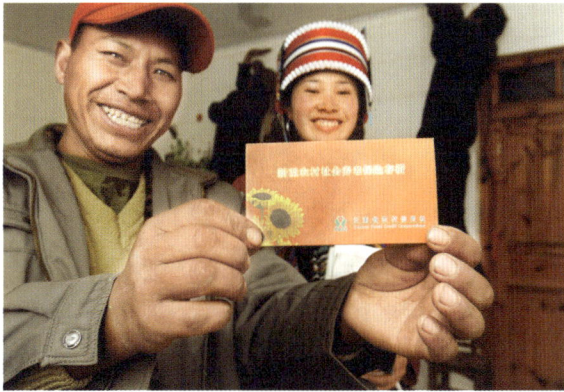

城乡居民享有平等的社会养老保险服务

---

① 《云南省 2018 年国民经济和社会发展统计公报》，《云南日报》2019 年 6 月 14 日。

② 《云南省 2018 年国民经济和社会发展统计公报》，《云南日报》2019 年 6 月 14 日。

达 103 元，企业职工养老金平均达 2629 元 ①。2019 年 4 月，云南省政府出台《云南省降低社会保险费率实施方案》，自 5 月 1 日起，城镇职工基本养老保险单位缴费比例降至 16%，减轻了企业负担。

降低社会保险费率，稳定缴费方式，确保企业社保缴费实际负担有实质性下降。此前，机关事业单位和企业职工基本养老保险单位缴费比例分别为 20% 和 19%。这一举措对减轻企业负担、激发微观主体活力、促进经济增长具有重要作用。

健全失业保险金调整机制。出台了《关于失业保险支持企业稳定岗位有关问题的通知》，为在兼并重组、化解产能过剩，淘汰落后产能中采取措施稳定职工队伍的企业提供稳岗补贴；落实技能提升补贴政策，加大省级调剂力度；建立健全失业保险费率调整与经济社会发展的联动机制、失业保险金标准调整机制，放宽申领条件。

调整完善工伤保险。认真贯彻落实社会保险法和新修订的工伤保险条例完善工伤保险配套规章和相关政策，全面推行了工伤保险储备金制度，制定了《关于全面推进建筑等高风险企业参加工伤保险的实施意见》。截至 2016 年底，云南新建项目参保率达到了 99.5%。出台《云南省国家机关和参照公务员法管理的事业单位参加工伤保险实施办法（试行）》，实现了工伤保险制度对所有用人单位的全覆盖。全面启动交通水利行业按项目参保工作以及实施工伤保险基金省级统筹，全面推开工伤预防工作，促进待遇调整机制科学化、规范化。

扩大生育保险覆盖范围。出台《云南省职工生育保险办法》，将机关、事业单位等用人单位职工纳入生育保险覆盖范围，实现了对法定群体的制度全覆盖。落实"全面二孩""增加产假"等政策，确保了参保人员生育保险待遇。

截至 2018 年底，云南省基本养老保险、工伤保险、失业保险、生育保险参保人数达到 3993 万人，同比增长 5.03%，参保面进一步扩大 ②。

2. 提高社会保险公共服务水平

以社会保险经办和信息系统为依托，以社会保障卡为载体，以实体窗口、互联网平台、电话咨询、自助查询等多种方式为服务手段，为参保单位和参保人员提供全网式、全流程的方便快捷服务，逐步实现线上线下服务渠道的有机衔接，

---

① 《2018 年云南社保参保人数达 3993 万人　全省社会保障工作将进一步提升》，云南网 2019 年 1 月 29 日发布。

② 《2019 年云南省两会系列新闻发布会第五场——民生保障主题新闻发布会》，云南人力资源和社会保障网 2019 年 1 月 30 日发布。

实现一号申请、一窗受理和一网通办，提高社会保险公共服务水平。积极实施
"互联网＋人社"行动，实现跨地区、跨部门、跨层级社会保险公共服务事项的
统一经办、业务协同和数据共享。实施统一的社会保险公共服务清单和业务流
程，基本实现社会保险基本公共服务标准化。在全国率先实现省内异地和跨省异
地就医联网即时结算，免除了异地就医"垫资"和"跑腿"的难题。截至 2018
年 9 月底，云南接入全国跨省异地定点医疗机构 901 家，省内异地入医联网直接
结算的协议医药机构 7398 家，其中，医疗机构 1621 家，零售药店 5777 家。

3. 增强社会救助体系兜底功能

全面统筹城乡社会救助，强化基本民生保障，不断提升保障水平，确保动态
管理下的应保尽保。以贯彻落实《云南省社会救助实施办法》为核心，制定印发《云
南省人民政府关于进一步做好农村最低生活保障兜底脱贫工作的通知》《云南省民
政厅关于进一步严格规范管理推进阳光低保的若干规定》等配套政策，建立低保
举报投诉咨询、快速处置和反馈机制，定期督查和随机抽查长效机制。推广运用
"互联网＋监督"，公开低保对象姓名、居住地、享受低保金数额等信息，接受社
会监督。依托居民家庭经济状况核对平台，严格实行逢进必核、把关源头，复核
存量、全库比对。全面落实低保标准动态调整并与物价上涨联动、居民家庭经济
状况核对等要求，保障对象更加精准。建立完善政府、民政牵头，部门配合的工
作协调机制，加强最低生活保障、特困人员供养、残疾人优抚对象、受灾人员救
助和临时救助等各项社会救助制度的衔接，提升管理服务水平。广泛动员社会力
量，开展社会救济和社会互助、志愿服务活动，充分发挥社会救助的兜底作用。

2018 年底，云南省有城市低保对象 48.46 万人，平均保障标准 563 元 / 人 /
月，补助水平 373 元 / 人，累计发放低保金 24.56 亿元；农村低保对象 254.96 万
人，平均保障标准 3612 元 / 人 / 年，补助水平 204 元 / 人 / 月，累计发放低保金
63.8 亿元。城市集中和分散供养特困人员基本生活补助标准分别达到 715 元 / 人 /
月、683 元 / 人 / 月；农村集中和分散供养特困人员基本生活补助标准分别达到
703 元 / 人 / 月、669 元 / 人 / 月。全省开展临时救助 98.96 万人次，平均救助水
平 887.63 元 / 人次。①

4. 提升社会优抚和福利保障水平

加大儿童关爱保护力度。出台《云南省人民政府关于加强农村留守儿童关爱

① 《2019 年云南省两会系列新闻发布会第五场——民生保障主题新闻发布会》，云南人力资源和社
会保障网 2019 年 1 月 30 日发布。

保护工作的实施意见》和《云南省人民政府关于加强困境儿童保障工作的实施意见》，建立农村留守儿童关爱保护和困境儿童保障工作联席会议制度，形成民政牵头、部门协作、社会参与的农村留守儿童关爱保护和困境儿童保障工作机制。动态更新农村留守儿童和困境儿童基础数据，配备乡镇儿童督导员和村（居）儿童主任，开展农村留守儿童"合力监护、相伴成长"关爱保护专项行动。

截至 2018 年底，云南共有 1786 名儿童督导员和 14619 名村（居）儿童主任实行实名登记管理，40.27 万农村留守儿童签订《委托监护责任确认书》，帮助 677 名无户籍农村留守儿童登记户口，278 名辍学农村留守儿童返校复学[①]。加快构建县、乡、村三级儿童福利服务网，建立健全儿童福利服务队伍，确保儿童福利服务体系正常运转。安排 1600 万元省级福彩公益金和地方留用福彩公益金支持 1634 个基层儿童之家建设。全面落实孤儿保障制度，严格按照标准发放孤儿、艾滋病病毒感染儿童和事实无人抚养儿童基本生活费，散居、集中供养的儿童补助标准 2018 年下半年分别达 1074 元 / 人 / 月、1774 元 / 人 / 月。[②]

提升养老服务水平。从 2015 年开始，每年安排 5000 万元资金专项用于社会力量新建和改扩建养老机构床位一次性建设补贴，累计补助 116 家社会兴办养老服务机构，带动社会资本 15.11 亿元参与养老服务。推行养老机构责任保险和养老机构雇主责任保险，建立养老服务质量评价标准，开展养老院服务质量提升专项行动，积极推进智慧养老建设，大力推动农村敬老院事业单位法人登记，全面提升养老事业发展水平。截至 2018 年底，云南已建成 642 个农村敬老院，其中，完成事业单位法人登记的有 583 个。9 个州市全部完成农村敬老院事业单位法人登记，为全面提升养老服务质量奠定基础。

促进残疾人事业发展。残疾人合法权益保障制度不断完善，基本公共服务体系初步建立。残疾人最低生活保障提标扩面，重度残疾人城乡养老保险实现全覆盖。2016 年实施残疾人两项补贴制度，首次建立了残疾人专享福利补贴制度。截至 2019 年 3 月，全省累计发放困难残疾人生活补贴和重度残疾人护理补贴 12.65 亿元，惠及 41.16 万困难残疾人和 38.71 万重度残疾人。残疾人康复服务得到显著加强，残疾儿童少年义务教育入学率持续提高。大力鼓励公众企事业单位和社会组织帮扶贫困残疾人，捐助残疾人事业，兴办医疗、康复、特殊教育、托

---

① 《2019 年云南省两会系列新闻发布会第五场——民生保障主题新闻发布会》，云南人力资源和社会保障网 2019 年 1 月 30 日发布。

② 《2019 年云南省两会系列新闻发布会第五场——民生保障主题新闻发布会》，云南人力资源和社会保障网 2019 年 1 月 30 日发布。

养照料、社会工作等服务机构和设施。大力培育发展助残社会组织，支持引导其开展助残活动。鼓励和规划网络助残慈善活动，积极开展志愿助残服务，促进志愿助残服务常态化、制度化、专业化和规范化。

5. 加速推进保障性住房建设

加大保障性住房供给力度。大力发展公共租赁住房，为城镇低收入和中等偏下收入及住房困难的家庭提供公共租赁住房。2016年，中央经济工作会议提出要坚持"房子是用来住的、不是用来炒的"定位后，云南结合实际因城施策，一方面逐步转变公租房筹集方式，不再新建公租房，另一方面加快建设全省统一的住房租赁平台、稳健培育国有企业开展住房租赁业务、健全完善公共租赁住房运营管理等有效措施，构建起从政策保障到试点先行的住房租赁市场发展体系。2017年，出台《关于加快培育和发展住房租赁市场的实施意见》，提出到2020年，全省基本形成供应主体多元、经营服务规范、租赁关系稳定的住房租赁市场体系。

保障城镇农民工住房需求。为给农民工进城就业创造稳定居住条件，助推新型城镇化建设。发挥公共租赁住房在解决农民工住房问题上的主导作用，确保农业转移进城人口住房保障工作制度化、规范化、常态化。截至2017年3月底，累计解决了5.95

加快推进廉租房建设

万户，约20.4万农业转移人口（农民工）住房困难问题。① 发挥公积金制度在解决农民工住房中的积极作用，加大金融机构对农民工购房的支持力度。通过采取发放住房补贴、贷款贴息等综合性政策措施，鼓励农民工和农民进城购房。搭建平台，扩大惠农金融支持政策的覆盖面。鼓励有条件的地区出资建立住房担保机构或设立专项担保基金，建立完善农民工和农民进城购房信贷风险分担机制。

---

① 《2019年云南省两会系列新闻发布会第五场——民生保障主题新闻发布会》，云南人力资源和社会保障网2019年1月30日发布。

推进农村地区安居工程建设。统筹农村危房改造和抗震安居工程、扶贫安居工程、棚户区改造、易地扶贫搬迁等项目，大力推进边境民族特困地区农村安居工程建设。2012 年至 2015 年，先后出台《云南省农村危房改造工程工作规程（试行）》《云南省农村危房改造及地震安居工程补助资金管理暂行办法》《关于开展城乡人居环境提升行动的意见》《关于加快推进全省农村危房改造和抗震安居工程建设的意见》，以农村危房改造和抗震安居工程为抓手，切实改善农村困难群众住房条件和农村生活环境质量。2012 年至 2016 年，共有 140 多万农村居民的住房条件得到改善。①2017 年出台《关于加强全省脱贫攻坚 4 类重点对象农村危房改造工作的意见》。2018 年底，云南基本完成全省建档立卡贫困户、低保户、农村分散供养特困人员、贫困残疾人家庭 4 类重点对象 C、D 级农村危房改造。

建立健全各级财政保障性住房建设稳定投入机制，落实房地产、土地、财税、金融等方面的政策构建。完善公共租赁住房与廉租住房并轨运行后续管理机制。制定差别化的住房税收、信贷政策，支持合理自住需求，抑制投资投机需求，加快构建以政府提供保障、市场满足多层次需求的住房供应体系。

（六）坚决打赢脱贫攻坚战

2013 年 11 月，习近平总书记在湖南湘西考察时，首次提出了"精准扶贫"。随后中央出台系列文件，对精准扶贫工作模式的顶层设计、总体布局和工作机制等方面作了详尽规定。2015 年 1 月，习近平总书记在考察云南时指出，下大气力打好扶贫开发攻坚战，决不能让贫困地区和贫困群众掉队。围绕落实习近平总书记重要指示精神，落实党中央、国务院决策部署，云南以脱贫攻坚统揽全省经济社会全局，强化目标导向和问题导向，坚持"六个精准"，实施"五个一批"②，强化精准扶贫的制度建设和政策体系，全面推进分类精准施策，取得了决定性成效。

1. 增强扶贫脱贫实效

由于历史、自然等因素，云南各地区各民族之间的发展极不平衡，贫困程度深，扶贫成本高，脱贫难度大。2012 年，云南仍有 88 个国家级贫困县③，804 万

---

① 中共云南省委宣传部编：《谱写中国梦云南篇章——砥砺奋进的五年》，人民出版社、云南人民出版社 2017 年版，第 117 页。

② "六个精准"是指，扶贫对象精准、措施到户精准、项目安排精准、资金使用精准、因村派人精准、脱贫成效精准；"五个一批"是指，通过发展生产脱贫一批，通过易地搬迁脱贫一批，通过生态补偿脱贫一批，通过发展教育脱贫一批，通过社会保障兜底一批。

③ 《云南省贫困人口已下降到 363 万　年均减少 110 万》，人民网 2017 年 4 月 27 日发布。

贫困人口，贫困发生率为 21.7%①，是全国贫困发生率 10.2% 的两倍；农民年人均纯收入仅为 5416.54 元，仅是全国农民人均纯收入的 68.42%②。2013 年以来，通过落实脱贫攻坚各项任务，有力地促进了贫困地区经济社会快速发展。贫困县持续减少，贫困人口大幅度下降，减贫率保持较高水平，贫困地区农民收入水平快速增长，经济发展水平显著增强，基础设施明显改善，公共服务水平显著提高，贫困地区和贫困人口的自我发展能力得到增强，阶段性减贫成效显著。

贫困县持续减少。2018 年，云南有 15 个贫困县经过国家严格评估批准实现脱贫摘帽，历史上首次实现贫困县数量减少，标志着脱贫攻坚工作迈出了历史性的一步。2019 年，又有 33 个县（市、区）退出贫困县序列。

贫困人口大幅度减少。2013 年至 2018 年，全省有 707 万人贫困人口实现脱贫、5068 个贫困村出列、48 个贫困县脱贫"摘帽"，独龙族、基诺族、德昂族 3 个"直过民族"和人口较少民族实现整族脱贫。③

贫困地区经济发展水平显著增强。2012 年至 2017 年，73 个国家重点县的人均 GDP 和人均一般公共预算收入年均增速分别比云南省平均水平高出 0.83 个百分点和 0.31 个百分点。

贫困人口自我发展能力显著增强。2013 年至 2017 年，88 个贫困县的农村常住居民人均可支配收入从 5300.77 元增加到 9263.83 元，增加了 3963.06 元，年均增幅 14.98%，分别比全国扶贫重点县和云南省平均水平高出 2.97 个百分点和 2.41 个百分点。贫困人口 100% 参加城乡居民基本医保和大病保险，符合转诊转院规范住院医疗费用个人自付比例下降到 9.19%。88 个贫困县的学龄儿童入学率达到 97.8% 以上，劳动力平均受教育年限达到 7.2 年以上。④

贫困地区基础设施明显改善。2018 年末，8502 个贫困村 100% 实现通硬化路、生活用电、动力电、光纤、宽带和有"云岭先锋"为民服务站、活动场所，解决 108 万建档立卡贫困人口饮水安全问题。⑤

2. 健全扶贫治理体系

扶贫治理体系是确保脱贫攻坚质量的组织和制度保障。2013 年以来，云南

---

① 国家统计局云南调查总队编：《云南调查年鉴 2013》，中国统计出版社 2013 年版，第 83 页。

② 国家统计局编：《中国统计年鉴 2013》，中国统计出版社 2013 年版。

③ 《闯出一条跨越式发展的路子来》，《人民日报》2019 年 8 月 1 日。

④ 云南省人民政府：《脱贫攻坚新号角》，云南脱贫攻坚展板 2017 年 9 月；国家统计局住户调查办公室：《2017 中国农村贫困监测报告》，中国统计出版社 2017 年版，第 234 页。

⑤ 《中共云南省委、云南省人民政府关于 2018 年脱贫攻坚工作情况的报告》，云南省人民政府网 2018 年 12 月 27 日发布。

扶贫治理体系的广度和深度不断扩展，初步建立起以责任体系、政策支撑体系、投入保障体系、监督考核评价体系为主要内容的精准扶贫治理体系，治理能力显著加强。

全面建立健全责任体系。全面建立健全脱贫攻坚"省负总责、州（市）县抓落实"的责任体制。制定实施《脱贫攻坚责任制实施细则》，各级扶贫开发领导小组全面实行党政"一把手"负总责的"双组长"负责制，行业部门全面实行"一把手"是行业扶贫"第一责任人"的责任制，省、州（市）县（市、区）、乡（镇）、村层层签订脱贫攻坚责任书，压实攻坚责任到人，明确"不脱贫不脱钩，不摘帽不调离"的政治纪律和组织纪律，确保贫困县党政正职稳定；16个州（市）、88个贫困县扶贫机构全部单列，在有扶贫开发任务的乡镇全部设立副科级扶贫机构，打通脱贫攻坚工作的"关键一环"。全面压实压紧了纵向到底、横向到边的脱贫攻坚责任链条，构建起了责任清晰、各负其责的脱贫攻坚责任体系。

建立健全政策支撑体系。构建以《云南省农村扶贫开发条例》《关于举全省之力打赢扶贫开发攻坚战的意见》《中共云南省委云南省人民政府关于深入贯彻落实党中央国务院脱贫攻坚重大战略部署的决定》为纲的精准扶贫"3+X"政策组合体系，截至2018年，省级共出台200多个政策文件和实施方案，内容涵盖产业扶贫、易地扶贫搬迁、劳务输出扶贫、交通扶贫、水利扶贫、教育扶贫、健康扶贫、金融扶贫、农村危房改造等重点领域，涉及资金、土地、科技、人才等支撑保障，实现了脱贫攻坚全过程更加精准。同时，强化规划统筹，逐级编制"十三五"脱贫攻坚规划，制定行业扶贫专项规划，以及贫困县滚动退出规划和年度脱贫计划，把脱贫攻坚政策措施具体化、项目化，强化政策措施的落实。

不断强化投入保障体系。不断调整财政支出结构，强化资源整合，撬动金融和社会资本，多渠道加大扶贫投入。2016年以来，按10%的比例压缩省级各部门公用经费，统筹部分省本级专项收入、政府性基金、省级国有资本经营预算、国有资源（资产）有偿使用收入用于扶贫，确保省级财政专项扶贫资金不低于中央投入专项扶贫资金的30%，2017年至2018年累计投入省级以上财政专项扶贫资金263.3亿元，[①] 新增财政扶贫资金主要用于深度贫困地区。全面简政放权，有扶贫任务的123个县（市、区）全面落实脱贫攻坚资金、项目、权利、责任"四到县"制度[②]，明确2018年至2020年中央和省级财政涉农资金在省级层面上整

---

① 《云南：省级以上财政专项扶贫资金投入已逾263亿元》，新华网2018年11月16日发布。

② 中共云南省委宣传部编：《谱写中国梦云南篇章——砥砺奋进的五年》，人民出版社、云南人民出版社2017年版，第27页。

合后分配到县统筹用于精准扶贫，88 个贫困县全部实现实质整合。充分运用金融投资，截至 2018 年，全省金融精准扶贫贷款余额达 2800.58 亿元，同比增长 32.42%，高于全省各项贷款平均增速 23.72 个百分点，带动服务建档立卡贫困人口达 1064.38 万人次。①

完善监督和考核评价体系。全面建立多点用力、同向发力的督查联动机制。省委把脱贫攻坚任务落实情况纳入巡视工作范围内，各州（市）、县（市、区）每年采取机动式、点穴式巡察等方式，对脱贫攻坚重点地区、重点任务进行巡察。省人大组织《云南省农村扶贫开发条例》执法检查。省政协开展脱贫攻坚专题协商议政，8 个民主党派省委分别对脱贫攻坚任务重的 8 个州（市）开展民主监督。省纪委监委建立问题排查、线索移交、线索处置、问责追责、报告通报"五项工作机制"，创建"云南省脱贫攻坚监督执纪问责五级联动监督平台"，打通监督"最后一公里"。财政、审计部门不断强化扶贫资金的绩效评价和督查。省级相关部门持续开展扶贫领域腐败和作风问题专项治理。建立健全严格的考核评估体系，全面统筹省对州（市）、县（市、区）、行业部门、定点扶贫单位考核，实行省级行业主管部门、挂包部门与州市县捆绑考核；对有扶贫任务的 122 个县（市、区），按照定性与定量相结合、第三方数据与部门数据相结合、年终考核与平时掌握情况相结合的原则，系统分析形成考核结果，确保脱贫攻坚成果经得起实践和历史的检验。

3. 实施精准动态管理

精准识别和动态管理是确保脱贫质量的基础。云南在 2014 年扶贫对象建档立卡和 2015 年、2016 年"回头看"的基础上，2017 年针对所有农户开展"不限规模"的贫困人口精准识别和动态管理，确保"不留死角"，实现扶贫对象识别更加精准。以做实脱贫攻坚项目库为抓手，全面开展脱贫措施"户户清"行动，组织 20 余万名干部深入村组，深入 1220 个乡（镇）、1.2 万个行政村、14.5 万个村小组，核准致贫原因 577.5 万条，做实"一户一策"，实现全省建档立卡 189.2 万户、749.4 万人脱贫措施户户清。② 做到贫困对象家底、致贫原因、帮扶措施、投入产出、帮扶责任、脱贫时序"六清"。对标脱贫标准，按照"缺什么、补什么"的原则，做实"一户一策"。2018 年编制完成脱贫攻坚村级施工图、乡级路线图、县级项目库，已经入库项目 6 万余个，形成省市县乡村脱贫攻坚"一盘棋、一本账"。村"两委"干部和驻村工作队员的责任全部具体到措施、压实到项目。严

---

① 《云南金融精准扶贫取得显著成效》，中国财经新闻网 2018 年 10 月 8 日发布。
② 《2019 年云南省两会系列云南省召开脱贫攻坚主题新闻发布会》，云南网 2019 年 1 月 30 日发布。

格执行贫困户、贫困村、贫困县退出标准，确保脱贫质量。

4. 创新精准扶贫方式

结合贫困户不同的致贫因素及家庭脱贫发展的条件和需求，云南摸索和试验出多种可包容不同贫困类型的精准扶贫措施和组合，为提高脱贫实效和质量创造了条件。

产业扶贫以股权、就业、产品连接为主，大力推进产业扶持和农村新型经营主体对建档立卡贫困户的全覆盖，截至2018年6月，35155个新型经营主体与建档立卡87.4万户建立了利益联结，特色产业覆盖54.6%建档立卡贫困户。①

劳动力转移就业扶贫以需求为导向。2016年至2018年累计实现贫困劳动力转移就业168.22万人。②易地扶贫搬迁把移民安置和稳定增收相结合，累计完成54.5万建档立卡贫困人口易地扶贫搬迁任务。③

教育扶贫把素质与能力相结合。2018年，资助建档立卡贫困户学生268.9万人次，通过各类专项计划共录取建档立卡贫困家庭考生8万余人，其中录取参加高考学生3.43万人，录取率达91.68%，高于普通高考录取水平；培训不通晓国家通用语言的劳动力2.85万人，19.43万人通过"语言扶贫APP"学习普通话、认读常用字。④

健康扶贫把治病与减负相结合。全面落实看病就医"四重保障"，2018年100%建档立卡贫困人口参加城乡居民基本医保和大病保险，大病专项救治覆盖所有贫困县（市、区），慢病签约服务管理覆盖所有建档立卡贫困人口，实现因病致贫返贫人口减少7.2万户、28.5万人。⑤

生态扶贫把生态保护与绿色产业培育、公益岗位就业相结合。2018年，退耕还林还草补助帮助22.5万户建档立卡贫困户户均增收7644元；3730家林农合作社带动4.55万户建档立卡贫困户经营收入达25.14亿元；⑥累计聘用建档立卡

---

① 《中共云南省委、云南省人民政府关于2018年脱贫攻坚工作情况的报告》，云南网2018年12月27日发布。

② 《中共云南省委、云南省人民政府关于2018年脱贫攻坚工作情况的报告》，云南网2018年12月27日发布。

③ 云南省人民政府：《2019年政府工作报告》，《云南日报》2019年2月2日。

④ 《2019年云南省两会系列发布会召开教育卫生主题新闻主题发布会》，搜狐网2019年1月29日发布。

⑤ 《2019年云南省两会系列发布会召开教育卫生主题新闻主题发布会》，搜狐网2019年1月29日发布。

⑥ 《中共云南省委、云南省人民政府关于2018年脱贫攻坚工作情况的报告》，云南网2018年12月27日发布。

生态护林员 5.62 万名，带动 23.24 万贫困人口稳定增收脱贫。①

社会保障兜底扶贫针对不同特殊困难群体进行不同的保障扶持。2018 年 11 月底，建档立卡贫困人口中，140.45 万人纳入农村低保范围，3.67 万人纳入农村特困人员救助供养范围，有 40 万户四类重点人群实施了农村危房改造。②

脱贫攻坚结硕果　兴边富民谱新篇

5. 构建大扶贫工作格局

强化干部定点挂钩扶贫。2016 年以来，云南建立健全"领导挂点、部门包村、干部帮户"定点挂钩扶贫工作长效机制，实行省、州（市）、县（市、区）、乡（镇）四级干部整体联动，各级党政机关、企事业单位组建驻村扶贫工作队，选派驻村扶贫工作队员，广泛开展"双联系—共建双推进"活动，全省 1.76 万个机关企事业单位挂包贫困县、贫困村，59 万名干部职工帮扶贫困户，累计派出 2.2 万名干部担任第一书记，派出 10.9 万名干部驻村帮扶，实现建档立卡贫困村一村一队全覆盖。③

深化对口帮扶合作。滇沪对口帮扶扩大到 13 个州（市）74 个贫困县，新增滇粤对口帮扶昭通市和怒江州 14 个贫困县。先后启动了三峡、华能、大唐、云南中烟工业公司、云南烟草专卖局 5 家企业实施 11 个直过民族和人口较少民族整族帮扶行动计划。启动"万企帮万村"精准扶贫行动，2514 家企业、商会帮扶 3188 个贫困村，96.45 万贫困人口直接受益。47 家中央定点扶贫单位，直接投入资金 8.6 亿元，帮助引进资金 32.25 亿元；上海、广东对 88 个贫困县，分别累计投入帮扶资金 37.25 亿元、10.91 亿元。④

在精准扶贫方略的指导下，云南推动形成社会协作大扶贫工作格局，不断创新扶贫方式，精准识别扶贫对象、精准施策、精准管理，扶贫治理能力明显提

---

① 《生态护林员带动云南 23 万多人脱贫》，中国林业新闻网 2018 年 12 月 13 日发布。

② 《中共云南省委、云南省人民政府关于 2018 年脱贫攻坚工作情况的报告》，云南网 2018 年 12 月 27 日发布。

③ 《党建有活力　脱贫增动力》，《云南日报》2018 年 12 月 2 日。

④ 《一家人都要过上好日子》，《人民日报》2019 年 8 月 1 日。

高，贫困县和贫困人口持续减少，贫困人口自我发展能力显著增强。

6. 推进少数民族深度贫困地区脱贫

云南 88 个贫困县中有 61 个民族县，分别占云南省总县数和贫困县总数的 47.29% 和 69.32%，其中有 51 个民族贫困县是国家扶贫开发重点县。部分少数民族处于深度贫困和整体贫困状态①。针对民族地区贫困突出的省情，2012 年以来，云南全面开展民族团结进步边疆繁荣稳定示范区建设，明确把民族地区脱贫攻坚作为发展头等大事和第一民生工程，加快民族地区全面建成小康社会进程，决不让一个民族掉队、决不让一个民族地区落伍。云南以扶持边远、少数民族、深度贫困地区脱贫为重点，统筹推进示范区建设和脱贫攻坚工作，坚持"双推动、双融合、双促进"，探索具有云南特点的脱贫攻坚和民族团结进步有机融合之路。

加大政策资金扶持力度。实施兴边富民工程，完善边境沿线群众守土固边专项补助政策，提高补助标准，改善沿边群众生产生活条件，使 373 个沿边行政村（社区）实现了"五通八有三达到"的目标。精准扶贫精准脱贫中，扶贫对象识别、帮扶等均向少数民族聚居的深度贫困地区、深度贫困乡村以及特困民族、特困群体、特困人口倾斜。先后制定了一系列针对边境地区、少数民族聚居特困地区、人口较少民族、直过民族特困地区和特困民族的专项脱贫发展规划和实施办法，建立健全了对特殊困难群体和区域重点扶持机制，加大了对少数民族地区、边境地区的扶持力度。2012 年至 2017 年，中央和省级投入 8 个民族自治州的财政专项扶贫资金由 14.59 亿元增加到 55.56 亿元，②先后完成了怒江州独龙江乡整乡推进独龙族整族帮扶、澜沧县拉祜族聚居区 356 个深度贫困自然村的整村推进和易地扶贫搬迁、宁蒗县扶贫攻坚大会战、怒江州整州区域发展与扶贫攻坚大会战、红河南部山区六县以产业为重点的综合扶贫，创新扶贫机制强化了 11 个直过民族和人口较少民族整族帮扶的专项扶贫，加大对怒江州、迪庆州等深度贫困民族地区的扶贫开发力度。

2018 年批准退出的 15 个贫困县中有 13 个是少数民族自治县，民族地区贫困人口由 2012 年的 426 万人减少至 2017 年的 165 万人，减少 261 万人③。11 个"直过民族"和人口较少民族聚居区贫困人口大幅度减少。2018 年底，独龙族率先实现了整族脱贫，2019 年 4 月 10 日，习近平总书记给贡山县独龙江乡群众回

---

① 《云南省脱贫攻坚规划（2016—2020 年）》，云南网 2017 年 7 月 26 日发布。
② 《云南：共筑云之梦共炫民族风》，人民网 2018 年 12 月 16 日发布。
③ 《云南：共筑云之梦共炫民族风》，人民网 2018 年 12 月 16 日发布。

独龙族特色小城镇

信，祝贺独龙族实现整族脱贫，勉励乡亲们为过上更加幸福美好的生活继续团结奋斗。2019 年 1 月 27 日，云南省政府工作报告明确提出，2019 年将确保 7 个"直过民族"和人口较少民族整体脱贫。

（七）促进科技事业大发展

以科技创新为核心，云南深入实施创新驱动发展战略和建设创新型云南行动计划，不断提高科技对经济社会发展的支撑能力。2017 年科技进步贡献率达到 48.53%①，为云南经济发展、社会进步、民生改善和边疆繁荣提供了强有力的支撑。

1.改善科技研发条件

通过创新驱动发展战略，云南科技研发的投入不断增加，科研队伍不断壮大，科技创新平台日益丰富，政府对科技创新活动的政策支持力度不断加大，科研基础条件大为改善。

扩大研发经费投入。2012 年到 2017 年，研发经费投入强度从 0.67% 提高到

0.96%，增幅达 43.28%。①2017 年经费支出 157.76 亿元，较上年增加 25 亿元，增长 18.83%。②

壮大科技人才队伍。围绕重点产业和新兴产业发展需要，坚持引进和培养相结合，培养造就一大批具有国际水平的战略科技人才、科技领军人才、青年科技人才和高水平创新团队。围绕重点学科和重点产业领域，培养一批自然科学、工程技术等领域以及其他急需紧缺高层次人才，培育一批高端科技智库。截至 2017 年，云南院士专家工作站达到 348 个，省级创新团队达到 206 个，省中青年学术技术带头人后备人才和省技术创新人才累计选拔培养 1791 人，省科技厅人才专家库有近 5000 名科技人员通过审核入库。③

搭建科技创新平台。加强与国内外大院大所、名校名院、知名企业的深入合作，推进"科技入滇"，鼓励和支持省内学科优势特色明显的科研院所、高校、企业联合组建一批协同创新平台，充分发挥中国—南亚技术转移中心和中国—东盟创新中心作用，积极融入国家和全球创新网络。实施"双创"行动计划，构建低成本、便利化、全要素、开放式的服务平台。高起点规划建设滇中自主创新示范区，推动国家级高新区、创新型城市和科技成果转化示范县（市、区）建设，集中力量建设一批国家级和省级重点实验室、技术创新中心等重大创新平台。鼓励大型企业建立技术转移和服务平台，向创业者提供技术支撑服务。2018 年末，共有国家批准组建的工程技术研究中心 4 个、省级工程技术研究中心 124 个，国家重点实验室 6 个，省重点实验室 89 个，创新型企业 271 家，创新型（试点）企业 147 家。建立国家级高新技术产业开发区 3 个，省级高新技术产业开发区 29 个。④

完善科技创新支持政策。落实鼓励企业技术创新的各项政策，加大对中小企业创新支持的力度。落实和扩大科研院所法人自主权，深化高校科研体制机制改革，发展多种形式的先进技术研发、成果转化和产业孵化机构。2017 年印发《关于促进民营经济健康发展 10 条措施》，提出要加大对创新型、科技型民营企业支持力度。完善以企业为主体、市场为导向的"政产学研用金"协同创新体系，形成功能互补、良性互动的协同创新新格局。

---

① 《"壮阔东方潮　奋进新时代"——云南省庆祝改革开放 40 周年系列新闻发布会·经济体制改革和经济发展主题专场》，云南省网上新闻发布厅 2018 年 11 月 27 日发布。

② 云南省科学技术厅、云南省统计局、云南省财政厅：《2017 年云南省科技统计公报》，云南省科学技术厅政府网 2018 年 8 月 7 日发布。

③ 云南年鉴编辑委员会编：《云南年鉴 2018》，云南年鉴出版社 2018 年版，第 302 页。

④ 《云南省 2018 年国民经济和社会发展统计公报》，《云南日报》2019 年 6 月 14 日。

2.科技产出成果丰硕

创新能力不断提升。云南发明专利拥有量、专利申请和批准数持续增加，质量不断提升。2012年至2017年，每万人发明专利拥有量由0.89件增长至2.21件，增幅达148.31%，其中，突破重大核心关键技术700项以上，推动556项重大科技成果产业化，研发具有自主知识产权的重大新产品541个[1]。2017年，云南共登记科技成果1224项，获国家科技奖励6项，专利申请28695件，专利授权14230件[2]，制定国家标准9项、行业标准14项、地方标准23项；获计算机软件著作权147个；新认定云南省工程技术研究中心7家，累计123家[3]。通过国家知识产权局受理的《专利合作条约》（PCT）国际专利申请48件。[4]

加大知识产权保护力度。在专利行政执法方面，加强对商品批发和零售市场的检查，尤其注重对专利产品的检查。突出对电子商务领域专利侵权案件的办理。全面推进生物医药和大健康产业专利保护。在知识产权维权援助服务方面，发挥中国（云南）知识产权维权援助中心作用，形成"1中心5工作站"的知识产权维权援助服务网络，通过"12330"服务热线，接受侵权假冒举报，提供维权咨询服务。据国家知识产权局发布的《2016年知识产权保护社会满意度调查报告》显示：云南省的知识产权社会满意度在全国排名第7位，专利保护社会满意度在全国排名第6位。[5]

3.增强科技创新支撑作用

在科技创新能力提升的同时，科技创新对经济社会发展的贡献不断显现。云南重视完善科技成果转化机制，科技创新的转化能力不断提高，对经济社会的支撑作用明显增强。

完善科技成果转化机制。2016年，云南出台《关于深化科技体制改革的意见》，围绕科技体制改革重点领域和关键环节，建立技术创新市场导向机制，完善科技成果转移转化机制。2017年，省科技厅印发实施《关于实行以增加知识价值为导向分配政策的实施意见》《促进科技成果转移转化实施方案》等文件，推动成果转移转化；启动44个县（市、区）县域科技成果转化中心建设和11个

① 《"壮阔东方潮 奋进新时代"——云南省庆祝改革开放40周年系列新闻发布会·经济体制改革和经济发展主题专场》，云南省网上新闻发布厅2018年11月27日发布。

② 云南省科学技术厅、云南省统计局、云南省财政厅：《2017年云南省科技统计公报》，云南省科学技术厅政府网2018年8月7日发布。

③ 云南年鉴编辑委员会编：《云南年鉴2018》，云南年鉴出版社2018年版，第301页。

④ 云南年鉴编辑委员会编：《云南年鉴2018》，云南年鉴出版社2018年版，第306页。

⑤ 云南年鉴编辑委员会编：《云南年鉴2018》，云南年鉴出版社2018年版，第306页。

县（市、区）科技成果转化示范县建设。开展生物医药和大健康领域、农业领域科技计划项目管理专业化机构建设试点。依托省科学技术发展研究院建设云南省科技创新智库。技术市场合同交易总额实现翻两番。高新技术企业、创新型（试点）企业、科技型中小企业增长速度加快。

科技支撑社会领域创新发展。组织实施"云南省人工防雹作业条件预报技术研究与应用""公路隧道施工坍塌事故应急救援技术研究及应用示范"等一批科技计划项目，推动科技成果更多惠及民生。"九湖"等重要水体水污染防治研究与应用示范工作持续推进，"沘江流域农田土壤重金属污染修复关键技术研究及应用"取得系列成果，"南盘江农业生产废弃物循环利用示范"实现废弃物的全利用。"建材废弃物石屑制备水泥混凝土关键技术研究、地方标准及应用示范工程"在国内首次编制实施可指导规范石屑混凝土应用的地方标准。

重大科技专项成效显著。云南的大型铁路养护机械、乘用车柴油机、烟草柔性制丝设备等技术达国际先进水平；自动化物流设备、高端数控机床、铁路牵引变压器技术国内领先；大型数控铣镗床等产品市场占有率居全国第一位；节能型耐腐蚀磨蚀化工泵、非晶合金变压器等达国内先进水平。开展了液态金属材料、碳纳米纸等前沿新材料的研发及成果转化工作，培育发展了铝—空气电池、铝合金材料、高端钛材等新材料产业。氯化法钛白粉全流程生产技术和设备取得重大突破；形成了具有自主知识产权的钛板卷生产技术。不锈钢复合材料轧制、分卷、隔离膜等技术取得突破，实现了 6 毫米以下热轧不锈钢复合板卷稳定生产，技术居国内领先水平。建成全球首套电解铝烟气脱硫脱氟工业试验示范装置，二氧化硫等排放远低于国家标准，居世界领先水平。云南甘蔗平均出糖率达 13%以上，连续多年位居全国第一。香蕉种植面积和亩产全国第一，胶林抚管技术集成体系建设世界领先；丽粳 9 号百亩连片平均亩产创造了水稻种植最高海拔单产纪录。自主研发的创新 1 类新药 Sabin 株脊髓灰质炎灭活疫苗和肠道病毒 EV71型灭活疫苗获批上市；三七龙血竭胶囊获得新药证书和药品注册批件，实现了云南自主创新药物研发的重大突破。

4.推进国际国内科技合作

加强国内科技合作。2017 年，省政府与中国科学院签署第四轮全面科技合作协议，与国家自然科学基金委员会签订第三期联合基金合作协议，与中国载人航空办公室签署战略性合作协议，与中国农业大学签署战略合作协议。南开大学云南研究院、上海交通大学云南（大理）研究院、昆明北理工产业技术研究院、中国海洋大学云南丝路研究院落地云南。

推进国际科技合作。深化与欧美发达国家科技合作交流，实施多个"引进来"项目。与老挝科技部部长代表团、瑞典布莱金厄省代表团、法国居里大学、美国哈佛大学等来访代表团开展交流。构建"科技入滇"长效机制，推动科技入滇对接活动和签约项目落地。

（八）实施人才优先发展战略

云南认真贯彻落实中共中央《关于深化人才发展体制机制改革的意见》，各级各部门把人才资源开发作为"一把手"工程来抓，形成具有云南特点和区域竞争力的人才制度优势，不断探索聚才用才新机制，健全人才优先发展的保障措施，努力把云南建设成为人才集聚之地、人才辈出之地、人才向往之地，建成人才实现价值、发挥作用、贡献力量的沃土。

1. 全面提升人才质量

人才总量迅速增长，人才结构不断优化。2016 年，云南人才资源总量达到465.05 万人，[①] 与 2012 年相比增加了 107.9 万人，平均每年增幅在 7% 左右。人才总量增长的同时，人才的结构也不断优化，本地人才比重不断增加。

人才素质明显提高。2016 年，云南从事 R&D 人员数 7.46 万人，是 2012年的 1.6 倍。其中：规模以上工业企业 R&D 人员数 3.13 万人，比 2012 年增长64.7%；每万劳动力中 R&D 人员数 12.95 人，比 2012 年增长 70.4%；高技能人才占技能劳动者比例为 26.2%，与 2012 年相比上升了 3.5 个百分点。[②]

杰出人才的数量明显增加。到 2016 年，云南共有"两院"院士 8 人，国家"千人计划"入选者 26 人，与 2012 年相比增加 11 人；国家"万人计划"入选者 35 人，与 2012 年相比增加 33 人；全国杰出专业技术人才 6 人，新世纪"百千万人才工程"国家级人选 68 人，与 2012 年相比增加 30 人；国家级有突出贡献中青年专家 63人，享受国务院政府特殊津贴人员 1666 人，与 2012 年相比增加 101 人；"长江学者"9 人，与 2012 年相比增加 4 人；全国宣传文化系统"四个一批"人才 14 人，与 2012 年相比增加 2 人；国家级非物质文化遗产项目代表性传承人 69 人。[③]

---

① 云南省人才发展研究促进会、云南省社会科学院编：《云南人才发展报告（2016）》，云南人民出版社 2018 年版，第 5 页。

② 云南省人才发展研究促进会、云南省社会科学院编：《云南人才发展报告（2016）》，云南人民出版社 2018 年版，第 7 页。

③ 云南省人才发展研究促进会、云南省社会科学院编：《云南人才发展报告（2016）》，云南人民出版社 2018 年版，第 6 页。

2.提高人才贡献率

2016年，云南人才贡献率17.51%，与2012年相比提高0.62个百分点；万人发明专利拥有量为1.90项，与2012年相比增加1.01项；PCT国际专利申请量共31项，与2012年相比增加12项。①

在人才培养方面，2017年全年共有75015名专业技术人才晋升高级职称，与2012年相比增加62015名；与上一年相比，享受国务院政府特殊津贴专家新增52名，享受省政府特殊津贴专家新增99名。②全年高等教育毕业生22.82万人，与2012年相比增加4.18万人，其中，毕业博士生379人，与2012年相比增加5人，毕业硕士生9551人，与2012年相比增加1520人，普通高等教育本专科毕业生15.24万人，与2012年相比增加3.35万人，成人高等教育本专科毕业生6.59万人，与2012年相比增加0.69万人。③

在人才发展平台方面，2017年云南共有国家重点实验室6个，国家工程技术研究中心4个，这两项与2012年相比增加了5个；省重点实验室75个，省工程技术研究中心123个，两项与2012年相比增加了80个；国家大学科技园2个，国家科技企业孵化器12个；国家创新型企业5家，国家创新型(试点) 企业8家，省创新型企业232家，省创新型(试点) 企业186家；省科技型中小企业5853家；高新技术企业1239家；国家高新技术产业化基地10个，省高新技术特色产业基地18个；院士工作站209个，专家工作站139个。④

3.建立人才优先发展保障机制

在人才优先发展战略的指导下，云南逐步建立了包括人才工作指导性政策、人才工作目标责任考核制度、高层次人才绿色通道服务协调机制、高层次人才生活补贴、人力资源服务业和重大人才工程在内的人才优先发展的保障机制。

建立人才优先发展政策保障。出台了多个针对人才工作的指导性意见，为人才优先发展提供了政策保障。2014年，省委省政府以1号文件形式出台了《关于创新体制机制加强人才工作的意见》，在各级各类人才的培养、使用、激励，以及打破体制壁垒、扫除身份障碍、给予各类人才更多施展空间等方面进行大胆

---

① 云南省人才发展研究促进会、云南省社会科学院编：《云南人才发展报告（2016)》，云南人民出版社2018年版，第46页。

② 《云南省人力资源和社会保障厅云南省统计局关于印发〈2017年云南省人力资源和社会保障事业发展统计公报〉的通知》，云南省人事公共服务平台2019年6月20日发布。

③ 《云南省2016/2017学年初全省教育事业发展统计公报》，云南教育网2017年8月8日发布。

④ 云南省科学技术厅、云南省统计局、云南省财政厅：《2017年云南省科技统计公报》，云南省科学技术厅政府网2018年8月7日发布。

创新，以前所未有的力度支持和鼓励各方面人才尽展其长。2016年，云南省委、省政府印发《关于深化人才发展体制机制改革的实施意见》，瞄准人才工作瓶颈，深化改革、突破藩篱、打破障碍，构建更加科学高效的人才服务管理机制，建立更加务实管用的人才培养引进机制，健全更加科学合理的分配激励机制、人才评价机制和人才流动机制。

建立人才优先保障机制。印发了《关于进一步加强党管人才工作的实施意见》，将人才工作列为综合实绩考核和落实党建工作责任制情况述职内容，强化"一把手"抓"第一资源"，完善人才工作领导体系，建立人才工作目标责任考核体系。印发《关于深化人才发展体制机制改革的实施意见》和制定《云南省引进高层次人才绿色通道服务办法》，建立高层次人才绿色通道服务协调机制，建立引进人才绿色通道服务工作联席会议制度，统筹协调引进人才绿色通道服务工作。印发《云南省高层次人才特殊生活补贴发放办法（试行）》《〈云南省提高人才奖励标准实施办法〉的通知》，增加高层次人才生活补贴，提高人才奖励标准，吸引高层次人才。印发《关于加快人力资源服务业发展的意见》，大力发展人力资源服务业，建立"云南人才淘宝网"。

推出一系列重大人才工程。从2014年开始，紧扣培育各领域领军人才的目标，实施云南省科技领军人才和云岭学者、云岭产业技术领军人才、云岭首席技师、云岭教学名师、云岭名医、云岭文化名家等系列人才培养工程。2017年，省委办公厅、省政府办公厅印发《关于实施"云岭英才计划"的意见》，大力引进高层次人才及团队，为云南改革发展提供有力人才支撑。相关部门随后制定了"云岭高层次人才""云岭高端外国专家""云岭青年人才""云岭高层次创新创业团队""人才培养激励"等5个专项实施办法。2018年，省委办公厅、省政府办公厅印发《云南省"千人计划"实施办法（试行）》《云南省"万人计划"实施办法（试行）》，在整合云岭系列人才培养工程和云岭英才计划的基础上打造云南版的"千人计划"（高层次人才引进）和"万人计划"（高层次人才培养支持）。除此之外，云南还在滇中新区、瑞丽国家重点开发开放试验区开展人才特区创建试点，为云南人才工作体制突破、机制创新提供可复制可推广的经验。

4.完善聚才用才机制

实施更积极、更开放、更有效的人才引进政策。先后实施"百名海外高层次人才引进计划""高端科技人才引进计划""云岭英才计划"、云南省"千人计划"等人才引进计划。探索聘任制公务员引才政策，云南省印发《聘任制公务员管理试点实施办法及实施方案》并进行试点。印发《云南省依托招商引资加强人才引进工作的实施办法》，依托招商引资项目引进的各类高层次人才。出台《云南省柔性引进人才办法（试行）》，打造了"柔性引智"新机制。举办"云南国际人才交流会"，搭建国际招才引智平台。印发《云南省引进高层次人才专业技术职称考核认定办法（试行）》，开辟引进高层次人才职称资格评定特殊通道。印发《云南省引进高层次人才享受政府购房补贴和工作经费资助评审认定暂行办法》，给予经评审认定的高层次人才购房补贴和工作经费资助。

大力培养高层次创新人才。先后实施云岭系列人才培养工程和云南省"万人计划"。实施博士后定向培养计划，印发《云南省博士后定向培养计划实施办法》，扩大设站规模，增加招收数量。加大青年人才培养力度，实施优秀贫困学子奖励计划，制定《云南省优秀贫困学子奖励计划实施办法》。出台《关于云南省青年技能人才培养工程的实施意见》，实施青年技能人才培养工程。

不断改革人才评价机制。印发《关于分类推进人才评价机制改革的实施意见》，全面推进人才评价机制改革。深化职称制度改革，修改完善各系列职称评审实施细则，建立以能力和业绩为导向、行业和社会认可的人才评价标准。印发《云南省特殊人才职称资格与职业资格评价办法》，组建特殊人才评审委员会。逐步下放高校教师、中小学教师、卫生技术、农业技术和艺术专业等行业高级职称评审权。从 2017 年起，不再把职称外语和计算机应用能力作为申报和参评的必备条件。印发《云南省拓宽技能人才成长上升通道实施办法（暂行）》，拓宽技能人才成长上升通道。

畅通人才流动渠道。印发《云南省设立专家基层工作站实施办法》，支持国家级和省级专家到县及县以下，围绕当地优势特色产业发展，设立科研工作站。印发《云南省鼓励专业技术人员到基层服务暂行办法》，鼓励专业技术人员到基层服务，引导人才向基层一线和边远艰苦地区流动，放宽基层专业技术人员职称评聘条件。印发《云南省基层人才对口培养计划实施办法（暂行）》，提出从 2014 年至 2020 年，每年从县及县以下的教育、卫生、农业科技单位中各选派 100 名业务骨干到省级单位进行对口专业进修。印发《云南省边境民族贫困地区基层人才特别招录工作实施意见（试行）》，降低艰苦贫困地区基层公务员录用门槛。

（九）着力建设"平安云南"

党的十八大提出创新社会治理的理念，党的十九大进一步提出打造共建、共治、共享的社会治理新格局。云南深入贯彻新的社会治理理念，通过扎实推进"平安云南"建设，不断提高边疆社会治理能力，保障社会和谐稳定。

1. 提高社会矛盾纠纷化解能力

通过健全重大决策社会稳定风险评估和突发事件应急管理机制，完善矛盾纠纷多元化解机制，强化法治思维，引入社会力量，推动矛盾纠纷化解机制的法治化、专业化和社会化，引导群众运用法律手段解决问题，提高矛盾纠纷化解的整体效果和效率。

完善重大决策社会稳定风险评估机制。2016 年，实施《云南省重大行政决策程序规定》，从制度层面对重大行政决策程序的各个环节进行了统一规范，要求应当对可能存在的社会稳定风险进行风险评估。同年发布《云南省重大事项社会稳定风险评估责任追究办法》，进一步规范了云南重大事项社会稳定风险评估工作，规范了各种应当追究责任的情形，强化了各级政府部门的责任意识。2018 年，发布《云南省人民政府工作规则》，要求省人民政府各部门提请省人民政府研究决定的重大事项，凡是涉及重大公共利益和公众权益、容易引发社会稳定问题的，都要进行社会稳定风险评估，从源头上降低社会矛盾纠纷的发生概率。

加强重点领域矛盾纠纷排查化解工作。全面排查劳资、医疗、民间融资借贷、征地拆迁、环境污染、涉路等领域的重大矛盾纠纷，认真执行矛盾纠纷排查调处工作协调会议纪要月报制度，形成"月月研判、一级抓一级、层层抓落实"的工作格局。完善信访信息分析研判、重要敏感信访信息通报、信访风险评估预警工作机制，及时排查化解矛盾纠纷，确保社会和谐稳定。

完善矛盾纠纷多元化解机制。构建了调解、仲裁、行政裁决、行政复议、诉讼等多元化矛盾纠纷调处机制，完善人民调解与行政调解、司法调解"三调"联动工作体系，健全"三调"对接平台和衔接配合机制，突出司法引领，打造"诉调对接中心"，建立云南法律援助工作总站，鼓励律师参与矛盾纠纷化解，形成人民调解、行政调解、行业调解、商事调解等多类型调解体系。加强交通事故、医疗卫生、环境保护、劳资等重点领域调解组织建设，出台小区矛盾纠纷调处、妇女儿童权益纠纷人民调解等专门意见，成立行业性专业性调委会。截至 2017 年，云南有人民调解委员会 1.7 万余个，行业性、专业性人民调解组织 1400 余个，调解员 20 余万人。2018 年，通过健全城乡社区人民调解组织网络，引导人民调解员、基层法律服务工作者、农村土地承包仲裁员、社会工作者、心理咨询师等专业队伍，参与调解物业、农村土地承包经营、家事、邻里等领域纠纷。

引导群众运用法律手段表达诉求。2017 年《云南省信访条例》开始施行，明确以法治思维和法治方式解决信访问题，引导群众对合理权益进行理性表达。实行"诉访分离"，把信访纳入法治化轨道。同时改革信访工作制度，大力推行阳光信访、网上信访、视频接访，全面建成全省四级视频接访系统，狠抓进京非正常上访集中整治，出台《依法处理信访活动中违法犯罪行为的指导意见》，依法打击处理一批信访违法犯罪分子，促进了信访秩序明显好转。

2. 健全公共安全体系

在新的社会治理理念指导下，云南坚持以防为主、防抗救相结合，实现从注重灾后救助向注重灾前预防转变，从应对单一灾种向综合减灾转变，从减少灾害损失向减轻灾害风险转变，全面提升了云南抵御各类灾害的综合防范能力，进一步健全了云南公共安全体系。

健全应急管理责任体系和安全生产责任体系。2018年，根据中央有关机构改革的方案，云南整合多个机构的职责，成立了省应急管理厅，进一步完善了应急管理体制，明晰了应急管理"防"与"救"的职责，建立党委和政府统一领导、应急管理部门组织指导协调、有关部门权责一致、分级负责分级响应的应急管理责任体系。落实安全生产、消防安全、食品安全、防震减灾目标责任等各类安全责任制。2013年以来，出台了《云南省安全生产党政同责暂行规定》《云南省党政领导干部安全生产责任制规定》等政策，有效落实了"党政同责、一岗双责、齐抓共管、失职追责"的要求，实现了安全生产责任"五级五覆盖"、党委和政府常态化研究安全生产工作的机制、建立完善安全生产责任落实监督制度、推动形成各部门齐抓共管格局。

完善防灾减灾救灾法律体系。2013年《云南省自然灾害救助规定》正式施行，成为全国首个与国务院《自然灾害救助条例》相配套的地方法规。2016年新修订了《云南省自然灾害救助应急预案》。2017年施行《云南省生产安全事故应急预案管理实施办法》，为云南防灾减灾救灾、生产安全事故应急处置工作奠定了法治基础。2018年1月1日起开始施行新修订的《云南省安全生产条例》，进一步明确了生产经营单位的安全生产保障、从业人员的权利和义务、政府部门的安全生产监管职责、应急救援措施和法律责任等，切实增强安全防范治理能力。

创新安全监管体系。促进安全生产标准化建设，加强基层安全生产网格化监管，加大监管执法力度，开展重点领域专项整治行动，及时排查化解安全隐患。从2013年起，实施"食品安全三年行动计划"，推进农产品从田头到餐桌的全过程监管，保障了云南食品安全形势持续稳定向好，连续多年没有发生重特大食品安全事故。① 相继出台了煤矿安全质量标准化考核和企业安全生产标

---

① 《云南连续15年未发生重特大食品安全事故》，中国食品安全报网2016年3月24日发布。

准化建设实施办法，规范和加强了安全生产标准化建设工作。2018 年启动实施 6 个重点行业领域安全工程三年行动计划，重特大事故总数和死亡人数实现"双降"。全年发生的各类生产安全事故数量同比下降 20.17%，死亡人数同比下降 22.62%，首次实现全年无重大以上事故，较大事故首次控制在 30 起以内。

加强应急预案和救援体系建设。规范编制应急预案，强化应急救援能力，建设应急救援队伍、应急救援物资储备库建设。省级财政每年年初安排 2 亿元，实施预防和处置地震灾害能力建设 10 项重大措施和 10 项重点工程，完善公共安全应急体系。已逐步建成以中央救灾物资昆明储备库为中心，9 个省属分库为基础，7 个州（市）库为辐射，92 个县级库为支撑，乡镇储备库（点）为补充，布局合理、点面结合、辐射全省的救灾物资储备网络，救灾物资储备库已基本覆盖了全省多灾易灾地区。建立完善救灾物资补充机制和调运机制，每年安排 2000 万元省级救灾物资采购经费，做好救灾物资储备，并结合灾害趋势研判，每年对救灾物资储备格局进行调整。实施防灾应急"三小"（小应急包、小册子、小演练）工程。加大应急避难场所、抗震安居工程等防灾减灾救灾的基础设施等建设力度，做好备大灾防大灾应急准备。

探索创新社会力量有序参与。在防灾减灾方面，充分调动社区居委会、村委会等自治群众性队伍建设，构建分区划片、包干负责的基层监管责任网和群众监督网，加强安全风险隐患排查，建设地震地质灾害群测群防队伍和机制，向社会组织购买服务进行安全隐患排查，建立健全各类举报奖励制度，强化社会监督。2014 年鲁甸 6.5 级地震发生后，省民政厅建立了"云南社会组织救援服务平台"，建立社会组织数据库，引导社会组织有序参与救灾。2015 年，云南在大理州开展地震保险试点工作，从 2017 年起，扩大试点范围，有力地支持灾区抗震救灾和灾后恢复重建工作。

强化防灾减灾宣传教育。加强防灾避险、自救互救等防灾减灾知识宣传，开通了防灾减灾微信公众号，提升防灾减灾信息化水平，建成云南数字地震科普馆，实现防灾减灾知识进中小学生教材。

3. 完善社会治安防控体系

狠抓综合治理领导责任制，不断夯实综治基础，深化城乡社区警务战略，强化警务辅助力量和群防群治队伍建设，推进立体化、信息化建设，努力构建和完善全方位、立体化的社会治安防控体系。

抓实综合治理领导责任。层层签订年度社会治安综合治理维稳目标管理责任书，各级党委和政府坚持把综治工作放到经济社会发展大局中进行谋划和推动，相关部门明确职能任务，切实保障社会治安防控工作的落实。

推进网格化服务管理。按照城乡社区、城郊接合部和农村三种类型及标准划分网格，配备网格员，通过网格员的走访巡查，实时采录报送各类数据信息，夯实了综治平安建设的根基。在推行网格化服务管理工作中，根据各地实际，创造出了各具特色并行之有效的经验做法。通过网格化服务管理，有效地整合基层分散、割裂的资源力量，形成了综合治理强大合力。在推进网格化管理的同时，还加强五级社会治安综合治理综治中心规范化建设，到2017年，云南已建成12个州级、92个县级、1200个乡镇级、10843个社区（村）级综治中心。

推进社会治安防控立体化和信息化建设。推出"365"社会治安整体防控模式：形成环省、环州市、环县的"三层防控圈"；包括街面巡逻防控网、城乡社区防控网、行业单位防控网、视频监控网、网络安全防控网、区域防控协作网在内的"六张网"；包括社会治安动态化管理、矛盾纠纷排查调处、严打整治常态化工作、突出治安问题综合治理、基层群防群治的"五项工作机制"。云南129个县级公安局已组建116支特巡警大队，专业处突力量得到了加强。推进"雪亮工程"示范城市建设，安装视频监控50万余个，建设完成省级公共安全视频图像信息实战平台和解析中心，推进建设省级视频监控共享平台及省级综治视频监控接入平台。完善数据共享机制，建设社会治安防控体系互联互通平台。

加强群防群治队伍建设，大力发展治保会、辅警、保安、治安志愿者等群防群治组织和群众性志愿巡逻队伍。深化城乡社区警务战略，社区民警专职化建设步伐加快，"脚板+网络""传统+科技"等社区警务工作模式初见成效。出台保安行政许可审批规范，加强各单位内部安保工作，特别是加强和改进学校安全工作。①

云南已初步形成以"三层防控圈"、"六张网"和"五项工作机制"为关键节点的"365"社会治安整体防控模式，构建了"党委政府领导、政法综治牵头、公安承担主力、部门协同联动、社会广泛参与"的社会治安防控工作格局。

4.建设社会心理服务体系

积极建立健全社会心理服务和援助平台，建设心理危机干预队伍，完善严重精神障碍患者服务工作机制，建设社会心理服务体系，促进社会心理健康发展。

---

① 《云南省人民政府办公厅关于加强中小学幼儿园安全风险防控体系建设的实施意见》，云南省人民政府网2018年8月6日发布。

2018 年，根据中央《关于印发全国社会心理服务体系建设试点工作方案的通知》要求，云南开始以临沧为试点，推进社会心理服务体系建设。

建立健全各类社会心理服务和援助平台。开通了多条省级和市级、地州医院的心理服务和心理危机干预热线，免费向社会提供心理热线服务。加强医疗机构心理健康服务能力。把心理健康知识纳入医疗人员的必修课，提高医疗人员的心理健康水平和心理辅导能力。多个医疗机构提供临床心理辅导，为孕产妇、手术患者、绝症患者及时进行心理疏导。在监狱、学校等机构建立心理咨询室，配备专兼职心理咨询人员，加强心理咨询和心理辅导。教育部门加强心理健康师资培训，进行学校心理健康教育，开展"心理健康特色学校"活动。加强社会心理咨询服务机构的建设，培育心理咨询师队伍。截至 2018 年底，云南有心理机构 73 家，有两万余人取得心理咨询师资格证书，在社会上从事个体咨询职业的有 554 人。

加强心理危机干预队伍建设。云南卫生计生部门开展心理危机干预服务能力的知识培训。2015 年以来，共举办了 4 期心理危机干预服务能力知识培训，共培训了 3450 人次。到 2016 年，昆明、曲靖、玉溪、楚雄、红河、文山、保山、普洱、西双版纳、大理、德宏、丽江、临沧等 13 个州、市建立了心理危机干预队伍。

完善服务精神障碍患者工作机制。开展严重精神障碍患者筛查诊断、随访管理和危险性评估，2016 年底管理率达到 96.22%。在玉溪和保山两地开展全国精神卫生综合管理试点，建立了精神卫生信息监管平台，落实了监护人"以奖代补"和精神患者伤害他人救助机制，各政府部门守责联动，完善了包含医疗、安全、低保等在内的救治救助机制，提高了医疗救助水平和便利性，推进社区康复试点，强化患者康复管理，实现精神康复服务零突破。

5. 完善城乡社区治理体系

随着市场化、全球化、信息化、城镇化的深入发展，社区日益成为各种利益关系的交汇点、各种社会矛盾的聚焦点、社会建设的着力点、社会治理的中心点。在中央统一部署下，云南社会治理的重心逐渐向社区转移，社区成为社会治理最主要的功能单位。通过不断健全城乡社区治理体系，加强社区综合服务设施建设，全面推行城乡社区网格化服务管理，努力提升基层社区社会治理能力。

加强社区综合服务设施和基层综合服务管理平台建设。完善社区卫生服务中心中医药服务，到 2015 年底，云南 97.7% 的社区卫生服务中心能够提供中医药服务。①2016 年城市社区综合服务设施覆盖率已经达到 90%。建设社区居家养老服务中心，与有相关服务资质的企业或社会组织进行合作，采取购买服务的方式，为社区老年人提供"家庭式"居家养老服务。② 开展农业转移人口社区教育和培训关爱活动，推进城镇基本公共服务向常住人口全覆盖。开始在昆明进行社会保险社区"一站式"办结试点，市民在社区就可以办理养老保险、医疗保险、失业保险和工伤保险等社会保险。③ 开始梳理社区工作事项清单，厘清基层政府和社区的权责边界。

创新社区治理机制。探索并推广"区—街道—社区—居民小组—楼栋"五级治理模式，充分调动居民群众参与到社区治理中，推动社区服务管理功能向下延伸。全面推行城乡社区网格化服务管理，推进和谐社区建设，打造农村社区建设示范点，创建民主法治示范村（社区）。形成了以社区为平台、社会组织为载体、社会工作者为支撑、志愿者为补充的"三社联动、两工互动"模式。提升社区治理效力。充分发挥社会组织在创新基层社会治理中的积极作用。2017 年云南省政府购买服务的预算数达 422469.04 万元，项目数为 11500 个，政府购买服务执行数为 469507.67 万元④。截至 2018 年底，云南共有 226 家社工服务机构，4000 多名社会工作专业人才，构筑了近 200 个社区社会工作站点。

探索社会工作服务模式。经过努力，已经形成了社会工作服务四种模式，包括以昆明西山区为代表的城市社工发展模式运用、以临沧市沧源县为代表的少数民族地区社会工作介入扶贫攻坚模式、以昭通市为代表的灾害社会工作和农村社会工作发展模式、以红河州个旧市为代表的资源枯竭型城市社会工作发展模式。志愿者作为一种有益补充，协同社会组织和社会工作者为社区人群提供服务。截至 2018 年底，共注册了 200 多万名志愿者，10000 家志愿服务组织。

6. 大力开展扫黑除恶专项斗争

2018 年 1 月，中共中央、国务院发出《关于开展扫黑除恶专项斗争的通知》（中办〔2018〕3 号）。2018 年 1 月 23 日，全国扫黑除恶专项斗争电视电话会议召开，全面启动扫黑除恶专项斗争。全国扫黑除恶专项斗争自 2018 年 1 月

---

① 《云南 97% 以上的社区卫生服务中心能提供中医药服务》，云南省人民政府网 2016 年 2 月 16 日发布。

② 《"关爱空巢老人"昆明新增 5 个居家养老试点社区》，云南省人民政府网 2013 年 9 月 9 日发布。

③ 《昆明将试点社会保险社区"一站式"办结》，云南省人民政府网 2014 年 8 月 5 日发布。

④ 《云南省财政厅多措并举推进政府购买服务改革成效显著》，中华人民共和国财政部网 2018 年 3 月 6 日发布。

开始，至 2020 年底结束，为期 3 年。

云南省上下坚决贯彻习近平总书记关于扫黑除恶专项斗争的重要指示精神，科学谋划、精心组织、周密部署，突出高位推动、深挖彻查、综合治理、依靠群众，形成雷霆之势。有关部门紧紧抓住群众反映强烈、社会影响恶劣的涉黑涉恶问题，出重拳、下重手；着力整治黄赌毒、传销、拐卖、涉枪涉爆等违法犯罪问题；针对建设项目征地拆迁、矿产资源等易滋生黑恶势力的重点行业，严格落实行业监管职责，健全完善市场准入、重点监控等机制，严防黑恶势力乘虚而入；严查涉黑涉恶案件背后腐败和"保护伞"问题；排查整顿软弱涣散村（社区）党组织，摸排处理"村霸"和慵懒滑贪"四类村官"，审查清理不符合条件"两委"干部、村（居）民小组人员，切实增强了基层对涉黑涉恶问题的"免疫力"。

截至 2019 年 4 月，深入开展扫黑除恶专项斗争取得了阶段性成效，全省共打掉涉黑涉恶团伙 428 个，其中涉黑团伙 79 个、涉恶团伙 349 个，刑拘犯罪嫌疑人 5587 人，查封、扣押、冻结资产 5.05 亿余元。

（十）推进民族团结进步示范区建设

把云南建设成为我国民族团结进步示范区，是以习近平同志为核心的党中央着眼国际、国内两个大局，站在全国民族工作全局作出的重要部署。省委省政府牢记习近平总书记着力推动民族团结进步事业的嘱托，坚持把示范区建设融入全省发展大局，制定《云南省建设我国民族团结进步示范区规划（2016—2020 年）》，强化规划引领，实施六项工程，积极探索实践促进民族团结进步的新思路、新办法、新举措，不断建立和完善促进民族团结进步的体制机制，推动民族团结进步事业创新发展。

1. 实施民生持续改善工程

坚决打赢脱贫攻坚战，加快民族地区基础设施建设，不断推进基本公共服务均等化，努力补齐发展短板，持续增加民生福祉，使各族人民共享发展成果。

全面贯彻落实全国"三区三州"政策，连续实施两轮"兴边富民工程改善沿边群众生产生活条件三年行动计划"，深入实施全面打赢直过民族脱贫攻坚战行动计划，协调三峡集团、华能集团、大唐集团、云南中烟公司、云南省烟草专卖局 5 家企业集团帮扶云南直过民族和人口较少民族精准脱贫。民族地区贫困人口由 2012 年的 426 万人减少至 2017 年的 165 万人，2018 年末，独龙族、基诺族、德昂族实现整族脱贫。以"五网"建设为重点，启动实施能通全通工程。民族地区公路里程由 2012 年的 15 万公里增加到 2017 年的 19 万公里，其中高速公路通

傈僳族群众的新生活

车里程由 1600 公里增加到 2900 公里。楚雄州、大理州、文山州、红河州等民族自治地方进入高铁时代，丽江至香格里拉铁路、大理至瑞丽铁路、弥勒至蒙自铁路等一批铁路建设顺利推进。民族地区通航运营机场达到 8 个。民族地区一批大中型水库建成，滇中引水工程正式开工。启动实施人口较少民族综合保险和学生助学补助，2017 年人身意外伤害保险覆盖到沿边一线行政村。民族地区医疗卫生机构床位由 2012 年的 8.8 万张增加到 2017 年的 13.4 万张、卫生人员由 9.8 万人增加到 17.4 万人，城乡居民基本医疗和大病保险参保率达 98% 以上，广播电视覆盖率达到 99%，农村集中供水率和自来水普及率分别达到 83.9% 和 75.8%，无电人口通电问题全部解决，行政村实现 4G 网络和宽带全覆盖。

2. 实施发展动力增强工程

发挥民族地区比较优势，以科技创新为动力，围绕八大重点产业，培育壮大民族地区特色优势产业，改造提升传统产业；加快城镇化进程，构建对外开放新格局，在增长方式转变、结构调整、动力转换等方面实现突破，民族地区内生发展动力不断增强。

打造世界一流"绿色能源、绿色食品、健康生活目的地""三张牌"，"绿水青山就是金山银山"思想深深扎根各族干部群众心中，新型工业化、园区建设和民营（中小）经济稳步推进，云花、云茶、云蔬、云果、云畜、云药等高原特色优势产业提质增效。一大批绿色能源项目落地文山、大理等民族地区并加快推进。评选年度绿色食品"10 大名品"和"10 强企业"、"20 佳创新企业"，推动区域品牌、企业品牌、产品品牌集群发展。"一部手机游云南"智慧旅游平台基本建成并上线运行，特色小镇创建初见成效，云南 154 个村寨被国家民委挂牌命名为"中国少数民族特色村寨"，成为民族文化的品牌、特色旅游的名片、展示美丽云南的窗口。2018 年，云南全省民族自治地方生产总值达 7155.86 亿元，人均 GDP 达到 30449 元。近五年，全省民族自治地方生产总值年均增长 10.2%，主要发展指标增幅均高于全省平均水平。①

3. 实施民族教育促进工程

坚持民族教育优先发展，推进民族教育现代化，积极开展双语教育，全面提高教育质量，促进教育公平，共享优质资源，各族群众科学文化素质和就业创业能力不断提升。

制定《云南省少数民族教育促进条例》，出台《关于加快发展民族教育的实施意见》，采取一系列措施加快发展民族教育。目前，云南各级各类学校少数民族在校生占比高于全省少数民族人口占比，形成了民族中小学、民族中专、民族大学等民族学校教育与普通学校教育协调发展的民族教育体系。率先于 2016 年在迪庆州、怒江州实施 14 年免费教育。全面落实并扩大人口较少民族义务教育寄宿生生活补助政策，资助省定民族高中学校寄宿生，对直过民族和人口较少民族大专生、本科生给予每生每年 5000 元的学费补助。积极推进国家通用语言文字和民族语言文字教育，促进民汉双语教育发展。在省城和州市优质高中举办民族班。举办云南省特有民族本科及大中专班，实施迪庆州专项招生计划。实施迪庆州、怒江州中等职业教育农村学生全覆盖试点，在国家现行免补政策基础上，对中职一、二年级在校生给予每生每年 2500 元的提高生活补助，截至 2018 年底，省财政共下拨提高生活补助经费 5143.75 万元，20575 人（次）农村学生受益。

4. 实施民族文化繁荣工程

提升民族文化软实力，保护、传承和开发优秀民族文化，推进民族文化创造性转化和创新性发展，使各民族文化繁荣发展的过程成为各民族相知相亲相惜的过程，成为民族团结的润滑剂、催化剂和黏合剂，中华民族共同体意识进一步铸牢。

省级每年安排 3500 万元专项经费开展民族文化抢救保护和传承弘扬工作。2016 年以来，实施民族文化"双百工程"，投入资金 5425 万元，培养了 86 名民

_____

① 《一家人都要过上好日子》，《人民日报》2019 年 8 月 1 日。

族民间传统文化突出人才，扶持打造了54个少数民族文化精品，一批具有云南特点、民族特色的文化艺术精品走出国门、走向世界。着力推动民族文化与文化创意、文化生态旅游产业融合发展，"大理文化生态保护实验区"和"迪庆民族文化生态保护区"被列为国家级文化生态保护实验区，是全国拥有两个国家级文化生态保护实验区的唯一省份。大力开展民族优秀传统文化传承保护进校园活动，创建高校民族文化教育基地，创建100所民族文化教育示范学校。

5. 实施民族团结创建工程

全面深入持久开展民族团结进步创建工作，营造民族团结好氛围、凝聚民族团结正能量，宗教领域和谐稳定，各民族和睦相处、和衷共济、和谐发展。

全面深入持久开展民族团结进步创建工作，形成了具有云南特点的民族团结进步创建"六＋N"模式。截至2018年底，大理、西双版纳、楚雄、普洱4个州（市）被国家民委命名为"全国民族团结进步创建示范州（市）"，47家单位被命名为"全国民族团结进步创建示范区（单位）"，命名数量居全国前列。先后创建1589所民族团结教育示范学校。自2013年起，先后实施了两轮"十县百乡千村万户"示范创建工程三年行动计划，累计投入资金200多亿元，打造了一大批有特色、产业强、环境好、民富村美人和谐的民族团结进步示范村镇典型，推动形成了以点串线、以线连片、以片带面的示范创建格局。

6. 实施民族事务治理工程

不断加强党对民族工作的领导，培育高素质少数民族人才队伍，完善民族工作服务管理体系，推进民族工作法治化，创新民族宗教理论研究，民族事务治理能力和水平全面提高。

成立由省委主要领导挂帅、省级相关部门为成员的示范区建设领导小组，牢牢把握民族工作主动权又实行领导小组成员单位年度任务承诺制，将示范区建设推进情况纳入全省年度综合考评内容，对少数民族和民族地区投入扶持协调机制不断完善。把培养使用少数民族干部和熟悉民族工作的干部作为解决民族问题、做好民族工作的关键来抓，持续巩固了"25个世居少数民族都有一名以上担任省级机关厅级领导干部"的成果。民族工作法规体系进一步完善，截至2018年云南共制定涉及民族工作的法律法规203件，包括37件自治条例、152件单行条例、7件地方性法规、7件变通规定，初步形成一套较完整的具有中国特色、云南特点的民族法规体系。2019年5月1日，《云南省民族团结进步示范区建设条例》颁布实施，推动示范区建设在法治轨道上迈出了重要一步。建立"处置涉及民族宗教因素突发事件应急预案""省、州（市）、县三级同步监测监管涉及民族宗教因素影响团结稳定问题机制""涉及民族宗教因素情报信息协作机制及时开展研判工作的办法""涉及民族宗教因素网络舆情联动处置办法（试行）"等工作制度，不断完善网格化管理机制，坚持月排查、季研判、年总结，从源头上预防和化解矛盾纠纷。成立云南民族大学"民族团结进步研究院"，成立由国家、省级层面专家组成的示范区建设专家咨询委员会，民族理论研究机制进一步健全。

（十一）统筹推进人口均衡发展

围绕人口出生性别比失衡、人口老龄化严峻、人口城镇化率低等问题，云南相继与全国同步实施"单独二孩""全面二孩"政策和相关配套政策，开展"两非整治"行动，深化户籍制度改革，积极推进老龄工作，统筹推进人口均衡发展，取得了积极的成效。

1. 调整完善生育政策

计划生育政策的实施，使云南人口发展从高速增长逐渐转向持续低速增长。2012年至2014年，云南人口自然增长率连续三年仅为6.2‰[①]。为了促进人口的长期均衡发展，根据中共中央、国务院《关于调整完善生育政策的意见》，云南于2014年通过了《云南省人民代表大会常务委员会关于调整完善生育政策的决议（草案)》，启动实施了"单独二孩"政策，在一定程度上刺激了人口增长，提高了人口出生率和自然增长率。

党的十八届五中全会提出全面实施一对夫妇可生育两个孩子的"全面二孩"政策。2016年1月，《中华人民共和国人口与计划生育法修正案》发布实施，云南也与全国同步执行"全面二孩"政策，并于3月31日审议通过了《云南省人口与计划生育条例》的修改。为确保"全面二孩"政策的顺利实施，云南卫生计生系统采取了一系列的措施，积极引导群众有序生育、优生优育，合理配置公共服务资源，应对生育势能的释放。到2017年底，云南人口总数达到4800.5万人，较2012年4659万人增加141.5万人，年均净增28.3万人，当年出生人口为64.8万人，出生率为13.53‰，较2012年12.63‰的出生率提高0.9个千分点，人口自然增长率提高到6.9‰，[②] 比2012年的人口自然增长率6.2‰提高了0.7个千分点，实施"全面二孩"政策已初见效果。

---

① 云南省统计局编：《云南统计年鉴2017》，中国统计出版社2017年版，第384页。
② 云南省统计局编：《云南统计年鉴2018》，中国统计出版社2018年版，第376页。

2. 改善出生人口性别比

人口性别比失衡不利于社会持续稳定。根据第六次全国人口普查结果，2010年，云南总人口性别比为 107.86[①]（以女性为 100，男性对女性的比例），出生人口性别比为 110.04，超出 107 的临界值 3.04。

为综合治理出生人口性别比偏高问题，云南开展整治"两非"专项行动，严肃查处医疗卫生、计划生育技术服务机构及人员、黑诊所、游医和中介等从事非医学需要的胎儿性别鉴定和非医学需要的人工终止妊娠行为。建立有利于女孩及其家庭的扶助制度，完善和落实计划生育"奖、优、免、补"政策，推动计划生育养老保险、医疗保险和最低生活保障等政策向独女户、双女户倾斜；把农村生产生活困难的独女户、双女户等优先列为帮扶对象，落实"真爱真扶"措施；严厉打击溺、弃婴行为；对虐待、遗弃、残害、贩卖女婴及严重歧视、虐待女婴的案件，始终保持严管、重罚的"高压"态势；积极向群众宣传生殖健康知识，加强对育龄群众进行卫计法规、孕期保健、优生优育等方面的指导；通过婚育新风进万家活动的开展和"关爱女孩行动"的实施，提高妇女地位，改善女婴生存环境；加强孕期服务管理，把综合治理出生人口性别比工作纳入责任目标考核，推进打击"两非"工作制度化、规范化、常态化。

在综合治理之下，2017 年，云南总人口性别比相比 2012 年有所改善。2018 年，出生人口性别比下降到了 108.03，优于全国平均值。

3. 提高人口城镇化率

人口城镇化是现代化建设的必由之路。2012 年末，云南城镇人口有 1831.5 万人，乡村人口有 2827.5 万人，全省城镇化率为 39.31%，[②] 远低于全国 52.6% 的城镇化率。

2015 年，云南贯彻中央《关于进一步推进户籍制度改革的意见》，出台了《云南省人民政府关于进一步推进户籍制度改革的实施意见》，正式开展云南户籍制度改革，明确提出实行城乡统一的户籍登记管理制度，在全省取消农业户、非农业户及其他类型的登记管理模式划分，实行"一元制"户籍登记管理制度，统一登记为"居民户"。

云南在放宽直系亲属投靠落户、解决无户口人员、畅通返农村原籍地落户等方面也制定了创新性政策。为解决农业转移人口进城落户的后顾之忧，为其留足

---

① 云南省统计局编：《云南统计年鉴 2018》，中国统计出版社 2018 年版，第 379 页。

② 云南省统计局：《云南省 2012 年国民经济和社会发展统计公报》，云南省人民政府网 2015 年 11 月 29 日发布。

"退路"，明确现阶段不得以退出土地承包经营权、宅基地使用权、集体收益分配权作为农民进城落户的条件，畅通了因不适应城镇生活返原籍务农或者在城镇积累一定的资金、资源、技能后返乡创业的进城落户人员返乡落户渠道，有力地推动了农业转移人口市民化进程。

2017 年以来云南继续深化户籍制度改革，完善"人地钱"挂钩激励机制，推动居住证制度全覆盖，落实农民进城落户各项优惠政策，切实保障新市民权益，扩大特大镇功能，推进就地就近城镇化。截至 2018 年底，云南有 2309.0 万城镇人口，2520.5 万乡村人口，城镇化率达到 47.81%，[①] 比 2012 年提高了 8.50%。

4. 积极应对人口老龄化

云南人口老龄化进程相对滞后于全国平均水平，但来势急骤。第六次全国人口普查数据显示，2010 年，云南 60 岁及以上老龄人口为 508.7 万人，占总人口的比重达 11.07%（该指标超 10% 即为老龄化），与"五普"时期相比，老龄人口平均增长率达 3.1%，远高于同期云南总人口的年均增长率 0.7%。[②]

云南采取多种措施，积极应对人口老龄化，坚持把老龄工作列为重大民生工程和发展工程，纳入经济社会发展总体规划；认真贯彻落实中央关于老龄工作的决策部署；科学编制老龄事业发展规划；全面落实社会养老保障制度；大力推进养老服务体系建设；进一步加强老年人权益保障工作；扎实开展老龄工作创建活动；强化老龄宣传教育和老年文化体育活动；积极组织开展老龄问题专项研究；进一步加强老龄干部队伍能力建设。

2018 年，在中央相关精神的指导下，云南出台《关于进一步加快老龄事业发展的实施意见》，进一步突出老龄工作要保基本、兜底线、补短板、调结构，努力实现城乡均衡和区域协调发展，明确了今后一个时期老龄事业发展的八个重点内容，包括老年人基本生活保障、健康保障、养老服务体系化创新发展、适老环境建设、老龄产业融合发展、老年文体教发展、老年人社会参与和法治老龄建设，为老龄事业的发展指明了方向。

（十二）全面发展体育事业

进入新时代，云南省全面落实全民健身国家战略，推进全民健身和全民健康深度融合，服务健康云南建设。全面推进体育工作改革发展，提升体育治理体系

---

① 《云南省 2018 年国民经济和社会发展统计公报》，《云南日报》2019 年 6 月 14 日。
② 《十年来云南人口老龄化发展趋势及对策研究》，云南省统计局网 2012 年 9 月 22 日发布。

与治理能力现代化水平。提高体育对外开放水平，加快形成具有云南特色的体育发展道路和发展方式，促进体育科学发展，为云南与全国同步全面建成小康社会作出了贡献。

1.实施"七彩云南全民健身工程"

云南以"七彩云南全民健身工程"为抓手，推进全民健身公共服务。落实全民健身国家战略，实施《云南省全民健身实施计划（2016—2020年）》，按照"强化针对性，体现适用性，提高利用率"要求，加大基本公共体育服务供给侧结构性改革力度，针对各地区尤其各少数民族地区传统体育需求和兴趣特点配置体育资源，稳步推进基本公共体育服务体系在地域、城乡和人群间的均等化建设。

开展丰富多彩的全民健身活动。以全民健身推动全民健康，继续实施"七彩云南全民健身活动示范工程"，完善全民健身活动体系，强化体育赛会对全民健身的促进作用，以体育赛会促进体育健身，增进民族团结，构建各民族和谐发展的社会氛围。推动以"七彩云南全民健身运动会"等重要赛会为引领的群众体育健身活动，鼓励各地举办各类户外健身项目和运动赛会。支持各少数民族地区举办少数民族传统体育运动会，广泛开展体现少数民族特色的射箭、民族健身操舞等全民健身活动。推动足球、篮球、排球普及化开展。引导社区、村寨等基层群众广泛开展符合实际的体育健身活动。

推进群众体育组织网络建设。继续实施"七彩云南全民健身组织建设工程"，创新建立激励和利益驱动机制，大力培育和发展体育协会、民办非企业单位等体育社会组织，逐步建立遍布城乡、规范有序、充满活力的社会化群众体育组织网络。加大社会体育指导员的培训力度和工作保障，重视少数民族地区社会体育指导员培训，逐步形成包括少数民族地区在内的社会体育志愿服务长效机制，向社会免费提供体育咨询、健身辅导等服务。

推动落实国家财税优惠政策，吸引和鼓励社会资本投入，优化体育场馆及设施建设投资结构。坚持建管并举，提高场馆、设施利用率，推进体育设施向公众开放。强化少数民族地区传统体育设施配置，大力支持、指导少数民族地区建设传统体育项目活动场地，结合实际，整合资源，打造云南少数民族传统体育基地。

迄今为止，"七彩云南全民健身工程"拉动了数十亿元资金推进41家大型体育场馆低收费和免费开放，支持125个县（市、区）、652个乡（镇、街道）新建全民健身路径2000条，建成各类健身步道97条，云南县（市）、乡（街道）、村（社区）体育基础设施覆盖率分别为95%、75%、90%。

2. 不断提高竞技体育水平

新时代以来，云南省坚持"发展优势，强化实力，培育特色"工作方向，深化竞技体育改革，全面优化竞技体育项目结构。重点发展符合云南实际，具有云南地域特色和优势的体育项目。

改革竞技体育运行机制。以省州联办"一州（市）一精品"为推动，在统筹基础上，以政策激励为驱动，激发提高竞技水平的内在动力。畅通省、州市运动员双向流动渠道，促进优秀运动员脱颖而出和快速成长。建立权责对等的竞技体育动力机制，切实提高训练单位自主创新能力。

提高项目管训水平。提高竞技体育项目空间布局的科学性和资源的利用率，全面提升竞技体育项目管理和训练的规范化、科学化水平。

做好重大赛事备战及组织工作。进一步加强运动队思想政治工作，建设符合运动项目的训练管理团队，提升管训质量。贯彻《反兴奋剂条例》，强化做好备战参赛及各类运动会的反兴奋剂工作，狠抓国际国内重大体育赛事的备战和参赛组织工作，为云南和全国同步全面建成小康社会提振精神、凝聚人心、鼓舞士气。

3. 加快发展体育运动产业

2013年以来，充分利用云南资源和区位优势，吸引一批国内外体育产业向云南转移。围绕全省"一核一圈两廊三带六群"区域定位，支持各地结合资源禀赋特色发展，形成体育产业"一地一品"、协作共建的协调发展新格局。

推进以高原体育基地群为主体的体育训练服务业转型升级，在体育训练服

云南省第十届少数民族传统体育运动会

务、国际体育交流、体育品牌赛事等重点领域发挥作用，"基地经济"效应逐步显现。支持并统筹推进富宁、元江低海拔体育训练基地，昭通市大山包高原体育训练基地建设，树立云南高原特色体育产业基地品牌，全面提升体育产业基地品质和管理规范化水平。

进一步优化市场环境，合理配置资源，打造优秀体育俱乐部、示范场馆和品牌赛事，促进体育产品和服务有效对接市场，培育以体育竞赛为龙头的体育旅游业、以户外运动为支撑的康体休闲业、以高原体育基地为重点的体育服务业、以"互联网＋体育"为引领的体育传媒业，打造具有竞争力的滇系知名企业和自主品牌。

4.打造后备人才培养体系

加强后备人才培养。加强竞技体育后备人才梯队建设，扩大青少年运动员在训规模，重视县级青少年训练工作。逐步实现青少年体育训练选材、培养、竞赛、输送与专业队伍需求、选拔、训练、成才"一条龙"衔接。

构建小学、中学、大学相互衔接的训练体系，形成校园三级体育后备人才培养网络。在全省开展青少年训练"一县一品牌"活动，命名"十强县"和10个精品县，促进县级恢复青少年体校训练工作。依托州市体校建设青少年校外体育活动中心8个。推行体育项目进校园活动，促进青少年养成体育爱好，每人掌握一项以上体育运动技能。

加快发展青少年体育，提高青少年体育公共服务水平。重视少数民族地区青少年公共体育服务供给。加强青少年体育组织建设和青少年体育志愿服务体系建设，努力提升青少年体育科学化水平。加强青少年体育组织建设，成立国家级青少年体育俱乐部38个（其中示范俱乐部8个）、国家级传统体育项目学校15所、国家青少年户外体育活动营地5个、青少年校外体育活动中心5个，命名省级青少年体育俱乐部100个。

5.提高体育对外开放水平

依托云南区位和资源优势，全面深化与国际体育的交流合作，实现体育外延发展，促进云南体育融入国际化体育发展轨道。发挥体育对外交往灵活性和民间性的独特优势，以打造"七彩云南格兰芬多国际自行车节"、"一带一路·七彩云南"国际足球公开邀请赛、"一带一路·七彩云南"国际汽车拉力赛等区域性国际化精品赛会为重要平台，激发扩大各沿边地区和口岸城市体育赛会对周边国家的吸引力和辐射力，促进云南与世界各国特别是南亚东南亚国家在体育、旅游、文化、教育、商贸等领域的广泛交流合作，助推云南经济社会发展。

（十三）加强国家安全和边境管理

党的十八大以来，云南省国家安全工作不断强化党的绝对领导，深入贯彻总体国家安全观，立足云南区位特点，履行职责使命，强化能力建设，有效维护国家安全，为云南经济持续健康发展和社会大局稳定提供了坚强保障。

1.加强国家安全组织与制度建设

省委深入贯彻总体国家安全观，将国家安全工作置于全局战略的高度，坚持党对国家安全工作的绝对领导，深刻领会以习近平同志为核心的党中央大力加强国家安全的坚决意志，以应有的政治意识和战略自觉，牢牢把握云南国家安全工作的特殊性，认真执行《党委（党组）国家安全责任制规定》，层层压紧压实各级党委（党组）维护国家安全的主体责任，明确要求全省各级领导干部特别是"一把手"切实承担起维护安全稳定第一责任人的责任，全面落实属地责任和部门责任，及时排查化解矛盾隐患和安全风险，积极服务和融入国家安全战略大局，切实构筑起维护国家安全的坚固防线，不断完善各部门间的协同机制，推动全省国家安全工作向一体化、实战化和扁平化运行，形成云南各地各部门各层级各司其职、各负其责、密切配合、通力合作，联防联动维护国家安全的工作格局。

2.维护好重点领域国家安全

以维护政治安全为根本，云南聚焦影响国家安全的重点问题和难点问题，全力维护各领域安全。

维护政治安全。严密防范和有效化解政治领域各类风险隐患。始终把政权安全和制度安全作为政治安全的核心，旗帜鲜明地同危害政治安全的各种敌对势力作坚决斗争。把维护马克思主义在意识形态领域的指导地位作为重要使命，坚持党管意识形态，严格落实意识形态工作责任制，切实把意识形态工作纳入各级领导班子、领导干部政绩考核范围，严格督查考核，严格责任追究。

维护社会安全。全面推进平安云南建设，有效控制社会安全问题，稳步提升人民群众的安全感和满意度。严厉打击毒品等跨国有组织犯罪活动，有力震慑暴恐分子嚣张气焰，坚决防止国际恐怖势力和"东突"恐怖势力在云南省周边形成气候。高度重视边境维稳尤其是中缅边境稳定工作，省委主要领导赴边境一线指挥处置边境突发事件，党政军警民联动，紧密协作，开展扎实有效的边境管控、安全防范、安置救助、疫情防控等边境维稳工作；落实好禁毒防艾各项任务，全力推进禁毒人民战争，以联合扫毒行动为平台与东南亚国家开展禁毒国际合作。

全面贯彻落实中央治藏稳藏兴藏的方针政策，以建成"全国藏区民族团结进步示范区、生态文明建设排头兵"为目标，加快藏区经济社会发展，保障和改善民生。深入开展民族团结进步创建和民族团结教育活动，有力保障民族团结进步示范区建设，依法加强宗教管理，防范宗教极端思想侵害。

维护海外利益安全。紧紧围绕推进"一带一路"建设和面向南亚东南亚辐射中心建设构建境外安全保障体系。积极推进境外安保国际合作，与周边相关国家开展警务培训、联合执法、澜沧河常态化巡逻等执法安全合作。在周边国家和地区积极营造对外开放的良好舆论环境，深入挖掘传播云南参与"一带一路"建设的好经验、好做法、好故事，在北京成功举办"外交部云南全球推介活动"，有力诠释平等合作、互利共赢、共同发展的合作理念。

3. 开展反间谍斗争，加强人民防线建设

坚决打击境外间谍情报机关的渗透破坏活动，保核心，保要害。不断深化反间谍斗争，在多个方向、领域破获重大案件，全力构筑反间谍钢铁长城，维护国家核心秘密安全。牢牢把握人民安全是国家安全的宗旨，国家安全一切为了人民，一切依靠人民。以保障人民根本利益为出发点和落脚点，把人民群众最广泛、最紧密地团结在维护国家安全的行动中。加强人民防线建设，不断提高全社会对国家安全工作的参与度和支持度，不断健全制度机制，依托政权优势，围绕推动反奸防谍主体责任落实，在核心要害部门（单位）加强人民防线组织建设，汇聚起维护国家安全的磅礴力量，打好维护国家安全的人民战争。

4. 强化法治引领，加强全民国家安全宣传教育

加强宣传动员工作。制定国家安全教育规划，将总体国家安全观和国家安全形势纳入各级党委（党组）理论学习中心组学习的内容，各级党校、行政学院开设相应课程。将国家安全教育纳入国民教育体系和公务员培训体系。组织开展国家安全宣传教育，以"4·15全民国家安全教育日"主题活动为抓手，突出云南"边疆、边境、民族、旅游"大省特色特点，创新内容、载体、方式，加强引导，增强全社会国家安全意识。坚持科学统筹，依托各级国家安全人民防线组织，借力多种宣传阵地全方位发力，宣传国家安全工作大政方针、重大决策部署，推进国家安全宣传教育取得实效。在"4·15"期间向全省手机用户发送国家安全公益短信，在全社会营造"国家安全人人有责"的浓厚氛围。

强化法治建设。大力推进"七五"普法规划，按照规划既定目标组织开展形式多样的国家安全普法活动。各地区各部门按照职责分工，紧跟国家安全立法进程，修订和完善相关地方性法规、规章，建立健全国家安全领域党内法规制度，构建具有边疆民族地区特色的国家安全法治体系。加强对国家安全法律法规执行的监督，对支持、协助和配合国家安全工作的组织和个人给予保护，对有重大贡献的给予奖励。

5. 加强边境管控能力建设

严格实施《云南省边境管理条例》，加快完善边境巡防管控各项措施，加快构建集人防、物防、技防为一体的信息化立体防控体系。坚决抵御不良文化渗透，维护边境地区和谐稳定，努力实现边境管控效能整体提升。加大管边控边能力建设，推进"智慧边境线""数字边防"工程，有序实施边境执勤等基础设施建设。坚持以做好双拥和护边工作为重点，深化实施爱民固边战略和平安边境创建，加强群众性管边队伍建设，推行边境网格化服务管理，创新外籍人员服务管理模式，推进通关便利化。建立健全抵边居住边民常态化补助机制，全面提升边境民族和宗教事务管理水平，切实筑牢边境安全人民防线。

启　示

新中国成立70年来，云南社会建设取得了辉煌成就。各族人民安居乐业，逐步实现了"幼有所育、学有所教、劳有所得、病有所医、老有所养、住有所居、弱有所扶"。人口结构持续优化，就业收入稳步增长，贫困人口不断减少，健康和教育质量不断提高，科技水平全面提升，人民的获得感、幸福感、安全感不断增强。

第一，坚持满足人民对美好生活的追求，不断增强人民群众获得感、幸福感、安全感，是保证云南社会建设始终朝着正确方向前进的基本原则

人民群众是历史的创造者。人民群众既是社会建设的主体，又是社会建设的客体；既是建设者，又是受益者。因此，推进云南的社会建设必须集中人民群众的聪明才智，依靠人民群众的力量。我们党领导社会建设的基本出发点，就是历来尊重人民作为主体的历史地位和社会地位，始终把人民放在心中最高位置，在感情上贴近人民、在思想上尊重人民、在方法上求教于人民、在目标上服务于人民。70年来，云南城乡社会面貌发生翻天覆地的变化，关键在于能够从实际出发，把以人民为中心的发展思想贯彻到社会建设的各方面和全过程，以促进社会和谐为目标，以人民群众最关心最直接最现实的利益问题为关键，以保障和改善民生为重点，以优化社会结构、完善社会机制、健全社会事业为抓手，持续不断地满足人民群众对美好生活的新期待，使人民获得感、幸福感、安全感更加充实、更有保障、更可持续。

第二，坚持在发展中保障和改善民生，着力促进社会建设与经济建设相协调，是推进云南社会建设的根本要求

发展是解决中国一切问题的基础和关键，是我们党执政兴国的第一要务，在推进社会建设中必须处理好与经济建设的关系。由于历史、自然等原因，云南边疆少数民族贫困地区经济基础薄弱，社会建设长期滞后。70年来，云南坚持从省情实际出发，不断深化对社会建设规律的认识，准确把握边疆少数民族贫困地区社会建设的特殊性，正确认识影响和制约边疆和谐社会建设的主要因素，坚定不移把加快少数民族和民族地区经济社会发展摆到更加突出的战略位置，打牢民族地区和谐发展的物质基础。抓住同各族群众生产生活息息相关的突出问题，着力解决社会建设与经济发展不相适应的难题，初步实现了"幼有所育、学有所教、劳有所得、病有所医、老有所养、住有所居、弱有所扶"，在全社会营造了各民族和睦相处、和衷共济、和谐发展的良好氛围，推动云南经济社会在高质量跨越式发展轨道上行稳致远。

第三，坚持正确认识多民族共存的基本省情，构建公平正义的边疆和谐社会，是云南社会建设的追求目标

中国共产党自诞生之日起，就把追求公平正义、为人民谋幸福作为奋斗目标。新中国成立后，中国共产党努力重建公平与正义的社会关系。改革开放后，党把公平正义提到社会主义本质高度，提出了"共同富裕"的目标。进入新时代，明确提出要更加注重社会公平，实施以改善民生为重点的社会建设，把社会建设与公平正义统一起来。70年来，云南坚持从多民族共存的基本省情出发，把发展社会主义民族关系与促进和谐社会建设紧密结合，兼顾不同民族、不同地区、不同发展阶段的利益需求，在人口政策上，结合少数民族人口发展实际，创造性地开展计划生育工作；在收入上，根据少数民族地区发展阶段特征，采取多种优惠帮扶措施，提高少数民族生活水平；在医疗卫生上，尊重少数民族文化习俗，提供公共卫生服务、孕产期保健服务、艾滋病预防等服务；在教育上，推进民族地区双语教育、试点职业教育全覆盖、国家通用语言文字普及推广工程；在人才工作上，降低人才准入门槛，加强少数民族人才培养；在社会治理上，融入少数民族风俗习惯和宗教礼仪，构建民族纠纷化解平台和多元化解机制;在国家安全上,结合民族团结进步工作维护国家安全,运用"五用工作法"强化少数民族和边民的国家安全意识。各族群众生产生活条件得到了根本性改变,各项民生事业得到了飞速发展,公平正义在社会建设各个领域生根开花。独龙族、基诺族、德昂族3个直过民族和人口较少民族实现整体脱贫,云南各族群众享有平等参与、平等发展的权利,凝聚起全省人民为谱写好中国梦云南篇章而奋斗的强大力量。

第四,坚持以教育优先发展推动边疆跨越发展,不断增强民族地区经济社会发展的内生动力,是云南推进社会建设的重要举措

新中国成立初期,由于社会发育程度低,云南教育事业发展十分落后,严重制约了经济社会发展的步伐。为走出教育发展滞后、人才缺乏、科技落后、经济发展动力不足的"恶性循环"怪圈,在党中央的领导和关怀下,省委省政府高度重视发展教育事业,正确处理好"跨越发展"与"优先发展教育"的关系,大力支持教育事业发展,夯实了经济健康持续发展的人才基础,探索出一条以教育优先发展带动经济社会跨越发展的新路子。全省教育事业取得突破性进展,初步建立起较高质量、更加公平、更有活力、更具特色的现代教育体系。义务教育基本均衡通过国家认定被纳入贫困县退出考核内容,云南九年义务教育巩固率达93.5%,在迪庆、怒江以及"镇彝威"建档立卡贫困家庭实施14年免费教育。现代职业教育体系基本形成,"双一流"建设取得新突破,终身教育体系更加健全。教育建设投入成为云南投资增长较快的重点领域。实践证明,边疆民族地区优先发展教育,符合"以人民为中心"的发展新理念,顺应了新时代要求,既是解决民生问题、促进社会公平的迫切需要,也是促进民族团结进步、增强国家认同的重要举措。

第五,坚持把制度创新贯穿在社会政策制定的全过程,推进社会建设法治化,是云南推进社会建设的重要保障

构建完善的体制机制和制度体系,是促进社会和谐、实现公平正义的重要保证。在推进社会建设的实践中,既要着眼于构建社会主义和谐社会的需要加强制度建设,更要紧跟时代发展,推进制度创新,形成一整套更加科学、民主、公正的社会建设、治理与保障的有效体制和运行机制,促进社会和谐有序发展。70年来,云南社会建设取得的辉煌成就,关键就是始终把制度创新作为政策设计的核心和根本,着眼于构建社会主义和谐社会的目标任务,在全面把握、正确理解党中央提出的关于社会建设的重要精神和制定的社会建设战略部署的基础上，面对新情况新问题，坚持用马克思主义立场观点方法观察事物、分析问题，正确处理改革与创新的关系，采取循序渐进、先易后难、以点带面、稳步推进的方式，不断深化社会领域改革，创新社会建设的体制机制，增强改革的系统性、综合性、协调性、前瞻性，同时加强人口、医疗、就业等社会领域立法。坚持依法治理，运用法治思维和法治方式化解社会矛盾，践行"枫桥经验"，扎实推进"平安云南"建设，举全省之力推进扫黑除恶专项斗争，强化风险防控能力建设，把矛盾风险防范在源头、化解在基层、消灭在萌芽状态，不断提升人民群众的安全感和满意度，有力推动了社会建设的法治化进程。

第六，坚持人人有责、共建共治共享，调动一切积极因素，团结一切可以团结的力量，是云南推进社会建设的不竭动力

有效的社会建设与治理体系，是党委、政府、企事业单位、社会组织、基层社区和公众等所有社会主体围绕共同目标，依据法治原则，各显其长而又相互合作。在党的领导下，70 年来，云南在开展各项社会建设的生动实践中不断推动边疆民族地区社会建设理论创新。尤其是党的十八大以来，以习近平同志为核心的党中央提出了一系列创新社会治理的新思想新理念新战略，强调坚持完善党委领导、政府主导、社会协同、公众参与、法治保障的体制机制，实现从传统社会管理向现代社会治理转变。在这一历史进程中，云南按照中央要求，从省情实际出发，坚持系统治理，加强党委领导，发挥政府主导作用，鼓励和支持社会各方面参与，加快形成共建共治共享的社会治理新格局，不断夯实边疆民族地区和谐稳定的社会根基。

生态文明建设篇

SHENGTAI WENMING JIANSHE PIAN

生态文明建设是关系中华民族永续发展的根本大计。建设生态文明,关系人民福祉,关乎民族未来。新中国成立 70 年来,党中央高度重视生态文明建设,逐步确立生态环境保护理念,建立健全法律法规和政策措施,大幅增加建设投入,不断推进污染治理,持续改善城乡居民生活环境,生态文明建设领域取得了举世瞩目的成就。中国正成为全球生态文明建设的重要参与者、贡献者、引领者,为世界各国提供生态文明建设的"中国样本"。云南良好的生态环境和自然资源是中国乃至世界的财富。作为中国重要的生物多样性宝库和西南生态安全屏障,云南肩负着区域、国家乃至国际自然资源和生态安全保护的重大责任,在我国生态文明建设中具有重要的战略地位。70 年来,云南坚决贯彻落实党中央在各个时期关于生态环境保护的决策部署。新中国成立初期,云南在环境建设方面取得的成就为经济社会发展奠定了良好的生态基础。改革开放以来,云南坚持可持续发展和科学发展观,深化省情认识,确立了"生态立省、环境优先"的发展战略,正确处理发展与保护的关系,从单项治理到综合治理,从被动治理到积极行动、主动担当国家和区域生态责任。特别是党的十八大以来,云南认真贯彻落实习近平生态文明思想和习近平总书记考察云南重要讲话和指示精神,立足努力成为我国生态文明建设排头兵的发展定位,加快建设中国最美丽省份,将生态文明建设融入经济、政治、文化、社会建设各方面和全过程,努力践行绿色发展理念,全面加强生态环境保护,筑牢西南生态安全屏障,深入推进"森林云南"建设,加强环境监管执法,健全完善制度保障体系,持续改善城乡人居环境,美丽云南建设成效显著,为中国生态文明建设作出了积极贡献,走出了一条具有云南特色的生态文明建设之路。

一、社会主义革命和建设时期的云南生态建设(1949—1978 年)

这一时期,发展生产、增加粮食产量,解决人民群众的温饱,是党和政府关注的重大问题,云南生态建设主要围绕如何解决这一问题展开。在省委省政府的坚强领导下，云南通过大力开展水利建设，促进粮食增产；加强林业建设，预防森林火灾；开展城乡环境治理等进行生态建设。此后，云南在发展地方工业、参与国防建设并取得巨大成绩的同时，一些环境和生态问题也随之逐渐显现，环境保护部门通过制定环境保护法规，进行"三废"治理来推进生态建设。这些做法为以后云南的生态文明建设打下了基础。

（一）实施水利建设

水利是保障农业生产的基础。云南贯彻中央指示精神，结合实际，多次召开水利工作会议并制定相应政策措施，加强水利建设。为了促进农业生产发展和保障粮食增产，以灌溉、防洪抗旱为目的的水利建设成为这一时期云南生态建设的重要内容。

1950 年 7 月 7 日，云南省人民政府召开第一次市县防洪会议，决定成立市县防洪委员会。1952 年云南省农林厅水利局组成"一九五二年全省性重点查勘组"，开展水利查勘规划工作。1953 年 3 月，云南省生产防旱办公室成立。①1953 年 6 月，省政府发布《一九五三年防洪工作指示》，防洪工作贯彻执行"防重于治"的方针。1953 年 7 月，云南省防洪办公室成立，随后发布了《云南省防洪纪律》。同年省农林厅水利局成立水利工作队。②1959 年 1 月 16 日，云南省河流规划小组成立。③1973 年 5 月，省委批准成立省水利局，统领全省的

1957 年冬，云南掀起兴修水利高潮。图为昆明松华坝水库修筑工程会战场面

---

① 云南省地方志编纂委员会总纂，云南省水利水电厅编撰：《云南省志·卷三十八·水利志》，云南人民出版社 1998 年版，第 40 页。

② 云南省地方志编纂委员会总纂，云南省水利水电厅编撰：《云南省志·卷三十八·水利志》，云南人民出版社 1998 年版，第 40 页。

③ 云南省地方志编纂委员会总纂，云南省水利水电厅编撰：《云南省志·卷三十八·水利志》，云南人民出版社 1998 年版，第 49 页。

水利管理工作，同时各地（州、市）、县的水利行政机构也逐渐恢复、成立。

这一时期，云南通过开展兴修水库、疏浚河道等水利基础建设，筑牢了福泽后人的水利基础设施，保持了水土，涵养了水源，极大促进了农业生产和粮食增产，有效防治了旱涝灾害，保障了人民群众的生产生活。

（二）开展林业建设

云南得天独厚的森林资源禀赋在国家的林业建设中具有举足轻重的地位。新中国成立后，云南林业建设在很长一段时间内都是林业工作的重要内容，森林防火、林业造林等工作都走在全国前列。

1. 重点开展森林防火工作

（1）制定和完善预防森林火灾的政策法规

云南始终把森林防火作为林业建设的重要任务，把预防森林火灾作为头等大事来抓，制定政策法规，出台了一系列的文件、条例和办法，各级政府把预防森林火灾作为重要任务常抓不懈。

20世纪50—60年代，云南不断推进森林防火法规建设。相继出台《防止森林火灾暂行办法》《关于护林办法的指示》《云南省乡村护林委员会组织暂行通则》《云南省护林防火奖惩暂行办法（草案）》等一些规章政策，贯彻国家《森林防火十项措施(草案)》《森林保护条例》等法规。① 持续发布关于严防森林火灾的指示，加强组织领导和宣传教育，组织防火巡查队。通过制定政策，开展宣传教育，预防森林火灾的意识逐渐深入人心。通过法规建设，森林防火初步做到了有章可循、有法可依。

（2）加强森林防火组织机构建设

积极成立森林防火自防组织。1951年，根据《云南省县乡村护林委员会组织暂行通知》，宜良、曲靖、昭通、蒙自、武定、楚雄、大理、丽江、玉溪等9个专区所属38个县及昆明市县境内，成立区乡联合会60处，护林委员会1292处，护林小组3561个。1959年2月，首次成立护林防火指挥部，副省长任总指挥。昆明、曲靖、红河等地（州、市）及大部分专州县都相继成立护林防火指挥部。1963年，在山林权调整落实的基础上，成立了群众性的护林防火组织，制定护林公约和山林管理制度。1963年10月，调整了国有林区管理机构，组建丽

---

① 云南省地方志编纂委员会总纂，云南省林业厅编撰：《云南省志·卷三十六·林业志》，云南人民出版社2003年版，第31页。

江、大理、德宏、临沧、思茅、西双版纳6个林管区，为加强195个林管所和国营林场的护林防火工作，设置护林户（员）2000多个，并组织护林防火交叉检查。1964年，云南重新组建护林防火指挥部，9个地州的指挥部恢复并健全组织。1966年3月，省林业厅在《关于加强护林防火的紧急指示》中要求加强组织领导，建立健全制度，成立护林组织，组织精干的打火队伍。森林防火自防组织的建立和完善，成为森林防火工作的核心力量。

创新建立联防组织。联防组织包括不同的形式，以促进边界森林保护工作和调解边界土地、山林纠纷为主要目标的滇、黔、桂三省（区）护林联防组织于1957年成立，联防地区是以南北盘江、红水河为主体的三省（区）结合地带。1957年在隆林县召开的第二次联防会议提出"自防为主，积极联防，团结互助，保护森林"的16字原则，正式成立了滇、黔、桂三省（区）护林防火联防指挥部。1960年，第五次联防会议在百色召开，三省（区）林业厅领导参加会议，会议决定在百色设指挥部办公室，三省（区）从1961年起，抽派3名干部联合办公。会议决定联防范围从三省（区）最初4个专州11个县，扩大到6个专区28个县8个国营林业局和1个农场，面积167万多公顷。1974年后，逢两年召开一次联防年会，由滇、黔、桂三省（区）轮流主持。

1963年成立了川、滇两省联防组织，以护林组织相互检查，交流经验，开展无森林火灾竞赛，互相鼓励，互相促进，以做好护林工作为目标，由西昌、楚雄、凉山、丽江、宜宾、昭通6个专州组成联防委员会，轮流主持联防会议。

加强省内州市间森林防火联防工作。1973年由文山州发起，红河州、曲靖地区参加的3地州护林防火联防指挥部成立；楚雄、大理、丽江、迪庆、怒江及金沙江森林工业管理局，组成五地州一局的护林联防区；楚雄、昆明、玉溪3地州相毗邻的县；楚雄与大理两州接界地区的县等也开展了火灾联防工作。自防组织和联防组织的组建，使森林防火建成了从区域到地方的完整的工作组织。

（3）采取多样化手段预防森林火灾

加强宣传教育。积极开展"防火周"和"防火月"宣传活动，运用各种形式和宣传工具，在云南各地通过张贴宣传画，召开各种会议、播放广播、电影等形式，广泛向群众宣传爱林护林，深入启发和教育全民增强防火意识。①

实行特殊的基层防火制度。实行"五包三查"，五包是：父母包子女，教师

---

① 云南省地方志编纂委员会总纂，云南省林业厅编撰：《云南省志·卷三十六·林业志》，云南人民出版社2003年版，第304页。

包学生，干部包群众，护林员包生产队，民兵包"地富反坏右"；三查是：查坏人坏事，查护林组织是否健全，查起火原因，做到护林防火人人动手，千方百计堵塞漏洞，杜绝了火灾。划片包干，建立联防。1956年，以生产队为单位，划分责任范围，分片保护，由护林委员会和民兵负责，半月巡山一次，火险季节每周巡山一次，按巡山时间，评给工分。

开展火险天气预报。1967年，省农业厅气象局、气象研究所作出森林防火指标预报，由省广播电台每日发布火险等级信息。为使气象工作更好地为林业生产服务，提高预报的准确度，省气象局有关专（州）县气象台（站），开展本地区的防火指标预报工作。

树立先进典型。1956年3月12日，青年团云南省委和省林业厅在昆明召开的全省青年护林造林大会上，对39个护林造林先进集体和29个先进个人进行了表彰。在此次大会上，大理林管区五六年都未发生过森林火灾的11个乡的代表，联合提出"在全省范围内杜绝山火，争取乡乡成为无灾乡"的倡议，广泛深入地宣传护林防火的重要意义和"防胜于救"的方针。云南作为森林防火的重点区域，在长期的防火工作中探索出了各种有效的特殊措施，森林防火意识逐渐深入人心。

2.组织林业造林运动

云南是国家林业建设的重点区域之一，丰茂的林业资源为国家和地方的工业发展提供了有力支撑，作出了贡献。森工企业的迅猛发展带来了对森林林业资源的过度砍伐，加之大炼钢铁、毁林开荒等违反自然规律的举措，云南局部地区的森林资源急剧缩减。因此，如何促进林业资源的再生和可持续，也就成了林业发展和林业建设必须解决的问题。在开展森林防火工作的同时，云南还以林业组织为核心，广泛动员全社会积极开展造林运动。

1950年以后，云南林业机关带领各县区的林场，采用直播造林、飞播造林、植苗造林、分殖造林等方式，使用云南本土的云南松、华山松、马尾松以及外来的桉树等多种树种，进行有计划的造林运动。从20世纪50年代到70年代末，云南国营林场累计造林32.4万公顷，实际保存面积19.66万公顷，造林保存率达60.7%。从1976年起，在全省建立的以杉木、华山松为主的用材林基地县，及以核桃为主的经济林基地县的造林成效普遍较好。[1] 林业造林运动有力促进了林业资源的更新，为国家林业建设和林业资源储备作出了贡献。

---

① 云南省地方志编纂委员会总纂，云南省林业厅编撰：《云南省志·卷三十六·林业志》，云南人民出版社2003年版，第437页。

3. 探索建立自然保护区

长期以来，党和国家对云南的森林保护工作给予了高度重视。云南也在林业建设中积极进取，较早开展了自然保护区建设工作。

1958年，云南在滇中、滇南、滇西北和滇西南建立了24个自然保护区。1959年，在中国科学院云南分院的主持下，云南完成了西双版纳勐仑、勐腊、勐养和大勐龙4个自然保护区的勘察划界工作，于1960年建立了这4个自然保护区，总面积85.8万亩。1961年4月，周恩来总理视察西双版纳时作出了要保护好这美丽富饶之乡的重要指示。1963年2月，针对刀耕火种的问题，他又作出应该固定耕地、开梯田梯地的指示。1978年6月，为了严格贯彻执行国家颁布的《关于加强山林保护管理，制止破坏山林、树木的通知》和《森林保护条例》，省革委会同意并转发省科委、省林业局、省教育局《关于西双版纳自然保护区情况的紧急报告》，要求任何单位和个人未经主管部门批准不得擅自进入自然保护区；已进入自然保护区内的国营农场，必须坚决撤出。同时加强对自然保护区管理工作的领导。①

（三）防治自然灾害

云南地质、自然灾害多发，人民群众抵御和防治灾害的能力薄弱。各级党委和政府在发展农业与工业的同时，高度重视环境灾害防治工作。

应对旱涝灾害。云南自然灾害多发，干旱是这一时期影响范围最大、持续时间较长、危害较为严重的自然灾害。1950年至1978年的29年间有9次大旱，平均3.2年一次。云南水灾多发生在雨季，洪灾多见于山区，而涝灾多见于坝区。1957年6月至8月，云南有100多个县、区发生洪灾，125万亩农田受害。1961年发生洪涝灾害的地区则多达190个，灾情最轻的年份也有近20个县受灾。从新中国成立至70年代末期，云南年均60个县出现洪涝灾害。受生产力水平的制约，群众应对水旱灾害的能力有限，频繁大规模爆发的旱、涝灾害给人民的生命财产安全和农业生产造成了严重的干扰和损害。为此，云南非常重视水利事业建设，从三个方面着手推进防汛抗旱的各项工作。

1. 开展水利监测工作

建立科学的监测机构，为专业的决策咨询提供依据。1950年，云南开展水

① 中共云南省委党史研究室：《中国共产党云南历史第二卷（1950—1978）》，云南人民出版社2018年版，第597—598页。

文站网建设，全省设有总站1站，下辖5个水文站、7个水位站。云南分站下辖滇西、滇中、滇南、滇东等4个水文指导站，二等水文站27站，三等水文站34站，水位站11站。①1955年1月，云南水文站网初步建成。1956年1月，省人民委员会根据具体情况，对云南所有山区县的水土保持作出了规划和分年实施计划。为了加强对这一工作的领导，设立了云南水土保持委员会。②1956年5月，根据水利部指示，云南省水文总站筹建国际报汛站。5月初，位于红河支流李仙江的李仙渡站建成，6月，即向越南民主共和国报告汛情。以后，陆续建成和报汛的还有元江、金水河、蛮耗、南溪街、天保等18个站。③从1955年以来，经过大规模勘探，发现云南河流水力资源蕴藏量近千万千瓦，可以建设电站的地方达70余处。据初步估算，云南水力资源蕴藏总量达1亿1千余万千瓦。④

2.进行水利除险检查和水利工作自查

水利除险事关农业生产的顺利开展，关乎人民群众的生命财产安全。云南高度重视水利除险工作，认真开展水利除险检查和自查。1950年至1961年，云南共有失事水库61座。针对部分水利设施存在坝基渗漏、垮坝风险、防洪能力薄弱的安全隐患，及时采取措施消除隐患和影响。1960年，根据中央和省委关于水利工程运动要过好冬寒雨雪、安全、导流截流、春汛、质量、拦洪、工程配套等"七关"的指示精神，云南组成省、地、县三级水利检查团（组）。从1月初开始，着重对在建工程进行了以当前受益、拦洪渡汛为中心的包括工程计划、设计、质量、工效、效益、安全、生活等7个方面的检查。省委检查团重点检查了红河、文山、玉溪、曲靖、楚雄、大理等6个专（州），全省控制水量在100万立方米以上的666件工程，其中重点工程还反复查。⑤1960年7月，省委发出《关于做好水库防洪工作的通报》，要求各地当前对水利工程，全面进行一次复查。凡是位置重要，危险较大的大、中型工程，地委组织力量分片检

---

① 云南省地方志编纂委员会总纂，云南省水利水电厅编撰：《云南省志·卷三十八·水利志》，云南人民出版社1998年版，第42页。

② 当代云南编辑部编：《当代云南大事纪要（1949—2006）》（增订本），当代中国出版社2007年版，第101页。

③ 当代云南编辑部编：《当代云南大事纪要（1949—2006）》（增订本），当代中国出版社2007年版，第110页。

④ 当代云南编辑部编：《当代云南大事纪要（1949—2006）》（增订本），当代中国出版社2007年版，第118页。

⑤ 云南省地方志编纂委员会总纂，云南省水利水电厅编撰：《云南省志·卷三十八·水利志》，云南人民出版社1998年版，第51页。

查，一般工程，由县委组织力量分片进行检查。[1] 大规模的水利检查和督查很大程度上减少了水利设施建设的安全等隐患，预防性地减少了人民生命财产和农业生产的损失。

开展水利工作自查。1962 年，省委省政府对水利工作提出了"坚持质量，力求实效"的要求。[2]1962 年 11 月，在昆明举行省水利工作会议，总结云南水利建设所取得的成就、经验及存在问题。[3] 在省委省政府和地方各级政府的领导下，云南各族人民众志成城，多次成功抵御了旱涝灾害的侵袭，大幅度减少了灾害损失。

（四）治理城乡环境

城乡环境质量关系人民群众生产生活和身体健康。云南高度重视城乡环境治理工作，着力开展城乡环境绿化和环境卫生整治等工作，促进了城乡环境治理，改善了人民群众的生活环境。

1. 开展城乡环境绿化

植树造林是实现天蓝、地绿、水净的重要途径。以植树造林为主的环境绿化工作是新中国成立初期生态建设的重要内容。云南采取各种有力措施，积极开展全民参与的"四旁"植树与城乡绿化，为保护绿水青山作出了贡献。

（1）推行"四旁"植树运动

在宅旁、村旁、路旁、水旁"四旁"植树对美化环境具有重要意义。1950 年，云南发布《关于 1950 年护林造林任务的指示》，要求各地在靠近山地的村子，由各级人民政府督促各村护林委员会，就当地情形发动群众点播种树若干亩的运动；在平坝地区村子，发动每户种树 3 株到 5 株的运动，广泛地在院中、路侧、沟边及其他隙地种起树来。这一指示得到人民群众的积极响应，云南当年夏季共植树 28.29 万株。1954 年 3 月，根据省农林厅《关于 1954 年林业工作的方针任务及实施意见》，贯彻中央"每人每年至少栽活两棵树"及"村村有林，家家有树"的号召，在坝区广泛发动群众在田埂地角、房侧沟边进行零星植树。同年，省政

---

[1] 云南省地方志编纂委员会总纂，云南省水利水电厅编撰：《云南省志·卷三十八·水利志》，云南人民出版社 1998 年版，第 53 页。

[2] 当代云南编辑部编：《当代云南大事纪要（1949—2006）》（增订本），当代中国出版社 2007 年版，第 212 页。

[3] 云南省地方志编纂委员会总纂，云南省水利水电厅编撰：《云南省志·卷三十八·水利志》，云南人民出版社 1998 年版，第 60 页。

府在《关于今年夏季造林工作的指示》中明确各地注意推动零星植树，切实贯彻"谁种谁有"的政策。

1958年6月24日，在《关于加速绿化工作开展夏季突击造林运动的通知》中，省人民委员会特别号召城镇居民和农业社大力广泛开展"四旁"绿化植树。11月10日，省林业厅、省农业厅发出《关于做好水库绿化和水土保持工作的通知》，明确在水库周围设立禁伐区的规定，在建和即将建设的水库必须做好绿化工作。1958年至1962年，云南"四旁"植树近1.39亿株。1965年3月，提出十年全部绿化主要河道两岸，"四旁"在三五年内基本上栽起树来。1965年，省林业厅先后组织对昆明、楚雄、玉溪、红河、曲靖、大理等6个专、州、市32个县（区）的主要坝区，进行以桉树为主的"四旁"绿化规划工作。1966年，省人民委员会发布《关于发动群众加速公路绿化的意见的报告》，明确云南在"二五"期间推进一切公路两旁的绿化植树行动。1971年，云南"四旁"植树6344万株。1975年，引进北京杨、大观杨、毛自杨共39万多株，无偿供群众在"四旁"栽植。云南"四旁"植树连续数年超过1亿株。① 通过开展"四旁"植树运动，城乡道路、住宅、河岸逐渐形成种植景观，绿意盎然，环境面貌焕然一新。

（2）组织集体性城乡绿化植树

为创造优美的城乡环境，云南在主要市县大力倡导和开展绿化植树活动。1950年夏季，昆明市发动市级党政机关及部队和学校造林。1952年，昆明市成立了以市领导为主任的造林委员会，有计划地在近郊荒山连续数年开展较大规模的群众义务造林和城区街道的植树和园林建设。1956年，云南积极响应毛泽东主席"绿化祖国"的号召，城镇绿化开始加快。共青团昆明市委动员组织全市青少年植树造林美化城市。1963年，昆明、玉溪、通海、罗平、保山、龙陵、永仁以及其他不少县、市都积极进行城镇绿化。绿化植树行动不仅美化了云岭大地的广袤山川，也从此在广大干部群众和青少年心灵中广植下了保护环境的理念。

（3）施行湖泊水库绿化

云南有大小湖泊30多个，湖泊总面积约1100平方千米，占全省总面积的0.28%。除少数仍基本保持原生状态外，地处工农业和交通较为发达地区的湖泊周围的绿化也得到重视。新中国成立之初，昆明市就在滇池周边发动了大规模的

---

① 云南省地方志编纂委员会总纂，云南省林业厅编撰：《云南省志·卷三十六·林业志》，云南人民出版社2003年版，第437—439页。

群众造林运动，并在群众造林的基础上先后建立了方旺林场（包括金殿林场）、海口林场和西山林场。1965年5月初，林业厅组织工作组配合昆明市绿化指挥部，以村庄、道路、河流、滇池沿岸为重点，完成云南松、华山松造林1.6万公顷，植树220多万株。随着水利建设工程飞速发展，为了减少泥沙对水库的淤积，保持水库的蓄水量，美化库区周围环境，各地在水库建成后都做了一些绿化和水土保持工作。昆明市在修水库前进行绿化规划，修水库后采取突击形式开展绿化，一些中型水库由市里派专人管理，组成绿化保护小组；较小型水库交给当地公社进行绿化管理。云南绝大部分地区都成立了水库管理委员会，促进了水库周围的绿化管理工作。①

2. 整治城乡卫生环境

新中国成立初期，云南城乡卫生环境尚未得到有效整治，农村地区厕所简陋，粪水暴露，霍乱、痢疾等肠道传染病和血吸虫病等寄生虫病高发，严重影响到人民群众的身体健康。1952年，根据党中央的指示精神，全国掀起爱国卫生运动。爱国卫生运动提出了"八净"（孩子、身体、室内、院子、街道、厨房、厕所、牲畜圈都要干净）、"五灭"（灭蝇、蚊、虱、蚤、臭虫）、"一捕"（捕鼠）的要求。省委省政府以爱国卫生运动为载体，积极开展城乡卫生环境整治。1958年，省人民委员会发布《关于立即广泛深入开展以除四害、讲卫生、防疾病为中心的爱国卫生运动的指示》，云南各地在兴修水利和积肥的同时，在春节前掀起以除四害、讲卫生、防疾病为中心的群众性的爱国卫生运动②。1958年，省委批准的《关于全省除五害、灭六病、讲卫生的跃进规划报告》指出，爱国卫生运动使云南的卫生环境面貌大有改观，在清除垃圾、污水，整理水源，修建公共厕所方面取得了突出的成就。"爱护环境""讲卫生"意识深入人心，云南城乡的环境卫生面貌焕然一新。

（五）进行"三废"治理

1970年，中央正式提出工业污染的"三废"治理和回收利用问题。云南积极响应中央号召，开展工业资源综合利用、消除和改造"三废"的运动。通过成立"三废"治理机构，开展"三废"的综合利用。

---

① 云南省地方志编纂委员会总纂，云南省林业厅编撰：《云南省志·卷三十六·林业志》，云南人民出版社2003年版，第445—447页。

② 当代云南编辑部编：《当代云南大事纪要（1949—2006）》（增订本），当代中国出版社2007年版，第139页。

1. 成立"三废"治理机构

云南省革命委员会于 1972 年 6 月设立治理"三废"领导小组,负责领导全省"三废"污染防治工作。此后,曲靖、楚雄、红河、东川等地(州、市)也相继成立了治理"三废"领导小组。1974 年 9 月,云南省治理"三废"办公室改称云南省革命委员会环境保护领导小组办公室。相关地、州、市也相继成立环境保护办公室,并设专职人员。1977 年,云南开始筹建环保研究所,陆续调入专业技术人员,开展局部污染监测和"三废"情况调查,各地、州、市也陆续从卫生部门中抽调人员成立环境监测站,这些机构在开展治理"三废"污染和环境保护工作中发挥了重要作用。

2. 进行"三废"治理

20 世纪 70 年代,随着经济建设进一步发展,环境污染防治工作也在全省范围内得到重视并逐渐开展。1973 年 2 月至 3 月,云南省建委召开第一次治理"三废"工作会议,部署了当年全省治理"三废"的方针和任务。10 月中上旬,召开第一次环境保护会议,对开展污染治理工作进行动员,在全省范围开展针对污染来源的治理行动。

(1)治理工业废水

环保机构高度重视,严格督导,切实制定排污标准。省环保领导小组要求各地相关部门严格核查本地工矿企业排污量,对不达标的企业提出警告,要求整改后再行恢复生产。对提出扩大生产规模和实行合并重组的工厂企业排污指数进行严格核查,对不达标者不允许扩大并厂。

相关部门认真研判,增加投入,派人外出学习各地先进治污技术。省设计院于 20 世纪 70 年代致力于工业"三废"治理的研判工作,派科研技术人员到安徽省合肥市参观学习同类企业废水处理经验,并对云南印染厂减少污水排放量进行试验,经过 200 多次试验最终成功降低污水 pH 和化学耗氧量,实现日处理污水 8000 立方米的既定目标。

各地企业积极开展处理污水排放实践。昆明市轻工试验所与昆湖针织厂在 1974 年共同试验化学混凝法处理印染废水,总结出了"以碱式氯化铝为混凝剂,采用纸质蜂窝斜管沉淀,再加氯氧化消毒"的处理工艺,此项技术参加了 1978 年在北京举办的《全国环境保护展览》,引起国内其他地区工业企业的关注。昆明冶炼厂、云南化工厂着重致力于在清污分流的基础上减少污水量,经过新技术试验,成功降低了废水的含汞量,达到了国家排放标准。除了减少排放废水污染指标,一些企业还在废水回收利用技术方面取得突破。昆阳磷肥厂自 1960 年 9

月增加设备投入生产开始，每天外排 200 多立方米黄磷废水，每升废水中含磷超过 100 毫克。1972 年，工厂曾采用氨水分离法回收磷元素，回收率最高可达到 80%，回收后的二级泥磷则可用于制造磷酸。① 这些企业不断进行的技术探索和科技创新，为开展生态污染治理提供了宝贵经验。

（2）开展工业废气治理

从 1973 年开始，云南大力整顿废气污染，在滇中、滇西地区投产了数百项治污项目，取得了显著成绩。这一时期投入运行的废气治理设施大致分为三类，在火电建材类行业安置消除烟尘类项目，在化工行业安置净化设施，在冶炼行业集中投入建成一批综合利用设施。

实施消除烟尘项目。烟尘污染是废气污染的主要来源，长期以来对生态环境和人民健康持续造成危害，阳宗海电厂、昆明烧结厂等企业原来都是当地的污染重地，通过废气治理项目的引入，使用泡沫除尘器，完成烟道放灰系统密封装置的重构等，收尘效果明显，这些企业均达成既定治污目标。

使用安置净化设施。一些企业在生产过程中排放出含有硫化物的有害气体，对当地群众和牲畜产生较大的影响。通过净化设备的引进和安置，这些厂矿的有害气体得到有效控制，基本实现了安全排放。镇雄县湾沟硫磺厂设计建成的灭烟炉，将炉中废气所含硫化氢、二氧化硫脱硫后再进行排放，成功使废气中二氧化硫含量下降 97.5%，硫化氢含量下降 95.39%。

减排和回收废气污染。冶金工厂生产中产生的废气不仅含有粉尘，同时也含有毒金属元素，冶金企业安排利用综合设施进行减排，收到了良好的效果。个旧市鸡街冶炼厂自行设计、制造、安装的冲击式综合吸尘设备吸尘效率达到 98%，每天吸尘 10 吨至 15 吨，每年回收各种金属 600 多吨，价值 110 万元。云锡第一冶炼厂于 1972 年试制成功回转炉，至 1976 年共生产白砷 410 吨，回收锡 86 吨，价值 103 万元。这些企业采取措施有效地保护了操作工人的身体健康，同时采用了高效率的烟气净化系统，使所排废气达到了环境保护的要求。②

随着"三废"治理工作的稳步开展，云南各地主要的工矿企业提高了对有害物质的认识，努力提高生产技术和科研水平，使废气排放基本达到国家制定的标准。

---

① 云南省地方志编纂委员会总纂，云南省环境保护委员会编撰：《云南省志·卷六十七·环境保护志》，云南人民出版社 1994 年版，第 57—60 页。

② 云南省地方志编纂委员会总纂，云南省环境保护委员会编撰：《云南省志·卷六十七·环境保护志》，云南人民出版社 1994 年版，第 61—64 页。

（3）整治工业固体废弃物

20世纪50年代，在全国大力发展工业生产的背景下，云南工业生产发展加速，工业冶炼造成的固体废弃物处理引起了政府和企业的重视，开始着手研究处理和再利用的办法。

开展固体粉尘污染物的回收利用。煤炭是工业生产最大宗的燃料，也是产生固体污染物最多的物品。1958年以后，开远、宣威、普坪村等发电厂先后开展了粉煤灰综合利用工作。开远发电厂利用未经加工的原粉煤灰作为建筑胶结材料，同时生产普通灰渣砖，质量优异。20世纪70年代，云南各项建设蓬勃发展，对建筑材料的需求增加，一些企业开始研究固体废弃物深加工利用技术，所研制的粉煤灰制水泥技术获得成功并顺利投产。1978年8月，云南省经委、省煤炭局和省清仓节约办公室召开煤炭石综合利用现场会，促进了全省工业固体废弃物处理、处置和综合利用工作的开展。昆明钢铁公司工程团水渣砖厂等多家企业在省委和省政府的支持下轰轰烈烈地开展工业固体废弃物的回收再生产。

加强有色冶金工业固体废弃物的回收利用。云南冶金厂矿生产量较大，省相关环保部门对此非常重视，投入大量资金进行废物回收利用。自20世纪50年代开始，会泽铅锌矿和澜沧冶炼厂等企业就利用老炉渣提炼铅，取得了较好的效果，会泽铅锌矿也是云南最早利用中和渣回收硫酸锌的企业。20世纪70年代，一批工厂认真贯彻落实省委治理"三废"要求，在废渣提炼技术上增加投入，取得不俗的成绩。[①]

1973年至1978年，云南在处理和回收利用工业固体废弃物工作方面取得突出成绩。以地域而论，云南工业固体废弃物利用量最大的是昆明市，其次是曲靖地区和楚雄州；以行业而论，云南以黑色金属冶炼加工业的固体废弃物利用量最大；以固体废弃物种类而论，云南工业固体废弃物中利用率最高的是煤渣，企业生产造成的煤渣几乎全部都得到了回收利用。赤泥、工业粉尘和工业垃圾的利用率仅次于煤渣，有色金属废渣的利用也达到一定数量。

云南始终重视治理"三废"问题，并坚持不懈地进行着探索，随着经济的不断发展，新技术不断引入，全省企业在节能环保和技术创新上狠下功夫，"三废"治理水平不断提高，为云南治理工业污染和废料循环利用奠定了基础。

---

① 云南省地方志编纂委员会总纂，云南省环境保护委员会编撰：《云南省志·卷六十七·环境保护志》，云南人民出版社1994年版，第65、68页。

（六）制定落实环保法律法规

保护生态环境，是我国可持续发展的重要基础。新中国成立初期确立的实施工业优先发展战略，在实现经济高速发展的同时也带来高消耗、高污染等问题。党和政府多次强调各地要依靠群众，积极消除工业污染，变害为利，造福人民。1973年，国务院召开首次全国环境保护会议，标志着中国现代环境保护事业开始起步。云南积极贯彻国家环保会议精神，针对工业发展造成环境污染问题制定相应的政策法规，成立专职机构督查引导。经过多年实践，云南逐步摸索出环境保护与污染治理的有效办法，为国家制定环保综合性法规积累了经验。

1. 制定环境保护法规

随着国家工业化的展开和经济的发展，生态环境问题开始出现。由于国家工业化刚刚起步，环境污染和生态破坏只是在局部地区出现且程度较轻，因而环保意识尚未觉醒。与全国其他地方一样，云南尚未明确提出环境保护的概念并制定相应的环保政策。1973年，全国环境保护会议制定了我国第一部环境保护的综合性法规——《关于保护和改善环境的若干规定（试行草案）》，随后云南根据中央精神制定了符合实际的相关法规，为进一步开展污染治理、推进环保可持续发展、开展环境保护提供了法律依据。

（1）颁布"三废"治理法规

1972年6月，治理"三废"领导小组根据国家计划委员会、国家建设委员会和卫生部联合颁布的《工业"三废"排放试行标准》要求，制定了《云南省治理"三废"试行办法（草案）》，并由云南省革命委员会于1972年9月向全省颁布实施。《草案》以"防止'三废'对空气、水源、土壤的污染，保障人民身体健康，促进工农业生产发展，巩固工农联盟"为目的，成为这一时期开展"三废"治理的指导性法规，推动了治理"三废"工作的有序进行。

（2）制定湖泊保护法规

云南环保工作尚未完全开展之前，一些企业存在向水体排放污染物的行为，农药残留物也随雨水流入湖泊使水质受到不同程度的污染。云南省环境保护研究所在调查中发现20多个高原湖泊普遍存在不同方面的问题，包括湖面缩小、水位降低和水量减少。为保护湖泊淡水资源、保持优良的自然条件，经省革委会批准，于1978年3月28日作出《关于保护湖泊的几项规定》，明确保护责权，采取疏浚措施，保持湖泊一定的水位和蓄水量，以保证工农业用水和水产渔业需要，不准进行"围湖造田"或填平兴建某种工程。不准任意采取扩大排水措施，缩小蓄水量。加强监测工作，调查污染情况，由湖泊所在的地、州、市环境保护部门和水利部门负责组织监测，并提出保护湖泊的措施，对恢复和改善湖泊周边的生态环境起到重要作用。①

环境保护治理相关法规的制定，为进一步开展污染治理、推进环保可持续发展、开展环境保护提供了法律依据。

2. 组织开展环境保护

云南对环保问题的认识经历了由表及里、逐步深入的演变过程。新中国成立初期，云南制定了禁止随意砍伐树木、毁林开荒，防止森林火险等专项规定。②国家环保法颁行后，为推动环境保护工作迅速开展，云南召开环境保护动员大会，各地区、各部门、各企业党委把环境保护作为一项严肃的政治任务列入党委的议事日程，认真研究落实治理污染与环境保护相关规定；号召各地放手发动群众，狠抓规划和狠抓措施的落实；科研、卫生部门把环境保护、综合利用纳入科研计划，组织各方面力量，切实作出成效。

（1）建立健全环境保护组织机构

为了更好地贯彻落实中央与省委环保工作会议精神，云南于 1974 年 2 月成立了省革命委员会环境保护领导小组，负责领导和协调全省环保事务的具体开展。③云南省环境保护领导小组成立后，推动了全省相关机构完善工作机制，制定了《云南省环境保护十年规划设想（草案）》《云南省治理"三废"试行方法（草案）》等法规，在争取国家相关部门的资金和项目扶持、大力推进环境治理和监测方面做了大量工作。特别是在环保法规的贯彻执行方面，云南环境保护办公室不遗余力，狠抓落实，取得了突出成效。

为积极响应国务院环保领导小组提出要在各地建立环保科研部门的要求，云南于 1976 年筹备并建立了省环境保护研究所，分设水室、气室、生态室、分析室、情报室和基建组等部门，在部分地州开展局部污染检测和调查研究，取得了良好的成绩。为便于开展环境污染指数监测，组建环境监测站，陆续在省内各地、州、市建立环境监测站广泛搜集污染数据，为省环保机构制定相关政策提供了事实依据。

---

① 云南省地方志编纂委员会总纂，云南省环境保护委员会编撰：《云南省志·卷六十七·环境保护志》，云南人民出版社 1994 年版，第 79—80 页。

② 王瑞芳：《从"三废"利用到污染治理：新中国环保事业的起步》，《安徽史学》2012 年第 1 期。

③ 云南省地方志编纂委员会总纂，云南省环境保护委员会编撰：《云南省志·卷六十七·环境保护志》，云南人民出版社 1994 年版，第 94—95 页。

（2）组织生态环境实地调查

云南环保部门相关管理和研究机构建立后，为了解决全省各地生态环境实际状况和面临的问题，多次组织工作人员奔赴各地展开调研。通过在全省范围内开展调查，及时了解群众关心的环境问题，并迅速着手加以解决。1977年8月，由专业技术人员组成的环境保护水生植物研究组，在调查中发现部分群众进行围湖造田，带来诸多问题。随即致函上报云南省环境保护办公室，建议制止围湖造田。省环境保护办公室知悉后，即派工作人员赴现场处理，并与当地政府协调共同解决了问题。在此基础上，省环境保护办公室与省水利局和省农田基本建设指挥部办公室联合制定了《关于保护湖泊的几项规定》，对水环境污染预防和治理作出明确规定，有效遏制了水体污染。

（3）开展环境监测工作

在开展生态调查和治理工作的同时，云南环境监测工作也开始推行。由于受技术及设备条件的限制，一开始多数监测点均作常规分析，到20世纪70年代中期，云南各地环境监测机构相继建立，环境污染的监督与测试逐步开展起来。省卫生防疫站和昆明、红河、曲靖、大理、玉溪、楚雄等地的卫生防疫部门多次开展了5大水系的水质监测，大理、红河、曲靖、昭通等地的监测站重点对洱海、南盘江（泸江段）、异龙湖、长桥海和大屯海进行了水质监测。监测工作由最初以水质污染监测为主，在省内主要河流湖泊设置监测网点，定期开展例行监测，发展到进行大气、生物、土壤、放射性等监测的全面覆盖，形成对主要的污染源开展定期或不定期监视性监测，继而做到了经常化、规范化，形成了定期报告制度。云南环保部门在11个州（市）、县城定期开展大气、交通噪声监测，在部分城市和其他放射性污染较重的地区还进行了放射性监测。全省范围的酸雨监测、生物土壤监测与环境影响评价、环境质量的现状调查也陆续开展起来。[①] 通过建立并逐步完善环境保护机构，各部门通过几年的努力，建立健全相关体制机制，在水体、大气、土地和噪声污染防治方面都作出了突出的成绩，为以后的环保工作开展积累了经验。

云南这一时期的生态建设，主要围绕解决人民群众最基本的生存问题而展开，在水利建设、林业建设、灾害防治、城乡环境整治等方面取得了进步。尽管在"大跃进"和"文化大革命"时期，云南的生态建设一度遭受诸如过度砍伐森

---

① 云南省地方志编纂委员会总纂，云南省环境保护委员会编撰：《云南省志·卷六十七·环境保护志》，云南人民出版社1994年版，第69—72页。

林资源、围湖造田等挫折，但在局部领域开展的生态建设仍然在曲折中前行。环境保护法规的制定和"三废"的治理成为云南生态文明建设的开端和先导。这些成就，为改革开放后推进生态文明建设奠定了坚实基础。

二、改革开放以来的云南生态文明建设（1978—2012 年）

党的十一届三中全会把党和国家工作的重心转移到以经济建设为中心的轨道上来，开启了我国改革开放的伟大征程。在凝心聚力发展经济的同时，环境污染与治理问题也日益凸显并引起社会的广泛关注。正确处理好经济发展与生态保护的关系，在发展经济的同时保护好生态环境、促进可持续发展，成为这一时期生态文明建设工作的重心。云南坚决贯彻党中央关于环境保护与生态文明建设的方针、政策，始终坚持可持续发展战略和科学发展观，走"生态立省、环境优先"的道路，生态文明建设工作不断朝法制化轨道迈进，生态文明建设行动更加有力，生态文明建设理念深入人心。

（一）重视生态环境保护

云南在大力发展经济的同时，高度重视生态环境保护。成立省级和地州市级环境保护机构管理全省环境保护工作；在全社会普及和宣传国家环境保护法律法规；通过制定一批地方性、行业性的环境管理条例，加强环境法制建设，环境保护工作基本做到了有章可循和有法可依；推广生态文明建设宣传教育，不断提高干部群众的生态环保意识。

1.调整环境保护机构

20 世纪 80 年代以来，随着生态文明建设的推进，在省委省政府的重视与领导下，环境保护机构建设步伐不断加快。

建立省级管理机构。1979 年 10 月 4 日，省委依据《中华人民共和国环境保护法（试行）》的规定设立云南省环境保护局。省环保局各个处分工明确、职责明晰，组织开展宣传教育、技术培训、污染治理、环境监测等工作，并制定相关法规。1983 年组建了云南省城乡建设环境保护厅。至此，省级层面的机构建立初具规模，职能设置进一步明晰，加强了对云南环境保护工作的领导。

建立地州市机构。1979 年 10 月，在省委决定设立省环境保护局之后，各地、州、市的环境管理机构也相继设立了环境保护局。1983 年全省机构进行调整后，除昆明市外，各地、州、市的环境保护局均与当地的基本建设委员会合并组建成城市建设环境保护局。到 1984 年，云南 17 个地、州、市都建立了城乡建设环境保护局，并设有环保科（室）负责当地的环境保护管理工作。

成立环境研究机构。1981 年 10 月，在原先的云南省环境保护研究所基础上成立了云南省环境科学研究所。到 1985 年，云南地、州、市级环境监测站从1979 年的 4 个增加到 14 个，县级监测站从 1979 年的 2 个增加到 25 个。1984 年5 月成立《中国环境报》云南记者站，通讯员分布于云南大部分州市和部分厂矿、部队和省级各工业厅局。1985 年，成立云南省环境保护公司，负责开展环境保护事业的技术咨询、开发和综合利用等。[①]

从 1999 年起，云南逐年加大环境保护机构建设力度。到 2002 年，全省 16个州市成立了独立建制的环境保护局，到 2007 年，全省 127 个县（市、区）成立了独立建制的环境保护局，环保职工达到 4066 人。[②] 通过建立健全环境保护管理与研究机构，环境保护工作做到了省、州（市）、县三级垂直管理，有力贯彻了省委省政府的方针政策，信息动态报道、环境监测等工作逐步走向规范化和专业化，云南环境保护工作迈上了一个崭新的台阶。

2. 普及国家环境保护法律法规

在建立保护机构之后，云南大力开展普及国家环境保护法律法规的行动，积极贯彻中央和国务院制定的一系列关于环境保护的法律法规。1978 年底，党中央批转了国务院环境保护领导小组第四次会议的《环境保护工作汇报要点》。1979 年 9 月，国家公布了《中华人民共和国环境保护法（试行）》。制定了环境保护工作的方针，并对环境保护的内容、要求以及环保机构的设置和职责，作了具体规定。云南积极组织宣传党和国家关于环保工作的方针、政策，宣传环境科学的普通知识，培训环保骨干，有力促进了环保工作的开展。1980 年，发布《云南省执行〈国务院征收排污费暂行办法〉实施细则》。结合实际，省人大常委会于 1992 年 11 月 25 日审议通过了《云南省环境保护条例》。[③]

通过大力普及国家环境保护法律法规，可持续发展理念日益深入人心，各项环保行动逐渐展开，各族人民的环境保护意识明显提高，积极营造了爱护环境、人人有责的良好氛围。

---

① 云南省地方志编纂委员会总纂，云南省环境保护委员会编撰：《云南省志·卷六十七·环境保护志》，云南人民出版社 1994 年版，第 95—101 页。

② 《云南省情》编委会编：《云南省情（2008 年版）》，云南人民出版社 2009 年版，第 480—481 页。

③ 《云南省情》编委会编：《云南省情（2008 年版）》，云南人民出版社 2009 年版，第 481 页。

3. 制定实施环境保护相关决定和条例

在普及国家环境保护法规的同时，云南加强研究制定适合省情的规章制度，不断推进环境保护的法制建设，先后制定了一系列地方性、行业性的环境保护决定和条例，使环境保护工作做到了有章可循，逐渐迈入法制化轨道。

1979年10月17日，云南颁布实施《螳螂川水域环境保护暂行条例（草案）》，对控制和治理螳螂川沿岸各工厂的污染起到了明显的作用。[①]1980年至1985年，先后制定并发布了《关于锅炉制造消烟除尘的规定》《关于锅炉消除烟尘的规定》《云南省排放污染环境物质管理条例》《云南省执行〈国务院征收排污费暂行办法〉实施细则》《云南省环境监测网章程（试行）》[②]等一系列规定和条例，依法加大对污染行业和环境检测的监管力度，不断推进环境保护工作向法制化方向迈进。

随着环境保护意识的提高，环境保护的范围逐步扩大到森林、湖泊、工业等领域，并出台了相关领域的保护条例和实施细则，进一步完善了法规保障体系。"八五"到"九五"期间，先后制定和颁布《云南省自然保护区管理条例》《云南省珍贵树种保护条例》《云南省森林和野生动物类型自然保护区管理细则》等法规。1994年至1996年，《云南省程海管理条例》等九大高原湖泊的管理条例先后颁布实施。1997年，作出《关于切实加强我省环境保护工作的决定》，进一步强化环境管理，加大工作力度。1999年，发布《云南省2000年工业污染源达标排放公告》。"十五"期间，成立九大高原湖泊水污染综合防治领导小组，建立了湖泊污染目标责任制度。[③]

为贯彻"生态立省、环境优先"发展思路，云南加快环境保护法制建设的步伐，先后制定出台《关于加强环境保护的决定》《关于加强生态文明建设的决定》《关于进一步加强节能减排工作的若干意见》《关于加强滇西北生物多样性保护的若干意见》《关于全面推行环境保护"一岗双责"制度的决定》等一系列重要政策和文件，初步形成政府主导、部门协作、全民参与的环境保护机制，全社会关心、支持、参与生态建设和环境保护的"大环保"格局正在形成。[④]

---

① 云南省地方志编纂委员会总纂，云南省环境保护委员会编撰：《云南省志·卷六十七·环境保护志》，云南人民出版社1994年版，第81页。

② 云南省地方志编纂委员会总纂，云南省环境保护委员会编撰：《云南省志·卷六十七·环境保护志》，云南人民出版社1994年版，第85页。

③ 马曜主编：《云南简史》（新增订本），云南人民出版社2009年版，第382页。

④ 何宣、杨士吉、许太琴主编：《云南生态经济年鉴》，线装书局2011年版，第168页。

4.加强环境保护政策法规宣传教育

云南结合时代主题，多层次、多手段、多渠道、全方位持续开展环境保护政策法规宣传教育活动，在全社会营造了良好的环保舆论氛围，全民环境保护意识得到进一步加强和提升。

举办环境保护展览。1977 年 12 月，省环境保护办公室在昆明举办《云南省环境保护展览》，展出了云南 22 个环保成绩突出的典型以及环境科研取得的成就，随后到东川等 8 个地州巡回展出。同年，《全国环境保护展览》在北京举行，省环境保护办公室委派专人组织了 11 个项目参展。1979 年 7 月，根据中英文化交流协定，又在昆明承办了《英国环境保护展览》，展览期间邀请英国专家进行学术交流。通过展览和学习交流，向外界展示了云南良好的生态形象。

编印宣传刊物。先后编发《环保情况反映》《滇池污染与治理》《环境保护》《云南环境保护》《云南环保》等报刊和《环境保护工作手册》，部分地、州、市也先后编发《昆明环境》《大理环保》《红河环境》《玉溪环保通讯》等刊物。通过编印刊物，不仅进一步扩大了环境保护的宣传范围，提升了干部群众的环境保护意识，也逐渐提升了环境保护宣传工作的科学性和普及性。

开展环境保护集中宣传活动。进入 20 世纪 80 年代，为配合环境保护工作，环保部门多次集中开展宣传活动。1980 年 3 月至 4 月全国开展"环保宣传月"活动，

人鸥和谐

云南除举行动员大会外，集中宣传《中华人民共和国环境保护法（试行）》。报刊、电台、电视台均开辟了环保栏目，省科协多次举办环保科普讲座。

为进一步在全社会广泛普及和宣传环境保护知识，1983 年 4 月 1 日至 7 日为云南首次"爱鸟周"，全省各级环保、林业部门与报刊、电台、电视台等宣传单位密切配合，广泛宣传保护鸟类、维护生态平衡的知识和意义 ①。1985 年冬，数以万计的红嘴鸥首次从西伯利亚飞抵昆明市越冬。大批红嘴鸥飞进市区后，停息在南太桥附近的盘龙江面和翠湖公园水面上，市民争相观睹，形成海鸥与游人相戏的独特市观。② 昆明市政府一直以来不断加大保护和宣传教育力度，人鸥和谐相处的理念逐渐深入人心，成为广大市民自觉的行动。每年年底临近冬季之时，红嘴鸥都会不远万里，飞越千山万水准时抵达昆明越冬，至今 30 余年来从未爽约失信，昆明日益清澈的宽广水域成为寒冬季节留住"远方客人"的温暖家园，观鸥、喂鸥已成为市民与海鸥和谐共处的壮美景观。

进入 20 世纪 90 年代以来，云南确立了"生态立省、环境优先"的发展道路，进一步加大了环境保护政策宣传教育力度。迈入 21 世纪，开始实施以"七彩云南·我的家园"为主题的"七彩云南保护行动"，环境保护宣传活动进入了新阶段。2007 年，成功举办了七彩云南保护行动"三个一"应征获奖作品颁奖典礼暨歌唱七彩云南音乐会、泛珠区域环保演讲大赛，开通了"七彩云南保护行动网站"，组织开展了联合国开发计划署中国环境意识项目部分子项目——"我眼中的可再生世界"摄影大赛、"畅想绿色未来——绿色课堂走进七彩云南"等一系列活动，组织开展了第二批省级和国家级"绿色社区"创建和申报工作，3 个社区、5 所学校、5 个优秀组织单位受到国家表彰，全面实施七彩云南保护行动，极大地促进了云南生态环境保护和建设。③ 通过宣传教育，公众参与环境保护的积极性与自觉性明显提高，全社会的环境意识明显增强，人与自然和谐相处的理念广泛传播。

（二）积极开展污染治理

随着工业化、城镇化的快速发展、处理发展与保护关系中出现的偏差、监管力度不到位等因素的叠加，局部地区和局部领域环境污染的问题日益凸显。云南

---

① 云南省地方志编纂委员会总纂，云南省环境保护委员会编撰：《云南省志·卷六十七·环境保护志》，云南人民出版社 1994 年版，第 50—51 页。

② 云南省地方志编纂委员会总纂，云南省环境保护委员会编撰：《云南省志·卷六十七·环境保护志》，云南人民出版社 1994 年版，第 55 页。

③ 《云南省情》编委会编：《云南省情（2008 年版）》，云南人民出版社 2009 年版，第 482 页。

加大污染治理力度，对重点污染工业、湖泊流域等采取措施，积极开展污染防治和治理。

1. 加大工业污染防治力度

云南在建立污染限期治理、污染达标排放等环境管理制度体系的同时，出台若干有针对性的政策法规，加大对重点工业污染的治理力度。

1985 年云南投入运行的治理设施，地域上主要集中在工业布局相对密集的昆明市、红河州和曲靖地区，行业上主要集中在轻工、纺织、化工、冶金、电力和建材，处理对象主要是废水、废气和工业固体废弃物。①

为贯彻执行全国第四次环境会议和云南第六次党代会关于环境保护的精神，持续推进可持续发展战略，1997 年 1 月 20 日云南召开第六次环境保护会议。会议为今后一个时期的环境保护工作指明了方向，明确了任务。经济比较发达但污染严重的地区，做到"增产不增污"或"增产减污"。对 8 种类型的污染企业采取关、停、并、转的措施。有针对性地筛选 100 家重点工业污染源进行治理，把工业污染控制在较低限度；新增 30 万吨/日污水处理能力，重点城市的生活污水得到有效治理。②"八五"到"九五"期间，云南顺利完成了 100 家重点污染企业限期治理任务。③

为进一步提升工业污染防治成效，集中力量实施了声势浩大的污染治理行动计划。从 1998 年起，省政府每年安排 500 万元专项资金，用于对重点工业污染源治理提供贴息贷款。与世界银行共同建立污染治理基金 4200 万元，用于工业污染治理、生活垃圾处理等小额贷款项目。通过实施一系列治理工业污染的经济政策，有力促进了工业污染源的治理。1999 年开展的滇池治理"零点行动"和 2000 年开展的"工业污染源达标排放"行动，促使滇池流域的 253 家重点污染企业实施了达标排放，流域内的工业污染排放量有了大幅度削减。1999 年省政府确定了 1042 家重点考核企业，印发了《云南省 2000 年工业污染源达标排放的公告》，督促企业加快治理步伐。从 2001 年起，全面结合环境执法，实施了达标排放"再提高"工程，主要污染物有了较大幅度的削减，一些人民群众关心的环境保护热点难点问题得到了妥善解决。2007 年部署开展了"查处环境违法企业，

① 云南省地方志编纂委员会总纂，云南省环境保护委员会编撰：《云南省志·卷六十七·环境保护志》，云南人民出版社 1994 年版，第 56 页。

② 当代云南编辑部编：《当代云南大事纪要（1949—2006）》（增订本），当代中国出版社 2007 年版，第 622 页。

③ 《云南省情》编委会编：《云南省情（2008 年版）》，云南人民出版社 2009 年版，第 485 页。

保障群众健康"环保专项行动。省环保局与省检察院建立了查处环境违法事件联席会议制度,与人民银行昆明中心支行、省银监局建立落实环境法规防范信贷风险工作联席会议制度。对 152 户国控、省控重点企业稳定达标排放情况和在线监测安装情况实施高频次监察。省政府开展了全省城镇集中式饮用水源地情况调查,完成了云南 21 个重点城市的 43 个集中式饮用水源地环境保护规划编制和保护区划定工作,组织开展云南 267 个县级以上城镇集中式饮用水源的环境保护规划编制工作。污染源普查工作进展顺利,污染源监测、培训、宣传动员、摸底清查、入户调查等各项工作扎实推进。

为进一步贯彻和落实科学发展观,2006 年,国家确定云南"十一五"末二氧化硫和化学需氧量分别较 2005 年削减 4% 和 4.9% 的约束性指标。云南及时研究部署全省节能减排工作,提出要通过全面实施"七彩云南保护行动",确保完成全省节能减排目标任务。2007 年省政府出台了《关于进一步加强节能减排工作的若干意见》,同年 9 月启动实施了"全民节能·云南在行动"节能减排行动。

把主要污染物总量控制工作作为全省环境保护工作的中心,加大力度,采取措施,进一步推进节能减排工作。将总量控制指标及总量削减任务分解落实到各州市,督促各州市将总量削减任务落实到各县市区和重点企业,并层层签订污染物总量削减目标责任书。公布"十一五"期间国家和云南 152 户重点监控企业名单,全面推行排污许可证制度,对国控、省控企业加大监测和监管力度,所有重点污染企业限期安装在线监测装置并与环保部门联网。印发了云南 2007 年主要污染物总量减排计划,明确了全省"十一五"期间必须完成的 70 个主要污染物总量削减项目。省政府印发《云南省人民政府办公厅关于进一步加强环境影响评价管理工作的通知》,严格"环评"制度,控制增量。对节能减排工作方案和任务分解方案进一步细化分解,建立了省环保局主要污染物排放总量控制工作制度、污染减排定期会商制度,调整充实了省环保局"十一五"期间主要污染物总量控制领导小组,全面推进总量削减各项工作。对省直有关部门、省属各重点企业、各州市贯彻落实全省节能减排会议、文件情况及节能减排年度目标、任务、措施完成情况进行了重点督查,有力地促进了云南节能减排工作的深入开展。

经国家环保总局初步核定,2007 年完成了二氧化硫和化学需氧量总量减排年度目标,扭转了 2006 年和 2007 年上半年两项约束性指标不降反升的局面,污染减排工作取得阶段性进展。①

① 《云南省情》编委会编:《云南省情(2008 年版)》,云南人民出版社 2009 年版,第 485—486 页。

2.实施重点流域污染防治

高度重视滇池、金沙江等重点流域的水污染防治工作，不断加大资金投入力度与治理力度，重点开展重金属污染、水质恶化治理，局部水质污染和恶化态势得到遏制，水污染防治成效明显。

云南列入《三峡库区及其上游水污染防治规划》的项目有45个，总投资为22.2亿元，涉及昆明市、曲靖市、楚雄州、昭通市、丽江市、迪庆州、大理州7个州市的27个县市。到2005年底，已建成4个污水处理厂项目，在建14个项目，17个项目完成可行性研究报告。①

通过组织完成云南县级以上224个城镇集中式饮用水水源环境保护规划编制和重点城市饮用水水源保护区划分工作，开展了全省城乡集中式饮用水源安全工程，大力实施农村饮用水安全工程，保障农村地区饮水质量、饮水条件和供水水量，饮水环境安全保障能力进一步提高。

3.开展九大高原湖泊水污染防治

九大高原湖泊犹如一粒粒璀璨的明珠散落在彩云之南的广袤大地上。在开展九大高原湖泊治理过程中，逐步探索并形成了"一湖一策，分类施策"和"一湖一法"的治理政策。

1994年至1996年，《云南省程海管理条例》等云南九大高原湖泊的管理条例先后颁布实施。② 为进一步推进湖泊治理，"十五"期间，省政府成立九大高原湖泊水污染综合防治领导小组，建立湖泊污染治理目标责任制。《滇池流域水污染防治"十五"计划》中的12项"九五"续建项目全部完成并投入使用。实施了一批生态环境保护和建设工程，促进了湖泊流域生态环境功能和景观的恢复和改善，遏制了水质急剧恶化的势头，湖泊水质基本保持稳定，部分有所改善。滇池、洱海治理项目进入国家"水体污染控制与治理"科技重大专项，洱海治理经验受到党和国家领导人及国家有关部委的充分肯定，并向全国推广。③加快推进九大高原湖泊治理工作。重点抓好昆明市城市排水管网建设和入滇池河道综合治理及末端截污治污工程。加快实施杞麓湖调蓄水工程，启动抚仙湖—星云湖出流改造工程，抓好异龙湖污染底泥疏浚。为进一步加大治理力度，根据2007年1月发布的《云南省人民政府关于印发七彩云南保护行动的通

---

① 《云南省情》编委会编：《云南省情（2008年版）》，云南人民出版社2009年版，第486页。
② 马曜主编：《云南简史》（新增订本），云南人民出版社2009年版，第382页。
③ 《云南省情》编委会编：《云南省情（2008年版）》，云南人民出版社2009年版，第486页。

知》①，环境治理行动进一步加强。以保障人民群众饮用水安全和九大高原湖泊水污染综合防治为重点，开展水污染防治。以水质"稳中有升、逐步改善"为目标，继续加大以滇池为重点的九大高原湖泊水污染综合治理力度。九大高原湖泊治理项目开工率达到 100%，完工率达到 95% 以上，主要污染物入湖总量削减 10% 以上。进一步修改完善各湖保护条例，科学确定各湖水位高程，依法建立有利于湖泊保护的水位调度运行机制；在湖泊法定正常水位后延一定范围内，严禁建设对生态环境有不利影响的开发项目；重点治理污染严重的入湖河道，大幅度削减入湖主要污染物总量；全面实施"三退三还"工程，建设湖滨生态带，恢复湿地；湖畔违规建设的污染水环境、破坏生态的建筑设施一律拆除；加快污水、垃圾处理基础设施和入湖河口人工湿地建设；加快滇池引水入湖工程建设。

九大高原湖泊水污染防治取得积极进展，基本实现了既定目标。与 2000 年相比，九大高原湖泊中仅有星云湖水质下降，水质恶化趋势得到初步遏制。在沿湖农村建设沼气池、卫生旱厕、垃圾收集池，实施农田平衡施肥、湖泊底泥疏浚等。通过这些措施的实施，九大高原湖泊流域生态得到一定的保护和修复。九大高原湖泊流域累计新建（扩建）污水处理厂 18 座，新增污水处理能力 22 万吨 /

污水处理厂

---

① 《云南省人民政府关于印发七彩云南保护行动的通知》，云南省人民政府网 2007 年发布。

日，新增污水管线 73.9 千米，建设城镇中水回用站 39 座。①

通过深入推进"七彩云南保护行动"，云南不断加大宣传教育力度，社会各界和广大人民群众对九大高原湖泊保护与治理越来越关心，形成了良好的舆论氛围和外部环境，以滇池为重点的九大高原湖泊水污染综合治理取得新进展。

（三）实施重大生态环境保护工程

正确处理发展与保护的关系，唱响生态立省、环境优先的主旋律，努力推进人口、资源、环境相协调。先后启动实施了"七彩云南保护行动"、生物多样性保护、自然保护区建设、生态示范区和生态功能区建设、农村环境综合整治、湿地保护、"森林云南"建设等一系列重大举措和生态工程。2004 年云南在全国生态环境质量评价排名第五，成为全国生态环境质量最优的省份之一。② 生态建设从此迈入了一个新的阶段。

1. 开展滇西北生物多样性保护

滇西北是我国乃至世界重要的生物资源宝库，生物物种资源丰富而独特，生物多样性保护工作意义重大。云南切实加强领导，健全组织机构，编制相关规划，颁布了一批地方性法规，不断加大投入，为全省生物多样性保护提供了有力保障，滇西北生物多样性的保护工作取得明显成效，为实施可持续发展战略奠定了坚实基础。

2006 年 9 月在云南丽江举行了"滇西北民族传统文化与生物多样性保护"研讨会。③ 这次会议的召开，使得滇西北生物多样性保护再次引起国内外的广泛关注。2007 年，"七彩云南保护行动"将滇西北生物多样性保护纳入其中。2008 年 2 月 25 日，颁布《云南省人民政府关于加强滇西北生物多样性保护的若干意见》④。《意见》对加强滇西北生物多样性提出了总体思路，以党的十七大精神为指导，以建设生态文明为目标，落实省第八次党代会的精神，全面实施"七彩云南保护行动"。2009 年，《滇西北生物多样性保护规划纲要（2008—2020 年）》和《滇西北生物多样性保护行动计划（2008—2012 年）》经省政府批准实施，标志着滇西北生物多样性保护工作继续向纵深推进。

---

① 云南省环境保护局编：《云南省环境保护"十一五"规划》，2006 年 11 月。

② 《云南省情》编委会编：《云南省情（2008 年版）》，云南人民出版社 2009 年版，第 490 页。

③ 杨立新：《"滇西北民族传统文化与生物多样性保护"研讨会在丽江召开》，中国科学院昆明植物所生物地理与生态学研究室 2006 年 9 月 16 日发布。

④ 《云南省人民政府关于加强滇西北生物多样性保护的若干意见》，云南省人民政府网 2008 年发布。

在省委省政府的高度重视和战略部署下，滇西北生物多样性保护与建设取得了显著成效。实施以建立各级各类保护区为主要形式的保护措施。滇西北建立有3个国家级和10个省级自然保护区，9个国家级和省级风景名胜区。高黎贡山自然保护区加入"联合国人与生物圈保护区网络"，碧塔海、纳帕海和拉市海列入"国际重要湿地名录"，"三江并流保护区"列为世界自然遗产地。在国内率先进行了香格里拉普达措国家公园模式的成功探索，建立了一批濒危野生生物种群生态监测站点、野生动物驯养繁育场和收容拯救中心。滇西北主要生态系统类型和绝大多数国家重点保护野生动植物得到有效保护，滇金丝猴等珍稀动物数量明显增加，秃杉、红豆杉等珍稀植物人工繁育获得显著成效。①

中国特有珍稀濒危保护动物——滇金丝猴

经过大力开展保护行动，滇西北地区基本建立起了生物多样性保护体系，保护能力进一步加强。生态敏感区和脆弱区得到有效保护，退化生态系统得到逐步修复，原始和典型的生态系统得到良好维护，国家重要保护物种处于可监控状态，重要物种得到优先保护，生物多样性损失进一步降低。环境治理进一步加强，保护的基础设施进一步完善，在优先保护领域取得明显突破，基本实现生物多样性保护与管理的数据化和信息共享。②

2.实施生态示范区和生态功能区建设

云南在拥有丰富生态资源的同时，也存在生态环境脆弱敏感的特点。根据国家战略部署，云南积极开展以滇西北国家级生态功能保护区和东川国家级生态功能保护区为重点的生态功能保护区的示范建设，启动省级生态功能保护示范区示范工程建设。

1995年西双版纳、通海、永平先行开展国家级生态示范区建设；2002年国家又批准了师宗、澄江、江川和楚雄4个国家级生态示范区建设试点，同年通海县被国家命名为国家级生态示范区，在楚雄州和易门、峨山、通海、弥勒、澄江等县启动开展生态州、生态县建设。云南21个生态示范区完成规划编制，西

---

① 《云南省情》编委会编：《云南省情（2008年版）》，云南人民出版社2009年版，第490页。

② 《滇西北生物多样性保护工作向纵深推进》，中国林业网2009年5月25日发布。

双版纳州、通海县、红塔区生态示范区已通过国家验收，西双版纳州、红塔区被国家命名为全国生态示范区。"十五"期间开展了重要生态功能区建设试点工作，2001 年编制完成了《滇西北国家级重要生态功能区可行性研究报告》《建设规划大纲》，2003—2004 年完成了《云南省生态功能区划》，将云南生态功能区划分为一级区 5 个、二级区 19 个、三级区 65 个。2005 年大理、红河等 7 个州市开展生态功能区划工作，同年完成了《东川国家级生态功能保护区建设规划》。①2007 年，楚雄、玉溪、昆明启动了生态州市创建工作。经过多年的努力，云南生态示范区和生态功能区建设取得了卓越成效。

3.建设与管理自然保护区

云南具有独特的地理环境、气候条件以及良好的生态资源，建立自然保护区对保护生物多样性、建设中国西南生态安全屏障、促进可持续发展等具有重要的战略意义。为此，云南主动服务和融入国家生态战略，致力于自然保护区的建设与管理工作。

改革开放后，自然保护区建设工作逐渐展开。国家多个部委联合发出《关于加强自然保护区管理、区划和科学考察工作的通知》，要求加强对现有自然保护区的管理，做好新建自然保护区的区划工作，开展自然保护区的资源本底科学考察。1980 年底，由承担这次区划任务的云南省森林资源勘察四大队，抽调技术人员，分赴 51 个（地县）对设想方案拟建的自然保护区进行现场踏勘。历时 3 个多月，工作组在实地调查研究的基础上形成了自然保护区和自然保护点的区划方案并上报省人民政府。②1981 年 11 月 6 日云南批准在全省范围内建立 22 个自然保护区和 12 个自然保护点。总面积为 2194.97 万亩，占云南面积的 3.82%。在 22 个自然保护区中，西双版纳、白马雪山、高黎贡山、哀牢山 4 个大型、重点自然保护区拟报国务院审批列为国家重点自然保护区。③

20 世纪 90 年代中后期以来，云南逐步确立起"生态立省、环境优先"的发展理念，自然保护区建设事业进入了一个新的发展时期，保护区面积和数量不断增长，投入逐年增加。先后制定和颁布了《云南省自然保护区管理条例》《云南省森林和野生动物类型自然保护区管理细则》《云南省珍贵树种保护条例》《云南

---

① 《云南省情》编委会编：《云南省情（2008 年版）》，云南人民出版社 2009 年版，第 490 页。

② 云南省地方志编纂委员会总纂，云南省林业厅编撰：《云南省志·卷三十六·林业志》，云南人民出版社 2003 年版，第 361 页。

③ 当代云南编辑部编：《当代云南大事纪要（1949—2006）》（增订本），当代中国出版社 2007 年版，第 411 页。

省陆生野生动物保护条例》《云南省珍稀濒危保护动物名录》等法规，部分州、县还结合本地的特点制定了更为具体的保护法规和规章。同时加大对自然保护区的执法检查力度，多次配合全国人大、全国政协环资委、国家环保总局、国家监察部开展国家级自然保护区执法检查，推动了保护区的有效管理。1993年成立了"云南省省级自然保护区评审委员会"，颁布了《云南省省级自然保护区综合考察大纲》和《综合考察报告编写大纲》，使自然保护区列级评审和前期工作走上规范化轨道。

随着自然保护区建设工作的开展，保护区管理机构逐步建立健全起来。各个自然保护区分别设立了管理局、管理所或管理站，充实了管理、保护人员。到2005年底，云南自然保护区共建立机构149个，其中14个国家级自然保护区全部建立了管理机构，省级自然保护区有80%建立了管理机构，县级自然保护区有50%建立了管理机构。一些尚未建立管理机构的保护区，也配备了管理人员，启动了基本的日常管理工作。[①] 管理机构的日益完善，促进了自然保护区管理工作的有效开展。

4. 加大农村环境保护力度

改善和提升农村环境是开展农村工作的重要内容之一。省委省政府多次召开农村工作会议，制定政策，采取措施，不断推进对农村和农业生态环境的保护工作。

1996年，开展了第二次乡镇企业污染源调查，基本查清了云南乡镇工业主要污染行业、主要污染区域和主要污染问题，为制定乡镇企业发展规划和加强乡镇企业环境管理提供了科学依据。2003年，省环保局制定了《云南省生态乡镇建设验收暂行规定》，提出了27项创建目标。省环保局与农业部门合作编写了《云南省畜禽养殖业污染防治及综合利用规划》《云南省农村生态环境保护规划编制指南》《云南省农业面源污染防治报告》。2007年编制了《云南省农村环境保护行动计划》和《云南省社会主义新农村建设小康环保行动计划》。这些政策举措为建设生态优美乡镇，开展农村环境综合治理提供了行动指南。[②]

《云南省环境保护"十一五"规划》明确指出："加大农村环境综合整治力度，探索适合当地自然条件和发展实际的生态农业模式。"[③]2007年1月，在《云南省人民政府关于印发七彩云南保护行动的通知》中进一步指出要"开展农村环

---

① 《云南省省情》编委会编：《云南省省情（2008年版）》，云南人民出版社2009年版，第490—491页。

② 《云南省省情》编委会编：《云南省省情（2008年版）》，云南人民出版社2009年版，第491页。

③ 云南省环境保护局编：《云南省环境保护"十一五"规划》，2006年11月。

境整治，推进社会主义新农村建设。大力推广生态农业生产模式和环保农业生产新技术，科学合理施用化肥、农药，切实降低农业源污染。因地制宜治理分散的生产生活污染源。实施'四改'工程（改池管好垃圾、改厕管好粪便、改养解决畜粪、改种减少农业面源污染），引导农村居民改变落后的生产生活习俗，倡导绿色文明的生活方式，加强畜禽养殖污染防治。推进农村环境综合整治和村容村貌整治，营造健康、舒适、优美、洁净的生产生活环境"①。随着环境治理力度的加大，农村卫生状况、村容村貌得到极大改善，农村环境面貌焕然一新。

5.启动湿地保护

云南是长江、珠江、红河、澜沧江（湄公河）等六大江河的上游或源头，是我国南方地区乃至南亚、东南亚地区的"水塔"，湿地资源十分丰富。被誉为"地球之肾"的湿地在调节气候、作为鸟类栖息地、净化水质等方面具有重要意义，生态地位十分重要。湿地保护被列为生态文明建设和西南生态安全屏障建设的重要内容。

早在20世纪80年代云南就建立了一批湿地保护区。省林业厅于2001年完成了全省第一次湿地资源普查，重点对湿地类型、湿地植被、湿地野生动植物、湿地资源现状和利用状况等展开调查。调查资料显示，云南有100公顷以上各类湿地总面积235300公顷，以河流湿地和湖泊湿地占绝对优势。②截至2011年，在众多的湿地当中，云南拥有国际重要湿地4块、国家重要湿地11块、国家湿地公园2个。③

2006年国家开始启动湿地保护工程。在全球掀起保护湿地的趋势影响下，云南湿地保护工作开始启动。2008年，实施《云南省湿地保护工程规划》④，第一次为湿地保护提供纲领性指导。2010年12月，由省林业厅主管的云南湿地保护发展协会正式成立，这是全国第一家湿地保护协会。协会成立后，创建"湿地论坛基地"，成立"湿地研究及培训中心"和"云南湿地文化馆"，为湿地建设、保护与发展提供先进的管理经验和技术，促进湿地保护发展理论研究及其成果的应用转化与推广，开展湿地发展的会议展览、信息交流、经济评估、教育培训等

---

① 《云南省人民政府关于印发七彩云南保护行动的通知》，云南省人民政府网2007年发布。
② 宋永全：《云南省第一、二次全省湿地资源调查结果比较研究》，《云南地理环境研究》2003年第6期。
③ 《云南省将启动第二次湿地资源调查》，湿地中国网2011年8月30日发布。
④ 《云南省湿地保护工程规划》，湿地中国网2008年9月3日发布。

活动。①

云南在湿地保护、退化湿地修复及制度建设等方面开展了大量工作，取得了明显成效，为进一步推进湿地保护开创了良好开端，奠定了初步基础。

6. 实施"七彩云南保护行动"

为进一步深入贯彻落实科学发展观，守住青山绿水蓝天，2007年正式启动实施"七彩云南保护行动"重大工程，唱响了"生态立省、环境优先"主旋律。旨在通过开展环境法治行动、环境治理行动、环境阳光行动、生态保护行动、绿色创建行动、绿色传播行动、节能降耗行动等七大行动，像珍惜生命一样珍惜云南的良好生态，像保护眼睛一样保护云南的优美环境。让云南的青山绿水、蓝天白云世世代代相传。

根据《中共云南省委　云南省人民政府关于加强生态文明建设的决定》精神，2009年12月制定实施《七彩云南生态文明建设规划纲要（2009—2020年）》。实施"七彩云南保护行动"，围绕成为生态文明建设排头兵的总目标，从生态意识、生态行为、生态制度3个领域着手，完成培育生态意识、发展生态经济、保障生态安全、建设生态社会、完善生态制度5大任务，实施九大高原湖泊及重点流域水污染防治、生物多样性保护、节能减排、生物产业发展、生态旅游开发、生态创建、环保基础设施建设、生态意识提升、民族生态文化保护、生态文明保障体系10大工程。"七彩云南保护行动"将以往针对某一领域的生态建设工程整合到更具系统性、全局性的保护行动中来。

经过多年深入推进"七彩云南保护行动"，生物多样性保护成效明显，建成自然保护区158处。截至2012年底，完成营造林5100万亩，森林防火、资源林政管理得到加强，森林覆盖率超过53%。江河流域综合治理成效显著，治理水土流失面积1.49万平方千米，水土保持生态修复面积2.9万平方千米。127个县（市、区）建成污水和生活垃圾处理设施。圆满完成国家下达的节能减排目标任务。以地震、地质、气象和生物灾害为重点的防灾减灾体系建设进一步加强。坝区80%以上的耕地和山区集中连片优质耕地划为永久基本农田。②

7. 开展"森林云南"建设工程

为切实推进生态环境建设以提升城乡人居环境、加快林业发展，启动实施"森林云南"建设工程。"森林云南"建设以"兴林富民"为目标，以深化集体林

---

① 中国环境报：《环保NGO如何发展？云南湿地保护协会探索新模式》，中国新闻网2012年1月4日发布。

② 云南省人民政府：《2013年政府工作报告》，《云南日报》2013年1月30日。

权制度改革为动力，以建设完备的森林生态体系、发达的森林产业体系、繁荣的森林文化体系为重点，提升森林三大效益，为建设富裕民主文明开放和谐云南奠定基础。

2009 年 12 月 31 日，出台《关于加快林业发展建设森林云南的决定》，建设"森林云南"进入了一个更新的阶段。加大财政投入力度。各级政府将林业部门行政事业经费纳入财政预算，逐年增加投入；加大木本油料、中低产林改造等补贴力度；完善公益林生态效益补偿制度，逐步提高标准；扩大林业贴息贷款等的政策覆盖范围。提高金融服务水平。加大信贷支持力度，将林业贷款期限最长延长到 10 年，推广金融超市"一站式"服务；将森林保险纳入政策性农业保险统筹安排，实行财政保费补贴。落实税费减免政策。林业企业从事坚果等的培育和种植，林产品的采集以及符合农产品初加工的项目所得，免征企业所得税。加强林木采伐管理。在全省范围内逐步取消采伐限额分年度控制，实行 5 年调节使用；取消消耗结构分项控制；取消由上而下安排的木材生产计划，放宽木材生产经营自主权。规范集体林权流转。加快建立健全林权流转服务体系，建立森林资源资产评估制度。林农可依法流转林地承包经营权和林木所有权。完善用地审批制度。村集体经济组织、农民等按照乡（镇）土地利用总体规划在山区从事规模化林业种植和养殖的，所需林地按农用地管理，不需办理农用地转用审批手续。对其他企业、个人兴办或联办的规模化林业生产所需用地，实行分类管理。

通过深入推进"七彩云南保护行动"和实施"森林云南"建设工程，绿色经济强省建设迈出重要步伐。

（四）推进环境友好型经济发展

为推进实施绿色强省战略，加快资源节约型、环境友好型社会建设，云南牢固树立绿色发展理念，按照整体协调、循环再生、健康持续的要求，加大节能减排工作力度，大幅度提高能源利用效率，努力实现废弃物无害化处理；淘汰落后产能，全面推行清洁生产，注重节约降耗，大力发展循环经济，在一些重点行业、重点企业开展循环经济试点，推进可持续发展、倡导绿色消费。

1. 开展节能降耗与清洁生产

为促进全省清洁工作的深入开展，实现降耗、减污的目标，云南把节能减排作为促进经济结构调整、转变经济发展方式的重要抓手，采取一系列强有力措施，开创了节能减排工作的新局面。

（1）扎实开展节能降耗

随着1998年《中华人民共和国节约能源法》和1999年《重点用能单位节能管理办法》的颁布实施，为有序推进系统规范的节能降耗工作，成立云南省节能技术服务中心，出台《云南省节约能源条例》《云南省主要工业产品能耗限额》。依法实施耗能设备岗位管理和重点用能单位的节能监察（测）工作。每年组织全国节能宣传周云南宣传活动，定期举办节能、资源综合利用和清洁生产培训班及节能研讨班。委托昆明理工大学进行企业耗能设备管理和操作岗位人员持证上岗培训。有关单位联合组织开展能源效率标识管理。组织编写企业（工业园区）发展工业循环经济的经验材料，推出了一批节能降耗的典型。组织对清洁生产审核员和相关人员关于节能降耗内容的培训。2006年，省政府与16个州市、大企业大集团和参加全国节能行动的25户企业签订了节能目标责任书，促进节能降耗工作深入开展。①

在节能减排工作中，先后实施了"全民节能·云南在行动"6大重点节能工程。组织制定了《云南省人民政府关于加快发展工业循环经济的意见》《云南省发展工业循环经济工程方案》《2005至2007年云南省加快工业企业节约能源行动计划》《云南省耗能设备岗位证书管理办法（暂行）》等一系列文件。从2007

大理白族自治州时骏新能源汽车产业基地

---

① 《云南省情》编委会编：《云南省情（2008年版）》，云南人民出版社2009年版，第256页。

年起，省级财政每年投入 1 亿元专项资金，坚持示范带动，大力推进重点项目建设。每年滚动实施 100 项节能示范项目，在钢铁、化工、有色金属等重点耗能行业每年项目节能量超过 500 万吨标准煤。累计推广财政补助高效节能灯 2580 万只，每年节电 15 亿千瓦时。在全省实施 1000 项节能示范项目。①2011 年，节能减排目标任务如期完成。对重点州市、重点行业、重点企业节能减排工作目标实行量化考核，实施 116 个省级重点节能技术改造项目，开展全社会节能工作。

（2）大力推行清洁生产

为推进工业新建项目按照清洁生产的要求，从源头预防污染，云南推行使用清洁的能源和原料，采用先进的生产工艺和技术，提高资源利用效率，减少污染物的排放。对不符合清洁生产标准的企业，强制实施清洁生产审核。确定以工业领域 10 大行业、8 大工业基地和 30 个工业园区为重点，推进冶金、建材、化工、火电、造纸等关键行业采用清洁生产技术进行生产，清洁生产达标率达到 40% 左右，培育了一批废物综合利用、污染物排放强度低的环境友好型企业，创建了一批废水、废气、废渣"零排放"企业。②

健全领导机构，不断完善清洁生产工作保障机制。根据《中华人民共和国清洁生产促进法》，2003 年 9 月召开清洁生产专题会议，成立了省清洁生产联席会议及其工作机构——云南省清洁生产办公室，标志着推行清洁生产工作正式启动。4 个州市成立了推行清洁生产的领导和工作机构。2006 年 3 月成立了省清洁生产协会。抓好清洁生产中介机构的管理，规范服务市场。通过考核评审，在省清洁办备案的中介机构由原来的 41 家精减到 30 家。出台了清洁生产中介机构的市场准入意见、资质评审办法和考核暂行办法等文件。

建立健全政策法规体系。形成了以《云南省清洁生产促进条例》为主体，由《云南省清洁生产表彰奖励暂行办法》《云南省清洁生产审核实施办法（暂行）》等 20 多个配套规章制度组成的清洁生产政策法规体系。

加强宣传教育力度。昆明理工大学等有关大专院校开展清洁生产和循环经济的专题教学。举办了首届"全省清洁生产成果发布会"。各级政府、有关部门和清洁生产中介机构组织的各种清洁生产学习、培训在 1200 次以上，参加学习、培训的人员 8 万人次，培训清洁生产审核师、审核员 2000 人，企业内部审核员 1.2 万人。

---

① 何宣、杨士吉、许太琴主编：《云南生态经济年鉴》，线装书局 2011 年版，第 166 页。
② 云南省环境保护局编：《云南省环境保护"十一五"规划》，2006 年 11 月。

有序开展试点工作，全面推行清洁生产。1999年昆明市列入国家首批清洁生产示范试点城市，开展了与国外的合作试点。2004年，省清洁生产办公室确定52户企业为清洁生产重点单位，27户为试点企业，首批启动4户企业的试点。①

至此，清洁生产有了专门的指导机构，建立起较为完善的政策法规体系，具备了规范的培训与评估从业人员，在企业和社会中营造了良好的氛围。

2. 加强资源循环利用与废弃物无害化处理

严格控制和防治工业废水、废气、固体废弃物等污染物的排放，资源循环利用率和废物无害化处理率大幅度提高。2005年，云南全省排放化学耗氧量28.47万吨，比上年下降1.9%。五大重点领域部分企业废水减排效果比较明显：在有色工业与钢铁工业，祥云飞龙实业有限公司废水实现零排放；云铜生产用水的重复利用率从2002年的89.9%增加到2004年的96.4%，经处理合格后的工业废水回用率从46.5%提高到69.7%；昆钢工业水循环利用率91.4%，烧结尘泥利用率100%，高炉煤气利用率85%，高炉瓦斯灰全部送烧结利用，利用率100%。在化学工业方面，三环公司减少工艺水用量和污水排放量200立方米/小时左右，水资源重复利用率90%以上。在电力工业方面，宣威电厂实现了冷却水的循环利用，2005年，工业用水循环利用率93.4%。农林生物资源产业通过旱作节水农业推广和加强水利基础设施建设，服务业通过推广节水改造，均不同程度提高了水的利用率，有效降低了废水排放量。

五大重点领域部分企业通过资源的综合利用，有效降低了全省工业固体废弃物排放量。云南煤炭回采率由过去小型矿井平均20%—30%、大中型煤矿平均40%—50%，总体提高到了50%—60%，部分矿井回采率高达80%以上。云铝可循环利用的一般工业固体废物综合利用率和危险废物安全处置率均达100%；云南铜业成立了再生资源公司回收再生铜资源；云南锡业"十五"期间累计开采尾矿600万吨，回收锡5000吨；昆钢收购废钢和提高露天与地下矿山回采率。此外，有色、冶金、电力、化工等传统重点行业所产生的废渣，已经广泛用于建材、修路、筑坝等领域。再生资源回收利用工作稳步推进。以物资和供销系统为龙头，初步建立了废旧金属、纸张、玻璃和废塑料的回收体系，废旧物资得到了一定程度的回收和利用。②2011年，云南规划建设的248个城

---

① 《云南省情》编委会编：《云南省情（2008年版）》，云南人民出版社2009年版，第257—258页。
② 《云南省情》编委会编：《云南省情（2008年版）》，云南人民出版社2009年版，第259—260页。

镇污水和垃圾处理设施项目竣工运行率达 81%。127 个县（市、区）建成污水和生活垃圾处理设施。完善医疗废物的收集、处置体系，按规范焚烧处置全部医疗废物，并建立相应的安全运输、收集网络，基本实现危险废物和医疗废物的安全处置。[①]

3. 建立循环经济试点示范

加快推进资源节约型和环境友好型社会建设，云南以技术和体制、机制、政策法规建设为先导，在重点行业、重点园区、重点领域和市县开展了循环经济试点工作。

建立首批 20 个循环经济试点。2006 年 8 月 29 日，省政府发布《关于开展我省循环经济试点（第一批）工作的通知》，确定将昆明钢铁控股有限公司等 20 个单位作为第一批试点。通过第一批循环经济试点，探索建立不同行业、不同领域、不同区域循环经济发展的有效模式。2007 年，20 个试点单位编制了《循环经济试点工作方案》，云铜和云天化两家单位被列入全国第二批循环经济试点单位。2007 年，安排三批资源综合利用和循环经济示范项目，投资补助和贴息资金 5000 万元，对 40 多个项目进行了扶持。启动工业循环经济的试点示范工作。2007 年，启动 10 个县市区和 30 户企业的工业循环经济试点示范工作。在钢铁、有色、化工、电力、建材、轻工等行业选择 11 户重点企业作为试点。把昆明高新技术产业开发区、楚雄经济技术开发区和华坪经济技术开发区作为重点产业园区试点，把开远市工业示范区、丘北县普者黑旅游示范区、洱源县农业示范区和丽江滇西北再生资源回收利用中心以及曲靖市和安宁市作为重点领域试点。各试点单位成立以主要领导为组长的发展循环经济领导小组，设立专门的工作班子，加强协调联动。[②] 开展循环经济试点工作以来，为行业走绿色发展之路作出了示范与表率，为加快推进资源节约型和环境友好型社会建设积累了宝贵经验。

通过制定一系列发展循环经济的政策措施，实施节能减排，推行清洁生产，云南初步建立起资源消耗低、环境污染少、经济效益好的国民经济体系和循环经济型社会。[③]

---

① 云南省环境保护局编：《云南省环境保护"十一五"规划》，2006 年 11 月。

② 《云南省情》编委会编：《云南省情（2008 年版）》，云南人民出版社 2009 年版，第 255—260 页。

③ 中共云南省委宣传部、中共云南省委党史研究室编：《中国改革开放全景录·云南卷》，云南人民出版社 2018 年版，第 327 页。

（五）建设中国西南生态安全屏障

云南承担着维护区域、国家乃至国际生态安全的任务，同时也是生态环境脆弱敏感的地区。省委省政府高度重视生态环境保护工作，严守资源消耗上限、环境质量底线、生态保护红线，努力构建"三屏两带一区多点"生态安全格局。扎实推进"森林云南"建设，大力实施退耕还林还草、水土流失治理、石漠化综合治理等重点工程，加强长江、珠江等六大水系和滇池、洱海等高原湖泊保护治理。加强生物多样性保护，推动建立跨省、跨境资源环境保护协作机制，严防外来有害物种入侵，致力于维护边境生态安全和区域环境安全。

1. 加快高原湖泊水环境综合治理

相继出台高原湖泊相关的保护条例，不断加大对高原湖泊的水环境综合治理力度。根据 1992 年通过的《云南省环境保护条例》精神，加大对一切水体不受污染和破坏的保护力度，范围涵盖高原湖泊和南盘江、金沙江水系等重点湖泊流域。

制定一系列针对高原湖泊的管理条例和规划。1988 年至 1994 年，先后颁布实施了《滇池保护条例》《云南省大理白族自治州洱海管理条例》《云南省抚仙湖管理条例》等条例，进一步规范了湖泊水环境治理。按照《云南省环境保护"十一五"规划》的要求，继续贯彻"一湖一策"的治理原则，落实湖泊治理目

抚仙湖—星云湖出流改道工程——生态湿地公园

标责任制，根据湖泊的自然属性和污染源特点，因地制宜实施保护工程。编制完成九湖治理"十二五"规划，规划项目设置 295 个，总投资 552.74 亿元。

湖泊治理成效显著。从 1996 年至 2002 年，九大高原湖泊治理共直接投入43.084 亿元，其中滇池 34.32 亿元。抚仙湖、泸沽湖、洱海、阳宗海水质稳定在较好水平，滇池水质迅速恶化的趋势得到了遏制，异龙湖、星云湖、程海、杞麓湖湖水污染初步得到了控制。[①]2006 年 9 月，云南召开九大高原湖泊水污染综合防治领导小组第六次会议，与九湖所在地（州、市）政府及省九湖领导小组成员单位签订《云南省九大高原湖泊水污染防治目标责任书》。[②]2008 年省委省政府专题听取滇池水污染治理调研报告，召开滇池水污染治理调研座谈会，明确治理思路和要求。省委省政府编制完成滇池流域水污染防治"十一五"规划，全面开展滇池治理。全面实施《云南省程海保护条例》。洱海水质不断变好，洱海治理经验受到党和国家领导人及国家有关部委的充分肯定并在全国推广。[③]到 2012年 5 月，经过治理，滇池已经从污染治理向污染治理与生态恢复并重转变，由重

洱海湖滨带

① 当代云南编辑部编：《当代云南大事纪要（1949—2006）》（增订本），当代中国出版社 2007 年版，第 765—766 页。

② 杨士吉、许太琴主编：《云南生态经济年鉴（首卷）》，线装书局 2008 年版，第 84 页。

③ 何宣、杨士吉、许太琴主编：《云南生态经济年鉴（2009）》，线装书局 2009 年版，第 37 页。

度富营养化转变为中度富营养化。阳宗海水质由 IV 类好转为 III 类。抚仙湖水质总体保持 I 类水质。星云湖总氮明显下降。洱海水质连续 8 年总体稳定保持在 III 类。程海、泸沽湖高锰酸盐指数下降。异龙湖水质也有所改善。①

2. 推进大江大河上游森林生态建设

实施大江大河上游森林生态建设，关系到云南各族群众的生存和发展，也关系到全国的生态安全屏障的建设，是打造西南生态安全屏障的重点任务。为此，云南坚决贯彻落实中央环境保护战略和省委省政府的有关方针与指示，重点实施了多项保护工程，不断推进大江大河上游森林生态建设。

实施防护林工程。1989 年启动实施防护林工程，主要集中在非天保工程区的珠江流域、红河流域、澜沧江流域，建设内容包括人工造林和封山育林。1989 年至 2007 年，累计投入 3.78 亿元。先后实施了长江防护林工程、澜沧江防护林工程、珠江防护林工程。到 2007 年，累计完成防护林建设 1578.37 万亩。②

实行退耕还林和停止采伐政策。1998 年 9 月 19 日，省政府召开金沙江流域天然林保护工作会议，明确指出 1994 年以来开垦的林地，必须在 2000 年前全部退耕还林；1994 年以前开垦的凡坡度在 25 度以上的山地，必须全部还林。9 月 25 日，云南省人民政府发出《关于停止金沙江流域和西双版纳州境内天然林采伐的布告》。把迪庆、大理、楚雄、丽江、昭通、曲靖、东川、昆明市属金沙江流域的县、市、区和西双版纳州划为停伐区。到 10 月初，禁伐区所涉及的 9 个地、州、市已全面封锯。③ 从 10 月 1 日起金沙江流域天然林采伐全面停止。全面部署启动天然林资源保护工程，做到"五个确保"，即确保调减木材产量到位，确保建设项目按计划实施，确保停伐后分流职工和离退休人员的妥善安置，确保林区社会稳定，确保森林管护万无一失。严格禁止新的毁林开荒，有重点、有计划地做好退耕还林工作。④

天然林保护工程持续实施以来，成效显著。保护天然林 3.6 亿亩，营造生态公益林 2454 万亩。工程区森林资源消耗量年均减少 688 万立方米，森林覆盖率

① 何宣、杨士吉、许太琴主编：《云南生态经济年鉴（2012）》，线装书局 2012 年版，第 50 页。
② 《云南省情》编委会编：《云南省情（2008 年版）》，云南人民出版社 2009 年版，第 143—144 页。
③ 中共云南省委党史研究室、云南省档案馆编：《云南五十年——中共云南省社会主义时期大事记（1950—1999）》，人民日报出版社 1999 年版，第 324 页。
④ 当代云南编辑部编：《当代云南大事纪要（1949—2006）》（增订本），当代中国出版社 2007 年版，第 654—655 页。

年均增加 1.04 个百分点。在云岭大地上筑起了一道道天然的绿色屏障。森林数量和质量实现双增长。工程区治理水土流失面积 2 万多平方千米，减少土壤侵蚀量 13040 万吨，减少进入河流的泥沙量 7840 万吨。①。

通过实施防护林工程、实行退耕还林和停止采伐政策等措施，大江大河上游森林生态建设成效显著，生态环境明显改善。

3. 开展水土保持治理

积极开展水土保持治理，以增加绿色覆盖和控制水土流失为重点，针对自然资源保护、植树种草、水土保持、生态农业等领域实施综合治理工程。实施范围已在金沙江流域的昭通、禄劝、大姚、宾川、元谋等 12 个重点县市全面启动。1998 年，云南共投入建设资金 1.15 亿元，治理水土流失面积 135 平方千米，坡改梯 1724 公顷，植树造林 2054 公顷，水利水保工程 236 座。② 为了切实保护和合理利用水土资源，改善生态环境，减少江河湖泊泥沙淤积，实现经济社会的可持续发展，1999 年 2 月 24 日省政府发出公告，将全省分为水土流失重点预防保护区、重点监督区、重点治理区。

"九五"期间共治理水土流失面积 10674 平方千米，是"八五"期间的 1.49 倍，累计完成治理面积 30912 平方千米。"十五"期间，水土流失治理继续抓好"长治"工程，在实施国家、省级重点和九湖水土保持项目的同时，启动了"珠治"试点工程，创建了楚雄水土保持大示范区，积极推广生态修复试点经验，充分发挥大自然的自我修复能力，推进水土流失防治工作。据 2004 年第三次遥感调查数据显示，云南水土流失面积继 1999 年比 1987 年减少 5097 平方千米后，2004 年又比 1999 年减少 7072 平方千米，并且土壤侵蚀总量、土壤侵蚀模数、年均侵蚀深度都不同程度地有所减少。5 年来，共完成水土流失综合治理面积 12373 平方千米，比"九五"时期增加 1699 平方千米，新实施保护面积 2.5 万平方千米。"十五"期末，云南累计治理水土流失面积达到 43285 平方千米，江河淤积泥沙有所减少，人为水土流失得到一定控制。③ 截至 2012 年，治理水土流失面积 1.49 万平方千米，水土保持生态修复面积 2.9 万平方千米，局部地区水土流失得到有效遏制。

---

① 当代云南编辑部编：《当代云南大事纪要（1949—2006）》（增订本），当代中国出版社 2007 年版，第 853 页。

② 当代云南编辑部编：《当代云南大事纪要（1949—2006）》（增订本），当代中国出版社 2007 年版，第 671 页。

③ 《云南省情》编委会编：《云南省情（2008 年版）》，云南人民出版社 2009 年版，第 607 页。

4.实施重点区域石漠化治理

云南局部地区石漠化现象较为严重，给当地群众的基本生产生活带来了很大影响。省委省政府高度重视石漠化的治理，采取编制规划、制定具体措施对石漠化重点区域展开治理。

滇东南地区是石漠化问题较为突出的重点区域。针对这一地区制定措施加快推进石漠化治理、控制和逐步转移人口，发展对生态环境要求较低的产业。通过植树造林、封山育林、农村能源、岩溶找水、易地扶贫等综合措施，开展石漠化综合治理。2011 年 4 月 14 日至 15 日，岩溶地区石漠化综合治理工程第三次省部联席会暨现场会在文山召开。会议对全国石漠化综合治理成效及经验进行了肯定，各部委、各兄弟省区相互交流好经验、好做法。会议强调，2011 年是石漠化综合治理工程由试点阶段逐步转向全面推进阶段的重要转折期，要全面总结工程实施以来 100 个县的成效经验，按照国务院批复的《岩溶石漠化综合治理规划大纲》要求，全面落实"十二五"期间的任务，采取切实有效的措施，加大投入力度，加快推进工程建设，确保"十二五"期间开好局、起好步。这次会议的召开，进一步推进了石漠化治理工作在云南重点区域的开展。

开展石漠化综合治理

5. 加大生物多样性保护力度

生物多样性保护是实施可持续发展的关键，也是实施"七彩云南保护行动"的重要内容。1995 年以来先后制定和颁布了《云南省珍贵树种保护条例》《云南省陆生野生动物保护条例》《云南省珍稀保护动物名录》《云南省珍稀濒危植物保护大纲》《云南省珍稀濒危植物保护管理暂行规定》等保护性条例和规章，为开展生物多样性保护提供了法规政策保障。

国家一级保护动物——亚洲象

生物多样性保护范围不断扩大，不仅包括滇西北地区，还进一步涵盖了滇南和滇西南地区。2010 年 5 月 26 日，滇西北生物多样性保护联席会议第二次会议在腾冲召开，会议发布了《2010 年国际生物多样性云南行动腾冲纲领》。2012 年 4 月 24 日，云南省生物多样性保护联席会议第三次会议在西双版纳召开，会议就全面推进生物多样性保护做出了《云南省生物多样性保护西双版纳约定》。省环保厅与西南林业大学合作共建云南生物多样性研究院，建立云南生物多样性保护教育基地，印发实施了《云南省生物物种资源保护与利用规划纲要（2011—2020 年）》。2011 年，云南生物多样性保护重点地区由滇西北 5 州市 12 个县（市）扩大到滇西北、滇西南 9 州市 44 个县（市、区）。① 这些会议的召开和随之制定

---

① 何宣、杨士吉、许太琴主编：《云南生态经济年鉴（2012）》，线装书局 2012 年版，第 50 页。

的纲领性文件以及保护基地的建立进一步强化了生物多样性保护的力度。

6. 加强对外来生物入侵的防范与治理

云南边境线长达 4060 千米，与三个国家山水相连，是外来生物入侵的主要通道。云南多措并举，加大对外来有害生物入侵的防范，开展了针对外来入侵物种监测预警及可持续控制关键技术研究，编制了云南口岸入境植物检疫截获有害生物名录，建立了云南省外来入侵物种信息平台系统和云南外来入侵有害生物多指标综合评价体系，有效防控并抵御了外来生物的入侵，维护了区域内生态系统的平衡。

据农业部测算，外来有害生物入侵给我国造成的经济损失每年至少为 1000 亿元；全国 100 种最具威胁性的外来有害入侵物种中，对云南构成危害的达 56 种。紫茎泽兰、斑潜蝇等的传入已对云南的农业、生态和人身安全构成危害。

随着云南"两强一堡"战略和中国—东盟自贸区建设的推进，各级政府联合边防、海关、卫生、农业、林业以及周边国家的相关部门，防止"生物恐怖分子"入侵，共同保护云南生态安全、农业安全和人身健康安全，保护生物多样性基因宝库，建立西南生态安全屏障，在边境地区着力构建传染病和动植物疫情疫病联防联控的防线体系。2008 年 10 月 16 日，着手酝酿边境地区传染病及动植物疫情疫病联防联控"3+1"防线体系建设，通过对边境特殊性、境外疫情疫病严重性、检验检疫管理艰巨性和防控工作紧迫性的深入研究，云南出入境检验检疫局按照"政府主导、分工负责、条块结合、部门联动、国际合作"的原则，在边境地区建设"3+1"防线。通过对周边国家相关法律法规和疫情疫病资料的翻译整理，检验检疫部门构建了外来有害生物多指标综合评价体系。与境外有关部门合作，在边境沿线两侧设置了 1121 个监测点，监测发现重要传染病和动植物疫情疫病 48 种。编制了 40 余种重要农产品和疫情疫病的风险评估报告，为相关部门政策决策、风险分级、分类管理提供了科学依据。

为进一步加大外来物种入侵的防控力度，2011 年 9 月 8 日，大湄公河次区域农业科技交流合作组召开第三届理事会暨工作组观摩研讨会，在云南搭建东南亚重大农业外来有害生物预警与防控平台。2011 年 9 月成立"大湄公河次区域农业科技交流合作组—植物保护工作组"，工作组先后到越南、老挝、柬埔寨和缅甸，与合作方一起，对危害当地水稻、蔬菜、橡胶、咖啡等作物的有害生物开展了实地调查和科技交流，初步掌握了大湄公河次区域外来农业重大有害生物，特别是入侵物种的发生与危害情况，为进一步开展预警和防控研究奠定了基础。积极与东盟 4 国专家开展水稻、蔬菜和果树的病、虫、草害的联合调查与研究合作，共同防控农业有害生物。

7. 促进人与自然和谐相处

为实现边疆有山皆绿、有水皆清、四季花香、万壑鸟鸣、人与自然和谐共存的生态格局，云南坚持把建设资源节约型和环境友好型社会摆在突出位置，通过调整产业结构、转变发展方式、改变消费模式等举措，探索符合省情的人与自然和谐发展之路。

普洱市江城县整董镇保护古村落　建设特色旅游小镇

坚定不移地走"生态建设产业化，产业发展生态化"的发展路子。不断推进产业结构调整，加快发展环保产业和循环经济。加强了天然森林、天然草地、天然湿地等原生植被保护，促进生态环境的自然恢复。抓好重要生态功能区保护和建设，深入推进天然林保护、退耕还林还草、防护林建设、石漠化治理、农村能源建设等生态建设工程，构建以森林植被为主、林草结合的国土生态安全体系。

加强重点治理县和高原湖泊的水土保持生态建设。建立和完善自然灾害预警预报系统，加强灾后生态恢复与建设。深入开展以滇池为重点的高原湖泊水污染综合防治，切实改善高原湖泊水环境质量。以保护生态功能、强化流域生态治理为重点，制定实施云南六大江河流域水污染综合防治规划，加大出境跨界河流环境安全监督管理。启动农村环境整治示范工程。滇池治理、区域环境整治等工程有效推进。制定生态功能区划和生物多样性、湿地保护规划。

把节能减排作为促进科学发展的重要抓手。认真落实目标责任制、行政问责制和执法责任追究制度，充分发挥市场机制作用，强化企业的主体地位，确保节能减排约束性目标顺利实现，避免走"先污染后治理、先破坏后恢复"的老路。扎实做好节能减排工作，加大重点地区、重点领域、重点行业、重点企业的节能减排实施力度，加快淘汰落后生产能力。强化对重点污染源的监管，认真解决群众反映强烈、社会影响恶劣的环境污染问题，严肃查处数起重大环境污染案件。加快城市污水处理与再生利用工程建设，加强工业废水治理，推进重点行业二氧化硫及其他有害气体综合治理，加大城市烟尘、粉尘、细颗粒物和汽车尾气治理力度，控制温室气体排放。强化危险废物和危险化学品监管，加强重金属、持久性有机污染物等的污染治理，实施生活垃圾无害化处理，控制固体废物污染。对重点耗能企业实行节能目标责任制，加大差别电价实施力度。实现二氧化硫、化学需氧量年度削减排放目标。建立完善环境突发事件应急处理机制。加强城乡环境保护与治理，大力开发推广节约、替代和循环利用的先进实用技术，加快发展褐煤液化、农村沼气、小水电、生物质能等清洁能源和可再生能源，全面提高资源能源的利用效率。加强水源地建设和保护，健全安全预警制度，采取有效措施，确保城乡群众饮用水安全。深入实施"七彩云南保护行动"，加强污染防治和生态修复，深入推进水污染防治、农村环境保护、水土流失综合治理等生态建设和环境保护重点工程。加快城市森林建设，大力开展城市绿色社区创建活动，建设一批生态园林城市，切实改善人居环境。

建立完善农村环境管理体制，大力推进农村环境综合整治。积极开展农村生活污水和垃圾污染治理，加强畜禽、水产养殖污染防治，推广农业废弃物综合利用。加强农用土壤环境保护和污染场地环境监管，有效防治农业面源污染，确保农村水源清洁、田园清洁、家园清洁。

加大生态环境保护的监管力度。建立健全矿山环境治理恢复保证金制度，促进新老矿山生态环境恢复治理。深入整顿和规范矿产资源开发秩序，推进矿产资源优化整合，加强对资源开采活动的环境监管。统筹生活、生产、生态用水，有效保护水资源。严格控制建设用地增长，不断提高土地资源集约节约利用水平。

不断提高全省干部和各族群众的生态文明素养。深入开展保护生态、爱护环境、节约资源的宣传教育和知识普及，使资源节约和环境保护成为社会风尚，成为各族群众的自觉行动，形成尊重自然、热爱自然、善待自然的良好氛围。①

正确处理经济发展与人口、资源、环境的关系，促进经济发展与人口、资源、环境相协调，在实现经济、社会和环境的可持续发展过程中实现人与人、人与自然的和谐相处、和谐发展。

（六）建立环境保护制度

在环境保护与生态文明建设的制度建设过程中，全面贯彻和实施 9 项环境管理制度，形成从源头到结果、贯穿于环境行政管理全过程的环境管理制度体系，并逐步纳入"七彩云南保护行动"等重大生态工程中，全面开展污染防治工作。

1. 贯彻执行"三同时"制度

为加强环境保护，国务院环境保护办公室在文件中规定，"凡是没有治理'三废'设施的工程项目，计划部门不纳入计划，设计部门不承担设计，施工部门不予施工，财政部门不予拨款"。1981 年 1 月 1 日开始实施《云南省排放污染环境物质管理条例（试行）》，把"三同时"原则正式写入地方法规条文，至此，云南的"三同时"制度基本形成②。

1985 年至 2005 年，大中型投资项目"三同时"执行率均保持在 90% 以上。2006 年、2007 年，云南"三同时"环保竣工验收分别为 1113 项和 942 项，"三同时"执行合格率分别为 95.37% 和 100%。③"三同时"制度执行成效显著。

2. 建立实施环境影响评价制度

为了从源头上预防和控制新污染源和生态破坏，针对各类对环境有影响的规划和建设项目依法开展环境影响评价，坚持科学决策。

早在 1979 年，云南最先在磷化工、冶金等高污染行业开展环境影响评价工作。2002 年，开展了澜沧江中下游水电开发规划环评的试点研究工作。2003 年 9 月 1 日，《中华人民共和国环境影响评价法》颁布实施。为进一步贯彻落实，云南通过《中共云南省委云南省人民政府关于加强环境保护的决定》，全面推动"七彩云南保护行动"深入开展，促进云南经济社会又好又快发展。2007 年 7 月 9 日，印发《关于进一步加强环境影响评价管理工作的通知》，各地按照有关规定，严格实行行业准入制度。对区域内主要污染物排放量超过总量控制计划，未

---

① 《云南省情》编委会编：《云南省情（2008 年版）》，云南人民出版社 2009 年版，第 554—555 页。

② 云南省地方志编纂委员会总纂，云南省环境保护委员会编撰：《云南省志·卷六十七·环境保护志》，云南人民出版社 1994 年版，第 44 页。

③ 《云南省情》编委会编：《云南省情（2008 年版）》，云南人民出版社 2009 年版，第 482 页。

做到"上大关小、以新带老、区域削减"替代，不履行承诺、不落实环境影响评价要求、不能完成限期治理任务，以及不依法及时足额上缴排污费的地区或者建设单位，环境保护部门实行区域或者单位停批。对超过污染总量控制指标、生态破坏严重或者尚未完成生态恢复任务的地区，暂停审批新增污染物排放总量和对生态有较大影响的建设项目。

对未完成环境影响评价文件审批手续的建设项目，国家发展改革委不予审批或者核准，国土、林业部门不予批准用地，银行不给予贷款，工商部门不办理营业执照，质监部门不发放生产许可证，安监部门不发放安全生产许可证。同时，对项目建设、运行过程中出现不符合环境影响评价文件审批要求，以及规划和建设项目实施后对环境造成严重影响的，建设单位、规划编制机关积极依法开展环境影响后评价和跟踪评价。

云南各级政府进一步明确环境影响评价管理中有关部门、建设单位、评价单位、技术评估单位、设计单位、施工单位、监理单位的权利和义务。各级环境保护部门进一步规范了环境影响评价文件申报、受理、技术评估、行政审批的程序、时限和要求，建立和完善了环境影响评价、技术评估、行政审批责任制，防止环境影响评价管理中的缺位、越位和错位。提高了环境影响评价管理的针对性和有效性，与有关部门开展环境保护执法检查和"三同时"制度，建立和完善省、州（市）、县（市、区）三级环境保护联动监督机制。

对部分高耗能、高污染行业，对位于世界自然或文化遗产地、国家和省级自然保护区、风景名胜区、饮用水源保护区、生态脆弱区和重要生态功能区以及九大高原湖泊流域等环境敏感区的污染较严重和对生态影响较大的项目，按照从严的要求适当调整审批权；对其他污染较小和对生态影响较轻的项目，下放审批权。

在有关部门和单位的共同努力下，云南形成了以开展流域水电规划、开发区规划与工业园区规划环境影响评价为主，城市发展规划、交通发展规划和行业发展规划环境影响评价等各类规划环评齐头并进的发展态势。

3. 实施并完善排污收费制度

在开展环境保护和生态建设过程中，除了执行相应法规政策以外，还积极探索运用经济手段对排污进行管控，最大程度限制污染企业排污。

1980 年，云南对螳螂川沿岸的 18 家企业首次开征排污费。1990 年底，全省全面开征排污费①。2007 年 4 月 17 日，发布《云南省人民政府办公厅关于实施七

① 《云南省情》编委会编：《云南省情（2008 年版）》，云南人民出版社 2009 年版，第 483 页。

彩云南保护行动做好 2007 年环境保护工作的通知》，加大环境法治行动力度，研究制定有利于环境保护的经济政策。积极推进城镇污水处理和垃圾处理收费改革，限期开征污水和垃圾处理费；依法加大排污费征收力度，提高排污费的收缴率，2007 年云南实现征收排污费 2.2 亿元目标。

完善排污收费制度。2008 年 9 月 19 日，发布《云南省人民政府关于加快城镇污水生活垃圾处理设施建设和加强运营管理工作的意见》，进一步明确要依法加大对污水垃圾处理费的征缴力度，落实征收责任，提高征缴率。城镇污水垃圾处理费征收标准提高到补偿运行成本、合理盈利的水平。进一步完善收费管理办法，实行城镇污水处理费与供水费合并收取制度，积极推广城镇污水处理费、垃圾处理费与城镇供水费合并收取方式，降低征收成本。强化对城镇排水管网覆盖区域内自备水用户污水处理费征缴工作，州（市）人民政府确定具体执行时间和收费标准。对亏损严重的企业，经当地人民政府批准后可以减交或缓交。对城镇低保户，当地人民政府给予适当补贴。

4. 实行限期治理制度

在经济建设中，一些重点污染企业排放的污染物严重影响了周边的生态环境和人民群众的身体健康。云南对此高度重视，采取及时有力的措施，分批次对重点污染企业的相关项目实行限期治理制度。1978 年，对 16 个严重污染环境的工矿企业项目实施限期治理。1996 年至 2000 年，对 100 家重点工业污染源的 129 个项目实施限期治理。①

依据《云南省人民政府关于印发七彩云南保护行动的通知》，进一步推进限期治理制度，依法淘汰浪费资源、严重污染环境的落后生产工艺和设备。对不能稳定达标或者超期排污的单位采取限产、限排措施，责令限期治理；逾期达不到治理要求的，坚决责令停业或者关闭。严禁在城市附近及其他环境敏感区域新建冶金、建材、化工等重污染企业，已建的逐步实施搬迁。限期治理制度的实施，在整治重点企业的污染治理方面发挥了明显的成效，有效保护和改善了城乡生态环境。

5. 实施排污许可证制度

率先在一些重点污染市县和企业实施排污许可证制度，逐步在全省范围内全面推行实施。

1988 年，省环保局在开远、昆明等一些市县展开排污许可证试点。1992 年

① 《云南省情》编委会编：《云南省情（2008 年版）》，云南人民出版社 2009 年版，第 483 页。

对25家重点污染企业颁发了排污许可证。开远市作为试点城市参与了全国大气排污许可证试点及排污交易试点。2001年，省政府常务会议把实施排污许可证制度作为云南的一项重点环保工作，省环保局与省工商局共同下发了《关于实施排污许可证制度的通知》及《工作方案》，并联合成立了领导小组，要求昆明、玉溪、个旧、曲靖、楚雄等9个城市及九大高原湖泊流域内的县（市、区）在2001年内完成发证工作，其余州（市）及县（市、区）2002年底前完成。截至2005年底，云南共核发排污许可证1700个。① 至此，该制度在全省基本实现了全领域覆盖。

6. 实行污染物排放总量控制制度

从1997年起，省环保局开始对烟尘、二氧化硫、氨氮等12种主要污染物实施总量控制。到2000年末，其中11种污染物排放量控制在国家规定范围内。2003年1月，省环保局、省发改委、省经贸委印发了《云南省"十五"污染物排放总量控制实施意见》，对二氧化硫、烟尘、氨氮等6种污染物实行总量控制。②

7. 施行污染物集中管控制度

污染集中控制是对采用集中供热、污水集中处理、固体废弃物进行集中处置处理的管理体制，集中控制"三废"污染。

建设危险废物处置场。在昆明、曲靖、红河集中布局建设三处危险废物处置场，总规模为11万吨/年。完善医疗废物的收集、处置体系，按规范焚烧处置全部医疗废物，并建立相应的安全运输、收集网络；加强对危险废物转移、处置的监管；制定并完善危险废物集中处理设施运行收费标准和办法，建立危险废物和医疗废物的收集、运输、处置的全过程环境监督管理体系，基本实现危险废物和医疗废物的安全处置。加大对重点企业危险废物处置设施的抽查、监督力度，限期整改不符合要求的设施，对新建设施严格按标准进行审定，提高焚烧工艺尾气处置水平和填埋工艺的防渗及渗滤液处理水平。

推进生活垃圾分类收集，完善城市收运网络体系，强化对垃圾的资源化回收利用力度。因地制宜建设城市生活垃圾无害化处理设施。完善垃圾处理收费制度，加大垃圾处理费收缴力度，推进垃圾处置设施建设和运营的市场化改革。新建生活垃圾焚烧装置配套二噁英防治设施，新建生活垃圾卫生填埋场配套渗滤液

---

① 《云南省情》编委会编：《云南省情（2008年版）》，云南人民出版社2009年版，第484页。
② 《云南省情》编委会编：《云南省情（2008年版）》，云南人民出版社2009年版，第484页。

处理设施，同时按以新带老的原则，对现行的简易垃圾处理场进行综合污染治理与生态恢复，消除污染与安全隐患。

建设放射性废物收贮设施。云南城市放射性废物库自 1986 年建库以来，极大地减少了放射性废物的污染，在全省处置放射性突发事件、污染事故及维护社会稳定等方面发挥了积极的作用。"十一五"期间云南加快对放射性废物库改扩建项目的实施进度，加强对项目实施过程的监督管理。[①] 污染物分类处置和集中控制成效显著提高。

8. 实施环境保护责任制

为了提高生态保护的成效，明确责任主体的环保职责与社会担当，云南不断落实并强化环境保护责任制。

1994 年起环境保护目标责任制在云南全面推行，省政府与 17 个地州市政府（行署）签订了第八届政府环保在期目标责任书。2003 年，省环保局制定了《本届政府环境保护目标责任书编制与考核方案（2003—2007 年)》。同时制定了《考核指标年度计划》和《考核指标计分办法》。省环保局从 2006 年开始实施州市环保局局长工作责任制年度考核制度，有效地推动了各地的环保重点工作。[②]

2007 年 1 月 17 日，印发《云南省人民政府关于印发七彩云南保护行动的通知》，明确规定："落实环境保护目标责任制。强化政府环境保护责任，把环保目标纳入经济社会发展评价和干部政绩考核。在重大决策、区域开发、项目建设、评优树先等方面实行环保一票否决制度。"根据 2007 年 9 月 9 日出台的《云南省人民政府关于进一步加强节能减排工作的若干意见》，建立和完善符合云南实际的能源统计和监测体系，把节能减排目标完成情况作为政府领导班子政绩考核、主要负责人年度考核和国有企业负责人业绩考核的重要内容，实行节能减排"一票否决"制。

通过实施环境保护责任制，各级责任主体不仅在思想上深刻地认识到生态环境保护的重要性，而且在行动上更加自觉地担负起生态文明建设的政治责任。

9. 开展城市环境综合整治定量考核

20 世纪 90 年代以来，随着工业经济建设和城镇化发展步伐的加快，城市综合环境问题日益凸显，为持续推进城市环境综合治理力度，云南不断建立和完善

---

① 云南省环境保护局编：《云南省环境保护"十一五"规划》，2006 年 11 月。

② 《云南省情》编委会编：《云南省情（2008 版)》，云南人民出版社 2009 年版，第 483 页。

城市环境综合整治定量考核制度。

1996年省内城市按工业产值、城市功能等因素分为甲、乙两组考核。1999年，继续对云南14个设市城市（不含国家考核城市昆明市）分甲乙组开展考核。2001年对云南14个城市的环境综合整治及定量考核工作进行了全面调研，并对所有城市环境质量监测点位重新认定。编制了《云南省"十五"期间城市环境综合整治定量考核指标实施细则（试行）》，对全省15个省级考核城市（丽江市参加考核，不参加排名）进行考核。① 随后，持续推行这一制度。2005年提出，健全完善城市环境综合整治定量考核指标体系，确保7个重点监测城市空气质量达到国家标准。

进入改革开放新时期，继往开来，云南更加主动承担维护区域、国家乃至国际生态安全的战略任务。把生态环境保护与建设作为国家西部大开发的切入点，相继启动实施"天然林保护""退耕还林还草""长江防护林建设""珠江防护林建设"等环境保护和生态建设工程；制定出台绿色经济强省建设纲要，确立了"生态立省、环境优先"的发展战略，下大力气保护云南的绿水青山、蓝天白云、良田沃土。实施"七彩云南保护行动""森林云南"建设，加大工业污染防治，在九大高原湖泊保护治理、生物多样性保护、筑牢国家西南生态安全屏障等方面成效显著，生态建设成就辉煌，积累了宝贵经验，为开启新时代生态文明建设奠定了更加良好的生态基础。

三、进入新时代的云南生态文明排头兵建设（2012—2019年）

党的十八大以来，以习近平同志为核心的党中央不断深化对生态文明建设规律的认识，提出了一系列新理念新思想新战略，形成了习近平生态文明思想。2015年，习近平总书记在云南考察时指出，云南要主动服务和融入国家发展战略，努力成为我国生态文明建设排头兵，为云南生态文明建设确立了新坐标、明确了新定位、赋予了新使命。进入新时代，云南认真学习贯彻落实习近平生态文明思想，以建设中国最美丽省份为目标，将生态文明建设融入经济、政治、文化、社会建设各方面和全过程，全面加强生态环境保护与治理，推动生态文明建设不断取得新进展，绿色发展和生态文明理念深植云岭大地，筑牢国家西南生态安全屏障的责任深入人心，云岭大地正抒写着天更蓝、山

---

① 《云南省情》编委会编：《云南省情（2008年版）》，云南人民出版社2009年版，第485页。

更绿、水更清、城乡更美丽的壮丽诗篇，展现出一幅幅人与自然和谐相处的壮美画卷。

（一）全面加强生态环境保护与治理

为进一步加强生态环境保护与治理工作，全面实施清水、净土、蓝天、国土绿化和城乡人居环境提升行动，以革命性措施抓好九大高原湖泊保护治理，全面落实河（湖）长制，确保九湖水质稳定好转、以长江为重点的六大水系水质持续改善。启动城镇污水处理提质增效行动，加强公共治污设施建设。强化生态系统保护修复，在新增水土流失治理面积、完成退耕还林还草和陡坡地生态治理方面作出更大成绩。加快建立以国家公园为主体的自然保护地体系，深化长江流域生态补偿机制试点。建立健全生态环境常态化曝光、处理、问责机制，严守生态保护红线、永久基本农田红线和城镇开发边界"三条控制线"。中国最美丽省份建设的生态环境质量目标体系也在不断建构和完善之中，为云南生态环境保护和治理指明了方向。

1. 坚决打赢污染防治攻坚战

云南始终将生态文明建设工作作为同以习近平同志为核心的党中央保持高度一致的重大政治任务、重大民生工程和重大发展问题来抓，作为统筹推进"五位一体"总体布局和协调推进"四个全面"战略布局的重要内容来抓，认真贯彻落实习近平总书记对云南发展作出的重要指示精神，立足努力成为全国生态文明建设排头兵的战略定位。通过改革完善相关制度，制定《云南省全面建立大气水土壤污染防治工作协调落实机制的意见》《云南省蓝天保卫专项行动计划（2017—2020 年）》《云南省碧水青山专项行动计划（2017—2020 年)》《云南省净土安居专项行动计划（2017—2020 年)》等措施和行动计划。加强污染防治工作，坚决打赢污染防治攻坚战，全力打好蓝天、碧水、净土"三大保卫战"和"八个标志性战役"，进一步加大工作力度，协同推动高质量发展与生态文明建设。

实施清水行动。认真落实河（湖）长制，在六大水系、牛栏江及九大高原湖泊设省级河（湖）长，建立河（湖）长制领导小组、河（湖）长制工作机制，实行五级河（湖）长制、分级负责制，落实河（湖）长制专项经费的全面河（湖）长制体系。建立河湖库渠分级名录、监测评价体系，建立信息系统平台、信息系统平台的技术支撑体系和三级督查体系、责任考核体系、激励问责机制、社会参与监督体系的考核监督体系，以明确目标抓推进、督导检查抓落实，全面落实推

昆明市大观河"河长制"成效明显

进河（湖）长制。① 同时，以革命性措施抓好九大高原湖泊保护治理，彻底转变"环湖造城、环湖布局"的发展模式，下决心先做"减法"再做"加法"；彻底转变"就湖抓湖"的治理格局，下决心解决岸上、入湖河流沿线、农业面源污染等问题；彻底转变"救火式治理"的工作方式，下决心解决久拖不决的老大难问题；实施六大水系水质稳定提升行动；严格保护良好水体和饮用水水源；加强地下水污染综合防治。

开展蓝天行动。推进产业布局、能源消费结构调整，优化产业空间布局，严格节能环保准入，加快淘汰落后产能，加快清洁能源替代利用；实施节能和资源循环利用行动；开展城市空气洁净保卫行动；强化滇中城市群联防联控。切实推进蓝天行动取得实效。"十二五"期间，云南州（市）政府所在地城市环境空气平均优良率达到97.3%，可吸入颗粒物平均浓度较2010年下降14.1%。203个国家级重点减排项目完成率达100%，3898个省级重点减排项目完成率超过98.3%。2015年云南二氧化硫排放量下降17.06%，氮氧化物排放量下降13.54%，圆满完成国家下达的主要污染物减排任务。对20万千瓦以上燃煤机组

---

① 中共云南省委宣传部编：《谱写新时代云南跨越式发展新篇章》，人民出版社、云南人民出版社2018年版，第187页。

全部实施烟气脱硫、脱硝改造，对 90 平方米以上的钢铁烧结机、8 立方米以上的球团设备全部实施烟气脱硫改造，对 1000 吨 / 日以上的水泥生产线全部实施烟气脱硝改造。完成 746 个村庄农村环境综合整治试点示范，一批突出的农村环境问题得到有效解决，生活垃圾热解气化等一批适用的成熟技术逐步推广，整治方式开始向整县推进试点转变。[①] 截至 2018 年，全省二氧化硫排放量较 2015 年下降 3.5%，氮氧化物排放量下降 2.7%，314 个省级重点减排项目完成 304 个，完成国家下达的年度主要污染物总量减排任务。[②]

实施净土行动。加快开展土壤污染状况详查，建立土壤环境质量状况定期调查制度。建立污染地块动态清单，加强污染地块风险管控，严格用地准入管理，充分考虑污染地块的环境风险，合理确定土地用途；加快土壤污染治理与修复，尤其是扎实推进重金属污染治理，防控工业废物污染土壤；加强农用地土壤环境分类管理，保障人居环境安全和农产品质量安全。通过实施净土行动，全省土壤污染加重趋势得到初步控制，土壤环境质量总体保持稳定。

通过全面深入开展大气、水、土壤污染防治行动，全力打好蓝天、碧水、净土"三大保卫战"和"八个标志性战役"，污染防治取得阶段性成效。2016 年，云南森林面积增加到 3.43 亿亩，森林覆盖率提高到 60.1%，全省林地面积、森林面积、森林蓄积等 3 项指标均居全国第 2 位。2017 年，云南生态保护指数居全国第 2 位、环境质量指数居第 5 位，州（市）级以上城市空气质量平均优良天

云南海拔最高的湖泊——泸沽湖

① 中共云南省委宣传部编：《生态文明排头兵建设》，人民出版社、云南人民出版社 2017 年版，第 215—216 页。

② 云南省生态环境厅：《2018 年云南省环境状况公报》，云南省生态环境厅网 2019 年 6 月 4 日发布。

数比率为98.2%、居全国第1位。①2018年全省森林面积2311.86万公顷。森林覆盖率为60.3%。森林蓄积量19.70亿立方米，分别较2017年增加22.87万公顷、0.6个百分点、0.36亿立方米，全省森林资源数量增加、质量提高，森林面积、蓄积量持续双增长。②

2.加强生态修复治理

云南生态优势与生态脆弱并存。加强生态修复治理不仅是进一步遏制生态环境恶化的有效举措，也是更好治理环境、保护生态的客观需要，更是建设我国西南生态安全屏障的内在要求。

全局统筹生态环境修复工作。2013年，出台《中共云南省委　云南省人民政府　关于争当全国生态文明建设排头兵的决定》，提升云南生态文明大省的生态修复治理工作，完善执法监管机制，以环境影响评价为切入点，完善建设项目环境管理，控制污染新增量。严格实施环保"三同时"制度，完善分级审批规定与目录，强化验收环节管理，加大对违规建设项目、未验收项目的清理和处罚力度，完善跨行政区域环境执法合作机制和部门联动执法机制，规范流域、区域、行业限批和督查制度。根据2018年中共云南省委　云南省人民政府印发的《关于全面加强生态环境保护坚决打好污染防治攻坚战的实施意见》，云南划定并严守生态保护红线，开展大规模国土绿化行动。广泛开展沿路、沿河（湖）、沿集镇"三沿"造林绿化活动，结合全域旅游，在重点交通干线打造一批有特色的林荫大道、鲜花大道和生态景观大道，在综合交通枢纽，旅游景区、特色小镇等重点区域打造一批绿色精品工程，对打好生态保护修复攻坚战提出了明确的目标和策略。

2018年1月，提出加快"森林云南"建设，着力培育生态保护修复专业化企业；开展生态保护红线落地试点，加强生物多样性、自然保护区、重要湿地和生态脆弱区域生态保护，全面开展第二次全国污染源普查，加强生态保护修复和加强环境保护治理。全面实施"土十条"，确保重金属、固体废弃物、危险化学品等行业土壤污染治理修复得到明显好转，化肥、农药减量使用。《2018年云南省人民政府工作报告》表明了云南全局统筹全省生态环境修复与环境保护工作，以及打好污染防治攻坚战，实施最严格环境、生态保护制度，建设美丽云南以及西南生态安全屏障的决心。针对中央环保督察"回头看"指出的突出问题，坚持

①　《省委召开学习贯彻习近平总书记在庆祝改革开放40周年大会上重要讲话精神座谈会　奋力开创新时代云南改革开放新局面》，《云南日报》2018年12月27日。
②　云南省生态环境厅：《2018年云南省环境状况公报》，云南省生态环境厅网2019年6月4日发布。

生态优先、绿色发展，狠抓保护治理重点工作，严厉打击破坏生态环境违法行为，坚决打破"环湖造城"格局，推动九大高原湖泊保护治理进入新阶段，水质总体稳中趋好，地级以上城市空气质量优良天数比率达98.9%，森林覆盖率提高到60.3%，单位GDP能耗下降3%。[①] 进入新时代，通过出台一系列法规政策，采取重要举措，实施重大生态工程，云南不断加大生态修复治理的力度，生态环境质量总体持续向好，位居全国前列。

3.全面推进生物多样性保护

云南是祖国大西南的生物资源宝库，生物资源十分丰富和独特。素有"植物王国""药物宝库""香料之乡""天然花园""动物王国""生物多样性宝库"的美誉。丰富的生物多样性为云南绿色发展、建设我国西南生态安全屏障和生态文明建设提供了坚实的基础。

加强生物多样性保护。2013年实施《云南省生物多样性保护战略与行动计划（2012—2030年）》，划定生物多样性保护的6个优先区域，提出9大保护优先领域和34项行动。[②]

开展生物多样性保护立法。为保护生物多样性，云南于2016年在全国率先开展生物多样性保护立法，制定了《云南省生物多样性保护条例（草案）》，以问题为导向，系统完善生物多样性保护内容和制度。[③]2018年9月21日，云南第十三届人大常务委员会第五次会议审议通过并公布了《云南省生物多样性保护条例》，以立法的方式保护生物多样性，保障生态安全。《条例》的颁布实施标志着云南生物多样性保护和管理进入了规范化、法治化轨道。进入新时代，生物多样性保护传统知识的保护与传承明确强化，建立生物遗传资源及相关传统知识的获取与惠益分享制度成为云南生物多样性保护立法的一大亮点。

4.大力开展国家公园建设试点

建立国家公园体制是党的十八届三中全会提出的重点改革任务，是我国生态文明制度建设的重要内容，对于推进自然资源科学保护和合理利用，促进人与自然和谐共生、推进美丽中国建设，具有极其重要的意义。

云南贯彻落实中央方针政策，稳步推进国家公园建设。最早在全国开展国家

---

① 云南省人民政府：《2019年政府工作报告》，《云南日报》2019年2月2日。

② 《云南省生物多样性保护战略与行动计划（2012—2030年）》，2013年2月5日云南省人民政府十二届第二次常务会议审议通过。

③ 中共云南省委宣传部编：《生态文明排头兵建设》，人民出版社、云南人民出版社2017年版，第56页。

公园建设试点，于2007年6月建立了中国大陆首个国家公园——普达措国家公园。创新国家公园管理方式。2015年1月，国家发改委等13部委联合下发《建立国家公园体制试点方案》，确定了包括云南在内的9个省份开展国家公园体制建设试点工作，正式拉开了我国国家公园体制建设的序幕。2015年，在总结20年实践经验的基础上，先行先试，出台了大陆首部地方性国家公园管理法规《云南省国家公园管理条例》。截至2018年末，云南批准建设的国家公园有13个，成为我国国家公园数量最多的省份，范围涵盖滇西片区、滇南片区、滇东地区。

香格里拉普达措国家公园

滇西—滇西北片区有7个，普达措国家公园是目前建设成效较为显著的国家公园。保山高黎贡山国家公园是云南面积最大的自然保护区。怒江大峡谷国家公园是全球分布面积最大、最为原始的秃杉林和独具特色的峡谷文化的集合体。独龙江国家公园地质构造复杂，地质现象典型，是一个既不同于青藏高原，又不同于横断山脉的独特自然体。白马雪山国家公园则是植被垂直分布最为明显的保护区。还有梅里雪山国家公园和丽江老君山国家公园。滇南—滇西南片区有5个，普洱太阳河国家森林公园森林覆盖率达94.5%，保存着中国面积最大、最完整的南亚热带季风常绿阔叶林。哀牢山国家公园属森林生态系统类型自然保护区，是以保护亚热带中山湿性常绿阔叶林生态系统和珍贵野生动物为主要功能区。另外还包括西双版纳热带雨林国家公园、临沧南滚河国家公园、红河大围山国家公园以及滇东北片区的大山包国家公园。

云南在推进国家公园建设方面走在全国前列，为争当生态文明排头兵，建设我国西南生态安全屏障作出了表率和重要贡献。

5. 积极推进湿地保护和恢复

云南湿地总体具有生态区位重要、类型多样、生态功能突出、生物物种丰富、生态系统脆弱、湿地景观优美等特点，根据第二次湿地资源调查结果，云南湿地总面积845万亩，湿地动植物种数以及特有物种数居全国之首，保育了全国53%的湿地植物和43%的湿地脊椎动物种数，其中湿地鸟类种数占全国的70%，是维护生态安全和保护生物多样性的关键敏感区域，为云南经济社会发展提供了重要的自然资源基础，承担着维护区域、国家和国际河流生态安全的战略任务。近年来，云南在湿地保护、退化湿地修复及制度建设等方面开展了大量工作，取得了明显成效。2012年，云南进一步将湿地保护列入20项重要督查事项，切实做好督查落实。

加强湿地保护法治建设。为加强湿地保护工作，从2014年起，省委省政府相继出台了针对湿地保护的一系列政策法规。2014年1月1日，《云南省湿地保护条例》正式实施，进一步规范了湿地管理、保护以及合理利用。此次湿地调查基本摸清了湿地"家底"：面积小，碎片化分布，但是区位特殊；湿地资源具有生态区位重要、生态功能突出、生物物种丰富、湿地类型复杂多样、生态系统脆弱、生态景观壮丽等鲜明特点。在摸清全省湿地情况之后，2014年8月，出台《云南省人民政府关于加强湿地保护工作的意见》，明确了今后一段时期全省湿地保护工作目标、任务和具体措施。成立省湿地保护专家委员会，建立科学的湿地保护决策咨询机制。同年，启动省级重要湿地认定工作，出台认定办法，为公开、公正、公平开展湿地执法，实行湿地保护成效评估奠定坚实基础；根据正式印发的《云南省湿地生态监测规划（2015—2025年）》，在全省范围内逐步建成由12个监测站、20处监测点构成的湿地生态监测网络。2015年，经省政府同意，湿地保护执法被纳入森林公安相对集中行政处罚权范围。截至2016年末，云南有国际重要湿地4个，湿地类型的自然保护区16个、国家湿地公园12个，湿地保护率达到40.27%。[1] 湿地分类保护管理体系逐步形成，初步建立了以湿地类型自然保护区、湿地公园为主的湿地分类分级保护体系，抢救保护了一批珍贵的湿

---

[1] 《云南公布第二批省级重要湿地名录》，《中国绿色时报》2017年1月4日。

地资源。截至 2018 年 12 月底，全省湿地总面积 60.60 万公顷，自然湿地 39.80 万公顷，人工湿地 20.80 万公顷。全省有国际重要湿地 4 处，宾川上沧海等 35 处湿地被认定为省级重要湿地，建设国家湿地公园 18 个。全省自然湿地保护率 49.8%，湿地保护率 46.5%。[①] 随着湿地保护工作的推进，各地涌现出一批湿地保护修复立法先行的典型，湿地建设在全省范围内迅速开展起来，湿地保护工作稳步迈上新台阶。

（二）深入推进绿色发展

习近平总书记指出："绿色发展，就其要义来讲，是要解决好人与自然和谐共生问题。人类发展活动必须尊重自然、顺应自然、保护自然，否则就会遭到大自然的报复，这个规律谁也无法抗拒。"云南认真贯彻落实习近平生态文明思想，正确处理发展与保护的关系，实施可持续发展战略，坚定不移走绿色发展之路，大力培育绿色发展新动能，致力于探索一条绿色发展、生态富民的发展路径。

1. 发展绿色低碳经济

绿色低碳经济理念的提出是基于中国及世界经济发展面临的新挑战，发展绿色低碳经济是在目前全球配置性资源紧张的大背景下探索新的经济发展方式的深刻转变。云南依据自身的生态资源优势，在发展绿色经济方面也做出了相应的努力和探索。

转变绿色发展方式。在不断探索新的绿色经济发展路径的同时，进一步加快推动传统产业进行绿色方式的升级改造。实施绿色制造工程，建立健全法律法规和技术标准相结合的绿色监管模式，创建绿色制造试点，大力实施传统制造业绿色化改造及示范推广、资源循环利用绿色发展示范应用、绿色制造技术创新及产业化示范应用、绿色制造体系构建等重点工程，推动构建绿色制造体系，建设绿色制造服务平台，积极推动绿色产品、绿色工程、绿色园区和绿色供应链全面发展。

全力打造世界一流"三张牌"。2018 年，云南立足优势资源，聚焦重点，整合力量，彰显特色，提出全力打造世界一流"绿色能源""绿色食品""健康生活目的地"的"三张牌"，形成几个新的千亿元产业。2019 年，为做大做强优势特色产业，实现高质量跨越式发展，持续打造世界一流"三张牌"。云南绿色生态经济成效进一步凸显。

---

① 云南省生态环境厅：《2018 年云南省环境状况公报》，云南省生态环境厅网 2019 年 6 月 4 日发布。

2. 壮大循环经济

循环经济是以资源节约和循环利用为特征、与环境和谐共生的一种经济发展模式。云南把发展循环经济作为树立和落实科学发展观、推进绿色发展的重要措施之一，不断开展循环经济的研究、试点、示范等探索工作。积极响应国家有关部门倡导，提出大力发展循环经济，不断提高资源利用的经济、社会和生态效益思路，明确近期循环经济发展的原则、重点和目标，采取一系列有针对性的措施。实施开远示范工程。重点对云南解化集团、红河哈尼族彝族自治州磷肥厂、小龙潭发电厂和开远水泥厂股份有限公司等企业进行试点，引进关键链接技术，开展能源和水的梯级利用，开发利用企业废弃物资源，形成废弃物和副产品循环利用的工业生态链网，实现资源利用率最大化和废物排放最小化。开展洱海源头创建的洱源县循环经济生态农业示范区。开展农业面源污染防治，推进绿色农业发展，推广可降解农膜，对农作物秸秆、畜禽粪便等农业废弃物进行综合利用，减少农药、化肥残留等对水体的污染。截至 2018 年底，云南农作物秸秆、畜禽粪便等废弃物综合利用率分别达 81% 和 76%，农药、化肥使用量实现负增长。建设文山州丘北普者黑示范区。主要是倡导使用清洁燃料，对风景区生活垃圾、生活污水进行综合利用，合理确定生态环境容量，开展生态旅游。

通过以优化资源利用方式为核心，以提高资源利用率和降低废弃物排放量为重点，以科技和制度创新为动力，深入推进资源节约与综合利用工作，逐步健全并完善循环经济的宏观调控体系及运行机制，循环经济不断发展壮大。

3. 加大节能减排力度

节能减排是绿色发展的重要内容之一，是深入推进资源节约使用的基本路径。为加大节能减排力度，加强能耗强度、总量"双控"管理，推进工业、建筑、交通、公共机构等重点领域节能，开展重点用能单位"百千万"行动，落实全民节能行动计划，确保圆满完成国家下达的节能目标。加强节水行动，认真落实节水型社会建设和最严格水资源管理制度要求，实施全民节水行动，开展农业节水增产、工业节水增效、城镇节水降损等专项行动。[①] 出台《云南省人民政府关于加强节能降耗与资源综合利用工作推进生态文明建设的实施意见》，进一步明确了节能减排的目标、任务与措施。

大力淘汰落后产能。严格控制新增产能，采用产能置换指标交易等手段，鼓

① 中共云南省委宣传部编:《谱写新时代云南跨越式发展新篇章》，人民出版社、云南人民出版社 2018 年版，第 202 页。

励先进企业重组并淘汰落后产能。依法处置"僵尸企业",妥善安置分流职工。淘汰和取缔落后产能,有力提升了节能减排工作成效,促进了绿色经济发展。

（三）推动中国最美丽省份建设

云南拥有良好的生态资源条件。进入新时代,云南贯彻落实习近平生态文明思想、全国生态环境保护大会精神,立足省情和未来发展方向作出重大决策部署,全省上下明确新目标,体现新担当,实现新作为,积极投身最美丽云南建设,共同为美丽添光彩。坚持生态美、环境美、城市美、乡村美、山水美,大力推进把云南建设成为中国最美丽省份。生态保护、环境质量、资源利用等走在全国前列。

1. 深入开展美丽城镇建设

云南最大的优势在生态、最大的责任在生态、最大的潜力也在生态。这是云南的独特优势和良好条件。云南注重城市宜居和历史文脉传承,改善城镇生态,塑造城镇形态,优化城镇品质,创建文明城市,着力提升具有时代特征、民族特色、云南特点的绿色城镇之美。

建设美丽县城和特色小镇,打造最美丽省份重要载体、全域旅游重要目的地,形成县域经济发展重要支撑。坚持从规划抓起,从清洁做起,从群众意见最大的问题改起,扎扎实实打造一批名副其实的美丽县城和特色小镇。坚持以人的城镇化为核心,优化城镇化布局与形态,提高城市群质量,推进特色小镇建设,加快形成以滇中城市群为核心,以中心城市、次中心城市、县城和特色小镇为依托,大中小城市和小城镇协调发展的城镇格局。重点围绕"干净、宜居、特色"三大要素,聚焦功能优化完善、环境美化亮化、管理服务提升、民族文化保护等,用3年时间对云南县城进行全面改造提升,每年评选表彰一批"美丽县城"。持续大力抓好特色小镇和康养小镇建设,每年评选表彰15个高质量示范特色小镇。

2. 推进美丽乡村建设

持续出台系列政策,保障美丽乡村建设。根据2014年出台的《中共云南省委 云南省人民政府关于推进美丽乡村建设的若干意见》,云南着力建设"秀美之村、富裕之村、魅力之村、幸福之村、活力之村,打造升级版新农村"。从2015年起,每年推进500个以上以中心村、特色村和传统村落为重点的自然村建设,全面推进环境整治、基础设施建设和公共服务配套建设,通过典型示范,串点成线,连线成片,带动全省面上美丽乡村建设。截至2017年,云南拥有国家级美丽宜居村庄 20 个，绿色村庄 633 个。生态宜居城镇识别和申报工作不断得到加强，涌现了一批美丽宜居村庄。

加强农村生态环境综合治理，积极制定与实施《云南省进一步提升城乡人居环境五年行动计划（2016—2020 年）》《云南省农村环境综合整治规划》《云南省农村能源建设管理办法》《云南省农村人居环境治理实施方案（2016—2020年）》等规划和规定，明确了农村环境整治任务和目标。坚持从农村环境连片整治、农村饮用水安全、农业农村面源污染防治等方面着手，重点治理农村饮用水水源地污染、生活污水和垃圾污染、畜禽养殖污染等方面的突出环境问题。此外，还以现代化农村建设为基本主题，在广大农村地区积极推进能源结构调整，以保证农民群众得到真正的实惠，让美丽人居建设惠及更多百姓，让人民群众安居乐业。

启动实施农村人居环境整治。通过农村生活垃圾、生活污水治理设施建设，农村治污能力得到提升。强化技术支撑，编制出台农村生活垃圾、生活污水设施运行的有关标准、维护管理技术规范或指南等，积极组织开展相关技术培训，并依托互联网、在线监测等先进技术手段对农村治理设施运行状态实施监控。积极推广生活垃圾、生活污水设施运维的第三方治理工作。

建设美丽乡村，让农民群众过上文明舒适便捷的生活。因地制宜、分类指

腾冲市中和镇新岐社区新貌

导，扎实推进农村人居环境整治三年行动，重点做好农村垃圾污水治理、村容村貌提升等工作，努力实现村庄环境基本干净整洁有序，村民环境与健康意识普遍增强。以县为单位编制村庄布局规划，加强农村建房许可管理。鼓励将农村人居环境整治与发展乡村休闲旅游等有机结合。实施乡村绿化美化行动，启动建设一批"森林乡村"。开展美丽乡村和最美庭院创建活动，每年组织评选3000个美丽乡村。

3. 建设美丽公路

坚持生态优先，让生态成为"最美交通"的最大责任。牢固树立"生态优先、绿色发展"的理念，把生态保护贯穿于项目建设规划、设计、施工、运营及管理养护全过程。特别是在县域高速公路"能通全通"工程建设中，牢固树立"最大限度保护、最大限度恢复"的和谐共生理念，尊重自然、顺应自然、保护自然。坚持绿色发展，让绿色成为"最美交通"的鲜明底色。以怒江美丽公路建设为样板，建成一批"资源节约、生态环保、节能高效、服务提升"的绿色公路示范工程。以"四好农村路"建设为抓手，将农村公路打造成旅游路、产业路、小康路。同时，对已建成的公路，加强沿线美化绿化。以"交通更顺畅"为目标，树牢"共抓大保护、不搞大开发"的意识，努力维护好长江上游生态安全屏障，真正让"一

农村道路建设

江清水出云南"。坚持服务至上，让服务成为"最美交通"的价值追求。把服务品质作为交通行业的"好形象"来抓，做到内强素质、外树形象。进一步提升高速公路服务区的文化内涵和外观风貌，积极引进更多的知名品牌入驻服务区。加大公路路域环境整治力度，确保公路"畅、平、美、绿、安"。

建设美丽公路，打造最美丽省份的靓丽风景线。高标准打造昆明至丽江、昆明至西双版纳、昆明主城区至长水国际机场 3 条美丽公路，建好怒江美丽公路，通过大规模、高标准增绿，建设沿线高品质绿化带、景观带，提升服务区功能和品质，提高运营和管理水平，让人们在绿色长廊、鲜花大道、景点式服务区中时刻感到"路景交融、轻松舒畅"。建好"四好农村路"，完成新改建农村公路 1 万千米，让美丽乡村近在咫尺。①

4. 实施"厕所革命"

为深入贯彻落实习近平总书记关于"坚持不懈推进'厕所革命'，努力补齐影响群众生活品质的短板"的重要指示精神，加快推进乡村振兴战略、云南全域旅游发展和"一部手机游云南"的实施，切实解决城乡公厕和旅游厕所数量不足、布局不合理、设施不全、管理水平低，农村无害化卫生户厕普及率低等问题，2018 年颁布实施《云南省"厕所革命"三年行动计划（2018—2020 年)》。

提升城乡公厕。科学规划、合理布局，全面提升改善城乡公厕质量，实现乡镇镇区 2 座以上、行政村村委会 1 座以上水冲式公厕全覆盖，消除旱厕。旅游厕所精品化。围绕云南全域旅游发展目标，打造精品旅游厕所，在云南主要旅游城市（城镇）、游客聚集公共区域、主要乡村旅游点、旅游小镇、旅游景区（点）、旅游度假区、旅游综合体、旅游交通沿线、加油站点、加气站、充电站、铁路客运站内新建、改建 A 级以上旅游厕所 3400 座。厕所全域布局格局基本形成，管理体制机制进一步健全，科技运用体现充分，城市内行人步行 3—5 分钟即可进入厕所，文明如厕理念深入人心。② 普及农村户厕。有效解决农村户厕中旱厕数量较多、无害化卫生户厕普及率低及少数地方无户厕等问题，结合"一部手机游云南"建设，完善城乡公厕和旅游厕所定位等信息内容，实现公厕位置便捷查询。2018 年，新增农村无害化卫生户厕 25.74 万座。

建设中国最美丽省份是争当全国生态文明建设排头兵的实际行动，是满足人民群众对美好生活向往的生动实践。在建设中国最美丽省份的新征程中，云南以

---

① 云南省人民政府：《2019 年政府工作报告》，《云南日报》2019 年 2 月 2 日。
② 《中共云南省委办公厅 云南省人民政府办公厅〈关于努力将云南建设成为中国最美丽省份的指导意见〉》，《云南日报》2019 年 5 月 9 日。

提升和改善城乡人居环境为抓手，充分发动群众积极投身最美丽省份建设的火热实践，用勤劳的双手和辛勤的汗水，建设美丽家园、提高幸福指数，绘就美丽云南新画卷。

（四）加快推进"森林云南"建设

森林是国家、民族生存的重要资源。云南素有中国生物多样性的天然宝库和资源基地的美誉，截至 2018 年，云南森林覆盖率为 60.3%，高出全国平均水平 33 个百分点；云南活立木总蓄积量 19.7 亿立方米，在全国各省区中处于前列。

根据实际和发展需要作出重大战略部署，加快推进"森林云南"建设，把"森林云南"建设作为统筹林业改革发展各项工作的总抓手和生态文明建设的重要载体，充分彰显云南特色和优势的生态形象品牌。把生态建设放在林业工作的首位，大力推进天然林保护、退耕还林、防护林体系建设、石漠化治理、农村能源建设重点工程和生态效益补偿制度，在各方面均取得显著成效。[①]

1. 加强林业建设

云南森林资源面积、蓄积量逐年稳步增长，森林资源质量逐渐提高，森林生态服务功能逐步加强。"十二五"期间，国家和省级累计林业投入达到 322.79 亿元，完成营造林 3634 万亩，义务植树 5.28 亿株；云南森林生态系统年服务功能价值达 1.48 万亿元，居全国前列；林业社会总产值从 840 亿元增加到 2800 亿元，增长了 2.3 倍，林业发展实现了生态建设与产业发展并重、生态改善与林农获益双赢的重大转变。林业建设成效显著。

（1）大力推进天然林保护

天然林保护是林业生态文明建设的关键，保护天然林有利于保护林地自然资源，发挥其生态环境效益，进而构建生态安全屏障。大力推进天然林保护工作的实施，推动绿色发展，彰显区域生态优势，在参与国际国内区域合作中日益发挥着重要作用。

为持续巩固并推进天然林保护工程，编制了《云南省生态文明建设林业行动计划（2013—2020 年）》，明确目标，制定举措，着力加快推进"森林云南"建设。《云南林业发展"十三五"规划》明确了七大任务和十大重点工程。根据国家林业局划定的 4 条生态保护红线，确立了到"十三五"末林地和森林保有量不低于

---

① 中共云南省委宣传部编：《生态文明排头兵建设》，人民出版社、云南人民出版社 2017 年版，第 181 页。

2487 万公顷和 2319.64 万公顷、森林覆盖率力争达到并保持在 60% 左右、森林蓄积量保持在 18.95 亿立方米以上、自然湿地面积保持在 39.2 万公顷以上、自然保护区面积不低于 300 万公顷的宏观目标。在深入推进天然林保护国家重点生态工程的同时，还启动实施了低效林改造、陡坡地生态治理等一系列具有云南特色的生态建设工程。

工程实施以来，生态环境显著改善。实现"一减三增"的成果，即森林资源消耗量减少，有林地面积增加，森林覆盖率增加，森林蓄积量增加。天然林保护工程获得了明显的生态效益。截至 2019 年 4 月底，云南天然林资源保护工程二期正在实施中，通过二期工程，每年森林管护面积将达到 15232 万亩，建设公益林 1485 万亩，中幼林抚育 1370 万亩。工程的实施，将有效恢复森林植被、控制水土流失、增加生物多样性、改善生态环境质量，为云南及长江中下游地区的生态安全奠定重要的生态屏障。

（2）建立健全长效机制

保护好天然林，是建设生态文明的根本要求，是践行绿色发展、维护生态安全和建设长江上游生态屏障的重要举措。云南按照国家天然林资源保护工程实施方案，采取不同措施，推动天然林的有效管护及可持续发展。

切实落实责任制。深入贯彻《各级党委、政府及有关部门环境保护工作责任规定（试行）》，切实健全完善并执行好保护发展森林资源目标责任制，充分发挥责任制总抓手和总推进器的作用，强化责任落实，以最严格的制度和长效机制保护管理好云南森林资源。实行责任追究制度，对重大毁林案件、违规使用工程资金和重大工程质量事故的有关领导和责任人进行责任追究，以确保工程的健康、顺利发展。

保障林农利益。认真落实生态效益补偿政策，对权属为集体和个人的国家级公益林和省级公益林全面实施生态效益补偿，严格按照规定兑现补偿资金。鼓励和引导林农开展人工林的培育与利用，充分调动林区农民爱林护林的积极性。妥善安排森工企业、国有林场职工继续从事森林管护相关工作，保障职工就业。通过调整产业结构，促进林区经济发展转型。充分发挥工程区天然林资源的比较优势，加快发展森林生态旅游、林下资源开发、特色种养等产业，为山区农民培育稳定的收入来源。

探索新的管理经营模式和长效机制。为提高工程质量、培植后续产业，积极探索森林资源管护新机制。结合本地实际建立全方位森林资源保护长效机制，做到标本兼治，切实从根本上遏制破坏森林资源违法犯罪现象。

（3）加强林业科技支撑

科技支撑能力不断提升，累计投入科技资金 7350 万元，积极推进科技创新平台建设。新增院士工作站 2 个，开展了 23 项林业重大关键技术研究，在全国率先成立了以国家生态定位监测站为骨干、国家自然保护区和湿地监测站为补充的云南生态定位监测网络，推广实施新技术、新品种、良种 21 项，新建科技示范基地 25 个，辐射带动面积 3 万亩，注册登记园艺植物新品种 46 件，审核认定林木良种 59 个，制修订林业标准 26 项，累计建成林木种子生产基地 229 处共 43.2 万亩、苗圃 3360 处共 6.97 万亩，科技对林业的贡献率达到 41.2%。[①]

2. 深化林业改革

大力推进集体林权制度、森林和湿地资源管理、林业分类经营、林业政策性保险、国有林场等各项改革，创新林地使用管理、林业社会化服务体系建设，林业发展活力进一步增强。2012 年以来到 2019 年 4 月底，云南完成集体林确权 2.7 亿亩，确权率达 98.9%，调处林权纠纷 16.5 万起，发放林权证 579 万本，发证率达 99.3%；建成三级林权管理服务机构 141 个，在全国率先建成了覆盖全省的林权管理和林权服务信息网络，制定出台了林地流转、森林资源资产评估、林业投融资、林木采伐管理等 30 个推进配套改革文件；在全国率先建设基于移动互联网的"林业惠农云服务体系"，配发数字化林权信息 IC 卡 6.8 万张，成立林权社会化服务公司 20 家，成立了全国首个森林资源资产评估协会，林权社会化服务体系日趋完善。[②] 林业体制机制进一步完善。

（1）持续推进退耕还林还草工程

退耕还林还草工程是建设"绿色生态安全屏障"的重要组成部分，通过实施新一轮退耕还林还草，为实施"兴林富民"战略、推进"森林云南"建设注入了新的动力，是全面深化生态文明体制机制改革的重大突破口和切入点。云南加快推动传统农业向生态产业转变，坚持走"靠山脱贫，以林致富"的道路，不断改善民族地区的生态和民生，促进山区产业结构调整转型和山区群众增收致富，巩固边疆民族地区的社会稳定和国防边防安全。

按照"生态美、百姓富"的发展思路，把新一轮退耕还林还草列为年度重点工作和重点督查的 20 项重大建设项目。根据财政部等八部委《关于扩大新一轮

---

① 中共云南省委宣传部编：《谱写中国梦云南篇章——砥砺奋进的五年》，人民出版社、云南人民出版社 2017 年版，第 157—160 页。

② 中共云南省委宣传部编：《谱写中国梦云南篇章——砥砺奋进的五年》，人民出版社、云南人民出版社 2017 年版，第 160—161 页。

大力发展生态经济

退耕还林还草规模的通知》精神和云南"25度以上坡耕地应退尽退、15—25度坡耕地能退则退"要求，全省25度以上陡坡耕地全部实施新一轮退耕还林还草。同时，积极争取国家支持，力争全省坡耕地梯田、15—25度重要水源地和石漠化地区非基本农田坡耕地以及严重污染耕地等生态区位重要、生态情况脆弱、集中连片特殊困难地区的坡耕地纳入国家扩大新一轮退耕还林还草工程范围，逐步组织实施。① 经过多年努力，退耕还林还草工作进展顺利，成效显著。

（2）促进生态建设与产业发展深度融合

按照"突出重点抓生态，坚定不移地走可持续发展"的生态建设及林业发展思路，云南把退耕还林确定为生态环境保护与建设的重点工作之一。"十二五"以来，云南林业系统实施了木本油料产业、林浆纸产业、林化工产业、竹藤产业、野生动物驯养繁殖产业、森林生态旅游产业、木材加工及人造板产业、林下经济、观赏苗木产业等林业九大产业，逐步实现生态建设与产业发展并重、生态改善与林农致富双赢的转变。

---

① 中共云南省委宣传部编：《生态文明排头兵建设》，人民出版社、云南人民出版社2017年版，第186—189页。

3.加快建设生态林业

为充分发挥林业在经济社会发展、生态文明建设中的重要作用，加快实现从林业资源大省向林业经济强省的跨越，进一步塑造良好的生态文明形象，云南围绕"兴林富民"的目标，以深化集体林权制度改革为动力，以建设完备的森林生态体系、发达的森林产业体系、繁荣的森林文化体系为重点，创新体制机制，强化科技支撑，加大政策支持，提升云南森林生态效益、经济效益和社会效益，为云南跨越式发展奠定了坚实基础。[①]

（1）推进防护林体系建设

防护林在防御自然灾害、保护基础设施、保护水土资源、维护生态功能方面发挥着重要作用。防护林建设是人工促进生态恢复和更新的重要手段，也是通过人为投入引导生态系统自我更新、修复实现生态平衡的一种行之有效的方法。云南位于江河源头，生态区位十分重要，国家和云南陆续开展了"长江防护林工程""珠江防护林工程""怒江、澜沧江两江流域生态修复工程""牛栏江—滇池补水工程""森林植被保护工程"等防护林建设，已经形成了比较完备的以水土保持、河岸保护、道路防护、水源保护功能为核心的防护林建设体系。

（2）有序推进森林城市建设

根据《云南省国民经济和社会发展第十三个五年规划纲要》，大力推进临沧、玉溪、曲靖、楚雄、红河等地创建国家森林城市。力争到2020年，森林城市建设质量明显提升，初步建成资源丰富、布局合理、功能完备、结构稳定、优质高效的现代林业体系，基本满足社会经济可持续发展的需求。初步建成滇中国家森林城市群、5个国家森林城市、10个省级森林城市、县城、城镇，城乡生态面貌明显改善，人居环境质量明显提高，居民生态文明意识明显提升。

加快推进森林进城。森林科学合理地融入城市空间，使城市适宜绿化的地方都绿起来。加快推进森林环城。保护和发展城市周边的森林和湿地资源，构建环城生态屏障。加快推进森林惠民。充分发挥城市森林的生态和经济功能，增强居民对森林城市建设的获得感。加快推进森林乡村建设。开展村镇绿化美化，打造乡风浓郁的山水田园。加快推进森林城市群建设。加强城市群生态空间的连接，构建互联互通的森林生态网络体系。加快推进森林城市质量建设。加强森林经营，培育健康稳定、优质优美的近自然城市森林。加快推进森林城市文化建设。

---

① 中共云南省委宣传部编：《谱写中国梦云南篇章——砥砺奋进的五年》，人民出版社、云南人民出版社2017年版，第157—158页。

充分发挥城市森林的生态文化传播功能，提高居民生态文明意识。加快推进森林城市示范建设。有森林资源、城市绿化等基础和经济条件较好的州市可直接创建国家和省级森林城市。森林城市建设工作有序推进，已有多个城市荣获国家"森林城市"称号殊荣，一批市、县、镇也分别获得省级"森林城市"荣誉称号。

通过加强林业建设，深化林业改革，加快建设林业生态，"森林云南"建设持续推进，取得显著成效。

（五）加大生态安全屏障建设力度

习近平总书记指出，"良好生态环境是最公平的公共产品，是最普惠的民生福祉"，"要正确处理好经济发展同生态环境保护的关系，牢固树立保护生态环境就是保护生产力、改善生态环境就是发展生产力的理念"。云南有着丰富的自然资源和良好的生态环境，在国家生态安全战略和国际生态安全格局中具有重要地位。更加积极服务和融入国家生态发展战略，切实履行筑牢国家西南生态安全屏障的重大责任与担当，把各项目标任务落到实处。

1. 强化重点区域生态安全屏障建设

严格落实主体功能区规划，推动城乡土地利用、生态环境保护等规划多规合一，强化空间一张图管控，严守资源消耗上限、环境质量底线、生态保护红线，构建"三屏两带一区多点"生态安全格局，加快国家生态文明先行示范区建设。坚持保护优先、自然恢复为主，实施山水林田湖草生态保护和修复工程，构建生态廊道和生物多样性保护网络，全面提升森林、河湖、湿地、草原等自然生态系统稳定性和生态服务功能。重点建设以青藏高原南缘生态屏障、哀牢山—无量山生态屏障、南部边境生态屏障，滇东—滇东南喀斯特地带、干热河谷地带，高原湖泊区和其他点块状分布的重要生态区域为核心的"三屏两带一区多点"生态安全屏障。积极推进生态保护红线划定工作，按照中共中央办公厅、国务院办公厅《关于划定并严守生态保护红线的若干意见》及环境保护部、国家发展和改革委员会联合印发的《生态保护红线划定指南》要求，将云南重要生态功能区、生态环境敏感脆弱区及国家级、省级禁止开发区划入红线，编制形成《云南省生态保护红线划定方案》，划定并严守生态保护红线，为筑牢西南生态安全屏障、维护生态安全、促进经济社会可持续发展提供了有力保障。①

---

① 中共云南省委宣传部编：《谱写中国梦云南篇章——砥砺奋进的五年》，人民出版社、云南人民出版社 2017 年版，第 162—163 页。

2. 加大水生态保护力度

在国家"两屏三带"十大生态安全屏障中，云南肩负着西部高原、长江流域、珠江流域三大生态安全屏障的建设任务。着眼于长远利益和可持续发展，像保护眼睛一样保护生态环境，像对待生命一样对待生态环境，着力保护好大江大河上游地区的生态环境，筑牢西南生态安全屏障，为子孙后代留下可持续发展的"绿色银行"，努力争当全国生态文明建设排头兵。[①]

进一步加大长江、珠江等六大水系和江河湖泊治理力度，按照"一湖一策"的部署，抓好以滇池、洱海、抚仙湖为重点的九大高原湖泊生态环境保护和水污染综合防治工作。2017 年 4 月在云南全面推进"河（湖）长制"。科学规范淡水养殖，严格入河（湖）排污管理，巩固治污成果。推进长江、珠江、澜沧江等河流防护林建设，加强出境跨界河流水环境综合防治。切实抓好重金属污染防治和危险化学品排查治理工作。完善环境突发事件应急机制。严格饮用水源保护，强化江河源头和水源涵养区、交通沿线、城镇面山生态治理和植被恢复，推进地下水污染防治。

扎实推进石漠化、水土流失区域生态治理工程。开展石漠化、干热河谷、高寒山区、"五采区"等地造林，石漠化治理重点工程实现了全省石漠化重点地区治理的全覆盖。深入实施大气、水、土壤污染防治行动计划和工业污染全面达标排放计划，强化重金属污染防治，防控和整治农业面源污染，推动建立跨省、跨境制约环境保护协作机制。

水生态保护取得显著效果。2016 年，云南水资源总量 2089 亿立方米，全年平均降水量 1295.9 毫米，年末水利工程蓄水总量 87.6 亿立方米，比上年增长 2.7%。《云南省 2016 年环境状况公报》显示，云南河流总体水质为良好，165 个断面水环境功能达标，占 88.7%，与 2015 年相比提高 2.8%；主要河流 26 个出境、跨界监测断面均达到水环境功能要求，水质达标率与 2015 年持平；湖泊、水库水质优良率为 83.8%；与 2015 年相比，九大高原湖泊中，阳宗海水质由 IV 类好转为 III 类；滇池水质由劣 V 类好转为 IV 类。36 个地市级城市集中式饮用水水源地的 40 个取水点，均达到或优于地表水 III 类标准，达标率为 100%。168 个县级城镇集中式饮用水水源地达到或优于地表水 III 类，达标率为 98.8%，与 2015 年相比，达标率提高 1.1%。[②] 2018 年云南省主要河流国控监测断面水质优良率达到 83.8%，比

---

① 中共云南省委宣传部编：《生态文明排头兵建设》，人民出版社、云南人民出版社 2017 年版，第 55 页。

② 中共云南省委宣传部编：《谱写中国梦云南篇章——砥砺奋进的五年》，人民出版社、云南人民出版社 2017 年版，第 163—165 页。

2017 年提升 1.2%；主要出境、跨界河流断面水质达标率为 100%；九大高原湖泊水质总体保持稳定，局部向好，滇池草海、外海水质明显好转，全省水环境质量持续改善。水生态治理和保护取得显著成效。

3. 加强物种资源保护和利用

保护好国家生物多样性战略资源，加强生物多样性保护和科学利用，提高生态文明水平和可持续发展能力，是云南建设全国生态文明排头兵的重要领域，也是建设我国西南安全生态屏障的重要内容。

（1）率先发布物种名录

根据地方生物多样性保护实际需求和特点，建立生物多样性保护联席会议制度、生物多样性保护专家委员会、自然保护区评审专家委员会，制定了 40 多部配套法规和规章，如《云南省环境保护条例》《云南省园艺植物新品种注册保护条例》《云南省森林和野生动物类型自然保护区管理细则》等。此外，还公布了《云南省第一批省级重点保护野生植物名录》《云南省野生植物极小种群物种名录》等。出台《云南省重大资源开发利用项目审批制度》，明确了重大资源开发利用项目的环境影响评价等准入条件。2016 年，在全国率先开展了生物多样性保护立法，制定了《云南省生物多样性保护条例（草案）》，以问题为导向，系统完善生物多样性保护内容和制度。

建物种"户口簿"，摸清物种家底。筛查物种"贫困户"，确保"精准扶贫"。2017 年 5 月 22 日，云南省环境保护厅、中国科学院昆明分院联合发布《云南省生物物种红色名录（2017 版）》，成为我国首个发布省级生物物种红色名录的省份。

（2）加大种质资源保护力度

作为我国生物物种资源最为丰富的省份之一，云南拥有北半球除沙漠和海洋外的各类生态系统，生物种类及特有类群数量均居全国之首，生物多样性在全国乃至全世界均占有重要的地位，是全球生物物种高富集区和世界级的基因库，野生近缘种和遗传资源丰富，具有雄厚的以生物资源促进经济发展的物质基础和巨大的开发利用潜力。制定了 40 余部完备配套法规和规章，建立了生物物种资源保护和管理厅际联席会议制度，组织、协调全省生物物种资源的保护和管理工作，通过迁地保护、就地保护、离体保护等多种措施，加大保护力度。[1] 机制建设的不断完善，使得云南在生物物种保护体系建设上日趋完备。

---

① 中共云南省委宣传部编：《生态文明排头兵建设》，人民出版社、云南人民出版社 2017 年版，第 55—65 页。

红河哈尼族彝族自治州元阳县哈尼梯田

4. 推进农用土地整治工作

积极做好国家"低丘缓坡土地综合开发利用试点"工作，全面开展划定永久基本农田工作，将坝区 80% 以上的耕地和山区集中连片优质耕地划为永久基本农田实行特殊保护。

圆满完成云南省"兴地睦边"农田整治重大工程整体验收工作。为改善云南边境地区农业农村贫穷落后面貌，国家支持云南边境地区实施"兴地睦边"农田整治重大工程。在原国土资源部、财政部的关心支持下，在省委省政府的高度重视下，在省级有关部门和相关州（市）党委政府共同努力下，共完成农田整治项目 609 个，建设总规模 486.97 万亩、投资总额 87.72 亿元，新增耕地 23.31 万亩。在完成"兴地睦边"农田整治重大工程各子项目竣工验收的基础上，组织开展了"兴地睦边"农田整治重大工程整体验收工作，2018 年 12 月，"兴地睦边"农田整治重大工程原则通过自然资源部组织的综合评估。

通过强化重点区域的生态安全屏障建设，加大生态保护力度、加强物种资源的保护与利用以及推进农用土地整治工作，进一步夯实了西南生态安全屏障。

（六）加强环境监管执法工作

环境监管执法是生态文明建设的重要环节。云南把新《环境保护法》的严格执行放在重要位置，不断加大宣传和执法力度，加强环境监管，加大环境治理和生态保护力度，完善生态环境监管体系，形成了法律、法规和政策、行政规范集中统一、协调配合的环境监管法治新格局。

1. 推进环境监管立法实现全覆盖

深入贯彻落实新《环境保护法》，完善地方环境法规政策及配套法规、规章，用严格的法律制度保护生态环境。开展现行环境法规、规章和规范性文件清理，提出立、改、废清单。开展《云南省环境保护条例》修订工作，通过建立健全排污许可制度、环境影响评价制度、土壤污染防治、畜禽养殖、环境监测等方面的规定，完善了符合省情的地方性环境保护法规政策体系。

建立网格化环境监管体系。以实现环境监管"规范化、精细化、效能化、智能化"为总体目标，着力构建网格化环境监管体系。各地划分为若干环境监管网格，确定重点监管范围、对象、等级、责任人，采取差别化监管措施，并向社会公开。通过建立网格化环境监管体系，推动监管关口前移，触角向下延伸，实现对监管区域和对象全覆盖。完善跨行政区域环境执法合作机制和部门联动执法机制，在敏感地区、重点行业、关键领域实施环境联合监督检查，对重大环境污染和生态破坏案件实施联合调查。

全面完成省级以下生态环境机构监测监察执法垂直管理制度改革，加强标准化建设和综合执法队伍特别是基层队伍能力建设，实现综合管理、统一监管和行政执法。健全区域流域生态环境管理体制，推进跨行政区域环保机构试点。建立健全乡镇（街道）、开发区、工业园区生态环境保护机构和农村环境治理体制。建立独立权威高效的生态环境监测体系，建成各环境要素统筹、布局合理、功能完善、信息共享、统一发布、上下协同的生态环境监测网络，实现生态环境质量预报预警和质控。推动建立健全网格化监管机制，切实落实地方生态环境监管责任。加快推进跨行政区域的流域水质自动监测站点建设，将跨州（市）流域水质自动监测站作为省控站点管理。积极推进大气自动监测站建设，落实土壤监测点位建设任务。发挥好"12369"平台作用，健全全天候、无缝隙的群众环境投诉受理工作机制，完善公众监督、举报反馈机制，保护举报人的合法权益。在地方立法、政策制定、规划编制、执法监管中不得变通突破、降低标准。

严格生态环境质量管理。加快推行排污许可制度，对固定污染源实施全过程管理和多污染物协同控制，按行业、地区、时限核发排污许可证，全面落实企业治污责任，强化证后监管和处罚，实现"一证式"管理；健全环保信用评价、信息强制性披露、严惩重罚等制度。将企业环境信用信息纳入全省、全国信用信息共享平台和国家企业信用信息公示系统，依法向社会公示；监督上市公司、发债企业等市场主体全面、及时、准确地披露环境信息。

2. 严厉打击环境违法行为

重拳打击违法排污。按照新《环境保护法》规定，对偷排偷放、非法排放有毒有害污染物、非法处置危险废物、不正常使用防治污染设施、伪造或篡改环境监测数据等恶意违法行为依法严厉处罚，对违反新《环境保护法》的依法予以行政拘留，对涉嫌犯罪的，一律移送司法机关，对负有连带责任的第三方机构予以追责。探索建立检察机关提起环境公益诉讼制度。开展全省环境安全隐患排查整治，对环境安全隐患排查整治方案中确定的六大工作重点开展全面排查整治，排查整治结果向上一级人民政府报告，并向社会公开。

全面整治违法违规建设项目。对符合国家产业政策和其他环境影响评价审批条件、污染防治设施配套且污染物不达标排放的建设项目，限期办理环境影响评价审批手续，纳入正常环境监管；对违规建设问题严重且整改落实不到位的地区，实施环境影响评价区域限批，并对有关单位和责任人依法依纪进行处理。

3. 严格规范环境执法行为

及时公开监管执法信息。每年发布重点监管对象名录，公布重点污染源环境监管信息；完善年度环境质量发布制度，定期公布区域环境质量状况；建立日常监督性监察和各类专项监察信息公开机制，公开执法检查依据、内容、标准、程序和结果；按月公开重点环境投诉案件和违法违规单位信息。

实施环境行政执法与刑事司法联动。环境保护部门和公安机关建立和完善环境执法联动机制；通过联席会议制度、联络员制度、信息通报机制、案件联合调查机制、案件移送机制、重大案件会商和联合督办机制、奖惩机制等，充分发挥部门优势，实现行政执法和刑事司法无缝对接，提高对环境违法犯罪行为的打击效果；积极推进环境保护部门与公安、法院、检察院的工作衔接和协调。

严格执法后督察。把执行情况、重点违法案件作为后督察重点，着力解决环境违法行为重处罚、轻整改或处罚、整改执行不到位等问题，对久拖不决的重点案件进行挂牌督办，切实防止污染反弹。

加强突发环境事件调查处理处置。进一步完善统一指挥、分类管理、分级负

责、条块结合、属地为主的突发环境事件应急管理体制；完善环境突发事件应急
预案，组织应急演练，科学应对突发环境事件。

加强环境执法稽查。完善环境监察制度，加强对政府及其有关部门落实环
境保护法律法规、标准、政策、规划情况的监督检查。自2015年起，每年对云
南30%以上的州市和10%以上的县市区开展环境执法稽查，各州市每年对本地
30%以上的县市区开展环境执法稽查，并将稽查情况报送当地政府和上级环境保
护部门。

强化监管责任追究。认真执行《云南省人民政府关于全面推行环境保护"一
岗双责"制度的决定》《云南省环境保护行政问责办法》，制定完善新《环境保护
法》与党纪政纪处分衔接机制、环境违法行为查处办法、环境执法人员问责办法。
对有案不移、以罚代刑等行为，监察机关依法追究有关单位和人员的责任。发现
行政执法人员有渎职侵权行为，构成犯罪的，依法追究刑事责任，建立和完善生
态环境损害终身追责制度。

4.形成环境监管执法合力

强化政府和部门责任。环境保护部门负责环境保护统一监管，有关部门切
实履行具体环境监管责任，形成工作合力；加大财政投入，提升当地环境监管能
力，支持环境保护部门独立开展环境监管和行政执法；将环境指标纳入各级领导
干部政绩考核内容，加大指标权重，并对党政主要领导执行环境保护法律法规和
政策、落实环境保护目标责任制等情况进行审计；强化挂牌督办、区域限批、约
谈等手段的运用，使各级政府更好地履行领导责任。

落实社会主体责任。支持和引导各类社会主体自我约束、自觉守法；推行企
业环境监督员制度，建立健全本单位环境信息公开制度，重点排污单位通过网
站、环境信息公开平台等便于公众知晓的方式向社会公开其环境信息；实施强制
性清洁生产审核的企业将审核结果在本地主要媒体上公布，接受公众监督。

发挥社会监督作用。充分发挥"12369"环境保护举报热线和网络平台的作用，
建立环境重大信访案件督办机制和追责机制、重大建设项目邀请公众参与监督环
境执法的工作机制；探索建立环境违法行为举报奖励制度，调动全社会力量共同
监督污染源。① 云南环境监管执法合力进一步增强，第三方社会监测机构已达33
家，社会监测机构正成为云南环境监测的重要补充力量。

---

① 中共云南省委宣传部编：《谱写中国梦云南篇章——砥砺奋进的五年》，人民出版社、云南人民
出版社2017年版，第165—170页。

（七）健全生态文明建设制度保障体系

习近平总书记指出，"从制度上来说，我们要建立健全资源生态环境管理制度，加快建立国土空间开发保护制度，强化水、大气、土壤等污染防治制度，建立反映市场供求和资源稀缺程度、体现生态价值、代际补偿的资源有偿使用制度和生态补偿制度，健全生态环境保护责任追究制度和环境损害补偿制度，强化制度约束作用。"根据中共中央、国务院印发的《生态文明体制改革总体方案》的要求，云南先后出台《中共云南省委云南省人民政府关于争当全国生态文明建设排头兵的决定》《中共云南省委云南省人民政府关于贯彻落实生态文明体制改革总体方案的实施意见》《云南省生态文明建设排头兵规划（2016—2020年）》等文件，构建了由自然资源资产产权制度、国土空间开发保护制度、空间规划体系、资源总量管理和全面节约制度、资源有偿使用和生态补偿制度、环境治理体系、生态环境保护市场体系、生态文明绩效评价考核和自然追究制度等，构成了产权清晰、多元参与、激励约束并重、系统完整的生态文明制度体系。

1. 实行最严格的生态保护制度

习近平总书记指出，"只有实行最严格的制度、最严密的法治，才能为生态文明建设提供可靠保障。"实行最严格的生态环境保护制度，必须深化生态文明体制改革，建立健全生态文明制度体系；必须严格执法，加大执法力度，规范监管执法行为，提高监管执法效能，严肃查处环境违法问题。

把生态环境放在经济社会发展评价体系的突出位置，建立体现生态文明要求的目标体系、考核办法、奖惩机制等，使之成为推进生态文明建设的重要导向和约束；提高污染排放标准，强化排污者责任，完善污染物排放许可制。在全省范围内建立统一公平、覆盖所有固定污染源的企业排放许可制，依法核发排污许可证，排污者必须持证排污，禁止无证排污或不按许可证规定排污；严格落实领导干部任期生态文明建设责任制，落实损害责任终身追究制度；严守生态保护红线，到2020年全面完成全省生态保护红线勘界定标，实现一条红线管控重要生态空间；严格落实自然保护区、风景名胜区、国家公园、森林公园、湿地公园等各类保护地保护制度，实行开发建设项目事前、事中、事后全过程监管；探索研究以林地保有量、森林覆盖率、森林蓄积量、湿地保有量、湿地保护率、林业有害生物无公害防治率等为考评指标的各地党委政府保护与发展自然资源目标管理责任制、自然资源保护责任终身追究制度；出台《云南省生态环境损害赔偿制度改革试点工作实施方案》。严格执行新《环境保护法》，加强生态环境督察、自然

大理白族自治州南涧彝族自治县冬樱花

保护区督察、专项行动监察等，坚决制止和惩处破坏生态环境行为。

2. 建立国土空间开发保护制度和空间规划体系

云南土地资源总体丰富，但实际可利用土地较为稀缺；水资源非常丰富，但时空分布不均；环境质量总体较好，但局部地区污染严重；生态类型多样，但生态系统既重要又脆弱；自然灾害频发，灾害威胁较大。经济社会的快速发展使得国土空间格局也随之发生了巨大变化，带来了一些问题和矛盾。云南对此高度重视，研究制定方案与政策，采取针对性措施，着力构建国土空间开发保护制度和空间规划体系。

（1）实施云南省主体功能区规划

党的十八大报告明确指出，"加快主体功能区战略，推动各地区严格按照主体功能定位发展，构建科学合理的城市化布局、农业发展布局、生态安全格局。"云南积极响应中央号召，印发《云南省主体功能区规划》，科学界定全省范围内每个区域的发展导向和重点内容。根据全省不同区域的资源环境承载能力、现有开发密度和未来发展潜力，划分重点开发区域、限制开发区域和禁止开发区域3类主体功能区，逐步形成人口、经济、资源环境相协调的空间开发格局；着力打造以"一圈一带六群七廊"为主体的城市化战略格局；构建以"三屏两带"为主体的生态安全战略格局；构建滇中、滇东北、滇东南、滇西、滇西北、滇西南六大区域板块高原特色农业战略格局。

（2）推进环境功能区划为基础的环境管理

按照空间尺度和综合环境功能对人类社会所提供的三项基本能力（保障区域

自然生态安全、维护人群环境健康以及区域环境支撑能力），构建云南"5+13"环境功能区划体系。5类环境功能一级区包括：自然生态保留区、生态功能调节区、农业安全保障区、聚居发展引导区和资源开发维护区；13类环境功能二级区，环境功能二级区是对一级区的细化，根据各环境功能亚类的划分指标及其阈值进行划定。二级区为地方具体的环境事务管理提供支撑，对明确区域专项环境（水、大气、噪声、土壤、生态等）管理的具体要求进行细化，助推区域环境质量的监察和管理。

以"5+13"环境功能区划为基础，实施环境分区管理，提高全过程环境管理技术水平；建立以环境功能分区为基础，结合环境要素现状及目标值，形成覆盖全省、统一协调、更新及时、反应迅速、功能完善的环境监管系统；根据区域环境主导功能，制定区域各类环境要素的目标指标，完善分区生态环境考核评价体系，实现环境管理的差异化和精细化，以空间环境管理平台落实区域环境联防联控机制，提高环境管理的全局意识和管理水平，提高环境管理效率。①

(3) 推广"多规合一"试点经验

加强空间规划与中央试点方案衔接，合理确定开发强度，积极探索创新空间规划编制管理体制机制，推广"多规合一"试点经验。"多规合一"试点工作重点分析城市规划编制与实施管理的关联性及影响要素，注重梳理各类不同的规划成果，试点已形成"一张蓝图"，为区域空间格局的进一步优化奠定了良好基础。按照"一个战略、一张蓝图、一个空间规划体系、一套机制、一个平台"的规划要求，改革创新省级空间规划编制与管理机制，理顺空间管理事权，明晰空间管理手段，促进各类空间规划的协同，破解省级"多规合一"中的重大问题，强化生产、生活、生态空间统筹的战略引领，建立健全空间规划体系与实施管理体制，为省级空间规划工作提供可复制、可推广的经验模式。②

(4) 制定云南生态保护红线

为进一步落实国家生态政策，2018年6月，经国务院批准，云南发布了《云南省生态保护红线》，云南生态保护红线面积11.84万平方千米，占国土面积的30.9%。基本格局呈"三屏两带"。包含生物多样性维护、水源涵养、水土保持三大红线类型，11个分区。滇西北高山峡谷生物多样性维护与水源涵养生态保护红

① 中共云南省委宣传部编：《生态文明排头兵建设》，人民出版社、云南人民出版社2017年版，第49—53页。

② 中共云南省委宣传部编：《生态文明排头兵建设》，人民出版社、云南人民出版社2017年版，第45—46页。

线、哀牢山—无量山山地生物多样性维护与水土保持生态、南部边境热带森林生物多样性维护生态保护红线、大盈江—瑞丽江水源涵养生态保护红线、高原湖泊及牛栏江上游水源涵养生态保护红线、珠江上游及滇东南喀斯特地带水土保持生态保护红线、怒江下游水土保持生态保护红线、澜沧江中山峡谷水土保持生态保护红线、金沙江干热河谷及山原水土保持生态保护红线、金沙江下游—小江流域水土流失控制生态保护红线、红河（元江）干热河谷及山原水土保持生态保护红线。

3.推进城乡生态宜居建设规划

根据《中共中央 国务院关于实施乡村振兴战略的意见》《中共中央 国务院关于印发〈乡村振兴战略规划（2018—2022年）〉的通知》《中共云南省委、云南省人民政府关于贯彻乡村振兴战略的实施意见》，编制印发了《云南省乡村振兴战略规划（2018—2022年）》。按照产业兴旺、生态宜居、乡风文明、治理有效、生活富裕的总要求，对全省实施乡村振兴战略作出总体设计和阶段谋划，提出了优化城乡空间布局，建设生态宜居美丽乡村的具体措施。

（1）完善城乡发展控制规划

按照主体功能定位，对国土空间的开发、保护和整治进行全面安排和总体布局，推进"多规合一"，形成山区、坝区、边境一线布局合理、功能互补的空间格局。按照"三区三线"空间管控体系，增强国土空间规划对各专项规划的指导约束作用，统筹自然资源开发利用、保护和修复；构建"县城—中心集镇—村庄"协调发展格局，增强城镇对乡村的带动能力。做强县城、做优集镇、做美村庄；合理布局"两区一线"。结合云南山区广阔的地形地貌特征，立足边境线长、守边任务重的实际，科学统筹山、坝、边规划建设，强化山区生态屏障功能，提升坝区发展效能，优化抵边村庄布局。

（2）健全农村人居环境改善机制

以加快建设"产业生态化、居住城镇化、风貌特色化、特征民族化、环境卫生化"的美丽宜居村庄为目标，以农村生活垃圾污水治理、农村"厕所革命"和村容村貌提升为主攻方向，制定明确的制度和措施，持续改善人居环境。建立由县级政府负责建设的县、乡、村三级有制度、有标准、有队伍、有经费、有督查的村庄人居环境长效管护机制；探索建立并实施环境治理依效付费制度，健全服务绩效评价考核机制；探索建立污水处理农户付费制度，完善财政补贴和农户付费合理分担机制等。

4.完善自然资源资产产权制度

高度重视完善健全自然资源资产产权制度，推进确权登记法治化。建立权责明确的自然资源产权体系，处理好所有权与使用权的关系，全面建立覆盖各类全民所有自然资源资产的有偿出让制度。健全国家自然资源资产管理体制，按照所有者和管理者分开和一件事由一个部门管理的原则，将所有者职责从自然资源管理部门分离出来，集中统一行使，负责各类全民所有自然资源资产的管理和保护。探索建立分级行使所有权的体制，对全民所有的自然资源资产，按照不同资源类型和在生态、经济、国防等方面的重要程度，研究实行中央和地方政府分级代理行使所有权职责的体制。探索建立水权制度，分清水资源所有权、使用权和使用量。①

（1）健全森林资源产权制度和用途管理制度

在国家出台生态红线区划规范和标准的基础上，云南在制定生态红线保护管理办法和措施中，将林地生态空间保护和恢复任务落实到山头地块，完善全省林地"一张图"。实行严格的林地定额管理、林地用途管制、林地林木权属登记制度，定期开展全省林地清理整治行动，防止林地非法流失，确保林地保护的数量和质量水平；启动了以"明晰产权、确权到户"为主要内容的集体林权制度改革。全省集体林面积 2.73 亿亩，已确权面积 2.70 亿亩，确权率 98.9%；积极推进配套改革，制定出台建设"森林云南"、林地林木流转、森林资源资产评估、推进林农专业合作社等政策文件，建立了林权管理信息系统；成立云南产权交易所有限公司林权交易中心，为云南林业相关的权益交易提供了一个统一的、公开的、规范的市场化交易服务平台，中国林业大数据中心和林权交易（收储）中心也落户云南；加快林权流转、林权档案管理等地方立法工作，形成比较完备的林权管理法规体系。②

（2）健全水资源产权制度和用途管理制度

2016 年 12 月，云南省水利厅组织编制了《云南省水资源确权试点方案工作大纲》，通过试点探索建立水权制度，开展水域、岸线等水生态空间确权试点，分清水资源所有权、使用权及使用量；在全省范围内，进一步完善水资源资产产权制度改革，建立健全水权交易制度，2017 年推广水权交易制度，初步建立水权出让市场。建立以水资源所有权为中心，分级管理、监督到位、关系协调、运行有效的统一管理制度。省政府公布《云南省取水许可和水资源费征收管理办

① 中共云南省委宣传部编：《谱写中国梦云南篇章——砥砺奋进的五年》，人民出版社、云南人民出版社 2017 年版，第 172 页。

② 中共云南省委宣传部编：《生态文明排头兵建设》，人民出版社、云南人民出版社 2017 年版，第 102—103 页。

法》，严格实施取水许可管理制度，建立全省取水许可台账体系。为推进河流资源产权确权，已在瑞丽江开展试点。①

（3）健全矿产资源产权制度和用途管理制度

为进一步整顿和规范矿产资源开发秩序，推进矿业开发管理制度改革，2015年7月，出台《云南省探矿权采矿权管理办法（2015年修订）》，对于国家规划矿区、省规划重点矿区、重要成矿远景区、中型以上探明矿产地，政府采取整合资源的方式，加强对矿产资源的调控；同月，发布《云南省矿业权交易办法（2015年修订）》，建立了探矿权、采矿权实行公开有偿取得制度，规定了探矿权、采矿权有偿出让或者转让应当符合法定的条件，实施审批权的报批制度，明确省国土资源行政主管部门是全省矿业权交易的行政主管部门，负责矿业权交易的监督管理工作。②

（4）健全土地承包经营权确权和用途管理制度

农村土地承包经营权是农民最重要的土地财产权利。根据《中共云南省委云南省人民政府关于全面深化改革扎实推进高原特色农业现代化的意见》，推进农村土地承包经营权确权，坚持稳定农村土地承包关系并保持长久不变；根据《云南省农村土地承包经营权确权登记颁证工作方案》，成立农村土地承包经营权确权登记颁证工作领导小组，全面领导全省农村土地承包经营权确权登记颁证工作。坚持原土地承包关系不变、承包户承包地块不变、二轮土地承包合同的起止年限不变，严禁借机违法调整或收回农户承包地，不得影响正常农业生产经营。制定《云南省土地管理条例》《云南省林地管理条例》等法律法规和有关政策，按照法定登记内容和程序开展土地承包经营权确权登记颁证工作。根据相关制度，严格执行土地利用规划，坚持土地用途管制制度、最严格的耕地保护制度和"一户一宅"农村宅基地制度。③

5. 完善资源总量管理和全面节约制度

通过落实最严格的耕地保护制度和土地节约集约利用制度，完善耕地占补平衡制度；落实最严格的水资源管理制度，完成规划和建设项目水资源论证制度，

---

① 中共云南省委宣传部编：《生态文明排头兵建设》，人民出版社、云南人民出版社2017年版，第97—100页。

② 中共云南省委宣传部编：《生态文明排头兵建设》，人民出版社、云南人民出版社2017年版，第90—91页。

③ 中共云南省委宣传部编：《生态文明排头兵建设》，人民出版社、云南人民出版社2017年版，第86—93页。

建立促进非常规水源利用制度；建立能源消费总量管理和节约制度，坚持节约优先，强化能耗强度控制，健全节能低碳产品和技术装备推广机制，加强对可再生能源发展的扶持；建立天然林保护制度，完善集体林权制度，健全林权抵押贷款和流转制度；建立草原保护制度、湿地保护制度、矿产资源开发利用和管理制度，严格控制、规范保护和利用行为；通过建立和完善垃圾分类、农林牧业废弃物资源化利用、资源再生产品和原料推广使用、限制一次性用品使用等制度，进一步完善资源循环利用制度。①

（1）完善耕地资源节约制度

强化土地用途管制，严控新增建设占用耕地，严格实行耕地占补平衡，确保耕地和永久基本农田尤其是水田面积不减少、质量不降低。统筹利用存量和新增建设用地，严控增量、盘活存量、优化结构、提高效率，实行建设用地总量和强度双控，不断提高土地节约集约利用水平，以更少的土地投入支撑更高质量的经济社会可持续发展。

强化土地利用总体规划的整体管控作用，严格控制建设占用耕地，特别是坝区优质耕地；强化永久基本农田对各类建设布局的约束，一般建设项目不得占用永久基本农田，重大建设项目选址确实难以避让永久基本农田的，报国土资源部用地预审，农用地转用和土地征收依法依规报国务院批准；落实建设用地总量和强度双控。实行新增建设用地计划安排与土地节约集约利用水平、补充耕地能力挂钩，对建设用地存量规模较大、利用粗放、补充耕地能力不足的地区，适当调减新增建设用地计划；深入推进城镇低效用地再开发，引导产能过剩行业和"僵尸企业"用地退出和盘活利用；开展城市和开发区建设用地节约集约利用评价、建设项目节地评价，推进国土资源节约集约模范县创建。

（2）加强节能降耗及资源综合利用

根据《云南省人民政府关于加强节能降耗与资源综合利用工作推进生态文明建设的实施意见》，到2020年，云南能源消费总量控制在12297万吨标准煤以内，年均增长3.5%左右；全省万元GDP能耗比2015年下降14%左右；资源综合利用，到2020年，工业固体废弃物综合利用率力争达到56%，万元工业增加值用水量下降到60立方米；新型墙体材料占墙体材料总产量比重提高到80%。

工业领域全面推进企业能源管理体系建设，完善指标体系和评价方法。推动

---

① 中共云南省委宣传部编：《谱写中国梦云南篇章——砥砺奋进的五年》，人民出版社、云南人民出版社2017年版，第174页。

广大中小企业开展节能管理规范化、制度化、信息化建设；建筑领域，严格执行民用建筑节能设计审查信息告知性备案制度，进一步提高节能强制性标准执行力度，适时修编节能设计标准，发布实施更高水平的节能标准；公共机构领域，完善公共机构能源管理体系建设国家标准，加快出台能源审计、监督考核和能耗定额等制度标准，推进公共机构能源资源消费定额管理，制定能耗定额管理实施指导意见和完善建立能耗定额财政支付机制等。

6. 健全资源有偿使用和生态补偿制度

云南地处我国长江上游（金沙江）、珠江源头（南盘江）和红河、澜沧江、怒江、伊洛瓦底江等4条国际河流的发源地和上游地区，是世界10大生物多样性热点地区之一，东喜马拉雅地区的核心区域，拥有良好的生态环境和自然资源禀赋，同时又是生态环境比较脆弱敏感的地区。为落实中央关于全面深化生态文明体制改革的决策部署和习近平总书记考察云南重要讲话精神，根据《国务院关于全民所有自然资源资产有偿使用制度改革的指导意见》以及省委省政府的改革任务和部署安排，由省国土资源厅联合多个有关部门起草了《云南省全民所有自然资源资产有偿使用制度改革实施方案》《云南省人民政府办公厅关于健全生态保护补偿机制的实施意见》等一系列政策文件。抓住国家健全生态保护补偿机制的机遇，建立并逐步完善云南公平合理、积极有效的生态保护补偿机制。

（1）完善生态保护补偿机制

2017年2月，发布《关于健全生态保护补偿机制的实施意见》，以体制创新、政策创新、科技创新和管理创新为动力，不断完善转移支付制度，探索建立多元化生态保护补偿机制，逐步扩大补偿范围，有效调动全社会参与生态环境保护的积极性，进一步完善生态文明排头兵建设的保障性和激励性基础制度。

对全省森林、湿地、草原、水流、耕地等实行生态保护补偿全覆盖，继续实施国家和省级公益林森林生态效益补偿。鼓励采取赎买、租赁、置换、协议、混合所有制等方式加强重点生态区位森林保护，落实草原生态保护补助奖励政策和各类禁止开发区域生态保护补偿政策，建立全省重点流域生态补偿金，全面开展六大水系、九大高原湖泊和具有重要生态功能的饮用水水源地生态保护补偿。争取国家在云南国家级湿地自然保护区、国际重要湿地、国家重要湿地率先开展补偿试点。严格执行占用耕地补偿制度，积极推动省际省内横向生态保护补偿及市场化、多元化生态补偿，鼓励供水、水力发电、生态旅游景点等单位作为森林生态效益的直接受益者，创新"水补林、电补林、票补林"等补偿方式。开展贫困地区生态综合补偿试点，优先支持贫困地区开展碳汇交易。建立完善以生态价值补偿为主体、生态质量考核奖惩为辅助的生态功能区转移支付制度体系。重点生态功能区转移支付向贫困地区倾斜。

（2）完善全民所有自然资源资产有偿使用制度

为贯彻落实《国务院关于全民所有自然资源资产有偿使用制度改革的指导意见》，全面深化全民所有自然资源资产有偿使用制度改革，进一步提升自然资源保护和合理利用水平，2017年12月，印发《云南省全民所有自然资源资产有偿使用制度改革实施方案》，启动全民所有自然资源资产有偿使用制度改革各领域重点任务。2018年在各领域重点任务取得突破性成果；到2020年，基本建立产权明晰、权能丰富、规则完善、监管有效、权益落实的全民所有自然资源资产有偿使用制度，全民所有自然资源资产使用权体系更加完善，市场配置资源的决定性作用和政府的服务监管作用充分发挥，自然资源保护和合理利用水平显著提升，实现自然资源开发利用和保护的生态、经济、社会效益相统一。进一步完善国有土地资源、水资源、矿产资源、国有森林资源有偿使用制度，建立国有草原资源有偿使用制度。

（3）完善国有土地资源有偿使用制度

切实发挥土地利用总体规划对土地利用的统筹管控作用，全面落实规划用途分区和管制分区要求，优化土地利用布局，规范经营性土地有偿使用。对生态功能重要的国有土地，坚持保护优先，其中依照法律规定和规划允许进行经营性开发利用的，全面实行有偿使用；扩大国有建设用地有偿使用范围，鼓励可以使用划拨用地的公共服务项目有偿使用国有建设用地，研究制定公共服务项目用地基准地价；探索建立国有农用地有偿使用制度，建立国有农用地土地等级价体系，加快制定国有农用地基准地价；通过有偿方式取得的国有建设用地、农用地使用权，可以转让、出租、作价出资（入股）、担保等。

（4）健全矿产资源有偿使用制度与矿山环境修复制度

为了加强矿山地质环境保护，有效防治矿山地质灾害，出台《云南省矿山地质环境恢复治理保证金管理暂行办法》，进一步规范相关工作。凡是在云南省行政区域内从事矿产资源开发活动的采矿权人，必须依法履行矿山地质环境保护与恢复治理的义务，向县级以上国土资源行政主管部门作出书面承诺，并交存保证金；制定了矿山地质环境恢复治理标准，颁布实施《云南省矿山地质环境恢复治理标准》，针对六种不同矿山地质环境恢复治理类型（矿山地质灾害治理类、土地整治类、生态恢复类、矿山公园类、水资源恢复治理类、综合整治类）提出地质环境恢复治理的达标程度基本要求，使其验收有了具体的标准；矿山固体废物堆场（排土场、废石场、废矿渣场、尾矿库等）因地制宜进行综合整治；对矿山建设与矿业活动过程中引起的矿山地质灾害类的治理提出相应标准。[①]

（5）健全水资源有偿使用与生态补偿制度

制定《云南省取水许可和水资源费征收管理办法》，在全省行政区域内利用取水工程或者设施直接从江河、湖泊或者地下取用水资源的单位和个人，按照规定，申请领取取水许可证，并依法缴纳水资源费。2016 年 8 月，印发《云南省人民政府办公厅关于加快推进农业水价综合改革的实施意见》，建立农业水权制度，实行农业水价分级管理，推行超定额（计划）累进加价制度，建立节水奖励机制，力争用 8 年左右的时间，实现农业水价改革目标；建立健全水市场交易平台，积极开展水权交易，鼓励用水主体转让节水量。2016 年制定《云南省跨界河流水环境质量生态补偿试点方案》，曲靖市和昆明市成为云南首批纳入的试点。[②]

（6）完善生态公益林补偿制度

云南公益林区划界定面积 18840.64 万亩，涵盖国家级和地方省市、县级公益林。国家级公益林管理按照《国家级公益林管理办法》执行，由中央财政安排资金用于国家级公益林的保护和管理；地方公益林的区划界定和管理按照《云南省地方公益林管理办法》执行。补偿资金管理按照《中央财政林业补助资金管理办法》《云南省森林生态效益补偿资金管理办法》等执行。2017 年中央和省级财政投入森林生态效益补偿资金 18.51 亿元。[③]

通过建立和健全生态保护补偿、自然资源有偿使用、土地资源有偿使用、矿场资源有偿使用和生态公益林补偿等制度，生态文明建设的制度体系进一步完善。

7. 建立健全环境治理体系

云南坚决贯彻落实习近平总书记关于"山水林田湖草是生命共同体"的生态思想，按照系统工程的思路，构建生态环境治理体系，着力扩大环境容量和生态空间，全方位、全地域、全过程开展生态环境保护。

（1）健全生态环境保护法治体系

依靠法治保护生态环境，增强全社会生态环境保护法治意识，引导绿色生产

---

① 中共云南省委宣传部编：《生态文明排头兵建设》，人民出版社、云南人民出版社 2017 年版，第 95—97 页。

② 中共云南省委宣传部编：《生态文明排头兵建设》，人民出版社、云南人民出版社 2017 年版，第 97—100 页。

③ 中共云南省委宣传部编：《生态文明排头兵建设》，人民出版社、云南人民出版社 2017 年版，第 103—104 页。

消费。加快《云南省环境保护条例》修订工作，制定和修改土壤污染防治、固体废物污染治理、九大高原湖泊和六大水系流域生态环境保护、国家公园、湿地、生态环境监测、排污许可、资源综合利用、空间规划、碳排放权交易管理等方面的规定制度。加强环境行政执法与刑事司法衔接，建立生态环境保护综合执法机关、公安机关、检察机关、审判机关信息共享、案情通报、案件移送制度，建立联动执法联席会议、常设联络员和重大案件会商督办等制度，落实生态环境保护领域民事、行政公益诉讼制度，加大生态环境违法犯罪行为的制裁和惩处力度。整合组建生态环境保护综合执法队伍，统一实行生态环境保护执法。将生态环境保护综合执法机构列入政府行政执法部门序列，推进执法规范化建设，统一着装、统一标识、统一证件、统一保障执法用车和装备。

（2）强化生态环境保护能力保障体系

开展大气污染成因与治理、水环境质量改善、土壤及重金属污染防治、农业废弃物综合利用、脆弱生态系统保护与修复等重点领域科技攻关，推进区域性、流域性生态环境问题研究，加快成果转化与应用，推广适用技术，发挥科技对生态环境保护和污染防治的支撑作用。完成云南第二次全国污染源普查，加快推进生态环境大数据建设和应用，建立统一的环境监测、污染源监控、环境执法、环评管理和信息公开平台。建设环境应急物资储备库，企业环境应急装备和储备物资纳入储备体系。制定并落实生态环境保护人才发展中长期规划，按照省级和省级以下不同层级的工作职责配备相应工作力量，保障履职需要，确保与生态环境保护任务相匹配。主动服务和融入"一带一路"倡议，深化跨境、跨界生态环境保护交流合作。

（3）构建生态环境保护社会行动体系

把生态环境保护纳入国民教育体系和党政领导干部培训体系，推进全省各地生态环境教育设施和场所建设，培育普及生态文化。公共机构尤其是党政机关带头使用节能环保产品，实施绿色采购，推行绿色办公，创建节约型机关。健全生态环境新闻发布机制，充分发挥各类媒体作用。依托党报、电视台、政府网站等主要媒体，曝光突出环境问题，报道整改进展情况。建立政府、企业环境社会风险预防与化解机制。完善环境信息公开制度，加强重特大突发环境事件信息公开，对涉及群众切身利益的重大项目及时主动公开。推进重点排污单位全部安装自动在线监控设备并同生态环境主管部门联网，依法公开排污信息。

8. 健全环境治理和生态保护市场体系

为落实国家关于生态环境损害赔偿、生态产品市场交易与生态保护补偿协同推进生态环境保护的新机制，开展生态环境损害赔偿制度改革试点工作，健全生态保护市场体系，完善生态产品价格形成机制，推行居民生活用水、电、气阶梯价格制度，完善污水、垃圾处理及排污收费政策，继续落实完善差别电价政策，落实超定额用水加价制度等惩罚性价格政策。实施用水权、排污权、碳排放权初始分配制度，完善有偿使用、预算管理、投融资机制，培育和发展交易平台。逐步建立碳排放权交易制度。建立统一的绿色产品标准、认证、标识等体系，完善落实对绿色产品研发生产、运输配送、购买使用的财税金融支持和政府采购政策。

（1）健全生态环境保护经济政策

建立常态化、稳定的省级财政资金投入机制，逐步加大投入力度，资金投入向污染防治攻坚战倾斜，坚持投入同攻坚任务相匹配。积极争取中央财政对云南生态功能重要地区的支持；建立公平合理、权责对等的生态补偿机制，进一步扩大补偿范围，确定补偿标准，并逐步提高补偿水平，加大对深度贫困地区的补偿力度。建立生态环境损害赔偿制度，制定鉴定、评估、赔偿资金管理等配套办法；制定支持绿色产业发展的价格、投资等政策，落实有利于资源节约和生态环境保护的价格政策、对从事污染防治的第三方企业比照高新技术企业实行所得税优惠政策、"散乱污"企业综合治理激励政策；大力发展绿色信贷、绿色债券等金融产品，推动环保资产证券化，建设环境权益交易市场。根据国家设立绿色发展基金的有关要求，推动设立云南绿色发展基金。推动环境污染责任保险发展，在环境高风险领域建立环境污染强制责任保险制度；采用直接投资、投资补助、运营补贴等方式，规范支持政府和社会资本合作（PPP）项目。对政府实施的环境绩效合同服务项目，公共财政支付水平同治理绩效挂钩。鼓励通过政府购买服务方式实施生态环境治理和保护。

（2）建立完善野生动物保护保险制度

野生动物肇事公众责任保险是解决野生动物肇事损害补偿问题的有效途径之一，是实现政府、企业和群众多方共赢的较好途径。云南1992年率先开始在全国开展野生动物肇事补偿工作。2017年为平

国家一级保护动物——黑颈鹤

衡保险盈亏，提高了补偿标准，在全省推动野生动物肇事公众责任保险与森林火灾保险合并招标。截至 2019 年 4 月底，云南共投入保费 2.19 亿元，保险公司赔付 2.16 亿元，对 10 万余起野生动物损害事件进行补偿，在一定程度上有效缓解了野生动物肇事给群众带来的严重经济损失问题。公众责任保险试点工作进一步提高了试点地区野生动物肇事损害补偿标准，有效缓解了受灾群众与政府之间的矛盾，维护了边疆稳定和民族团结。①

（3）建立完善生态功能区转移支付制度

不断健全生态环境质量检测考核奖惩机制，每年对各县（区）进行生态环境监测与评估，公布评估结果，并根据评估结果采取相应的资金奖惩措施。对生态环境变好的县，适当增加转移支付。对因非不可控因素而导致生态环境恶化的县（区），适当扣减转移支付。其中，对年度生态环境"明显变差""一般变差""轻微变差"的县（区），分别按当年测算生态功能价值补偿性补助资金量的 100%、65%、35% 扣减转移支付。考核结果为"变差"的县（区），县级人民政府须提出具体、明确、可操作的整改措施，组织实施整改并专题报告整改情况。未完成整改或整改不到位的县（区），将直接给予下一年度考核结果"变差"的等级。《云南省生态功能区转移支付办法》和《云南省县域生态环境质量监测评价与考核办法（试行）》共同构成生态功能区转移支付的法制基础，成为云南环境质量保持优良的重要保障措施。

（4）建立环境损害赔偿制度试点

2016 年 8 月，中央全面深化改革领导小组在《关于在部分省份开展生态环境损害赔偿制度改革试点的报告》中明确指出，同意在吉林、江苏、山东、湖南、重庆、贵州、云南七省市开展生态环境损害赔偿制度改革试点。根据中央精神，云南于 2016 年 12 月发布《云南省生态环境损害赔偿制度改革试点工作实施方案》，建立生态环境修复评估机制和生态环境损害赔偿监督机制。进一步加强生态环境修复与损害赔偿的执行和监督，引入保险、基金、债券等金融制度和手段，探索建立多样化责任承担方式和配套保障机制。积极开展生态环境损害赔偿社会化分担制度的研究，探索建立生态环境损害赔偿基金，扩宽基金融资渠道，推行生态环境损害责任保险制度，探索企业或行业环境损害责任信托基金制度、环境修复类债券等绿色金融手段。

---

① 中共云南省委宣传部编：《生态文明排头兵建设》，人民出版社、云南人民出版社 2017 年版，第 90 页。

9. 完善生态文明绩效评价考核和责任追究制度

云南省制定《生态文明建设目标评价考核实施办法》，将生态文明建设目标指标纳入党政领导干部评价考核体系，在政绩考核中加入"生态责任"这一内容，从制度上保障推动绿色发展和生态文明建设，进一步完善生态文明绩效考核和责任追究制度。

（1）落实党政主体责任

落实领导干部生态文明建设责任制和"管发展、管生产、管行业必须管环保"的工作要求，严格实行党政同责、一岗双责。云南要求各级党委和政府必须坚决扛起生态文明建设和生态环境保护的政治责任，对本行政区域的生态环境保护工作及生态环境质量负总责，主要负责人是本行政区域生态环境保护第一责任人，每季度研究生态环境保护工作不得少于一次，其他有关领导成员在职责范围内承担相应责任。各地区要制定责任清单，把任务分解落实到有关部门。各有关部门履行好生态环境保护职责，制定生态环境保护年度工作计划和措施，将落实情况每年向省委省政府报告。

（2）健全污染防治工作机制

调整充实省环境污染防治工作领导小组，由省政府主要领导任组长，有关副省长任副组长，省直相关部门主要负责人为成员。领导小组按8个标志性战役设立8个专项小组和领导小组办公室，有关副省长分别兼任各专项小组组长，领导小组下设办公室。加强工作调度，省政府每季度、省环境污染防治工作领导小组每两个月、各专项小组和领导小组办公室每个月研究调度一次工作。抓紧制定保障污染防治攻坚战各项任务落实的执行机制，出台省直有关部门责任清单。各级党委和政府健全环境污染防治工作领导机构，切实发挥组织领导和统筹协调作用，把任务和责任分解落实到有关部门。

（3）严格落实环保任期目标责任制

充分利用不断完善的环境监测制度、环境资源承载能力监测预警机制、环境影响评价制度、主要污染物总量控制制度及排污许可制度，综合采取约谈、环评文件区域限批、县域生态环境质量考核等形式，及时督促各级人民政府全力推进环保任期目标责任制完成。云南省制定了《生态文明建设目标评价考核实施办法》，对各级人民政府绿色发展任期目标责任完成情况实施科学、系统的考核，极大推动了环保任期目标责任制落到实处。发布《各级党委、政府及有关部门环境保护工作责任规定（试行）》，明确各级党委、政府及有关部门环境保护目标任务考核规定，将目标任务完成情况纳入领导班子和领导干部考核体系。实行环境保护"一票否决制"，把环境保护作为对各级领导干部考核、评优和评选各类先进的重要依据。通过实施"一票否决制"管住人，绿色发展管住事，合力推进新时期环保任期目标责任制落地。

（4）强化环境保护考核问责

对州（市）党委、人大、政府以及省直相关部门污染防治攻坚战成效制定考核具体办法，对生态环境保护立法执法情况、年度工作目标任务完成情况、生态环境质量状况、资金投入使用情况、公众满意程度等相关方面开展考核。各地区参照制定考核实施细则。考核结果作为领导班子和领导干部综合考核评价、奖惩任免的重要依据。对生态特别敏感脆弱，生态环境保护压力特别大、责任特别重的怒江州、迪庆州不再考核地区生产总值、工业增加值，对西双版纳州不再考核工业增加值。

建立健全领导干部违法违规干预环境监测执法活动、插手具体环境保护案件查处的责任追究制度。对各州（市）党委和政府以及负有生态环境保护责任的省直相关部门贯彻落实党中央国务院和省委省政府决策部署不坚决不彻底、生态文明建设和生态环境保护责任制执行不到位、污染防治攻坚任务完成严重滞后、区域生态环境问题突出的，约谈主要负责人，同时责成其向省委省政府作出深刻检查。对年度目标任务未完成，考核不合格的州（市）、县（市、区），党政主要负责人和相关领导班子成员不得评优评先。对在生态环境方面造成严重破坏负有责任的干部，不得提拔使用或转任重要职务。对不顾生态环境盲目决策、违法违规审批开发利用规划和建设项目，对造成生态环境质量恶化、生态严重破坏的，对生态环境事件多发高发、应对不力、群众反映强烈的，对生态环境保护责任没有落实、推诿扯皮、没有完成工作任务的，依纪依法严格问责、终身追责。①

（5）加强环境保护督察

出台《云南省环境保护督察方案（试行）》，把开展省级环境保护督察作为落实中央环境保护督察整改要求的重要举措。督察重点围绕州（市）党委、政府贯彻落实国家和省环境保护决策部署、解决突出环境问题、落实环境保护主体责任的情况展开。督察工作坚持问题导向，围绕相关法律法规和政策措施的落实情况，重点盯住省委省政府高度关注、群众反映强烈、社会影响恶劣的突出环境问题及其处理情况，重点检查环境质量呈现恶化趋势的区域流域及整治情况，重点

---

① 中共云南省委宣传部编：《生态文明排头兵建设》，人民出版社、云南人民出版社 2017 年版，第 113—126 页。

督察地方党委、政府及有关部门环境保护不作为、乱作为的情况，重点了解地方落实环境保护党政同责、一岗双责，严格责任追究等情况。

（6）实行领导干部自然资源资产离任审计

为认真贯彻落实领导干部自然资源资产离任审计试点制度，云南及时转发国务院办公厅《开展领导干部自然资源资产离任审计试点实施方案》，全面开展领导干部自然资源资产离任审计工作，建立经常性的审计制度。审计涉及的重点领域包括土地资源、水资源、森林资源以及矿山生态环境治理、大气污染防治等领域。按照《云南省审计厅关于贯彻落实〈开展领导干部自然资源资产离任审计试点实施方案〉促进加快推进生态文明建设的意见》《中共云南省委办公厅　云南省人民政府办公厅关于印发〈云南省党政领导干部生态环境损害责任追究实施细则（试行）〉的通知》《中共云南省委云南省人民政府印发〈关于完善审计制度若干重大问题的实施意见〉及相关配套文件的通知》等规定，对被审计领导干部任职期间履行自然资源资产管理生态环境保护责任情况进行审计评价，界定领导干部应承担的责任。

进入新时代，站在新的历史起点上，云南吹响了"把云南建设成为中国最美丽省份"的集结号，全面实施清水、净土、蓝天、国土绿化和城乡人居环境提升行动。云南16个州市、129个县都开展了生态创建工作，累计建成4个国家级生态文明建设示范县、2个"绿水青山就是金山银山"实践创新基地、10个国家级生态示范区、85个国家级生态乡镇；1个省级生态文明州、21个省级生态文明县、615个省级生态文明乡镇。良好的生态环境成为人民生活的支撑点，成为经济社会持续发展的增长点，成为展现云南良好形象的发力点，让云岭大地的天最蓝、水最清、山最绿、空气最清新、环境最优美。

📖 启　示

新中国成立70年以来，云南主动服务和融入国家生态发展战略，坚决贯彻落实党中央关于生态文明建设的方针政策，立足省情，准确把握生态文明建设面临的形势和要求，聚焦云南生物多样性与生态脆弱性、生物资源丰富性与生态经济滞后性的矛盾，着力实施生态立省、绿色强省战略，加快建立齐抓共管的生态文明建设大格局，不断筑牢我国西南生态安全屏障，形成齐心协力打造推进绿色发展、建设最美丽省份的良好局面，取得了辉煌成就，形成了有效做法，走出了边疆民族地区生态文明建设的云南特色之路，为美丽中国建设作出了重要贡献。

第一，坚持主动服务和融入国家生态战略，担负起生态文明建设政治责任

生态文明建设是关系党的使命宗旨的重大政治问题，也是关系民生的重大社会问题。党中央历来高度重视生态环境保护，把节约资源和保护环境确立为基本国策，把可持续发展确立为国家战略，着力推动生态环境保护，像保护眼睛一样保护生态环境，像对待生命一样对待生态环境。党的十八大将生态文明建设纳入中国特色社会主义事业"五位一体"总体布局，鲜明地表明了党带领人民建设社会主义生态文明的政治抱负，表达了将中国建设成为富强、民主、文明、和谐、美丽的社会主义现代化强国的雄心壮志。70年来，云南坚决贯彻中央关于生态文明建设的重大决策部署，主动服务和融入国家生态战略，做到守土有责、守土尽责、分工协作、共同发力。党的十八大以来，云南坚决贯彻落实习近平生态文明思想，牢固树立和坚持人与自然和谐共生、绿水青山就是金山银山、良好生态环境是最普惠的民生福祉、山水林田湖草是生命共同体、用最严格制度最严密法治保护生态环境、共谋全球生态文明建设的六个原则；贯彻落实向中央对标看齐的根本要求，坚决担负起生态环境保护政治责任，结合省情制定战略发展规划，将生态文明建设融入经济、政治、文化、社会建设各方面和全过程，切实增强生态文明建设的历史责任感和现实紧迫感，依法着力加强环境保护，不断改善生态环境质量，强化体制机制建设、构建"四梁八柱"、狠抓污染防治、补齐生态短板、立足生态优势、探索绿色发展，有序推进环境保护和生态文明建设工作，生态文明排头兵建设迈出了坚实步伐。

第二，坚持生态立省发展战略，推动生态文明建设水平整体跃升

环境就是民生，青山就是美丽，蓝天也是幸福。绿水青山就是金山银山，我们既要绿水青山，也要金山银山。良好的生态环境和自然资源是云南的宝贵财富，是云南最基本的生态省情。保护生态环境就是保护生产力，改善生态环境就是发展生产力，实现永续发展才是最根本、最美好的发展。为了给子孙后代留下天蓝、地绿、水净的美好家园，绝不能以牺牲生态环境为代价换取经济的一时发展。70年来，云南逐步确立"生态立省、环境优先"的发展战略，努力做到"四个坚持"，即坚持生态立省和环境优先的思想、坚持以最小的资源消耗实现最大的经济社会效益、坚持在保护中开发在开发中保护、坚持运用多种手段保护环境。在重大决策、区域开发、项目建设、评优树先等方面实行环保一票否决制度，坚决服从环境保护的要求。全面实施"森林云南"建设、"七彩云南保护行动"等一系列重大举措，形成了政府主导、部门协作、全民参与的环境保护机制，切

实保护好、发展好云南各族人民赖以生存的美好家园。

第三，坚持绿色发展道路，培育高质量经济发展新动能

绿水青山和金山银山不是对立的，关键在人，关键在思路。要把保护好生态环境作为生存之基、发展之本，为子孙后代留下可持续发展的"绿色银行"。在"生态立省、环境优先"发展战略的指导下，云南注重经济发展与自然环境协调的可持续性，实施绿色发展战略，坚持绿色发展，较早提出和实践了"产业发展生态化、生态发展产业化"的发展思路。坚持发展与保护并重，在经济发展和产业结构调整中，根据自身生态多样性、民族文化多样性、资源丰富的特点，结合建设环境友好型社会，走"两型三化"的产业发展路子，推动经济绿色、循环、低碳发展，提升绿色发展水平，构建绿色产业体系下生态富民的发展道路。依托丰富的水利资源和气候优势，大力发展以水电、光伏为主的绿色能源产业，打造好"绿色能源"牌，着力发挥能源支柱产业的优势。依托生态多样性资源大力发展高原特色农业，打造"绿色食品"牌，做大做强绿色产业规模和延长产业链，千方百计促进各族群众增收。融合生态、气候、民族文化优势资源，大力发展生态观光和民族文化旅游，彩云之南成为享誉中外的旅游胜地，打造好"健康生活目的地"，云南的蓝天白云、青山绿水、少数民族特色文化转化为发展优势、经济优势。通过全力打造"三张牌"，"绿色"成为产业转型升级、经济高质量发展的基本底色，成为经济社会高质量发展的方向，云南正努力实现绿色崛起。

第四，坚持统筹兼顾原则，提升生态治理科学化水平

环境问题的本质是经济结构、生产方式和消费模式问题。70年来，云南立足省情，坚持统筹兼顾原则，实施符合边疆民族特色的综合治理举措，着力推进生态文明体制改革，将绿色发展理念嵌合于制度设计，先后出台多个实施意见，明确落实路线图和时间表；启动生态文明建设规划编制工作，制定生态文明建设体制改革要点和工作台账，厘清了改革的联络图与关系图；在国内率先探索出覆盖全省的全面生态指标考核体系，对县域生态环境质量考核引入"一票否决制"，加强对九大高原湖泊环境治理保护的纪检监察，用环境质量倒逼环境管理转型。深入推进"七彩云南保护行动""森林云南"建设，积极开展水污染防治、重金属污染防治、大气污染防治、退耕还林还草、低丘缓坡综合开发利用、生物多样性保护等工作；淘汰落后产能、降低GDP能耗、节能减排、化解过剩产能、推动产业转型升级，实现绿色和谐发展；加快主体功能区建设，逐步形成人口、经

济、资源环境相协调的国土空间开发格局，启动实施美丽乡村建设等举措，致力于建成全国生态屏障建设先导区、绿色生态和谐宜居区、民族生态文明传承区和制度改革创新试验区，为全省各族人民打造了幸福宜居的美丽云南。

第五，坚持生物多样性保护，着力建设西南生态安全屏障

云南是我国重要的生物多样性宝库和西南生态安全屏障，保护好云南的生态环境，就是对国家乃至世界的重大生态贡献。全面推进生物多样性保护，严守生态红线，着力构建"三屏两带一区多点"生态安全格局，推动西南生态安全屏障建设，是云南努力成为全国生态文明建设排头兵的重要领域。云南牢记习近平总书记"一定要世世代代保护好"的谆谆嘱托，谋划好协同保护与发展关系的国土格局，保护好丰富的生物多样性资源，维护好大江大河清流安澜，在提升区域生态安全水平、打造祖国南疆的美丽花园过程中迈出了坚实步伐。为更加广泛地筑牢西南安全生态屏障，云南进一步发挥区位优势，在生态文明建设上注重加强与南亚东南亚各国的交流合作，自觉承担与自身发展水平相适应的国际责任，通过"一带一路"倡议，与南亚东南亚国家展开务实合作，在生态环境建设以及经济社会发展方面实现共建共赢共享，为全球生态安全作出云南独特的贡献。

第六，坚持改革创新体制机制，强化生态文明建设制度保障

环境保护和生态文明建设是一个宏大的系统工程，不仅需要理论层面的"坐而论道"，更需要在实践层面"躬身力行"。1978 年，我国把"环境保护"写入宪法，改革开放以来，"可持续发展""科学发展观""生态文明建设"相继被写入宪法。中共中央、国务院和相关部委相继出台的《中共中央　国务院关于加快推进生态文明建设的意见》《生态文明体制改革总体方案》《绿色发展指标体系》《生态文明建设考核目标体系》等，为我国生态文明建设确立了基本的制度框架。云南相继出台《中共云南省委云南省人民政府关于加强生态文明建设的决定》《七彩云南生态文明建设规划纲要（2009—2020 年）》《中共云南省委、云南省人民政府关于争当全国生态文明建设排头兵的决定》等一系列文件与规划，为云南成为生态文明建设排头兵提供了有力的制度保障。依据相关法规，推出了河（湖）长制，生态补偿机制、生态环境评价和考核制度等，国家公园、低碳城市、海绵城市、九大高原湖泊治理等各类试点工作积极推进，云南生态文明建设迈入了法治化的轨道。

党的建设篇

办好中国的事情，关键在党。中国共产党的领导是中国特色社会主义最本质的特征，是中国特色社会主义制度的最大优势。党政军民学，东西南北中，党是领导一切的。历史和实践证明，中国共产党是引领中华民族走向伟大复兴的坚强领导核心，是中国人民和中华民族的主心骨。作为边疆民族地区，70年来，云南始终遵循党和人民的事业发展到什么阶段、党的建设就要推进到什么阶段的基本规律，着眼于以党的自身建设推进社会主义革命、建设和改革的伟大事业。紧紧围绕不同历史时期云南工作大局，坚持党要管党、从严治党，大力加强党的建设。特别是党的十八大以来，坚持以政治建设为统领，在思想上政治上行动上同以习近平同志为核心的党中央保持高度一致，坚决做到"两个维护"；坚持把思想建设放在基础性地位，坚定不移地用习近平新时代中国特色社会主义思想武装头脑、指导实践、推动工作；坚持党的组织路线，持续培养和造就一支与时代发展同步，勇于担当历史使命的高素质干部队伍；坚持加强党的基层组织建设，不断夯实党在边疆民族地区的执政基础；坚持继承和发扬党的优良作风，狠抓反腐倡廉建设，始终保持党同广大人民群众的血肉联系。坚持把党中央关于党的建设的目标要求和重大部署创造性地与云南边疆民族地区的实践相结合，把党的建设作为重中之重来抓，努力解决困扰云南党的建设关键性全局性问题，不断提高党的建设质量，努力探索一条符合云南实际的党的建设新路径。

一、社会主义革命和建设时期云南党的建设（1949—1978 年）

中华人民共和国的成立，标志着中国共产党取得了在全国执政的地位。在党中央的领导下，云南省委采取一系列措施，有力地巩固了新生的人民政权，带领全省各族人民取得了新民主主义革命的胜利，确立了社会主义制度，开展了社会主义建设。这一时期，云南各级党组织通过组织、思想、作风、制度、廉洁建设，对党的自身建设进行了卓有成效的实践与探索。

（一）以健全组织体系为基础开展组织建设

组织建设对于严密党的组织体系、扩大党员数量、提供人才保障、巩固党的执政基础和执政地位具有非常重要的作用。云南党的组织建设在这一时期主要是通过建立和发展地方各级党组织、积极发展党员、培养社会主义建设人才、开展整党整风等工作，增强党组织的凝聚力和战斗力。

1. 建立健全各级党组织

（1）建立地方党组织

党的地方组织处于党的中央组织和基层组织之间，既要创造性地执行中央政策及指示、决策，维护中央权威，保证中央政令畅通；又要为下级党组织的工作指明方向和提出要求，并对工作情况予以监督检查。

抓好组织建设工作。1950年2月24日，中共云南省委成立。同年7月，中共云南省第一次代表会议胜利召开。会议明确党组织建设的要求，就是保证党的高度统一，加强党的组织纪律性，结束过去独立分散、各自为政的游击状态，树立整体观念、全局观念，按照稳步前进的方法发展党的组织。1952年7月，在省委统一部署下，各地根据中央积极慎重的方针，采取"就地发展、集中教育"和"逐步发展、逐步巩固"的方式和步骤，逐步开始了公开建党工作。通过制订建党计划，开始了以有计划、分批发展党员和建立基层党组织为主要内容的党的组织建设工作。

成立地方组织。云南省委成立之初下辖1个市委、12个地委，此后经过发展，到1956年6月，省委下辖昆明市委、个旧市委、昭通地委、曲靖地委、楚雄地委、玉溪地委、蒙自地委、文山地委、思茅地委、临沧地委、大理地委、德宏地委、丽江地委、东川矿区党委、红河自治州边工委和省委委托思茅、丽江地委领导的西双版纳州边工委、怒江自治州边工委。

建立各系统党组。云南各级党委建立后，根据党章规定和中央指示，省委在政权系统、统一战线系统、群众团体系统各组织的领导机关陆续建立党组（党委），实现党的集中统一领导。1952年11月，经省委批准，成立中共云南省人民政府党组干事会，省政府直属各部门有党员干部负责人3人以上者均建立分党组；同月，设立了中共云南省检察署党组小组（1956年6月改为党组）；1953年7月，设立中共云南省人民法院党组。随着政协云南省委员会机关党组、云南省总工会党组、云南省妇女联合会党组、云南省文学艺术界联合会党组的成立，中央关于健全党委制的决定在云南得到全面落实，保证了各项工作的顺利开展。

（2）建立基层党组织

党的基层组织是党的全部工作和战斗力的基础。基层党组织的建立和发展，关系到党的路线、方针、政策能否顺利执行，关系到党在人民群众中的形象，意义重大、影响深远。当时云南主要是根据内地和边疆民族地区的实际，分门别类加强指导，建立地方基层党组织。

建立内地基层党组织。1950 年，云南拥有党支部 2246 个[①]。当时，由于各地发展情况不一，地方基层党组织的建立先是从内地开始，结合土地改革进行。为取得建立党组织工作的直接经验，内地首先选择在机关、土改工作队及一些有工作基础的重点乡进行试点。在试点中，各地都新吸收了一批各条战线上的积极分子加入党组织中来，进而建立起一批基层党组织。同时，在总结试点经验的基础上，从 1953 年起，大规模的基层党组织建设工作在云南内地农村全面铺开，并区别情况分 3 批开展。经过近两年努力，到 1955 年，内地县级机关均建立了总支委员会，县级机关的财贸系统、工交系统、文卫系统都建立了党支部，实现了党对各个系统、各条战线直接和全面领导。内地农村除个别条件不成熟的乡外，都以乡为单位发展了大批党员，建立了支部，做到了乡乡有党的支部，实现从县到乡党的垂直领导。

建立边疆地区基层党组织。边疆民族地区基层党组织的建立是随着和平协商土地改革和"直接过渡"的实施逐步开展的。1955 年 6 月 30 日，中共云南省第三次代表会议决定，在进行和平协商土地改革的地区，由地、县委领导开展党组织建设工作，取得经验后，再逐步开展，经过土地改革的乡都要建立起党支部。省委组织部根据这一精神，于 1956 年 8 月 19 日发出《对边疆和平协商土改地区建党工作的意见》。根据《意见》要求，边疆各级党委有计划地在土地改革已经结束的乡开展党组织建设工作，遵循"集中教育、坚持标准、就地发展和先建立团组织，尔后建立党组织"[②]的原则，将发展党员与选拔培养少数民族干部工作结合起来。各地认真贯彻党中央和省委关于边疆农村基层党组织建设工作的指示，借鉴内地党组织建设的经验，从 1955 年开始，在实行和平协商土地改革和实施"直接过渡"地区，先从重点开始乡发展团员、建立团支部，接着进行了试建党支部的工作。在党组织建设工作中，把发展农村党员同选拔培养少数民族干

---

① 中共云南省委党史研究室：《中国共产党云南历史第二卷（1950—1978）》，云南人民出版社 2018 年版，第 188 页。

② 中共云南省委党史研究室：《中国共产党云南历史第二卷（1950—1978）》，云南人民出版社 2018 年版，第 191—192 页。

部工作结合起来，把农村基层政权改造、建乡建政同建立党的农村基层组织结合起来，全面推进党组织建设工作①。省委坚持从实际出发，坚决执行中央积极慎重的建党方针，在各条战线上都发展了一定数量的党员，云南基层党组织薄弱的状况逐步得到改变。

不断优化党的基层组织。党的八大之后，省委从边疆民主改革的实际出发，不断健全优化党的基层组织体系。随着边疆和平协商土改和直接过渡等民主改革的推行，省委在这些地区广泛开展建党工作，建立了一些特殊的基层政权组织形式，如在"直接过渡"地区成立"爱国团结生产委员会""爱国团结生产小组""生产文化站"等过渡性的基层政权组织，领导群众发展生产，使之成为当地的政治、经济、文化中心。随着组织体系不断优化，云南党的基层组织随着形势的发展不断得到调整充实。

1958 年，为贯彻落实党的八大二次会议通过的社会主义建设总路线，开展"大跃进"和人民公社化运动，党的工作重点转移到农村，农村党的基层组织有了较大发展②。在"反右"和"文革"期间，尽管党的各级组织遭受了极大破坏，但党的组织经过整顿后仍有较大发展，各级党组织在挫折中经受了锻炼和考验。截至 1976 年底，云南有基层党委 2101 个，总支 1474 个，支部 3.71 万个③。

2. 注重干部队伍建设

干部队伍是党的事业的骨干。在推动党和国家各项事业发展的实践中，迫切需要建设一支宏大的高素质执政骨干队伍，通过他们来贯彻和执行党的路线方针政策，团结带领社会各领域各阶层的广大人民，为实现党的奋斗目标共同努力。解放初期，处于边疆民族地区的云南，更为迫切地需要大量干部带领各族人民建设新云南。加强干部队伍和领导班子建设成为当务之急。

（1）加强干部团结

新中国成立初期，云南的干部队伍主要由中国人民解放军二野四兵团选调或转业的干部、西南服务团云南支队成员、地下党及秘密外围组织成员、在云南境内的部分"边纵"成员和地方干部、民主党派和民主人士中的部分人员、部分起

---

① 中共云南省委党史研究室：《中国共产党云南历史第二卷（1950—1978）》，云南人民出版社 2018 年版，第 192 页。

② 中共云南省委党史研究室：《中国共产党云南历史第二卷（1950—1978）》，云南人民出版社 2018 年版，第 422 页。

③ 云南省地方志编纂委员会总纂，中共云南省委员会办公厅编撰：《云南省志·卷四十三·中共云南省委志》，云南人民出版社 2000 年版，第 788 页。

义军政人员以及后来提拔的工农干部、学校毕业分配的学生和社会吸收的优秀青年所组成。云南省委成立之初，坚决贯彻"团结第一，工作第二"的方针，把外来干部、本地干部和起义人员团结在一起。从省委当时组成人员来看，9 名省委委员分别来自野战军、西南服务团、"边纵"、地下党和中央调回云南工作的滇籍干部，实现了各类干部的合理搭配。在其他各级党政机构组成人员的安排上，外来干部和"边纵"、地下党干部也实现了总体平衡。

（2）开展审干肃反工作

随着国家各项建设事业的全面展开，党对干部进行必要的审查，及时掌握干部情况，使干部更好地为国家建设服务，成为党的组织工作的重要内容。1953年 11 月 24 日，中央作出《关于审查干部的决定》，要求必须在两三年内对全国干部进行一次细致的审查，以便更进一步了解干部，保证建设任务的顺利进行。按照这一指示及"慎重的审干方针，稳当的工作步骤"的精神，云南开展了干部审查工作。在审干过程中，1955 年 7 月，中央决定开展一场肃清暗藏的反革命分子的运动。1955 年 10 月 24 日，中央发出《关于审查干部工作同肃反斗争结合进行的指示》。按照中央精神，云南的审干工作结合肃反斗争进行。经过几年的审干肃反工作，基本弄清了受审查人员的情况，对被审查干部作了结论。审干工作纯洁了各级干部队伍，弄清楚了各类干部的政治历史情况，使各级领导机关全面地了解所属干部的情况，为有计划地培养干部，正确地使用干部创造了必要的条件①。同时，肃反工作也肃清了一批反革命分子，打击了敌人的破坏活动、扩大了人民内部的团结、维护了社会秩序，为经济建设提供了稳定的社会环境。

3.重视党员队伍建设

党组织由党员组成，党员的数量决定着党组织的规模和党的群众基础，党员的素质在很大程度上决定着党组织的质量和水平。党员在党组织中享有党员权利和义务，按照一定的规定进行党组织活动，在推动落实党的纲领、路线、方针、政策方面起重大作用。这一时期，云南各级党组织高度重视吸收、挑选和培训党员，发挥党员先锋模范作用，促进党的各项决策部署的贯彻落实。

云南的党员队伍，是在新民主主义革命斗争中逐步发展起来的。到 1950 年，云南拥有党员 4.17 万名②。党员队伍的发展壮大，为顺利完成党的中心工作提供了保证。1950 年 5 月 21 日，中央发出《关于发展和巩固党的组织的指示》，明

---

① 中共云南省委党史研究室编：《中共云南省委大事纪略（1950 年 2 月—2013 年 12 月）》，第 47 页。
② 中共云南省委党史研究室：《中国共产党云南历史第二卷（1950—1978）》，云南人民出版社 2018 年版，第 188 页。

确提出，在老区，党组织建设的任务不是继续发展党员，而是加强对党员的教育和调整党的组织，逐渐把觉悟程度不够的党员提高到合格共产党员的水平，对不具备党员条件的，劝其退党或开除其党籍。在新区农村中，暂不发展党的组织，而是集中力量在各种斗争中组织和教育广大农民，发现与培养真正的积极分子，等土地改革完成后，再进行发展党员的工作。这一时期，云南把工作重点放在整党上，集中力量审查轮训新党员，整顿党的作风，整顿党的基层组织。

1952 年 11 月召开的中共云南省第一次组织工作会议通过了《关于贯彻中央方针、积极慎重发展新党员的决议》，明确了新党员的条件、建党重点和方法、组织领导等问题，为云南党员队伍的发展壮大以及发挥作用充分奠定了制度基础。各地根据省委指示，培养训练了一批专职组织员，对各地的发展对象进行系统的教育和考察，从而保证了新发展党员的质量。1955 年 6 月 30 日，中共云南省第三次代表会议在昆明召开。会议按照《中共中央关于接收新党员手续的规定》等指示精神，指出发展党员"必须有计划、有准备、有领导地进行"。针对基层干部、骨干不足的状况，接收"经过考察，经过教育，成分好，觉悟高，历史清楚，对党忠诚，在群众斗争及工作、生产和学习中表现积极，懂得党的事业，并愿终身为党的事业奋斗，能够遵守党的纪律的人入党。"党员队伍进一步得到了充实和发展。

为广泛发展党员，党的八大《关于修改党的章程的报告》提出，党员的数量还是很少，今后除了要努力提高党员的质量以外，还需要继续有计划地接受要求入党而又完全合于党员条件的人入党①。1956 年 6 月，省委批准下发了《关于在讲师以上教师中发展新党员工作报告》，提出在知识分子特别是高级知识分子中发展党员的意见。同时，对党的工作薄弱的部门，有计划地调派干部去加强工作，逐步改变了这些部门党的工作落后的状况。各级党组织认真查找在知识分子工作中存在的不良现象和问题，采取举办"青训班""工训班"等形式，在生产一线、在知识分子中培养发展了一批积极分子入党，特别是发展了一批有名望的知识分子入党，大大激发了知识分子的政治热情和业务工作的进取心，在社会上产生了较好的影响②。

在发展党员和建设基层党组织的同时，为调动一切积极因素参加社会主义建

① 中共中央文献研究室编：《建国以来重要文献选编》第 9 册，中央文献出版社 1994 年版，第156 页。

② 中共云南省委党史研究室：《中国共产党云南历史第二卷（1950—1978）》，云南人民出版社2018 年版，第 421 页。

设，掀起全面建设社会主义的高潮，全省各级党组织大力提拔、配备干部，并加强对知识分子、妇女、少数民族和年轻干部的培养选拔工作，加快了云南干部队伍建设的步伐。

云南各级党组织通过继续积极发展党员，吸收大批符合党员标准、愿意为共产主义奋斗的人入党。截至1976年底，云南共有党员81.83万名①。党员队伍得到极大的充实和发展，党员的先锋模范作用得到发挥，保证了云南各项事业的顺利进行。

4. 整顿各级党组织

为加强党的组织建设，根据中央的统一部署和云南的实际情况，在省委的领导下，各级党组织开展了多次整党活动，不断提高党员的政治思想水平，增强党的战斗力，纯洁党的组织，保证党的路线、方针、政策的贯彻执行。

1951年3月28日至4月9日，中国共产党第一次全国组织工作会议在北京召开，会议通过了《关于整顿党的基层组织的决议》②，对整党建党工作作出了具体部署。根据全国组织工作会议作出的各项决议，全党有步骤地开展了整党运动。1951年5月21日，云南省委作出《关于初步整顿党组织的决定》。各级党组织严肃谨慎，有领导有步骤地进行整党。通过整党，达到了提高党员思想觉悟，从组织上划清敌我界限的目标。

从1951年5月到1953年初，省委从边疆、多民族的特点出发，"严肃稳慎"地开展整党工作。在中央作出开展"三反"运动部署以后，省委又将整党工作与"三反"运动结合起来进行，为整党工作增添了新的内容和动力。各级党组织严格按照省委的指示，通过调整县级以上主要领导干部、培训教育干部、审查干部、整顿党支部、开展"三反"运动等认真细致地开展整党。为了更好地进行党组织的整顿，云南集中了原云南地下党和"边纵"的党员干部，在各级党校党训班中进行整党。省委党校开办了三期整党训练班，同时又集中了县以上的干部及一部分区级干部进行整整，各地、市委党训班则整训区级及区以下的一般干部。在整党中，省委坚持严肃慎重、耐心教育和争取的方针，采取启发思想、提高觉悟的方法，分清思想问题与政治问题、一般党派问题与严重政治问题，同时明确规定思想问题思想解决，主要处理敌我问题。经过学习文件、

---

① 云南省地方志编纂委员会总纂，中共云南省委员会办公厅编撰：《云南省志·卷四十三·中共云南省委志》，云南人民出版社2000年版，第788页。

② 中共云南省委党史研究室：《中国共产党云南历史第二卷（1950—1978）》，云南人民出版社2018年版，第197页。

交代政策、小组讨论、支部决定、本人同意、党委审查、省委批准几个程序进行组织处理。各地参照省委党校做法，采取组织学习党员标准的八项条件，进行党员登记，党组织对党员作审查鉴定、作出组织处理等步骤进行整党。通过这次整党，使得参加整党的广大党员，特别是长期处于地下斗争和游击战争环境的云南地下党干部，政治觉悟和政策水平都有所提高，党性有所增强，初步纯洁了组织，对完成减租退押、土地改革、"三反""五反"运动等各项民主改革任务起了保证作用，为大规模进行社会主义改造和社会主义建设作了思想和组织准备①。

1963 年 4 月，省委发出《关于加强党的基层组织工作的指示》。根据指示，各级党组织继续做好党员教育工作，有重点地整顿党的基层组织，加强基层党组织的工作。在做好这些工作的基础上，有领导、有计划、有步骤地对所有党员进行一次重新登记，达到了进一步提高党员质量、纯洁和巩固党的组织、增强党的战斗力的目的。就边疆地区建党较晚以及教育训练党员和支部工作中存在的问题，党组织有计划、有领导地加以整顿。逐步开展支部的经常性工作，重点是选拔配备好支部的领导骨干，查实党员，整编党小组，把党员组织起来；有计划、有步骤地对支部书记普遍进行一次训练；由各地县委直接领导，通过对党员进行基本教育的试点，搜索总结了一些具体经验，为随后全面对党员进行教育训练做好准备。

1967 年下半年，随着全国各地陆续成立革命委员会，各级党组织相继恢复。12 月，党中央发出《关于整顿、恢复、重建党的组织的意见和问题》，中央通过成立整党建党领导小组，陆续开展整党建党工作。1969 年 7 月 15 日至 8 月 16 日，云南省革委会的核心小组在昆明召开全省整党工作会议，对整党工作进行部署。在整党过程中，云南重新建立了各级党组织，恢复了多数党员的组织生活。在中共云南省第二次代表大会召开后，省、地、县分别召开了党代会，建立了各级党的委员会，对于遏制造反派势力，稳定全省局势起了一定的作用。

在揭批、摧毁"四人帮"在云南的帮派体系过程中，省委再次进行了整党整风，保证了党的集中统一领导，加强了领导班子建设，使各级领导权掌握在德才兼备的干部手里。在此次整党中，省委强调各级党委必须严格实行党的民主集中制和遵守党的纪律；严格执行"共产党员绝不允许结帮营私，绝不允许在党内组织派别和秘密集团"的规定；在揭批"四人帮"的斗争中，从思想上、政治上、

① 当代云南编辑委员会主编：《当代云南简史》，当代中国出版社 2004 年版，第 140—141 页。

组织上整顿和建设好各级领导班子。

通过整顿党组织，云南各级党组织处理了一批不合格党员，纯洁了党员队伍，改善了党员与群众的关系，组织成分和党员素质有了明显改善与提高。

通过加强组织建设，广泛发展党员，整顿基层党组织，调整加强各级领导班子，从组织上保证了党的路线、方针、政策的贯彻执行，为云南社会主义革命和建设提供了坚强的组织保证。

（二）以干部教育为支撑开展思想建设

注重从思想上建党，是中国共产党作为马克思主义政党的鲜明特色、光荣传统和独特优势。思想建设作为党的一项基础性建设，为党的建设奠定思想基础，提供理论指导和精神动力。省委始终高度重视各级党组织和党员领导干部的思想建设，通过加强对干部的教育培训和理论武装，不断提高党组织和党员领导干部的马克思主义理论修养。

1. 构建干部理论教育体系

由于新中国成立初期党员干部的文化程度普遍较低，一些党员干部对马克思主义理论还比较陌生，党内存在不同程度的忽视理论的经验主义倾向。为了改变党内理论教育的薄弱现状，提升党员干部的知识水平，省委坚决贯彻中央部署，突出加强对党员干部的理论教育。

1950年2月，省委宣传部成立，下设理论教育科（后改为处），具体负责组织全省干部进行理论教育工作。同年5月，省委组建了学习总会，各系统各部门分别建立了学习分会，加强对全省党员干部学习的统一领导。为了加强干部培训教育，各级党委成立党校，作为培训各级领导干部的基地。1950年8月，省委决定成立云南省委党校，开始培训中、初级领导骨干。通过开展培训，用马克思列宁主义、毛泽东思想武装党的干部，从思想上理论上加强党的建设，巩固党的组织，提高干部素质，保证党的各项任务顺利完成。

1951年2月，党中央发出《关于加强理论教育的决定》，指出在学习问题上存在着忽视理论的经验主义的危险倾向，并对干部理论学习的内容、时间与考试制度等作了具体规定。云南省委按照中央指示，建立干部政治理论学习制度，培养和配备理论教员和理论工作干部，逐步把干部理论教育引向经常化、正规化。1951年5月17日，省委下发文件，要求各级党委自上而下建立政治理论学习制度，重点抓好领导干部的学习。随即，省委和昆明市机关按规定编成高级组、中级组和初级组组织干部学习。1951年6月25日，省委召开第一次宣传工作会议，在党员、党外积极分子中，在全社会进行马列主义基本理论的宣传，加强党对人民的思想领导，正确开展思想斗争。

1952 年 9 月，省委发出《关于干部理论学习的规定》。省级机关干部按文化程度及政治斗争经验，按规定程序编组学习。10 月，省委省政府机关干部业余政治学校先后开学。根据省委由点到面逐步展开干部正规化理论教育的指示，全省先后在省级机关、昆明、个旧、宜良、玉溪、曲靖等地开办了 41 所干部业余政治学校。各级党政领导干部大多被聘为理论教员、校长或教务主任，领导和指导学习。

党员干部按文化程度及工作经验，分 3 级进行编组学习。初级组学习政治常识，中级组学习中共党史，高级组（地专以上干部或具有相当于大学文化程度，并有相当工作经验和理论基础者）学习《毛泽东选集》，着重学习《实践论》《矛盾论》。到 1954 年底，云南已有业余政治学校 85 所（总校 17 所、分校 68 所），学员 5770 人，配备了专职教员 17 人、兼职教员 363 人、学习辅导员 898 人；全省参加理论学习的人数合计达 12.71 万人，其中高级组 498 人，中级组 5824 人，初级组 12 万余人 ①。

1954 年 11 月，省委召开第二次全省宣传工作会议，传达贯彻第二次全国宣传工作会议精神。会议明确了党的思想工作的方针、职责和当前确实需要解决的问题。各级党组织进一步批判各种轻视思想工作的错误观点，真正把思想工作放在党的工作的首位。从 1954 年起，各级党校相继举办理论学习班，由配合党的中心工作培训干部向正规地对干部进行马克思主义理论教育转变，党员干部的理论学习逐步步入正轨。在一些地区，党组织还根据实际需要对干部进行了专业培训。

1956 年 1 月，省委组织部制定《关于理论教育工作的初步规划》，规定高、中级组按中央规定的政治经济学、哲学、苏共党史、中共党史、党的建设 5 门课程的顺序学习，初级组则按党的基本知识、理论常识、政治常识的课程顺序学习 3 年。

进入 20 世纪 60 年代，省委提出在职干部理论教育应贯彻"两条腿走路"的方针，既进行当前形势任务与政策学习，又进行基础理论教育。对不同文化程度、不同岗位的干部提出不同的要求：高级干部结合调查研究，用学到的基础理

① 云南省地方志编纂委员会总纂，中共云南省委员会办公厅编撰：《云南省志·卷四十三·中共云南省委志》，云南人民出版社 2000 年版，第 910 页。

论来分析、指导实际，对实际工作中的各种问题予以理论上的说明；中级干部和一般干部主要是通过掌握马列主义、毛泽东思想的基础理论知识，更好地领会党的路线、方针和政策。

这一时期，云南通过建立党员干部政治理论学习制度，实现了正规化的培训教育，逐步把干部理论教育引向系统化和规范化，形成了党员培训教育常态化机制。通过培训教育，党的思想宣传工作得到进一步加强，党员干部的文化素质和思想政治理论素质均有一定程度的提高。

2.强化党员干部理论教育

根据实际需要，云南各级党组织认真组织开展马列主义、毛泽东思想的学习宣传和教育活动，批判旧思想，创立新思想，使党员干部在理论上得到武装。

（1）学习社会主义建设理论

1953年以后，为适应国家进入社会主义建设的需要，云南在全省干部中组织社会主义建设理论的学习。1954年5月，省委宣传部在《1954年理论教育工作计划》中指出，干部理论学习内容以社会主义建设的理论、政策和基本知识为中心，高、中级组学习联共党史，初级组学习经济建设常识读本。通过学习培训，尤其是从对苏联共产党历史的学习中，汲取社会主义经济建设和政治斗争的经验及教训，加深了对社会主义建设的认识。

高度重视对党的八大精神的学习贯彻。1956年11月8日，省委发出《关于学习和宣传党的第八次全国代表大会文件的决定》，各级干部把学习党的八大精神当作思想政治理论学习的一项重点，全体党员特别是领导干部认真学习党的八大精神，运用整风的精神联系工作和思想实际进行对照检查。党的八大二次会议制定"鼓足干劲，力争上游，多快好省地建设社会主义"的总路线后，省委于1958年6月发出《为贯彻执行党的社会主义建设总路线在干部中普遍开展学习毛主席著作运动的通知》，一般干部主要学习总路线和《关于正确处理人民内部矛盾的问题》，县以上干部系统学习毛泽东同志关于社会主义建设的理论。1960年1月27日，省委发出《关于组织党的领导干部学习政治经济学的意见》，要求领导干部必须以批判的、比较的方法学习，反对教条主义。省委常委，省委各部委正、副部长（主任），省人委正、副厅（局）长，地（市）委常委，县委书记，各大厂矿和高等学校的领导干部，由第一书记和各部门主要负责干部挂帅，分别组成学习小组。各级领导干部以毛泽东思想为指导，以苏联《政治经济学教科书》为线索，联系我国的实践和马克思、恩格斯、列宁有关政治经济学著作，对照起来学。通过学习，广大领导干部弄清了政治经济学的一些基本范畴，划清了马克思主义与非马克思主义的根本界限，理论素养得到了极大提高。

（2）进行反对修正主义教育

1961年苏共二十二大以后，国际共产主义运动中意识形态的分歧和争论日益公开化。苏共领导人、苏联报刊以及苏共影响控制下的一些国家发表许多决议、声明和文章，攻击中国共产党。中国共产党从1962年12月起，连续发表文章、声明，阐明中国共产党在国家关系中的重大方针政策和国际共产主义运动的路线、策略，以及对当代世界的基本矛盾、无产阶级革命和无产阶级专政、战争与和平等问题的观点，并指名批判"赫鲁晓夫修正主义"。从1962年12月开始，云南把反对修正主义的教育作为干部理论教育的一项重要内容。1964年1月28日，省委批转省委宣传部《关于我省在职干部业余政治理论学习安排意见》，指出干部学习的重点应放在行政17级以上的各级领导骨干，决定在省委党校开设高级干部读书班，学习内容以反对"现代修正主义"为主。2月8日，省委发出《关于向基层干部、党员和人民群众进行反对现代修正主义教育的通知》，在基层干部、党员和人民群众中开展反对"现代修正主义"的学习和教育。

（3）突出毛泽东思想的学习与宣传

为帮助人民群众全面了解中国革命的历史及经验，掌握中国革命和建设的基本理论和方法，1951年10月12日，《毛泽东选集》第一卷正式出版并在全国发行，这成为当时社会政治生活中的一件大事。10月27日，省委发出《关于认真宣传〈毛泽东选集〉出版的决定》，云南各级党委动员，全党重视，并认真地向广大人民群众宣传《毛泽东选集》的出版发行。10月28日，省级机关干部千余人集会，庆祝《毛泽东选集》出版，省委第一书记宋任穷作了讲话。11月7日，《毛泽东选集》在昆明市公开发行。随着1952年4月、1953年4月《毛泽东选集》第二、三卷的出版，在云南党员干部和各族各界群众中掀起了广泛学习毛泽东著作的热潮，毛泽东思想作为中国革命和建设的指导思想在云岭大地得到了广泛传播。

为进一步提高对马克思列宁主义的思想水平和认识能力，加强思想政治工作，提高广大干部群众的阶级觉悟，1964年8月18日，发布了《中共中央关于县级以上干部学习毛主席哲学著作的决定》。1964年11月2日，省委发出通知，要求全省县级以上干部在1965年上半年前，以毛主席的四篇哲学著作为主要学习内容。1965年7月，省委宣传部召开全省宣传工作会议。宣传部门把组织学习和宣传毛泽东思想，作为自己的首要职责。1966年2月26日，省委宣传部在《1966年干部学习毛主席著作的意见》中，要求各级干部认真贯彻省委提出的"带上一部《毛选》，一把锄头，到农业生产第一线去，到群众中去"的工作方针和工作方法。强调"带着问题活学活用毛主席著作"。1966 年 3 月 11 日，省委召开常委扩大会议，专门讨论进一步组织全体干部学习毛主席著作。1966 年 6 月，省委发出《关于进一步组织干部和群众学习毛主席著作的意见》。从此，云南掀起了广泛长期地学习毛主席著作运动。通过学习毛主席著作，云南各族人民增强了对毛泽东思想的理解和掌握，并将毛泽东思想创造性地运用到推动社会主义建设实践中去。

这一时期，云南重点通过对党员干部进行马克思列宁主义理论教育，加强党的思想建设，有效克服了党内的主观主义、宗派主义和官僚主义等消极思想，有力抵制了资产阶级腐朽思想的侵蚀，提高了各级党员干部的理论素养，提升了党员干部的工作能力，为云南开展社会主义建设奠定了坚实的思想基础。

（三）以整风运动为抓手开展作风建设

党的作风是党的性质、宗旨和价值取向的外在表现，反映着党的形象，是观察党群干群关系、人心向背的晴雨表。作风建设关系党的生死存亡，关系人心向背，关系社会主义事业的兴衰成败。这一时期，云南各级党组织非常重视作风建设，通过整党整风推动党的作风转变，保证了党的各项路线、方针、政策的落实。

1. 开展以党员干部为重点的整风运动

党的工作任务和工作方式的变化，对党员干部的作风提出了新的要求。针对部分党员干部的思想作风还不能适应新形势新任务需要的现实，为纯洁党的队伍，整顿党的作风，加强党的战斗力，根据中央要求，在不同时期对党员队伍都进行了比较系统的党性党风教育。

1950 年 5 月 1 日，党中央发出《关于在全党全军开展整风运动的指示》。各级党组织结合具体工作，在全党尤其是领导干部中开展了一次大规模的整风运动。1950 年 6 月，党的七届三中全会对全党的整风运动作出了具体部署。明确指出这次整风的目的是让党的干部明确阶级立场与群众观点，端正思想，加强党性，密切与人民的联系；主要任务是通过整风，提高党员干部的思想水平和政治水平，克服以功臣自居的骄傲自满情绪，克服官僚主义和命令主义，改善党和人民群众的关系。1950 年 7 月，云南第一次党员代表会议决定在全省整训党的干部。主要通过省委办党校，地委办区级干部学校，县委办乡村干部训练班和农民积极分子训练班的方式来开展。同年 8 月，省委在《关于加强干部整风的补充指示》中明确指出："干部整风的基本目的是为了明确阶级立场与群众观点，端正政策，提高思想，加强工作，密切党与人民的联系。"①各级党组织和党员响应党中央和省委的号召，积极投入到整风运动中。整风运动本着思想教育为主的精神，通过集中学习整风文件，总结报告工作情况，个人检讨反省，找出存在问题，以开展批评与自我批评的方式进行分批整训。整风的重点是担任领导的党员干部。为了加强整训效果，从1950年9月至1951年6月，在省委党校举办了三期整风学习班，轮训了县级党员干部，着重解决干部队伍中的地富思想、强迫命令作风和无组织无纪律现象，解决好阶级立场和群众观点，为完成清匪反霸、减租退押和土地改革做好思想准备。由于采取和风细雨式的教育方法，消除了广大党员干部的思想顾虑，党员干部都能坦诚地谈心交心，查找问题改进作风，达到了教育党员、提高思想、端正党风的目的。

2. 开展以正确处理人民内部矛盾为主题的整风运动

随着社会主义制度的初步建立，为正确处理人民内部矛盾，迫切需要进一步整顿党的作风。1957年4月，中央发出《关于整风运动的指示》，决定在全党进行一场以正确处理人民内部矛盾为主题，以反对主观主义、官僚主义和宗派主义为主要内容的整风运动。

1957年5月，省委召开常委扩大会议，学习中央《关于整风运动的指示》文件精神，讨论和布置整风运动。对整风的内容、要求、步骤和方法进行了研究，提出了坚持理论与实际相结合，贯彻"严肃认真而又和风细雨"的方针。随后，云南整风运动在省级机关和昆明市机关展开。

为了把整风运动推向深入，《云南日报》发表题为《把整风运动变成党员思想自觉的思想运动》的文章，对整风运动的必要性、目的和原则作了论述。提出我们党整风的性质是一场进行自我教育和自我改造的运动，目的是提高党员的思想水平，适应新形势和新任务。

云南整风采取以教育为主的原则及和风细雨的方法。在整风运动中，各级党组织按照正确处理人民内部矛盾的要求，采取批评与自我批评的方法，鼓励社会各界提出意见建议。无论是地方还是部队，从一开始就注意联系云南边疆民族地区的实际，注重处理好民族关系，既达到了整风的目的，又体现了云南整风运动的突出特点。

---

① 云南省地方志编纂委员会总纂，中共云南省委员会办公厅编撰：《云南省志·卷四十三·中共云南省委志》，云南人民出版社2000年版，第816页。

1957年10月15日，中央发出《关于在少数民族中进行整风和社会主义教育的指示》。为贯彻这一精神，云南省委从边疆民族地区的实际出发，采取了慎重的方式方法，对内地民族地区、边疆和平协商改革区和"直接过渡"地区制定了不同的整风政策，分别采取适合民族特点的方式方法进行社会主义教育运动，既反对大汉族主义，也反对地方民族主义。

农村基层整风运动作为整风运动的组成部分，是伴随着县级以上机关整风运动和反右派斗争开展而开始的。1957年8月，云南省委召开地市委书记会议，对农村整风运动作出了部署安排。农村整风分两步进行：第一步以政治斗争为主，主要打击地主富农的反动气焰；第二步以思想斗争为主，主要批判富裕农民的资本主义思想，整顿合作社，改进干部作风。此后，农村整风按阶段、分重点推进。随着"大跃进"运动的开始，农村基层整风进入重点整顿合作社阶段。人民公社建立后，农村整风运动的重点由整顿合作社变为整顿人民公社。把农村基层的整风和整顿人民公社结合起来，通过发动群众鸣放辩论，展开批评与自我批评，达到了改善干群关系、鼓舞群众生产积极性的目的。

1959年1月10日，云南省委印发《关于在农村基层组织中开展整风运动的决议》，农村整风运动的重点转为整顿基层党组织。随着整社整风运动的深入，农村基层整风的主题转到了农村社会主义教育上。1959年11月10日，省委发出《关于开展以两条道路斗争和社会主义教育为纲的整社整风运动的指示》，要求以进行两条道路的斗争和社会主义教育为纲，一手抓政治，一手抓生产，有计划、有步骤地领导群众，用和风细雨的方式进行整社整风运动，并且结合整党整团工作，对农村党和团的基层组织进行一次组织整顿。通过此次整风运动，进一步提高了基层组织的战斗力，提高了广大党员的思想觉悟，改进了干部的作风，改善了党员干部与人民群众的关系。

3. 开展以领导班子为重点的整风运动

由于"四人帮"的破坏，党内形成了思想不纯、组织不纯和作风不纯的问题。党的十一大提出，以整顿好和建设好各级领导班子为目标，开展整党整风，加强党的建设，"真正搞好党的思想建设和组织建设，必须整顿党的作风，在全党广泛、深入地进行党的优良传统的再教育。"

1977年12月至1978年1月，云南省委召开有地、州、市委书记参加的常委扩大会议进行整风，集中解决常委内部的问题。此后，各地、州、市委和绝大多数省属部、委、办、局也采取召开党委（党组）扩大会议的方式，开展批评和自我批评，主要围绕思想整顿对领导班子进行整风。通过在省委党校举办干部读书班和训练班等形式，加强党的作风建设。要求全体学员坚持理论联系实际的学风，用整风精神学习理论，端正学习态度，切实解决党性不纯和作风不纯的问题，把被"四人帮"破坏了的党的优良传统和优良作风恢复和发扬光大起来。通过整党整风，从组织上保证了党的路线、方针、政策能够在云南顺利贯彻执行，促进了"揭批查"运动和各项工作的开展①。

这一时期，云南党的作风建设，以整风运动为重点，积极改进党员干部的作风，在提高党员干部思想素养、落实党的方针政策、密切干群关系方面取得了显著的成效，对云南恢复经济政治秩序和改变社会状况产生了极大的推动作用，保证了党的各项事业的顺利进行。

（四）以建章立制为内容开展制度建设

制度建设是加强党的建设的重要保障。不断健全和完善党的规章制度，可以确保党的路线、方针、政策的执行。这一时期，云南党的制度建设主要是以坚持民主集中制为核心，通过确立党的领导体制，贯彻实行党代表大会制度等，为党的建设提供制度保障。

1. 建立党委领导制度

民主集中制作为党内政治生活的重要法宝，为加强党的建设提供重要制度保障。加强党的建设，必须以民主集中制为根本遵循。省委坚持以民主集中制为核心，建立健全党委制，加强地方党委领导制度建设。

根据中央《关于健全党委制》的决定，省委对各级党组织的管理采取"条块"结合的方式。"条"即是按系统和部门管理，"块"即是按行政区划建制管理。在1956年以前，为适应党的一元化领导，党委工作机构设置比较多，并根据需要不断调整。通过各部门分级管理干部，干部管理工作逐步规范，实现了党对干部的统一管理，使得党能够根据形势发展需要，统一调配干部力量，党委制得到加强。

云南省委成立之初，有省委委员9人，实行全委会集体领导。1954年10月，经中央批准，省委设立常务委员会。1955年6月，按照中央《关于建立省、市委书记处的决定》，经中央批准，省委设立书记处，作为省委处理日常工作的机构，执行省委决议和检查执行情况，对常委会负责。各级党委也先后设立常委会，作

---

① 中共云南省委党史研究室：《中国共产党云南历史第二卷（1950—1978）》，云南人民出版社2018年版，第562页。

为日常决策机构①。1956 年 6 月，随着中共云南省第一次代表大会召开，党的建设进入一个新的阶段，党的领导体制和组织制度上有了新的变化。云南开始实行党员代表大会制度，同时还加强了省委工作部门和党的监察机关建设。

通过建立健全党委领导制度，云南的地方党委领导体制得到了确立和不断完善，有力巩固了人民政权，促进了社会主义事业的发展。

2. 实行党的代表大会制度

党的代表大会制度是党的一项根本性的组织制度，是党内民主的重要体现形式。早在 1948 年 9 月，中央就发出《中共中央关于召开党的各级代表大会和代表会议的决议》，要求正常召开代表大会。1950 年 7 月 20 日至 31 日，中共云南省第一次代表会议召开。1954 年 3 月 16 日至 4 月 14 日，中共云南省第二次代表会议召开。1955 年 6 月 16 日至 30 日，中共云南省第三次代表会议召开。

三次党的代表会议的顺利召开，为召开党的代表大会奠定了基础，积累了经验。1956 年 6 月 25 日至 30 日，中共云南省第一次代表大会在昆明召开，标志着党的代表大会制度在云南的确立。

通过实行党的代表大会制度，明确了党代会的职权、组织程序等，保证了党内决策和党内监督的有效实施，云南党内民主得到了很大的发展。

3. 推行宣传员和报告员工作制度

为加强对思想舆论的引导，按照中央的部署，1951 年 4 月，省委发出《关于执行中央〈关于在全党建立对人民群众的宣传网的决定〉》，在全省建立了宣传员和报告员工作制度。在党的每个支部设立宣传员，在党的各级领导机关设立报告员，并建立相应的工作制度。宣传员的任务是在党组织领导下，向人民群众宣传党和政府的政策、国内外时事、当前面临的生产工作任务及模范经验；批驳反动谣言和群众中流传的错误思想；将人民群众反映的情况向党组织报告，以便适时改进党的宣传内容和宣传方法。报告员既是高级宣传员，也是宣传员的领导者。他们的主要任务是直接地经常地向人民群众作关于时事、政策、工作任务、工作经验的报告。每个报告员每两个月必须至少作一次政治报告。

宣传员深入农村，深入基层，宣传动员群众，群众生动地把宣传员称为"活的报纸和黑板报"。报告员给各级机关党员上党课，并轮流下乡，向基层党员讲解党的政策和当前的形势任务。据不完全统计，仅 43 个省级报告员，1951 年半

---

① 中共云南省委党史研究室:《中国共产党云南历史第二卷（1950—1978）》，云南人民出版社 2018 年版，第 194 页。

年时间就向社会各界做报告 177 次，听众达 20 万人。宣传员和报告员工作制度的建立，对于从上至下系统地建立起遍及全省的经常性宣传网，广泛而深入地对人民群众进行社会主义思想教育，起到了积极的推动作用①。

4.实施组织员制度

在内地公开建党过程中，为了保证建党工作顺利开展，在干部少任务重的情况下，根据中央有关决定，云南各级党委建立了组织员制度，选择和训练了一批可靠称职的专门从事组织工作的党务干部负责发展、管理党员工作。他们的主要任务是审查党员是否符合条件，监督、帮助、检查支部建党工作；根据审查新党员的情况，代表组织进行谈话。在各级党委开展统一培训后，组织员奔赴各地农村和厂矿，协助当地党委进行建党工作。在内地建党期间共培训建党干部 1596 人，其中组织员 964 人，能够独立负责一个乡的建党工作的骨干 250—300 人。组织员制度的实施，弥补了解放初期组织发展制度不健全、组织干部缺乏的问题②。

通过建立和完善各项制度，扎实开展制度建设，推进了云南各级党组织工作的制度化、程序化和规范化，切实推进了党的建设各项工作的顺利开展。

（五）以惩治贪腐为重点开展廉洁建设

中国共产党历来十分重视党的廉洁建设，严厉惩治贪污腐败行为。新中国成立后，逐步走上了制度化、规范化的道路。这一时期，云南纪检监察机构成立后，通过开展反对贪污腐败，查处了一批党内违纪案件，对于端正党风、维护党纪、纯洁党的组织、教育党员，产生了重要的作用。

1.设立监督机构

1949 年 11 月，党中央作出《关于成立中央及各级党的纪律检查委员会的决定》，明确各级党的纪律检查委员会在中央和各级党委领导下负责党的纪律检查工作。1950 年 4 月，中共云南省委员会纪律检查委员会成立。1951 年 1 月，云南省人民政府监察委员会成立，成为省人民政府的组成部门之一。1955 年 2 月，云南省第一届人民代表大会第二次会议选举出云南省人民委员会。原省人民政府监察委员会改为云南省人民委员会监察厅，作为省人民委员会的组成机构之一，原省人民政府监察委员会的工作移交省监察厅。1955 年 6 月，中共云南省委一届

---

① 中共云南省委党史研究室：《中国共产党云南历史第二卷（1950—1978）》，云南人民出版社 2018 年版，第 202 页。

② 中共云南省委党史研究室：《中国共产党云南历史第二卷（1950—1978）》，云南人民出版社 2018 年版，第 190 页。

三次代表会议选举出中共云南省委监察委员会，取代中共云南省委员会纪律检查委员会，成为省委的一个职能部门。1959 年 7 月，云南省人民委员会第五次会议决定撤销省监察厅。1961 年 1 月，省委印发了认真学习执行中央制定的《党政干部三大纪律、八项注意》，要求全省各级党政干部严格执行。1978 年 9 月，省委恢复成立了因"文化大革命"影响被撤销的纪律检查委员会。11 月 17 日，召开了第一次纪律检查工作座谈会。指出在揭批"四人帮"的斗争中要做好党员的纪律教育工作；认真检查党员和党员干部执行纪律的情况，同各种违反党的纪律的行为做斗争；做好对犯错误干部的定性处理，以此巩固揭批"四人帮"斗争的成果。

通过建立党的纪律检查委员会和监察委员会，明确了专门监督机构的职权范围，加强了党的纪律，纯洁了党的队伍，保证了党的路线、方针、政策的执行和实施，得到了广大人民的拥护，对党的建设发挥了重大作用。

2. 打击贪污腐败

1951 年 10 月召开的全国政协一届三次会议，向全国各民族、各阶层人民发出开展增产节约运动的号召。随着增产节约运动的开展，也暴露出各级党政机关内部存在着贪污、浪费现象和官僚主义的现象。

1951 年 12 月 1 日，中央发出《中共中央关于实行精兵简政、增产节约、反对贪污、反对浪费和反对官僚主义的决定》，《决定》要求在党的领导下，采取自上而下和自下而上相结合的方法，检查贪污浪费现象，开展反对贪污、反对浪费和反对官僚主义的斗争。省委遵照中央和西南局的指示精神，在全省范围内发动了反贪污、反浪费、反官僚主义的"三反"运动和反行贿、反偷税漏税、反盗窃国家财产、反偷工减料、反盗窃国家情报的"五反"运动。"三反"运动按照普遍检查、围攻"老虎"、定案追赃和思想建设 4 个阶段进行，至 1952 年 8 月 30 日结束。1952 年 1 月 26 日，中央向全党发出了《关于在城市中限期展开大规模的坚决彻底的"五反"斗争的指示》，规定了"五反"的范围、斗争的方针和任务，省委从 2 月份开始，相继在个旧、下关、开远、蒙自等城市启动了"五反"运动①。通过开展"三反""五反"运动，整顿了党内不良倾向，对全体党员进行了一次反对腐败、坚持廉洁的教育，有力地抵制了资产阶级腐朽思想对广大党员干部群众的腐蚀，教育了干部的大多数，挽救了犯错误的同志，清除了党的队伍和国家干部队伍中的贪污腐败分子，密切了干群关系，增强了党组织的战斗力。

---

① 中共云南省委党史研究室编：《中共云南省委大事纪略（1950 年 2 月—2013 年 12 月）》，第 42—43 页。

通过开展廉洁建设，广大党员干部普遍接受了廉政警示教育，打击了党内存在的违法乱纪现象，纯洁了党的队伍，壮大了党的力量，凝聚了人心，进一步增强了党的威信，极大地激发了云南各族人民对共产党和新中国的信心。

这一时期，中国共产党实现了从革命党向执政党的成功转变，云南党的建设经历了从大发展到曲折再到走上正常轨道的过程。尽管在"反右"和"文革"时期，云南党的建设受到严重干扰，领导干部受到批判和斗争，广大党员被迫停止组织生活，但各级党组织经受住了风险和挫折的考验，总体上取得了巨大的成效。党组织和党员的数量得到了较大发展，党的建设得到了加强，党组织的凝聚力和战斗力得到了提高，为这一时期中央各项决策部署在云南的贯彻落实提供了有力的政治保证和组织保障，也为改革开放后推进云南党的建设奠定了坚实基础。

二、改革开放以来云南党的建设（1978—2012 年）

党的十一届三中全会的胜利召开，全面开启了中国共产党自身建设的新征程。党的十二大到十七大都对党的建设作出了新的战略部署。党中央着眼于应对在长期执政和改革开放条件下党面临的各种风险考验，持续推进党的建设新的伟大工程，保持党的先进性和纯洁性，不断夯实党的执政基础、巩固党的执政地位。特别是 2004 年 9 月，党的十六届四中全会通过《中共中央关于加强党的执政能力建设的决定》，对党的建设提出了新目标、新任务，为党的建设指明了方向。这一时期，云南党的建设始终围绕经济社会发展的中心工作，切实推进党的建设新的伟大工程，尤其是根据党的建设总体布局，从思想建设、组织建设、作风建设、制度建设、反腐倡廉建设等方面全面加强党的建设。

（一）持之以恒抓思想建设

中国共产党历来注重思想建设，坚持用马克思主义中国化最新理论成果武装全党，坚持用科学理论和革命精神教育党员干部为实现共同目标而奋斗。云南各级党组织创新理论学习的形式和载体，通过开展党内教育活动，让广大党员干部系统学习马列主义、毛泽东思想和中国特色社会主义理论体系，提升思想理论水平。

1. 开展党内教育活动

开展党内集中教育活动是党加强思想建设的重要经验和有效方式，是我们党进行思想建设的一大特色。按照中央的安排部署，省委根据各个时期的形势和任务，针对各级党组织存在的突出问题，先后有组织、有计划、分阶段地开展了真理标准问题的讨论、党的十一届三中全会精神的学习、"三基本"教育轮训、"三讲"教育、"三个代表"重要思想学习教育、"三观"学习教育、学习实践科学发展观等多次党内集中教育活动，提高了广大党员干部的思想理论水平。

开展真理标准问题的讨论。1978 年 5 月 11 日，《光明日报》以特约评论员名义发表了《实践是检验真理的唯一标准》的文章。5 月 13 日，《云南日报》对这篇文章进行了全文转载，云南全省上下开始了真理标准问题的大讨论。8 月下旬至 11 月，通过省委宣传部召开理论和实践问题讨论会，省委党校第一期干部轮训班组织讨论会，省委在昆明召开理论座谈会等活动，把真理标准问题的讨论引向深入。通过开展真理标准问题的讨论，打开了广大干部群众的思想闸门，对清理"左"的思想影响，从"两个凡是"的精神枷锁下解放出来，为实现思想路线的拨乱反正，推动云南实现工作重点转移的历史性转折奠定了思想基础①。

学习党的十一届三中全会精神。1978 年 12 月，党的十一届三中全会在北京召开。会议作出了把党和国家的工作重心转移到经济建设上来、实行改革开放的伟大决策。党的十一届三中全会后，省委先后召开省委常委扩大会议和全省县委书记会议，传达学习党的十一届三中全会精神，并结合云南实际，提出开展一个大的学习和宣传党的十一届三中全会精神运动等具体贯彻意见。1979 年 8 月，召开省第三次党代会，进一步学习贯彻党的十一届三中全会精神。会后，云南全省进行了真理标准讨论的补课，并就认真贯彻党的十一届三中全会制定的路线、方针、政策，进行了一系列的拨乱反正，开始了工作重点的转移，进行了国民经济调整和初步改革。云南的社会主义建设从此进入了一个以改革开放为重要特征的新的历史发展时期。

开展"三基本"教育轮训。1990 年 3 月 7 日，省委发出《关于建立健全在职干部学习制度和轮训县以上领导干部的通知》，提出以党校为阵地，用整风的方法，批评与自我批评的武器，分期轮训县以上领导干部，重点学习马克思主义基本理论、党的基本路线、党的基本知识这"三基本"的理论，牢固树立马克思主义世界观和人生观。省地两级党校先后开办"三基本"教育培训班 150 多期，共轮训县以上领导干部 8000 多人②。在党校干部教育中采取整风的方法，开展"三基本"教育，深刻改造了广大党员干部的世界观，这一做法和经验得到中央领导

① 中共云南省委党史研究室编：《中共云南省委大事纪略（1950 年 2 月—2013 年 12 月）》，第 72—73 页。

② 中共云南省委党史研究室编：《中共云南省委大事纪略(1950 年 2 月—2013 年 12 月)》，第 93 页。

和有关部门的充分肯定。

开展"三讲"教育。为认真贯彻落实《中共中央开展以"讲学习、讲政治、讲正气"为主要内容的党性党风教育的意见》精神，1998 年 12 月 25 日，省委按照全国深入开展"三讲"教育电视电话会议的部署，决定 1999 年集中一段时间，在云南县级以上党政领导班子和领导干部中，用整风的精神开展以"三讲"为主要内容的党性党风教育，并下发《关于在县级以上党政领导班子、领导干部中深入开展以"讲学习、讲政治、讲正气"为主要内容的党性党风教育的意见》①。通过"三讲"教育，广大党员干部进一步坚定了理想信念，提高了贯彻执行党的路线方针政策和改造主观世界的自觉性，增强了政治意识、大局意识、责任意识和民主法制意识，振奋了精神，转变了作风，促进了各项工作的开展。

开展"三个代表"重要思想学习教育活动。2000 年 5 月 20 日，省委发出《关于深入学习和努力实践江泽民总书记"三个代表"重要思想的意见》。随即在全省开启了"三个代表"重要思想学习活动。在学习活动中，广大党员干部认真学习和深刻领会江泽民同志"三个代表"重要思想的重大意义及精神实质，党员领导干部带头学习和实践"三个代表"重要思想，各级党组织和党员领导干部按照"三个代表"重要思想的要求推动云南经济社会协调健康发展，把学习贯彻"三个代表"重要思想与"三讲"教育和"回头看"活动紧密结合起来加以推进。为进一步贯彻落实"三个代表"重要思想，省委作出《关于贯彻落实江泽民同志"三个代表"重要思想的决定》，下发《中共云南省委关于在全省兴起学习贯彻"三个代表"重要思想新高潮的意见》，全省各级党组织根据中央和省委的部署，结合自身实际提出工作方案，精心安排，着力推动，抓好落实，扎实有效地开展学习贯彻活动，确保了活动取得实效，有力推进了党的理论武装工作。

开展"三观"学习教育。2004 年 6 月，省委决定在云南各级党组织和广大党员干部中开展科学发展观、正确政绩观和马克思主义群众观学习教育活动。通过开展"三观"学习教育活动，全省党员干部做到了与农民群众同吃同住同劳动，向农民传播先进的、科学的生产生活方式，宣传环保知识，调查了解"三村"建设情况；进一步转变了作风，加深了与农民群众的思想感情，密切了干群关系；磨炼了意志，思想认识得到升华②。

---

① 当代云南编辑部编：《当代云南大事纪要（1949—2006）》（增订本），当代中国出版社 2007 年版，第 665 页。

② 中共云南省委党史研究室编：《中共云南省委大事纪略（1950 年 2 月—2013 年 12 月）》，第 117—118 页。

开展学习实践科学发展观活动。2008年9月27日，云南召开深入学习实践科学发展观活动暨第一批学习实践活动动员大会，对活动作出全面部署。学习实践活动紧紧围绕"促进科学发展、维护边疆安宁、增进民族团结、构建和谐云南"的目标，着力解决影响和制约云南科学发展的突出问题，努力开创科学发展的新局面。活动先后分三批开展。这是改革开放以来云南规模最大、党员参加人数最多、群众参与最为广泛的一次党内马克思主义集中教育活动，解决了一批影响和制约云南科学发展的突出问题，促进了经济平稳较快发展。

以思想大讨论促思想大解放。随着改革开放和社会主义现代化建设的推进，省委先后开展多次解放思想大讨论，以促进党员干部思想大解放。1995年，省委决定在全省开展新时期"解放思想"大讨论，引导党员干部群众破除一切不利于改革开放和发展生产力的思想障碍，大胆开拓创新，破除"等靠要"的旧习惯、旧思想，树立社会主义市场经济的观念，增强竞争意识、商品意识、效益意识。1999年11月，省委办公厅下发《关于在全省开展以改革开放为动力，"调整结构、开拓市场、搞活流通"为主题的解放思想、更新观念大讨论的通知》，紧紧围绕深化改革、扩大开放、加快发展，在全省城乡广泛开展以"调整结构、开拓市场、搞活流通"为主题的新一轮解放思想大讨论。2000年4月，省委召开解放思想大讨论专题会议，下发《关于加强三个结合，更加广泛深入地开展解放思想、更新

少数民族党员干部集中学习党的路线方针政策

观念大讨论的通知》，要求各级党组织把解放思想、更新观念大讨论与西部大开发战略紧密结合起来，把"解放思想、更新观念"大讨论与"三讲"教育紧密结合起来，把解放思想、更新观念大讨论与当前工作紧密结合起来。2001年，云南省第七次党代会决定在全省开展新一轮"思想大解放，促进大发展"大讨论活动，扫除一切不利于改革开放和生产力发展的思想障碍。全省党员干部以"三个代表"重要思想为立足点、出发点和归宿点，以"三个有利于"作为判断一切工作是非得失的根本标准，大胆闯、大胆试，创造性地贯彻党的方针政策。2008年4月，省委召开全省开展"解放思想、深化改革、扩大开放、科学发展"大讨论动员大会，随即在全省掀起新一轮解放思想热潮，以思想大解放促进改革大深化、开放大推进、经济大发展、社会大和谐，开创云南又好又快发展的新局面。通过开展思想大讨论，广大干部群众思想观念得到解放，创新意识和竞争意识得到进一步强化，广大领导干部的精神状态得到有力提升，为云南发展提供了更加高昂的精神动力。

通过开展党内教育活动和解放思想大讨论，各级党组织和广大党员干部提高了思想素质，加强了党性修养，端正了工作作风，全面加强了党的思想建设，进一步筑牢了各族人民团结奋斗的共同思想基础。

2. 创新理论学习的形式和载体

加强思想建设要通过一定的形式和载体来开展。通过丰富思想建设的内容和形式，创新思想建设的载体，能进一步增强理论学习的效果，提高思想建设的针对性和有效性。

开展集中式理论宣讲。为宣讲党的路线方针政策，促进全省党员干部的思想统一，云南组建了由领导干部、专家学者组成的省委宣讲团。宣讲团集中宣讲党的路线方针政策，以提高广大党员特别是领导干部的思想认识，统一全省党员干部的思想认识，促进全省经济、政治、文化、社会、生态等工作的全面进步。省委宣讲团自成立以来，先后进行了党的十六大精神、"三观"教育、党的十七大精神、解放思想大讨论的宣讲，同时还宣讲党在不同时期的路线方针政策和重大时事理论，促进了党的思想建设。此外，社科界、党校系统、高校的专家学者也纷纷走出书斋和校园，积极宣讲时事政策与理论，为党的思想建设事业添砖加瓦，极大地提高了党员干部的思想理论水平。

举办高端理论学习讲座。为帮助广大领导干部紧密把握国内外经济社会发展大势，适应世情国情党情的新变化，学习和掌握党的重大理论方针政策，立足时代潮流，云南举办了多期"云南省领导干部时代前沿知识讲座"。每一期讲座都紧密结合云南改革开放和现代化建设实际，充分体现前瞻性、战略性和时代性，极大地促进了各级领导干部开阔视野、开阔胸襟、开阔思想，全面提高了领导干部的思想政治理论素质、科学文化素质、业务素质，不断提高领导干部的执政能力和领导水平。

开展正面典型宣传教育。坚持运用先进集体、先进个人典型特别是云南本土的先进集体、先进个人典型对广大党员干部进行思想教育。为弘扬杨善洲精神，2010年和2011年，先后下发《中共云南省委关于开展向杨善洲同志学习的决定》和《关于认真贯彻落实胡锦涛总书记重要指示精神深入开展向杨善洲同志学习活动的通知》，号召全省党员干部开展学习杨善洲同志活动。各级党组织和党员特别是领导干部，以杨善洲同志为镜，自觉对标看齐，自

不忘初心、奉献一生的楷模——保山原地委书记杨善洲

觉加强党性修养，自觉践行党的宗旨，努力做人民满意的好党员、好干部。

通过开展党内教育、创新学习方式，广大党员领导干部的思想得到进一步解放，理论水平得到极大提升，思想政治素质得到明显提高，为改革开放新时期云南现代化建设奠定了坚实的思想基础。

（二）聚精会神抓组织建设

加强组织建设，夯实党执政的组织基础，是党的建设的重要内容。进入改革开放和社会主义现代化建设新时期，云南重点围绕基层党组织建设和干部队伍建设，打造具有边疆民族特色的基层党建品牌，建强干部队伍，加强组织建设。

1.加强基层党组织建设

党的基层组织是党在社会基层组织中的战斗堡垒，是党的全部工作和战斗力的基础。云南不断加大基层党组织建设的力度，不断增强和充分发挥各级党组织的凝聚力、影响力、战斗力。

（1）整顿软弱涣散基层党组织

1977年，云南全面开展整党建党工作，对基层党组织进行了整顿，把打砸抢分子和帮派思想严重的人以及违法乱纪的人调整出基层领导班子，对问题严重

的作出了处理，纯洁了组织。1979 年 4 月，省委组织部下发《关于云南基层党组织开展整党整风的情况和意见》，各条战线的基层党组织紧紧围绕全党工作重点转移这个中心，解决基层组织中存在的主要问题。1983 年 10 月，党的十二届二中全会通过《中共中央关于整党的决定》，分期分批在全党范围对党的作风和组织进行一次全面整顿，着力解决党内思想不纯、作风不纯、组织不纯的问题，并结合整党工作普遍开展做合格党员和合格干部的教育活动。按照中央关于党的基层组织工作的要求和部署，1983 年 11 月，省委召开工作会议，传达学习《中共中央关于整党的决定》精神，部署全省的整党工作。云南自上而下分三期、五批开展整党，在全体党员中开展彻底否定"文化大革命"和彻底否定派性的教育，开展党性、理想、宗旨教育。经过整党工作，党内思想、作风、组织上存在的问题得到了整顿，整党促进了经济、促进了改革，推动了各项工作[①]。1989 年10 月，各级党组织按照《中共云南省委关于加强党的建设的通知》精神，认真搞好"清查、清理"和民主评议党员工作，进一步加强机关、农村、企业、高校党组织建设。通过整党整风和清查清理工作，纯洁了党的组织[②]。1990 年至 1992年，针对农村实行家庭联产承包责任制出现的新问题、新任务和新要求，在全省范围内开展了农村后进党支部整顿，广大党员受到了系统的"三基本"和社会主义思想教育，调整充实了领导班子，增强了党员干部的事业心和责任感；完善了制度，加强了管理，严肃了纪律，实现了党内生活正常化；推动了农村各项工作的开展，促进了物质文明和精神文明建设；进一步增强了党支部的吸引力、凝聚力、战斗力[③]。

（2）坚持分类指导整体推进基层党组织建设

为推进基层党组织建设，云南各级党组织按照中央和省委部署，坚持分类指导、整体推进，以农村、企业、街道社区党的建设为重点，同时，毫不放松高校、机关和其他事业单位的党建工作，不断拓展新领域，扩大覆盖面，整体推进党的基层组织建设，取得了明显成效。

在农村，与推进农业产业化和农村经济结构战略性调整、着力增加农民收入的中心任务相适应，大力加强农村基层党组织建设，基层党组织的组织执行能力明显提高，带领群众脱贫致富的能力不断增强。以强化农村基层党组织领导核心

---

① 中共云南省委党史研究室编：《中共云南省委大事纪略（1950 年 2 月—2013 年 12 月）》，第88—89 页。

② 《云南省情》编委会编：《云南省情（2008 年版）》，云南人民出版社 2009 年版，第 566 页。

③ 《云南省情》编委会编：《云南省情（2008 年版）》，云南人民出版社 2009 年版，第 583 页。

作用为目标，有领导、有计划地整顿农村基层党组织，农村基层组织软弱涣散的状况得到明显改进，"有人管事、有钱办事、有章理事"的问题得到较好解决，农村党组织的领导作用不断增强。以加强农村领导班子建设为重点，开展以创建"五个好"村党组织、乡镇党委和农村基层组织建设先进县为内容的"三级联创"活动，农村基层组织建设的整体水平不断提高；以构建健康、和谐的农村"两委"关系为目标，积极探索农村党组织发挥领导核心作用的途径、办法，党组织领导下的村民自治运行机制不断完善。

在国企，与推进国有企业改革、建立现代企业制度相适应，党的建设不断改进和加强。进一步明确了国有企业党组织发挥政治核心作用的方针原则和参与企业重大问题决策的内容、途径和方法，党对国有企业的政治领导得到有效保证；紧紧围绕企业改革发展稳定和生产经营管理开展党建工作，有效地促进了企业的发展，发挥了较好的服务保证作用；以"四有一促进"为目标，深入开展创建政治素质好、经营业绩好、团结协作好、作风形象好的"四好"领导班子活动，大力加强企业领导班子建设，企业领导班子的整体素质和经营管理能力有了进一步提高，企业经济效益和市场竞争能力得到进一步增强。

在城市，适应城市基层管理体制改革和推进社区建设的需要，街道社区党建力度不断加大。注重抓好社区党组织的组建和党员教育管理工作，党的组织覆盖和工作覆盖不断扩大；以服务群众为重点，围绕精神文明建设、群众思想政治工作、社会治安综合治理、社区服务、提高市民素质等开展党建工作，党组织的凝聚力、战斗力不断增强，与人民群众的联系进一步密切；积极探索街道社区党建工作机制，初步形成了以街道党（工）委为核心，社区党组织为基础，社区全体党员为主体，社区内各单位基层党组织共同参与的街道社区党建工作格局。

在非公有制经济组织和社会组织中，积极探索党的工作进入这些新领域的方式方法，采取单独建、联合建、挂靠建和区域统筹等方式，加快在"两新"组织中组建党组织工作的步伐，使党的工作覆盖面不断扩大，在非公有制经济组织和社会组织中的影响力不断增强①。

(3) 提高基层党组织战斗力

基层党组织战斗力的高低是衡量基层党组织建设的重要标准，提高基层党组织战斗力，对于发挥基层党组织的战斗堡垒作用具有非常重要的意义。1994年9

---

① 全国党的建设研究会、中共中央组织部党建研究所：《改革开放以来党的建设》，党建读物出版社2008年版，第207页。

月，党的十四届四中全会通过了《中共中央关于加强党的建设几个重大问题的决定》，科学地分析了党的建设面临的形势，在全面贯彻落实党中央关于思想建设和作风建设部署的同时，把组织建设作为突出环节，坚持和健全民主集中制，加强和改进党的基层组织建设，培养和选拔德才兼备的领导干部。1994 年 10 月，为贯彻落实《中共中央关于加强党的建设几个重大问题的决定》，省委召开五届五次全会，通过了《中共云南省委关于贯彻党的十四届四中全会精神，加强党的建设的意见》，明确了党的建设面临的形势和任务。云南各级党组织认真学习《意见》精神，坚持把用建设有中国特色社会主义理论武装全党的任务落到实处，坚持和健全党的民主集中制，大力提高基层党组织的战斗力，以培养选拔跨世纪的干部为重点，切实加强领导班子建设，全面加强基层党组织建设。

开展创先争优活动。2010 年 4 月 27 日，为充分发挥基层党组织的战斗堡垒作用和共产党员的先锋模范作用，省委办公厅下发了《关于在全省党的基层组织和党员中深入开展创先争优活动的实施意见》。创先争优活动以邓小平理论和"三个代表"重要思想为指导，全面贯彻落实党的十七大和十七届三中、四中全会以及省委八届七次、八次全委会精神，以深入学习实践科学发展观为主题，坚持从本地区本部门本单位实际出发，改革创新、务求实效，统筹推进党的建设其他经常性工作，充分发挥基层党组织的战斗堡垒作用和共产党员的先锋模范作用，在促进科学发展、构建和谐云南、维护边疆安宁、服务人民群众、加强基层组织的实践中建功立业。活动始终坚持把围绕大局、推动发展作为核心任务，把促进民族团结、维护边疆和谐作为关键内容，把服务群众、造福于民作为出发点和落脚点，把加强基层、夯实基础作为重要着力点，把选树典型、示范引领作为有力抓手，把强化领导、营造环境作为根本保证。通过开展创先争优活动，有力推动了科学发展、增进了民族团结、维护了边疆安宁、夯实了基层基础，成为群众满意工程，党员群众满意率达 91%，涌现出了一大批先进集体和优秀个人①。

实施"云岭先锋"工程。为创新基层党建工作方式方法，解决基层党组织建设薄弱环节，增强基层党组织的创造力、凝聚力、战斗力，2003 年 12 月 28 日至 29 日，省委七届五次全会通过《关于在全省基层党组织中实施"云岭先锋"工程的决议》和《关于实施"云岭先锋"工程，大力推进党的基层组织建设的决定》，确定用 5 年时间实施"云岭先锋"工程，使全省基层党组织和党员做到"五好五带头"，即基层党组织做到领导班子好、队伍素质好、制度建设好、工作业绩好、

---

① 《云南省召开创先争优活动表彰大会庆祝建党 91 周年》，《云南日报》2012 年 6 月 30 日。

群众反映好，党员做到带头学习讲政治、带头干事谋发展、带头创新建佳绩、带头服务比奉献、带头自律树形象。对加强农村、机关、国企、街道社区、非公经济、高等院校、窗口行业等7类党的基层组织建设提出具体的措施，构建起了基层党建工作的整体框架。2004年2月，"云岭先锋"工程正式启动实施①。实施"云岭先锋"工程加强了全省各级党的基层组织建设，充分发挥了党组织和党员的作用，深受基层广大党员群众欢迎，成为云南的党建工作品牌。

通过整顿基层党组织，对基层党组织建设进行分类指导、整体推进，开展"创先争优"活动和实施"云岭先锋"工程，进一步规范和纯洁了基层党组织，提高了基层党组织的战斗力，提升了基层党组织的威望和形象。

2. 强化干部队伍建设

党的干部是党的事业的骨干，是党的路线、方针、政策的制定者和实施者，是党执政兴国、执政为民的中坚力量。在加强党的组织建设中，云南特别重视做好中青年干部、少数民族干部、党外干部和妇女干部的培养选拔工作。

坚持"四化"方针选拔干部。为贯彻中央提出的干部"四化"方针，选拔社会主义接班人，1980年12月，中国共产党云南省代表会议举行，提出要逐步实现领导干部的年轻化、知识化、专业化②。1981年，为加强优秀中青年干部选拔工作，省委作出《积极认真地选拔优秀中青年干部五年规划》，提出到1985年在各级领导班子成员中，在学历、年龄等方面的结构要求。到1986年云南县（市、区）党政主要领导干部平均年龄由49.2岁下降到44.8岁；有大专以上文化程度的由10人增加到141人。省委把加强各级领导班子建设作为重点，强调全面、正确地贯彻德才兼备原则和干部"四化"方针，坚持按党性原则选拔干部，逐步地、稳妥地对一些领导班子进行调整、充实和加强，提高了党的战斗力③。

培养选拔优秀年轻干部。1995年1月，省委召开全省组织工作会议，对县以上各级领导班子建设提出了明确要求。为做好优秀年轻干部的选拔培养工作，省委发出《关于抓紧做好培养选拔优秀年轻干部的通知》，云南各地各部门充分认识培养选拔优秀年轻干部的重要性和紧迫性，切实把这件事关党和国家前途与命运的大事抓紧抓好。2012年6月，省委出台《云南省选拔培养年轻干部行动计划》

① 中共云南省委党史研究室编：《中共云南省委大事纪略(1950年2月—2013年12月)》，第116页。

② 当代云南编辑部编：《当代云南大事纪要（1949—2006）》(增订本)，当代中国出版社2007年版，第399页。

③ 中共云南省委宣传部、中共云南省委党史研究室编：《中国改革开放全景录·云南卷》，云南人民出版社2018年版，第365—366页。

和《关于加强选拔培养年轻干部工作的实施意见》，研究制定后备年轻干部队伍建设的目标任务、政策措施和制度保障，着力培养选拔一批年轻的厅级、处级、科级干部。通过强化教育培训、强化在关键岗位历练、强化在基层一线磨炼、强化挂职锻炼、强化"选调生"工作、强化在"四群教育"和干部直接联系群众中锻炼，帮助年轻干部快速成长，为优秀年轻干部脱颖而出搭建了更广阔的平台。

培养选拔少数民族干部。1982年，云南制订培养计划，大力选拔少数民族干部，使少数民族干部在数量上较快增长。1989年12月，省委批转省委组织部《关于选拔培养少数民族干部工作的意见》。云南各地各单位认真学习《意见》精神，不断提高认识，加强领导，推动选拔培养少数民族干部工作；制定目标，分步实施，提高少数民族干部在全省干部队伍中的比重；坚持标准，适当照顾，为少数民族干部的成长创造良好的条件；采取切实有效措施，全面提高少数民族干部的素质。①2009年9月，全省民族工作会议后，省委办公厅印发《关于进一步加强少数民族干部队伍建设的意见》，进一步明确了培养选拔少数民族干部的目标、任务和具体措施，为做好少数民族干部工作提供了根本保障。

培养选拔党外干部。经过1993年、1998年、2003年三次人大、政府、政协换届，从省到县三级有党外人大代表6545人，政协委员15966人。在党外人士政治安排取得成绩的同时，实职安排也有新进展。党外代表人士中一大批政治觉悟高、专业能力强、有代表性、有影响力的人士被选拔任用，从省到县三级共有党外人大常委会副主任128人，政府副职124人，政协副主席379人。省直部门、省属高等院校共有副处以上党外干部458人。2004年，省高级人民法院、省检察院首次配备了党外副院长和副检察长。2006年5月，建立了云南处以上党外干部数据库。党外干部实职安排有了新突破，省政府和15个州（市）政府、116个县（市、区）政府均配备了党外副职。

培养选拔妇女干部。严格按照《党政领导干部选拔任用工作条例》规定使用妇女干部，坚持德才兼备原则，调优干部队伍结构，让更多年轻优秀女干部走上领导岗位，增强妇女干部的参政议政和执政能力。在坚持原则的前提下，在调整干部时注重优先考虑使用女干部，坚持成熟一个，使用一个。对政治素质高、工作能力强、有培养潜力的女干部放手使用，让她们在关键岗位上得到锻炼和提高，对实绩突出的优秀女干部，敢于大胆使用，并放在关键领导岗位，促其发挥使用。

---

① 云南省地方志编纂委员会总纂，中共云南省委员会办公厅编撰：《云南省志·卷四十三·中共云南省委志》，云南人民出版社2000年版，第111页。

3.注重党员队伍建设

党员是党组织的主体，只有党员队伍的建设加强了，党员的素质提高了，党组织才有战斗力，党的各项工作才能顺利开展，才能更好地服务基层、服务群众。

保持党员队伍的纯洁性。保持党员队伍的纯洁性既是加强党的建设的重要目标，也是保持党的纯洁性的根本标志。1989 年 5 月，根据中央和省委的部署，经过试点，云南省级机关及其各部门直属的新闻出版、科学研究、文艺团体和昆明地区的大专院校、昆明市级机关共 281 个单位，于 1990 年 3—8 月开展了党员重新登记工作。省级三个机关工委和 115 个厅局分别成立了领导小组和办事机构。由于党委重视，思想明确，重点突出，组织措施得力，方法稳妥，加上党员领导干部率先垂范，确保了工作的健康、顺利进行。参加这次党员重新登记的中共党员有 3.3 万余人，99.01% 的党员通过了登记，另有 0.99% 的缓登或不予登记 ①。通过党员重新登记，进一步规范和纯洁了党员队伍。

保持党员队伍的先进性。为保持和提高共产党员的先进性，2005 年 1 月到 2006 年 6 月，根据中央关于在全党开展保持共产党员先进性教育活动的部署和要求，云南近 12 万个基层党组织、189 万多名党员，分三批认真扎实地开展了先进性教育活动。参加第一批先进性教育活动的共有 1.24 万个县以上党政机关和部分事业单位、2.97 万个基层党组织、38.2 万名党员。参加第二批先进性教育活动的共有 3.32 万个城市基层和乡镇机关、6.94 万个基层党组织、46.75 万名党员。参加第三批先进性教育活动的主要是农村和承担组织指导工作的机关，共有 2 万多个基层党组织、104.5 万名党员。在活动中，共整顿软弱涣散党组织 2625 个，调整充实基层党组织负责人 7.38 万人次，发展党员 9 万多名。通过开展保持共产党员先进性教育活动，广大党员受到了一次深刻的党性教育，在群众中的良好形象进一步树立起来；各行业基层党组织建设明显加强，战斗堡垒作用得到进一步发挥；解决了一些群众关心的热点难点问题，进一步凝聚了民心，形成了保持党员的先进性的长效机制，在落实中共中央办公厅《〈关于加强党员经常性教育的意见〉等四个保持共产党员先进性长效机制文件的通知》的基础上，形成了云南保持党员先进性长效机制的 18 项制度 ②，为保持党员先进性提供了制度保证。

建立党员关爱机制。为关心爱护党员，特别是农村困难党员，2006 年 9 月，

---

① 新编云南省情编委会编：《新编云南省情》，云南人民出版社 1996 年版，第 820—822 页。
② 《云南省情》编委会编：《云南省情（2008 年版）》，云南人民出版社 2009 年版，第 585 页。

中组部、民政部、财政部联发文件，对新中国成立前入党的农村老党员和未享受离退休待遇的城镇老党员每年发放 600 元至 1800 元的生活补贴，云南共有 1560 名老党员享受这项待遇。根据中央关于关心爱护党员的有关要求，云南于 2006 年至 2011 年，在全省开展"农村困难党员关爱行动"。在农村，对新中国成立前入党的老党员每月给予 40 元补助，年龄在 70 岁以上，家庭人均年纯收入 856 元以下、人均占有粮食 300 公斤以下的困难老党员，每月给予 20 元补助。同时，进一步建立健全村干部激励保障机制，实行"基础补贴＋绩效补贴＋村集体经济创收奖励"结构补贴制，探索购买医疗保险、养老保险，为离任村干部发放离任补偿。建立健全党员关爱机制和农村干部激励保障机制，充分体现了党组织对党员的关心和关爱，是一项深得党心民心的工作，受到广大党员的一致好评，有力地提高了基层党组织的凝聚力和战斗力。

4.打造具有边疆特色的基层党建品牌

云南立足地处边疆民族地区的区位，结合实际创新基层党组织建设，开创了这一时期具有云南特色的基层党组织建设之路，打造了以"边疆党建长廊建设"为代表的在全国有一定影响力的基层党建品牌。2009 年 7 月，到云南考察工作的胡锦涛同志对云南的边疆地区基层党建工作给予充分肯定。

为改进和加强边境地区党的基层组织建设，努力把边境地区党的基层组织建设成为推动科学发展的领导核心，维护边疆安宁的坚固基石、抵御敌对势力渗透的钢铁长城，2007 年 4 月，省委决定用 3 年时间，在 29 个县市开展边疆党建长廊建设，从"强组织、建阵地、聚人心、固边疆"4 个方面开展工作。为开展好建设边疆党建长廊工作，省委下发了《关于深化边疆党建长廊建设进一步加强边境地区党的建设的意见》，对推进边疆党建长廊建设进行安排和部署。

强组织，提高战斗力。积极创新基层党组织设置。在正式党员 50 人以上的行政村设立党总支，正式党员 3 人以上的村民小组设立党支部。推广在农民专业合作社、重点项目建设工地、外出务工经商人员相对集中点建立党组织的做法，实现农村基层党组织体系全覆盖。积极探索在居民小区、商务楼宇等建立党组织的做法，不断扩大城市社区基层党组织覆盖面。加大在非公有制经济组织和社会组织中建立党组织的力度，基本实现了规模以上非公有制企业和具备条件的社会组织党组织全覆盖。强化基层党员干部队伍建设。注重在村组干部、青壮年劳动力、外出务工人员中发展党员，认真落实"三培养"措施，把农村党员培养成致富能手、把优秀的致富能手培养成党员、把党员致富能手中的优秀分子培养成村组干部，全面消除"党员空白村民小组"。坚持选优配强村党组织书记，加强对村干部的教育培养。扎实抓好新农村建设指导员和大学生村官队伍建设，基本实现"一村一名大学生"的目标。

建阵地，提高凝聚力。抓好村级组织活动场所建设。分批投入巨额资金，新建村级组织活动场所，在实现行政村全覆盖的基础上，努力将活动场所打造成村级组织议事决策中心、政策教育中心、科技培训中心、文化活动中心、民事调解中心。加强农村党员干部现代远程教育网络建设，投入资金建成多个远程教育终端接收站点，实现了农村党员干部现代远程教育终端接收站点全覆盖，服务农村党员群众的作用进一步发挥。通过加大资金倾斜、加强部门资源整合等多种方式，整合中央、省、州（市）、县、乡资金，建设民族特色浓郁的活动场所，边境地区在建制村层面实现了全覆盖。迪庆藏区率先实现了村民小组活动场所全覆盖。德宏州实施的"红旗飘飘"工程，在全州边境农村，尤其是边境一线公共场

云南省德宏傣族景颇族自治州盈江县弄璋镇古里卡村开展基层宣讲活动

所、机关企事业单位和边境村寨农户、党员户开展悬挂国旗、党旗活动，使广大党员干部和各族群众牢固树立"国门意识、国防意识、国土意识、国家意识、国民意识"，增强广大党员的党员意识、宗旨意识、大局意识、责任意识、服务意识，激发边疆各族群众爱祖国、爱人民、爱党、爱社会主义、爱家乡的热情。

聚人心，提高向心力。云南民族众多，具有得天独厚的民族文化资源，把结合民族文化创新基层党建工作作为一个重要的突破口，不断增强边境地区党建工

作的生机与活力。通过编写民族文字党建手册，培养本土党员群众宣传队伍，扩大党在民族地区的影响力；组建民族文艺表演队，创作群众喜闻乐见的节目，引导党员群众开展丰富多彩的经常性文化活动和民族节庆活动，增强党在民族地区的亲和力；尊重各民族风俗习惯，发挥宗教界人士和信教群众的积极作用，抵制陈规陋习，弘扬社会主义文明新风，提升党在民族地区的感召力，开创了一条整合民族文化、独具云南特色的基层党建工作新模式，筑牢了党在边疆的思想阵地。通过建立健全村干部激励保障机制，逐步提高村干部补贴水平，把党建工作与为群众排忧解难结合起来，真正为群众做好事、办实事、解难事，用实实在在的关爱温暖人，凝聚人心。

固边疆，提高执政力。坚持把民族团结放在突出位置，广泛开展"汉族离不开少数民族，少数民族离不开汉族，各少数民族之间相互离不开"的教育活动，大力开展马克思主义民族理论、党的民族政策、民族区域自治法宣传教育，积极开展民族团结月、创建民族团结示范村活动，促进各民族共同团结进步、共同繁荣发展。对党员干部大力开展马克思主义宗教观和宗教政策、宗教知识培训，提高基层党组织做好宗教工作的能力；积极开展以"民族宗教知识进支部、科学发展观进庙堂，民族工作促发展、宗教工作促和谐"为主要内容的"双进双促"活动，着力加强宗教工作重点地区党的建设，夯实党在边境地区的执政基础。

边疆党建长廊建设，全面加强了基层党组织的思想、组织、作风和制度建设，巩固和发展了先进性教育的活动成果，深化和拓展了"云岭先锋"工程，基层组织战斗堡垒作用明显增强，党员队伍先锋模范作用更加突出，边疆民族地区各项工作得到促进，为实现巩固祖国边防、推进边疆发展、促进边疆和谐提供了坚强的政治保证和组织保证[①]。

通过加强基层党组织建设，贯彻落实干部"四化"方针和建设边疆党建长廊，选拔培养了一大批优秀年轻干部，探索出了具有云南特点的边疆民族地区基层党的建设经验，基层党组织战斗堡垒作用显著增强，党员先锋模范作用不断发挥，基层党组织建设不断加强。

（三）锲而不舍抓作风建设

执政党的作风，关系党的形象，关系党和人民事业成败。作风建设是党的建

---

① 中共云南省委党史研究室编：《中共云南省委大事纪略（1950 年 2 月—2013 年 12 月）》，第 121 页。

设的永恒主题，在中国共产党的发展历程中，始终坚持把推进党的事业与建设良好的作风紧紧地联系在一起。云南各级党组织通过加强思想作风、改进工作作风、转变领导作风，狠抓作风建设，密切党同人民群众的血肉联系。

1. 端正思想作风

良好的思想作风是推进党的事业不断取得胜利的重要保证。1983 年 10 月，党的十二届二中全会通过了《中共中央关于整党的决定》，该决定从 1983 年底开始，用 3 年时间对党的思想作风进行一次全面整顿。同年 11 月 1 日，省委召开工作会议，传达学习中央精神，部署全省的整党工作。整党工作从省委常委开始，自上而下分期分批逐步展开。经过整党工作，云南各级党组织和党员在思想上存在的问题得到整顿，一些党员干部身上存在的官僚主义和形式主义作风得到纠正，打击和处理了一批以权谋私、违法乱纪的腐败分子，纯洁了党的组织，密切了党与人民群众的联系，端正了各级党组织的思想作风。

2001 年 9 月，党的十五届六中全会提出了加强和改进党的作风建设"八个坚持，八个反对"的主要任务，即"坚持解放思想、实事求是，反对因循守旧、不思进取；坚持理论联系实际，反对照抄照搬、本本主义；坚持密切联系群众，反对形式主义、官僚主义；坚持民主集中制原则，反对独断专行、软弱涣散；坚持党的纪律，反对自由主义；坚持清正廉洁，反对以权谋私；坚持艰苦奋斗，反对享乐主义；坚持任人唯贤，反对用人上的不正之风"。2001 年 11 月，省委六届十五次全会审议通过了《中共云南省委关于贯彻落实〈中共中央关于加强和改进党的作风建设的决定〉的意见》。要求各级党组织和广大党员，努力把思想和行动统一到党的十五届六中全会精神上来，按照中央提出的"八个坚持，八个反对"的要求，紧密联系实际，集中解决思想作风方面存在的突出问题，努力把党的作风建设提高到新的水平。党的十六大以后，为推进党的建设新的伟大工程，确保党始终走在时代前列，进一步发挥党员干部的先锋模范作用，推进党的作风建设，党中央决定在全党开展保持共产党员先进性教育活动，省委按照中央的要求和安排，在全省扎实开展了保持共产党员先进性教育活动，推进了云南各级党组织思想作风的转变。

通过做到"八个坚持，八个反对"和开展保持共产党员先进性教育等活动，全省党员干部进一步转变了思想作风，加深了与群众的思想感情，密切了干群关系，广大党员受到了一次深刻的马克思主义教育，磨炼了意志，思想认识得到升华，基层党组织的创造力、凝聚力、战斗力得到进一步提高，党组织和党员服务群众的行动更加自觉，党员干部的思想作风进一步改进 ①。

2.改进工作作风

为适应时代新变化、新要求，树立新作风、新形象，云南先后开展了多次专项教育活动，颁布多项法规禁令，切实改进了工作作风。

1999年，为整顿机关工作作风，进一步搞好基层组织建设，树立起全心全意为人民服务的形象，省委决定在全省开展"领导当楷模、机关作表率、基层树形象"的主题活动。活动开展后，各级党员领导干部争当理论学习、解放思想、遵守法纪、联系群众、廉洁自律五个方面的楷模；各级领导机关努力起好勤奋学习、敬业爱岗、团结奋进、服务基层、勤政廉政五个表率作用；基层组织着力树立好廉洁奉公、努力学习、改革开拓、共同富裕、遵纪守法的五种形象。为解决部分领导班子和领导干部在作风建设方面存在的突出问题，2002年下半年，云南在县级以上领导班子和领导干部中集中开展了"讲团结、干实事、谋发展"的思想教育活动。为确保活动取得实效，省委常委和党员副省长分别参加了所联系地州市的领导班子民主生活会；省委派督导组到各地州市进行了指导和督促。活动取得了明显的成效，有力促进了各项工作的开展，得到了中央领导同志的肯定 ②。

2003年3月26日，为转变政府工作人员的工作作风，省政府发出通知，颁布《云南省公务员八条禁令》，严禁不履行职责、玩忽职守；严禁弄虚作假、欺上瞒下、顶着不办、拖着不办；严禁插手物资采购和建设工程的招投标；严禁利用工作之便对当事人故意刁难和吃拿卡要；严禁参与赌博活动；严禁酗酒闹事和饮酒影响工作；严禁上班时间打牌、下棋、打麻将和玩电脑游戏等不务正业的活动；严禁用公款参加高消费娱乐活动。全省公务员队伍按照禁令要求，认真实践"三个代表"重要思想，进一步密切了党和政府同人民群众的血肉联系，切实加强了监督和管理，严明了政纪，改进了政风。

通过一系列改进工作作风活动的开展，云南各级党组织的工作更加务实，更加高效，有力地促进了党员干部工作作风的转变。

3.转变领导作风

领导作风是领导干部在领导机构和领导活动中的态度和言行的一贯体现，它

---

① 中共云南省委党史研究室编：《中共云南省委大事纪略（1950年2月—2013年12月）》，第118—119页。

② 中共云南省委党史研究室编：《中共云南省委大事纪略（1950年2月—2013年12月）》，第112—113页。

事关领导形象，对党风政风乃至整个社会风气会产生重要影响，对党和人民事业的发展有着积极的促进作用。领导干部必须更严格地要求自己，处处以身作则，树立良好形象，以自己的模范作风去影响下属和群众。

为恢复和发扬党密切联系群众的优良传统和作风，进一步密切党群关系，1990 年 3 月，党的十三届六中全会审议通过《中共中央关于加强党同人民群众联系的决定》，明确提出在新的历史条件下加强党同人民群众血肉联系的目标、任务、方法和具体措施。同月，省委召开地州市委书记会议，号召各级党组织深入学习《中共中央关于加强党同人民群众联系的决定》，进一步密切党同人民群众的联系，全面加强党的建设。省委作出《关于组织全省各级党政机关干部下基层和转变作风，进一步密切联系群众的决定》，并将下基层办实事作为转变领导作风的突破口，当年分 4 批组织了县以上机关干部 12.5 万人次深入农村、企业、学校为群众办实事。省委、省顾委、省人大、省政府、省政协的在职省级领导干部全年人均下基层 78.6 天，超过了省委年初提出的下基层时间每年不少于两个月的要求。各地还采取了严格控制各种会议和反对形式主义等措施，加强督促检查，提高干部下基层工作的质量，促进了党的一系列方针政策在基层更好的落实①。省委向中央汇报了开展加强党同人民群众联系的情况，指出为密切党群关系，切实为基层办实事，各级各部门按照省委的部署和要求积极行动起来，精简会议，深入基层，调查研究，扎扎实实地帮助基层做好工作。2007 年 1 月，胡锦涛同志在中央纪委第七次全体会议上指出，要根据新形势新任务的要求，弘扬新风正气，抵制歪风邪气，在领导干部中大力倡导勤奋好学、学以致用；心系群众、服务人民；真抓实干、务求实效；艰苦奋斗、勤俭节约；顾全大局、令行禁止；发扬民主、团结共事；秉公用权、廉洁从政；生活正派、情趣健康等八个方面的良好风气，切实转变领导作风。2009 年 9 月，党的十七届四中全会提出，要弘扬党的优良作风，保持党同人民群众的血肉联系，大兴密切联系群众之风、大兴求真务实之风、大兴艰苦奋斗之风、大兴批评和自我批评之风。省委以贯彻落实全会精神为契机，进一步深化拓展"个人形象一面旗、工作热情一团火、谋事布局一盘棋"主题实践活动。广泛开展"讲党性、重品行、作表率"活动，努力提高行政效能，领导作风进一步得到改善。

开展"四群教育"活动，建立干部直接联系群众制度。为增进新时期党群、

① 中共云南省委宣传部、中共云南省委党史研究室编：《中国改革开放全景录·云南卷》，云南人民出版社 2018 年版，第 363—364 页。

干群关系，进一步密切党同群众的血肉联系，云南省第九次党代会决定在全省开展"四群教育"（群众观点、群众路线、群众利益、群众工作）活动。2011年12月7日，省委召开动员大会，部署在全省开展"四群教育"，组织实施党员干部深入基层、深入群众、深入实际活动，全面建立"干部直接联系群众制度"。通过选派新农村建设工作队及指导员，每年从县以上机关选派五分之一的干部深入群众；通过领导蹲点、部门挂钩、干部结对、驻村入户、建立联系卡等形式，帮助基层群众排忧解难，进一步密切党群干群关系。各级领导干部带头深入基层调查研究，听取群众意见，撰写调研报告，省级领导干部每年驻村实践不少于3天，厅级干部每年驻村实践不少于7天，县（市、区）干部每年驻村实践不少于10天，乡镇干部每年驻村实践不少于30天。一年一轮换，5年覆盖所有县以上的机关干部①。通过深入开展"四群教育"，实行干部直接联系群众制度，切实解决了老百姓衣、食、住、行、用等方面存在的困难，树立了党员干部亲民、爱民、为民的良好形象②，涌现出了具有全国性影响的"孟连经验""插甸经验""芒别经验"。通过转变领导作风，党在人民群众中的形象得到进一步提高，党同人民群众的血肉联系得到进一步加强，干群关系得到进一步密切。

（四）不断推进制度建设

在党的建设中，制度问题更带有根本性、全局性、稳定性和长期性。为推进党的制度建设，省委坚持以党章为根本，以民主集中制为核心，坚持和完善党的领导制度，完善党代表大会制度和民主决策机制，保障党的团结统一。

1.建立健全学习培训制度

为加强对党员干部的培训，提高工作能力和理论水平，必须建立对党员进行学习培训的制度。1982年以来，云南各地坚持开展一年一度的农村党员轮训，并形成制度，长期坚持下来。工矿企业也从实际出发，坚持开展党员轮训工作③。1990年3月，为提高党员干部的理论素养，省委下发《中共云南省委关于建立健全在职干部学习制度和轮训县以上领导干部的通知》，提出建立在职干

---

① 中共云南省委党史研究室编：《中共云南省委大事纪略（1950年2月—2013年12月）》，第132—133页。

② 中共云南省委宣传部、中共云南省委党史研究室编：《中国改革开放全景录·云南卷》，云南人民出版社2018年版，第402页。

③ 中共云南省委宣传部、中共云南省委党史研究室编：《中国改革开放全景录·云南卷》，云南人民出版社2018年版，第368页。

部学习制度和轮训制度，重点解决广大干部社会主义、共产主义的信念问题①。为加强各级党委（党组）学习，促进领导干部提高知识和理论水平，全省建立了以党委（党组）理论学习中心组为重点的学习制度②。省委中心学习组率先垂范，联系实际开展学习。省第七次党代会以来，省委中心学习组坚持学习制度，带头学习马克思主义中国化的理论创新成果。党中央出台重大方针政策后，省委中心学习组都及时进行学习。在省委的带动下，全省各州市县、省级机关、大专院校、各大型企业的党委（党组）理论学习中心组都能够坚持好学习制度③，有力地促进了全省各级领导干部特别是领导班子的政治、理论和业务等各方面的学习，促进了学习型党组织、学习型机关、学习型干部的建设。

2. 建立健全党内民主制度

为加强党内民主，规范党内生活，省委在贯彻中央制定的党的规章制度的同时，结合实际，制定了一系列制度。推行民主评议党员工作。1988年10月，省委下发《关于妥善处置不合格党员试点的安排意见》。随后，省委组织部印发《关于坚持民主评议党员制度的意见》，将妥善处置不合格党员工作转为民主评议党员，每年进行一次。1988年至1990年间，5万多个基层党支部和97万多名党员先后参加了民主评议④。按照中央组织部《关于建立民主评议党员教育制度的意见》，民主评议党员形成制度，各基层支部每年年终结合各地各部门工作情况开展党员评议工作⑤。规范党员民主生活会。党的十二大以后，云南各级党组织逐步得到恢复、建立，党内各项组织生活制度逐步得到完善。各级党员领导干部，都要严格按照党章和《党内生活准则》的规定，参加党的组织活动，过严格的组织生活，加强党性锻炼，自觉接受党组织和党内外群众的监督⑥。2004年，《中国共产党党内监督条例（试行）》对党组织应当坚持和健全党员领导干部民主生活会制度、按照规定开好民主生活会作了明确规定，使民主生活

---

① 中共云南省委宣传部、中共云南省委党史研究室编：《中国改革开放全景录·云南卷》，云南人民出版社2018年版，第361页。

② 中共云南省委宣传部编：《谱写中国梦云南篇章——砥砺奋进的五年》，人民出版社、云南人民出版社2017年版，第188页。

③ 《云南省情》编委会编：《云南省情（2008年版）》，云南人民出版社2009年版，第574页。

④ 中共云南省委宣传部、中共云南省委党史研究室编：《中国改革开放全景录·云南卷》，云南人民出版社2018年版，第368页。

⑤ 《云南省情》编委会编：《云南省情（2008年版）》，云南人民出版社2009年版，第574页。

⑥ 中共云南省委宣传部、中共云南省委党史研究室编：《中国改革开放全景录·云南卷》，云南人民出版社2018年版，第367页。

会步入了制度化轨道 ①。2005 年，省委印发《关于建立健全云南省各级党委（党组）科学民主决策制度的意见》的通知，为加强党的执政能力建设，认真贯彻民主集中制原则，提高云南各级党委（党组）科学决策、民主决策、依法决策水平提供了遵循。同时，明确了决策议事规则，规范了决策程序，完善了决策保障机制 ②。

3. 恢复和完善纪检监察制度

1978 年 9 月，中共云南省委纪律检查委员会重新建立，1983 年改称中共云南省纪律检查委员会。1979 年，中央制定《中共中央纪律检查委员会关于工作任务、职权范围、机构设置的规定》。1987 年 7 月，中纪委印发《关于对党员干部加强党内纪律监督的若干规定（试行）》。1987 年云南行政监察机关重新恢复建立，12 月 15 日，省监察厅正式挂牌办公。根据党的十四大提出的"加强党的纪律和纪律检查工作"，"强化行政监督机关职能"的精神，按照中央纪委、国家监察部关于纪检、监察机关"一个机构、两块牌子、两种职能"，实行合署办公的统一部署，1993 年 3 月 8 日，省纪委、省监察厅机关正式合署办公。1999 年省委出台《关于落实党风廉政建设责任制的实施办法》；2000 年省委省政府下发《云南省关于实行党风廉政建设责任制考核和追究的试行办法》；2001 年省委批转省纪委《云南省领导干部廉洁自律的若干规定》。建立巡视制度。为保证制度真正得到贯彻落实，省纪委从 1999 年起建立巡视制度，先后派出 20 个巡视组进行巡视，加强对各项制度贯彻落实的巡视检查。2004 年 3 月，省委组建了巡视组，设立巡视工作机构，开展巡视工作。③ 通过恢复纪检监察制度，完善纪检监察体系，建立巡视制度，为纪检监察工作和党风廉政建设的顺利开展提供了制度保证。

4. 构建基层党建工作制度

制定出台《党的基层组织建设十项制度》。1991 年 4 月，云南总结基层党组织在制度建设方面的创新做法，制定出《党的基层组织建设十项制度》，即党委工作制度、议事表决制度、民主生活会制度、"三会一课"制度、民主评议党员制度、党员和党员干部轮训制度、党员联系群众制度、党员目标管理制度、换届选举制度、"创先争优"表彰制度。十项制度的建立，标志着云南基层党组织建

---

① 《云南省情》编委会编：《云南省情（2008 年版）》，云南人民出版社 2009 年版，第 574 页。

② 中共云南省委宣传部、中共云南省委党史研究室编：《中国改革开放全景录·云南卷》，云南人民出版社 2018 年版，第 388 页。

③ 《云南省情》编委会编：《云南省情（2008 年版）》，云南人民出版社 2009 年版，第 580 页。

设开始步入制度化轨道 ①。2007 年，云南牢固树立基层党建常抓不懈的思想，以深化拓展"云岭先锋"工程和实施"边疆党建长廊"建设为抓手，认真贯彻中央《关于加强党员经常性教育的意见》《关于做好党员联系和服务群众工作的意见》《关于加强和改进流动党员管理工作的意见》《关于建立健全地方党委、部门党组（党委）抓基层党建工作责任制的意见》4 个长效机制和云南《乡镇干部民情恳谈制度》《农村党员和村民代表议事听证制度》等 18 项基层党建工作制度，扎实推进"农村党的建设三级联创"活动，巩固和发展先进性教育活动成果取得了新进展 ②。

通过建立党员学习培训制度，建立健全党内民主制度，恢复和完善纪检监察制度，建立巡视制度等一系列制度，党的制度建设更加健全完善，有力地提高了党建科学化水平，从制度上保障了党的作用的充分发挥。

（五）持续开展反腐倡廉建设

反腐倡廉建设是关系党和国家生死存亡的大事，既是党的建设的重要组成部分，同时又为推进党的建设提供良好环境。这一时期，省委按照中央的安排和部署，从教育、制度、监督、惩治等环节入手，规范干部从政行为，严厉查处违纪违法案件，坚持从源头治理腐败，全面落实反腐倡廉的领导责任和监督责任，加强反腐倡廉建设，为云南改革开放和现代化建设营造了风清气正的政治环境。

1. 加强领导干部廉政教育

省委高度重视干部廉政教育工作，通过加强各级领导干部的廉政教育，增强廉洁自律意识，使领导干部始终绷紧廉洁自律这根弦。20 世纪 90 年代，结合"三讲"教育和"三个代表"重要思想的学习教育、先进性教育等，有针对性地开展"党风廉政教育月"活动、党纪党规教育、先进典型教育、案例警示教育等，结合实际开展了整治空谈、浮夸、吃喝、攀比、作风粗暴等"五股歪风"教育活动。创新教育载体和方式，建成了云南省反腐倡廉警示教育基地。省委在警示教育基地召开了专题常委会议，带头接受警示教育，研究反腐倡廉有关工作；在全省厅级干部和县级党政主要领导中开展了算清"七笔账"的专题教育活动 ③。

2005 年起，通过树立一批廉政勤政的先进典型，运用先进事迹报告会等形

① 中共云南省委宣传部、中共云南省委党史研究室编：《中国改革开放全景录·云南卷》，云南人民出版社 2018 年版，第 369 页。

② 中共云南省委党校、云南行政学院编：《七彩云南 40 年·党的建设篇》，云南人民出版社 2018 年版，第 41 页。

③ 《云南省情》编委会编：《云南省情（2008 年版）》，云南人民出版社 2009 年版，第 593 页。

云南省党风廉政建设和反腐败斗争成果展

式，开展示范教育，从查处的大案要案中有选择地剖析一批典型案例，采取现身说纪说法、观看专题电教片等形式，强化警示教育。在全省范围内建立一批警示教育、传统教育基地。为加强对公务员的反腐倡廉教育培训，在新录用公务员的初任培训，晋升职务公务员的任职培训，公务员的业务培训和招考公务员的考试中，都把反腐倡廉纳入考试和培训范围。

2005年至2007年，结合云南实际，每年确定一个主题，集中一段时间开展反腐倡廉教育活动。认真落实《中共云南省委关于建设学习型领导班子的意见(试行)》精神，完善《中共云南省委关于建立健全干部学习制度的若干规定》，把反腐倡廉理论作为各级党委（党组）理论学习中心组、党组织民主生活会学习的重要内容，每年至少安排一次专题学习。2005年至2006年，重点学习《"三个代表"重要思想反腐倡廉理论学习纲要》《江泽民论党风廉政建设和反腐败斗争》、胡锦涛同志关于反腐倡廉的一系列重要论述、中央《实施纲要》和省委的意见，领导干部个人撰写学习心得体会，新闻媒体开展专题征文活动①。通过加强对党员干部的廉政教育，提高了党员干部的廉政意识，在一定程度上防范了腐败的发生。

---

① 中共云南省委宣传部、中共云南省委党史研究室编：《中国改革开放全景录·云南卷》，云南人民出版社2018年版，第390页。

2. 完善党风廉政建设体制机制

完善党风廉政建设领导制度。1989年，为加强廉政建设，坚决惩治腐败，成立了由省委书记担任组长的廉政建设领导小组。为加强对反腐败斗争的领导，1993年，省委成立反腐败领导小组，领导反腐败斗争的深入开展。省委廉政建设领导小组和反腐败领导小组在省委领导下，负责组织和领导对那些影响极坏、情节恶劣、人民群众非常不满意的大案要案的查处，确保各监督部门密切配合、充分发挥整体效能；督促有关部门结合云南实际，研究制定防治腐败、加强廉政建设方面的有关规定和制度①。1999年，省委成立了党风廉政建设责任制领导小组，制定下发《关于落实党风廉政建设责任制的实施办法》，明确各级党政一把手是党风廉政建设的第一责任人，要求切实担负起党风廉政建设和反腐败斗争的领导责任。

全面落实反腐倡廉的领导责任。省委反腐败斗争领导小组召开会议，先后听取了省纪委、省检察院、省法院、省委宣传部领导对查处违纪违法案件等工作的情况汇报，研究、部署反腐败工作。各级党组织认真落实党风廉政建设责任制，深化廉政教育，严格工作纪律，推行党务政务公开，严肃处理违规违纪党员，树立机关党员、干部廉洁从政的良好形象。从2007年开始，省委组织考核组，每组由一位省级党员领导带队，对全省16个州市和有关省直单位进行责任制考核。省委对在考核中被评为优秀和合格等次的地区和单位给予表彰奖励，对被评为基本合格、不合格等次的地方和单位限期进行整改，对部分被评为基本合格等次单位的党政主要领导进行了调整，切实维护了党风廉政建设责任制的严肃性。

3. 探索党内监督有效形式

加强廉政建设、防止腐败，既要靠制度建设，也要靠党内严格、自觉的自我监督。严格监督目的是各级党员领导干部的行为适应发展社会主义商品经济的需要，将其纳入规范化、公开化的轨道，从根本上消除权力与金钱交易的温床。把建立和完善对党政一把手的监督制度作为重点，努力建立健全科学的权力运行机制；建立上级党委对下级党政一把手的监督制度；坚持和改进党内民主生活会制度；建立党内外联合监督制度；认真落实好党风廉政责任制；完善领导干部配偶及子女经商的监督检查制度，加大从源头上治理腐败的力度。

为加强廉政建设、防止腐败，1989年云南开始进行"两公开一监督"的试点工作。选择群众最关心的，与群众政治生活和经济生活关系最密切的，担负执

---

① 中共云南省委宣传部、中共云南省委党史研究室编：《中国改革开放全景录·云南卷》，云南人民出版社2018年版，第369—370页。

法、行政管理和公用事业的系统、单位试点。如对供销系统的化肥经营，农业银行的农村贷款，公安派出所的户口管理，劳动人事部门的招工招干等，实行"两公开一监督"，即办事制度公开、办事结果公开，依靠群众监督。试点取得较好的效果，在取得经验的基础上，在全省全面推开①。

建立健全党员干部监督机制。以建立健全科学的监督机制为目标，切实加强干部监督制度建设。省委组织部以"建立健全强化预防、及时发现、严肃纠正的干部监督工作机制"为目标，紧紧围绕保障选贤任能和促进领导干部健康成长，结合实际，积极探索，制定或参与制定了一系列干部监督规章和制度，有力地推进了干部监督工作的科学化、制度化、规范化。2005年，省委组织部与省纪委、省检察院、省人事厅、省审计厅、省信访局等部门建立了干部监督工作联席会议制度，构建全方位监督格局，对党员干部进行全方位监督。

建立完善监督制约机制，促使各级党员干部正确行使权力。各级党委进一步健全以民主集中制为核心的议事决策制度，强化班子内部监督。坚持领导干部提拔任用征求同级纪委意见，加强对干部选拔任用工作的监督。领导干部述职述廉、任前廉政谈话、诫勉谈话和纪委负责人同下级党政负责人谈话等制度得到切实执行。

4. 坚决惩治腐败

反对腐败是有效惩治贪腐行为、净化党风政风和社会风气的有力抓手。云南深入开展惩治腐败，严查违纪违法案件，形成了对贪腐的强有力威慑。

完善惩治腐败工作机制。1994年1月初，省纪委作出《关于认真组织学习中纪委三次全会精神的意见》，对继续深入持久地开展惩治腐败作出部署。每年年初，省委及时把全年反腐倡廉任务分解细化为工作项目，明确各级领导班子和领导干部、有关业务主管部门、纪检监察机关在反腐倡廉工作中担负的责任。各地各部门对所承担的任务进一步具体化，并层层签订责任书，形成了横向到边、纵向到底、齐抓共管、上下联动的工作格局。2012年8月30日，为加强反腐败工作，云南成立预防腐败局，全面履行预防腐败职能，整合资源形成合力，全面推进预防腐败工作向纵深发展。

严格依纪依法办案。严格执行中央和中央纪委的有关规定，正确使用案件检查措施，做到安全、文明办案。严格办案纪律，规范办案程序，加强对办案工作

---

① 中共云南省委宣传部、中共云南省委党史研究室编：《中国改革开放全景录·云南卷》，云南人民出版社2018年版，第370—371页。

关键环节的监督管理，推行了"一案三卡"制度，实行检审分开、审复分设、公开审理等，及时开展办案质量和处分落实情况的检查，严把案件质量关。加强对案件的总结剖析，推行"一案双报告"等制度，有针对性地提出建章立制、规范管理的意见建议，较好地发挥了办案的治本功能①。

坚决纠正损害群众利益的突出问题。对人民群众反映突出的上学难、看病贵以及坑农害农等问题开展专项治理。认真治理公路"三乱"，实现了所有公路基本无"三乱"的目标。清理整顿统一着装问题，治理党政部门报刊散滥和利用职权发行，规范出租汽车行业管理等。对教育、卫生、环保、地税、广电、电信、旅游、质监等系统开展行风评议。畅通群众诉求渠道，开通了省和16个州市政风行风热线，一些州市推行了网上信访、定期下访、信访听证、吸收群众代表参与信访调查等制度。认真解决征收征用土地、城镇房屋拆迁、企业重组改制和破产中损害群众利益，以及拖欠建设工程款和农民工工资等问题。加强了对粮食流通体制改革、矿产资源开发和金融秩序的监督检查，认真清理纠正违规投资入股煤矿问题，参与环境保护专项整治以及安全生产检查和重特大事故调查处理等，维护了群众利益。

2005年1月，党中央颁布了《建立健全教育、制度、监督并重的惩治和预防腐败体系实施纲要》，强调要坚持标本兼治、综合治理、惩防并举、注重预防的方针，建立健全与社会主义市场经济体制相适应的教育、制度、监督并重的惩治和预防腐败体系。云南省纪委召开第四次会议，认真学习贯彻《实施纲要》，深入开展党风廉政建设和反腐败工作，把党风廉政建设和反腐败斗争推向深入。

这一时期，中国共产党努力探索执政党自身建设的规律，不断提高党的建设科学化水平，党的建设进入新的历史时期。云南党的建设也迈出了新步伐，从思想建设、组织建设、作风建设、制度建设、反腐倡廉建设等方面展开了富有成效的工作，初步走出了一条具有边疆民族特色的党建之路，为中国特色社会主义进入新时代全面加强党的建设打下了坚实的基础。

三、进入新时代云南党的建设（2012—2019年）

党的十八大以来，以习近平同志为核心的党中央作出全面从严治党的战略部署，以坚定决心、顽强意志对党的建设加以推进，团结带领全党开创了党的建设新局面，为党和国家事业取得历史性成就、发生历史性变革提供了坚强政治保

---

① 《云南省情》编委会编：《云南省情（2008年版）》，云南人民出版社2009年版，第593—594页。

证。省委坚持以习近平新时代中国特色社会主义思想为指导，坚决改变管党治党宽松软状况，全面加强党的建设。各级党组织和全体党员尊崇党章，严明党的政治纪律和政治规矩，层层落实管党治党政治责任。按照中央部署，认真开展党的群众路线教育实践活动，"三严三实"和"忠诚干净担当"专题教育，推进"两学一做"学习教育常态化制度化，开展"不忘初心、牢记使命"主题教育。贯彻新时期好干部标准和新时代党的组织路线，选人用人状况和风气明显好转。推进党的建设制度改革，不断完善党内法规制度体系。把纪律挺在前面，着力解决人民群众反映最强烈、对党的执政基础威胁最大的突出问题。贯彻落实中央八项规定精神，严厉整治形式主义、官僚主义、享乐主义和奢靡之风，坚决反对特权。巡视利剑作用彰显，坚持反腐败无禁区、全覆盖、零容忍，坚定不移"打虎""拍蝇""猎狐"，不敢腐的目标初步实现，不能腐的笼子越扎越牢，不想腐的堤坝正在构筑，取得了反腐败斗争的压倒性胜利。

（一）突出抓好政治建设

政治建设是党的根本性建设。习近平总书记指出："党的政治建设是一个永恒课题。要把准政治方向，坚持党的政治领导，夯实政治根基，涵养政治生态，防范政治风险，永葆政治本色，提高政治能力，为我们党不断发展壮大、从胜利走向胜利提供重要保证。"① 2019 年，中央印发《中共中央关于加强党的政治建设的意见》，为加强党的政治建设提供基本遵循。云南认真贯彻落实中央精神，把党的政治建设摆在首位，以政治建设为统领全面推进党的各项建设，坚定政治信仰，增强"四个意识"、坚定"四个自信"、做到"两个维护"。自觉在思想上政治上行动上同以习近平同志为核心的党中央保持高度一致，严格要求和教育引导各级党组织和广大党员干部忠诚核心、拥戴核心、维护核心、紧跟核心。自觉加强党性锻炼，不断提高政治觉悟和政治能力，严格遵守党的政治纪律和政治规矩，全面执行党内政治生活准则，确保党中央政令畅通；善于从政治上分析问题、解决问题，把对党忠诚、为党分忧、为党尽职、为民造福作为根本政治担当，永葆共产党人政治本色。

1.坚决做到"两个维护"

坚决维护习近平总书记党中央的核心、全党的核心地位，坚决维护党中央权

① 《习近平在中共中央政治局第六次集体学习时强调　把党的政治建设作为党的根本性建设　为党不断从胜利走向胜利提供重要保证》，《人民日报》2018 年 7 月 1 日。

威和集中统一领导，是党的十八大以来我们党的重大政治成果和宝贵经验，是我们党最重要的政治纪律和政治规矩。云南省委坚决做到"两个维护"，始终保持对以习近平同志为核心的党中央的绝对忠诚，坚决防止和纠正一切偏离"两个维护"的错误言行，自觉增强坚决维护的定力和能力。把"两个维护"体现在全面学习贯彻落实习近平新时代中国特色社会主义思想和考察云南重要讲话精神以及党中央决策部署上。教育引导广大党员干部从历史和现实、理论和实践、国内和国际的结合上深刻认识、强化认同、不断增强拥护核心、跟随核心、捍卫核心的思想自觉政治自觉和行动自觉。提高政治站位、站稳政治立场、坚定政治方向、强化政治功能、严明政治纪律、团结带领全省各族人民坚定不移心向党、听党话、跟党走、感党恩。

2.强化理论武装筑牢政治信仰

理论上清醒，政治上才能坚定。习近平新时代中国特色社会主义思想是新时代中国共产党的思想旗帜，是国家政治生活和社会生活的根本指针，是党和国家必须长期坚持的指导思想，是当代中国马克思主义、二十一世纪马克思主义。党的十九大召开后，省委迅速出台《中共云南省委关于深入学习贯彻党的十九大精神促进云南跨越式发展的决定》，对学习党的十九大精神进行安排部署。一是做到真学。用好省委中心组学习这个平台，围绕习近平新时代中国特色社会主义思想的时代背景、思想精髓、理论渊源、实践基础、主要内容进行深入学习研讨，筑牢同以习近平同志为核心的党中央保持高度一致的思想根基，推动广大党员干部把维护核心的要求转化为思想自觉、党性观念、纪律要求。二是做到真懂。全省各级党组织坚持以习近平新时代中国特色社会主义思想为指导，进一步谋划云南跨越式发展的新思路、新目标，把深入学习贯彻习近平新时代中国特色社会主义思想作为根本政治任务，作为最重要的理论武装。全省干部教育培训把学习习近平新时代中国特色社会主义思想作为最主要内容，开展专题培训、专题研讨。三是做到真信。习近平新时代中国特色社会主义思想，以其坚定的信仰追求、强烈的历史担当、真挚的为民情怀、务实的思想作风和科学的思想方法，深刻回答了党和国家发展的重大理论和实践问题，进一步升华了我们党对中国特色社会主义建设规律和马克思主义执政党建设规律的认识，形成了一个系统完整、逻辑严密的科学理论体系，是我们进行伟大斗争、建设伟大工程、推进伟大事业、实现伟大梦想的科学理论指导。四是做到真用。省委带头示范，在学思践悟习近平新时代中国特色社会主义思想中谋划和推进云南发展，教育引导全省各级党组织和广大党员干部在遇到思想困惑、工作困难时，自觉从习近平新时代中国特色社会主义思想中寻找答案、汲取智慧，不

开展"万名党员进党校"培训

断提高用党的创新理论指导解决实际问题的政治能力和政策水平。

3. 保持政治定力执行政治路线

以习近平同志为核心的党中央立足国情和实际，为改革发展提出一系列科学理论和战略部署，从"五位一体"到"四个全面"，从稳中求进到新发展理念，无一不是遵循了党的基本路线。云南各级党组织和党员干部在思想上坚决维护习近平总书记党中央的核心、全党的核心地位，坚决维护党中央权威和集中统一领导，在行动上坚定紧跟核心，坚定执行党的政治路线，严格遵守政治纪律和政治规矩，在政治立场、政治方向、政治原则、政治道路上同党中央保持高度一致，不折不扣贯彻落实党中央各项决策部署。一是方向不偏。坚决以党中央的旗帜为旗帜，以党中央的方向为方向，以党中央的意志为意志，做到党中央提倡的坚决响应、党中央决定的坚决执行、党中央禁止的坚决不做。二是规矩不破。决不搞说一套做一套，决不搞各自为政、自行其是，决不搞上有政策、下有对策，决不搞合意的就执行、不合意的就不执行，决不搞走形式、打折扣、搞变通。三是"焦距"不散。深入贯彻落实习近平总书记对云南工作的重要批示指示精神，加快建设我国民族团结进步示范区、生态文明建设排头兵、面向南亚东南亚辐射中心，把坚决做到"两个维护"体现在工作中、落实到行动中、彰显于业绩中。

4. 站稳政治立场提高政治能力

坚决站稳政治立场。政治立场事关根本。习近平总书记强调，人民立场是中国共产党的根本政治立场，是马克思主义政党区别于其他政党的显著标志。以此为指引，省委坚定马克思主义立场，坚持党性和人民性相统一，坚决站稳党性立场和人民立场。拜人民群众为师，始终牢记民心是最大的政治，忠实践行群众路线，自觉地、经常地到人民群众中去，问政于民、问计于民、问需于民、问效于民。密切联系群众，以党的基层组织为核心完善基层治理体系，增强广大党员干部宣传群众、动员群众、组织群众的本领。着力解决好人民群众普遍关心的突出问题，一件事情接着一件事情办、一年接着一年干，让老百姓的日子越过越好，不断巩固和扩大党的执政基础。同时，注重加强政治历练，提高政治能力，在坚持民主集中制中加强政治历练，教育引导全省广大党员干部强化规矩意识，按照民主集中制原则办事。规范各级党委（党组）议事规则和决策程序，落实集体领导制度。坚决反对和纠正"家长制""一言堂"，议而不决、决而不行的现象，坚决反对和纠正会上不说、会后乱说，当面一套、背后一套等错误言行，共同维护各级领导班子在坚持党性原则基础上的团结。在严肃党内组织生活中加强政治历练，落实"三会一课"等基本制度，突出政治学习和政治教育，坚持开展支部主题党日活动，更加贴近实际，让党员每次都有感悟、有收获。在勇于自我革命中加强政治历练，用好"党性体检"这个经常性机制，用好批评和自我批评这个锐利武器，用好专项整治这个有效办法，着力解决党中央指出的各级党委（党组）、党支部和党员存在的突出问题，教育引导广大党员不断自我净化、自我完善、自我革新、自我提高，切实做到政治合格、执行纪律合格、品德合格、发挥作用合格。

5. 严肃政治生活净化政治生态

营造风清气正的政治生态是加强党的建设的基本目标，也是一项政治建设的基础性、经常性工作。云南党的政治建设通过浚其源、涵其林，养正气、固根本，锲而不舍、久久为功，逐步实现正气充盈、政治清明。2015 年 8 月，省委九届十一次全会审议通过《中共云南省委关于落实全面从严治党要求建设忠诚干净担当高素质干部队伍的决定》，强调要严明党的纪律和规矩，严肃党内政治生活，彻底肃清白恩培、仇和等腐败案件造成的不良影响，重构云南风清气正政治生态，建设忠诚干净担当高素质干部队伍。2016 年，云南认真学习贯彻党的十八届六中全会精神和《关于新形势下党内政治生活的若干准则》[①]。2016

---

① 中共云南省委宣传部、中共云南省委党史研究室编：《中国改革开放全景录·云南卷》，云南人民出版社 2018 年版，第 391—392 页。

年 12 月召开的省第十次党代会，对全面从严治党作出了部署；2017 年 1 月召开的省委十届二次全会，通过了《中共云南省委关于认真贯彻落实党的十八届六中全会精神深入推进全面从严治党的决定》，对严明党的纪律和规矩，严肃党内政治生活、净化党内政治生态提出了明确要求。2017 年 7 月 5 日，省委以"坚决肃清白恩培、仇和等余毒影响，彻底净化云南政治生态"为主题，举行省委理论学习中心组集中学习。要求各级党组织提高政治站位，统一思想认识，深刻剖析根源、严格对照检查，彻底从思想上、政治上、组织上、纪律上、作风上肃清白恩培、仇和等余毒影响，推动全面从严治党向纵深发展，构建云南风清气正的政治生态。2019 年 9 月 28 日，云南省委常委会召开会议，传达学习经中共中央批准的中央纪委国家监委对全国人大原内务司法委员会副主任委员、云南省委原书记秦光荣严重违纪违法问题处理决定。强调坚决拥护党中央决定，深刻汲取教训，统一思想认识，进一步增强"四个意识"、坚定"四个自信"、做到"两个维护"，自觉在思想上政治上行动上同以习近平同志为核心的党中央保持高度一致，持续巩固发展反腐败斗争压倒性胜利，建设风清气正的政治生态。

（二）着力加强思想建设

注重从思想上建党，是马克思主义政党的鲜明特色、光荣传统和政治优势。党的十九大报告强调："思想建设是党的基础性建设。"① 这一重要论断深刻揭示了思想建设在党的建设新的伟大工程中的基础性地位。共产主义远大理想和中国特色社会主义共同理想，是中国共产党人的精神支柱和政治灵魂，也是保持党的团结统一的思想基础。云南通过深入贯彻落实党的十八大、十九大精神，把坚定理想信念作为党的思想建设的首要任务，突出抓好党性教育，推进党内集中教育学习活动，教育引导广大党员干部牢记党的理想信念宗旨，挺起共产党人的精神脊梁，解决好世界观、人生观、价值观这个"总开关"问题，不断补钙壮骨、立根固本，切实筑牢团结统一的共同思想基础。

1.抓好理论学习这一根本

用科学的理论武装教育人，是党的思想建设的根本任务。面对新形势、新任务，加强理论学习，自觉用党的创新理论指导实践，比以往任何时候都更为重要、更为紧迫。党的十八大以来，我们党在加强思想建设方面作出许多战略部

---

① 《党的十九大报告辅导读本》，人民出版社 2017 年版，第 62 页。

署，特别是深入开展党的群众路线教育实践活动、"三严三实"专题教育等党内集中教育活动，推进"两学一做"学习教育常态化制度化，开展"不忘初心、牢记使命"主题教育。触及思想灵魂、扫除思想尘埃，使党员、干部进一步坚定理想信念，拧紧"总开关"。按照中央统一安排部署，云南认真组织开展教育活动和经常性工作，各级党组织切实抓好思想理论建设，强化理想信念和党性党风党纪教育，有力解决"四风"突出问题和一些党员干部理想信念上的"软骨病"，推出了杨善洲、高德荣、召存信等一大批先进典型，教育引导党员干部提高理论素养，坚定理想信念，经受实践磨砺，筑牢信仰之基、补足精神之钙、把稳思想之舵，学会用马克思主义立场、观点、方法观察问题、分析问题、解决问题，提高战略思维、历史思维、辩证思维、创新思维、法治思维、底线思维能力，广大党员干部以踏石留印、抓铁有痕的劲头，经历了一场触及思想和灵魂的党性"大考"，交出了一份让群众满意的党性教育成绩单。

（1）开展党的群众路线教育实践活动

2013年4月19日，中央决定围绕保持党的先进性和纯洁性，在全党深入开展以"为民务实清廉"为主要内容的党的群众路线教育实践活动。6月26日，省委常委会讨论通过了《中共云南省委关于在全省深入开展党的群众路线教育实践活动的实施方案》。7月3日，云南召开党的群众路线教育实践活动动员大会，标志着云南第一批党的群众路线教育实践活动正式启动。省委及各级党组织充分认识到开展党的群众路线教育实践活动的重大意义，把开展教育实践活动作为贯彻党的十八大精神，坚持党要管党、从严治党，加强党的自身建设的一项重大举措，增强始终保持党的先进性和纯洁性的高度自觉，切实推动云南科学发展、和谐发展、跨越发展。云南各级党组织和广大党员干部以严肃的态度、坚定的决心，扎实有效地开展好教育实践活动。共有4个省级班子、136个省直单位、2182个厅处级领导班子、1.85万名处级以上领导干部、1.21万个基层党组织和23.81万名党员参加这次教育实践活动①。

为组织好这次重要的党内集中教育活动，云南紧紧抓住重点和关键，切实做好"六个贯穿始终"：把学习教育实践贯穿始终，使党员干部贯彻群众路线的意识更加牢固；把"照镜子、正衣冠、洗洗澡、治治病"的活动总要求贯穿始终，确保教育实践活动沿着正确方向健康发展；把反对"四风"贯穿始终，着力解决党员干部作风方面存在的突出问题；把整风精神贯穿始终，开展积极健康的思想

---

① 中共云南省委党史研究室编：《中共云南省委大事纪略(1950年2月—2013年12月)》，第136页。

斗争；把坚持领导带头贯穿始终，为基层开展活动作出行动示范；把建章立制贯穿始终，建立健全加强作风建设的长效机制。为确保教育实践活动扎实开展、不走过场，各级党组织切实把握学习教育、听取意见；查摆问题、开展批评；整改落实、建章立制三个环节，做好以下几个方面的工作。

一是领导垂范。全省动员大会后，省委立即召开常委会，对省委常委班子开展教育实践活动进行动员安排，省委、省人大、省政府、省政协领导班子迅速启动，主要领导动员部署，明确教育实践活动目标、任务和措施；省委常委班子3次召开专题会议，学习中央政治局专门会议精神、习近平总书记等中央领导同志重要讲话，对省委常委班子带头学习、深入学习、深入思考提出明确要求。省级领导带头深入基层、生产一线和田间地头，与群众同吃同住同劳动，宣讲中央精神，听取基层党员干部对教育实践活动及"四风"方面存在问题的意见建议。

二是创新方式。各级党组织通过抓好理论学习、组织在线学习、结合实践学习等方式，开展理想信念、党性党风党纪和道德品行教育，开设云南省群众路线教育在线学习网，组织党员干部深入联系点与群众同吃同住同劳动，抓实学习、务求实效，教育引导党员领导干部牢固树立宗旨意识，增强群众观点，着力加强思想理论武装。开门纳谏、拓宽渠道，采取召开座谈会征求意见、开展随机调研，以及采取民情恳谈、设置意见箱、发放调查问卷、开通专线电话、设立网上邮箱等多种方式，广泛征求各方意见建议。

三是加强督导。省委向136个单位派出18个督导组，严格按照督导目标、程序、方案和要求，加强与所在单位沟通协调，严把各单位启动准备关、活动方案关、动员讲话关，确保活动不走过场、务求实效。

为期近16个月的党的群众路线教育实践活动，犹如一股强劲、持续的清风，带来的是焕然一新的干部作风和务实高效的为民行动，将"为民务实清廉"的时代形象鲜明镌刻在云岭大地上。

（2）开展"三严三实"和"忠诚干净担当"专题教育

"三严三实"要求体现了新时期共产党人的人生观、价值观、事业观、权力观，是共产党人特别是党员领导干部必须遵守的从政规范和做人品格。从理想信念、服务宗旨、作风养成、廉洁自律等方面对党员领导干部进行党性教育，根本出发点就是"三严三实"的总要求。2015年1月5日，按照中央部署和要求，结合云南实际，在县处级以上领导干部中深入开展"三严三实"和"忠诚干净担当"专题教育。各级党组织通过抓学习、抓教育、抓落实、抓整改、抓制度、抓宣传，高标准严要求实举措推进专题教育深入开展。坚持正面教育学先进。各地各部门组织党员领导干部深入学习焦裕禄、杨善洲、高德荣、杨竹芳等优秀共产党员的先进事迹，教育引导广大党员干部学先进、争先进、当先进。开展高德荣精神进机关、进学校、进企业、进社区、进农村、进党校等"六进"活动。坚持反面教育筑防线。各地各部门认真组织反面典型教育，让党员干部受警醒、明底线、知敬畏，自觉从思想深处、骨子里头筑牢思想道德防线，切实做到警钟长鸣于耳，讲纪律守规矩牢记于心。2015年以来，云南省各级纪检监察机关通过官方网站、电台、电视台、报纸和会议形式，通报纪律审查案件和领导干部责任追究情况。通过曝光，发挥震慑作用，对广大党员干部的警示教育，更具针对性。坚持红色教育强信念。各参学单位纷纷组织干部职工前往省内革命教育基地，开展革命传统教育、爱国主义教育，学习、继承和发扬党的优良传统和作风，为党员干部注入红色新鲜血液，激励干部发扬红色精神，牢记红色使命。坚持以学促工办实事。强化学以致用、学用相长，将思想动力转化为工作动力，把学习成果转化为实践成果，切实为民解难题、做实事、办好事。

这次党性教育突出一个"实"字，脚踏实地，真抓实干，谋实事，出实招，"实实在在做人做事"，切实把能否达到"三严三实"要求作为党性教育是否取得成效的试金石，重点解决理想信念动摇、信仰迷茫、精神迷失、宗旨意识淡漠、党的组织和纪律观念弱化等问题。树立忧患意识，强化问题意识，具备创新意识，为培养"忠诚干净担当"的好干部提供坚强的党性保证。

(3) 推进"两学一做"学习教育常态化制度化

2016年2月，为深入贯彻落实党的十八届六中全会精神，持续推动全面从严治党突出"关键少数"并向基层延伸，党中央作出了推进"两学一做"学习教育常态化制度化的重要决策部署。按照中央要求，4月7日，省委决定在各级党组织、广大党员中深入开展"学党章党规、学系列讲话，做合格党员"学习教育，结合实施"基层党建推进年"，推动党内教育从"关键少数"向广大党员拓展、从集中性教育向经常性教育延伸，取得了显著成效。

省委出台了《关于开展党章党规"进党校、进课堂、进媒体"学习教育的实施意见》，在全省开展"三进"学习教育。一是进党校，抓住领导干部这个"关键少数"，把学习教育贯穿党校教育全过程。充分发挥各级党校、行政学院、干部学院的主阵地主渠道作用。着力构建省、州市、县（市、区）三级"1校12院多基地"干部教育培训机构体系，探索形成"理论教育＋现场体验＋案例教学＋廉政教育＋党性分析"的"五步法"党性教育新模式，深入开展理论武装和党性教育，实现全省各级领导干部培训全覆盖。二是进课堂，在广大学生中培养热爱党、拥护党的意识。通过加强课堂主渠道教学，加强学校的业余党校、团校党章党规教育，加强实践教育和校园廉政文化建设，循序渐进地将学习教育有机融入青少年学生的教育中，使青少年学生在潜移默化中树立守纪律、讲规矩的意识和观念。三是进媒体，营造学习宣传和遵守执行党章党规的社会舆论环境。全省各级各类媒体积极报道各地区各部门开展学习教育的动态情况与做法经验，提高全社会对学习教育的知晓率和参与度，帮助广大党员干部学习领会，增强学习教育的渗透力和感染力。

为抓好抓实云南"两学一做"学习教育，省委严格按照中央的决策部署，增强看齐意识，从自身抓起，省委常委领导班子示范在前，严格党内组织生活，以普通党员身份参加所在党支部组织生活会，带头学习党章党规、学习系列重要讲话，带头讲党课，带头规范交纳党费，用实际行动影响带动全省上下扎实开展学习教育。省委常委同志共为基层和所在支部讲党课37次，带动各级领导干部讲党课31865场次。全省各级党组织主动作为，推动学习教育在4个省级班子、138个省直单位和16个州市、129个县（市、区）、1391个乡镇（街道）、15.7万个基层党组织、257.47万名党员中扎实开展，使全面从严治党逐渐成为全省党员干部的思想自觉和行动自觉，为筑牢党在边疆民族地区的执政基础提供了坚强保证①。

（4）开展"不忘初心、牢记使命"主题教育

根据党的十九大决定，2019年5月31日，中央召开"不忘初心、牢记使命"主题教育工作会议，决定以县处级以上领导干部为重点，在全党开展"不忘初心、牢记使命"主题教育。2019年6月6日，云南省"不忘初心、牢记使命"主题教育工作会议在昆明召开。会议强调要以习近平新时代中国特色社会主义思想为指导，自觉把思想和行动统一到党中央的决策部署上来，扎扎实实开展好主题教育，牢牢把握守初心、担使命，找差距、抓落实的总要求，牢牢把握深入学习贯彻习近平新时代中国特色社会主义思想、锤炼忠诚干净担当的政治品格、团结带领全省各族人民为实现伟大梦想共同奋斗的根本任务，努力实现理论学习有收获、思想政治受洗礼、干事创业敢担当、为民服务解难题、清正廉洁作表率的具体目标，树牢"四个意识"、坚定"四个自信"、做到"两个维护"，坚定自觉地践行党的初心和使命，确保主题教育取得扎扎实实的成效，以优异成绩庆祝中华人民共和国成立70周年。

---

① 《用心用力　抓细抓实——云南开展"两学一做"学习教育综述》，《光明日报》2017年1月23日。

坚持高位推动，成立了由省委书记任组长的省委主题教育领导小组，制定了《云南省委关于开展"不忘初心、牢记使命"主题教育的实施意见》，结合云南实际提出4个方面10条具体工作任务。在此基础上，制定出第一批主题教育单位工作参考计划表，梳理出各单位需要做的32项工作任务和具体要求，以及巡回指导组工作任务和方法，保障主题教育任务清晰、方向不偏、标准不降。在省委的统一部署和有力推进下，全省上下一心，迅速把思想和行动统一到习近平总书记重要讲话精神和中央、省委的决策部署上来。第一时间召开党委、党组（扩大）会议、专题工作会议等，传达中央和省委有关会议精神，制定工作方案，成立相应的领导机构和工作机构，动员部署启动本单位主题教育。截至2019年6月14日，全省106家第一批主题教育单位已经全部完成部署启动。在开展主题教育过程中，各地区各部门各单位坚持把开展主题教育与省委省政府的部署安排相结合，与本地区本部门本单位的中心工作相结合，创新方式方法，切实防止形式主义、官僚主义和走过场，拿出破解问题的硬招、实招，激发党员干部干事创业的热情，在决战脱贫攻坚、决胜全面小康、实现高质量跨越式发展中担当重任。

2. 创新理论学习方式

云南各级党组织和党员干部以推进"两学一做"学习教育常态化制度化为契机，制订年度学习计划，依托党委（党组）理论学习中心组学习和"三会一课"等，坚持集中学习和个人自学相结合、系统学习和专题研讨相结合、理论学习和实践分析相结合，采取"互联网+"、组织宣讲宣传、广泛宣传先进典型、深化理论研究等多种措施，切实抓好党的最新理论成果的学习贯彻。

以"互联网+"助力理论学习。针对山区面积大、交通不便的实际，云南各级党组织主动拥抱大数据、融入互联网，在全国率先实施"互联网+党建"行动计划，投入资金3.12亿元建成"云岭先锋"服务站16146个。通过采取电脑、电视、手机"三屏互动"方式，将远程教育由单一学习平台转型升级为综合服务平台，实现了综合服务平台县、乡、村三级网络全覆盖、平台全覆盖；通过"云岭先锋"手机APP，实现了全省网上党支部100万名共产党员的覆盖目标，为开通运行"党建云"奠定了坚实基础①。2019年3月26日，"学习强国"云南学习平台正式上线。作为"学习强国"学习平台的省级平台，云南学习平台突出政治性、思想性、新闻性、综合性、服务性，全面宣传云南贯彻落实习近平新时代

---

① 《云南："互联网+党建"迈入"云时代"》，《中国组织人事报》2018年2月2日。

中国特色社会主义思想和党的十九大精神以及习近平总书记对云南工作的重要指示批示精神的情况，展现云南经济社会发展的主要成就，较好满足了全省党员干部群众学习需求多样化、个性化、智能化、便捷化的需要。

鼓励基层创新学习方式。在推进"两学一做"常态化制度化中，全省范围内开展"千堂党课进基层"活动，坚持党员领导干部讲党课制度，各级党委（党组）书记每年至少要分别为联系挂钩单位和所在党支部党员讲1次党课，坚持党支部书记带头讲、普通党员轮流讲、邀请先进典型现身讲、邀请党务专家专题讲，确保基层党支部每季度至少组织开展1次党课。党课内容贴近党员、贴近实际，不搞照本宣科。广泛运用微型党课、故事党课、"双语"党课、互动式情景式党课等方式，增强党课的吸引力和感染力。各少数民族地区立足实际，把"两学一做"学习教育与民族文化有机结合，通过采取"五用"学习方法，使"两学一做"学习教育更贴近民族地区实际，体现独特效果。

3. 切实增强理论学习效果

云南把坚定理想信念作为党的思想建设的首要任务，把学习贯彻习近平新时代中国特色社会主义思想，党的十八大和十九大精神贯穿到党的思想建设全过程，把集中教育和经常性工作结合起来，把集中教育活动中激发出的积极性主动性转化为实际行动，教育党员干部读原著、学原文、悟原理，系统学、深入学，学而信、学而用、学而行，坚定维护以习近平同志为核心的党中央权威和集中统一领导，确保党内集中教育活动沿着正确政治方向开展。广大党员干部通过一系列学习教育，学出了方向，特别是把握前进方向、坚定政治方向和明确发展方向。学出了感情，特别是学出对马克思主义的深厚情感、对习近平新时代中国特色社会主义思想的深厚情感、对中国共产党的深厚情感、对人民群众的深厚情感。学出了思路，特别是进一步厘清了云南高质量跨越式发展的思路举措。学出了方法，特别是思想方法、工作方法、学习方法。学出了干劲，特别是拼劲、闯劲、韧劲。具体体现在以习近平新时代中国特色社会主义思想为指导，进一步谋划云南发展的新思路、新目标。

（三）不断加强组织建设

党的力量来自组织。党的全面领导、党的全部工作要靠党的坚强组织体系去实现。云南各级党组织深入学习领会习近平总书记在全国组织工作会议上的重要讲话精神，在推进党的建设新的伟大工程、推进全面从严治党的实践中切实加强党的组织建设。

1. 严格执行民主集中制

习近平总书记指出："民主集中制是我们党的根本组织原则和领导制度，是马克思主义政党区别于其他政党的重要标志。"①云南注重加强民主集中制教育培养，坚持把民主集中制作为加强领导班子思想政治建设的重要内容，教育引导领导干部以身作则、率先垂范，提高各级领导班子和领导干部贯彻执行民主集中制的意识和能力。把好党内民主制度体系建设清理关、修订关、立制关，通过健全党委（党组）内部制度，切实把权力关进制度的笼子。健全集体领导和个人分工负责机制。对班子成员职能、职责进行界定和规范。健全党委（党组）重大事项议事决策机制，推行和完善重大决策票决制，坚决反对个人或者少数人专断，保证"三重一大"事项经集体讨论决定。健全党务政务公开制度、班子工作定期评议制度，提高民主决策的透明度。建立健全权力运行约束机制，确保权力在有效监督中规范运行。积极发扬党内民主，严格议事程序，严格执行"一把手"末位表态制度，建立重大决策公众参与、专家论证、风险评估、合法性审查、集体讨论决定的决策法定程序，提高决策水平和质量。围绕扩大民主、广纳民意、集中民智，建立健全党内工作情况通报、党内重大事项公示等制度，营造讲真话、讲实话的良好氛围。健全民主集中制执行情况监督检查和分析评估制度，充分发挥巡视巡察、党委定时督查、党建专项检查的震慑作用，有效发挥自上而下监督、同级相互监督和自下而上民主监督的作用，常态化督查班子执行民主集中制的情况，特别是"一把手"落实民主集中制情况。强化督查结果运用，对执行民主集中制不到位导致产生严重失误、造成重大影响的领导班子和个人，视情况进行诫勉谈话、组织调整甚至党纪政纪处理，真正让党内民主制度成为"带电的高压线"。

2. 不断强化基层党组织建设

党的基层组织是确保党的路线方针政策和决策部署得以贯彻落实的基础。党的十九大报告提出："要以提升组织力为重点，突出政治功能，把企业、农村、机关、学校、科研院所、街道社区、社会组织等基层党组织建设成为宣传党的主张、贯彻党的决定、领导基层治理、团结动员群众、推动改革发展的坚强战斗堡垒。"②按照党中央的新部署、新目标、新定位、新举措，云南高度重视基层党组织建设，更加注重全面提升基层党组织组织力，坚持问题导向，抓住关键环节，持续用力，久久为功，使党的基层基础更加牢固，不断夯实党在边疆民族地区执

① 《中共中央政治局召开民主生活会强调　树牢"四个意识"坚定"四个自信"坚决做到"两个维护"勇于担当作为　以求真务实作风把党中央决策部署落到实处》，《人民日报》2018 年 12 月 27 日。
② 《党的十九大报告辅导读本》，人民出版社 2017 年版，第 64 页。

政的组织基础。

（1）高度重视党的基层组织建设

从2016年开始，云南连续3年采取制定责任清单的方式，分别开列州市党委、省委省直机关工委、省委高校工委、省国资委党委、省委非公经济组织和社会组织工委等5个党（工）委书记抓基层党建责任清单，市县乡各级也分别制定责任清单，明确了基层党建"谁来抓""抓什么""怎么抓"。每年，省委组织部还对年度述职评议综合评价为"一般"的党委书记、分管领导进行约谈，对党建工作推进不力的县（市、区）党委书记进行通报批评，有效传导压力①。连续3年召开基层党建工作重点任务推进会，每年将党建任务归类、细化、明确完成时限，采取项目化措施推进，挂图作战、销号管理，一抓到底，并通过随机调研、综合督查、专项检查等方式，精准推动基层党建工作重点任务落地见效②。按照"统筹谋划、分类实施，无的要有、有的要强"的总体思路，通过一年接着一年干，"严"与"实"的要求向基层延伸，党组织的"神经末梢"更加强健，联系群众的前沿阵地更加牢固。

（2）全力推进基层党建全面进步全面过硬

省委在2016年开展"基层党建推进年"的基础上，于2017年开展"基层党建提升年"活动，通过严责任、补短板、抓规范、强保障、树品牌，各领域基层党建基础、党建质量和党建水平得到进一步提升。

2018年，开展"基层党建巩固年"活动。通过"一年抓推进、两年抓提升、三年抓巩固"，坚定不移推动全面从严治党向纵深推进、向基层延伸、向每个基层党组织和每名党员覆盖，不断巩固夯实基层党建基础，全面提升基层党建质量，充分发挥基层党组织的政治功能和服务功能，使党在边疆的执政基础更加牢固、更加坚实、更加有力。

2019年，开展"基层党建创新提质年"活动。根据云南基层党建面临的新形势新任务新情况，按照"统筹谋划、分类实施、无的要有、有的要强、强的要优"的思路，在提升组织力、强化政治功能、统筹布局各领域基层党建、推进重点任务落实、着力解决突出问题等方面提质创新，推动基层党建全面进步全面过硬，不断夯实党在边疆执政的组织基础。

---

① 《基层党建全面进步全面过硬——党的十八大以来全省组织工作综述（中)》，《云南日报》2018年8月14日。

② 《基层党建全面进步全面过硬——党的十八大以来全省组织工作综述（中)》，《云南日报》2018年8月14日。

德宏傣族景颇族自治州陇川县推行"国门党建"

（3）提升基层党组织组织力

党的十九大从战略和全局高度对党的基层组织建设提出的新定位新要求，为做好新时代基层党建工作指明了方向。云南采取组织强边、开放活边、守土固边、富民兴边、和谐稳边"五边思路"，通过"国门党建""军警地共建""红旗飘飘工程"等抓手，不断夯实固边、兴边、稳边的组织基础。

一是增强政治功能。基层党组织作为党的执政根基，政治属性是根本属性，政治功能是基本功能。组织力强不强，首先看政治功能发挥得好不好。云南在加强基层党组织建设中坚持把党的政治建设摆在首位、落到基层。坚持经常性教育和集中性教育相结合，持续深入推进"两学一做"学习教育常态化制度化，组织广大党员、干部深入学习习近平新时代中国特色社会主义思想，坚定理想信念，加强党性修养，确保党的基层组织用党的创新理论高度统一起来、巩固起来，用信仰的力量、组织的力量，汇聚起实现云南高质量跨越式发展的磅礴力量。切实发挥各类党组织在各项工作中的政治领导功能。在企业，注重把党的领导融入公司治理各环节，确保党组织在公司治理结构中的领导地位，充分发挥国有企业党委（党组）把方向、管大局、保落实的领导作用。在农村，坚持和健全农村重大事项、重要问题、重要工作由党组织讨论决定的机制，完善党组织实施有效领导、其他各类组织按照法律和各自章程开展工作的运行机制，坚决防止村级党组织弱化虚化边缘化。在机关，紧紧围绕服务中心、建设队伍，发挥协助和监督作用，着力解决一些机关党员干部在政治建设、思想建设、组织建设、作风建设、纪律建设方面存在的"灯下黑"问题。在高校，认真落实党委领导下的校长负责制，形成党委统一领导、党政分工合作、协调运行工作机制，确保社会主义办学方向。在科研院所，参与决定重大问题并监督实施，支持保证行政领导人依法行使职权，促进各项任务完成。在街道社区，落实街道社区党组织领导本地区的工作和基层社会治理各项职责任务，领导和引领社区各类组织自我约束、自我管理、自我教育、自我服务。在非公有制企业和社会组织，把坚持党的领导与促进非公有制企业和社会组织健康发展有机结合起来，加强政治引领，保证监督党的方针政策和国家各项法律法规贯彻执行。

二是创新组织体系。推动党的组织有效嵌入各类社会基层组织，党的工作有效覆盖社会各类群体，为坚持和落实党的领导、发挥基层党组织战斗堡垒作用和党员先锋模范作用奠定坚实基础。扩大基层党组织有效覆盖。对于符合组建党组织条件的，做到应建尽建；对于暂不具备组建条件的，加强党的工作，切实做到哪里有群众哪里就有党的工作，哪里有党员哪里就有党的组织，哪里有党的组织哪里就有党组织作用的充分发挥。适应经济社会结构、社会组织形态、生产生活方式等深刻变化，按照有利于加强党的领导、有利于开展党的组织生活、有利于党员教育管理监督、有利于密切联系群众的原则，探索创新党组织设置方式，把党支部建在产业链上、项目上、楼宇上、网络上，在组织覆盖的基础上强化工作覆盖，在有形覆盖的基础上强化有效覆盖，使党的工作有效覆盖社会各类群体。

三是团结服务群众。组织群众、宣传群众、凝聚群众、服务群众，是我们党不断从胜利走向胜利的重要法宝。基层党组织只有坚持党的根本宗旨不动摇，深深根植于广大人民群众之中，才能获得强大的凝聚力和旺盛的组织力。云南在加强基层党组织建设中把增强服务群众能力作为一项重要工作，取得了明显成效。

提升了群众凝聚力。切实加强马克思主义群众观教育，引导基层党组织和党员干部站稳群众立场，始终保持对人民群众的赤子之心，把群众当亲人当家人，始终与群众想在一起、干在一起。认真落实党的各项惠民政策，着力解决好各族人民群众生产生活中的困难和问题，扎实做好服务群众工作，切实维护群众切身利益。严格执行党的群众纪律，切实整治、严肃查处发生在群众身边的优亲厚友、吃拿卡要、执法不公、小官巨贪、宗族宗教势力干扰、"村霸"等不正之风和违纪违法问题。

提升了社会号召力。发挥基层党组织的组织优势、组织力量、组织功能，做好组织群众、宣传群众、凝聚群众、服务群众工作，最大限度地把群众组织起来，最广泛、最有效地动员一切力量，把中国特色社会主义的制度优势充分发挥出来。领导基层治理，积极稳妥推进基层民主，健全基层民主选举、民主协商、民主决策、民主管理、民主监督的机制，引导群众依法开展自治活动、参与社会治理，畅通群众表达意愿、参与决策、监督党的组织和干部的渠道，妥善协调利益关系、化解社会矛盾。

提升了发展推动力。改革发展推进到哪里，党的基层组织就跟进到哪里，将基层党组织的组织资源转化为推动发展资源、组织优势转化为推动发展优势、组织活力转化为推动发展活力。在决战脱贫攻坚，决胜全面建成小康社会中做砥柱，深入实施党建脱贫"双推进"，在脱贫攻坚工作中强化党建引领，以党建带脱贫、以脱贫促党建，充分发挥党组织凝聚民心、促进发展的作用，打出了一套具有云南特色的精准扶贫、精准脱贫组合拳。在扶贫开发与基层党建整乡"双推进"工作推动下，云南"大帮扶"的工作体系正在逐步形成，"党建带脱贫、脱贫促党建"的成效日益显现。

（4）加强自身建设

坚持以自我革命的勇气，不断提升基层党组织自我革新力。以正视问题的自觉、自我革命的勇气、改革创新的精神，着力解决基层党组织建设中存在的突出问题，推动基层党组织和党员干部自我净化、自我完善、自我革新、自我提高。

加强党员队伍建设。充分发挥党支部直接教育党员、管理党员和监督党员的职责，坚持把政治标准放在首位，着力提高党员队伍素质，努力建设一支信念坚定、素质优良、规模适度、结构合理、纪律严明、作用突出的党员队伍。坚持把政治标准放在发展党员工作的首位，严肃党内政治生活，建立党内关怀帮扶机制，让党员有归属感、荣誉感、责任感；完善党员发挥作用机制，开展"戴党徽、亮身份"行动，推行党员亮牌示范、先锋岗、志愿服务、认责承诺、党员联系户等做法，形成加强党员日常管理的有效链条。进一步加强党内激励关怀帮扶，尊重党员的主体地位，充分结合"两学一做"学习教育常态化制度化、脱贫攻坚等工作，整合社会资源力量，切实从精神上激励党员、生活上关心党员、工作上扶持党员，不断增强党组织对党员的吸引力、凝聚力和感召力，努力提高广大党员服务群众、服务发展、服务社会的宗旨和责任意识。坚持问题导向、需求导向、目标导向，以提高党性、提升素质为重点，通过分层、分类、分级教育，精准、精细、精确管理，切实增强党员教育管理针对性和有效性。

保山市龙陵县推行党员"亮身份"承诺

　　严肃党的组织生活。基层党组织把党的组织生活作为查找和解决问题的重要途径，作为锻炼党性、提高思想觉悟的"熔炉"，严格执行"三会一课"、组织生活会、谈心谈话、民主评议党员等党的组织生活基本制度，推广主题党日等有效做法，严肃认真开展批评和自我批评，不断增强党内政治生活的政治性、时代性、原则性、战斗性，坚决防止表面化、形式化、娱乐化、庸俗化倾向。

　　创新基层活动方式。总结推广行之有效的方式方法，按照扩大党员参与面、提高实效性的原则，推动基层党组织活动载体、工作方式、运行机制等方面的工作创新、制度创新，使党组织活动更好地融入中心工作、融入党员需求、融入群众关切。整顿软弱涣散基层党组织，持续做、反复抓，一个阵地一个阵地巩固。扩大党内基层民主，坚持形式服从内容，注重效果，根据不同的公开内容，与时俱进选择相应的公开形式。通过推进党务公开，不断增强广大党员干部的廉洁自律意识，推进党内民主发展、强化党内监督、激发党员发挥表率作用、密切党群干群关系。

　　加大基层保障力度。坚持人往基层走、钱往基层投、政策往基层倾斜，不断加大基层保障落实力度，力争使每个党支部做到党务工作者配齐配强、经费保障落实到位、管好用好活动场所、基础党务台账完备规范。省委组织部牵头整合省级部门资金资源和州市力量，组建项目组，协调推进村民小组活动场所建设、"互联网＋党建"工作、边境县村级"四位一体"建设试点项目等专项工作。云南实现每个村民小组都有可供使用的活动场所，建成"云岭先锋"为民服务站16159个，实现乡镇、村综合服务平台全覆盖，不仅实现了党务网上管理，还能帮群众办结多项便民服务事项①。

（5）搭建"互联网＋党建"平台

开通云南"党建云"。为更好地服务基层党组织，2018年10月，云南"党建云"正式开通运行，标志着云南"互联网＋党建"工作迈入"云时代"。云南"党建云"项目基于云计算、大数据等前沿信息技术，整合信息化基础设施资源，实现数据互联互通和信息共享，创建"实用、管用、易用"的应用服务系统，为全省党组织、党员、干部、群众和基层终端站点提供"党务＋政务＋服务"的网络服务，成为全国在省级层面推动"互联网＋党建"工作的先行样板。云南"党建云"的开通运行，形成了以党建融媒体为矩阵的网络宣传阵地和从严治党的组织工作平台、精准有效的党员教育平台、便民惠民的联系服务群众平台、数据驱动的"智慧党建"平台的"互联网＋党建"工作体系，推动云南"互联网＋党建"向"智慧党建"迈出新步伐。

"智慧党建云"平台上线。云南首个党建大数据指挥中心"官渡智慧党建云"平台上线。党员群众通过手机微信公众号参与手机移动端的全部应用，通过云计算技术对党建数据进行专业化处理，科学分析基层组织生活开展情况、党员参加各类活动情况以及党员学习偏好和习惯等。同时，通过信息平台支撑，各级党组织重点针对党员群众关心关注，涉及切身利益的事项进行网上发布、网上公示、网络监督，让广大党员群众实时了解监督各级党组织工作开展情况、推进力度、开展效果，普通群众也通过平台及时反映诉求、寻求帮助，实现了线上线下联动。"智慧党建云"平台的上线，辅助党建工作科学化管理，为上级党组织管理各基层组织，加强基层党员队伍建设提供了科学依据。

3. 全面加强新时代干部队伍建设

政治路线确定之后，干部就是决定因素。党的干部是党和国家事业的中坚力量。推进党的建设新的伟大工程，必须建设高素质专业化干部队伍。2017年2月，

---

① 《基层党建全面进步全面过硬——党的十八大以来全省组织工作综述（中）》，《云南日报》2018年8月14日。

云南提出着力打造一支有信念、有思路、有激情、有办法，推动跨越式发展的"云岭铁军"。为做好这项工作，云南以高素质专业化为导向，开展精准培训，依托各级党校、省属高校，全面加强软硬件设施建设，打造了云南农村干部学院、杨善洲干部学院、扎西干部学院以及中共云南一大会址、大理祥云"红色传承"教育馆等一批定位清晰、功能互补、特色鲜明、错位发展的干部教育培训阵地。云南已形成了省、州（市）、县3级"1校12院多基地"干部教育培训机构体系。此外，还注重干部的实干能力，通过多种方式，培养锻炼干部，以前所未有的力度安排一批批干部"上挂""外挂"，还注重通过招录选调生、培养大学生村官等方式，为云南打造"云岭铁军"储备生力军。

营造选人用人新风向。针对一些地方和部门存在的干部选拔任用工作不够规范、执行政策有偏差、用人风气不正，一些领导干部跑官要官、买官卖官、任人唯亲等问题，省委高度重视政治生态源头建设，坚持好干部标准，把用什么人、不用什么人的"方向标"鲜明树起来，使云南用人风气进一步清朗起来。按照"用人立得起"的要求选人用人，云南省委根据《党政领导干部选拔任用工作条例》和习近平总书记提出的好干部20字标准、"三严三实""忠诚干净担当""四有""四个铁一般"等要求，研究出台《中共云南省委关于全面贯彻好干部标准和"三严三实"要求进一步加强和改进干部选拔任用工作的意见》，旗帜鲜明地树立忠诚干净担当、不让老实人吃亏、从基层一线培养选拔干部的"三个导向"和"七个大力选拔和重用""七个坚决调整和不用"的用人标准，严把干部选拔任用的群众观、廉政关、程序关、纪律关、任职关"五道关口"，让党员干部看到了选人用人新风向，以用人导向引领干事导向，坚持在脱贫攻坚一线考察识别干部。强化在脱贫攻坚第一线培养锻炼干部工作等方式健全完善在脱贫攻坚第一线考察识别干部的工作机制。2018年，云南共提拔使用611名在脱贫攻坚第一线工作实绩突出的干部，调整111名推动脱贫工作不力、不胜任现职的干部，并撤换了595名贫困村党组织书记①。

完善干部考核评价。制定出台《关于加强和改进省管领导班子和领导干部综合考核评价工作的指导意见》和州（市）、县（市、区）委书记，省直部门、高等学校、省属国有企业领导班子和领导干部综合考核评价"一个意见、五个办法"，区分不同考核对象分类设置考核内容，坚持定量考核与定性考核相结合，坚持考核评价结果与选拔任用干部、干部评优评先挂钩，通过考实事、察实干、评实绩、

---

① 《云南：脱贫攻坚第一线考察识别干部》，新华网2018年11月1日发布。

看实效，有效解决了唯票、唯分、唯年龄、唯 GDP 的"四唯"问题，逐步形成了干部在实干实绩上竞争的新导向。坚持把基层作为培养锻炼干部的主阵地，近年来各级党政机关选拔的处级以上领导干部均具有两年以上基层工作经历①。

提升干部能力素质。针对干部能力不足、素质不高、本领恐慌，难以适应经济社会发展形势需要等实际，坚持教育培训与实践锻炼并举，大规模开展干部教育培训，大力度选派干部挂职锻炼，促进了干部能力素质大幅度提升。一方面，坚持从严从实教育干部，突出理论武装和党性教育，通过"五步法"加强党性教育，实现县处级及以上领导干部培训全覆盖。另一方面，突出抓好实践锻炼，坚持把实践锻炼作为提升干部能力素质的有效途径，每年从省内选派 20 名左右干部到中央国家机关和上海市挂职锻炼，每年从省直单位选派 40 名左右处级干部到县市区、从州市选派 40 名左右处级干部到省直单位挂职锻炼。从 2016 年起，连续五年，每年选派一批厅处级领导干部到中央国家机关、中管金融机构和国有重要骨干企业挂职培养，每年选派一批干部到"珠三角""长三角"地区挂职锻炼②。在脱贫攻坚一线锻炼干部。为帮助怒江州、镇雄县如期完成脱贫攻坚任务，同时在脱贫攻坚一线关键岗位上磨砺干部，省委根据怒江州、镇雄县脱贫攻坚需要，从省直部门、省属企事业单位和昆明市、玉溪市精准选派了 90 名干部组成工作队，下派到怒江州、镇雄县开展脱贫攻坚工作。为帮助迪庆州、怒江州如期完成脱贫攻坚任务，2019 年 5 月，省委从省直教育、卫健、农业农村部门和昆明市、玉溪市精准选派了 100 名优秀专业技术人才组成工作队，下派到迪庆州、怒江州开展教育教学、医疗保健、产业发展建设工作，为切实增强两州造血功能、提高可持续发展能力提供人才和智力支持，在脱贫攻坚一线锻炼和提升干部能力与素质。

坚持从严管理干部。按照习近平总书记关于从严管理干部要求，云南采取一系列措施，打出了一套从严从实管理干部的"组合拳"，进一步提升了干部管理科学化水平。以《中共云南省委关于落实全面从严治党要求建设忠诚干净担当高素质干部队伍的决定》为核心，抓住管党治党责任、选人用人管人、规范权力运行等关键问题，采取"综合统筹、分批出台"的方式，陆续出台系列配套文件，形成立规矩、明纪律、强约束的"1+N"制度体系；制定出台《云南省党政领导

① 中共云南省委宣传部编：《谱写中国梦云南篇章——砥砺奋进的五年》，人民出版社、云南人民出版社 2017 年版，第 199—200 页。

② 中共云南省委宣传部编：《谱写中国梦云南篇章——砥砺奋进的五年》，人民出版社、云南人民出版社 2017 年版，第 200 页。

干部生态环境损害责任追究实施细则（试行）》，强化党政领导干部履行生态环境和资源保护职责；制定出台《云南省党政领导班子"一把手"监督办法（试行）》，着力破解"一把手"监督难题；制定《云南省从严从实管理干部若干规定》，有效解决干部工作中存在的重选拔、轻管理，重使用、轻监督，失之于宽、失之于软，带病提拔、带病上岗等问题。从严从实管理干部制度体系的形成，扎紧了制度笼子，为全面从严治党、依规治党提供了制度保障。云南各地也积极探索出台从严管理干部的制度办法。坚持思想问题和实际问题一起改，突出问题和具体问题一起抓，整改落实和建章立制一起推，持续抓好"三超两乱"问题集中整治工作，持续抓好领导干部违规兼职清理工作，持续推进"严禁违反党的组织人事纪律"专项整治工作，持续严格开展干部人事档案专项审核工作，持续严格执行领导干部个人有关事项报告查核制度，拟提拔的厅、处级干部个人有关事项报告核实做到了全覆盖。制定出台《云南省推进领导干部能上能下实施细则（试行）》，把中央《推进领导干部能上能下的若干规定（试行）》明确的"9+1"种情形进一步细化为"19+1"种情形。坚持把干部召回制度试点作为推进干部"能下"的一个重要突破口，在昆明市、楚雄州、文山州的 6 个单位开展不适宜担任现职干部召回管理试点。各地各部门紧密结合自身实际，主动作为，积极探索，制定了一系列配套措施①。坚持"严管"与"厚爱"相结合，坚持严格管理和热情关心相结合，采取多种有效措施，积极构建全方位、立体化的关爱体系，充分调动了干部的主观能动性。

这一时期，云南党的组织建设是以组织体系建设为重点，着力培养忠诚干净担当的高素质干部队伍，着力集聚担当有为的各方面优秀人才，坚持德才兼备、以德为先、任人唯贤，为全面加强党的领导，推进云南实现高质量跨越式发展提供了坚强的组织保证和人才支持。

（四）认真抓好作风建设

作风建设始终是党的建设的重要基石，是全面从严治党的重要任务。以习近平同志为核心的党中央坚持以上率下、以身作则、身体力行，雷厉风行抓作风，锲而不舍纠"四风"，赢得了党心民心。党的十九大闭幕后不久，习近平总书记就查摆和纠正形式主义、官僚主义问题作出重要指示，强调"纠正'四

---

① 中共云南省委宣传部编：《谱写中国梦云南篇章——砥砺奋进的五年》，人民出版社、云南人民出版社 2017 年版，第 202 页。

风'不能止步，作风建设永远在路上"。充分表明以习近平同志为核心的党中央坚定不移全面从严治党、持之以恒正风肃纪的鲜明态度和坚定决心，是深化作风建设的动员令，为驰而不息纠正"四风"提供了重要遵循。省委把加强作风建设作为一项严肃的政治任务、一项重大的民心工程抓紧抓好、抓出实效，省委常委会和省级领导干部坚持以上率下，带头贯彻习近平总书记重要指示精神，严格执行《中共中央政治局贯彻落实中央八项规定的实施细则》和省委实施办法，以"关键少数"的自我革新，形成"头雁效应"，以上率下，持之以恒加强作风建设，有力地带动了党风、政风和社会风气的明显好转。

1. 改进思想作风

思想作风是党的作风建设的灵魂，加强作风建设必须把思想作风建设摆在首位。领导干部的思想作风说到底就是领导干部的思想境界和精神状态。云南在作风建设上下真功夫，在"实"字上着力，以实事求是的思想作风锻造坚强党性，以实事求是的思想作风洗涤灵魂，始终贯彻执行党的实事求是的思想路线，推动边疆民族地区各项事业建设不断向前推进。

把好"学习关"，坚定理想信念。坚定的理想信念，是我们党的强大政治优势，理想信念的坚定源于理论上的清醒。理论素养是领导干部素养的核心，理论上的成熟是党员干部政治上成熟的重要标志。唯有始终把加强学习作为政治任务、历史使命和重要责任，努力做到学习深入化、学习常态化、学习工作化，才能保持理想信念不偏不移，才能保持与上级决策同频同调。云南紧紧抓住思想作风建设这个根本，在党的群众路线教育实践活动、"三严三实"专题教育、"两学一做"学习教育、"不忘初心、牢记使命"主题教育中，拓展学习形式、丰富学习载体，突出信念教育和忠诚教育，认真学习贯彻习近平新时代中国特色社会主义思想，努力形成浓郁的学习氛围，努力用科学理论武装头脑、指导实践、推动工作。

把好"责任关"，担责履职尽责。深入贯彻落实《中共中央办公厅印发〈关于进一步激励广大干部新时代新担当新作为的意见〉的通知》，云南省委办公厅印发《关于进一步激励广大干部新时代新担当新作为的实施意见》，狠抓干部思想教育，增强干部担当作为的政治自觉、思想自觉、行动自觉。结合党内集中学习教育，教育引导广大干部增强"四个意识"、坚定"四个自信"、做到"两个维护"，以对党忠诚、为党分忧、为党尽职、为民造福的政治担当，满怀激情地投入新时代中国特色社会主义伟大实践。大力弘扬"跨越发展、争创一流；比学赶超、奋勇争先"精神，教育引导广大干部深刻领会新时代、新思想、新矛盾、新目标提出的新要求，以时不我待、只争朝夕、勇立潮头的历史担当，努力改革创新、攻坚克难，不断锐意进取、担当作为。紧紧围绕"三个定位"和高质量跨越式发展战略目标，教育引导广大干部不负党和人民重托，以守土有责、守土负责、守土尽责的责任担当，在其位、谋其政，干其事、求其效，努力作出无愧于时代、无愧于人民、无愧于历史的业绩。切实发挥"关键少数"示范表率作用，教育引导各级领导干部以焦裕禄、杨善洲、高德荣等为榜样，一级带着一级干，一级做给一级看，以担当带动担当，以作为促进作为。

2. 抓实学风建设

以学风建设促进党员干部思想素质提高。云南大力弘扬习近平总书记力倡力行的学风文风，以端正学风促进学习贯彻。党的十九大以来，以提高党员政治觉悟和履职能力为重点，采取分级负责、分层实施、分领域推进方式，在全省广泛开展"万名党员进党校"培训工作，推动党员进乡镇（街道）及以上党校接受至少3天集中培训，引导广大党员自觉用习近平新时代中国特色社会主义思想武装头脑、指导实践、推动工作。突出问题导向，在学习贯彻中推动思想问题和实际问题一起解决。树牢正确的世界观、人生观和价值观，不断提升党性修养、思想境界、道德水平和人格魅力。突出真学实做、学以致用，结合促进云南经济社会发展、决战脱贫攻坚、决胜全面建成小康社会等决策部署，在奋力开创跨越式发展新局面的实践中建功立业。定期对学习成效进行检查评估，建立完善考核办法，把学习检查结果纳入领导班子和干部综合评价体系，推进党的理论学习走向严实硬。

以学风建设增强党员干部主动担当意识。培养良好的学风，有助于提升思想境界和道德修养，增进与人民群众的联系，为党和人民的事业而不懈奋斗。云南大力弘扬理论联系实际的学风，紧紧抓住影响和制约经济社会发展的突出问题、社会普遍关注的热点难点问题，进行深入学习研究，着眼于解决改革发展稳定中的重点难点问题，着眼于增强党性修养、提高精神境界，着眼于在实践中进一步丰富和发展理论，坚持学用相长、学用合一，促进学习成

少数民族群众加强理论学习

果和工作成果的相互转化。全省各级党组织和党员干部进一步促进思想大解放、贯彻新理念，向改革开放创新要动力、要活力；抓住想干事、敢干事这两个关键点，提振精气神，激励广大党员、干部满怀激情干事创业；树立对标先进、奋起直追的勇气和信心，在全省上下形成你追我赶、竞相争先的生动局面；坚持勤学习、善谋划，不断提高各级干部的专业化水平；务实担当、攻坚克难，在工作作风上进一步严起来、实起来。

3.转变工作作风

贯彻落实中央八项规定及实施细则。党的十九大闭幕后，省委召开常委（扩大）会议，及时传达学习十九届中央政治局第一次会议审议通过的《中共中央政治局关于加强和维护党中央集中统一领导的若干规定》《中共中央政治局贯彻落实中央八项规定的实施细则》。会议审议并原则通过《中共云南省委常委会关于坚定维护以习近平同志为核心的党中央集中统一领导的若干具体规定》《中共云南省委贯彻落实中央八项规定的实施办法》，以及修订的《省委工作规则》《省委常委会议事规则》。全省各级领导干部，特别是省委常委会带头增强"四个意识"、坚定"四个自信"、做到"两个维护"，坚决维护以习近平同志为核心的党中央集中统一领导，带头驰而不息改进作风，执行好中央八项规定精神和省委实施办法，密切党同人民群众血肉联系。各级领导干部带头转变作风，身体力行，以上率下，对作风之弊、行为之垢进行大排查、大检修、大扫除，刹住了一些曾被认为不可能刹住的歪风邪气，攻克了一些司空见惯的"官场陋习"和作风难题，有力推动了作风建设向纵深发展。

突出问题意识。聚焦"四风"的具体表现，不断采取有针对性的措施，着力从根本上解决问题。查找执行中央八项规定精神方面存在的突出问题和具体表现，深刻进行党性分析，严肃认真开展批评与自我批评，进一步增强"四个意识"，提高党性修养，推动中央八项规定精神全面深入落实。针对作风建设考核不严格现象，省委把贯彻执行中央八项规定精神及实施细则和省委实施办法情况，纳入年度"两个责任"考核内容，提高在考核分值中的比重，对执行不到位、作风问题突出的，在全省进行通报并严肃追究责任。根据巡视发现的突出问题，2016 年，省委开展了针对私设"小金库"、乱发津补贴、行业协会管理不规范、违规兼职取酬、违规报销通信费、违规乘坐头等舱等问题的专项清理和整治。通过专项整治，有效防止了作风建设走形式、搞变通，同时也向全省表明，全面从严治党、作风建设永远在路上，绝不是一句空话，而且越往后执纪越严。

狠抓监督检查。云南各地各部门不折不扣、毫无例外执行中央八项规定精神，纪检监察机关把监督执行中央八项规定精神作为改进党风政风的一项经常性工作，常抓不懈。督查部门将其列为督查的重要事项，定期督促检查，并将其作为各地区各部门年终考评的重要内容，每年年底通报执行情况，督查结果向省委省政府报告。各级财政、审计部门每年对会议和活动经费、接待经费使用情况进行审查，并通报审查结果。坚持正风肃纪不手软，抓住重要时间节点、重点领域、关键环节，集中开展专项整治，对各种违纪行为露头就打，始终保持正风肃纪的高压态势。

4.改善领导作风

建立干部直接联系群众制度。为做好群众工作，走群众路线，在深入总结"孟连经验"等可行做法的基础上，2012年，省委在全省全面推行"干部直接联系群众"制度，制定印发了《云南省干部直接联系和服务群众制度》，下大力抓好落实，努力把干部直接联系服务群众工作制度化长效化。

明确干部直接联系服务群众硬任务。坚持"三深入"，各级党政机关、人民团体和事业单位干部深入实际、深入基层、深入群众，开展专题调研、蹲点调研和随机调研。省、州（市）领导班子成员及直属单位领导干部每年下基层调研不少于2个月，县（市、区）领导干部每年下基层调研不少于3个月。实行"四联户"制度，逐级建立干部直接联系服务群众挂钩点，通过领导蹲点联户、部门挂钩联户、干部结对联户、建卡经常联户直接联系服务群众。开展"三同"体验，省、州（市）、县三级党委常委和政府班子成员定期深入挂钩联系点，驻村入户与群众同吃同住同劳动，每次驻村走访2—3个村民小组和3—5户群众，提倡自带行李驻村委会或农户家中。

实现干部直接联系服务群众全覆盖。选派新农村建设工作队，每年从省、州（市）、县（市、区）党政机关、人民团体和部分事业单位选派干部组成新农村建设工作队，集中派驻贫困村、重点村、后进村开展工作。选派常务书记，由各级党委组织部门统筹，每年从符合条件的新农村建设指导员中遴选一批优秀党员干部担任行政村（社区）党组织常务书记。推动党政干部联系服务企业，每年从各级党委、政府有关部门选派一批党员干部到国有企业驻企蹲点和到民营企业担任基层党组织常务书记，加强企业基层党建。联系宗教界代表人士，省级领导每人结对联系1名宗教界代表人士，每年沟通联系不少于2次，听取意见建议。州（市）、县（市、区）逐步建立领导干部挂钩联系宗教界代表人士工作机制。定期接待群众来访，省级党政领导干部每半年接访1天，州（市）、厅（局）党政领导干部每季度接访 1 天，县（市、区）党政领导班子成员每月接访 1 天。

创新干部直接联系服务群众方式。以创建基层服务型党组织为龙头，完善为民服务体系，拓宽为民服务渠道，丰富为民服务载体。构建县、乡、村、组四级为民服务综合平台，建立网上为民服务站，推行为民服务代理和服务群众承诺制，开展在职党员到社区报到服务群众工作。实施农村党员创业致富先锋工程，组建农民合作社等经济组织，支持和帮助群众创业致富。以项目化为支撑实施兴边富民工程，以集成化为手段统筹各类服务资源，以网络化为平台用好现代信息技术，增强直接联系服务群众的针对性。

昭通市镇雄县赤水源镇党群服务中心

严明直接联系服务群众纪律。干部下基层联系服务群众不劳民扰民，驻村自付伙食费，不接受土特产、不增加基层负担。全省副处级以上领导干部，每年总结报告一次开展直接联系服务群众工作情况，并接受基层和群众评议。各级党委、政府及有关职能部门采取定期检查与随机抽查、群众测评和个别访谈相结合的方式，加强对干部直接联系服务群众工作的检查考核①。

作风建设永远在路上。作风建设关系到党的形象、威望和经济社会发展大业。党的十八大以来，云南党的作风建设的实践经验充分表明，一个地区经济发展的快与慢，与这个地区党员干部工作作风的好坏密切相关。只要真管真严、敢管敢严，作风建设就没有什么解决不了的问题。

（五）注重强化纪律建设

加强纪律建设是全面从严治党的治本之策。我们党是用革命理想和铁的纪律组织起来的马克思主义政党，组织严密、纪律严明是党的优良传统和政治优势，也是我们的力量所在。云南按照党中央的部署，坚持把纪律挺在前面，把纪律建设摆在了更加突出的位置，取得了显著成绩。

---

① 《云南全面推行干部直接联系和服务群众制度》，《中国组织人事报》2014 年 6 月 18 日。

1. 运用好监督执纪"四种形态"

坚持抓早抓小，出台《关于规范谈话函询办理工作的暂行规定》等制度，全面开展廉政谈话提醒制度，采取任职廉政谈话、信访谈话、审计谈话、整改谈话、廉政责任谈话等五类谈话，对党员干部出现的苗头性、倾向性问题主动出击，使谈话对象在破纪之初就受到深刻警醒，严防小错酿成大祸。云南各级纪检监察机关以"六项纪律"为标尺，把违纪问题作为执纪的主要内容，无论轻重，动辄得咎，防止党员干部由"破纪"滑向"破法"。对反映的一般性或者较为笼统的问题线索，及时通过谈话函询方式进行处理，早提醒、早纠正，把问题解决在萌芽状态；对具有可查性的问题线索，及时跟进，抓紧初核，及时处理。坚持无禁区、全覆盖、零容忍，坚持重遏制、强高压、长震慑。重点查处党的十八大后不收敛、不收手，问题线索反映集中、群众反映强烈，政治问题和经济问题交织的腐败案件，违反中央八项规定精神的问题，做到快进快出、快查快结，严肃处理、公开曝光，着力强化不敢、知止的氛围，倒逼推动前三种形态有效落实。同时，构建"四种形态"落实机制，出台《关于落实全面从严治党主体责任实践"四种形态"的指导意见》《云南省纪律检查机关实践监督执纪"四种形态"实施办法》等一系列制度，采取"意见＋办法"模式，推动实践监督执纪"四种形态"具体化、规范化、常态化。

2. 学习贯彻《准则》与《条例》

修订颁布《中国共产党廉洁自律准则》和《中国共产党纪律处分条例》是党的十八大以来加强制度治党的重大举措，也是在党长期执政和全面依法治国条件下，实现依规管党治党、加强党内监督的重大举措。中央新修订的《准则》和《条例》颁布实施后，在省委的统一部署下，省纪委会同省委宣传部组建宣讲团在全省展开了高规格、大规模的宣讲活动，引导广大党员干部自觉主动学习贯彻《准则》和《条例》，把党的纪律烙印在全省党员的心上，把管党治党的政治责任落到实处，真正把党章党规党纪的权威性、严肃性树立起来。省委宣讲团从全面从严治党的理论高度，紧密联系党的十八大以来中央加强党的建设，深入开展反腐败斗争取得的丰富实践成果，对《准则》和《条例》修订的背景和重大意义、修订原则、内容理解以及推进执行进行了全面解读。宣讲工作进一步接通了"地气"，对正了"路子"，掀起了真学真懂真用、守纪守规守德的热潮。为进一步树立广大党员的党章党规意识，省委办公厅印发《关于开展党章党规"进党校、进课堂、进媒体"学习教育的实施意见》，云南开展了党章党规"进党校、进课堂、进媒体"学习教育活动。另外，为丰富"三进"学习教育形式，在省委领导下，省纪委省监察厅主办党章党规网络测试和党章党规知识竞赛活动，测试和竞赛结果在省级媒体上进行通报。

3. 贯彻落实六大纪律

一是牢记政治纪律，守住政治保障线。紧跟党中央的步伐，旗帜鲜明坚持四项基本原则，坚定理想信念，服从党的领导，听从党的指挥，以党性牢固守住政治保障线，维护党的尊严，维护党的路线、方针、政策在云南得到顺利贯彻落实，用行动推进云南实现高质量跨越式发展。二是牢记组织纪律，守住组织原则线。坚决拥护党组织作出的重大决定，坚决执行党组织的重大决定，在大是大非问题面前，做到立场坚定，旗帜鲜明，拥护组织，服从组织，用共产党人光明磊落的胸怀，维护组织原则，遵守组织纪律。三是牢记廉洁纪律，守住廉洁防腐线。教育引导各级领导干部严格遵守廉洁自律规定，用好手中权力，切莫把"权力"当作"财富"。管好家人、下属，做反"四风"的践行者，用实际行动塑造党员干部在人民群众中的良好形象。四是牢记群众纪律，守住党群规矩线。教育引导领导干部把群众利益放在心上，把党和政府政策落实到基层，让老百姓受益，不要为单位、小集体或个人利益违反规定，损坏群众利益，损坏党群、干群关系。五是牢记工作纪律，守住工作标准线。认真履行全面落实从严治党"两个责任"，确保党组织时刻保持活力，体现党的先进性和纯洁性，带领人民群众，搞好经济建设，不断提高人民生活水平。六是牢记生活纪律，守住生活警戒线。认真学习领会习近平总书记关于家风建设的重要论述，开展"家庭家教家风"建设，自觉营造良好家风，真正安好家庭成长摇篮、守好家庭廉洁堤防、建好家庭幸福港湾，着力做到清清白白做人、干干净净干事，以好家风涵养好的党风政风、引领好的社会风气。

4. 强化纪律执行

纪律建设的关键在于强化执行，云南实现监督内容从盯违法向盯违纪转变。在监督执纪的内容上，把纪律和规矩挺在前面，严格按照"六大纪律"的要求，对党员和党的组织进行监督执纪问责。在具体操作上，从贪大求全向快审快结快移转变。纪律审查体现政治效果和社会效果，纪律审查的重点是把违纪问题查清楚，在纪律审查过程中破除旧有的"办案"理念，转而用六大纪律的思维模式进行纪律审查。采用专项纪律检查等方式强化纪律执行。2015年11月以来，省纪委由常委带队，组成专项纪律检查组，对各地各部门落实省委稳增长、扶贫攻坚、灾后恢复重建等决策部署情况进行集中专项纪律检查，查处违反政治纪律和政治规矩案件，严格问责问题干部。

云南党的纪律建设的实践证明，抓住了党的纪律建设，也就找到了推进全面从严治党的着力点。也正是加强了纪律建设，把纪律挺在前面，云南各级党组织和党员领导干部守住了纪律这条底线，靠纪律全覆盖管、全方位治，更好地从源头上阻断了不正之风和腐败滋生的通道，为维护好党内政治生态发挥了重要作用。

（六）持续加强制度建设

制度建设是全面从严治党的重要保障，制度治党是十八大以来我们党加强自身建设的突出亮点。云南党的建设着力健全完善制度，以党章为根本遵循，本着于法周延、于事有效的原则，制定新的法规制度，完善已有的法规制度，废止不适应的法规制度，健全党内规则体系，进一步扎紧党纪党规的笼子，为推进全面从严治党提供了坚实的制度保障。

1. 加强干部管理制度建设

建立谈心谈话机制。健全完善经常性的干部谈心谈话制度和任职前廉政谈话制度，加大提醒、函询和诚勉力度，经常扯扯袖子、咬咬耳朵，做到了党委书记、纪委书记、组织部长与新提拔调整干部、州市县党政一把手、重要岗位干部、有苗头性问题干部的谈话"四个全覆盖"。各地也积极探索通过谈心谈话措施关心关爱干部。

建立容错纠错机制。出台《关于进一步激励广大干部新时代新担当新作为的实施意见》。突出思想引领，大力教育引导干部担当作为、干事创业；落实好干部标准，树立重担当重实干重实绩的用人导向；完善考核机制，充分发挥干部考核评价的激励鞭策作用；建立健全容错纠错机制，切实为敢于担当的干部撑腰鼓劲；加强培训锻炼，着力增强干部适应新时代发展要求的本领能力；体现组织温暖，满怀热情关心关爱干部；强化党的领导，凝聚形成创新创业的强大合力等方面进一步激励广大干部新时代新担当新作为。云南各地也积极采取措施，调动干部积极性，营造良好干事创业氛围。

建立基层干部关爱保障机制。制定出台《云南省加强乡镇干部队伍建设的实施意见》《关于进一步稳定乡镇干部队伍落实乡镇干部待遇有关问题的意见》，开展清理乡镇空编充实乡镇工作力量专项工作，拓宽来源渠道，改善队伍结构，加强培养锻炼，提高能力素质，严格控制从乡镇借调工作人员，及时补充乡镇工作人员，努力改善乡镇干部学习、工作、生活条件，进一步激发了乡镇干部队伍干事创业活力。建立职务与职级并行制度，制定出台贯彻落实《关于县以下机关建立公务员职务与职级并行制度的意见》的实施办法，统筹研究完善工资待遇政策向乡镇倾斜的具体办法，有效缓解基层公务员因职务晋升难、待遇得不到提高的矛盾，极大地调动了基层公务员工作积极性。各地也采取了一些调动基层干部队伍积极性的措施和办法 ①。

2. 完善党内法规体系

加强权力运行制约和监督机制建设。强化党内监督。把民主基础上的集中和集中指导下的民主有机结合起来，把上级对下级、同级之间以及下级对上级的监督充分调动起来。用好批评和自我批评这个武器，做到自我批评一日三省，相互批评随时随地，真正让批评和自我批评成为党内政治生活的常态。纪委作为党内监督的专门机关，加大改革完善党内监督领导体制的力度，强化纪委的监督执纪问责职能。认真落实"两个为主"，下级纪委接受上级纪委的领导和监督，并对其负责，按党章规定对同级党委成员的违纪行为实施及时的监督。理顺各监督主体的关系。廓清党的纪检监督和巡视监督、人大的权力监督、政府的行政监察和审计监督、检察院和法院的司法监督、民主党派监督和社会监督、舆论监督等在整个监督体系中的地位、功能、责任，以及所担负的监督任务内容、方式和程序，完善监督运行工作流程，凝聚全党全社会监督的合力。明确专门监督机关的职能定位，建立权力清单和责任清单，做到有权必有责、权责要对等、履责须到位、失责受追究。建成以党的纪检监督为主导，人大监督、民主监督、行政监督、司法监督、审计监督、社会监督、舆论监督等各司其职、协调沟通、紧密配合、严谨周密的监督机制，充分发挥监督体系的综合优势和整体效应。

3. 健全监督制度体系

增强监督法规制度的科学设计和安排，一方面及时查漏补缺、修订完善，围绕责任设计制度，围绕制度构建体系，提高适应性、针对性和可操作性；另一方面，加强党内法规与国家法律的有机衔接，正确把握运用监督执纪"四种形态"，做到纪在法前、纪严于法，提高监督效能。探索搭建"互联网＋监督"平台，运用数据库技术等，把过程控制理念引入对权力运行实施监督的制度设计、监督信息资源共享、监督工作流程再造之中，实现不同渠道、不同手段、不同方式的衔接配合，在各种监督主体和力量之间形成新的工作形态，加快从传统监督向科

---

① 中共云南省委宣传部编：《谱写中国梦云南篇章——砥砺奋进的五年》，人民出版社、云南人民出版社 2017 年版，第 204 页。

学、全程、全面监督转变，切实增强监督合力和实效，为监督插上科技的翅膀。坚持发现问题、形成震慑不动摇，建立巡视巡察上下联动的监督网。坚决贯彻落实中央巡视工作方针和全面从严治党战略部署，坚持巡视巡察一体谋划、一体部署、一体推进，横向到边"织纬线"，纵向到底"织经线"。认真贯彻执行《州（市）、县（市、区）党委巡察制度实施办法（试行）》和《省委巡视工作规划（2017—2021年）》。遵循新修改的《中国共产党巡视工作条例》，推进巡视工作的制度化、规范化。坚持问题导向，紧盯关键岗位人员和要害部门，开展机动巡视，实现快速、高效、精准突破重点问题。瞄准巡视整改这后半篇文章，坚持强化巡视成果综合运用，健全问题线索办理情况定期跟踪、汇报、督办、问责机制，健全完善巡视组对巡视反馈问题整改情况评价、干部群众满意度评价和被巡视单位对巡视组评价"双向三评价"机制。明确巡察工作重点。巡察工作重点放在对巡察对象在尊崇党章、党的领导、党的建设和党的路线方针政策落实情况进行监督，重点是执行党的政治纪律、组织纪律、廉洁纪律和群众纪律、工作纪律、生活纪律等方面的情况，着力发现巡察对象党的领导弱化、党的建设缺失、全面从严治党不力、党的观念淡漠、组织涣散、纪律松弛，管党治党宽松软问题，落实中央八项规定精神、党风廉政建设和反腐败工作以及选人用人方面存在的问题。省委坚决贯彻落实中央关于巡视工作的方针和战略安排，把云南巡视工作纳入全党巡视工作的整体格局谋划推进，进一步明确巡视职能定位，不断深化和创新巡视工作方式方法，严格规范巡视工作程序，出台了一系列具体措施。

党的十八大以来，云南巡视监督的强度、力度和效果前所未有，"利剑"和"尖兵"作用日益彰显，在发现问题、形成震慑，督促"两个责任"落实，推动党风廉政建设和反腐败斗争深入开展方面发挥了积极作用。第一，政治巡视更加深化。在全面、科学、系统、准确学习习近平新时代中国特色社会主义思想以及考察云南重要讲话精神的基础上，密切联系实际，将政治巡视的要求贯彻落实到巡视工作中。第二，巡视成果运用更加到位。针对巡视发现的突出问题，全面客观分析、厘清性质责任、依纪依规处理，在"件件有着落"上集中发力。第三，巡视全覆盖更加高效。准确把握中央部署，统筹安排好党委工作部门的巡视，高质量完成巡视全覆盖任务。第四，巡视"回头看"更加聚焦。对照中央巡视组反馈意见再次逐一梳理整改落实情况，看所有问题是否都整改到位，看所有移交事项和线索是否都高质量办结，看相关措施是否还有再提升、再完善的空间。第五，巡视监督格局更加完善。积极探索开展巡视巡察一体化工作，以州（市）、县（市、区）巡察工作为抓手，努力构建"横向到边、纵向到底"的巡视工作网络格局，强化巡视监督实效。第六，巡视队伍建设更加过硬。把严格要求、严格教育、严格管理、严格监督贯穿于各个方面。

4. 集中清理党内法规

以习近平同志为核心的党中央坚持思想建党与制度治党相结合，不断出台或修订党内法规，在数量上实现了跨越式发展，在立规质量和体系建设方面，也取得了辉煌的成就。以党章为根本遵循的党内法规体系已经形成，彰显了我们党全面从严治党、依规治党的决心。2012 年 6 月，中央部署对新中国成立以来发布的党内法规和规范性文件进行集中清理，旨在维护党内法规制度的统一性、系统性和权威性，进一步提高党的制度建设科学化水平，这在中国共产党历史上是第一次。按照中央要求，省委于 2012 年 9 月正式启动党内法规和规范性文件集中清理工作。清理工作分两个阶段进行，第一阶段清理 1978 年至 2012 年 6 月出台的省委党内法规和规范性文件，第二阶段清理云南解放至 1977 年出台的省委党内法规和规范性文件。

第一阶段需清理的党内法规和规范性文件 828 件，其中 308 件同党章和党的理论路线方针政策相抵触、同宪法和法律法规不一致、明显不适应现实需要、已被新规定涵盖或者替代的文件，予以废止；对 139 件调整对象已消失、适用期已过的文件，宣布失效，其余 381 件继续有效，其中 40 件需作修改。第二阶段共清理出规范党组织工作、活动和党员行为的党内法规和规范性文件 1071 件。经过清理，废止 418 件，宣布失效 271 件，二者共占 64.3% ；继续有效 382 件，其中 40 件需要适时进行修改。通过清理工作，凡废止、宣布失效的党内法规和规范性文件，自发布之日起一律停止执行，不再作为规范党组织工作、活动和党员行为的依据。同时，按照档案管理、保密工作有关规定，做好相关文件的存档、查档、利用等工作，发挥好这些文件的历史资料价值和资政育人作用。对继续有效的党内法规和规范性文件，抓好贯彻落实。各地区各部门及时清理本地区本部门出台的相关配套文件，作出废止、宣布失效等处理，并把及时清理作为制定或者修改党内法规和规范性文件的必经环节，建立健全工作制度和工作程序，在党内法规建设过程中同步维护党内法规制度的协调统一。

5. 狠抓监督执纪问责制度落实

制度的制定是基础，制度的落实是关键，如果得不到有效的贯彻落实，再好的制度也是摆设。省纪委认真学习领会和贯彻中央纪委历次全会的部署安排，坚持学思践悟、知行合一，着力提高思想政治水准和把握政策能力，坚持纪在法前、纪严于法，坚持纪委姓纪、纪委言纪、纪委执纪，坚持把"四种形态"贯穿于监督执纪问责各环节。

转变工作理念思路。行动源于理念，自觉源于警醒。云南深刻反省白恩培、仇和等一系列重大腐败案件，营造风清气正的政治生态和干事创业的从政环境，加大正本清源力度，强化治本之策，发挥好党的纪律在全面从严治党中的根本性作用。着力强化对"四种形态"科学内涵的学习理解和把握，认真研究具体工作思路和办法，省纪委监察厅领导班子成员深入全省县市区、乡镇开展蹲点调研，调查分析研判云南各地运用"四种形态"的情况。云南各级纪委和派驻机构切实扭转思维惯性，改进方式方法，在监督对象上从盯住少数向监督全体党员和各级党组织转变，在监督内容上从盯违法向盯违纪转变，在监督手段上向问责、纪律处分和组织处理等多种措施结合转变，在工作机制上从各自为政向协同推进转变，从而实现监督对象"全覆盖"、监督内容"全方位"、监督执纪"全天候"、监督主体"全参与"。

加强线索排查处置。研判线索、缜密初查是纪律检查的初始程序。省纪委对线索进行集中统一管理，严格落实五类处置标准和方式，坚持集体排查线索和研判机制，问题线索处置做到了动态"清零"，避免了线索遗漏和积压，为实践"四种形态"夯实了基础。

加大谈话函询力度。实践"四种形态"，要害是抓早抓小、动辄得咎，加强日常教育管理和监督，拔"烂树"、治"病树"、正"歪树"，经常"修枝剪叶"，真正让"咬耳扯袖""红脸出汗"成为常态。在线索处置中，省纪委扩大了谈话函询覆盖面，专门印发《关于规范谈话函询办理工作的暂行规定》，对谈话函询的方式、实施程序等作出具体界定。印发了《云南省党政领导班子一把手监督办法（试行）》，突出"关键少数"，切实把一把手纳入监督的重点。

把握执纪尺度标准。监督执纪"四种形态"是纪委履职理念的新提升，是实现"三转"方式的新路径，也是把纪律和规矩挺在前面、实现全面从严治党的新举措。云南在实践中坚持实事求是、宽严相济、综合把握的原则，增强监督执纪方式与违纪违规行为的适配度，防止重此轻彼、畸轻畸重，甚至"大事化小""小事化了"。

创新监督执纪方式。结合纪检监察业务实际，认真履行"监督的再监督、检查的再检查"职责，强化经常性监督，深度把握"树木"与"森林"的情况。省纪委围绕稳增长、供给侧结构性改革、脱贫攻坚、地震灾区灾后恢复重建等，开展了多轮专项纪律检查，认真检查党的路线、方针、政策、决议和省委重大决策部署贯彻落实情况，坚决查处违规违纪问题。

强化主体责任担当。为了强化各级党组织的责任担当，推动重心下移、工作下延，云南制定了全省实践"四种形态"和加强基层党风廉政建设的两个意见，层层动员部署，传导压实责任。对县乡两级党委、纪委加强基层党风廉政建设提出了具体要求，通过强化基层纪检组织建设，加强脱贫攻坚领域监督执纪问责，健全完善"五级联动"解决群众诉求信息化平台，积极探索建立"村案乡办""乡案县审""乡（镇、街道）交叉检（审）查"等工作机制，切实加大群众身边的不正之风和腐败问题治理力度，不断增强群众的获得感①。

实践表明，只有抓好制度建设才能从根本上实现从严治党。一方面要健全完善制度，构建以党章为根本，党内法规为支撑的党内法规制度体系；另一方面要坚持制度面前人人平等，狠抓制度落实，确保广大党员干部养成尊崇制度、遵守制度、捍卫制度的良好习惯，真正使制度成为硬约束。只有将制度治党贯穿党建工作的全过程，党的制度建设才能真正融入全面从严治党的伟大工程，才能实现管党治党常态化、长效化。

（七）深入推进反腐败斗争

腐败如同毒瘤，侵蚀党的肌体，危害党的健康，损害党同人民群众的血肉联系，动摇党的执政基础，关系党的生死存亡。云南反腐败斗争坚持"老虎""苍蝇"一起打，既坚决查处领导干部违纪违法案件，又切实解决发生在群众身边的不正之风和腐败问题；既注重解决突出问题，又加强长效机制建设，取得显著成绩。

1. 保持反腐高压态势

反对腐败、建设廉洁政治，保持党的肌体健康，始终是我们党一贯坚持的鲜明政治立场。党风廉政建设，是广大干部群众始终关注的重大政治问题。云南各级纪检监察机关主动顺应党风廉政建设的新情况新变化，坚定不移刹风正纪，坚定不移惩治腐败。积极运用监督执纪"四种形态"，力度不减、尺度不松、节奏不变，持续保持高压态势，依据党纪党规发现一起、查处一起，决不姑息迁就。严肃查处了一批重大典型违纪案件，形成了强大震慑。同时，加大通报曝光力度，发挥了查处一个、震慑一片、教育和挽救一批的效果。省纪委加强对典型案件的剖析，编印严重违纪省管干部忏悔录，录制《激浊扬清在云南》专题片，作为反面教材警示党员领导干部。把反腐败同扫黑除恶结合起来，坚决查处黑恶势

① 中共云南省委宣传部编：《谱写中国梦云南篇章——砥砺奋进的五年》，人民出版社、云南人民出版社 2017 年版，第 197 页。

力背后的腐败问题，严肃惩治充当"保护伞"的党员干部和公职人员。

实现对省一级党和国家机关全面派驻。省委印发实施《关于加强省纪委派驻机构建设的意见》，实行单独派驻和联合派驻相结合，设立 41 家派驻（出）机构，监督 102 家单位，实现省一级党和国家机关派驻监督全覆盖。州（市）和县派驻机构改革正在稳步推进。派驻机构聚焦监督执纪问责，"派"的权威和"驻"的优势明显增强。

2. 深化纪检体制改革

推进纪检体制改革。2014 年以来，省委纪律检查体制改革专项小组紧紧围绕"两责任""两为主""两覆盖""权力制约与监督""党内法规制度体系建设"等改革重点，坚持以问题为导向，立行立改，完善制度，创新举措，全力推动纪律检查体制各项改革措施的落实。省委纪律检查体制改革专项小组先后召开九次专项小组会议，已完成"内设机构调整、议事协调机构清理"等 27 项推动落实工作和中央出台的党内法规条例的贯彻落实工作，已研究出台《云南省关于落实党风廉政建设主体责任制的规定》等 26 项重要制度成果，全省纪检体制改革工作取得阶段性成效。

落实党风廉政建设责任制。2014 年，省委深入落实主体责任，推动各级党委全面领导、组织、主抓党风廉政建设，出台进一步落实主体责任的 16 项措施。

多形式加强党员干部廉政教育

为认真贯彻落实全面从严治党要求，深入推进党风廉政建设和反腐败斗争，每年年初，省委省政府对全省各州（市）、省直单位、大专院校、省属企业进行上一年度党风廉政建设责任制进行检查考核。按照中央《关于实行党风廉政建设责任制的规定》和云南的实施办法，根据对各州市和单位检查考核情况、平时工作情况、有关部门反馈情况，省党风廉政建设责任制工作领导小组办公室形成了等次评定初步意见，经省委常委会研究审定考核等次。对于党风廉政建设责任制落实不到位的问题，暴露出来的相关地区和单位全面从严治党主体责任落实不力、制度执行不严，管党治党失之于"宽松软"等情况，云南省党风廉政建设责任制工作领导小组办公室加强对各单位整改落实情况的督促检查，及时对整改落实情况进行复查验收。对整改不重视、不到位，责任不落实、效果不明显的，进行严肃追究责任。

3. 严格落实"两个责任"

始终坚持"有权必有责、有责要担当、失责必追究"，把问责作为管党治党的利器，切实落实管党治党政治责任，倒逼各级党组织和党员领导干部做到守土有责、守土尽责，为闯出一条高质量跨越式发展路子营造了良好的政治生态和干事创业环境。

厘清责任清单，压实责任担当。省纪委通报了多起落实全面从严治党主体责任不力被问责的典型案例。针对一些党组织和党员领导干部在党的建设和党的事业中失职失责的共性问题，总结历史和实践经验，将监督检查、目标考核、责任追究等有机结合，从制度层面对相关工作进一步细化完善，确保明责有理有据、履责有规有矩，实现了问责内容、对象、事项、主体、程序、方式的制度化、程序化。出台了关于落实主体责任的规定，将党委落实主体责任的内容和要求细化为28项，以清单明责定规。出台了关于落实监督责任的规定，明确了12种履行监督责任不到位的情形，并把责任追究情况作为各级纪检监察机关领导班子评价和领导干部业绩评定、奖励惩处、选拔任用的重要依据。制定印发《贯彻〈中国共产党问责条例〉实施办法》，形成了用制度规范"两个责任"落实的责任链条，确保问责工作有章可循。与此同时，将管党治党的责任压实到每一级，通过自上而下逐级签订责任书，督促各级党组织真正把从严治党责任扛起来，做到责任覆盖无盲区。

紧盯关键少数，上紧责任发条。贯彻落实《中国共产党问责条例》和云南省《贯彻〈中国共产党问责条例〉实施办法》，坚持"开展问责要抓住'关键少数'。落实管党治党政治责任，关键在党委、要害在一把手，根本要靠以上率下，层层传导压力"。以落实党风廉政建设责任制为抓手，紧盯"关键少数"，通过强化约谈，层层传导压力，推进各级党组织和党员领导干部把责任担起来，让压力传下去。书记抓、抓书记，层层压实全面从严治党政治责任。紧盯一把手落实第一责任人责任的情况，各地也加大了约谈的力度。积极开展省管领导班子主要负责人向省纪委全会述责述廉工作，让一把手走上台来，对责、廉等方面工作全面述、如实说，当面接受质询，有针对性地推进整改，切实履行好"一岗双责"。省纪委连续 5 年在全会上开展责廉述评，共有 63 名省管领导干部向全会述责述廉；云南各级党委、纪委共组织近 13 万名科级以上领导干部述责述廉。同时，云南省管一把手述责述廉及测评情况还要记入其本人的廉政档案，并作为业绩评定、奖励惩处和选拔任用的重要参考。

强化履责监督，倒逼责任落实。开展作风建设"回头看"，深挖细查隐形变异的"四风"问题线索，同时用好问责利器，对"四风"问题多发频发的，严肃追究主体责任、监督责任和领导责任。为了进一步压实责任，织密"问责之网"，建立常态化的督查机制，适时开展专项检查。通过强化日常监督和专项督办、巡视巡察等方式，重点检查是否按照《中国共产党问责条例》的原则、标准和程序开展问责工作，是否体现了全面从严治党的要求等。通过严肃问责倒逼责任落实，切实解决不会监督、不敢监督、不愿监督的问题，有力地推动了全面从严治党向纵深发展。

4. 用好问责利器

中央紧紧抓住主体责任、监督责任和领导责任这三个关键，制定出台《中国共产党问责条例》，持续释放有权必有责、有责要担当、失责必追究的强烈信号，强化问责成为管党治党、治国理政的鲜明特色。云南坚决向党中央看齐，以《条例》为遵循，充分发挥问责工作在管党治党中的作用，全省政治生态得到优化净化。

突出政治性。马克思主义政党必须旗帜鲜明讲政治，问责工作问的就是政治责任和政治意识。云南各级党组织以习近平新时代中国特色社会主义思想为根本遵循，始终同党中央保持高度一致，维护党中央权威，确保中央政令畅通。把维护政治纪律和政治规矩作为问责工作重点，不断强化各级党组织和党员干部的"四个意识"。通过强有力的问责，推动解决党的领导弱化、党的建设缺失、全面从严治党不力，党的观念淡漠、组织涣散、纪律松弛等问题。

突出严肃性。制度的生命力在于执行，使各项纪律规矩真正成为"带电的高压线"。云南注重在"实""准""严"上下功夫。在"实"上下功夫，依规依纪、实事求是开展问责，不断提高问责工作程序化和规范化水平，防止问责处理畸轻畸重的现象。在"准"上下功夫，问责分清主次，明确责任，既对事，也对人，不搞以对单位的问责代替对人的问责，更不搞以对下级单位的问责代替对上级单位的问责。在"严"上下功夫，坚持实行终身问责，该打的板子坚决打下去，决不搞下不为例、网开一面，确保失责必问真正落到实处。

突出实效性。运用好监督执纪"四种形态"，把握好政策效果、法纪效果和社会效果的有机统一。问题可能在哪里出现，问责工作就紧跟到哪里。确保中央和省委重大决策部署落到实处，对贯彻执行作选择、搞变通、打折扣等问题进行严肃问责。把问责工作和人民群众的获得感挂钩，在脱贫攻坚领域加大监督执纪问责力度，维护好群众切身利益。聚焦"关键少数"，把问责的责任压给领导班子特别是一把手，切实增强了各级党组织落实政策和解决问题的能力。

突出引领性。做到问责工作与巡视巡察、纪律审查、监督检查等工作的深度融合，对"细""小"问题抓早抓小、动辄则咎，形成问责无禁区、无死角、零容忍的工作氛围。把全面从严治党和全面深化改革结合起来，既加大典型案例通报曝光力度，达到"惩前毖后，治病救人"的目的，又强化建章立制，在发现问题中解决问题，从体制机制上分析原因，推动相关领域改革，补齐制度短板。

少数民族群众心向党听党话跟党走感党恩

腐败问题，党纪国法不容，人民群众痛恨。实践证明，反腐败是一项政治性、思想性、理论性、学科性很强的系统工程。只有以反腐败永远在路上的坚韧和执着，深化标本兼治，保证干部清正、政府清廉、政治清明，才能跳出历史周期律，确保党和国家长治久安。坚持党要管党、全面从严治党，必然要求我们党坚定不移推进反腐败斗争，持之以恒正风肃纪，通过不懈努力换来海晏河清、朗朗乾坤。

党的十八大以来云南党的建设，紧紧围绕新时代党的建设总要求，以永远在路上的坚韧和执着，坚持问题导向，保持战略定力，各项思路举措更加科学、更加严密、更加有效。推动全面从严治党向纵深发展，着力解决了人民群众反映最强烈、对党的执政基础威胁最大的突出问题，取得了反腐败斗争压倒性胜利，党内政治生活气象更新，各级党组织和党员领导干部理想信念更加坚定、党性更加坚强，党自我净化、自我完善、自我革新、自我提高能力显著提高，党的执政基础和群众基础更加巩固，为云南高质量跨越式发展提供了坚强政治保证和组织保证。

📖 启 示

新中国成立70年来，云南紧紧围绕党的历史方位的变化和经济社会发展大局，坚持解放思想、实事求是、与时俱进、求真务实，不断加强和改进党的建设，不断提高党在边疆民族地区的政治领导能力和长期执政能力，对共产党执政规律有了更加深刻的认识，形成了很多值得总结和发扬的基本做法，为新时代全面推进党的建设奠定了坚实的基础。全面回顾、系统总结并充分运用这些做法，有利于深化对新时代党的建设的规律性认识，不断提高党的建设质量，在新的历史起点上进一步推进党的建设新的伟大工程，团结带领全省各族人民群众向着"两个一百年"奋斗目标不断前进。

第一，坚持把政治建设摆在首位，保证边疆民族地区党的建设始终沿着正确方向前进

围绕政治路线加强党的建设，保证党的政治路线的贯彻执行，不仅是中国共产党的伟大创造，也是云南党的建设的实践成效。70年来，在党的政治路线指引下，云南党的建设始终坚持正确的政治方向，把党的政治建设摆在首位，维护党的团结和集中统一。进入新时代以来，云南各级党组织和党员领导干部不断增

强"四个意识"、坚定"四个自信"、做到"两个维护",坚定自觉在思想上政治上行动上同以习近平同志为核心的党中央保持高度一致,确保党中央政令畅通、令行禁止;严格遵守政治纪律和政治规矩,始终坚持和贯彻党的基本理论、基本路线、基本方略;以党章为指引,严格执行新形势下党内政治生活若干准则,切实增强党内政治生活的政治性、时代性、原则性、战斗性;坚持和完善民主集中制,既充分发扬民主,又善于集中统一,对在建立健全民主集中制的具体措施、构建党内民主制度等方面作研究及探索;营造和弘扬积极向上的政治文化,不断培厚良好政治生态的土壤,弘扬忠诚老实、公道正派、实事求是、清正廉洁等价值观,坚决防止和反对宗派主义、圈子文化、码头文化,坚决反对搞两面派、做两面人;加强党性锻炼,不断提高政治觉悟和政治能力,增强政治担当的意识及本领,永葆共产党人的政治本色。

第二,坚持把思想建设作为首要任务,把集中学习教育和经常性工作有机结合

从思想上建党是保持中国共产党的根本性质的内在要求。我们党向来注重从思想上建党,重视学习、善于学习,理论联系实际。从革命战争时期的延安整风运动,到"不忘初心、牢记使命"主题教育,中国共产党始终坚持用马克思主义理论教育和武装全体党员,强调党员不仅要在组织上入党,而且要在思想上入党,不断用无产阶级的马克思主义思想克服和改造各种非马克思主义思想,永葆党的工人阶级先锋队性质。同时,勇于突破教条主义束缚,大胆进行理论创新,用先进的理论武装全党,充分体现了马克思主义与时俱进的理论品质。70年来,云南推进党的建设始终坚持把思想建设作为首要任务,既按质按量完成中央各项"规定动作",又紧密结合实际加强分类指导,创造性地开展集中学习教育活动,坚持用马克思主义理论教育和武装全体党员,保持党的先进性、纯洁性和强大的创造力、凝聚力、战斗力,带领全省各族人民在边疆多民族地区取得了日新月异的伟大成就。进入新时代以来,云南更加强调把集中学习教育和经常性工作有机结合,坚持用习近平新时代中国特色社会主义思想武装头脑、指导实践、推动工作,注重突出边疆、民族和实践特色,在坚持民族团结同心、科学发展同步、民族文化同彩、社会和谐同创、美丽家园同建、边疆安全同担、奋斗目标同向中加强思想建设,用党的最新理论成果引领全省各级党员干部更加自觉地为实现云南高质量跨越式发展目标不懈奋斗。

第三，坚持围绕有能人干事和有骨干办事的目标抓好党员干部队伍建设，着力打造高素质专业化"云岭铁军"

培养造就好党员干部队伍，巩固党在边疆民族地区的执政基础，就有了可靠的组织保证，这是党在边疆长期执政中加强自身建设的成功做法。70年来，云南坚持以正确的组织路线来保证正确的思想路线和政治路线的实现，建设一支德才兼备的领导班子和干部队伍，特别是守信念、讲奉献、有本领、重品行的高素质基层党组织带头人队伍，确保各级党组织有能人干事；建设一支高素质而又充满生机活力的党员队伍，确保各级党组织有骨干办事。进入新时代以来，云南坚持党管干部原则，以高素质专业化为导向，研究出台一系列干部选拔任用的制度，把好干部标准落到实处，不断深化干部人事制度改革；坚持正确选人导向，匡正选人用人风气，提高选人用人公信度；注重培养干部专业能力、专业精神，增强干部队伍适应新时代发展要求的能力；注重在基层一线和艰难困苦地区培养锻炼年轻干部；完善干部考核评价机制，建立激励机制和容错纠错机制；等等。通过努力，一支有信念、有思路、有激情、有办法，忠诚干净担当的"云岭铁军"驰骋在云南高质量跨越式发展的征途上，创造着无愧于新时代、无愧于党和人民重托的辉煌业绩。

第四，坚持突出边疆特色加强基层组织建设，夯实党在边疆民族地区的执政基础

推进全面从严治党，必须做好抓基层、打基础的工作，使每个基层党组织都成为坚强战斗堡垒。治国安邦，重在基层；管党兴党，重在基础。边疆少数民族地区基层党组织与其他地区基层党组织相比，在地理区位条件、经济社会发展、基础设施建设等方面都具有特殊性，这就决定了其在工作要求、建设任务以及所处环境等方面也具有特殊性。历史实践证明，夯实党在边疆民族地区的执政基础必须加强党的基层组织建设。70年来，云南坚持从边疆民族地区党的建设具有的特殊性出发，高度重视基层党组织各项建设工作，把加强党的基层组织建设作为凝聚人心、促进团结、稳定边疆、推动发展的重要基础工程来抓，举全省之力推进和深化"边疆党建长廊建设"，不断夯实"固边、兴边、稳边"的组织基础，成效显著、有目共睹。坚持以构建和谐边疆为目的，突出重点强班子、持之以恒固基础、团结稳定促和谐、科学发展兴边疆，努力实现党员发展规范化、组织设置科学化、阵地建设正规化、服务方式多样化、制度建设合理化，全面提升边疆党建工作的科学化水平，着力把基层党组织建设成为宣传党的主张、贯彻党的决定、领导基层治理、团结动员群众、推动改革发展的坚强战斗堡垒，为边疆民族地区经济社会发展提供了坚强的政治保证和组织保证。在加强党的基层组织建设过程中，始终重视并发挥基层党组织的首创精神，深化"国门党建"，开展"云岭先锋"系列创建活动，推进"红旗飘飘"工程，深入实施基层党建与脱贫攻坚"双推进"，结合民族文化创新推动基层党建工作，用民族干部、民族语言、民族文字、民族节庆宣传党的政策法规，实现"组织强、边民富、边疆兴、边防固、边关美"的目标要求，不断筑牢固边兴边的红色长廊。

第五，坚持持之以恒正风肃纪，全心全意为人民服务，实现好、维护好、发展好各族人民群众的根本利益

不管在什么时候或什么条件下，坚持马克思主义的群众观和党的根本宗旨，密切党群干群关系，保持同人民群众的血肉联系，始终是我们党立于不败之地的根基。实现好、维护好、发展好各族人民群众的根本利益，既是全心全意为人民服务这一党的宗旨的具体体现，是维护党的形象的必然要求，也是云南党的建设的出发点和落脚点。70年来，云南始终坚持以人民为中心的基本政治立场，不断增强群众观念和群众感情，不断厚植党执政的群众基础。坚持以密切党同各族人民群众的血肉联系为重点加强作风建设。持之以恒正风肃纪。坚持把党的作风建设作为一项长期而艰巨的任务、一项现实而紧迫的工作，把总体要求和阶段性目标结合起来，集中解决党的思想作风、学风、工作作风、领导作风和干部生活作风方面的突出问题。紧紧抓住保持党同各族人民群众的血肉联系这个重点来加强作风建设，真诚倾听群众呼声，真实反映群众愿望，真情关心群众疾苦，凡是群众反映强烈的问题都严肃认真对待，凡是损害群众利益的行为都坚决纠正，不断改进群众工作方式，增强抵御风险和拒腐防变能力，持续开展反腐败斗争。坚持以上率下，强调党的领导机关和领导干部带头讲党性、重品性、作表率，以身作则、率先垂范。进入新时代以来，紧紧围绕巩固拓展落实中央八项规定精神成果，坚决整治"四风"问题，充分运用监督执纪"四种形态"，加强纪律教育，强化纪律执行，让党员干部知敬畏、存戒惧、守底线，从源头上预防和治理各种不良作风，紧密结合新形势新任务的需要，积极探索加强和改进党的作风建设的新路子。

第六，坚持反腐倡廉，深化标本兼治，保证干部清正、政府清廉、政治清明

腐败是我们党面临的最大威胁。70年来，云南始终牢记"两个务必"，坚决惩治腐败，在思想上筑牢党员干部拒腐防变的堤防，扎紧"制度的笼子"，坚持标本兼治、综合治理的方针，通过体制创新，加大从源头上预防和解决腐败问题的力度，努力铲除腐败滋生的土壤和条件。同时，通过加强法律监督、舆论监督、党内监督、民主党派监督和群众监督，建立健全依法行使权力的制约机制和监督机制，保证领导干部正确运用手中的权力，以党风廉政建设和反腐败斗争的实际成果取信于民，真正做到权为民所用、情为民所系、利为民所谋，保证人民群众共享改革发展的成果。进入新时代以来，云南一方面始终保持惩治腐败高压态势。坚持无禁区、全覆盖、零容忍，坚持重遏制、强高压、长震慑，坚决减存量、有效遏增量，"老虎""苍蝇"一起打，不断强化不敢、知止氛围，使党员干部始终保持"伸手必被捉"的警醒，绷紧廉洁自律这根弦。重点查处政治腐败和经济腐败相互交织的腐败案件，既强化对经济腐败的震慑，又放大遏制政治腐败的成效，坚决防止党内形成利益集团，维护党和国家政治安全。重点查处不收敛不收手，问题线索反映集中、群众反映强烈，现在重要岗位且可能还要被提拔使用的领导干部，对有政治、组织、廉洁问题反映的必查必核。坚决肃清白恩培、仇和余毒和秦光荣流毒影响。着力解决选人用人、行政审批、工程项目、矿产资源、土地出让等重点领域和关键环节的腐败问题，不断取得实实在在的反腐败成效。另一方面，加大整治群众身边腐败问题力度。在州（市）、县党委建立巡查制度，加强检查督查，及时发现问题，严肃追究责任。开展扶贫民生领域专项整治，严肃查处贪污挪用、截留私分，优亲厚友、虚报冒领，雁过拔毛、强占掠夺问题，对胆敢向扶贫民生、救济救灾款物伸手的决不手软。聚焦环境治理、生态修复领域重点工程，深挖严查污染防治、环境保护问题背后的腐败行为。严厉打击"村霸"和宗族恶势力，开展扫黑除恶专项斗争，加大惩治"蝇贪"和"微腐败"力度，不断增强人民群众获得感。在强化不敢腐的震慑基础上，加强制度建设，扎牢不能腐的笼子。建设覆盖纪检监察系统的检举举报平台，加强大数据分析运用，提高反腐败工作信息化水平。加强党性党风党纪教育和警示教育，引导党员干部筑牢思想道德防线，自觉保持清正廉洁，通过不懈努力，反腐败斗争取得压倒性胜利。

第七，坚持以制度建设健全和完善党建工作体系，推动全面从严治党向纵深发展

坚持把制度建设贯穿于党的建设全过程和各方面，是我们党管党治党的一贯做法。70年来，云南党的建设十分注重通过制度建党管党，把制度建设贯穿于党的各项建设中，实现对管党治党的"硬约束"。各级党组织有的逐步建立起了党建工作服务科学发展、构建和谐边疆新机制；有的建立起了边境地区领导班子和干部队伍建设新机制；有的建立了边境地区党员干部素质提升新机制；有的建立了边境地区党内激励、关怀和帮扶新机制；有的建立了边境地区党员联系和服务群众新机制；有的建立了城乡基层党组织互帮互助新机制；有的建立了"三级联创"活动运行新机制。进入新时代以来，云南从整体上大力推进党的建设制度创新，形成加强党的建设的长效机制。积极探索并出台从严管理党员干部的制度，建立健全谈心谈话机制、容错纠错机制、基层干部关爱保障机制等，积极构建全方位、立体化的党内关爱体系。健全党内法规体系、巡视制度等完善监督制度体系，并通过严肃执纪问责来落实严格的管理制度。增强党的制度建设的科学性、系统性和可操作性，既注重制定实体性制度，也注重健全程序性制度，逐步形成科学、健全、有效的党建制度体系。

迈向更加辉煌的未来

MAIXIANG GENGJIA HUIHUANG DE WEILAI

70 年前，中华人民共和国的成立，不仅是中华民族发展史上的伟大事件，也是人类发展史上的伟大事件。70 年，在人类发展史上只是弹指一挥间。但是，中国人民在这个时间段内，创造了波澜壮阔、惊天动地的历史。近代以来久经磨难的中华民族迎来了从站起来、富起来到强起来的伟大飞跃，中国特色社会主义迎来了从创立、发展到完善的伟大飞跃，中国人民迎来了从温饱不足到小康富裕的伟大飞跃，迎来了实现中华民族伟大复兴的光明前景，中华民族正以崭新姿态屹立于世界东方。70 年来，云南各族人民在中国共产党的领导下谱写了跨越奋进的辉煌篇章，不仅实现了生产关系的革命性变化，更见证了社会生产力的历史性跨越。人民生活水平不断提高，实现了从贫困到温饱再向全面小康的伟大巨变，焕发出前所未有的蓬勃生机与活力。新中国成立 70 年来取得的巨大发展成就，为云南再创辉煌奠定了无比坚实的基础。过去，云南各族人民有志气有能力战胜各种艰难险阻、铸就辉煌成就；未来，在以习近平同志为核心的党中央坚强领导下，云南各族人民也一定能够战胜各种困难和挑战，创造新的更大的辉煌。

新时代云南发展机遇前所未有，高质量跨越式发展势能更加强大

当代中国正经历着我国历史上最为广泛而深刻的社会变革，也正进行着人类历史上最为宏大而独特的实践创新。站在新的历史起点上，云南迎来了难得的发展机遇。当今世界正处于百年未有之大变局中，和平与发展仍然是时代主题，世界多极化、经济全球化、社会信息化、文化多样化深入发展，全球治理体系和国际秩序变革加速推进，国际力量对比更趋均衡，世界和平合作、开放融通、变革创新的潮流滚滚向前，和平、发展、合作、共赢从来没有像今天这样成为不可阻挡的历史潮流。尽管国际竞争加剧、针对新兴大国的疑虑与打压增多，给我国带来诸多严峻挑战，但总体来看，我国发展仍处于重要战略机遇期，为云南实现高

质量跨越式发展提供了多重有利条件。

加快推进现代化建设为云南实现高质量跨越式发展提供了战略机遇。新时代是决胜全面建成小康社会、进而全面建设社会主义现代化强国的时代，是全体中华儿女勠力同心、奋力实现中华民族伟大复兴中国梦的时代。党的十九大作出新时代中国特色社会主义发展的战略安排，从基本实现社会主义现代化到全面建成社会主义现代化强国，历史车轮滚滚向前，时代潮流浩浩荡荡，这是中华民族未来的主潮流和大趋势，乘着加快推进现代化建设的"东风"，将为推进云南实现高质量跨越式发展不断注入强大动力。

新时代推进西部大开发形成新格局为云南实现高质量跨越式发展提供了政策机遇。中央实施推进新一轮西部大开发的重大决策，着重突出"大保护""大开放""高质量"三个重点。一是更加注重抓好大保护。从中华民族长远利益考虑，把生态环境保护放到重要位置，坚持走生态优先、绿色发展的新路子。二是更加注重抓好大开放。发挥共建"一带一路"的引领带动作用，加快建设内外通道和区域性枢纽，完善基础设施网络，提高对外开放和外向型经济发展水平。三是更加注重推动高质量发展。贯彻落实新发展理念，深化供给侧结构性改革，支持西部地区加强科技创新，拓展发展新空间，加快新旧动能转换，促进西部地区经济社会发展与人口、资源、环境相协调，云南实现高质量跨越式发展将获得更多"政策红利"。

新一轮科技和产业革命为云南实现高质量跨越式发展提供了科技周期机遇。新一轮科技和产业革命正在由导入期转向拓展期，颠覆性技术不断涌现，催生大量新技术、新产业、新业态和新模式，经济增长的新动能正在逐步孕育发展，经济发展阶段转换与世界范围的新一轮产业革命兴起相叠加。一方面表现在新产业、新业态、新模式的不断涌现、成长和壮大，另一方面表现在新技术对传统产业的融合改造和提升。在新产业革命下，分工协作方式发生了巨大变化，信息不对称程度降低，柔性生产、共享经济、网络协同和众包合作等分工协作方式日益普及，在保证规模经济源泉的基础上，又极大地拓展了范围经济，挖掘了经济增长的新源泉。新产业革命塑造的经济发展新动能已经初露端倪，未来更是潜力巨大。抓住新一轮科技和产业革命的重大机遇，积极推进新旧动能转换，云南完全可以利用新技术"变轨"实现新跨越，利用全球价值链"重构"实现新跃升。

新一轮高水平对外开放为云南实现高质量跨越式发展提供了历史性合作机遇。推动形成全面开放新格局，是新时代我国对外开放的重要任务。云南正日益成为中国对湄公河国家开放的高地。党的十九大以来，习近平总书记首次出访就选择了越南、老挝两个湄公河国家，李克强总理出访柬埔寨，王毅外长出访缅甸，传递出我国重视发展与湄公河国家关系的明确信号，湄公河国家在新时代中国特色周边外交中的地位更加凸显，澜湄合作成为中国推动与东盟国家关系发展的重要抓手。云南是中国面向湄公河国家开放的关键枢纽，随着湄公河国家在中国周边外交中的地位更为重要，凸显了云南举足轻重的战略地位。中国经济持续向好，南亚东南亚国家日益把期待的目光投向中国，希望加强与我国的合作，对推进与中国合作有更多期待，为云南深入推进面向南亚东南亚辐射中心建设奠定了良好条件。抓住新机遇，云南具有的独特区位和开放优势，完全可以为高质量跨越式发展提供持久活力。

逐梦新时代，奋斗新征程，铸就新辉煌

党的十九大对我国发展提出了更高的奋斗目标，形成了从全面建成小康社会到基本实现现代化，再到全面建成社会主义现代化强国的战略安排，发出了实现中华民族伟大复兴中国梦的最强音。省委全面对标对表十九大擘画的壮美蓝图，绘制了新时代云南高质量跨越式发展的新画卷。到 2020 年，全省农村贫困人口如期脱贫，全面建成群众认可、经得起历史检验的小康社会。到 2035 年，云南将呈现发展质量效益更高、民主法治更加健全、生态环境更加优美、人民群众更加富裕、社会更加文明和谐的美好图景，全面实现高质量跨越式发展，成为我国民族团结进步示范区、生态文明建设排头兵、面向南亚东南亚辐射中心，与全国同步基本实现社会主义现代化。到 21 世纪中叶，云南的物质文明、政治文明、精神文明、社会文明、生态文明水平将得到全面提升，成为与富强民主文明和谐美丽的社会主义现代化强国相适应的现代化强省。

奋斗创造历史，实干成就未来。习近平总书记强调，中国的昨天已经写在人类的史册上，中国的今天正在亿万人民手中创造，中国的明天必将更加美好。全党全军全国各族人民要更加紧密地团结起来，不忘初心、牢记使命，继续把我们的人民共和国巩固好、发展好，继续为实现"两个一百年"奋斗目标，实现中华民族伟大复兴的中国梦而努力奋斗。在这个千帆竞发、百舸争流的时代，我们绝不能有半点骄傲自满、故步自封，也绝不能有丝毫犹豫不决、徘徊彷徨。面对困难考验，面对繁重任务，除了甩开膀子努力干，撸起袖子加油干，还有什么别的选择？新时代赶考路上，在向高质量跨越式发展目标进发的航船上，没有坐享其成的乘客、事不关己的看客，你、我、他，云南各族人民都是划桨者、搏击者。

让我们在新的历史起点上，重整行装再出发，从头做起再创业，肩负起新时代的历史使命，共同开创更加辉煌的明天。

——面向未来，云南必须始终坚持党对一切工作的领导，不断加强和改善党的领导。中华人民共和国70年的实践启示我们：中国共产党的领导是中国特色社会主义最本质的特征，是中国特色社会主义制度的最大优势。习近平总书记强调，"党政军民学，东西南北中，党是领导一切的。正是因为始终坚持党的集中统一领导，我们才能实现伟大历史转折、开启改革开放新时期和中华民族伟大复兴新征程"。在推进新时代云南高质量跨越式发展新征程中，必须始终坚持党对一切工作的领导，把党的领导贯彻和体现到改革发展稳定各个领域，以习近平新时代中国特色社会主义思想和考察云南重要讲话精神作为做好新时代云南工作的"纲"和"魂"，经常对标对表，及时校准偏差，始终沿着正确航向破浪前进。深入开展"不忘初心、牢记使命"主题教育，引导全省广大党员干部增强"四个意识"、坚定"四个自信"，坚决维护习近平总书记党中央的核心、全党的核心地位，坚决维护党中央权威和集中统一领导，坚定自觉在思想上政治上行动上同党中央保持高度一致。充分发挥党委总揽全局、协调各方的领导核心作用，加强对同级人大、政府、政协、监察委、法院、检察院等各领域各方面工作的领导，确保党的各项大政方针不折不扣落到实处。坚持科学执政、民主执政、依法执政，进一步完善领导方式和执政方式，切实提高执政能力和领导水平，不断提高把方向、谋大局、定政策、促改革的能力和定力。

——面向未来，云南必须始终坚持马克思主义指导地位，持续深入学习宣传贯彻习近平新时代中国特色社会主义思想。实践发展永无止境，解放思想永无止境。习近平总书记强调，"发展21世纪马克思主义、当代中国马克思主义，是当代中国共产党人责无旁贷的历史责任。"在推进新时代高质量跨越式发展新征程中，云南必须始终坚持以马克思列宁主义、毛泽东思想、邓小平理论、"三个代表"重要思想、科学发展观、习近平新时代中国特色社会主义思想为指导，不断推进马克思主义中国化、时代化、大众化。把深入学习贯彻习近平新时代中国特色社会主义思想作为首要政治任务和长期工作主题，持续不断加强学习教育、加大宣传力度、深化研究阐释，推动学习宣传贯彻工作往深里走、往心里走、往实里走。坚持不懈抓好习近平总书记考察云南重要讲话精神和对云南工作重要批示指示精神的贯彻落实，内化于心、外化于行，转化为推进新时代云南改革开放和现代化建设的精神动力和实践成果。

——面向未来，云南必须始终坚持以人民为中心，始终把全省各族人民对美好生活的向往作为奋斗目标。习近平总书记强调，"为中国人民谋幸福，为中华民族谋复兴，是中国共产党人的初心和使命，也是改革开放的初心和使命。"在推进新时代高质量跨越式发展新征程中，云南必须始终把各族人民对美好生活的向往作为奋斗目标，忠实践行党的根本宗旨，坚定贯彻党的群众路线，充分尊重人民主体地位，让改革发展成果更多更公平地惠及各族人民。切实担负起脱贫攻坚的政治责任，切实贯彻落实习近平总书记关于精准扶贫、精准脱贫的重要论述和方略，对标"两不愁三保障"和贫困退出标准，突出深度贫困县和特殊困难人口，建立完善稳定脱贫长效机制，把解决当前问题与长远问题、显性问题与深层次问题、特殊性问题与普遍性问题结合起来，多措并举提高脱贫质量，巩固脱贫成果，推动贫困群众实现长期稳定脱贫致富。紧扣社会主要矛盾变化，集中力量做好普惠性、基础性、兜底性民生建设，努力解决好群众最关心的就业、社保、教育、医疗、住房等问题，把民生实事一件一件办扎实，让人民生活一年更比一年好。以协调推进乡村振兴战略和新型城镇化战略为抓手，以缩小城乡发展差距和居民生活水平差距为目标，以完善产权制度和要素市场化配置为重点，构建促进城乡规划布局、要素配置、产业发展、基础设施、公共服务、生态保护等相互融合和协同发展的体制机制，促进城乡要素自由流动、平等交换和公共资源合理配置，推动形成工农互促、城乡互补、全面融合、共同繁荣的新型工农城乡关系，促进城镇和乡村共生共荣、各美其美，让各族群众共享现代化的美好生活。

——面向未来，云南必须始终坚持走中国特色社会主义道路，不断推进新时代中国特色社会主义云南新实践。方向决定前途，道路决定命运。习近平总书记强调，"改革开放 40 年来，我们党全部理论和实践的主题是坚持和发展中国特色社会主义。"在推进新时代高质量跨越式发展新征程中，云南必须始终坚定对中国特色社会主义道路自信、理论自信、制度自信、文化自信，一以贯之坚持和发展中国特色社会主义。准确把握新时代坚持和发展中国特色社会主义的总目标、总任务、总体布局、战略布局和发展方向、发展方式、发展动力、战略步骤、外部条件、政治保证等基本问题，在全省各项工作中进行全面准确贯彻落实。毫不动摇巩固和发展公有制经济，毫不动摇鼓励、支持、引导非公有制经济发展，充分发挥市场在资源配置中的决定性作用，更好发挥政府作用。坚持党的领导、人民当家作主、依法治国有机统一，坚决贯彻落实人民代表大会制度、中国共产党领导的多党合作和政治协商制度、民族区域自治制度、基层群众自治制度，全面推进法治云南建设，巩固和发展最广泛的爱国统一战线，发展社会主义协商民主，用制度体系保证人民当家作主。加强文化领域制度建设，举旗帜、聚民心、育新人、兴文化、展形象，促进各族人民在理想信念、价值理念、道德观念上紧紧团结在一起。加强社会治理制度建设，不断健全富有活力和效率的新型城乡基层治理体系，提高社会治理社会化、法治化、智能化、专业化水平，确保社会在深刻变革中既生机勃勃又井然有序。加强生态文明建设，让绿色成为云南经济发展的鲜明底色。坚持把民族团结作为各族人民的生命线，扎扎实实做好民族团结进步工作，尊重差异、包容多样、增进一体，扩大交往交流交融，让民族团结之花常开常盛。

——面向未来，云南必须始终坚持解放思想、实事求是，不断推进实践探索。习近平总书记指出，解放思想是解放和发展社会生产力、解放和增强社会活力的总开关。冲破思想观念的障碍、突破利益固化的藩篱，解放思想是首要的。历史已经反复证明，思想解放，是人类历史前进发展的巨大精神动力；通过思想解放，冲破思想观念的障碍，推进社会进步，是人类社会发展的基本规律。思想不解放，正是云南深化改革开放、实现高质量跨越式发展面临的最大短板。放眼全国、审视云南，发展不平衡、不充分，发展不够快、不够好，归根到底是受旧观念束缚，思想不解放，对新理念理解不深不透，思维方式跟不上也不适应客观事物发展变化。思想不解放，就难以闯过"标兵渐多、追兵渐少"的不进则退之"危"，就不可能"搅动一池春水""穿越激流险滩"，就不可能有改革深化的大突破和开放水平的大提高，拥抱高质量发展的春天，跨越式发展就会成为空谈。在推进新时代高质量跨越式发展新征程中，云南必须始终坚持解放思想和实事求是有机统一，把解放思想作为"当头炮"，以思想大解放激发广大干部群众主动担当、务实作为。继续大力弘扬"跨越发展、争创一流；比学赶超、奋勇争先"精神，教育和引导广大党员干部保持锐意创新的勇气、敢为人先的锐气、蓬勃向上的朝气。坚决冲破传统思想观念的桎梏，不为既有经验所束缚、不为传统模式所制约、不为常规眼光所局限，在解放思想中找出新办法、新答案、新出路，将解放思想的成果转化为现代化建设的不竭动力，转化为破解疑难问题的强大合力，转化为实现高质量跨越式发展的具体举措，转化为干事创业的蓬勃干劲。

——面向未来，云南必须始终坚持发展是第一要务，不断推动高质量跨越式发展。习近平总书记多次强调，"发展是党执政兴国的第一要务，是解决我国一切问题的基础和关键。"中华人民共和国成立70年来特别是党的十八大以来，云南发展成绩斐然，但仍属于欠发达地区。云南在改革开放中遇到很多这样或那样的矛盾和问题，有的还比较突出。经济结构不合理、发展质量和效益不高、发展不平衡不充分、发展环境不优、自主创新能力不强、脱贫攻坚任务繁重等矛盾和问题，正在日益显现出来，发展是解决这些矛盾和问题的基础和关键。在推进新时代高质量跨越式发展新征程中，云南必须始终坚定不移地把发展作为第一要务，抓住用好我国发展重要战略机遇期，发挥后发优势，推动经济持续快速健康发展，推动区域协调发展，不断提高发展的质量和效益，逐步缩小与发达地区的差距、缩小省内各地区之间的发展差距。全面贯彻落实新发展理念，坚持推动高质量跨越式发展，坚持以供给侧结构性改革为主线，坚持深化市场化改革，紧紧扭住关键环节和战略重点，加快八大重点产业发展，加快形成一批布局合理、重点突出、各具特色的全链产业、核心优势产业、产业集群，提升产业技术创新能力，促进产业高效聚集发展，推动云南产业迈向中高端，加快构建"两型三化"现代产业体系。以"资源数字化、数字产业化、产业数字化和面向南亚东南亚辐射中心数字枢纽"为主线，围绕共建共用共享基础设施，整合资源，打通信息孤岛，把握行业发展态势，大胆探索创新，积极、有序、稳妥推进"数字云南"建设，努力形成产业结构优化、创新活力旺盛、区域布局协调、城乡发展融合、生态环境优美、人民生活幸福的发展新格局。坚持创新是第一动力、人才是第一资源的理念，深入实施创新驱动发展战略，加快建设创新型云南，建设充满活力的区域创新体系，推动科技创新和经济社会发展深度融合，大力培育新产业、新动能、新增长极。突出抓重点、补短板、强弱项，坚决打好防范化解重大风险、精准脱贫、污染防治三大攻坚战，大力推进以综合交通、水利、能源、信息、物流为主要内容的"五网"基础设施建设，为推进高质量跨越式发展和现代化建设提供坚实支撑。

——面向未来，云南必须始终坚持"绿水青山就是金山银山"的理念，坚定不移走绿色发展之路。习近平总书记强调："我们既要绿水青山，也要金山银山。宁要绿水青山，不要金山银山，而且绿水青山就是金山银山。我们绝不能以牺牲生态环境为代价换取经济的一时发展。"在推进云南发展新征程中，必须始终坚持把思想和行动统一到以习近平同志为核心的党中央关于生态环境保护和生态文明建设的重要决策部署上来，认真学习领会习近平生态文明思想，紧扣"努力成为全国生态文明建设排头兵、建设中国最美丽省份"的战略定位，围绕"生态美、环境美、山水美、城市美、乡村美"目标，按照"最高标准、最严制度、最硬执法、最实举措、最佳环境"要求，全力推进生态文明建设和生态环境保护，为建设美丽中国作出云南贡献。坚持精准施策，集中优势兵力，以重点突破带动全面推进，全力抓好九大高原湖泊保护治理等8个标志性战役，坚决打好蓝天碧水净土保卫战，坚决打好污染防治攻坚战。坚定贯彻"共抓大保护，不搞大开发"战略导向，筑牢长江上游生态屏障坚持走生态优先、绿色发展的新路子，打造世界一流的"绿色能源牌""绿色食品牌""健康生活目的地牌"。全面贯彻以人民为中心的发展思想，深入实施城乡人居环境提升行动，统筹做好村镇布局，开展好国土绿化行动和移风易俗活动。改革完善生态环境治理体系，加快构建生态文明制度体系，激发市场活力，加大科技支撑，强化省际和与周边国家共抓生态文明建设协同性，建设好中国西南生态安全屏障。

——面向未来，云南必须始终坚持坚定不移推进改革创新，不断增强各项事业发展新动能。"天行健，君子以自强不息。"人类社会总是在不断创新创造中前进的。破解云南高质量跨越式发展中面临的难题、化解来自各方面的风险挑战，除了深化改革，别无他途。在推进新时代高质量跨越式发展新征程中，云南将以自我革新的勇气、铿锵有力的行动，坚决破除一切妨碍发展的体制机制障碍和利益固化藩篱，加快形成系统完备、科学规范、运行有效的制度体系，增强发展活力和内生动力。坚持社会主义市场化改革方向，正确处理好政府和市场的关系，推动重点领域和关键环节改革取得突破性进展，壮大市场主体、健全市场体系、激发市场活力，加快形成有利于增强经济活力的体制机制。推进国企改革，完善国有资产管理体制，建立现代企业制度，发展混合所有制经济，促进国有企业做强做优做大。以更大力度鼓励、支持和引导非公有制经济发展，营造有利于公平竞争、促进企业健康发展的政策和制度环境，构建"亲""清"新型政商关系，更好激发非公有制经济活力和创造力，推动非公有制经济更好更快发展。大力引进外资外企、民资民企，发展壮大民营经济、县域经济、园区经济，振兴实体经济。持续深化"放管服"改革，加快政府职能转变，提升政府效能，促进政府治理体系和治理能力现代化。改革和创新投融资体制，形成多元化、市场化、可持续的基础设施和公共服务投入、运营机制。健全要素市场体系，深化农业农村、财税金融、产权保护、民生保障、电力、水利、土地、矿产资源等重点领域改革。

——面向未来，云南必须始终坚持主动服务和融入国家发展战略，不断扩大高水平开放。习近平总书记强调，"云南经济要发展，优势在区位，出路在开放。"在推进新时代高质量跨越式发展新征程中，云南必须始终全面贯彻落实习近平总书记关于新时代扩大高水平开放的重要讲话精神和对云南工作的重要批示指示精神，把自身发展放在经济全球化趋势下来思考和谋划，放在新时代我国改革开放和区域协调发展的大格局中进行定位，进一步理清发展思路，找准工作着力点和突破口，以高度的政治责任感和历史使命感，主动服务和融入国家发展战略，承担好党中央交给云南的发展任务。紧紧抓住国家推动新一轮高水平对外开放的新机遇，精准对接"一带一路"建设，聚焦重点、把握关键、深耕细作，在更高起点、更深层次、更高目标上全面深化对外开放，推动面向南亚东南亚辐射中心建设走深走实，为推动共建"一带一路"高质量发展作出云南贡献。按照"做强滇中、搞活沿边、多点支撑、联动廊带"发展布局和生产力布局，把向东开放和向南亚东南亚开放这两篇文章做好，建设高水平对外开放体系。积极主动参与中国—中南半岛经济走廊，孟中印缅经济走廊，中缅、中老、中越经济走廊以及中国—东盟自由贸易区、澜湄合作机制建设，打造滇老泰经济走廊，深化利益融合。加强中国（云南）自由贸易试验区、重点开发开放试验区、跨境经济合作区、综合保税区等开放平台建设。全面加强与南亚东南亚国家合作，在互联互通、投资贸易、产业发展、能源资源和人文交流与合作等领域取得新突破。以科技创新占领产业发展的制高点，抢抓数字经济发展机遇，实施一批数字经济发展工程，推动与南亚东南亚国家数字技术交流合作，培育发展远程医疗、网络文化、网络教育等面向南亚东南亚国家的跨境数字服务平台，形成区域性数据资源共享和普惠性服务中心。推进与周边国家农业政策对接和标准互认，加强农业基础设施、农业产业园、农产品质量安全检测中心建设，强化农业人才联合培养、技术及信息交流和跨境动植物疫病联防联控。在旅游资源保护利用、线路开发、标识标牌建设、市场推广、安全和服务保障等方面加强跨境合作，打通连接多国的旅游环线，形成我国与南亚东南亚国家黄金旅游圈。以国际友城为基础，共同推动澜沧江—湄公河旅游城市合作联盟建设，建立健全多双边高层旅游合作协商机制。深化与周边国家在电子商务、远程医疗、智慧城市等相关领域的合作。加强与长江流域、泛珠三角区域、京津冀、成渝经济区和周边省区的交流合作，既服务好内陆省（区、市）走向南亚东南亚和印度洋周边经济圈，又大力招商引资引智引技，把东部的产业、技术、人才招过来，构建要素集聚平台，在我国构建陆海内外联动、东西双向互济的开放格局中发挥好战略支点作用。

——面向未来，云南必须始终坚持正确处理改革发展稳定关系，确保现代化建设行稳致远。习近平总书记强调："'备豫不虞，为国常道'。当前，我国正处于一个大有可为的历史机遇期，发展形势总的是好的，但前进道路不可能一帆风顺，越是取得成绩的时候，越是要有如履薄冰的谨慎，越是要有居安思危的忧患，绝不能犯战略性、颠覆性错误。"在推进新时代高质量跨越式发展新征程中，云南必须始终坚持问题导向，保持战略定力，把改革发展稳定统一起来，坚持方向不变、道路不偏、力度不减，推动现代化建设走得更稳、走得更远。切实增强改革的政治敏锐性和政治洞察力，善于从政治的高度判断形势、分清是非、辨明方向，不断增强把握方向、把握大势、把握全局的本领，在重大政治原则和大是大非问题上始终做到立场坚定、旗帜鲜明。切实增强战略思维、历史思维、辩证思维、创新思维、法治思维、底线思维，善于从历史事件中总结规律，善于在苗头性问题中洞察隐患，善于对各类风险作出超前识别，牢牢掌握改革主动权。加强宏观思考和顶层设计，聚焦发展面临的突出矛盾和问题，深入调查研究，鼓励基层大胆探索，坚持改革决策和立法决策相衔接，不断提高改革决策的科学性。把提高宣传和组织群众能力摆在更加突出位置，最广泛地把人民群众动员起来、团结起来、组织起来，汇聚起云岭大地各族干部群众继往开来、同心筑梦的磅礴伟力。

——面向未来，云南必须始终坚持全面从严治党，不断提高党的创造力、凝聚力、战斗力。办好中国的事情，关键在党，关键在坚持党要管党、全面从严治党。习近平总书记强调，"我们党只有在领导改革开放和社会主义现代化建设伟大社会革命的同时，坚定不移推进党的伟大自我革命，敢于清除一切侵蚀党的健康肌体的病毒，使党不断自我净化、自我完善、自我革新、自我提高，不断增强党的政治领导力、思想引领力、群众组织力、社会号召力，才能确保党始终保持同人民群众的血肉联系。"在推进新时代高质量跨越式发展新征程中，云南必须始终按照新时代党的建设总要求，勇于自我革命，增强斗争本领。以党的政治建设为统领，把政治标准和政治要求贯穿党的思想建设、组织建设、作风建设、纪律建设以及制度建设、反腐败斗争始终，以政治上的加强推动全面从严治党向纵深发展，引领带动党的建设质量全面提高。把建章立制贯穿党的建设全过程各方面，建立健全长效机制，形成系统完备、有效管用的政治规范体系。强化理论武装和理想信念教育，坚持用习近平新时代中国特色社会主义思想武装头脑、指导实践、推动工作，把开展"不忘初心、牢记使命"主题教育同推进"两学一做"学习教育常态化制度化结合起来，教育引导党员干部解决好世界观、人生观、价值观这个"总开关"问题，更加自觉地为实现新时代党的历史使命不懈奋斗。树立重实干、重实绩的用人导向，建立健全干部培养、考核、选拔、管理、关爱体系，把那些有信念、有思路、有激情、有办法的干部及时发现出来、使用起来，激励干部担当作为、干事创业。更加注重抓基层、打基础，深入推进边疆党建长廊建设，推动基层党建全面进步全面过硬。毫不放松推进反腐败斗争，深化标本兼治，坚决清除一切腐败分子，保证干部清正、政府清廉、政治清明，为继续推进改革开放营造良好政治生态。

回顾过去，我们倍感光荣，展望未来，我们豪情满怀。站在新的历史起点上，让我们更加紧密地团结在以习近平同志为核心的党中央周围，善于抓住机遇，勇于改革创新，以滚石上山的毅力、"抓铁有痕、踏石留印"的劲头和钉钉子的精神抓好落实，同心同德、群策群力，开创云南高质量跨越式发展新局面，奋力谱写中国梦的云南新篇章！

后 记

《辉煌云南70年》一书由中共云南省委宣传部牵头，云南省社会科学院、中国（昆明）南亚东南亚研究院具体负责组织编著。本书编写工作由中共云南省委常委、省委宣传部部长赵金同志主持，何祖坤、杨正权、黄小军、王文成、陈利君同志具体负责。参与写作的人员有：

总论部分：杨正权、杨林兴、顾胜华、张戈、张晖、张睿莲。

政治建设部分：黄小军、吴莹、王传发、张戈、张德兵、张秀芬、刘林、马超。

经济建设部分：陈利君、宣宜、董棣、穆文春、胡庆忠、刘诗祥、徐丽华、梁双陆、陈晓未、林延明、宋立、陈玎、吴璟、马建宇。

文化建设部分：石高峰、王俊、刘镜净、李金明、张睿莲、彭博、岳山、刘婷、王贤全、刘兵。

社会建设部分：王文成、赵群、庄弘泰、吴云梅、吴莹、欧晓鸥、宋媛、张宏文、田娟、李永松、黄海涛、段岩娜。

生态文明建设部分：李永祥、王贤全、曹津永、王传发、罗丹、彭博、刘兵、刘婷、郭娜。

党的建设部分：黄小军、吴莹、鲁彩荣、朱勇、张德兵、张戈、杨晶、张秀芬、邵然。

展望部分：马勇、马云、贾超芝杉。

参与策划和修改的人员有：罗杰、沈向兴、吴光范、郑维川、张钢、何耀华、陈光俊、陈德金、尤兴光、姜若宁、聂元飞、胡正鹏、林超民、范祖锜、何天华、字振华、何飞、邹文红、肖应明、向翔、任仕暄、文辽、庄志强、平金良。

编委会成员单位：省委办公厅、省纪委省监察委、省委组织部、省委宣传部、省委政法委、省委政策研究室、省档案局、省委党史研究室、省人大常委会办公厅、省政府办公厅、省发展和改革委员会、省工业和信息化厅、省教育厅、省科技厅、省民族宗教委、省民政厅、省司法厅、省财政厅、省人力资源和社会保障厅、省自然资源厅、省生态环境厅、省住房和城乡建设厅、省交通运输厅、省农业农村厅、省水利厅、省商务厅、省文化和旅游厅、省卫生健康委员会、省退役军人事务厅、省应急管理厅、省政府研究室、省广播电视局、省统计局、省政府扶贫开发办公室、省政府发展研究中心、省地方志编纂委员会办公室、省政协办公厅、云南出版集团有限责任公司等单位认真审读并提出了修改意见。省统计局、省档案局、省委党史研究室、云南日报报业集团在资料收集中给予了大力支持，人民出版社为本书的出版做了大量编辑工作。龙岗、朱海涛、杨峥、张晖、王大林、范华做了大量图片收集整理工作。对于给予本书帮助和支持的单位和个人，在此一并表示衷心的感谢。

编写过程中，我们坚持以史实为基础，突出政治性、政策性、原则性、时代性，力求内容准确、全面、权威，对新中国成立 70 年来特别是党的十八大以来云南经济社会发展所取得的辉煌成就进行认真梳理和客观总结。2018 年 10 月正式启动本书编写工作。2018 年 12 月，经多次讨论修改，省委宣传部审定了编写提纲。在编写组的艰苦努力下，2019 年 2 月底形成初稿。2019 年 3 月至 7 月，在征求编委会成员单位和各方面专家意见的基础上，编写组经过反复推敲和数十次认真修改完善，最终形成送审稿报省委宣传部审定后出版。

限于撰稿和编辑水平，书中难免存在不足之处，恳请读者批评指正。

应广大读者要求，编写组按照习近平总书记在庆祝中华人民共和国成立 70 周年大会上的讲话精神，补充了部分内容，修订出版。

编 者

2019 年 10 月

责任编辑：杨美艳

封面设计：林芝玉

图书在版编目（CIP）数据

辉煌云南 70 年／中共云南省委宣传部 编著 . — 北京：人民出版社，2019.8（2019.10 重印）

ISBN 978 - 7 - 01 - 021156 - 5

I.①辉⋯ II.①云⋯ III.①社会主义建设成就 - 云南 IV.① D619.74

中国版本图书馆 CIP 数据核字（2019）第 170443 号

辉煌云南 70 年

HUIHUANG YUNNAN 70 NIAN

中共云南省委宣传部 编著

人民出版社 出版发行

（100706 北京市东城区隆福寺街 99 号）

北京华联印刷有限公司印刷 新华书店经销

2019 年 8 月第 1 版 2019 年 10 月北京第 2 次印刷

开本：710 毫米 ×1000 毫米 1/16 印张：41.25

字数：745 千字 印数：4,001-9,000 册

ISBN 978 - 7 - 01 - 021156 - 5 定价：158.00 元

邮购地址 100706 北京市东城区隆福寺街 99 号

人民东方图书销售中心 电话（010）65250042 65289539